Dictionnaire thématique Histoire Géographie

synthèse +

Dictionnaire thématique Histoire Géographie

Denis Brand
Agrégé de géographie
Professeur de chaire supérieure au Lycée La Martinière de Lyon.

Maurice Durousset
Agrégé d'histoire
Professeur de chaire supérieure au Lycée Ampère de Lyon.

4e édition

1995

SIREY

Éditions Dalloz
11, rue Soufflot, 75240 Paris cedex 05

TABLE DES MATIÈRES

AVANT-PROPOS

Avec près de 7 000 termes regroupés en 112 thèmes, ce dictionnaire répond d'abord à un besoin d'information simple sur le vocabulaire historique et géographique. Il entend présenter sous une forme réduite l'essentiel des notions utiles à la compréhension de ces deux disciplines complémentaires. Par évidence les domaines voisins ont été sollicités : science économique, science politique, géologie...

Tel quel, l'ouvrage n'a pas la prétention d'être exhaustif et sa lecture sera utilement complétée par celles de dictionnaires plus spécialisés...

Une double lecture : *Pour faciliter l'acquisition du vocabulaire il nous a paru utile de regrouper les quelque 6 000 termes en 112 thèmes, ce qui autorise une double lecture.*

- ***A la recherche d'un mot précis,*** *le lecteur pressé consultera l'index en fin d'ouvrage. A chaque terme correspond un numéro de thème, suivi d'un numéro de paragraphe : ex.* agroville *1.5 renvoie au thème 1 (Paysages agraires), paragraphe 5 (Campagnes des grands espaces).*

- ***La lecture d'un thème entier*** *présente un autre intérêt : elle permet la mise en relation de termes voisins et complémentaires. Elle peut dispenser d'autres recherches. Ainsi, si l'on cherche à distinguer les différents éléments architecturaux d'une église, il suffit de se reporter au thème 7. Architecture chrétienne. La compréhension de chaque mot est souvent plus aisée lorsque celui-ci est replacé dans son contexte familier.*

- ***Un système de renvois*** *noté (→ ...) sert à retrouver les mots définis dans d'autres thèmes. Il permet la recherche de notions complémentaires.*

Conscients des imperfections de l'ouvrage, les auteurs acceptent bien volontiers les suggestions et critiques qui leur seront adressées. Ils seraient néanmoins comblés si ce dictionnaire rendait quelques services aussi bien aux étudiants qu'à un public d'honnêtes hommes, soucieux de la précision du langage.

1. AGRAIRES (Paysages)

1. Le paysage agraire et ses éléments

a) Notion essentiellement visuelle, le **paysage agraire** correspond à un espace plus ou moins vaste qui porte l'empreinte des activités agricoles. (Pratiquement synonyme, le **paysage rural** regroupe tous les éléments du paysage d'un espace rural.)

La composition du paysage agraire résulte de la combinaison de nombreux éléments :

b) Le **parcellaire** désigne l'ensemble du territoire agricole, découpé en parcelles (**parcelle** = plus petite division du territoire agricole). Le **cadastre** est un document où sont répertoriés les parcelles (situation étendue, valeur fiscale) et leurs propriétaires. Une parcelle cultivée (et labourée) est un **champ** mais un même champ (par exemple de blé) peut regrouper plusieurs parcelles, appartenant à des propriétaires différents et exploitées par un seul cultivateur.

Fragment de plan cadastral

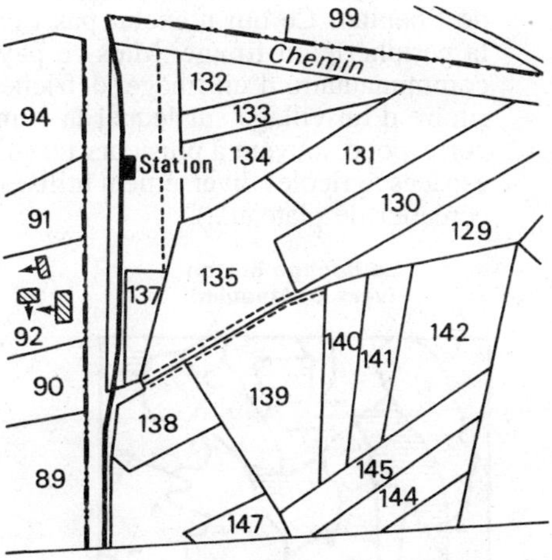

144 : *numéro de parcelle*

Les champs peuvent être ouverts ou clos (et donc isolés). Les haies, les murets de pierre, les fossés, les digues, les fils de fer barbelés, constituent les types de clôtures les plus usuels. La forme des champs peut être irrégulière ou géométrique. Les champs parsemés d'arbres sont appelés **champs complantés.**

c) L'**habitat rural** se présente soit **regroupé** en villages plus ou moins denses, soit **dispersé** en **hameaux** ou en fermes isolées. (= **écarts**).

Selon la forme des villages, on distingue des **villages-tas**, densément agglomérés, des **villages-rues** aux maisons alignées le long d'une grande rue, des **villages en étoile**, disposés en tentacules le long des rues convergentes, des **villages-nébuleuses** (ex. pays de Caux) aux maisons plus espacées, bâties parmi les herbages et les vergers.

d) La **maison rurale** comprend un bâtiment d'habitation et des bâtiments d'exploitation. Dans la **maison-bloc**, logis et bâtiments d'exploitation sont réunis sous le même toit, disposés en rez-de-chaussée (**maison bloc à terre**) ou sur plusieurs étages (**maison bloc en hauteur**). Dans les **fermes à cour fermée**, les bâtiments jointifs forment un quadrilatère enserrant une cour centrale alors que dans les fermes à cour ouverte, les bâtiments sont épars, dispersés autour d'un espace ouvert sur l'extérieur (ex. **masure** du pays de caux).

Les matériaux de la maison rurale traditionnelle sont largement fonction des ressources locales et assez bien adaptés au climat. Quelques exemples français : toits en pierre (**lauzes** en Auvergne, **lave** en Bourgogne), toits en bois (**tavaillons** dans les Alpes = petites lamelles de bois), en **chaume** (chaumières de l'Ouest), murs en **pisé** (mélange d'argile, de galets et de paille) dans le Dauphiné, murs en **colombage** des fermes normandes (murs en charpente garnies de briques).

2. Openfield et bocage

a) Paysage de champs ouverts, l'**openfield**, ou paysage de **campagne** (de Champagne, de **Champeigne**) est caractérisé par un habitat groupé, un parcellaire géométrique (parcelles allongées, voire **laniérées**). En Europe, l'openfield classique se développe surtout sur les plaines et plateaux calcaires perméables, la rareté des points d'eau expliquant le groupement de l'habitat. Ce qui n'exclut pas l'existence de grosses fermes isolées à la périphérie du **finage**. Mais ce paysage est d'abord lié à l'exploitation communautaire d'un finage, défriché collectivement ; le finage est le territoire d'un village sur lequel la communauté rurale exerce ses droits. Il correspond souvent à plusieurs **terroirs** différents, c'est-à-dire à plusieurs espaces agricoles diversement utilisés (ex. terroir viticole de côteau, terroir céréalier de plateau...).

Le bocage breton (vers Châteaulin)

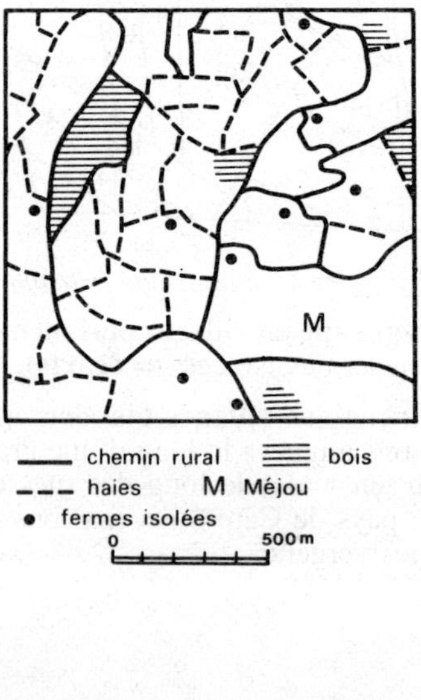

Openfield et assolement triennal (sous l'Ancien Régime)

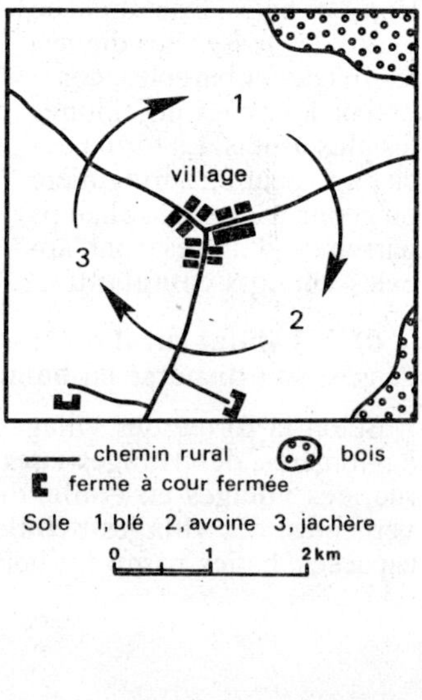

Un remembrement en deux temps

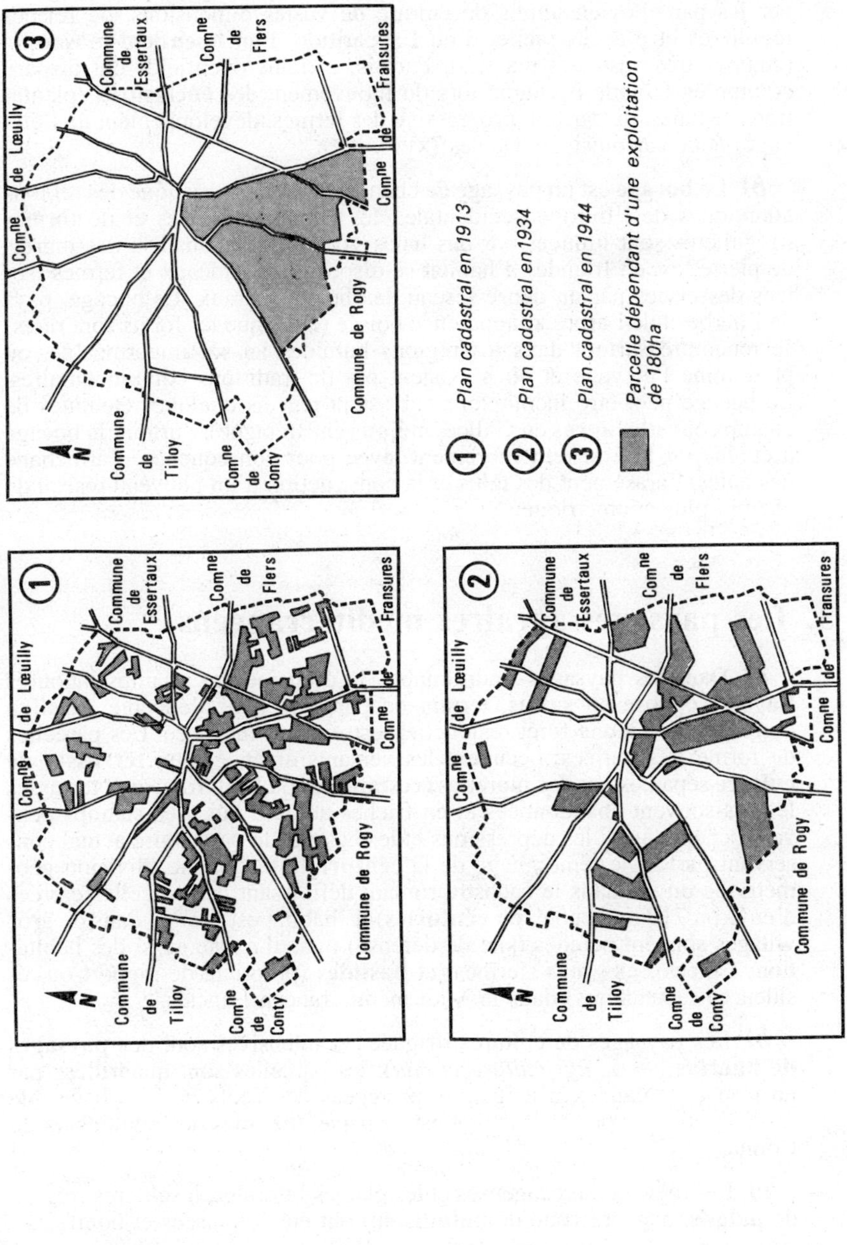

Les paysages d'openfield ont évolué ; les pratiques communautaires ont disparu comme l'assolement triennal (→ *4. agriculture*) ou la **vaine pâture**, c'est-à-dire le droit de faire paître le troupeau communal sur les terres débarrassées de leur récolte, après la moisson ou « les foins ». Le parcellaire a souvent fait l'objet d'un **remembrement**, qui vise à regrouper les parcelles en unités de culture de vastes dimensions, de formes régulières et d'accès facile, d'où l'apparition d'un **openfield-mosaïque** (champs très vastes et massifs). Parfois, certains openfields ont disparu comme en Grande-Bretagne lors du mouvement des **enclosures** (plantations de haies, disparition progressive des fermes, développement de l'élevage) étalé sur plusieurs siècles (XVI-XVIIIe).

b) Le **bocage** est un paysage de champs clos caractéristique des régions atlantiques de l'Europe occidentale ; les parcelles trapues et de formes irrégulières sont limitées par des haies vives et des talus (ou des murets de pierre, ex. en Irlande), l'habitat se disperse en hameaux et fermes isolées desservies par un dense réseau de chemins ruraux. Le bocage, pays de l'herbe et de l'arbre, d'apparence boisée (alors que les forêts sont rares) se rencontre surtout dans les régions humides au sol imperméable, où prédomine l'élevage et où n'existent pas de traditions communautaires. Le bocage peut être incomplet : subsistent parfois quelques étendues de champs ouverts (**agras** en Galice, **méjous** en Bretagne). Surtout, le bocage a évolué du fait du remembrement, avec pour conséquence, l'arrachage des haies, l'arasement des talus et la construction d'un nouveau réseau de chemin plus géométrique.

3. Les paysages agraires méditerranéens

a) Dans les paysages traditionnels, le domaine des champs labourés l'**ager** s'oppose au **saltus**, terrain de parcours pour l'élevage, la **silva** correspondant à une forêt résiduelle, restreinte et menacée. Les parcelles de forme très variées, occupent les versants aménagés en **terrasses de culture** séparées par des murettes (**restanques** du Midi français), terrasses le plus souvent abandonnées et en friches aujourd'hui. Les champs peuvent occuper aussi les dépressions et les bassins, le parcellaire actuel conservant parfois le témoignage de la **centuriation** romaine (division géométrique du sol dans le cadastre romain définissant des parcelles carrées d'environ 710 m de côté, ou **centuries**). L'habitat est groupé dans de gros villages souvent perchés (site de défense) mais il existe aussi des habitations isolées : ex . **mas** (fermes) et **bastides** (propriété de rapport ou résidences secondaires) dans le Midi méditerranéen français.

b) Les paysages de cultures irriguées et intensives sont des **paysages de huertas** (→ *5. agriculture et eau*); les parcelles sont quadrillées par un réseau de canaux d'irrigation, protégées des vents par des haies (de roseaux ou de cyprès) ; l'habitat est dispersé, (ex. mas des maraîchers du Comtat).

c) Les régions marécageuses et les plaines littorales, insalubres (région de **paluds**, naguère zone de **paludisme**) ont été colonisées et bonifiées.

Une commune du Languedoc : Montbazin

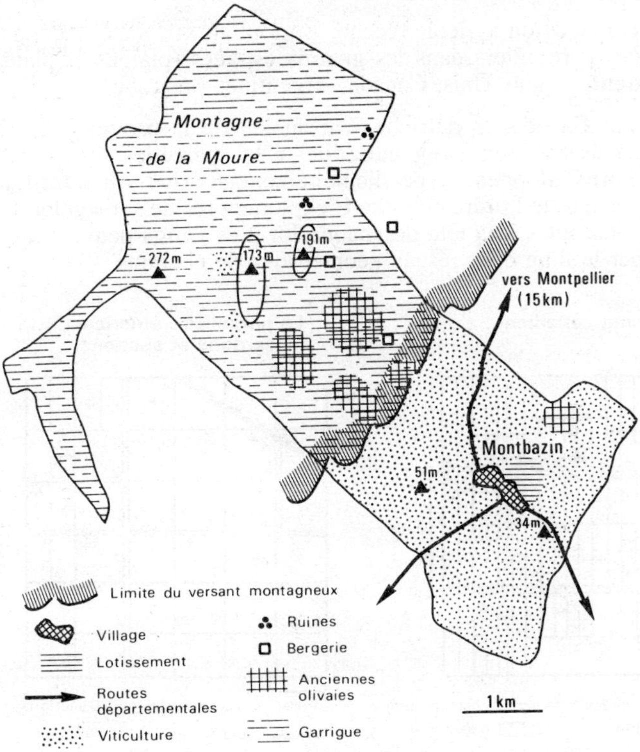

4. Les paysages agraires tropicaux

Un finage de la savane africaine

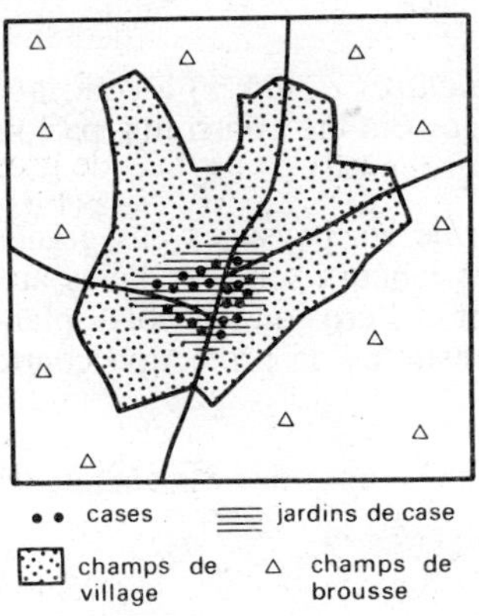

Ils sont très variés et surtout fonction des **densités agricoles** (nombre de personnes vivant de l'agriculture par km²) inférieures à 5 dans les régions forestières, supérieures à 1 000 dans certaines régions rizicoles d'Asie du Sud-Est.

Dans les savanes africaines, l'habitat est généralement groupé ; le terrain s'organise en auréoles concentriques autour du village, près des habitations les **jardins de case** (fertilisés par les détritus ménagers et le fumier du petit bétail, puis les **champs de village** permanents ou semi-permanents (ex. jachère 2 ans sur 4). A la périphérie du finage, les **champs de brousse**, champs temporaires exploités épisodiquement.

- Paysage de l'agriculture de plantation (→ 3. *structures agraires*).
- Paysages des agricultures hydrauliques (→ 5. *eau et agriculture*).

5. Les campagnes des grands espaces

La colonisation agricole récente (surtout au XIXᵉ siècle) a engendré des paysages particuliers dans les **grands espaces** (plaines et plateaux) des **pays neufs** : Etats-Unis, Canada, Argentine, Australie...

a) Au Canada, le défrichement ancien de la province du Québec a donné naissance au **rang canadien** : les parcelles étroites (3 arpents ≃ 165 m) s'allongent perpendiculairement aux rives du Saint-Laurent sur une longueur de l'ordre du mile. L'exploitant réside sur son lot, les fermes étant construites à la tête de chaque lot. Les **rangs** peuvent aussi se développer le long d'un réseau géométrique de chemins.

Le rang canadien

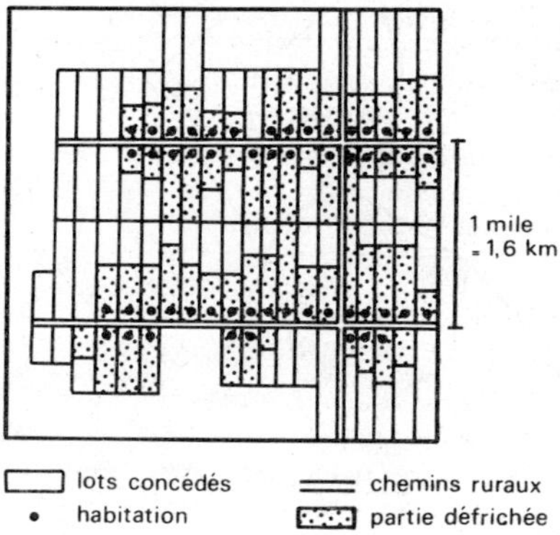

Le parcellaire américain : cantons et sections

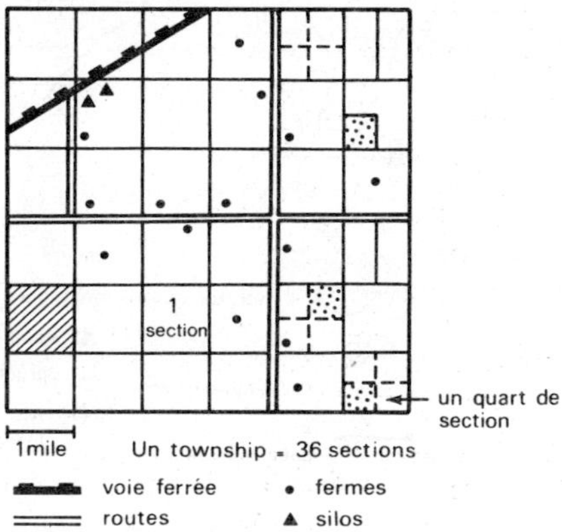

b) Dans les plaines centrales des Etats-Unis et du Canada, l'arpentage a mis en place un parcellaire géométrique : les **cantons** (townships), carrés de 6 miles de côté (environ 7 325 ha) sont divisés en **36 sections** d'un mile carré, subdivisées en quarts de section de 160 acres environ (env. 73 ha).

En U.R.S.S., la collectivisation (→ *3. structures agraires*) a contribué à modifier les paysages. De nouveaux villages ont été construits, parfois véritables centres urbains, les **agrovilles** (agrogorod).

c) Les techniques modernes ont transformé les paysages des grands espaces : **culture en courbe de niveau** (les labours sont parallèles aux courbes de niveau pour limiter le ravinement et l'érosion des sols), plantation de rideaux d'arbres et de bandes forestières de protection contre les vents chauds et secs.

2. AGRAIRES (Réformes)

1. Réforme agraire, révolution agraire, révolution agricole

a) La **réforme agraire** regroupe l'ensemble des opérations visant à transformer la structure foncière d'un Etat ou d'une région, par la modification des rapports sociaux en vue d'assurer l'amélioration des techniques culturales et l'accroissement de la production agricole (Le Coz).

La réforme est une action concertée et volontaire, l'Etat ou le pouvoir central jouant un rôle éminent. La réforme agraire correspond à priori à un double objectif : meilleure justice sociale avec redistribution de la propriété, progrès agricole avec amélioration des techniques et du rendement.

b) La réforme agraire peut être partielle lorsqu'elle ne s'applique qu'à certains secteurs ou à certaines régions : ex. Italie du Sud en 1950. Elle peut au contraire déboucher sur une véritable **révolution agraire** avec bouleversement complet des structures de production et des rapports sociaux (ex. Chine, Cuba).

La **réforme agricole** et la **révolution agricole** ne sont pas des réformes agraires. Il s'agit simplement de transformations plus ou moins profondes des techniques de culture : ex. la révolution agricole du XVIIIe siècle (→ *4. agriculture*), la **révolution verte** (→ *6. alimentation*).

2. Quelques exemples de réformes agraires

Certaines réformes agraires sont une simple redistribution de la propriété. La superficie des grands domaines est limitée, les **latifundia** (→ *3. structures agraires*) sont plus ou moins démembrés et les terres réparties entre les petits paysans. La réforme agraire mexicaine est la plus ancienne, elle débute en 1917 et la redistribution des terres n'a pas cessé depuis. Les communautés indigènes récupèrent les **terres collectives (ejidos)** qu'elles avaient perdues et reçoivent certaines terres qui appartenaient aux **haciendas** (→ *3. structures agraires*), désormais limitées à 100 ha (cultures irriguées) ou 200 ha (cultures sèches). Parmi les autres pays touchés par des réformes agraires inégales : la Bolivie, le Pérou, l'Egypte (suppression des latifundia). En Algérie, les anciens domaines des colons européens ont été nationalisés et sont devenus des **fermes autogérées** : l'exploitation est dirigée par les travailleurs agricoles qui élisent un président et un comité de gestion.

3. La collectivisation en Europe soviétique

La **collectivisation** des terres suppose la mise en commun des terres au bénéfice de la collectivité nationale. Le plus souvent, la terre appartient à l'Etat (étatisation). La collectivisation des terres peut être partielle, laissant subsister des propriétés privées, ou totale.

a) Le modèle soviétique

La terre a été déclarée propriété d'Etat en février 1919, en Russie soviétique.

Après des débuts prudents (3 % des terres sont collectivisées en 1928), la collectivisation a été brutale à partir de l'automne 1929, mettant en place deux types d'entreprises agricoles.

– Le **kolkhoze** est une coopérative agricole de grande taille, puisque chaque kolkhoze dispose en moyenne de 6 400 ha (3 500 ha labourés) et regroupe 485 familles. Les kolkhoziens étaient rétribués en fonction du temps de travail sur la terre collective (trudodien = jour de travail).

  De fait, ils sont de plus en plus salariés et touchent un salaire minimum. Le pouvoir de décision appartient, en partie, à l'assemblée générale des kolkhoziens qui élit le président du kolkhoze (sur proposition du parti communiste). Les familles kolkhoziennes peuvent posséder un lopin de terre privée, l'**exploitation individuelle auxiliaire (E.I.A.)**, limité à 0,5 ha, qui alimente l'autoconsommation, les surplus étant vendus sur le **marché kolkhozien**. (Le **dvor** est le foyer, la famille paysanne.)

– Le **sovkhoze** est la ferme d'Etat, dépendante des ministères et utilisant un personnel salarié. De grande taille (S.A.U. moyenne de 16 200 ha, S.A. utilisée environ 5 000 ha), les sovkhozes sont des fermes pionnières, exploitations pilotes souvent spécialisées : sovkhozes cotonniers, sovkhozes céréaliers, sovkhozes forestiers ou leskhozes...

Les anciennes **M.T.S.** (stations de machines et tracteurs) qui regroupaient le matériel loué aux kolkhozes (ou aux sovkhozes) ont disparu en 1957, lors de la concentration des kolkhozes.

L'**union agro-industrielle de district ou R.A.P.O.** est une nouvelle structure créée en 1982. C'est un organisme intermédiaire entre les entreprises agricoles et les ministères qui joue un rôle de coordination et de gestion.

b) Dans les démocraties populaires

La collectivisation a été inégale. Tous les pays d'Europe de l'Est ont connu une réforme agraire entre 1944 et 1948. Par la suite, la collectivisation a rencontré des résistances diverses : en Pologne et en Yougoslavie, les propriétés sont privées à plus de 80 %. Les coopératives sont surtout importantes en R.D.A. (appelées **L.P.G.**) et en Bulgarie (les **T.K. Z.S.**). En Yougoslavie, les coopératives d'exploitation (avec mise en commun des terres), les **zadrouga (O.Z.Z.),** ne possèdent qu'une faible fraction des terres, mais regroupent les exploitants privés à qui elles fournissent les services (machines, approvisionnement, crédit...). Les combinats agro-industriels yougoslaves sont de grandes entreprises agro-alimentaires qui diversifient leurs activités (ex. tourisme).

c) La décollectivisation

Après la disparition des régimes communistes en Europe de l'Est se développe un vaste mouvement de **privatisation** des terres.

4. La collectivisation dans le tiers monde

En Chine, la réforme agraire de 1950 en redistribuant 47 millions d'hectares à 70 millions de familles, aboutit à la constitution de micro-propriétés. La collectivisation se déroule entre 1951 et 1958 dans le cadre de coopératives avec trois stades successifs de coopération : mise en commun du travail (de manière saisonnière puis permanente) ; mise en commun des terres dans des **coopératives socialistes** de stade inférieur, puis création des coopératives de stade supérieur avec abolition de la propriété privée (de la terre, du matériel, du cheptel).

Les **communes populaires chinoises** créées lors du « grand bond en avant » préfigurent la société communiste intégrale. De vastes dimensions (plusieurs milliers d'hectares), les communes sont une unité d'intégration économique réunissant agriculture et industrie et capables d'autarcie. Après l'échec du « grand bond en avant », la taille des communes diminue. Elles sont divisées en **brigades** (200 à 300 familles) et en **équipes** et les lopins privés sont à nouveau autorisés.

Dans les années 80, la Chine connaît un véritable mouvement de décollectivisation des campagnes : promotion des lopins privés, libération du commerce des produits agricoles, démantèlement progressif et inégal des communes.

A Cuba, la réforme agraire a signifié la nationalisation des grandes entreprises agricoles étrangères (ex. U.S.A.) ou nationales (en 1960). Elle a permis la création de **fermes d'Etat**, souvent orientées vers la production de canne à sucre (récolte de canne = la **zafra**), le secteur privé devenant marginal (15 % des terres).

3. AGRAIRES (Structures)

Le terme « **structures agraires** » désigne l'ensemble des conditions foncières et sociales des régions rurales. Etudier les structures agraires c'est analyser les rapports juridiques entre l'homme et la terre (types de propriété et répartition de la propriété foncière). C'est également étudier les structures de l'exploitation et comparer les diverses exploitations agricoles.

1. Les rapports juridiques entre l'homme et la terre

a) La propriété de la terre peut être privée et individuelle. Dans ce cas, on distingue de nombreux faire-valoir (régime juridique de l'exploitation agricole). Lorsque le propriétaire est lui-même chef d'exploitation on parle de **faire-valoir direct** ex. propriété familiale mise en valeur par le chef de famille éventuellement assisté **d'aides familiaux** (son épouse, ses enfants). Lorsque le propriétaire des terres n'exploite pas ses terres, le **faire-valoir** est **indirect.** Dans le **métayage,** l'exploitant (métayer) et le propriétaire se partagent les produits de la récolte, en principe par moitié. Cependant, le métayage peut être plus défavorable à l'exploitant : le **khammesat**. Le **khammesat** est un mode de faire-valoir traditionnel dans les pays du Maghreb. Le **khammés** (de l'arabe **khams** = cinq) n'est pas à proprement parler un métayer mais un ouvrier agricole saisonnier, rémunéré en nature et percevant le cinquième de la récolte.

b) Avec le **fermage,** le propriétaire loue sa terre à un fermier qui exploite celle-ci pendant la durée d'un **bail** (ex. 9 ans, 18 ans, 27 ans) moyennant une certaine somme d'argent. De nos jours, en Europe occidentale le mode de **faire-valoir** est le plus souvent **mixte,** les cultivateurs étant à la fois propriétaires et fermiers, exploitant des parcelles possédées et des parcelles affermées (louées).

c) La **propriété** de la terre peut aussi être **communautaire.** En France, les **communaux** sont des terres appartenant à la commune (ex. bois communaux). Dans les montagnes, les alpages et territoires pastoraux (→ *41. élevage*), sont propriété commune. Dans la Russie tsariste, après l'abolition du servage, le droit de propriété est collectif dans le cadre de la commune rurale représentée par le **mir,** assemblée des chefs de famille. Le mir peut redistribuer les parcelles entre ses membres. Dans les pays du tiers monde, les terres appartiennent souvent aux communautés rurales : ex. terres des **ejidos** du Mexique (l'ejido désigne les terres communales des Indiens (→ *2. réformes agraires*), terres tribales d'Afrique occidentale. Les terres communales ou communautaires sont souvent démembrées et distribuées à des propriétaires individuels.

Dans les agricultures « socialisées » la terre appartient à l'Etat. Elle est collectivisée (→ *2. réformes agraires*).

2. Les exploitations agricoles

a) L'**exploitation agricole** est l'unité de base de la production agricole. Les exploitations sont de tailles très diverses. En Europe occidentale, les exploitations familiales sont le plus souvent petites ou moyennes (en France, la taille moyenne des exploitations est de 27 ha en 1985).

Dans les pays du tiers monde (→ *31. croissance*), la répartition des terres est souvent très inégale ; les **latifundia** sont de grandes exploitations agricoles souvent médiocrement mises en valeur par de pauvres **métayers** ou par des **journaliers** (ouvriers agricoles travaillant à la journée).

Les latifundia étaient nombreuses autrefois dans l'Europe méditerranéenne (Espagne, Italie du Sud). Elles se maintiennent en Amérique latine avec les **estancias** grands domaines d'élevage extensif (→ *41. élevage*), les **haciendas** grandes propriétés agricoles d'Amérique espagnole. Cependant, certains grands domaines bien gérés, ne sont plus des latifundia mais sont devenus de grandes entreprises agricoles efficaces comme les plantations modernes (grande culture). Au Brésil, les **fazendas** sont de grands domaines agricoles spécialisés : fazenda de canne à sucre, fazenda de café (Etat de São-Paulo) ou fazenda de soja.

Sur les grandes exploitations travaillent de nombreux **ouvriers agricoles** permanents ou saisonniers. Dans l'agriculture d'Ancien Régime, les **manouvriers** et les **brassiers** sont des ouvriers qui n'ont que leurs bras comme richesse, l'équivalent des **braccianti** italiens ou des **braceros** du Mexique. En Amérique latine, le **peón** est, lui aussi, un véritable prolétaire du monde rural.

Aux latifundia s'opposent les **microfundia**, minuscules exploitations tenues par de petits propriétaires ou des métayers ; dans les pays de riziculture d'Asie du Sud-Est les microfundia sont l'exploitation la plus courante.

Souvent, les réformes agraires ont fait disparaître les latifundia (→ *2. réformes agraires*).

b) Les exploitations agricoles peuvent être aussi classées en fonction des revenus qu'elles procurent ; lorsque l'exploitation ne fournit pas à l'exploitant la totalité de ses revenus, il s'agit d'une **exploitation à temps partiel.** Dans les pays industriels, de nombreuses exploitations à temps partiel sont exploitées par des ouvriers **(ouvriers paysans)** ou par des retraités. En France, une exploitation à temps complet est une exploitation où le nombre d'U.T.A. est au moins égal à un ; **U.T.A.** = Unité de Travail Agricole, soit le travail d'une personne pendant 275 journées de huit heures.

3. Les coopératives agricoles

Les exploitations agricoles peuvent être associées au sein de coopératives agricoles mais les degrés de la coopération sont très variables.

a) Les **G.A.E.C.** (France), Groupement Agricole d'Exploitation en Commun, ne sont pas de véritables coopératives mais regroupent plusieurs cultivateurs (généralement deux ou trois, souvent de la même famille) qui associent leur travail et une part de leur capital. C'est une des formes de l'agriculture de groupe.

b) Les coopératives de service sont des entreprises spécialisées qui effectuent une opération particulière (achat de semences, conditionnement transformation et vente des produits agricoles, achat et entretien des machines, stockage) pour le compte des exploitants agricoles participant à la coopérative. En France, les **C.U.M.A.** – Coopératives d'Utilisation du Matériel Agricole – jouent un rôle important pour le gros matériel (moissonneuses-batteuses). Dans la viticulture, l'importance des coopératives n'est plus à souligner (en Champagne, en Alsace, dans le Midi...).

c) Les coopératives agricoles de production supposent une organisation communautaire du travail agricole, une mise en commun du matériel et une gestion coopérative. La plupart des coopératives de production ont été créées dans le cadre de réformes agraires plus ou moins complètes ; dans ce type de coopérative, la propriété (ou la possession) individuelle de la terre subsiste le plus souvent.

d) Dans les coopératives agricoles collectives la terre est collectivisée et la propriété privée et individuelle est abolie (→ *2. réformes agraires*).

En Israël, le **kibboutz** (pl. : kibboutzim) est une commune essentiellement agricole avec coopération intégrale et mise en commun des terres, du matériel et des équipements. Les premiers kibboutzim sont nés en Palestine ottomane en 1909 et présentent un caractère pionnier et défensif avec mise en valeur de nouveaux espaces agricoles. Les **moshavim** sont des villages coopératifs fondés en Palestine à la même époque.

Le moshav (village coopératif) Nahahal en Basse Galilée (Israël)

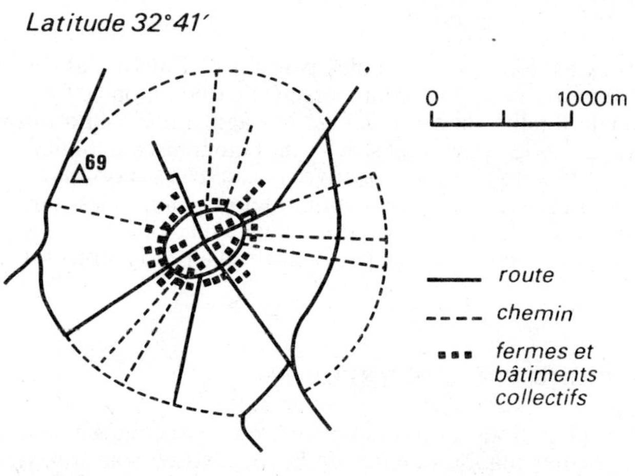

Le **kolkhoze** est la coopérative collective de l'Union soviétique, qui a servi de modèle aux coopératives socialistes des pays de l'Europe de l'Est.

La **commune populaire chinoise** est une institution collective dont les compétences sont très larges (agriculture, artisanat, industrie, enseignement, culture), le mode de vie des habitants de la commune s'inspirant des principes communistes (→ *2. réformes agraires).*

4. La politique agricole en France

I.V.D. : L'Indemnité Viagère de Départ (I.V.D.) est versée aux agriculteurs âgés qui cessent leur activité ou abandonnent la responsabilité de leurs exploitations (1962).

D.J.A. : La Dotation aux Jeunes Agriculteurs (D.J.A.) est destinée à promouvoir l'installation de jeunes agriculteurs (1973).

S.A.F.E.R. : Les S.A.F.E.R. (Sociétés d'Aménagement Foncier et d'Etablissement Rural ont pour objet l'achat de terres agricoles (avec droit de préemption) et leur rétrocession aux agriculteurs exploitants.

4. AGRICULTURE

1. L'agriculture

L'agriculture correspond à l'ensemble des travaux de la terre qui transforment le milieu naturel pour la production de végétaux et d'animaux utiles à l'homme. Au sens large, le terme désigne les activités de culture mais aussi l'élevage, l'aquaculture (→ *41. élevage ; 89. pêche*) et la sylviculture qui exploite les forêts (→ *53. forêts*).

L'agriculture suppose la domestication des plantes et des animaux et se distingue donc de la simple **cueillette** qui, combinée à la chasse et à la pêche assurait la subsistance des hommes au paléolithique (→ *58. histoire*).

2. L'apparition de l'agriculture

L'apparition de l'agriculture date du néolithique (→ *58. histoire*) ; la première domestication des plantes par des populations désormais **sédentaires** (fixées sur un territoire) est réalisée en Mésopotamie (blé et orge dès 8000 av. J.-C.), en Extrême-Orient (riz et millet vers 4800-4300 av. J.-C.) et en Amérique (maïs, haricots, pomme de terre vers 4800-3200 av. J.-C.)

3. Système agricole

La diversité des conditions naturelles et techniques entraîne la constitution de **systèmes agricoles** différents, chaque système correspondant à un ensemble de procédés techniques, mais aussi à une association de diverses cultures, entraînant une certaine répartition des terres et des travaux.

Les **systèmes agricoles** sont souvent caractérisés par une culture dominante au sein de l'association : systèmes agricoles fondés sur le maïs (Amérique latine), le riz (Extrême-Orient), ou le blé associé aux plantes fourragères et à l'élevage (Europe tempérée, Etats-Unis...).

4. Monoculture et polyculture

La spécialisation dans une seule culture ou **monoculture** présente des avantages (production au moindre coût) mais aussi des inconvénients (épuisement des sols, risques financiers pour les agriculteurs). De ce fait, la monoculture développée au XIXe siècle dans les pays neufs (Etats-Unis, Canada, Argentine) a connu une diversification plus ou moins récente fondée sur la **rotation** de plusieurs cultures. (→ *infra*)

Ainsi les **belts** (ceintures) des Etats-Unis, régions caractérisées par la domination d'une culture (**cotton-belt** pour le coton, **corn-belt** pour le maïs...) n'existent plus guère comme campagnes uniformes et monotones.

La **polyculture** repose sur une association, une combinaison plus ou moins harmonieuse de productions.

5. Rotation culturale, assolement, révolution agricole

La **rotation culturale** désigne la succession des cultures sur une même parcelle. La rotation des cultures peut être biennale, triennale ou de longue durée. Elle peut se traduire dans l'espace cultivé, par un **assolement :**

- dans le cadre d'une organisation communautaire (ex. paroisses françaises de l'Ancien Régime, tribus...), les terres sont partagées en soles, chaque sole regroupant les parcelles vouées à la même culture (→ *1. paysages agraires*) ;
- dans les assolements peu intensifs, les champs sont laissés plus ou moins longtemps en **jachère** ou à l'état de repos, ce qui évite l'épuisement des sols. Dans l'**assolement triennal** les deux tiers des terres sont cultivées, dans l'**assolement biennal** la moitié ; mais la jachère peut parfois durer très longtemps. Les terres laissées en jachère peuvent être utilisées par les troupeaux qui enrichissent les champs par leur fumure ;
- dans les assolements intensifs, la jachère a disparu avec la **révolution agricole** d'abord développée en Grande-Bretagne dès le XVIIIe siècle ; la jachère est remplacée par les **prairies artificielles,** terres labourables semées pour une ou plusieurs années (prairies temporaires) avec des **plantes fourragères** (luzerne, trèfle, ray-grass) destinées à l'ali-

mentation du bétail. L'**amendement** des terres qui améliore les propriétés du sol a également contribué à la disparition des jachères : parmi les amendements qui assurent la fertilisation des terres certains sont pratiqués depuis longtemps, apport de vases, de cendres, d'algue **(goémon)** ou adjonction de chaux **(chaulage)** pour les sols siliceux.

Les amendements modernes utilisent des **engrais chimiques,** récoltés à l'état naturel (**guano** du Pérou : déjections d'oiseaux) ou fournis par l'industrie chimique **(engrais azotés, phosphatés, potassiques)** dont la plupart sont des mélanges complexes (engrais composés).

L'évolution du matériel agricole s'est le plus souvent déroulée lentement, ainsi le passage de l'araire à la charrue.

L'**araire,** instrument de labour à soc symétrique (en bois ou en fer), fend la terre sans la retourner à la différence de la **charrue,** à soc dissymétrique (avec un ou plusieurs socs), instrument aratoire plus efficace.

6. Agriculture extensive ; agriculture intensive ; S.A.U. ; S.A.Uée

Parmi les systèmes agricoles, on peut distinguer des systèmes peu efficaces utilisant de grandes étendues de terre, des systèmes fonctionnant surtout grâce au travail humain, des systèmes accumulant progrès techniques et équipements dans des exploitations de type industriel.

La **superficie agricole utile (S.A.U.)** correspond à l'ensemble des terres agricoles (terres labourables, vergers, vignes, prairies naturelles ou **superficie toujours en herbe = S.T.H.,** landes et friches) à l'exclusion des forêts. La **superficie agricole utilisée** se limite aux terres réellement travaillées compte non tenu des landes, friches, terres de jachère et terrains de parcours pour les troupeaux.

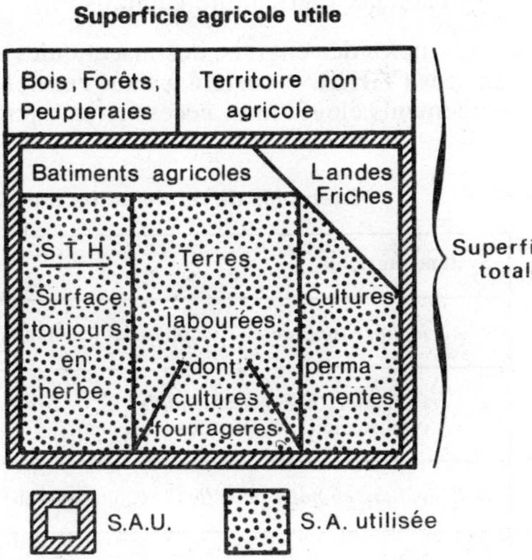

L'**agriculture extensive** mobilise des vastes superficies, modifie assez peu le milieu naturel, repose sur un faible travail et un faible investissement. Elle correspond souvent aux régions de faible peuplement. Les **rendements agricoles** obtenus (productions rapportées à un hectare de terre ; ex. 10 quintaux de blé à l'hectare) sont modestes mais les dépenses engagées (en capital et en travail) sont faibles.

Exemples d'agriculture extensive :

- l'**agriculture itinérante sur brûlis,** caractéristique des pays tropicaux repose sur l'utilisation du feu pour détruire la végétation de la savane ou de la forêt (après défrichement partiel pour le milieu forestier). Le sol est travaillé sommairement et après une ou deux récoltes les champs sont abandonnés pour une longue jachère (jusqu'à 20 ans). Cette pratique culturale largement répandue (culture **ladang** en Indonésie, **lougan** en Afrique noire, **ray** au Laos, **milpa** au Mexique...) ne permet pas de fortes densités (12 h au km^2 au maximum) et exige de vastes espaces libres pour le déplacement des champs, voire des villages ;
- l'agriculture moderne des **grands espaces** peut encore présenter des caractères extensifs, surtout dans les régions pionnières, récemment mises en culture (ex. steppes du Kazakhstan) ou dans les régions arides avec **culture en dry-farming :** Dans cette technique de jachère labourée les sols pauvres se reposent une ou plusieurs années, les labours répétés facilitant l'absorption des rares précipitations et ralentissant l'évaporation ;
- l'**agriculture intensive** obtient de hauts rendements à l'hectare et utilise complètement les sols cultivables. Dans l'agriculture intensive traditionnelle, c'est l'accumulation du travail humain qui explique l'efficacité d'une agriculture minutieuse et parfois **jardinatoire** coïncidant avec des régions d'intense peuplement agricole (ex. « régions irriguées » → *5. agriculture et eau*). Fort différente l'**agriculture intensive moderne** utilise peu de main-d'œuvre mais d'importants capitaux (agriculture capitaliste).

L'emploi des engrais, des insecticides et pesticides, la sélection des semences **(V.H.R. = variété à haut rendement)** et des animaux, assure des rendements élevés mais nécessite un équipement coûteux (agriculture mécanisée).

Exemples de rendements annuels pour les végétaux

Système agricole	Q/ha
• *Agriculture itinérante* (1 récolte tous les 10 ans)	0,5
• *Céréaliculture à jachère biennale :* ex. le Midi de la France du XVIe au XVIIIe siècle (1 récolte tous les 2 ans)	3,5 à 6
• *Riziculture chinoise actuelle* (2 récoltes par an)	env. 50
• *Céréaliculture intensive en Ile-de-France* (1 récolte de blé)	jusqu'à 75
• *Céréaliculture au Kazakhstan* (1 récolte de blé de printemps)	10 à 18

7. L'agriculture et le marché

L'**agriculture vivrière** ou de **subsistance** se borne à nourrir la famille ou le groupe (autoconsommation des productions) ; les surplus commercialisés sont rares.

L'**agriculture commerciale ou de marché** vend l'essentiel de sa production, d'où l'organisation de circuits commerciaux entre villes et campagnes : l'autoconsommation est marginale.

L'**agriculture d'exportation** (ou « spéculative ») s'oriente vers une commercialisation internationale et dépend des fluctuations des cours mondiaux des produits agricoles. A cette catégorie, appartient l'**agriculture de plantation** des pays tropicaux (ou subtropicaux) : plantations de café (ex. **fazendas** du Brésil) de cacao, de canne à sucre, de coton, de tabac (Cuba), de caoutchouc (ex. Malaisie), de manioc, de bananes (Amérique centrale), palmeraies (palmiers-dattiers, à huile, cocotiers), vergers d'agrumes...

En fait, il faut distinguer la **plantation** indigène de type familial (de taille modeste) et les **grandes plantations industrielles** souvent dominées par des capitaux exogènes (extérieurs à la région ou au pays).

Dans le **système agro-industriel,** l'agriculture est étroitement liée au commerce et à l'industrie (liens commerciaux, techniques, financiers). On parle d'**intégration agro-industrielle** et d'**agriculture intégrée**. L'agriculteur peut être dépendant des firmes (commerciales ou agro-alimentaires) avec lesquelles il passe des contrats de production : c'est l'**agriculture sous contrat**.

8. Les types de culture

Selon les rapports avec l'eau, on peut distinguer les **cultures sous pluie (ou cultures sèches)** qui se contentent des précipitations naturelles et les cultures **irriguées et inondées** (→ *5. agriculture et eau*).

La **céréaliculture** cultive des graminées très diverses. Le blé, céréale la plus cultivée, présente plusieurs variétés : **blé dur** adapté aux régions chaudes et sèches (ex. Bassin méditerranéen) et servant à la confection des semoules et pâtes alimentaires, **blé tendre** (pour le pain), **blé d'automne** (ou d'hiver) car semé en automne, **blé de printemps** utilisé dans les régions à hivers trop rudes. Le blé est une céréale relativement exigeante et, en France, avant l'adoption des engrais, les terres de **fromental** (**froment** = blé ; **emblavures** = terres plantées en blé), s'opposaient aux **ségalas,** terres plus acides plantées en seigle (pain noir). L'**avoine** et le **sarrasin,** caractéristiques des terres fraîches et humides de l'Europe du Nord-Ouest, étaient consommés en galettes et en bouillies.

Le **maïs** est d'origine américaine alors que le **sorgho,** le **mil,** et le **millet,** sont depuis longtemps cultivés en Afrique et en Extrême-Orient (en Chine, le **kaoliang** est une variété de millet). Le **riz,** céréale nourricière des populations asiatiques est exigeant en eau et en travail. Il peut être cultivé hors des rizières – **riz de montagne** – mais les rendements sont faibles. **L'orge** est surtout utilisé pour la nourriture animale et les brasseries **(malt).** De nos jours, les céréales servent de plus en plus à la nourriture des animaux et sont concurrencées par les **P.S.C., produits de substitution des céréales** (→ *41. élevage*).

La **viticulture** est une culture de plus en plus spécialisée. En France, le **vignoble d'autoconsommation** régresse au profit des **vignobles commerciaux,** où l'on distingue **vignobles de masse** et **vignobles de cru,** aux **cépages** sélectionnés (**cépage** = variété de plant de vigne). Suivant la qualité, on classe les vins en vins de table (ou **V.C.C.** = vins de consommation courante), vin de pays, **V.D.Q.S.** (vins délimités de qualité supérieure) et vins d'**A.O.C.** (appellation d'origine contrôlée).

L'**arboriculture** constitue souvent un des éléments de la polyculture, les arbres fournissant des fruits, des fruits oléagineux (oliviers, palmiers à huile, noyers...), du fourrage, etc.

Dans la **coltura promiscua,** la même parcelle porte simultanément plusieurs cultures situées à des étages différents : par exemple céréales, arbres et vignes grimpantes supportées par des arbres.

L'**arboriculture moderne** se spécialise en vastes vergers à disposition géométrique.

→ *aussi : 1. paysages agraires, 2. structures agraires, 41. élevage, 53. forêt, 5. agriculture et eau.*

5. AGRICULTURE ET EAU

1. Les besoins des plantes

L'eau joue un rôle essentiel en agriculture mais les besoins des plantes sont variables : pour un cycle végétatif complet un hectare de blé demande 4 000 m^3 d'eau, un hectare de luzerne, 7 500 m^3. Les plantes perdent de l'eau par évaporation et par transpiration, c'est l'**évapotranspiration physiologique** des plantes. Pour mieux cerner les besoins, on calcule l'**évapotranspiration potentielle** définie par l'évaporation maximale d'une surface végétale donnée (évaporation du sol + évapotranspiration des plantes) si le sol est continuellement ravitaillé en eau.

2. L'irrigation

C'est l'ensemble des procédés destinés à fournir aux plantes cultivées la quantité d'eau nécessaire, lorsque les précipitations atmosphériques s'avèrent insuffisantes.

Bilan hydrique de Montélimar

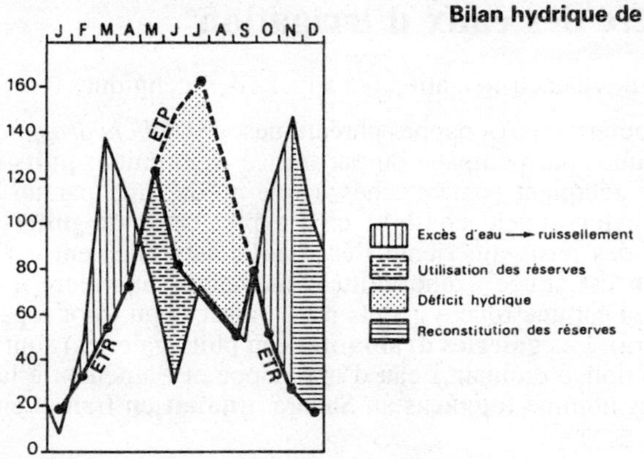

Bases de calcul pour la mesure de l'ETp à Montélimar, 1959:

MONTELIMAR	J	F	M	A	M	J	J	A	S	O	N	D
P	9,0	48,0	139,0	113,0	75,0	31,0	73,0	60,0	48,0	110,0	146,0	103,0
E.T.P.	15,3	32,9	54,2	71,9	124,3	149,6	163,2	134,3	89,3	54,0	28,0	19,3
P. - E.T.P.	-6,3	16,1	84,8	33,1	-49,3	-118,6	-90,2	-74,3	-41,3	56,0	118,0	83,7
Réserve	93,7	100,0	100,0	100,0	50,7	0,0	0,0	0,0	0,0	56,0	100,0	100,0
Déficit	0,0	0,0	0,0	0,0	0,0	67,9	90,2	74,3	41,3	0,0	0,0	0,0

P: précipitations ETP: évapotranspiration potentielle
ETR: évapotranspiration réelle
Réserve utile évaluée à 100mm

a) L'**irrigation d'appoint** (ou complémentaire) en permettant une alimentation optimale de la plante permet une augmentation des rendements. L'**irrigation de nécessité** fournit l'eau aux régions où l'aridité rend impossible toute récolte. Elle peut être **temporaire** pour corriger une aridité saisonnière (ex. sécheresse estivale méditerranéenne, saison sèche en Inde) ou **permanente** dans les oasis.

b) L'irrigation fait appel à trois types de techniques : l'**irrigation par gravité** (solution la plus ancienne) grâce à un réseau de canaux (principaux et secondaires) et de rigoles (les **fillioles** du comtat Venaissin), l'**irrigation par aspersion** ou arrosage (plus récente avec tourniquets, canons à eau, rampes d'arrosages fixes ou mobiles (**irrigation tournante** par des rampes géantes pivotantes pouvant atteindre jusqu'à 700 m de diamètre), l'**irrigation par apports localisés** (méthode très récente) au niveau des racines (goutte à goutte).

L'**irrigation par submersion** (ex. les rizières asiatiques) est une variante de l'irrigation par gravité. Elle exige des espaces rigoureusement plans (les **casiers** des rizières), délimités par de petites digues d'où un parcellaire complexe, des parcelles de petites dimensions (le plus souvent) parfois étagées en terrasses (**rizières étagées** d'Indonésie). On parle alors de **cultures inondées** mais toutes les rizières ne font pas appel à l'irrigation, se contentant souvent des précipitations abondantes de la saison humide (ex. mousson → *73. milieux chauds non arides*) ou des crues des fleuves (**culture de décrue** le long des rives, ex. le Nil ou le Niger).

3. La collecte des eaux d'irrigation

La collecte des eaux d'irrigation fait appel à des techniques très diverses :

Les eaux souterraines (« nappes phréatiques » → *60. hydrosphère*) peuvent être atteintes par pompage ou par forage d'un puits : **puits à poulie** (l'outre ou le récipient sont attachés à une corde tirée par un animal), **puits à balancier** appelé **chadouf** en Egypte. Dans un **puits artésien** (puits arabes des oasis algériens) l'eau jaillit naturellement car la zône d'alimentation est située à une altitude moyenne supérieure à celle du puits. La **noria** est une roue à godets pour puiser l'eau (mot espagnol, de l'arabe na'oura). Les **galeries drainantes** (ou puits-galeries) sont des tunnels en pente douce drainant l'eau d'une nappe et l'amenant à la surface du sol : on les nomme **foggaras** au Sahara, **quanat** en Iran et en Afghanistan.

Pour stocker l'eau, il faut construire des barrages dont certains sont très anciens (barrages romain de Mérida). Parmi les retenues d'eau de petite taille, il faut citer les **lacs collinaires** (ex. dans les collines de l'Armagnac) les **tanks indiens.** Les grands réservoirs sont récents : ex. le lac Nasser en amont du barrage d'Assouan.

4. Les paysages de l'agriculture hydraulique

Il s'agit de paysages profondément transformés par l'irrigation et ses équipements techniques. En Inde, on oppose les cultures de saison sèche **(récolte rabi)** aux cultures de la saison des pluies **(récolte kharif).** En Asie du Sud-Est, il faut distinguer les rizières suivant leur niveau : **rizières basses** (portant du riz à la saison des basses eaux), **rizières hautes** (submergeables pendant la période des crues). Les **oasis** du Sahara pratiquent

Un quanat : coupe et vue aérienne

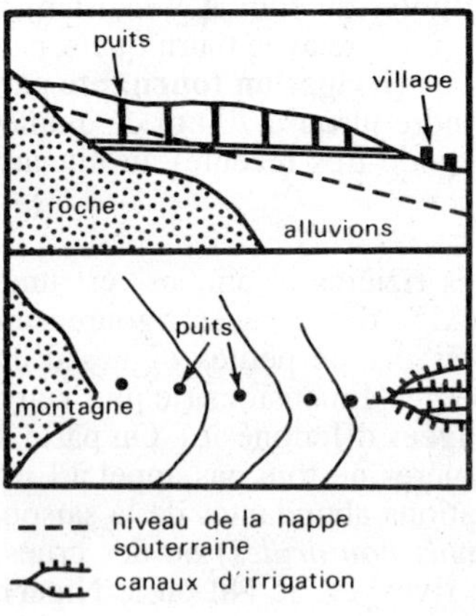

Un paysage de huerta : le comtat venaissin

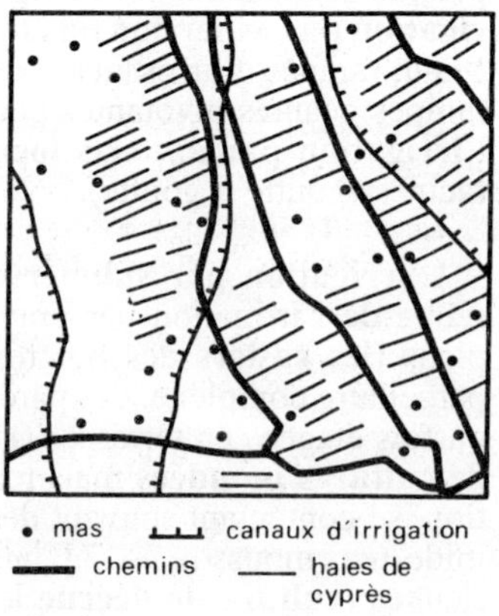

une polyculture intensive, les **palmeraies** de palmiers-dattiers abritant arbres fruitiers et parcelles cultivées. Dans l'Europe méditerranéenne, les **huertas** sont à l'origine la région irriguée proche de la ville et vouée aux jardins (légumes et arbres fruitiers). Par extension, l'ensemble du périmètre irrigué (même éloigné de la ville) porte le nom de Huerta (**horta** dans le Roussillon). Les Espagnols opposent les terres irriguées – le **regadio** – et les terres sèches – le **secano**.

5. La lutte contre les excès d'eau

a) Le long des fleuves ont été édifiées des **digues de protection** généralement édifiées sur les **bourrelets alluviaux,** petites berges suivant le cours d'eau et dominant légèrement la plaine alluviale.

Les **levées** de la Loire (primitivement appelées **turcies**) ont été édifiés dès le XVIIe siècle dans le Val d'Anjou.

b) La conquête des terres basses a entraîné la création de **polders :** un **polder** est un territoire entouré de digues qui le protègent des eaux extérieures. On peut donc distinguer des **polders fluviaux** (dont l'altitude est inférieure au niveau moyen des eaux des fleuves) et des **polders maritimes** (et donc littoraux) dont l'altitude est inférieure au niveau moyen des hautes mers.

L'assèchement des polders suppose la construction de canaux de drainage qui recueillent l'eau et l'évacuent. Les canaux sont parfois administrés par des associations de propriétaires, les **wateringues** créés en 1184 dans le Nord de la France ou les **waterschappen** aux Pays-Bas.

Le parcellaire d'un polder maritime

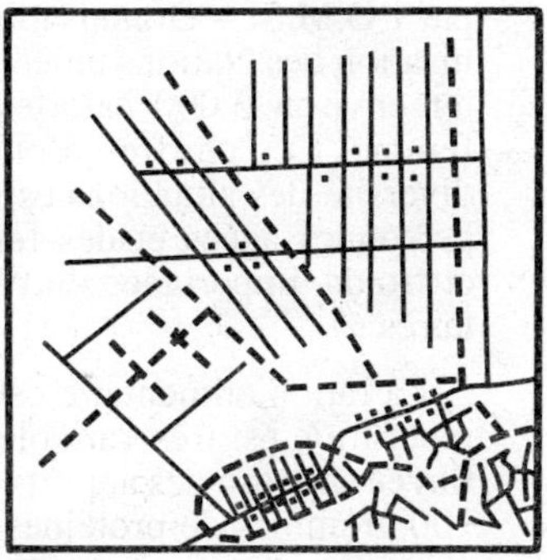

- - - canaux . habitations
——— limites de parcelles
Polder ancien au Sud-Est, récent au Nord

Le parcellaire des polders est géométrique pour les polders récents, irrégulier pour les polders plus anciens (croquis).

Les **hortillonnages,** zones maraîchères des vallées tourbeuses et humides (Picardie, vallée du Cher) ne sont pas des polders mais des vallées alluviales drainées.

Le **drainage** est un simple aménagement du sol pour évacuer l'excès d'eau ; il ne faut donc pas le confondre avec la poldérisation. Le drainage ancien était assuré par un réseau de fossés et de canaux alors que le drainage moderne utilise un réseau de **drains enterrés.**

6. ALIMENTATION

L'analyse de l'alimentation d'un groupe humain aboutit à des évaluations quantitatives de la ration alimentaire et suppose une étude qualitative du régime alimentaire.

1. La ration alimentaire quotidienne

Elle correspond à la quantité d'aliments absorbés par l'homme pendant une journée. Elle est généralement exprimée en calories : en science de l'alimentation on utilise, en fait, la grande calorie qui vaut 1 000 cal. ou 1 kilocalorie (1 kcal = 4,184 kilojoules).

Le minimum indispensable ou **ration d'entretien** se situe entre 1 800 et 2 000 calories journalières.

La **ration alimentaire normale** (normes dites de Harvard, corrigées par l'O.M.S. – Organisation Mondiale de la Santé – et la F.A.O. – Organisation des Nations unies pour l'alimentation et l'agriculture), doit compter environ 3 000 calories pour un homme et 2 200 calories pour une femme. Ces chiffres n'ont évidemment qu'une valeur indicative car la diversité des situations est extrême : besoins spécifiques des enfants, des personnes âgées et des femmes enceintes, influence des climats chauds et froids, importance du type d'activités (activités manuelles ou « sédentaires »).

La ration alimentaire est fournie par trois catégories d'aliments dont la répartition est très variable : glucides, lipides, protides. Une **ration équilibrée** suppose des apports judicieux dans les trois catégories, dont environ 100 grammes de protéines (d'origine végétale ou animale), mais d'autres éléments sont également nécessaires : éléments minéraux (calcium, potassium, fer, cuivre) parfois en très petites quantités (on parle d'**oligo-éléments**) et vitamines, toutes plus ou moins indispensables (A. B. C. D. E. PP. K.).

2. Dénutrition, malnutrition, faim, famine, disette

a) La **sous-alimentation** se définit par une insuffisance globale de l'alimentation. Dans cette situation, il faut distinguer la **dénutrition,** insuffisance quantitative impliquant un déficit global portant sur l'ensemble des éléments de la ration alimentaire, et la **malnutrition,** notion qualitative s'observant lors de la carence de tel ou tel élément. La carence en vitamines provoque des **avitaminoses** ou maladies de carence ; parmi elles, il faut citer les plus fréquentes : le **béri-béri** (carence en vitamine B1, contenue dans l'enveloppe des céréales), **le scorbut** (carence en vitamine C) ; la carence en vitamine A, responsable de nombreux cas de cécité dans les pays du tiers monde. La carence en iode, caractéristique des régions montagneuses et isolées de la mer (ex. régions montagneuses d'Afrique et d'Amérique latine) provoque le **goitre endémique.**

La malnutrition frappe sélectivement les enfants du tiers monde, d'où de nombreuses maladies comme le **kwashiorkor** (terme ashanti du Ghana, signifiant « l'enfant de trop »).

b) La **famine** est une situation de sous-alimentation critique affectant un groupe humain et responsable d'une grave surmortalité. Actuellement, les véritables famines sont rares et souvent liées au cumul de causes permanentes et de facteurs conjoncturels d'ordre climatique et politique. En fait, la plupart des famines actuelles (ex. Ethiopie) peuvent être évitées par une organisation cohérente des secours. Elles sont souvent provoquées, plus ou moins délibérément, à l'occasion de migrations forcées (famine du Cambodge et de l'Ethiopie).

c) La **disette** est une forme atténuée de la famine, moins dramatique mais peut-être plus redoutable, pratiquement synonyme de sous-alimentation. La disette intervient souvent au moment de la **soudure**, période difficile qui précède la récolte.

Disponibilités alimentaires nettes par habitant

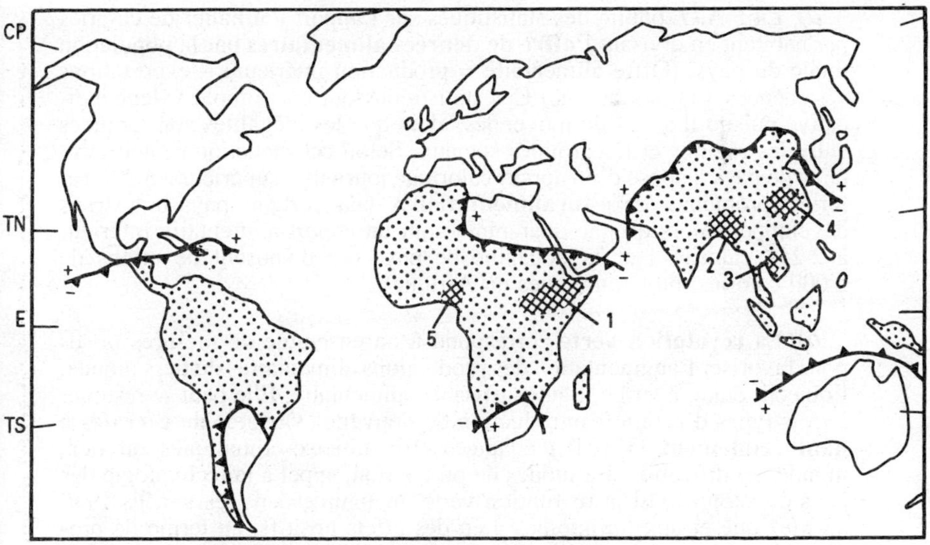

\+ Apport calorifique journalier par habitant supérieur à 2700 calories
\- Apport calorifique journalier par habitant inférieur à 2700 calories

Principales régions touchées par la famine au cours des trois dernières décennies
1- Ethiopie et Sud-Soudan 2- Bangladesh 3- Cambodge
4- Chine lors du grand bond en avant 1960 5- Biafra

3. Régime et habitudes alimentaires

Les **régimes alimentaires** (systèmes alimentaires) sont définis par la composition de l'alimentation. Ils dépendent des productions locales, du niveau de vie des habitants, du prix des produits, mais sont aussi largement fonction des habitudes alimentaires. Le régime alimentaire dépend encore souvent d'un **aliment de base** (ex. blé pour les pays méditerranéens, riz en Extrême-Orient, maïs en Amérique latine, manioc et tubercules dans les régions équatoriales). On peut alors définir des **régimes végétariens** (à dominantes de céréales ou tubercules), des **régimes carnés** (ex. dans la Pampa argentine), des **régimes lactés** (peuples pasteurs), des régimes à base de poissons (pêcheurs).

En fait, la mondialisation des échanges de produits alimentaires a entraîné une diversification, voire un bouleversement, des régimes alimentaires ; ex. introduction des aliments à base de blé en Afrique occidentale ou au Japon. De ce fait, la définition des **zones alimentaires** est plus délicate ; on peut simplement distinguer des **régimes évolués** (alimentation riche et diversifiée) des **régimes « primitifs »** (prédominence d'un aliment de base + malnutrition) et des régimes mixtes.

4. Aide et politique alimentaire, révolution verte

a) La F.A.O. publie des statistiques sur l'apport journalier de calories par habitant en divisant l'**offre de denrées alimentaires** par la population totale du pays. (Offre alimentaire = production intérieure – exportations – semences + importations.) Ces statistiques ont une simple valeur indicative puisqu'il s'agit de moyennes, alors que les inégalités sont grandes entre les régions et les groupes sociaux. Selon ces statistiques, une trentaine de pays dispose d'un apport calorique journalier supérieur à 3 300 calories (problèmes de **« suralimentation »** dans certains pays industriels développés) alors qu'une quarantaine ont un apport alimentaire inférieur à 2 250 calories (sur la douzaine de pays qui disposent de moins de 2 000 calories, huit sont situés en Afrique).

b) La **révolution verte** correspond à un ensemble de mesures prises pour favoriser l'augmentation des productions alimentaires du tiers monde, l'objectif étant, à terme, l'autosuffisance alimentaire. Elle peut se résumer à trois types d'actions ; introduction de nouvelles **variétés de céréales à haut rendement (V.H.R.)** adaptées aux milieux climatiques du tiers monde, modification des modes de production, appel à la technologie des pays développés. Si la révolution verte, inaugurée dans les années 1940 au Mexique et aux Philippines a eu des effets positifs, en terme de production (et de rendements), on peut relever de nombreuses conséquences négatives : effets sur l'environnement, sur les inégalités sociales et régionales.

c) Les **politiques alimentaires** des pays du tiers monde visent à assurer un approvisionnement régulier des villes et des campagnes (d'où la création d'organismes de collecte, ex. en Inde, la Food Corporation of India) tout en maintenant les prix agricoles à des niveaux bas afin de maintenir la paix sociale. D'autre part, les programmes publics de distribution de produits alimentaires coûtent cher au budget des Etats.

d) L'**aide alimentaire** représente une part importante de l'aide au développement (A.P.D.) des pays du tiers monde. Les organismes assurant l'aide alimentaire sont très divers :

- organisations internationales : la F.A.O.,
- le programme alimentaire mondial de l'O.N.U.,
- le **C.A.D. (Comité d'Aide au Développement rassemblant les pays de l'O.C.D.E.)**
- **organisations non gouvernementales (O.N.G.)** caritatives comme la Croix-Rouge internationale, le Croissant-Rouge...,
- pour faire face aux situations urgentes a été créée une réserve alimentaire internationale d'urgence.

S'y ajoutent les aides de la C.E.E. et celles des Etats-Unis au titre de la **Loi PL 480** dans le cadre du programme **Food for Peace.**

7. ARCHITECTURE CHRÉTIENNE

Les lieux de culte comptent parmi les monuments les plus remarquables de l'architecture occidentale. Il s'agit des **églises** paroissiales, des églises épiscopales ou **cathédrales** au siège d'un évêché, des **basiliques,** églises dotées par le pape d'une dignité particulière leur donnant une préséance sur toutes les autres églises, cathédrales excepté, des **chapelles,** édifices généralement de petites dimensions pourvues d'un autel pour la célébration de la messe (**l'oratoire** est une chapelle privée destinée à l'exercice du culte dans une maison particulière) des **baptistères,** construits à côté de l'Eglise par exemple à Florence, et réservés au baptême ainsi que des bâtiments destinés au clergé régulier : **monastères, abbayes, couvents.**

1. L'église

Malgré la diversité des styles, les églises présentent de nombreux éléments communs :

- la **nef :** galerie centrale de forme élevée et allongée. Dans certaines églises romanes, à l'entrée de la nef, mais distincte de celle-ci, bien que située sous le même toit, se trouve un petit vestibule ou **narthex ;**

le narthex diffère du **porche** situé sous un toit à part ou sous un clocher ;

- les **bas-côtés :** nefs latérales, galeries parallèles à la nef principale, en général plus basses qu'elle (les bas-côtés sont également appelés **collatéraux)** ;
- le **transept :** nef transversale, perpendiculaire à la nef principale qu'elle sépare du chœur (donnant à l'église la forme d'une croix) dont le centre en quatre piliers forme la **croisée du transept.**

Parfois la croisée du transept est surmontée d'une tour haute et massive, très ajourée : il s'agit de la **lanterne** ou **tour-lanterne** caractéristique de l'architecture romane (mais aussi gothique) en Normandie et Rhénanie ;

- le **chœur :** normalement le chœur est compris entre la croisée du transept et le **maître-autel** (table sur laquelle le prêtre célèbre la messe).

Sur l'autel se trouve une petite armoire – le **tabernacle** – qui renferme le **ciboire** (vase où sont conservées les **hosties** consacrées) et le **calice,** récipient où le prêtre verse le vin consacré pendant la messe.

La partie arrière de l'autel portant la croix et les chandeliers est le **rétable ;** ce terme servant aussi à désigner un panneau décoratif placé derrière l'autel. Par extension, le chœur concerne l'ensemble de l'église situé au-delà de la croisée du transept comprenant le chœur proprement dit, le **déambulatoire,** l'**abside,** les **chapelles rayonnantes** et les **absidioles ;**

- l'**abside :** partie en hémicycle qui termine une église derrière le chœur ;
- le **déambulatoire :** galerie de circulation tournant autour du chœur et sur laquelle s'ouvrent les chapelles rayonnantes ;
- les **chapelles rayonnantes :** chapelles disposées autour du déambulatoire selon un axe semblable au rayon d'une roue. L'**absidiole** est une petite abside formant le fond d'une chapelle rayonnante ;
- la **crypte :** chapelle souterraine, installée en général sous le chœur d'une église, destinée à l'origine à recevoir les tombeaux des martyrs et des saints.

Le **parvis** est la place située devant l'entrée de l'église.

2. L'art roman

Au XIe siècle, l'Europe occidentale se couvre « d'un blanc manteau d'églises neuves », notamment dans les campagnes (Raoul Glaber).

Le style est appelé **roman** parce qu'il est dérivé de l'art romain comme les langues « romanes » du latin.

Plan d'une église romane

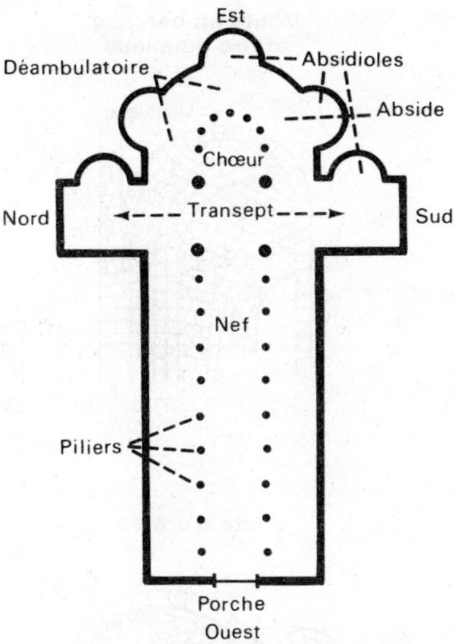

Contreforts et tribunes

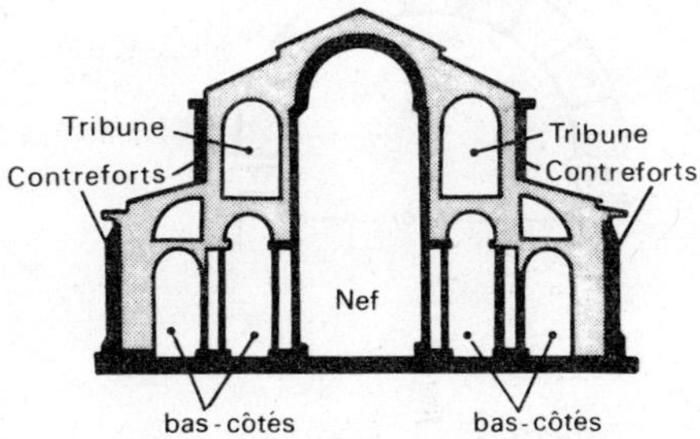

Les architectes ont voulu remplacer la charpente par une couverture en pierre en utilisant la technique déjà connue de la **voûte en plein cintre**, arc de cercle dont la pierre centrale, celle qui ferme la voûte, est la **clé de voûte.** En général, on construit sur la nef principale une voûte en berceau, et sur les bas-côtés des voûtes d'arêtes. La **voûte en berceau,** demi-cylindrique est engendrée par un arc en plein cintre ; cet arc est parfois souligné de loin en loin, par des arcs en saillie ou **arcs doubleaux**. La **voûte en arêtes** est formée par la rencontre de deux berceaux perpendiculaires l'un à l'autre.

Les voûtes de pierre exercent sur les murs une forte pression qui tend à les écarter. La poussée a été contrebutée, soit par les **contreforts,** soit par la voûte des collatéraux et par des **tribunes latérales** (galeries constituant un étage au-dessus des bas-côtés d'une église).

Cette technique architecturale présente une grande diversité dans le temps (du début du XIe à la fin du XIIe siècle) et dans l'espace : une véritable géographie, de l'architecture romane peut être établie, distinguant les réalisations d'Aquitaine, de Bourgogne, de Normandie et d'Angleterre, des régions du Rhin et de la Meuse, des pays méditerranéens.

Les sculptures ornent les **chapiteaux** (pierres taillées surmontant le fût d'une colonne ou d'un pilier et recevant la retombée de l'arc) et la façade, notamment le **tympan** (espace semi-circulaire au-dessus d'une porte). Les chapiteaux sont souvent sculptés d'animaux, réels ou fantastiques. Ces **bestiaires** représentent un complément à la Bible, car ils apprennent à lire

Arc roman en plein cintre

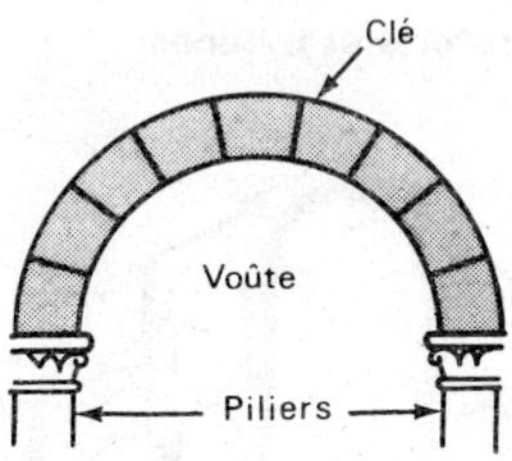

Voute en berceau et arc doubleau

Croisée d'ogives

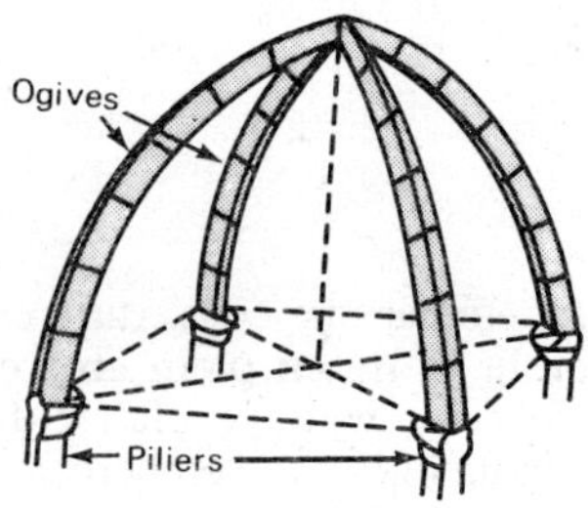

Voute d'arêtes

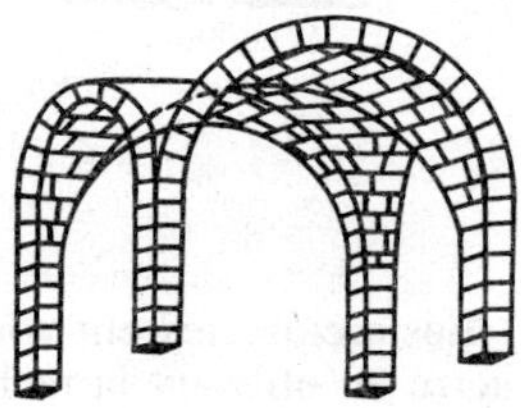

Contreforts

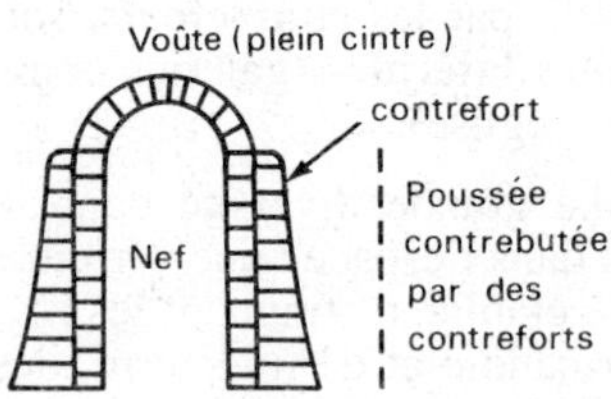

Tympans

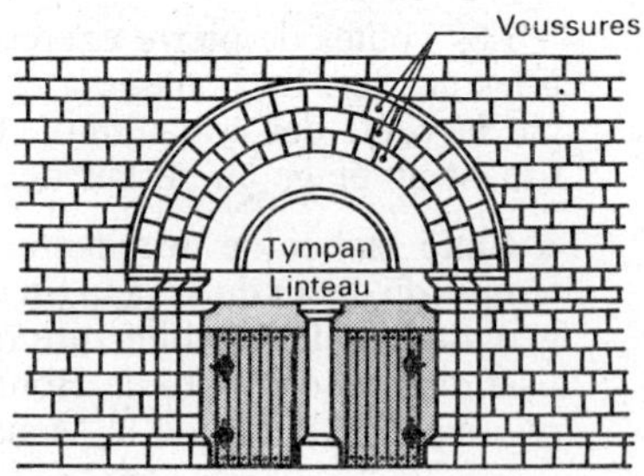

la création pour y découvrir les réalités transcendantes de la foi. Les tympans, par leur ampleur, accueillent des scènes plus vastes (le **Jugement dernier** à Arles – le Jugement dernier est le jugement de tous les hommes par Dieu, à la fin des temps, après la résurrection des morts – le **Christ en gloire** à Vézelay).

La sculpture n'est pas la seule technique décorative. Des **fresques** décorent les murs des églises – Saint-Savin-sur-Gartempe. Une **fresque** est une peinture avec des couleurs détrempées dans l'eau de chaux sur une muraille couverte d'un enduit encore frais (→ *11. art*). Des **fonts baptismaux** en bronze (vasques contenant l'eau destinée au baptême) traduisent un art très élaboré du métal.

Certaines régions (la Flandre) accordent une plus grande place à la **tapisserie** – ouvrage exécuté à la main, sur **métier de haute lice** (les fils de chaîne sont horizontaux) ou **de basse lice** (les fils de chaîne sont verticaux) dans lequel le décor se constitue en même temps que l'étoffe. Le plus beau spécimen est la tapisserie, longue de plusieurs dizaines de mètres, qui représente divers épisodes de la conquête d'Angleterre par Guillaume, appelée **tapisserie de Bayeux** parce qu'elle est conservée dans cette ville.

3. L'art gothique

Au XIIIe siècle, pour la construction d'édifices religieux dans les villes, une nouvelle technique s'affirme. C'est l'**art gothique** (qui signifie barbare), ainsi surnommé par les gens du XVIIe siècle qui ne l'apprécient pas.

L'**arc en ogive** (c'est-à-dire de forme ovale) et la **croisée d'ogives,** formée par la croisée d'arcs reposant sur des colonnes caractérisent ce nouveau style. Il permet la construction d'églises plus hautes avec des fenêtres décorées de **vitraux** (vitres colorées, serties de plomb). Sur les façades, s'ouvrent également de larges fenêtres circulaires à vitraux (les **rosaces**).

Les églises sont ornées de sculptures abondantes et riches, notamment sur les façades et les porches. Comme les portes sont enfoncées dans la maçonnerie et surmontées d'une avancée, prise dans la masse de l'église elle-même, on sculpte non seulement le tympan et le **linteau** (pièce horizontale, de bois ou de pierre qui joint les deux sommets des montants d'une porte) mais aussi l'intérieur de cette avancée **(voussure).**

A la base du toit, les **gargouilles** sculptées en forme d'animaux grotesques sont destinées à rejeter loin du mur les eaux de pluie recueillies par les gouttières.

La sculpture funéraire, avec les **gisants,** tend par sa profusion, à envahir l'intérieur des églises. Le gisant est une effigie funéraire d'un personnage représenté couché sur un tombeau.

Lorsque cette décoration devient luxuriante, le gothique est dit **flamboyant.**

4. L'art baroque

Lors de la Réforme catholique, une nouvelle forme d'art apparaît. C'est le style **baroque,** parfois appelé **style jésuite.** C'est un art grandiose, tourmenté, caractérisé par la ligne courbe, les attitudes violentes, l'ornement exubérant. Il évolue au XVIIIe siècle en **style rocaille** et **rococo** (→ *11. art*).

8. ARIDITÉ (milieux arides et désertiques)

1. L'aridité et ses variantes

- **Aridité :** situation résultant du manque d'eau par suite de la faiblesse des précipitations et de la puissance de l'évaporation. La pluviosité est faible mais dans certains déserts côtiers l'humidité est élevée sans qu'il y ait précipitation. L'évaporation est intense car les températures (en particulier diurnes) sont élevées et les vents fréquents. De ce fait, on ne peut parler d'aridité dans les pays froids car si les précipitations y sont faibles (moins de 300 mm) l'évaporation y est très réduite.
- Les degrés dans l'aridité : **l'indice xérothermique** (H. Gaussen) est le nombre de jours secs compris dans les mois secs consécutifs de l'année. La définition des mois et des jours secs est fonction des précipitations et de l'humidité relative. Un mois est considéré comme sec si sa moyenne pluviométrique exprimée en millimètres est inférieure au double de la moyenne thermique exprimée en degrés Celsius (ou centigrades) (→ *22.3 diagramme ombrothermique*). On parle de jours écologiquement secs (quelques précipitations ne donnent pas forcément un jour humide).
- **Climat hyperaride :** l'indice xérothermique est supérieur à 350. C'est le désert absolu (pluies exceptionnelles pouvant survenir après plusieurs années de sécheresse, aucune végétation).
- **Climat aride ou désertique :** indice xérothermique compris entre 290 et 350. Pluies exceptionnelles d'où possibilité d'existence d'une brève nappe phréatique. Maigre végétation dépendant des averses très irrégulières.
- **Climat semi-aride :** indice xérothermique compris entre 100 et 290. Pluies saisonnières d'où existence d'une nappe phréatique saisonnière. Végétation de type steppique.

Au-delà, ce n'est plus le milieu aride aux frontières duquel on distingue une **marge subhumide.**

Milieux arides et désertiques

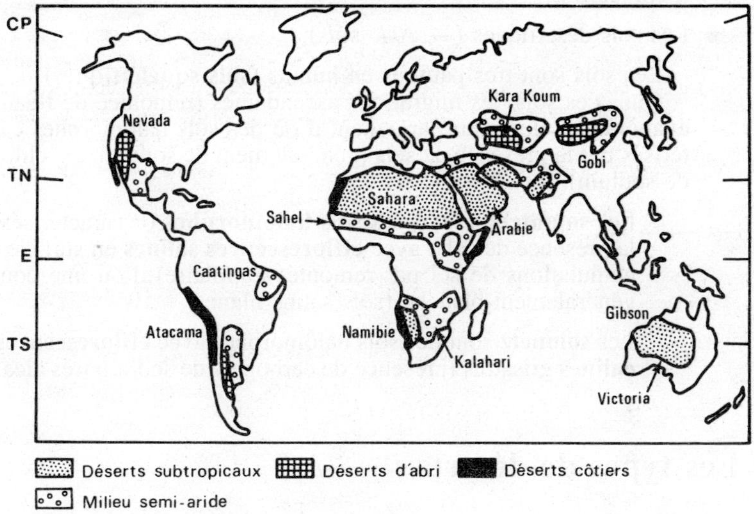

2. Le milieu désertique

a) Températures et précipitations

L'amplitude thermique journalière est élevée : très fortes températures le jour accompagnées de vents fréquents et parfois violents. Nuits claires qu'accompagne une baisse spectaculaire des températures.

Précipitations faibles (inférieures à 200 mm, voire à 100 mm) et surtout précipitations très irrégulières.

b) Hydrologie désertique

Les **oueds** sont des cours d'eau à écoulement temporaire, voire spasmodique. Lors de chaque averse, le ruissellement est **aérolaire,** c'est-à-dire latéral, constituant une mince nappe d'eau qui vient ensuite se concentrer dans le talweg de l'oued. Réseau hydrographique de type **endoréique** (→ *30. cours d'eau*).

c) Végétation et sols désertiques

- Lorsque la pluviosité le permet, peut se développer une steppe pauvre.

Steppe : Mot d'origine russe désignant les plaines occupées par les nomades d'Asie centrale (origine latine ? de *stipes :* tige ligneuse), caractérise une formation végétale ouverte et basse constituée de plantes **xérophiles** (adaptées au manque d'eau) ligneuses ou herbacées (ex. steppe à alfa) souvent en touffes espacées.

La **steppe désertique** a un taux de couverture du sol inférieur à 50 %. A proximité de la nappe phréatique (lorsqu'elle existe !), souvent le long des oueds, on peut rencontrer des fourrés d'arbustes ou d'épineux.

- Les sols désertiques (→ *104. sols*).

  Les sols sont très pauvres en humus **(sols squelettiques).**
  Dans ces sols, les migrations ascendantes (remontée de l'eau par évaporation) dominent largement d'où des sols halomorphes caractérisés par la présence de sels (généralement de sodium, ex. chlorure de sodium).

  – Les **solontchak** sont des sols **halomorphes** (= caractérisés par la présence de sels) avec **efflorescences salines** en surface (accumulations de sel par remontée capillaire) d'où une couleur généralement blanche (sols salins blancs).

  – Les **solonetz** sont des sols halomorphes avec **efflorescences alcalines** grisâtres (présence de carbonate de sodium très alcalin).

3. Les types de déserts (→ *carte*).

On peut classer les déserts selon les conditions thermiques ou suivant les causes de la sécheresse.

a) Selon les conditions thermiques

- **Déserts tropicaux** et **subtropicaux** à fortes chaleurs, sans hiver notable.
- **Déserts tempérés** à forte amplitude thermique annuelle et hivers froids (ex. Turkestan).
- **Désert d'altitude** d'où une baisse sensible des températures.

b) Suivant les causes de la sécheresse

- Les **déserts zonaux subtropicaux** liés aux hautes pressions subtropicales (engendrées par les jet-streams). Les **déserts ensoleillés** forment une double bande surtout développée dans l'hémisphère Nord (semi-désert du Nord mexicain, déserts du Sahara et d'Arabie) et représentée dans l'hémisphère Sud par le Kalahari (Afrique australe) et le Grand Désert saharien (de Gibson et de Victoria).
- Les **déserts côtiers** situés sur les façades occidentales des continents aux latitudes subtropicales (25°-35°). La sécheresse est liée à la présence de **courants froids littoraux** (remontées d'eau froide → *85. océans*), l'air côtier frais et subsident empêchant toute ascendance de l'air.

  L'air est constamment brumeux **(désert brumeux)** mais il n'y a pas de précipitations.

  Extension : hémisphère Nord : Basse-Californie, côte de Mauritanie ;
  hémisphère Sud : désert chilo-péruvien (ou d'Atacama), désert de Namibie.

Trois stations en milieu aride

Le désert saharien

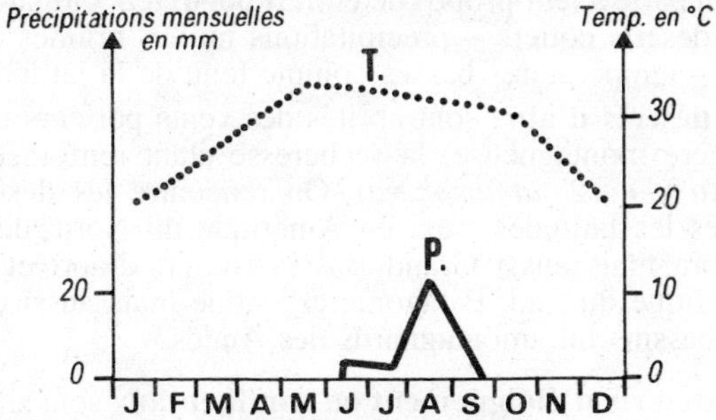

FAYA (TCHAD) 18° N. alt. 234 m
Précipitations annuelles : 16 mm

Un désert continental à hiver rude

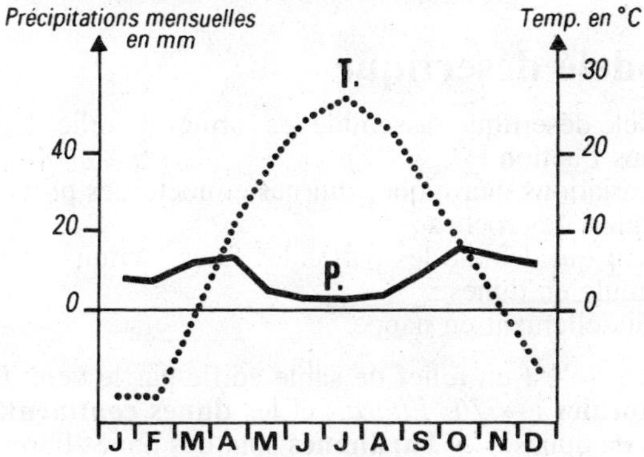

KAZALINSK (KAZAKHSTAN) 46° N. 62° E.
Précipitations annuelles : 108 mm

Un milieu semi-aride : le Sahel

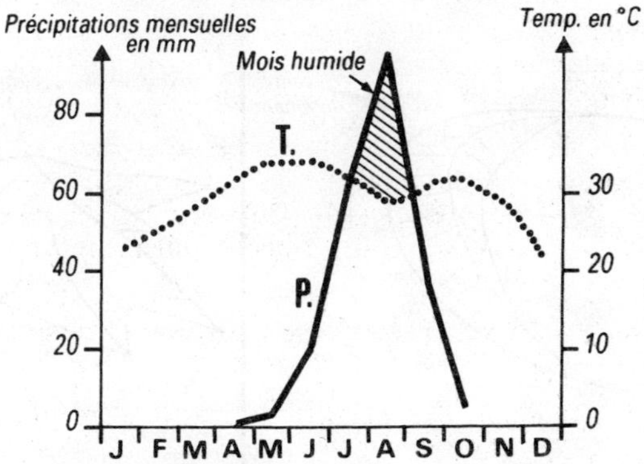

TOMBOUCTOU (MALI) 16°46′ N. 3° W.
Précipitations annuelles : 225 mm

On parle à leur propos de **climat péruvien,** climat aride particulier aux déserts côtiers – précipitations nulles, brumes et faible insolation – températures basses compte tenu de la latitude.

- Les **déserts d'abri** sont abrités des vents porteurs de pluie par une barrière montagneuse, la sécheresse étant renforcée par l'**effet de foehn** (→ *12. atmosphère*). On rencontre les déserts d'abri sous toutes les latitudes : ex. en Amérique du Nord, désert Mohave et Sonora mais aussi Grand Bassin (désert d'abri et d'altitude) ; en Amérique du Sud, Patagonie argentine mais aussi désert d'altitude des bassins intramontagnards des Andes.

- Les **déserts d'éloignement ou continentaux** sont situés à l'intérieur des continents, l'éloignement par rapport aux océans constituant une forme d'abri. Extension en Asie moyenne avec d'ouest en est les déserts du Touran (Kara Koum, Kyzyl Koum), du Takla Makan, de Tsaïdam, de Gobi.

4. Le modelé désertique

Le modelé désertique rassemble les formes du relief façonnées dans les déserts sous l'action :
- des variations thermiques diurnes et nocturnes provoquant une désagrégation des roches ;
- du vent qui déblaie les particules fixes (actions de **déflation**) et les accumule en dunes ;
- du ruissellement en nappe.

a) Dune : c'est un relief de sable édifié par le vent. On distingue les **dunes littorales** (→ *70. littoral*) et les **dunes continentales.** Un **erg** est un champ de dunes. Les **barkhanes** sont des dunes libres (elles se déplacent) en forme de croissant, à convexité tournée face au vent. Un **ghourd** est une grande dune pyramidale. Des dunes allongées et au tracé sinueux forment un **sif.**

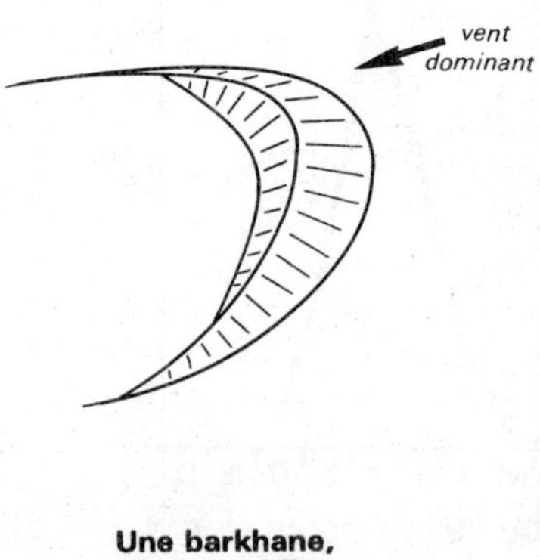

Une barkhane, dune mobile

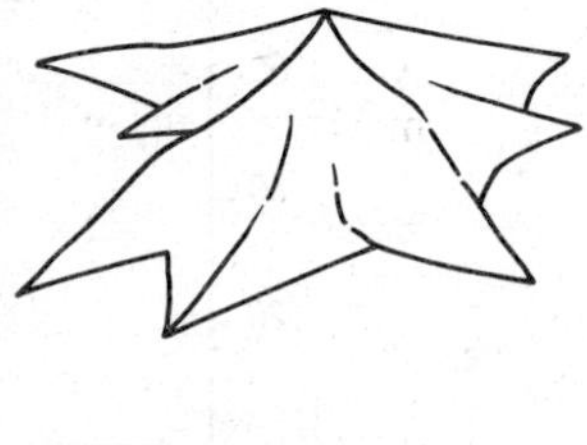

Une dune pyramidale, ou ghourd

b) La déflation éolienne aboutit à la formation de **regs,** champ de cailloux au Sahara (en Asie, on parle de Gobi).

Une **hamada** (ou hammada) est un plateau structural rocheux des régions désertiques : la surface correspond à l'affleurement d'un matériau résistant. Un **tassili** est le rebord escarpé d'un plateau.

Dans le Sahara, les tassilis sont en fait des cuestas (structure monoclinale) (→ *14. bassin sédimentaire, massif ancien*).

c) La **corrasion** est l'érosion due au choc des grains de sable transportés par le vent. Elle provoque la formation de **yardang,** crête rocheuse sculptée par le vent en forme de carène et de **rochers-champignons** à base plus étroite que le sommet.

d) Les ruissellements en nappe, fortement érosifs du fait de l'absence de végétation, peuvent aboutir à la formation de **glacis d'érosion** ou de pédiments : le **glacis d'érosion,** surface plane et peu inclinée, est généralement taillé dans des roches tendres, **le pédiment** dans des roches dures. En fait, glacis et pédiments peuvent être retouchés par les ruissellements en nappe mais pour l'essentiel il s'agit de formes d'érosion héritées d'une **période pluviale** ancienne qui comportait de nombreuses crises pluvieuses.

Le développement de plusieurs pédiments contigus donne une **pédiplaine.**

Les **inselbergs** sont des reliefs résiduels aux parois raides qui subsistent au milieu des pédiments.

A l'aval des pédiments ou des glacis d'érosion, se développe souvent une plaine de remblaiement, zone d'épandage d'alluvions appelée **playa.** Le centre de la playa est souvent occupé par une **sebkra,** dépression occupée par un lac temporaire. Autour de la sebkra, les terrains salés pourvus d'une végétation halophile constituent un **chott**.

5. Le milieu semi-aride

a) Les précipitations y sont un peu moins faibles qu'en milieu désertique, supérieures à 200 mm mais inférieures à 500 mm, voire à 350 mm.

Les averses ont une forte puissance érosive d'où un ravinement parfois intense avec formation de **badlands** (mauvaises terres), terrains meubles (argiles-marnes) creusés de profondes ravines.

b) On rencontre le milieu semi-aride sous différentes latitudes, généralement aux marges des régions désertiques d'où la distinction entre un climat tropical semi-aride (ex. le climat sahélien) et un climat tempéré semi-aride (ex. le climat méditerranéen méridional → *76. milieux tempérés*).

c) Le **Sahel** africain est une bande de 200 à 500 km de large située sur la bordure sud du Sahara, du fleuve Sénégal à l'ouest jusqu'au Soudan méridional à l'est (en arabe **Sahel** signifie rivage. Le Sahel constitue les

Le Sahel africain

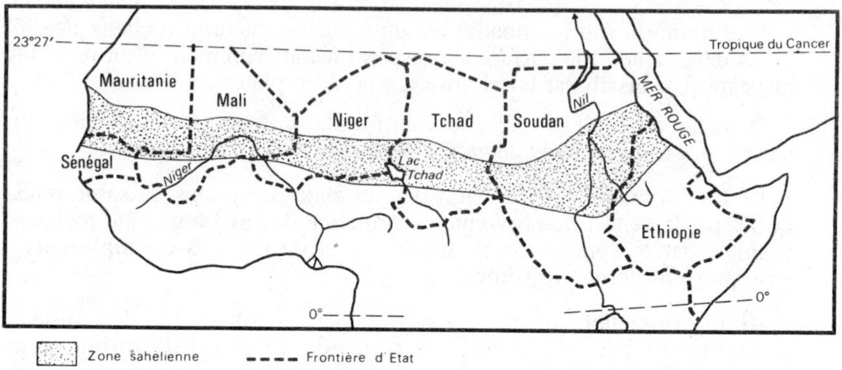

marges du désert). Le climat **sahélien** (ou sénégalais) est un climat chaud (maximas thermiques avant la saison des pluies) avec une longue saison-sèche et une courte saison humide (deux à trois mois), qui correspond à l'arrivée du front intertropical. Au Sahel, le F.I.T. (Front intertropical) se situe en fin de parcours d'où une pluviosité médiocre et une grande irrégularité interannuelle des précipitations.

d) En milieu semi-aride, la végétation est une steppe. (Pour steppe tempérée → *76. milieux tempérés*). La **steppe tropicale** (ou sub-tropicale) **semi-aride** est naturellement plus fournie que les maigres steppes désertiques et peut être parsemée d'arbres (baobab, acacias) et de plantes **succulentes** (plantes d'aspect charnu qui accumulent l'eau dans leur tissu. ex. cactus, « plantes grasses »).

Le **sertão** brésilien est une région semi-aride de l'intérieur du Nord-este couverte par une **brousse** (du provençal *brousso* = broussailles ; la brousse est une formation d'arbustes xérophiles des régions tropicales) appelée ici **catinga** ou **caatinga** (= « forêt transparente »).

e) De nombreux vents chauds locaux soufflent à partir du désert dans les régions semi-arides (ou arides) : au nord du Sahara le **sirocco** souffle en direction de l'Afrique du Nord et de la Sicile ; Le **khamsin** venant du sud intéresse l'Egypte. Le **simoun** est un vent de sable propre au Sahara.

9. ARMÉE ET ARMEMENT

1. Différents types d'armées

a) Une **armée nationale** est composée de citoyens. Dès l'Antiquité grecque, les armées des cités sont nationales. La Révolution française, établissant la **conscription** réaffirme l'existence des armées nationales. Les conscrits nouvellement incorporés sont les **recrues**.

La conscription est un système obligeant tous les jeunes hommes recensés, reconnus aptes pour le service militaire **(les conscrits)** à effectuer leur service. La pratique du **tirage au sort** permet de n'appeler qu'une partie des conscrits. L'**objection de conscience** est maintenant reconnue par la loi : c'est le refus d'effectuer le service militaire en raison de convictions morales.

En temps de guerre, l'obligation pour tout citoyen valide en âge de porter les armes constitue l'**impôt du sang**.

Dans la marine, jusqu'au XVIIe siècle, le recrutement sur les navires de guerre s'effectue dans les ports selon le **système de la presse,** c'est-à-dire d'un recrutement forcé. En 1670, Colbert le remplace par l'**Inscription maritime :** tous les français employés dans la navigation sont inscrits sur les registres de l'inscription maritime à partir desquels la marine assure son recrutement.

b) Face à un danger de guerre, l'armée nationale voit ses forces augmenter par la **mobilisation** (tous les citoyens en état de servir l'armée deviennent soldats). La **levée en masse** est une sorte de mobilisation, en partie spontanée, devant un grand péril (décision de la Convention, août 1793).

Une armée nationale peut être formée, en plus ou moins grande partie, de soldats de carrière **(armée de métier).** Dans l'Antiquité, Sparte possède une armée de métier **permanente ;** les rois de Perse ont une garde dont l'effectif est maintenu permanent (les **Immortels**).

c) En France, l'apparition d'une armée de métier correspond à la création des **compagnies d'ordonnance** (corps de cavalerie formé de 600 hommes) par le roi Charles VII entre 1444 et 1446. La création des **francs-archers** par ordonnance de ce même roi Charles VII (avril 1448) constitue la première mesure prise en France par le pouvoir royal pour disposer d'une troupe permanente d'hommes de pied recrutée en marge du service militaire féodal que représentaient le **ban** et l'**arrière-ban** (cf. *infra*). Les francs-archers, levés sur la base théorique d'un homme pour quatre-vingts « feux » dans les paroisses, étaient exempts (« francs ») de taille, d'où leur nom. Pour trouver des soldats et provoquer des engagements volontaires, des **sergents-recruteurs** parcourent le pays. Les soldats de carrière peuvent servir à encadrer les conscrits : en 1794, pendant la Révolution, la pratique de l'**amalgame** a permis la fusion de 2 bataillons de volontaires et d'un bataillon de soldats de métier pour former une **demi-brigade** (l'équivalent d'un régiment).

Au sein d'une armée nationale peuvent être incorporés des **mercenaires,** soldats de métier qui louent leur service à un Etat étranger. **Les grandes compagnies** sont des bandes de mercenaires au service de l'Angleterre au début de la guerre de Cent Ans. En Italie, au Moyen Age et pendant la Renaissance des chefs de guerre (les **condottieri ;** au singulier **condottiere**) fondent des armées de mercenaires et vendent leurs services à des cités ou à des princes. Certains peuples au début des Temps modernes, ont fourni de nombreux mercenaires : aux XVe et XVIe siècles, les **reîtres** (cavaliers ; de l'allemand *Reiter*) et les **lansquenets** (fantassins) sont des Allemands servant dans l'armée française ; les **hussards,** des cavaliers hongrois au service du roi de France au XVIIe ; les **stradiots** (ou **estradiots**), des Grecs et Albanais combattant avec les armées italiennes de la Renaissance. L'armée ottomane utilise des soldats irréguliers, les **bachi-bouzouks**. Fournis par les provinces de l'Empire, surtout par les provinces asiatiques, ces soldats sont réputés pour leur bravoure et leur indiscipline.

Pendant la guerre d'Algérie (1954-1962) la France a utilisé le service de supplétifs musulmans – les **harkis** – groupés dans des **harkas**.

Plus récemment, après l'indépendance coloniale, dans des conflits locaux, des mercenaires européens se sont mis au service de certains Etats africains (au Zaïre, surtout). Le surnom **« d'affreux »** leur a été donné.

Une **armée** peut être **permanente** (les armées permanentes apparaissent en Europe aux XVe et XVIe siècles) ou **temporaire :** c'est le cas des **milices** qui servent d'appoint aux armées permanentes. L'armée féodale est le type même de l'armée temporaire : elle est rassemblée occasionnellement pour de courtes périodes. Dans le système féodal, les vassaux ou titulaires de fiefs doivent au seigneur, donc au roi en particulier, un temps de service militaire le **service d'ost** : ils forment le **ban**. En cas de grand péril, les seigneurs procèdent à la levée en masse de tous les hommes, vassaux et paysans, c'est l'**arrière-ban**.

Dans toutes les armées, l'absence illégale d'un soldat de son unité constitue une **désertion.**

Une troupe indisciplinée, procédant à des pillages des villes et au massacre de leurs habitants **(sacs)** est appelée une **horde** en souvenir du comportement des troupes nomades des Tatars du Moyen Age.

2. Les armes

Deux sens :

- les instruments utilisés pour l'attaque ou la défense.
- les divers éléments d'une armée, ou catégorie de troupes combattantes, entrant dans la composition d'une armée.

a) Les **armes,** *instruments utilisés pour l'attaque ou la défense* (→ *49. société féodale*)

Selon les époques, on distingue les **armes de choc,** les **armes de jet,** les **armes d'hast,** les **armes blanches** et les **armes à feu.**

- Les **armes de choc :** les premières utilisées sont représentées par la **massue,** boule métallique, hérissée de pointes, reliée à un manche en bois par une chaîne de fer. Le **fléau d'arme,** imité du fléau à battre le blé, diffère de la massue par un manche plus long.

- Les **armes de jet ou de trait** sont des armes qui lancent des projectiles. Parmi elles, la **fronde** est une des premières utilisées. Elle est formée d'une pièce centrale en tissu ou cuir (la poche) attachée à deux lanières. Le combattant fait tournoyer la fronde en tenant les deux extrémités des lanières puis lâche l'une d'elles, ce qui libère le projectile. L'**arc et l'arbalète** sont des armes de jet permettant de lancer des flèches. L'arbalète est un arc monté sur un fût. L'arme de jet est également une arme qui est lancée à la main en direction de l'ennemi. Ainsi le **javelot** est une sorte de lance courte et acérée. La **sagaie** qu'utilisent encore des tribus primitives est un javelot.

- Les **armes d'hast** regroupent toutes les armes composées d'un long manche de bois (**hampe),** ayant à son extrémité une pointe ou une lame de fer. Parmi les plus connues : la **lance,** la **hallebarde,** la **pique.**

  Dérivée du javelot, la **lance** est utilisée dès l'Antiquité et constitue l'arme des chevaliers au Moyen Age. Elle est abandonnée à la fin du Moyen Age au profit de la **pique** plus légère et portant à son extrémité un fer plat et aigu mais connaît un certain renouveau au XIXe en devenant l'arme de certaines formations de cavalerie.

  La **hallebarde** diffère de la lance par la présence, à l'extrémité de la tige de bois, d'une pièce de fer qui d'un côté se termine en pointe et de l'autre en forme de hache.

  La **hache,** arme d'hast peut être utilisée comme arme de jet. C'est une lame à simple ou double tranchant fixée à l'extrémité d'un manche. La **francisque,** hache de fer à un ou deux tranchants, est la hache de guerre des Francs. (Elle a servi d'emblême à la France de Vichy de 1940 à 1944.)

- Les **armes blanches** sont utilisées en frappant de la pointe ou de la taille (leur appellation est due à la couleur blanche de l'acier).

  L'épée est composée d'une lame de métal droite et tranchante des deux côtés alors que le **sabre** est une lame en général recourbée et ayant un seul tranchant. A partir du XVIIIe siècle, la **baïonnette,** lame droite et tranchante fixée à l'extrémité du fusil est l'arme blanche par excellence.

- Dans les **armes à feu,** la poudre, en brûlant, dans le tube de l'arme dégage un gaz qui éjecte le projectile. Il ne faut pas confondre avec le feu grégeois qui est une arme incendiaire et non un moyen de propulsion des projectiles. Le **feu grégeois** composé d'un mélange de pétrole, de soufre et de charbon de bois, a la propriété de brûler même sur l'eau d'où son utilisation dans les combats navals dès l'Antiquité.

Les premières armes à feu sont l'**arquebuse** puis le **mousquet.** Il s'agit d'armes portatives qui se chargent par le canon et dont la mise à feu se fait à l'aide d'une mèche.

Pour le tir, l'arquebuse est appuyée sur un chevalet planté en terre, alors que le mousquet se tient à l'épaule. Le soldat armé d'un mousquet est un **mousquetaire.** Le **mousquetaire du Roi** (cf. Alexandre Dumas) est un gentilhomme membre de la garde du roi à l'époque de Louis XIII.

A partir du XVIIe le **fusil** remplace le mousquet. C'est une arme à canon long (à la différence du **pistolet**) utilisé comme le mousquet en épaulant. Au fil des siècles, de nombreuses améliorations sont apportées au fusil, notamment l'invention de la cartouche, le chargement par la culasse.

Le **mousqueton** est un fusil à canon court, la **carabine,** un fusil léger. Le **fusil mitrailleur** ressemble au fusil, mais il repose sur une béquille et peut tirer soit coup par coup comme le fusil, soit par rafales comme une **mitrailleuse.** La mitrailleuse, d'abord appelée « canon à balles » est plus puissante et tire des rafales à longue distance.

La **grenade** n'est pas une arme à feu. C'est un projectile, rempli d'explosif, lancé à la main ou à l'aide d'un fusil.

Les canons, les mortiers sont également des armes à feu (→ *infra* artillerie).

Depuis 1945, l'armement a connu deux grandes transformations :

- l'apparition de l'énergie atomique à des fins militaires, avec la réalisation de la **bombe atomique** (bombe A) qui utilise l'énergie libérée par la fission de l'uranium (c'est la bombe lancée sur Hiroshima et sur Nagasaki en 1945) puis de la **bombe à hydrogène** (bombe H). Celle-ci est une bombe thermonucléaire, l'énergie provenant de la fusion des noyaux d'hydrogène ;
- l'utilisation des **fusées :** engins fonctionnant, selon le principe de la réaction, c'est-à-dire qui se déplacent d'eux-mêmes grâce à la combustion de la poudre ou du carburant, et téléguidés depuis la base de lancement. La fusée sert de projectile ou transporte la charge explosive. Les premières fusées sont les **bombes volantes** (V1-V2) construites par les Allemands en 1944-1945.

Les fusées à usage militaire sont les **missiles.** Deux critères permettent de les distinguer :

- soit le point de lancement et l'objectif : ex. le **missile sol-air** est tiré du sol contre un avion ; le **missile mer-sol** est lancé d'un navire contre un objectif terrestre.

- soit la portée :

  le **missile tactique** a une faible portée. Il peut être utilisé dans des opérations militaires conventionnelles ;

  le **missile stratégique** peut atteindre des objectifs situés entre 2 000 et 14 000 km ;

  le **missile balistique intermédiaire** a un rayon d'action de l'ordre de 2 à 3 000 km, le **missile balistique intercontinental** a un rayon d'action de 10 000 km et plus.

La **balistique** est la science qui a pour objet le lancement et le mouvement des projectiles.

b) Les diverses armes, éléments d'une armée

Depuis l'Antiquité, l'armée est devenue un ensemble de plus en plus complexe par l'apparition de nouvelles catégories de troupes combattantes. On peut distinguer :

- L'**infanterie :** elle est composée de **fantassins,** c'est-à-dire de combattants à pied. Elle utilise surtout des armes individuelles. Le « **poilu** » est le fantassin de la guerre 14-18.

- L'**artillerie,** chargée de la mise en œuvre des projectiles et de leurs moyens de lancement.

  Le **canon** ou pièce d'artillerie projette des **boulets** ou des **obus.** Le boulet est un projectile plein, en pierre ou en fer, alors que l'obus est rempli d'une charge explosive ou incendiaire (ex. : obus au **napalm**) ou de gaz toxique (ex. : gaz d'**ypérite** utilisé comme gaz de combat pendant la guerre 14-18).

  Le canon a remplacé les **bouches à feu** en usage au Moyen Age et jusqu'au XVIIe siècle, telles les **bombardes.**

  Certains canons, les **mortiers** et **obusiers** permettent des tirs courbes contre des objectifs abrités. Le **mortier de tranchée** est le **crapouillot.**

- **La cavalerie :** regroupe les soldats combattant à cheval. Ces unités de combat présentes dans les armées jusqu'au début du XXe siècle, sont composées de la **cavalerie lourde** (les **cuirassiers** sont des cavaliers portant la cuirasse, partie de l'armure protégeant la poitrine) de la **cavalerie de ligne (dragons)** et de la **cavalerie légère.**

  Dans les armées modernes, le terme de cavalerie est parfois utilisé pour les corps de troupes se servant des engins **blindés,** notamment des **chars d'assaut** appelés parfois **tanks.** Il s'agit de véhicules blindés apparus durant la Première Guerre mondiale (1916). La principale arme anti-char est le **bazooka.**

- Le **génie** apparaît au XVIIIe siècle. D'abord chargé des questions de fortifications et de sièges, il a pris une grande extension avec l'application à la guerre des progrès de la science et comprend des unités de **sapeurs-mineurs** (construction de routes, minage), de **pontonniers** (construction et entretien de ponts), des services de transmissions.

- Le **train** ou train des équipages s'occupe du transport des approvisionnements et des munitions.

  Avant que le **service de l'intendance** soit créé (service qui s'occupe du ravitaillement et de l'entretien de la troupe), l'équipement des armées était fourni par les **munitionnaires.**

- La **marine** (voir Histoire de la navigation).
- L'**aviation.**

  Elle existe depuis la Première Guerre mondiale bien que les débuts de la conquête de l'air par l'homme soient beaucoup plus anciens.

  Jusqu'à la fin du XIXe siècle, prévaut l'idée que pour évoluer dans l'air, il faut être plus léger que lui, d'où le développement des **aérostats,** premiers **aéronefs** ou véhicules aériens.

  L'**aérostat** est un ballon, formé d'une enveloppe contenant un gaz plus léger que l'air et soutenant une nacelle. La **montgolfière** – du nom des frères Montgolfier qui ont construit cet aérostat en 1783 – est le premier **ballon.** D'abord libre, le ballon est ensuite muni d'un système de propulsion (hélices actionnées par un moteur) et d'un **gouvernail** qui permet de le diriger d'où le terme de **dirigeable.** Au début du XXe siècle, les Allemands ont utilisé, pendant la Première Guerre mondiale, pour les bombardements d'énormes dirigeables, les **zeppelins,** du nom du constructeur.

  Cette même époque est marquée par les progrès des **aéronefs plus lourds que l'air,** les **avions** (mot dérivé du latin avis : oiseau).

  Depuis la Seconde Guerre mondiale, l'**avion à réaction** (ou **turboréacteur**) a supplanté l'**avion à hélices.**

  Les avions militaires sont classés en plusieurs catégories selon leur rôle opérationnel. On distingue, les **avions de transport,** d'**entraînement,** de **reconnaissance,** surtout les **bombardiers** (avions largant des bombes) et les **chasseurs** dont le rôle est de détruire en vol les bombardiers ennemis **(chasseurs d'interception),** de protéger les formations amies de bombardement **(chasseurs d'escorte)** ou d'attaquer les objectifs terrestres **(chasseurs d'assaut).**

  L'**hélicoptère** est un appareil dont la sustentation et la propulsion proviennent de plusieurs hélices ou **rotors.** La possibilité de décoller, et d'atterrir verticalement, de rester immobile en l'air expliquent son rôle accru dans les domaines civil et militaire depuis les années 1970.

10. ARMÉES DE L'ANTIQUITÉ

Malgré l'apparition du cheval comme auxiliaire de l'homme de guerre vers le XVIIIe siècle av. J.-C., les armées de l'Antiquité sont avant tout des armées de **fantassins,** la **cavalerie,** sauf exception n'a pas le rôle principal.

1. Grèce

Les cités confient leur défense à de petites armées de **milices** citoyennes. Les guerriers, fantassins lourds avec un armement complet défensif (casque, cuirasse, jambières de bronze puis de cuir, les **cnémides**) et offensif **(lance-épée)** sont les **hoplites.**

Il existe aussi des fantassins légers : les **peltastes,** munis d'un petit bouclier échancré en forme de croissant (la **pelta**) dont le rôle est surtout de protéger la **phalange.** La phalange est l'unité et la formation de combat des fantassins, les hoplites étant regroupé en carrés.

La cavalerie peu développée (un cavalier pour 10 fantassins), prend avec les Macédoniens une importance plus grande bien que la phalange d'infanterie, formée de 16 rangs de 256 hoplites utilisant une pique de 6 mètres, la **sarisse,** demeure l'arme principale.

L'unité de cavalerie, forte de 500 hommes, est l'**hipparchie,** à sa tête se trouve l'**hipparque.**

Avec Alexandre, la technique du siège des villes fortifiées (la **poliorcétique**) progresse grâce à l'utilisation de nouvelles machines notamment la **catapulte.**

2. Rome

Dès l'époque de la République, l'armée est une milice nationale de citoyens. Elle est formée de **légions.** Chaque légion comprend à l'origine 3 000 **fantassins,** 1 200 **vélites** (les plus pauvres des citoyens, les adolescents chargés de la reconnaissance et de la couverture) et 300 cavaliers. Les légions sont articulées en **manipules** (compagnies) et **centuries** (sections). Une centurie est composée à l'origine de 100 hommes mais voit son effectif tomber entre 30 et 60 hommes.

L'infanterie de la légion est subdivisée en trois formations :

- les **hastati,** aux premiers rangs, composés de jeunes.
- les **principes,** d'âge moyen.
- les **triarii,** personnes de famille, âgés, aux derniers rangs.

Tous les légionnaires, casqués, cuirassés, sont armés d'un **glaive** (épée à deux tranchants), les hastati lancent le **pilum,** javelot de 2 mètres, les triarii utilisent la **pique.**

Marius (réforme de 107 av. J.-C.) remplace la manipule comme unité tactique, par la **cohorte** groupant 3 manipules ; les vélites sont supprimés. La cavalerie se recrute exclusivement chez les **auxiliaires** étrangers (**cavaliers espagnols...,** etc.). Les **vétérans,** soldats ayant quitté l'armée reçoivent une terre à cultiver.

L'armée à l'époque des guerres puniques

Centurie	à l'origine 100 hommes
Manipule (unité tactiques)	2 centuries
Légion	30 manipules (4 200 hommes)

L'armée après la réforme de Marius

Centurie	100 hommes	
Manipule	2 centuries	
Cohorte	3 manipules (600 h.)	1) Hastati 2) Princi-pes 3) Triarii
Légion	10 cohortes (6 000 hommes)	

Dans chaque légion, le commandement est exercé par 6 **tribuns militaires,** les officiers subalternes étant les **centurions** (un centurion commande une centurie ou un manipule).

Lors de ses déplacements, la légion fait étape dans un camp fortifié ou **castrum**. Au centre d'un plan quadrangulaire, souvent carré, on installe le quartier du général **(praetorium)**) à proximité duquel sont placées les tentes des tribunes puis celles des légionnaires. En avant du prétoire, s'ouvre une aire libre, le **forum**, bordé par les tentes de la cavalerie, derrière lesquelles on place celles des auxiliaires. Deux grands axes traversent le castrum, la **via principalis** et la **via praetoria,** le **cardo** et le **decumanus** que l'on retrouve dans la plupart des villes romaines.

Dans l'armée romaine, la discipline est rigoureuse : les sanctions sont graduées. Parmi les peines les plus sévères, la **fustigation** (frapper avec un fouet, une baguette), la **décapitation** (trancher la tête), la **décimation** (sanction collective consistant à décapiter un homme sur dix de l'unité coupable). Les récompenses honorifiques sont également graduées : éloges, médailles, armes d'honneur, couronnes. Pour les généraux, il y a des récompenses spéciales notamment le **triomphe** (le général, paré en Jupiter capitolin, monte au Capitole sur un char à quatre chevaux suivi par son armée.

Un grand péril menaçant Rome, par exemple une invasion, donne lieu à la promulgation d'une senatus-consulte : tout le monde prend les habits de guerre, les activités politiques habituelles cessent et les consuls procèdent à des levées en masse : c'est le **tumulte ;** des offrandes de tout le bétail à naître au printemps suivant sont faites aux dieux (**Ver sacrum :** printemps sacré).

Au moment de l'attaque d'une cité ennemie, le général romain, par l'**évocatio** peut solliciter les dieux de cette cité d'abandonner le territoire de l'ennemi, pour accorder leur préférence à Rome : s'ils acceptent le général s'engage à leur élever un temple et à leur consacrer des jeux.

A l'époque impériale, des corps particuliers ont été créés en vue de remplir un service spécial (→ *42. empire*).

– les **cohortes prétoriennes** dérivent de la garde d'honneur du général, et deviennent la garde personnelle de l'empereur. Elles sont commandées par le **préfet du prétoire.**

Les **prétoriens,** soldats de la garde de l'empereur, ont joué à certaines époques, un grand rôle dans la désignation des empereurs.

– les **cohortes urbaines,** milices de citoyens romains, créées par Auguste pour veiller à la garde de la cité. Le **préfet de la ville** les dirige.

– les **cohortes des vigiles,** milices composées d'esclaves, puis d'affranchis, pour lutter contre les incendies. Pour faciliter le recrutement, le **droit de cité** est accordé aux vigiles après six ans de service. A leur tête se trouve le **préfet des vigiles.**

11. ART (Techniques et mouvements artistiques)

1. L'art paléolithique et néolithique

a) Paléolithique

Les premières manifestations évidentes d'un art figuratif remontent à environ 30 000 av. J.-C.

L'**art pariétal** (du latin *parietis* = paroi) comprend des gravures, des dessins, des peintures et des sculptures exécutées sur les parois des cavernes et des abris rocheux. Le support étant rocheux, on parle de gravures et de **peintures rupestres** (lat. *rupes* = rocher) : ex. peintures rupestres (ou pariétales) des grottes de Lascaux (– 15 000) ou d'Altamira (– 11 000).

La sculpture est représenté par des **bas-reliefs,** ouvrage sculpté dont les figures ne forment qu'une légère saillie par rapport à un fond non sculpté (à l'inverse un **haut-relief** est une sculpture présentant un relief très saillant sans toutefois se détacher complètement du fond). Du paléolithique datent également de nombreuses **statuettes** et gravures sur pierre ou sur os, représentant des animaux (**art animalier** du magdalénien) ou des hommes. Les statuettes féminines généralement obèses, sont souvent des idoles correspondant au culte de la fécondité : ces Vénus à la corpulence exagérée (hanches débordantes – seins très développés) sont dites **Vénus callipyges** (étym. : belles fesses).

b) Néolithique

Dans l'architecture **mégalithique** (**mégalithes** = gros blocs dressés ou grandes dalles) on distingue les **menhirs** (pierres dressées parfois groupées en alignements), les **cromlechs** (cercles de pierres dressées), les **dolmens** (monument en forme de tables, pouvant former des allées couvertes). Certains dolmens sont recouverts d'un **tumulus,** tertre artificiel édifié en terre ou en pierres. Les premières statues qui apparaissent sont des **statues-menhirs** (Aveyron, Corse...).

Les premières **fresques** apparaissent au début du néolithique (ex. : en Arabie). L'expression **peinture à la fresque** remonte au début du XVe siècle mais la technique est très ancienne : elle désigne une peinture effectuée sur un enduit encore frais, c'est-à-dire humide (fresco). En principe il s'agit d'un enduit de chaux dont la partie superficielle absorbe les couleurs. Par extension on admet que toutes les peintures exécutées sur un enduit plus ou moins frais sont des fresques. L'enduit peut être du plâtre, de la boue, de la chaux et son épaisseur est variable. Il ne faut pas confondre fresque et peinture murale : toutes les peintures murales ne sont pas des fresques, de nombreuses peintures murales ayant été exécutées à sec. De même une peinture pariétale n'est pas une fresque.

2. Art de l'Antiquité

a) En Mésopotamie chaque civilisation est porteuse d'un art particulier sinon spécifique : **arts akkadien** et **sumérien** (d'Akkade et de Sumer, cités de basse Mésopotamie), **art babylonien** (empire de Babylone) et **assyrien** (empire d'Assour). La **ziggourat** est un édifice caractéristique de l'architecture religieuse mésopotamienne : elle est constituée par une superposition de terrasses ou de paliers en retraits successifs. L'accès aux différents étages est assuré par des escaliers ou par une rampe continue, la succession des étages forme une spirale.

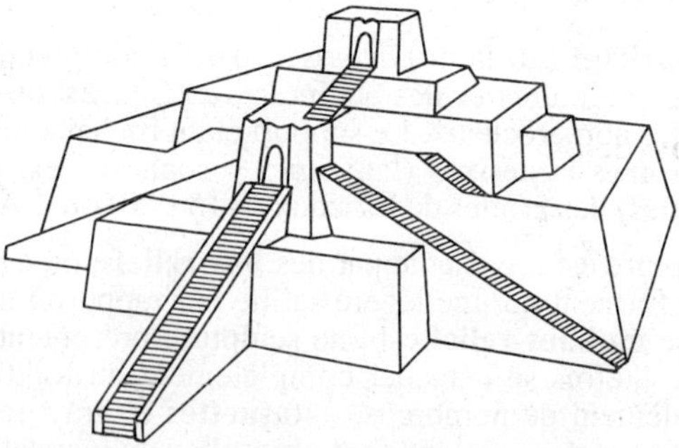

Une ziggourat mésopotamienne

b) De nombreuses techniques artistiques sont communes aux diverses civilisations de l'Antiquité. Certaines techniques apparues dès la préhistoire sont largement perfectionnées par les hommes de l'Antiquité.

- La technique de l'**émail** est un procédé de vitrification : elle consiste à enduire d'une pellicule de matière vitrifiée un noyau qui peut être en pierre, en argile, en faïence. L'émail, vitrifié par la chaleur, est constitué par un mélange de carbonate et silicate de chaux. Il peut être coloré par des oxydes et peut recouvrir des briques (briques émaillées) ou des métaux. Le **verre** est composé d'un mélange de sable, de quartz, de carbonate de chaux fondus par la chaleur.
- Le terme de **céramique** (du grec keramos : argile) s'applique à tous les objets en terre, dont la forme a été fixée par une cuisson au four. Les premières poteries, simplement cuites au soleil, ne sont pas des céramiques. Les poteries et récipients en terre peuvent être façonnés à la main, au tour (tour du potier) ou par moulage.

  Dès l'Antiquité les céramiques sont décorées de diverses manières : par une **glaçure,** enduit rendu lisse par la cuisson (aspect glacé) et qui peut être coloré par différents oxydes métalliques ; par un décor peint (avec un oxyde de fer) : ex. céramiques grecques à **décor géométrique** (vers – 900/– 725). Parmi les nombreux vases on peut citer les **cratères** grecs, vases à deux anses à forme de coupe (où l'on mêlait le vin et l'eau).
- La **mosaïque** est surtout utilisée par les Romains. C'est un assemblage décoratif de petites pièces (en pierre, marbre, terre cuite, verre) retenues par un ciment et dont la combinaison forme un dessin (ou un tableau). Les mosaïques romaines sont bichromes (noir et blanc) ou polychromes. Par la suite les mosaïques sont largement utilisées pour la décoration des églises (ex. : églises byzantines).

c) L'art égyptien est étroitement lié à la religion (→ *98. religions antiques*). Dans les tombeaux et mastabas on découvre de nombreuses peintures et bas-reliefs : bas-reliefs rehaussés de peinture (bas-reliefs peints), peinture sur les parois des tombes (sur la roche ou sur **stuc,** enduit préparé à base de plâtre). Les **stèles** des tombeaux sont des monuments monolithes, généralement une dalle de pierre portant des inscriptions gravées ou des bas-reliefs indiquant l'identité du défunt. La statuaire égyptienne est particulièrement riche : **statues colossales** (statues plus grandes que nature : ex. statues des pharaons), statues en bois, en pierre ou en métal, statuettes en céramique..., statuettes funéraires appelées **ouchebti.**

d) L'art grec. Suivant les périodes et les régions on distingue :

- au IIIe millénaire un **art** dit **égéen** (îles de la mer Egée, région de Troie) : nombreuses **statuettes cycladiques** (des Cyclades) ;
- du IIIe millénaire à – 1400 : **art crétois** (île de Crète) ou **minoen** (de Minos, roi légendaire de Crète) ;
- du début du IIe millénaire à – 1200 : **art mycénien** (de Mycènes, ville antique du Péloponèse). Les constructions mycéniennes sont

entourées par des enceintes fortifiées faites d'énormes blocs grossièrement taillés. On parle d'**appareil cyclopéen** (l'**appareil** désigne l'agencement des pierres d'une construction) ;

– l'art grec proprement dit est divisé en période **archaïque** (IXe siècle av. J.-C.-VIe siècle), période **classique** (Ve siècle), période **hellénistique** (milieu du IVe siècle av. J.-C.-Ier siècle av. J.-C.). Dans la statuaire un **kouros** est une statue archaïque représentant un jeune homme, une **koré** (ou coré) une statue représentant une jeune fille. Dans l'architecture civile le **théâtre** est une construction en demi-cercle avec gradins, généralement adossée à une colline.

3. Art et architecture de l'Empire romain

a) Art romain (→ *98. religions antiques* et *42. empires*)

b) La **maison romaine :** est une **villa,** à l'origine maison rurale ou une maison urbaine ou **domus.** Alors que les **villas rustiques** sont conçues pour l'exploitation d'un domaine les **villas suburbaines** (suburbere) sont des résidences d'agrément, parfois somptueusement décorées. La maison

Plan d'une villa romaine

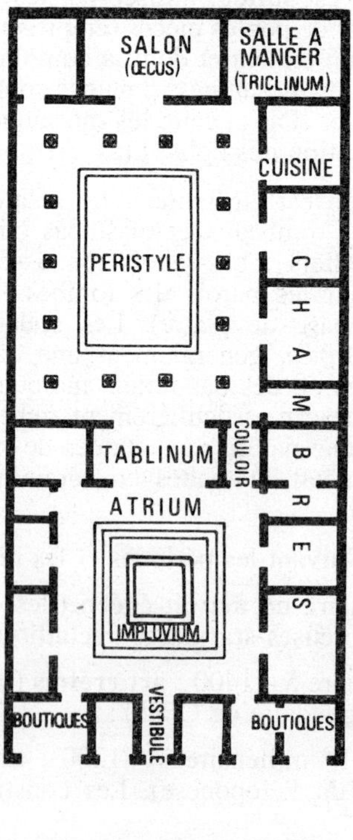

romaine traditionnelle à un étage est bâtie autour d'une pièce à ciel ouvert l'**atrium,** au milieu duquel un bassin ou **impluvium** recueille les eaux de pluie. L'atrium peut être entouré par des colonnes, formant un **péristyle.** De la porte d'entrée à l'atrium un couloir, les **fauces** formant un **vestibule** (pièce d'entrée). En arrière de l'atrium le **tablinum** est la pièce principale de la demeure (on y conserve les objets précieux et on y édifie la chapelle des dieux Pénates). De part et d'autre du tablinum diverses pièces dont le **triclinium** servant de salle à manger (trois lits disposés en fer à cheval). Parfois sur le devant de la maison des **tabernae,** boutiques donnant sur la rue.

A la différence des villac les **insulae** sont des immeubles de rapport comportant de nombreux étages (jusqu'à 7) aux logements loués.

Pour la décoration intérieure des villas suburbaines la qualité des peintures murales et fresques de Pompéi est telle que l'on parle d'**art pompéien** pour désigner l'ensemble de ces œuvres décoratives.

c) L'**art byzantin** est l'art de l'empire chrétien d'Orient, d'abord empire romain d'Orient (IVe-VIIe siècle ap. J.-C.) puis empire grec d'Orient (jusqu'à la prise de Constantinople, 1453).

L'art byzantin est un art religieux au service de l'Église et de l'empereur.

Parmi les **basiliques** (du grec *basilike* = royal ; au départ basilique = portique royal) il faut distinguer celles à **plan basilical** (ou **paléochrétiennes**) sur le modèle des basiliques romaines (édifice civil de forme rectangulaire et à plusieurs nefs), celles à coupole et à plan circulaire (**basilique à coupole** ou **byzantine ;** ex. : Sainte-Sophie) et celles en forme de croix grecques. La décoration des monuments civils ou religieux est assurée par les fresques et les mosaïques. L'**icône** (grec byzantin eikona) signifie étymologiquement : image. Toutes les représentations imagées de la religion chrétienne orientale peuvent être considérées comme des icônes. Cependant dans l'acception moderne, le terme est généralement réservé à des œuvres amovibles et portatives représentant des personnages bibliques ou empruntés à l'**hagiographie** (histoire rédigée de la vie des saints). La plupart des icônes sont des peintures sur des panneaux de bois (icônes russes). Les images saintes ont fait l'objet d'un culte. L'**iconoclasme** est une réaction hostile au culte des images sacrées : les **iconoclastes** proscrivent la représentation du Christ et des saints d'où des destructions d'icônes et des affrontements théologiques mais aussi politiques et militaires (querelle des iconoclastes 725-843 ap. J.-C.).

4. Art musulman, de l'Islam et de l'Orient

a) L'architecture civile

Les principaux monuments sont les **hammams** (bains « turcs »), les marchés couverts **souk** et **bazar** (→ *112. villes*) et les **caravansérails** (→ *25. histoire du commerce*), ainsi que les palais princiers.

Les basiliques

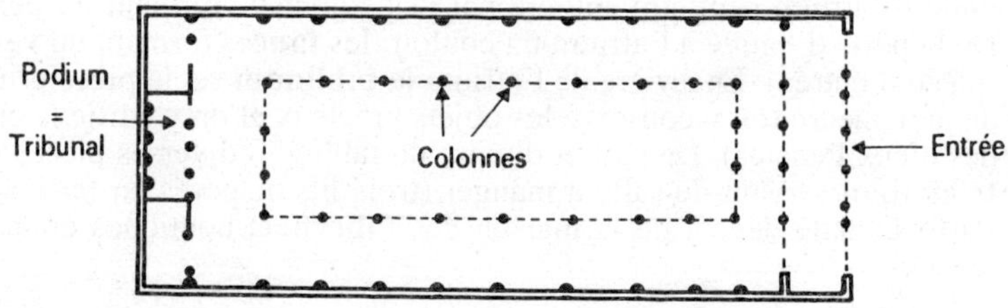

Une basilique civile, la basilique du Forum de Pompéi (120 av. J.C.)

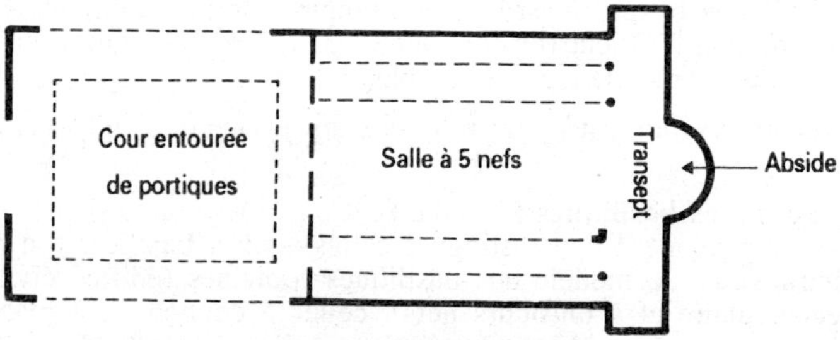

Une basilique paléochrétienne (Plan basilical)
Le premier St Pierre de Rome (324-344)

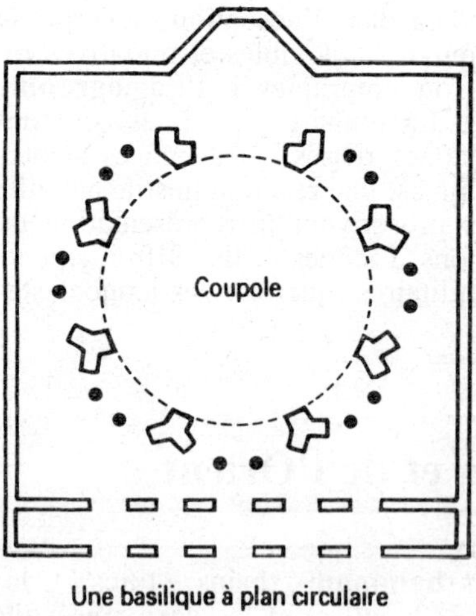

Une basilique à plan circulaire

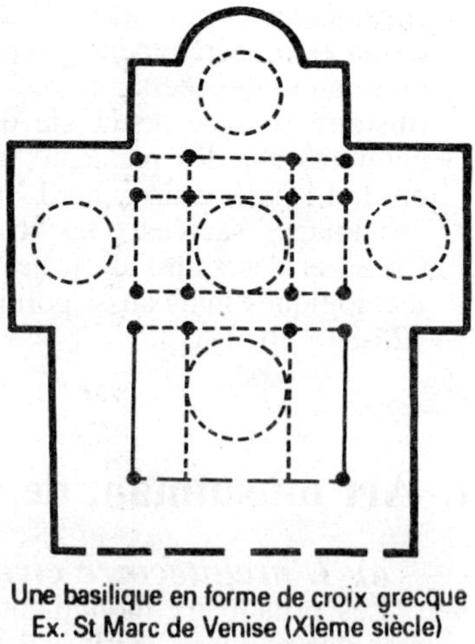

Une basilique en forme de croix grecque
Ex. St Marc de Venise (XIème siècle)

Dans le domaine religieux la grande mosquée (djami), mosquée pour prière du vendredi est l'édifice dominant, souvent complété par un collège religieux **(madrasa, médersa)** (→ *65. Islam*). Les monuments funéraires ou **mausolées** sont fort nombreux : le mausolée (du grec mausolein = tombeau du roi Mausole, souverain de Carie) est un monument funéraire de grande dimension plus ou moins somptueusement décoré.

b) Le décor islamique

La **calligraphie** est l'art de bien former les caractères de l'alphabet. La pratique de la calligraphie n'est pas l'apanage des copistes musulmans (il existe des calligraphes parmi les moines byzantins ou chrétiens). La calligraphie arabe est souvent rehaussée par des décors annexes, **enluminures** et **miniatures.**

Les **enluminures,** motifs décoratifs à base d'**arabesques** (stylisation inspirée par les formes végétales) et d'entrelacs géométriques (motifs stylisés et entrelacés) sont rehaussées d'or ou d'argent.

Les **miniatures** (mot dérivé du latin minium = rouge de plomb) sont des peintures fines et de petites dimensions qui servent à la décoration des manuscrits. Les miniatures persanes sont fameuses mais l'art de l'enluminure et de la miniature est aussi fort bien maîtrisé par les Byzantins ou par les moines de l'Occident chrétien. Par extension le terme de miniature s'est appliqué à partir du XVe siècle aux peintures de très petites dimensions.

c) Stuc et faïences

De nombreux décors ornant mosquées et monuments sont des **décors stuqués** (décors en relief réalisés en **stuc,** composition de plâtre ou de poussière de marbre gâché avec une solution de colle forte formant un enduit) où s'entremêlent lettres et végétaux stylisés. L'art de l'Islam utilise également des carreaux de **faïence,** pour le décor des monuments.

La faïence, terre cuite opaque, vernissée ou émaillée, est aussi la matière de base de très nombreuses poteries. La technique de la faïence, surtout propagée à l'occasion des conquêtes musulmanes est à distinguer de celle de la porcelaine mise au point en Extrême-Orient : la **porcelaine** est une poterie dure, le plus souvent translucide, à fine couverture et à sonorité caractéristique : mise au point en Chine (VIe siècle ap. J.-C.) elle se développe au Moyen-Orient et en Europe à l'occasion des premiers contacts commerciaux.

5. Art de l'Occident médiéval

(→ *7. architecture chrétienne*). Voir calligraphie, enluminure (ci-dessus).

- L'adjectif **gothique,** au sens de barbare, appliqué à l'art de la Chrétienté (du XIIe au XVe siècle) a été utilisé d'abord par les artistes de la Renaissance. Utilisé par des hommes d'abord préoccupés par l'idéal de la beauté antique, le terme a au départ une connotation péjorative qu'il a perdue depuis.

- L'expression **art roman** est une création plus tardive puisqu'elle n'apparaît que vers 1825. Elle recouvre des périodes distinctes : période **carolingienne** ou **préromane** (fin du VIIIe siècle, IXe et Xe siècles), **période romane** proprement dite (XIe siècle, la plus grande partie du XIIe siècle).

6. Art de la Renaissance

Utilisé depuis le début du XIXe siècle, le terme **Renaissance** désigne l'essor intellectuel et artistique provoqué à partir du XVe siècle en Italie, puis dans toute l'Europe, par le retour à l'idéal esthétique de l'Antiquité gréco-latine. Loin d'être une simple résurrection des canons de l'art antique, la Renaissance est une résurgence progressive et contradictoire de certaines valeurs antiques, réemployées dans le contexte italien, et de l'Europe chrétienne (vers 1320-1620).

Le **Quattrocento** désigne en Italie le XVe siècle, période d'épanouissement de la Renaissance. A la fin de la Renaissance le **maniérisme** désigne un art dominé par l'imitation de la manière des maîtres de la Renaissance et caractérisé par une certaine outrance du style et des effets (vers 1520-1620).

7. Baroque et classicisme

a) Le mot **baroque,** employé comme adjectif, signifie irrégulier, d'une irrégularité bizarre, voire choquante, par comparaison avec une perle dite **barroco** (perle irrégulière, portugais). Le baroque est la dominante esthétique d'une longue période qui s'étend en Europe de 1580 à 1750. Art dominé par l'émotion, le mouvement, la liberté des formes et la profusion des ornements, le baroque prend naissance en Italie après le maniérisme. Contemporain du concile de Trente, le mouvement baroque est en partie lié à la Contre-Réforme (nombreuses commandes d'Église et d'œuvres religieuses).

b) Le **classicisme** désigne particulièrement en France le mouvement artistique qui s'épanouit dans le dernier quart du XVIIe siècle (Louis XIV) et dont les références constantes au modèle antique (grec et romain) traduisent une recherche d'ordre, d'harmonie et de logique. Historiquement le classicisme se situe entre la période baroque et la renaissance du baroque appelée rococo mais le mouvement classique se poursuit au cours du XVIIIe siècle pour renaître dans le **mouvement néoclassique.**

Le néoclassicisme élaboré et affirmé à Rome dans la deuxième moitié du XVIIIe siècle fait du retour à l'Antiquité un véritable dogme. L'art néoclassique (vers 1760-vers 1830) qui cultive la ligne droite et le décor sévère est illustré par de nombreuses œuvres monumentales (ex. : église Sainte-Geneviève = Panthéon) mais aussi picturales et sculpturales (ex. : David ; le sculpteur Canova...).

c) Le style **rocaille** (ou **rococo**) est un style ornemental usité depuis 1730-1735, qui se distingue par l'asymétrie des motifs, la fantaisie des lignes courbes et contournées, la profusion des ornements, comme les concrétions et les coquilles. On peut le considérer comme une variété du baroque décadent et déclinant (origines italiennes) mais il s'illustre également en France dès la fin du siècle de Louis XIV.

8. Les mouvements artistiques au XIXe siècle

Dans ce panorama rapide et évidemment incomplet du XIXe siècle quelques mouvements majeurs sont à retenir.

a) Le **romantisme** est d'abord un mouvement de réaction contre le culte de l'Antiquité et de la régularité classique. C'est l'exaltation de la sensibilité (libération du moi), de l'imagination et du fantastique et la réhabilitation des valeurs nationales, chrétiennes, voire primitives, d'où un renouveau d'intérêt pour le Moyen Age et le gothique qui cesse d'être barbare. Chronologiquement le romantisme (en peinture et sculpture) se développe dès les débuts du XIXe siècle, en France dès la Restauration mais les interférences sont nombreuses entre romantisme et néoclassicisme durant toute la première moitié du XIXe siècle.

b) Dans la seconde moitié du XIXe siècle l'**académisme** coïncide en France avec le triomphe d'une peinture officielle prônée par l'Académie, responsable de l'attribution des grands prix (de Rome) et enseignée par l'école des beaux-arts. Cette peinture fondée sur des traditions usées, sur une inspiration empruntée aux maîtres officiels condamne toute recherche indépendante et se contente le plus souvent de sujets conventionnels traités avec minutie et souci de la perfection technique. De nombreux sujets historiques sont traités avec emphase d'où l'expression **art pompier** (les pompiers).

c) L'**impressionnisme :** le terme est né en 1874, sous la plume d'un journaliste au *Charivari,* pour qualifier les peintures d'un groupe de jeunes peintres indépendants et par référence à une toile de Monnet intitulée « Impression, soleil levant ». Les peintres impressionnistes s'efforcent d'exprimer dans leurs œuvres les impressions (sensations) que la lumière et les objets peuvent susciter. D'où la fragmentation des touches, le papillotement des couleurs, l'abandon du contour précis et l'aspect inachevé de peintures qui choquent les contemporains.

d) Le **symbolisme :** à partir de 1885 une réaction à tendance idéaliste connue sous le nom de symbolisme se développe simultanément dans les lettres et les arts plastiques. L'œuvre d'art doit exprimer une idée par des formes compréhensibles ; elle est subjective et décorative.

e) Le **cubisme :** le terme apparaît en 1908 dans l'article d'un critique qui parle de bizarreries cubiques. L'école cubiste se propose de représenter les objets décomposés en éléments géométriques simples. La figuration de corps solides à trois dimensions sur une toile à deux dimensions ne respecte plus les règles de la perspective, fondées sur un angle de vision unique.

Les débuts du XXe siècle sont également marqués par la naissance de l'art abstrait et du surréalisme. Dès 1910 Kandinsky fonde l'**art abstrait :** formes et couleurs sont totalement dissociées d'objets concrets ; l'art ne contient plus aucune évocation de la réalité. Avec le **surréalisme** l'œuvre plastique se réfère à un modèle purement intérieur, fruit de l'imagination de l'artiste.

12. ATMOSPHÈRE (Circulation atmosphérique)

1. L'atmosphère

L'**atmosphère** est l'enveloppe gazeuse qui entoure le globe terrestre et l'accompagne dans ses mouvements. C'est une mince pellicule d'**air,** mélange de gaz en proportion uniforme : 78 % d'azote ; 21 % d'oxygène et 1 % de gaz rares (notamment l'argon). La plus grande partie de l'air se maintient au voisinage du globe en raison de l'attraction terrestre. L'air contient au voisinage du globe du gaz carbonique (0,03 % de la totalité de l'atmosphère), de la vapeur d'eau et des poussières en suspension.

2. La pression atmosphérique

Au niveau de la mer ou à l'altitude 0, la densité de l'atmosphère et la pression atmosphérique sont maximales. La **pression atmosphérique** est la force exercée sur une surface (par exemple 1 cm^2) par le poids de l'atmosphère. La pression est mesurée par des **baromètres ;** elle est exprimée en **millibars** (mb) ou **hectopascals** (hPa) ; (1 bar vaut 10^5 Pa ou 1,0197 kg par cm^2). La **pression** dite **normale** correspond à la moyenne des pressions à l'altitude 0 soit 1 015 mbar. Avec l'altitude, la pression atmosphérique diminue (ex. 264 mbar à 10 000 m).

3. Troposphère, stratosphère, ionosphère

a) L'atmosphère est traversée par le **rayonnement solaire :** au sein duquel on distingue de nombreuses radiations classées selon leur longueur d'onde (rayons X, rayons ultraviolets, rayons lumineux, rayons infrarouges...).

A la limite de l'atmosphère l'énergie dispensée par le rayonnement solaire est uniformément égale à 1,94 calorie/cm^2/minute : c'est la **constante solaire.** Cette énergie absorbée par l'atmosphère et la surface du globe se transforme en énergie calorifique (→ *22. climat*).

b) Plusieurs couches concentriques composent l'atmosphère :

– la couche inférieure est la **troposphère** (car agitée par de vigoureux tourbillons – en grec tropos = tourbillons). Couche riche en nuages, la troposphère contient la quasi-totalité de la vapeur d'eau atmosphérique. Les températures s'abaissent avec l'altitude d'environ 1°C tous les 200 m. La **tropopause,** limite supérieure de la troposphère se situe vers 5 à 6 000 m au-dessus des pôles (t° = – 45 °C) mais vers 16 000 à 18 000 m au-dessus de l'équateur (t° = – 80 °C) ;

– la **stratosphère** qui s'étend jusqu'à environ 60 km d'altitude reçoit une forte proportion du rayonnement solaire. La température s'élève jusqu'au sommet de la stratosphère ou **couche chaude** (t° $\simeq$ 100 °C) encore appelée **stratopause.** Dans la stratosphère la **couche d'ozone** (0^3) absorbe la majeure partie des rayons ultraviolets (U.V.) ;

– la troisième enveloppe ou **ionosphère** s'étend entre 60 et 600 km environ. Les particules gazeuses sont très rares et fortement **« ionisées »,** c'est-à-dire transformées en ions (chargés positivement) par les rayons cosmiques.

4. La circulation atmosphérique : mouvements verticaux et foehn

L'atmosphère n'est pas stable et au niveau de la troposphère se manifestent les mouvements de l'air les plus constants et les plus intenses. L'ensemble de ces mouvements, qu'ils soient permanents ou saisonniers constitue la **circulation atmosphérique.**

a) Le **gradient thermique** d'un air immobile mesure la variation de température selon l'altitude ; il est exprimé en degré centigrade pour 100 m (en moyenne 0,55 °C/100 m). Un air humide et à fort gradient thermique est instable. L'air chaud (moins dense) a tendance à s'élever ; c'est le phénomène de la **convection thermique** qui se traduit par l'ascendance de l'air : on parle d'**ascendance convective.** Inversement, la **subsidence** est le mouvement descendant de l'air : ainsi au-dessus de surfaces froides l'air est **subsident.**

L'air affecté de mouvements verticaux (ascendance ou subsidence) est soumis à des variations de températures liées à la pression.

Le **gradient adiabatique** mesure la variation de température de l'air due aux variations de pression, sans qu'il y ait échange thermique avec le milieu ambiant. En s'élevant, l'air se détend (sa pression diminue) et il se refroidit ; en descendant l'air se comprime et se réchauffe.

b) **Le foehn** est un vent local subsident qui descend le long d'un versant montagneux des Alpes (pour les vents similaires, on parlera de vents de type foehn ou d'**effet de foehn**).

Le foehn est un vent chaud **(réchauffement adiabatique)** et sec, qui peut provoquer des avalanches. A l'origine, intervient un vent ascendant le long d'un versant **(versant dit au vent)** d'où une perte d'humidité (→ *22. climat*). Au-delà de la crête, le vent redescend le long du **versant dit sous le vent.** Il se réchauffe, les nuages se dissipent et l'air devient limpide. La **tramontane** du Languedoc et du Roussillon, le **chinook** des montagnes Rocheuses sont des vents de type foehn. On retrouve le même phénomène dans les îles montagneuses des régions tropicales (→ *73. milieux chauds non arides*).

Un exemple de foehn dans les Alpes françaises

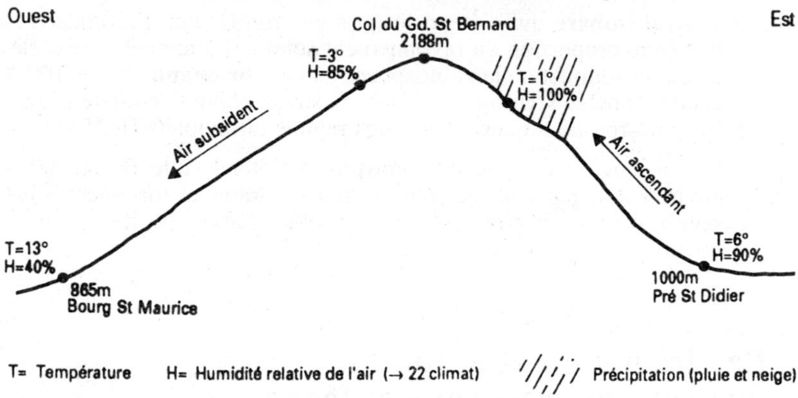

5. Vents, anticyclones et dépressions

a) A la surface du globe, il existe de sensibles différences de pression atmosphérique. Le **vent** est un flux d'air qui souffle de la région de haute pression à la région de basse pression. Il est défini par sa direction d'origine (un vent de nord-ouest souffle depuis le nord-ouest) et par sa vitesse exprimée en nœuds (1,852 km/h) ou en kilomètres/heure. Les marins utilisent l'**échelle de Beaufort** (force 10 = 95 km/h environ...).

b) Les aires de hautes pressions ($P > 1\,015$ mbar) sont des **anticyclones.** Ce sont des centres de divergence des vents **(divergence anticyclonale)** qui correspondent à des régions de subsidence de l'air. Les aires de basses pressions sont appelées **dépressions** (ou **dépressions cycloniques**). Pour les dépressions très creusées en zone tropicale, on parle de **cyclones** (→ *73. milieux chauds non arides*). Les dépressions sont des centres de convergence des vents **(convergence cyclonale)** qui correspondent à des régions d'ascendance de l'air (→ *infra* 7).

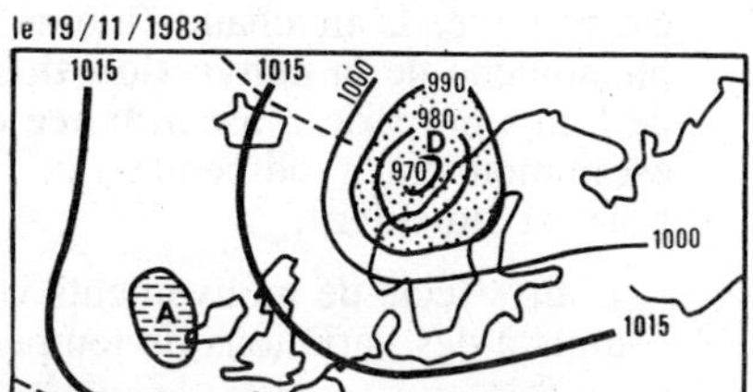

Anticyclones (A) et dépressions (D)
(L'isobare 1015 mb est renforcé)

Anticyclone et dépression dans l'hémisphère Nord

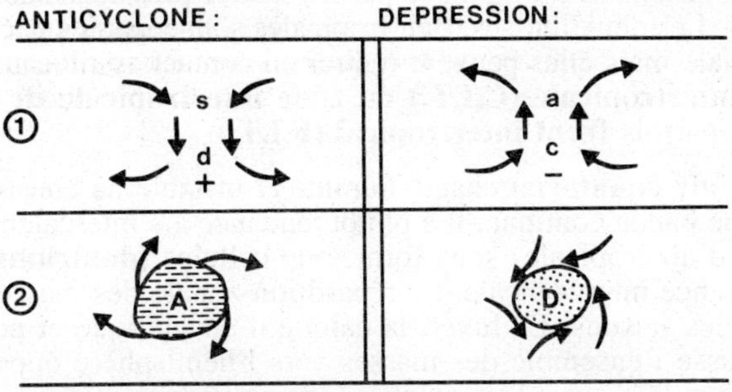

Schémas simplifiés ① en coupe ② en plan
c : convergence d : divergence a : ascendance s : subsidence

c) Les lignes qui rejoignent les points qui connaissent une égale pression sont des **isobares.** Théoriquement les vents devraient souffler directement des anticyclones vers les dépressions mais la rotation de la terre dévie le vent vers sa droite dans l'hémisphère Nord et vers sa gauche dans l'hémisphère Sud (déviation due à la **force de Coriolis**). Plus les isobares sont rapprochées plus le vent est violent. Le **gradient barométrique** est la différence de pression (exprimée en millibars) mesurée sur une ligne perpendiculaire aux isobares entre deux points distants de 111 km (= 1 degré de méridien à l'équateur). Un vent violent est un **ouragan** ou une **tornade.** Pour les types de vents (→ *infra* 6).

6. Masses d'air et circulation générale atmosphérique

Dans la basse troposphère, se singularisent des volumes d'air distincts, dotés de caractères originaux (pressions, températures, humidité de l'air). Ce sont les **masses d'air,** chacune séparée de sa voisine par une surface de discontinuité appelée **front.** Du pôle Nord à l'équateur, on distingue quatre masses d'air. Pour chaque masse d'air, existent une variante océanique plus humide et une variante continentale au-dessus des continents (même organisation pour l'hémisphère Sud).

a) L'**air arctique :** masse anticyclonale très froide limitée au sud par le **front arctique.** De la masse d'air arctique, peuvent s'échapper des **coulées** (ou advections) **polaires.** L'**advection** est un mouvement horizontal de l'air déterminant l'arrivée d'une masse d'air étrangère.

b) L'**air polaire :** masse d'air froide (ou assez froide), relativement humide, dominée par les basses pressions et parcourue par des **vents d'ouest.** La limite sud (ou nord dans l'hémisphère austral) est le **front polaire** qui présente de nombreuses boucles ou indentations. Ces indentations qui circulent d'ouest en est, le long du front sont les « **cyclones** » **(dépressions) tempérés.** Dans l'hémisphère Nord entre Amérique et Europe on parle à leur propos de « **perturbations atlantiques** ». (→ *infra* 7).

c) L'**air tropical** est séparé de l'air polaire par le front polaire. Cette masse d'air chaud est dominée par les hautes pressions subtropicales (lat. vers 30°. Les deux masses d'air tropicales sont séparées par la masse d'air équatoriale mais elles peuvent rentrer en contact au niveau de la **convergence intertropicale (C.I.T.)** ou **zone intertropicale de convergence,** appelée parfois **front intertropical (F.I.T.).**

d) L'**air équatorial** chaud, humide et instable ne constitue pas forcément une bande continue. Il a plutôt tendance à s'intercaler entre les deux masses d'air tropicales sous formes de cellules **(doldrums)** jalonnant la convergence intertropicale. La répartition zonale des masses d'air évolue suivant les saisons. En hiver, la calotte d'air arctique et polaire s'élargit et repousse l'ensemble des masses vers l'hémisphère opposé. En été, la « calotte polaire » est fortement réduite en surface d'où une remontée des masses d'air en direction des hautes latitudes. Les fronts (ex. front polaire) suivent ce balancement saisonnier des masses d'air.

7. La circulation générale atmosphérique

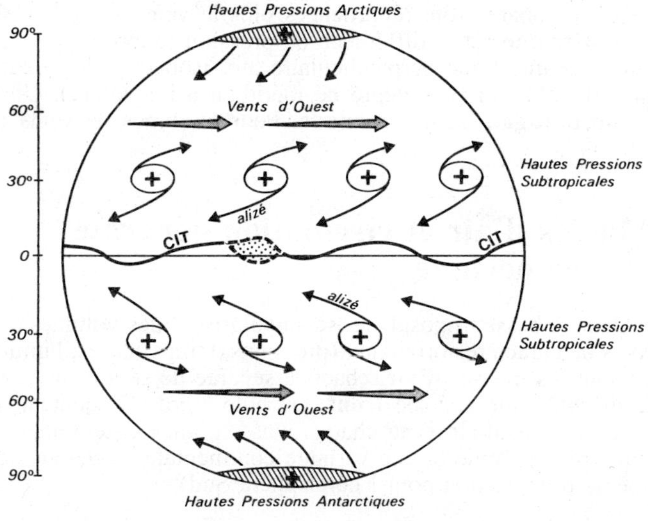

La circulation générale atmosphérique : schéma simplifié

Ondulations du courant-jet (hémisphère Nord)

a) En altitude : au niveau de la tropopause, vers 25°-30° de latitude, existe un double flux de vents d'ouest, **les courants-jets** ou **jet-streams**, circulant à grande vitesse (de 150 à 400 km/h) mais dans une atmosphère raréfiée. Pour chaque hémisphère, il peut se produire un dédoublement du courant-jet avec un **courant-jet subtropical** et un **courant-jet polaire**. Le courant-jet laisse sur sa droite les hautes pressions, sur sa gauche les basses pressions. En circulation lente, le courant-jet devient sinueux d'où la création de cellules cycloniques et anticycloniques (voir croquis).

b) En surface

- Aux latitudes tempérées, entre les 35e et 65e parallèles dominent les **vents d'ouest** ou **westerlies,** particulièrement dans l'hémisphère Sud avec les « **quarantièmes rugissants** » et les « **cinquantième hurlants** » ; à ces latitudes, la circulation des vents d'ouest ne rencontre pratiquement pas d'obstacles terrestres.

- Les **alizés** sont des vents d'est qui soufflent des hautes pressions subtropicales vers les basses pressions équatoriales ; les alizés de l'hémisphère Nord (du nord-est) et ceux de l'hémisphère Sud (du sud-est) rentrent en contact par la convergence intertropicale (C.I.T.). L'**harmattan** est l'alizé continental du Sahara méridional.

- **La mousson** : l'alizé peut pénétrer profondément dans l'hémisphère opposé. Au passage de l'équateur, il change de direction (force de Coriolis). C'est ce phénomène qui détermine la **mousson pluvieuse.** La mousson pluvieuse **(mousson d'été)** s'explique par la présence de basses pressions d'origine thermique régnant sur une région continentale surchauffée. La région continentale joue le rôle d'un aspirateur d'où le passage de l'alizé à l'équateur, le flux alizé devenant alors un **flux de mousson.**

  A l'origine, le terme était réservé au vent de sud-ouest soufflant en été dans l'océan Indien. Il s'applique aussi au flux d'ouest à sud-ouest qui frappe l'Afrique occidentale pendant la saison des pluies.

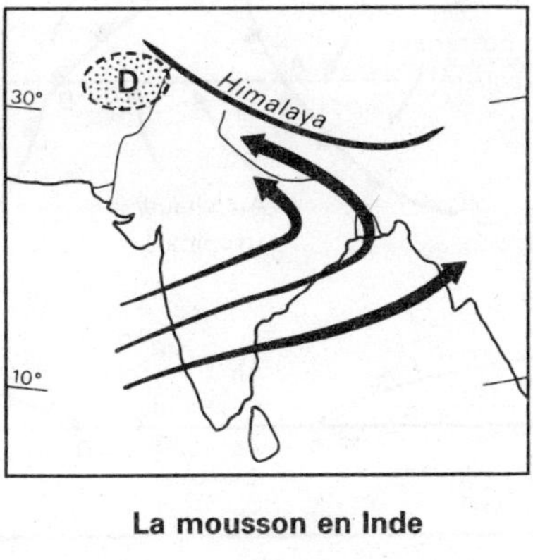

La mousson en Inde

8. Dépressions en zone tempérée

Dans la zone tempérée, c'est l'ondulation du front polaire qui est à l'origine des dépressions. La dépression est formée d'une masse d'air froid et d'une masse d'air chaud séparées par un **front froid** et par un **front chaud** qui se réunissent au sommet C de l'ondulation **(centre du « cyclone »).** Le **front froid** est celui dont le déplacement s'effectue sous l'impulsion de la masse d'air froid (air polaire), qui s'insinue sous la masse d'air chaud (air tropical). Le **front chaud** correspond au déplacement de la masse d'air chaud qui s'élève au-dessus de la masse d'air froid tout en la repoussant. La dépression se déplace d'ouest en est ; le front froid postérieur (en arrière si on considère le sens du déplacement) peut rejoindre le front chaud antérieur. On dit qu'il y a **occlusion :** l'air tropical chaud est rejeté en altitude. Il ne subsiste plus au sol qu'un **pseudo-front** ou **front occlus** entre air polaire antérieur et air polaire postérieur (→ *croquis*).

Le passage des dépressions s'accompagne de **perturbations atmosphériques,** situations caractérisées par des vents parfois violents et des précipitations (→ *22. climat*).

Dépression tempérée

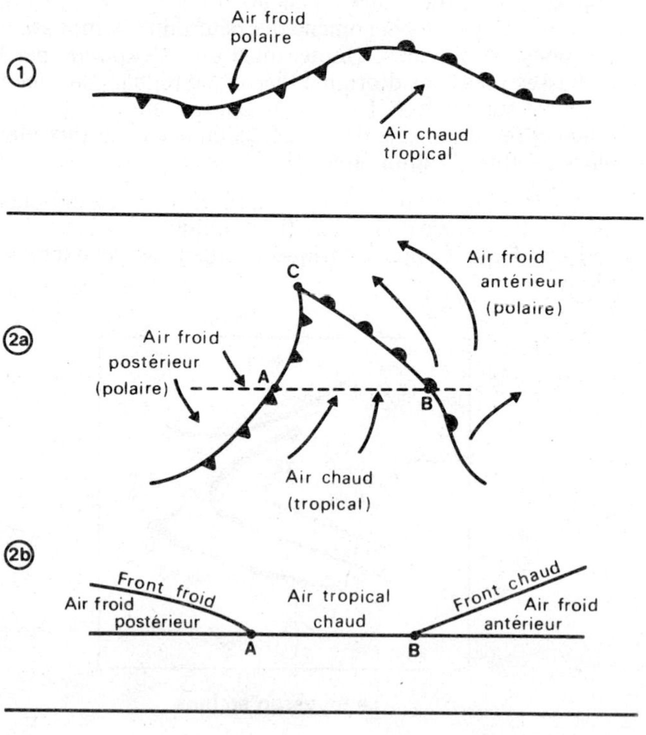

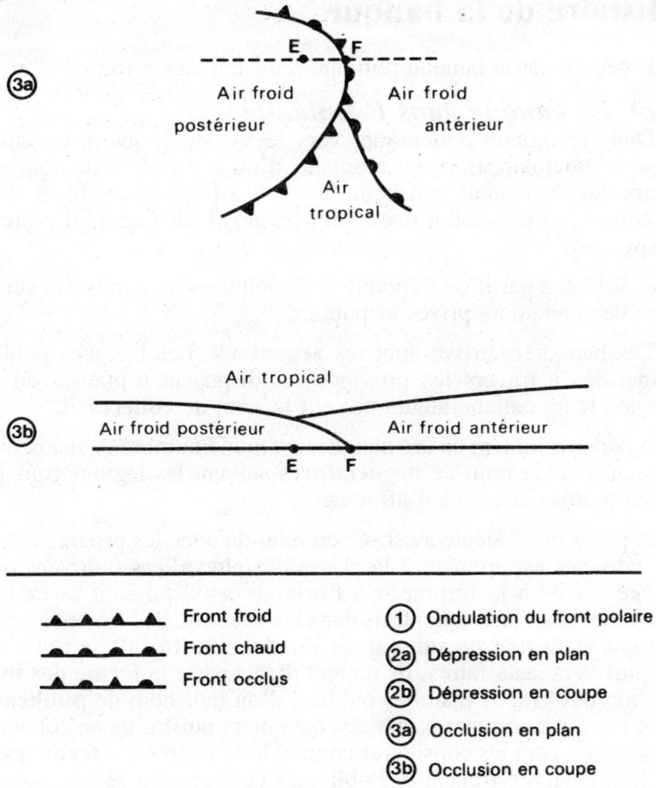

9. Cyclones tropicaux

(→ *73. milieux chauds non arides*)

13. BANQUE

Banque :
- Activité commerciale qui traite de l'argent comme une marchandise, reçue, stockée, prêtée à titre onéreux
- Entreprise qui s'occupe de cette activité
- Maison où exerce une telle société

1. Histoire de la banque

L'origine de la banque remonte à un lointain passé.

a) La banque dans l'Antiquité

Dans le monde hellénique, vers le VIe siècle av. J.-C. chaque ville, chaque sanctuaire frappent monnaie, d'où la présence de nombreux changeurs qui se mettent tout naturellement à faire du crédit. A Athènes, ils se contentent d'installer une table **(trapeza)** sur l'agora d'où leur nom de **trapézites.**

A Rome, à partir de l'époque des conquêtes, apparaissent sur le modèle grec des banquiers privés et publics.

Les banquiers privés sont les **argentarii.** Les banques publiques sont dispersées à travers les provinces et disposent d'une caisse centrale à Rome ; leurs collaborateurs portent le nom de **collectarii.**

Indépendamment de ces banques un grand nombre de manieurs d'argent connus sous le nom de **negociatores** suivent les légions romaines, cherchant toutes occasions d'affaires.

A partir du IIe siècle av. J.-C. en relation avec les progrès des échanges, les citoyens appartenant à la classe des **chevaliers** (citoyens dont le privilège est lié à la fortune – à l'origine ceux qui sont assez riches pour s'équiper et servir à leurs frais dans la cavalerie, ils forment l'**ordre équestre** qui vient tout de suite après l'**ordre sénatorial**) se tournent de plus en plus vers les affaires. Ils tentent d'accaparer la **ferme des impôts** et la gestion des grands marchés publics, d'où leur nom de **publicains.** Ce ne sont pas à proprement parler des banquiers puisqu'ils ne collectent pas de dépôts ; on peut les considérer comme les ancêtres des **fermiers généraux** de la monarchie française. Publicains et argentarii se réunissent dans les **basiliques,** vastes édifices, destinés à la fois à la justice, au commerce et à la promenade.

b) La banque au Moyen Age

Le Moyen Age chrétien s'en prend au fondement même de la banque et de la finance : le **taux d'intérêt.** L'**intérêt** est le revenu d'un capital placé auprès d'autrui ; il se calcule en pourcentage de la valeur nominale du capital et s'exprime par un taux annuel qui indique le prix à payer pour le prêt pendant un an. Si les banques continuent de progresser à Byzance, l'Occident fait écho aux réticences de l'Eglise et on ne trouve plus guère de crédit que chez des négociants orientaux appelés **syriens** et chez les **juifs.**

Pourtant, à partir du XIIe siècle, le commerce de banque connaît un certain renouveau, en Italie du Nord d'abord.

Les banques italiennes sont désignées par référence à la table ou au banc **(banco)** du changeur – origine du mot banque. L'image du banc est si répandu que lorsqu'un banquier manque à ses engagements, on parle de banc brisé : banco rotto en italien, origine du mot **banqueroute.**

Au-delà des Alpes, dès le XIIe siècle, les banquiers italiens s'installent à Cahors, grande cité commerçante de l'Aquitaine. De là, ils vont rayonner vers toutes les grandes villes d'Europe occidentale. On les désigne tantôt sous le nom de « **Lombards** » tantôt sous celui de « **Cahorsins** ».

Outre le financement du négoce, les Lombards accordent des prêts aux particuliers, aux pouvoirs publics et concurrencent les juifs dans le domaine des **prêts sur gage** (contre garanties).

La Renaissance voit la réapparition des banques publiques et l'essor de grandes banques privées, en Italie – les Médicis à Florence – mais aussi en Allemagne – les Fugger – en France : Jacques Cœur. A la même époque les moines franciscains créent les « **monts de piété** », association de personnes qui, par esprit de charité se groupent, sous l'égide des municipalités, pour prêter sans intérêt aux nécessiteux.

c) Les progrès de la banque depuis les Temps modernes

Au XVIIe l'ère des précurseurs est terminée pour la banque européenne ; commence alors une évolution qui va atteindre son apogée au XIXe. Cette évolution est marquée par :

- le développement des **instituts d'émission** (institutions financières chargées d'émettre la monnaie fiduciaire) qui, à l'instar de la Banque d'Angleterre (1694) et de la Banque de France (1800) tendent à monopoliser l'émission des billets ;
- multiplication des maisons de **haute banque** à la faveur des grandes opérations financières et de l'internationalisation des affaires. Les maisons de haute banque ou **banques d'affaires** sont surtout des **banques familiales** (ex. banque Rothschild) qui, sauf exception restent constituées en affaires personnelles ou sociétés de personnes. Utilisant leurs propres capitaux, elles ne cherchent pas à émettre des billets, ni à collecter massivement des dépôts. Elles effectuent des **prêts à moyen terme** (entre 2 et 7 ans) et à **long terme** (au-delà de 7 ans) dans l'activité économique, prennent des participations dans des firmes, réalisent des opérations en Bourse.

  Leur caractère confessionnel est très marqué, d'où la distinction : **haute banque catholique, haute banque protestante, haute banque juive ;**
- création des grandes **banques commerciales** dont le capital est largement réparti dans le public. Le développement des banques commerciales coïncide avec celui des grandes sociétés bancaires par actions (ex. en France – Crédit lyonnais 1863 – Société générale, 1864).

  L'épithète « commerciale » peut être comprise dans deux sens différents : d'une part, les banques commerciales se font mutuellement concurrence et doivent s'efforcer de retenir leur clientèle ce qui les distingue des instituts d'émission (auquel cas les banques d'affaires sont des banques commerciales), d'autre part, elles ont vocation à financer les opérations commerciales courantes contrairement aux maisons de haute banque qui s'intéressent surtout aux opérations exceptionnelles.

  Pour disposer des capitaux suffisants, les banques commerciales collectent les dépôts (d'où l'appellation de **banques de dépôts**). Les

dépôts sont des liquidités confiées à une banque. On distingue les **dépôts à vue** dont le propriétaire peut disposer à tout moment et les **dépôts à terme** qui sont des fonds que le déposant s'engage à ne pas réclamer avant un certain délai moyennant le versement d'un intérêt par la banque.

La distinction banque d'affaires-banque de dépôts tend à s'estomper, en particulier en France depuis le décret de 1966 : les banques d'affaires recourent aux dépôts à vue et les banques de dépôts peuvent prendre des participations dans les entreprises dans la limite de 20 % du capital social des entreprises ;

- naissance des **institutions para-bancaires** destinées à répondre aux besoins spécifiques de la clientèle populaire. Début XIXe siècle, la clientèle modeste ne peut en effet prétendre qu'aux prêts sur gages et aux **prêts hypothécaires** (prêts liés à une prise d'**hypothèque. Hypothèque :** droit que possède un créancier sur un bien immobilier de son débiteur). Il s'agit en particulier de la création des **caisses d'épargne** dont la fonction est d'accueillir les dépôts, même d'un montant minime et d'utiliser les sommes ainsi collectées dans des placements sans risque et des **établissements de crédit coopératif.**

2. Les activités bancaires : les banques commerciales

a) La gestion des liquidités (ressources de la clientèle)

- Le **compte en banque :** les banques accueillent les **dépôts** de leurs clients sur les **comptes à vue** qui ne reçoivent pas d'intérêt mais sont assurés d'une parfaite liquidité. Les sommes déposées sur ces comptes constituent la principale matière première du crédit bancaire et, par ce canal, la principale source de création monétaire. En effet, ces sommes sont librement et immédiatement disponibles ; on les qualifie de **monnaie scripturale** c'est-à-dire utilisable par simple jeu d'écriture ;

- **Les moyens de paiement (**→ *80. monnaie*).

  Le **virement :** opération par laquelle une banque sur ordre d'un client impute une certaine somme au compte de ce client pour la porter au compte d'un tiers.

  Le **prélèvement** est l'opération inverse : la banque sur ordre d'un client porte une certaine somme au compte de ce client en l'imputant au compte d'un tiers.

  Le **chèque** est un document écrit par lequel le titulaire d'un compte bancaire donne à la banque l'ordre de payer une certaine somme à un bénéficiaire. Le signataire, titulaire du compte est le **tireur ;** la banque est **le tiré.**

  La **carte de paiement** est une carte de crédit qui permet de ne régler des achats qu'après coup, par prélèvement sur un compte en banque.

Les **effets de commerce** sont des titres négociables représentatifs d'une créance. Il existe deux catégories d'effets de commerce : la **lettre de change** ou **traite,** le **billet à ordre** (→ *25. histoire du commerce*).

Le **billet à ordre** est un effet de commerce par lequel une personne – le souscripteur – s'engage à payer à une autre – le bénéficiaire – une certaine somme d'argent à une date déterminée. Le bénéficiaire d'un billet à un ordre peut le transférer à un tiers en l'endossant. L'**endossement** est la mention inscrite au dos du billet par laquelle le porteur (l'**endosseur**) transfère la créance à une autre personne (l'**endossataire**).

Le **warrant** est un billet à ordre garanti par des marchandises, soit déposé dans un magasin général, soit demeurant dans les comptes des débiteurs.

La **lettre de change** intéresse trois personnes : le **tireur**, le **tiré**, le **preneur** ou **bénéficiaire**. C'est un effet de commerce par lequel un créancier – le **tireur** – commande à son débiteur – le **tiré** – de payer à une date donnée – l'**échéance** – une somme déterminée (en général le prix de vente d'une marchandise) à une personne dont le nom est inscrit sur l'effet : le **preneur** ou **bénéficiaire**. Le bénéficiaire peut être le tireur lui-même.

Dans la mesure où l'on ne s'attache qu'à la structure du titre, le **chèque** ressemble à une lettre de change : un tireur donne à un tiré, qui est nécessairement une banque, l'ordre de payer une certaine somme à un bénéficiaire.

L'**acceptation** est l'acte par lequel le tiré s'engage à payer à l'échéance une lettre de change. Lorsqu'une banque s'engage à payer à l'échéance une lettre de change tirée sur elle, on dit qu'il y a **acceptation de banque.** Si le tiré ne paie pas à l'échéance, sa défaillance est constatée par un acte solennel, le **protêt**.

Les effets de commerce permettent aux industriels et commerçants de payer leurs achats à terme tout en offrant aux fournisseurs la possibilité d'obtenir facilement un crédit sous forme d'**escompte** (→ *infra*) en attendant l'échéance.

- **Les placements liquides.**

Les **comptes d'épargne** – longtemps apanage des seules caisses d'épargne – les sommes déposées – et rémunérées – peuvent être retirées sans délai ni préavis. En France, les comptes d'épargne sont généralement appelés **comptes sur livrets** (dans certains cas l'intérêt reçu est exonéré de l'impôt sur le revenu : livret A de la caisse d'épargne, **CO.DEV.I. :** COmpte pour le DEVeloppement Industriel).

Les **comptes d'épargne-crédit :** les dépôts, laissés pendant une période donnée non seulement fournissent un intérêt, mais permettent à la fin de la période choisie de bénéficier d'un prêt à taux avantageux. C'est le cas du **compte-épargne logement,** du **plan-épargne logement.**

Les **dépôts à terme :** dépôts faits en une seule fois pour une durée déterminée. On distingue les **comptes à terme** et les **bons de caisse.**

Les produits négociables (→ *16. bourses*).

Les banques peuvent servir d'intermédiaire entre les épargnants et les agents de change pour l'acquisition des **valeurs mobilières.** Elles participent directement au marché financier par les **S.I.CA.V.** (Société d'Investissement à CApital Variable).

b) La distribution du crédit

Les banques interviennent pour financer les besoins d'exploitation des entreprises, les investissements des entreprises, les dépenses des particuliers.

- **Crédits d'exploitation,** parmi les nombreuses formes on peut retenir :
  - la mobilisation des créances commerciales par avance sous la forme d'**escompte** des effets de commerce
  - le financement des échanges extérieurs. Il se fait surtout par les **crédits à l'exportation** comportant des délais plus longs que ceux pour les transactions internes. Il peut s'agir de **crédit fournisseur** – (la banque verse dès le début des travaux ou l'expédition de la marchandise une somme équivalent au montant de la facture) ou de **crédit acheteur** (c'est toujours à l'exportateur que la banque règle le montant de la facture mais elle le fait sur ordre de l'acheteur étranger).

    En France, comme dans la plupart des pays industrialisés les pouvoirs publics facilitent le développement de ces formes de crédit. Leurs interventions sont canalisées par deux organismes spécialisés : la **B.F.C.E. (Banque Française du Commerce Extérieur)** – la **CO.F.A.C.E. (Compagnie Française d'Assurance pour le Commerce Extérieur).**
  - **découverts** et **facilités de caisse.** La banque peut accorder un découvert à une entreprise – également à un particulier. Le **découvert** correspond à une opération par laquelle une banque autorise son client à tirer des chèques pour un montant supérieur à la provision de son compte. Au-delà du découvert, peuvent être autorisées des **facilités de caisse** c'est-à-dire des dépassements de courte durée liés à des délais de facturation et d'encaissement ;
- **Crédits d'équipement**

  Ce sont des crédits destinés à financer l'investissement. Pour les crédits à moyen terme, les banques doivent s'assurer de retrouver des liquidités en cas de besoin, c'est-à-dire que leurs crédits soient mobilisables auprès d'un organisme spécialisé.

  En France depuis 1945, les **crédits à moyen terme mobilisables** font figure d'instrument classique pour financer les investissements industriels. Leur durée maximal a été portée à 7 ans. Le **Crédit national** s'est imposé comme le principal organisme réescompteur avec la **C.E.P.M.E. (Crédit d'Equipement des Petites et Moyennes Entreprises).**

L'investissement à long terme relève soit du marché financier, soit de prêts à long terme effectués par des organismes spécialisés (Crédit national - C.E.P.M.E.).

Au lieu de prêter de l'argent à une entreprise pour lui permettre d'acheter des biens d'équipement, la banque peut acheter elle-même ces biens, les donner en location à l'entreprise pendant plusieurs années et finir par les lui céder à bas prix. C'est la procédure que les Anglo-Saxons appellent **leasing** et les Français **crédit-bail ;**

- **Crédits aux particuliers**
  C'est le **crédit à la consommation** dont la principale forme est la **vente à crédit :** la banque paie le vendeur au comptant et se fait rembourser par l'acheteur. La banque peut également faire des **avances sur titres** c'est-à-dire sur des valeurs mobilières données en garantie. Le prêt au logement est une autre forme de crédit aux particuliers.

Les opérations interbancaires se règlent par **compensation (clearing).** Dans tous les pays ont été organisées des chambres de compensation où se réunissent chaque jour les représentants des banques d'une même place pour échanger à parité les effets qu'ils sont chargés de recouvrer pour leur compte. Seuls les soldes sont l'objet de virements.

3. Activités bancaires : les banques non inscrites

En France le Conseil national du crédit distingue les **banques inscrites** et **non inscrites.** Les **banques inscrites** sont des banques qui répondent à la définition légale de la banque (les banques commerciales). Cependant il existe des organismes qui effectuent des opérations bancaires sans être inscrites. Ce sont des organismes qui ont une mission particulière. Retenons les principales :

- la **Caisse des dépôts et consignations :** la plus grande banque d'affaires française. Elle collecte et gère les fonds des caisses d'épargne, des caisses de Sécurité sociale, des caisses de retraite. Grâce à ces ressources elle peut investir à long terme dans des prêts à l'Etat et aux collectivités locales, dans le financement d'investissements à caractère social ;
- la **Caisse nationale des marchés de l'Etat :** organisme public, il intervient dans le financement des marchés publics, surtout pour permettre le financement des commandes publiques ;
- le **Crédit foncier :** établissement semi-public. Il fournit des prêts aux collectivités locales et des prêts spéciaux à la construction en liaison avec le **comptoir des entrepreneurs ;**
- la **Caisse de crédit agricole :** avec à sa tête la Caisse nationale de crédit agricole. Son rôle est d'accorder principalement des moyens de financement aux agriculteurs, aux coopératives agricoles, aux artisans ruraux ;

– le **Crédit national** (cf. *supra*) ;

– la **Banque française du commerce extérieur** (cf. *supra*) ;

– les **Banques populaires :** instituts financiers dépendant du système de crédit populaire, accordant des crédits aux professions libérales, aux artisans et aux P.M.E.

4. Activités bancaires : la Banque centrale (synonymes : Banque d'émission, institut d'émission, banque de premier rang)

A l'origine banque commerciale dotée par le pouvoir politique de la capacité d'émettre des billets, la Banque centrale a vu s'ajouter d'autres fonctions spécifiques :

– elle est chargée de l'émission de la monnaie fiduciaire ;

– banque de l'Etat, elle gère les comptes du **Trésor public** (recettes et dépenses de l'Etat en monnaie nationale et devises étrangères) et fait des **avances à l'Etat ;**

– banque des banques, elle organise les règlements par **compensation** entre les banques et offre les liquidités nécessaires dont les banques ont besoin ;

– elle exécute la **politique monétaire** de l'Etat par des interventions sur le marché monétaire et par des actions sur le crédit.

L'intervention sur le marché monétaire se manifeste par la technique de l'**open market** qui consiste à fournir ou à reprendre des liquidités en achetant ou en vendant des titres d'échéance et de nature diverses (fonds d'Etat, effets de commerce). Lorsque la Banque centrale achète des titres, elle fournit aux établissements de crédit un supplément de fonds qui leur permet de prêter davantage à leur clientèle.

La Banque centrale agit sur le crédit par le **système des réserves obligatoires** gelant à la Banque centrale une partie des dépôts recueillis par les banques (ce système remplace celui du **coefficient de trésorerie,** c'est-à-dire les 30-35 % de leurs fonds que les banques devaient garder en trésorerie) et par l'intermédiaire du **taux d'escompte.** L'**escompte** est l'opération par laquelle une personne possédant un titre de créance à terme sur un débiteur remet ce titre à une banque qui lui en verse immédiatement le montant. La banque se fait ensuite rembourser par le débiteur. Le créancier rémunère la banque du service rendu en lui payant un intérêt dont le taux annuel est fonction de celui que la banque doit payer à la Banque centrale pour en obtenir à son tour le paiement immédiat du montant. Cette dernière opération est **le réescompte.**

L'ensemble des retenues effectuées par le banquier en contrepartie de l'escompte d'un effet de commerce constitue **les agios.** Les agios et l'escompte ne se confondent pas : l'escompte est le prêt accordé par une banque lorsqu'elle acquiert un effet de commerce avant son échéance ; les agios constituent les déductions correspondant à ce prêt.

14. BASSIN SÉDIMENTAIRE MASSIF ANCIEN

1. Massif ancien ; socle ; bouclier

a) Massif ancien

C'est un ensemble de reliefs généralement assez peu élevés, qui se développe sur des structures anciennes datant de l'ère primaire ou du précambrien. Les massifs hercyniens ont été édifiés à la fin de l'ère primaire par l'**orogenèse hercynienne,** débutant au dévonien et se terminant avec le permien. Les massifs hercyniens s'organisent autour de deux directions privilégiées : **direction varisque** (S.O./N.E.) et **direction armoricaine** (O.N.O./E.S.E.). Les terrains sont surtout constitués par des affleurements de roches cristallines et de roches métamorphiques. Les surfaces planes ou en faible pente dominent d'où une allure générale de plateau. L'érosion des reliefs saillants peut conduire à des aplanissements à l'échelle régionale : on parle alors de **surface d'érosion** (ou **surface d'aplanissement**).

(N.B. : on trouve des surfaces d'érosion ailleurs que dans les massifs anciens (→ *45. érosion*). La **pénéplaine,** plaine de grande étendue aux pentes très faibles et aux vallées alluviales très larges est l'aboutissement d'un **cycle complet d'érosion** (→ *45. érosion*). Un massif ancien peut être réduit à l'état de pénéplaine. Des reliefs résiduels peuvent subsister appelés **monadnocks.**

b) Socle

Un socle est un vaste ensemble de terrains granitiques et métamorphiques, correspondant à une chaîne ancienne (orogenèses de l'ère primaire (→ *81. montagne*)) qui a été largement érodée (voire pénéplanée). Sur le socle reposent des terrains sédimentaires déposés pendant une période d'immersion : on parle d'une **couverture discordante** (reposant sur la surface d'érosion qui tranche les anciennes structures). Le socle a pu subir des déformations à grand rayon de courbure : **bombements, gauchissements, basculements.**

La couverture sédimentaire peut être déblayée par une érosion postérieure d'où la réapparition de l'ancienne surface d'érosion appelée alors **surface d'érosion exhumée.**

c) Massif ancien rajeuni

La **surrection** – le soulèvement – d'un massif ancien provoque une reprise d'érosion, un « rajeunissement » des formes, avec encaissement des vallées d'où la formation d'un **« modelé en creux »** (Les principaux accidents de relief sont en creux par rapport aux surfaces sommitales qui demeurent plus ou moins planes.) Le soulèvement d'un massif ancien engendre de nombreuses failles ou le rejeu de failles anciennes.

d) Bouclier

C'est une région de grande stabilité tectonique depuis le début de l'ère primaire. Les boucliers sont donc constitués de terrains précambriens fortement granitisés et métamorphisés. Il s'agit de régions généralement très riches en minerais (cuivre, cobalt, nickel, uranium). Ex. bouclier canadien, bouclier africain.

Le bouclier canadien

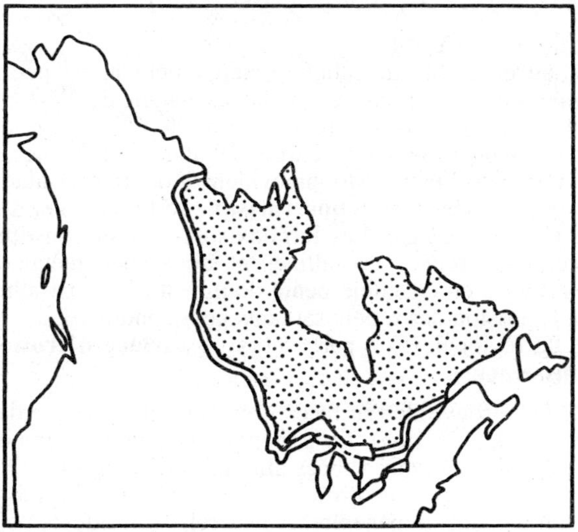

2. Bassin sédimentaire

C'est un ensemble géologique de grande taille (échelle régionale) présentant une allure générale de cuvette (ovale ou circulaire) à flanc en pente douce, où sont empilées plus ou moins régulièrement des couches sédimentaires.

A la périphérie du bassin, affleurent les couches les plus anciennes, légèrement inclinées ; leur **pendage** faible et relativement régulier est orienté vers l'intérieur du bassin (la **structure** est dite **monoclinale**). Au centre du bassin se dispose les couches les plus récentes au pendage très faible, voire nul.

De nombreux bassins sédimentaires se sont constitués durant l'ère secondaire et au début de l'ère tertiaire (Bassin parisien, bassin de Londres, Bassin aquitain). On ne peut confondre un bassin sédimentaire avec une **fosse,** ensemble géologique de forme allongée et de grande profondeur.

a) Cuesta

Dans les couches à faible pendage (3° à 6° environ) se développent des *reliefs de cuestas.* La **cuesta** correspond à un rebord de plateau au talus plus ou moins prononcé ; elle comprend trois parties :

- Le plateau, dont la surface est une pente légèrement inclinée vers le centre du bassin est le **revers** de la cuesta (ou **versant cataclinal**). **Cataclinal** = dans le même sens que le pendage.
- Le talus est le **front** de la cuesta et regarde vers l'amont-pendage (extérieur du bassin). C'est le **versant anaclinal** (= en sens inverse du pendage).
- Le front de la cuesta domine une **dépression** dite **orthoclinale** car sensiblement perpendiculaire au pendage des couches.

La formation d'une cuesta suppose une structure sédimentaire concordante (continuité des couches) et la superposition de couches dures ou résistantes à des couches plus tendres. (On parle de **binôme** couche dure-couche tendre). De plus, pour qu'on parle de cuesta, il faut que le talus soit orienté vers l'amont-pendage.

En avant du front, peuvent subsister des témoins de l'ancienne extension du plateau donnant des reliefs de butte. On parle de **butte-témoin** s'il subsiste une partie de la couche résistante qui couronne la butte. Sinon, on est en présence d'une **avant-butte** largement attaquée par l'érosion.

Cuestas et structure monoclinale

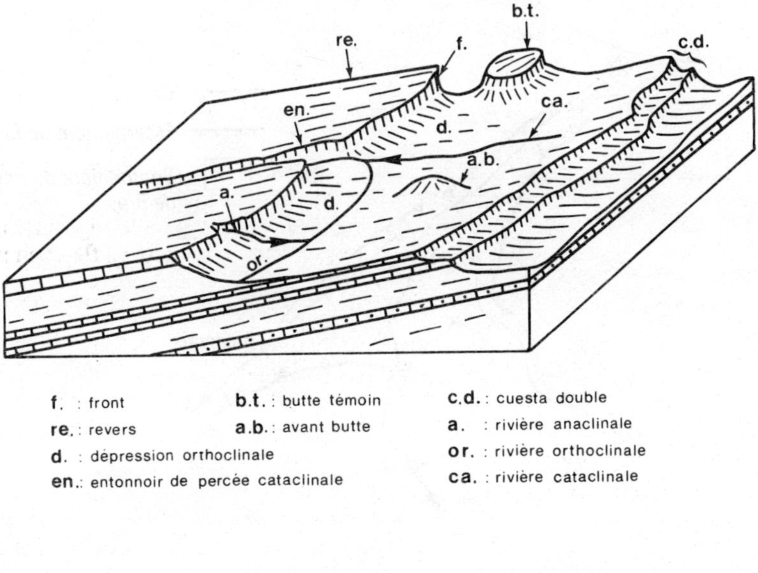

f. : front
re. : revers
d. : dépression orthoclinale
en. : entonnoir de percée cataclinale
b.t. : butte témoin
a.b. : avant butte
c.d. : cuesta double
a. : rivière anaclinale
or. : rivière orthoclinale
ca. : rivière cataclinale

b) Cuesta et réseau hydrographique

La dépression orthoclinale, qui se développe souvent dans des terrains argileux ou marneux est parcourue par des **rivières orthoclinales.**

Sur le front de la cuesta au contact roche perméable-roche imperméable (ex. calcaire reposant sur de l'argile) de nombreux ruisseaux prennent leur source **(ligne de sources).** Ces ruisseaux dits **anaclinaux** (situés sur le versant anaclinal) contribuent à faire reculer le front de la cuesta d'où un tracé de la cuesta parfois sinueux dans le détail.

Les rivières **cataclinales** coulent parfois sur le revers de la cuesta (versant cataclinal). Lorsqu'une rivière cataclinale traverse une cuesta en creusant une vallée, elle détermine un **entonnoir de percée cataclinale.**

c) Cuesta double ; cuesta dédoublée ; dépression périphérique ; boutonnière

La présence d'un horizon plus tendre au sein de la couche dure donne une **cuesta double** comportant deux talus séparés par un replat.

Le découpage d'un revers de cuesta par une vallée orthoclinale qui atteint la couche tendre sous-jacente donne une **cuesta dédoublée.**

Une **boutonnière** est une forme d'inversion de relief. Dans des couches légèrement bombées (bombement anticlinal à faible rayon de courbure) l'érosion a déblayé la voûte anticlinale et creusé une dépression dans les couches tendres sous-jacentes. Les rebords de la boutonnière forment deux cuestas qui se font face (ex. la boutonnière du pays de Bray – on parle d'un « **Bray** » pour une boutonnière ; la **demi-boutonnière** du Boulonnais).

La boutonnière du pays de Bray

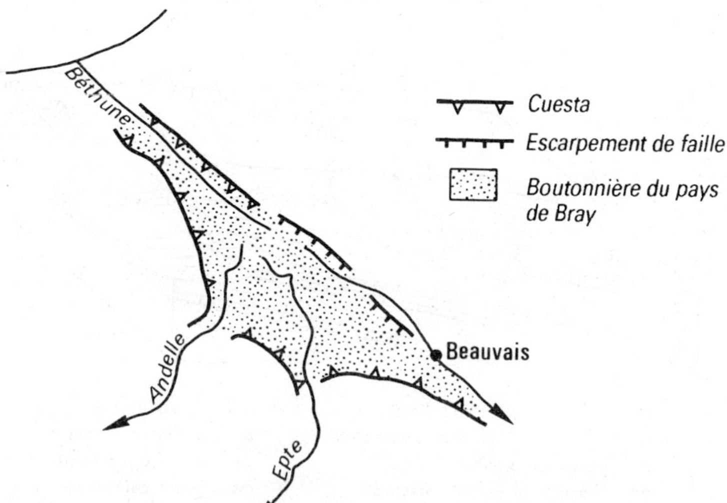

Une boutonnière

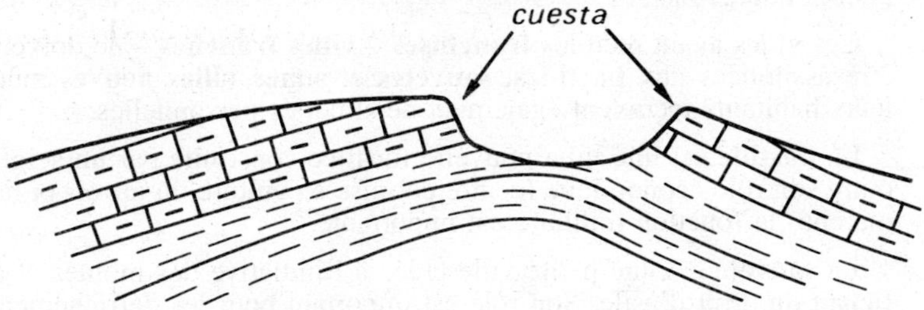

N.B.: Les pendages sont fortement accentués

d) Relief tabulaire

Dans les couches horizontales d'un bassin sédimentaire on rencontre des **plateaux étagés** limités par des talus appelés **coteaux** (ex. en Ile-de-France).

15. BOURGEOISIE

1. Essor de la bourgeoisie médiévale

L'histoire de la **bourgeoisie,** à son origine, est celle de la renaissance du commerce en Occident (à partir du XIe siècle) ; à cette époque les mots **mercator** (marchand) et **burgensis (bourgeois)** sont employés comme synonymes. La différence essentielle qui oppose les marchands et les artisans des villes naissantes à la société agricole au milieu de laquelle ils apparaissent, c'est que leur genre de vie n'est plus déterminé par leurs relations avec la terre. Pour échapper à la tutelle des seigneurs laïcs ou ecclésiastiques, les bourgeois forment des associations jurées dans le but de se protéger contre leurs oppresseurs et de se prêter aide mutuelle : ainsi naissent les **communes.** Sous cette pression, le seigneur de la ville consent à accorder à la communauté bourgeoise une charte : **charte de franchise** ou **charte de libertés.**

Cette charte établit l'indépendance personnelle ; les coutumes seigneuriales disparaissent. Dans ces villes devenues **franches,** tous les bourgeois prennent en commun les décisions les plus importantes, toutefois, la gestion des affaires courantes, l'administration, sont remises à un corps restreint : l'**échevinage** (composé d'**échevins**) dans les villes du Nord, le **consulat** (composé de **consuls**) dans les villes du Sud, appelées parfois **villes consulaires.** Le symbole de cette liberté est le **beffroi :** tour communale possédant une cloche. La cloche traduit le droit de réunion acquis par les bourgeois.

Ces villes ayant reçu les **franchises** – **villes franches** – ne doivent pas être assimilées aux **bastides, sauvetés** et autres **villes neuves** même si leurs habitants reçoivent également des libertés personnelles.

La **bastide** est une ville nouvelle fortifiée construite par un seigneur : outre son rôle économique (centre de mise en culture du terroir et lieu de marché) la fonction militaire est importante.

La **sauveté** est une petite ville créée à l'initiative des moines et bénéficiant du droit d'asile. Son rôle est important pour les défrichements.

La **ville neuve** est une agglomération nouvelle bénéficiant de franchises, fondée par le roi ou un seigneur pour attirer des immigrants.

Ainsi entre l'an mil et le milieu du XIIe, au sein du monde rural et de la société féodale (→ *49. société féodale*), s'introduisent des corps étrangers, les villes et les bourgeois.

Dès le XIIIe siècle, l'essor économique permet l'affirmation d'une petite partie de la bourgeoisie qui va s'accentuer au fil des siècles : en Flandre, les villes industrielles sont dirigées par le **patriciat** (aristocratie urbaine) des grands marchands de drap ; à Florence, la commune est dominée par le **« popolo grosso »,** c'est-à-dire par les représentants des douze **arts majeurs** et parmi ceux-ci, la position maîtresse est occupée par les grands hommes d'affaires (les mercanti di Calimala).

2. Royauté et affirmation de la bourgeoisie

A partir de la fin du Moyen Age, la bourgeoisie enrichie fait son entrée dans la vie politique ; contre la noblesse, elle sera pendant de longs siècles, l'allié de la monarchie, lui fournissant de nombreux commis (les **commis de l'Etat** sont ceux qui dans les administrations exercent les responsabilités) et tirant profit des interventions royales en matière économique. L'affirmation progressive de la monarchie comme Etat centralisé à partir du XVe siècle se traduit par le développement de nombreuses administrations qui permettent à la bourgeoisie de prendre une place croissante dans la vie de l'Etat (multiplication des **offices royaux** et **vénalité** des offices). Une partie de la bourgeoisie peut ainsi atteindre la noblesse **(noblesse de robe).**

Dans le même temps, grâce à l'aide de l'Etat, le rôle économique de la bourgeoisie grandit. Au service du roi, Colbert met en place tout un système d'institutions (le **mercantilisme** ou **colbertisme**) pour promouvoir la bourgeoisie d'affaires, assurer sa richesse, son expansion.

L'idée de base du mercantilisme est que la richesse d'un Etat réside avant tout dans l'abondance des métaux précieux (**le bullionisme** ou le **métallisme** sont des doctrines comparables adoptées notamment en Espagne au XVIe siècle).

Dans les faits, le mercantilisme se traduit par :

– un effort industriel : création d'entreprises : **manufactures royales** (établissements industriels bénéficiant d'un monopole : ex. la manufacture de tapisserie des Gobelins), **arsenaux** (centres de constructions de navires de guerre) ;
– une politique commerciale visant à limiter les importations et développer les exportations ;
– une aide à la colonisation et au commerce extérieur (création des **compagnies de commerce** à **monopole :** sociétés faisant le commerce avec une région donnée : ex. compagnie du Levant).

Le mercantilisme est en opposition avec la doctrine des **physiocrates** selon laquelle, toute richesse est liée à la terre.

3. La bourgeoisie à la veille de la Révolution

Classe dominante du **Tiers Etat** (partie de la société non privilégiée formant le troisième **ordre** aux Etats généraux) la bourgeoisie apparaît comme un monde très divers où se côtoient la **petite bourgeoisie** des artisans et boutiquiers, la **moyenne bourgeoisie** des professions libérales, la **haute bourgeoisie** composée des représentants de la finance et du grand commerce, au premier rang desquels figurent les **fermiers généraux,** les banquiers, les **armateurs** (ceux qui équipent et possèdent des navires) et le groupe des bourgeois proprement dits : bourgeoisie passive des **rentiers** vivant du profit capitalisé des revenus de leurs biens fonciers.

La bourgeoisie avant 1789 forme une **classe sociale** et non un **ordre :** la division en ordres représente une distinction institutionnalisée, nettement établie (→ *77. monarchie*) ; lorsque les catégories ne sont pas aussi nettement tranchées, on parle de classes sociales. Une **classe sociale** est un groupe d'individus qui par certains critères (revenu, prestige...) présentent une certaine homogénéité. La définition marxiste est plus précise : « Une classe sociale est un vaste groupe d'hommes qui se distinguent par la place qu'ils tiennent dans un système historiquement défini de la production sociale, par leurs rapports aux moyens de production, par leur rôle dans l'organisation sociale du travail » (Lénine).

Riche alors que la noblesse se ruine lentement, la bourgeoisie ne joue pas dans la société un rôle politique en harmonie avec sa puissance économique, d'autant que le dix-huitième est marqué par une **réaction nobiliaire** (effort de la noblesse pour renforcer ses privilèges et son rôle politique aux dépens de la bourgeoisie pendant le règne de Louis XVI).

4. Le triomphe de la bourgeoisie

La Révolution française marque le triomphe de la bourgeoisie qui connaît sa plus belle période durant le XIXe siècle :

D'une part pendant la Révolution sont mises en place trois institutions parmi les plus importantes et les plus caractéristiques de la bourgeoisie au XIXe siècle : la **Banque de France** (1800) avec le monopole de l'émission des billets et des opérations d'escompte (→ *13. banque*).

L'**université** (1806), monopole d'Etat qui permet l'avènement d'une bourgeoisie d'intellectuels, avocats, professeurs, fonctionnaires, le **Code civil** (1804), condensé de l'idéologie bourgeoise.

D'autre part, et surtout, la Révolution permet l'affirmation du **libéralisme,** héritage de la **philosophie des lumières,** du mouvement physiocrate. Le libéralisme consiste en une volonté agissante de faire triompher en tout la liberté, il revêt au XIXe siècle plusieurs formes qui sont la traduction de l'idéal bourgeois.

- Le **libéralisme économique** repose sur le respect de la propriété privée et sur la liberté de la production et des échanges. Il s'oppose au **dirigisme** tout en s'accommodant des faveurs de l'Etat. Il est le fondement doctrinal du **capitalisme libéral.**

  A la suite de la grande crise économique de 1929 et des années suivantes, l'intervention de l'Etat dans la vie économique est devenu une nécessité : le **capitalisme libéral** a cédé sa place au **néo-capitalisme.**

- Le **libéralisme social** rejette l'intervention de l'Etat dans les relations entre le patronat et les ouvriers.
- Le **libéralisme politique** s'oppose au despotisme. Il est le fondement doctrinal du gouvernement représentatif et de la démocratie parlementaire (à partir de 1848, le libéralisme de la première moitié du siècle qui est essentiellement l'idéologie de la grande bourgeoisie décline au profit de l'idéologie démocratique qui en est la continuation ; mais au principe de liberté s'associe de façon sans cesse plus exigeante celui d'égalité dont la grande bourgeoisie se soucie peu).
- Le **libéralisme intellectuel** se caractérise par l'esprit de tolérance et de conciliation.
- Le **libéralisme religieux** cherche à concilier la doctrine traditionnelle du catholicisme avec les principes de liberté de la Révolution française. Il donne naissance au mouvement du **catholicisme libéral** illustré par La Mennais et Lacordaire.

16. BOURSES

L'hôtel de la famille Van der Burse, banquier à Bruges servant de lieu de rencontre entre banquiers et marchands, le nom de Bürse est devenu synonyme de **Bourse de commerce** et de **Bourse de valeurs.**

Une Bourse est un établissement où par l'offre et la demande est fixé le niveau des cours des marchandises et des valeurs mobilières.

1. Bourses de commerces (ou de marchandises)

Au plan mondial, elles permettent de fixer le **cours** mondial – prix auquel la marchandise est négociée – des principaux produits commercialisés.

Pour les céréales – sauf le riz – ce sont les Bourses de commerce nord-américaines où sont confrontés les différents types **d'opérateurs** ceux qui participent aux échanges) : coopératives, négociants, industriels qui **jouent à terme,** c'est-à-dire concluent des contrats dont le règlement et l'exécution sont remis à plus tard.

Le **Chicago Board of Trade** s'impose comme le marché prépondérant. C'est là que se confrontent en permanence offres et demandes, que se fixent les cours. Les cours constatés à Chicago se répercutent sur les autres **bourses de grains.**

Pour certains minerais (cuivre-plomb) il existe des **bourses de cotation** – lieux où se fixe la **cote,** c'est-à-dire le montant du cours auquel se négocie le minerai – dont la plus importante est le **London Metal Exchange.**

Pour d'autres minerais (le fer), pour le charbon, les négociations se font directement entre producteurs et acheteurs ; cette négociation directe se retrouve pour les échanges pétroliers dont une grande partie se fait maintenant sur le marché libre **(marché spot)** de Rotterdam, Londres, etc.

2. Bourse de valeurs

C'est le lieu où se font les transactions de **valeurs mobilières.** Comme tous les marchés, elles ont des noms ou surnoms :

Wall Street (à New York) **International Stock Exchange** (à Londres) **Palais Brongniart** (à Paris). La plus importante des Bourses est celle de New York où 8 séances représentent les échanges de la Bourse de Paris pendant une année.

On distingue deux grandes catégories de **valeurs mobilières** – ou seulement valeurs – ou **titres :** les valeurs à revenu variable, les valeurs à revenu fixe.

Les valeurs à revenu variable sont représentées par les **actions.** Une action est un **titre de propriété** correspondant à une part du capital d'une société. Le possesseur d'une action est un **actionnaire.** L'ensemble des actions d'une firme constitue le **capital social.**

Une **action** peut être **nominative** (elle porte le nom de l'acquéreur), c'est le cas dans les pays anglo-saxons – ou au **porteur** (anonymat de propriété).

L'action donne un regard sur la gestion de la société et procure une rémunération **(le dividende)** qui est fonction des bénéfices de l'entreprise. A côté de l'action ordinaire, la plus répandue en Europe, il existe l'**action privilégiée** ou de **préférence** qui donne droit à un dividende fixe avant toute distribution aux porteurs d'actions ordinaires.

Les valeurs à revenu fixe sont notamment les **obligations.** Une obligation est un **titre de créance** (reconnaissance de dette) émis par une société pour se procurer des fonds à moyen et à long terme. Elle ne donne à la différence de l'action, aucun droit à participer à la gestion de la société émettrice. Son rendement est garanti par le versement d'un intérêt **(taux d'intérêt)** fixe ou variable. Elle est remboursable, soit au prix d'émission **(au pair),** soit avec une prime.

L'**obligation** peut présenter quelques particularités :

Elle peut être **convertible en actions** (échangée contre des actions à une date déterminée), pratique utilisée notamment aux Etats-Unis, **participante** (intérêt supplémentaire suivant les résultats financiers de l'entreprise) ou **indexée** (son cours est lié aux variations de la valeur d'un produit donné, l'or par exemple).

L'Etat peut également émettre des titres sous forme d'obligations. Ce sont des **bons du Trésor** ou **rentes** ou **fonds d'Etat.** Face à certaines difficultés financières, les pouvoirs ont parfois été amenés à émettre des bons du Trésor sous des dénominations particulières **(bons de la Libération – bons de la reconstruction).** En 1983, la création des **certificats d'investissement** et des **titres participatifs** représente de nouvelles formes de valeurs mobilières, mises en vente par les entreprises nationales qui veulent se procurer des fonds d'origine privée, sans emprunter.

Les **titres participatifs,** comme les obligations assurent un revenu garanti et le produit de leur vente n'est pas incorporé au capital.

Les **certificats d'investissement,** comme les actions sont rétribués par un revenu dépendant des résultats financiers de l'entreprise, le produit de leur vente est incorporé au capital mais ils ne donnent pas la propriété d'une part du capital : c'est-à-dire que les détenteurs des certificats ne sont pas représentés au conseil d'administration et n'ont aucun rôle dans la gestion.

3. Valeurs mobilières et épargnants

Pour attirer les épargnants vers le marché boursier, de nombreuses mesures incitatives sont adoptées. Le placement individuel comportant de nombreux risques, des mécanismes collectifs de placement sont créés. Certains sont de simples indivisions sans personnalité morale ; c'est le cas des **clubs d'investissement** et des **fonds communs de placement** (F.C.P.). L'actif du fonds commun est divisé en parts, chacune d'elle constituant une forme particulière de valeurs mobilières.

Un procédé plus élaboré – avec société possédant la personnalité morale – est constitué par les **S.I.CA.V. (Sociétés d'Investissement à Capital Variable).** Ces sociétés gèrent un **portefeuille** (ensemble de valeurs) d'actions et d'obligations dont elles vendent des parts. La rémunération est fonction des performances des titres inclus dans le portefeuille.

Les incitations fiscales sont également utilisées pour attirer les épargnants. Des déductions d'impôt sur le revenu sont accordées aux souscripteurs de certaines valeurs mobilières. (**ex. S.I.CA.V. Monory** 1978 : sicav contenant au moins 60 % de valeurs françaises – 1983 **C.E.A. : Compte d'Epargne en Actions.**)

4. Le fonctionnement de la Bourse

Les opérations de bourse sont effectuées par les **agents de change,** officiers ministériels qui possèdent un monopole sur les transactions, monopole appelé à disparaître définitivement en 1992. Les **boursiers,** professionnels de la Bourse (à ne pas confondre avec les **boursicoteurs** qui se livrent à de petites opérations de Bourse, ce sont souvent de **petits porteurs** possédant quelques actions), transmettent leurs ordres de ventes ou d'achats.

A Paris, les échanges se faisaient à la **corbeille** –, balustrade en forme de corbeille à laquelle s'accoudaient les agents de change – ; elle a maintenant disparu et est remplacée par des écrans.

Les règlements des opérations se font, soit au comptant **(marché au comptant) :** les transactions sont payées instantanément, soit chaque mois **(règlement mensuel ex. : marché à terme) ;** les actions sont payées à la fin de chaque mois boursier après la **liquidation** (vers le 20 de chaque mois). La **spéculation** est l'opération qui consiste à réaliser des bénéfices en exploitant les fluctuations supposées des prix de vente et d'achat.

La **cote officielle** recense l'ensemble des cours et la liste des valeurs admises sur le marché officiel, c'est-à-dire le règlement mensuel et le comptant.

Pour se prémunir contre les risques de fluctuation des taux de change et d'intérêt, il existe pour les professionnels, depuis 1986 le **marché à terme des instruments financiers** (M.A.T.I.F.).

A côté et antichambre du **marché officiel,** le **second marché** (depuis 1983) accueille les nouvelles sociétés et les P.M.E. (petites et moyennes entreprises). Pour les sociétés, les conditions d'accès sur ce marché sont plus souples (pourcentage du capital mis en Bourse) que celles sur le marché officiel.

L'évolution du marché est connue par la variation de la valeur des **indices boursiers.** Le **Dow Jones** reflète l'évolution des 32 principaux titres de la Bourse de New York. Toutes les autres places ont leur indice, à Paris, c'est le **C.A.C.,** indice publié par la **Compagnie des agents de change.** Un **krach boursier** se produit lorsqu'il y a effondrement brutal des cours (oct. 1929-oct. 1987).

La Bourse est également le lieu où sont tentées – et parfois réalisées – les **offres publiques d'achat (O.P.A.)** et **offres publiques d'échange (O.P.E.).** Comme le nom l'indique, il s'agit d'offres d'achat et d'échange de titres proposées aux actionnaires, à un prix alléchant, en vue de s'assurer le contrôle d'une société. Dans ces opérations, on évoque souvent le rôle du **raider** (ou prédateur), aventurier de la bourse qui après avoir étudié sa « proie », – une société sous-cotée – achète en secret un nombre important d'actions puis lance à grand fracas une O.P.A. afin de revendre à meilleur cours. L'invasion des termes anglo-saxons s'accentue avec l'emploi de plus en plus fréquent du mot **trader** dit **« golden boy »** en cas de réussite spectaculaire. Il s'agit de jeunes boursiers, issus des grandes écoles qui opèrent sur tous les nouveaux marchés. Plus techniciens mais moins expérimentés que les commis traditionnels – qui gèrent un portefeuille d'actions – ils jonglent entre tous les marchés et toutes les places.

L'offre publique de vente consiste à remettre dans le public une quantité significative de titres à un certain prix. Elle est utilisée pour les privatisations et l'introduction de la plupart des sociétés sur le second marché.

Les Bourses de valeurs sont surveillées par les pouvoirs publics. En France, le contrôle est exercé par la **Commission des opérations de Bourse (C.O.B.).** Elle se prononce notamment sur les admissions et radiations des valeurs à la cote, veille au bon fonctionnement de la Bourse et peut, à l'occasion procéder à des enquêtes.

17. CALCAIRE RELIEF KARSTIQUE

1. Les roches carbonatées

Ce sont des roches sédimentaires formées par au moins 50 % de carbonates. Parmi elles, les calcaires et les dolomies : les **calcaires** contiennent au moins 50 % de carbonate de calcium **(calcite = CA CO3),** les dolomites contiennent au moins 25 % de carbonate double de calcium et de magnésium **(dolomite = (CA MG) (CO3) 2).**

2. Les types de calcaires

On peut classer les calcaires selon :

– l'importance et la taille des fossiles que les roches contiennent (calcaires coquilliers, à ammonites...) ;

– la structure de la roche : calcaires massifs, calcaires lités (comportant des couches), **calcaires oolithiques** (composés de petites sphères comparables à des œufs de poissons...) ;

– le grain : calcaire lithographique à grain très fin, utilisé en imprimerie ;

– le milieu de dépôt : **calcaire marin, calcaire lacustre, calcaires récifaux** (construits par des animaux marins ou par des algues).

La craie est une roche calcaire à grain très fin, blanche, poreuse, tendre et friable, traçante. C'est une roche plus ou moins gélive, abondante dans l'Europe du Nord-Ouest (dans le Bassin parisien, craie de la Champagne, de Picardie ou du Boulonnais).

Les calcaires contiennent plus ou moins d'impuretés : calcaires purs (95 % à 100 % de calcite), **calcaires dolomitiques** (10 à 50 % de dolomite), **calcaires siliceux** (contenant plus ou moins de silice ; exemple grès à ciment calcaire). Les **calcaires marneux** contiennent de 5 à 35 % d'argiles alors que les **marnes** sont un mélange de calcaire et d'argile (de 35 à 65 % d'argile).

3. La dissolution du calcaire ; le modelé karstique

La calcite est attaquée par les acides. De ce fait, les roches calcaires sont dissoutes par les eaux chargées de gaz carbonique (contenant une proportion plus ou moins sensible d'acide carbonique).

a) Dans les calcaires siliceux, la dissolution du calcaire peut provoquer la formation de **meulières,** la silice se déposant dans les cavités de dissolution et agissant comme une couche protectrice. La meulière est une roche très résistante, autrefois utilisée pour faire les meules à grains (ex. : meulière de Brie). Le dépôt de la silice contenue dans les calcaires peut aussi former des **silex,** roche dure à grain très fin donnant des éclats à bords aigus (d'où l'utilisation dans les bifaces → *58. histoire : « préhistoire »*).

b) Dans les calcaires relativement purs, résistants mais diaclasés, la dissolution est à l'origine du **modelé karstique** avec des formes de surface et des formes souterraines (**karst** = nom d'une région de l'Istrie yougoslave).

Formes de surface :

– le **lapiez** (lapiaz-lapies) est une surface creusée de cannelures et de rigoles plus ou moins profondes, séparées par des lames tranchantes ;

– le **relief ruiniforme** est constitué de blocs bizarrement sculptés par la dissolution. Il se développe surtout dans les dolomies ;

– la **doline** est une dépression circulaire dont le fond plat est tapissé de terra rossa, argile rouge résidu de la dissolution. Les dolines sont de taille variable ; en forme de baquet ou d'entonnoir. La coalescence de plusieurs dolines donne un **ouvala** ou **sotch** (dans les Causses). Au Yucatan (Mexique), les **cenotes** sont des dolines-puits inondées à la saison des pluies ;

– un **poljé** est une dépression de grande taille, véritable plaine karstique, imperméable (argile de décalcification), humide, voire marécageuse, souvent parcourue par des rivières qui disparaissent à la limite du poljé s'enfonçant dans un gouffre appelé **ponor.** Dans le poljé peuvent subsister des reliefs résiduels ou **hums.**

– le **cañon** est une vallée très encaissée, à versants très raides (ex. : gorges du Tarn, de la Jonte, de la Durbie...), entièrement taillée dans les roches calcaires. (Les infiltrations sont limitées, la rivière coulant sur ses alluvions.)

– une **reculée** (ou bout du monde) est une vallée encaissée dans les plateaux calcaires et se terminant en cul-de-sac. La rivière coule sur des couches imperméables sous-jacentes ; à l'amont, la source est une source vauclusienne, exurgence ou résurgence (voir : formes souterraines) située au contact entre calcaire et couches imperméables.

– les **vallées sèches** sont des vallées non drainées par un cours d'eau. Elles sont dues à l'enfoncement souterrain du réseau hydrographique. Dans la craie, les vallées sèches sont d'origine périglaciaires : elles ont été creusées par de puissants cours d'eau, à une époque climatique d'alternance gel-dégel, la craie se comportant comme une roche imperméable.

– les **avens** sont des entonnoirs qui s'ouvrent à la surface du plateau et correspondent à des gouffres souterrains (= **igues** en Quercy).

Ces formes de surface se rencontrent fréquemment dans les plateaux calcaires appelés communément **causses**.

c) Formes souterraines : les cavités et les gouffres sont dus principalement au travail des eaux souterraines. Les **rivières souterraines** peuvent provenir de l'absorption d'une rivière de surface par une **perte** (on parle alors de **vallée aveugle** pour une vallée où la rivière disparaît vers l'aval). Les rivières souterraines ressortent sous forme de sources à fort débit, appelées **résurgences** ou **fontaines vauclusiennes.** Une **exurgence** est une simple source, alimentée par les eaux infiltrées dans le plateau calcaire.

Les rivières souterraines circulent dans des galeries. Lorsque l'eau touche le sommet de la galerie, on parle de **voûte mouillante,** l'eau pouvant même remonter dans un **siphon.**

Types de dolines

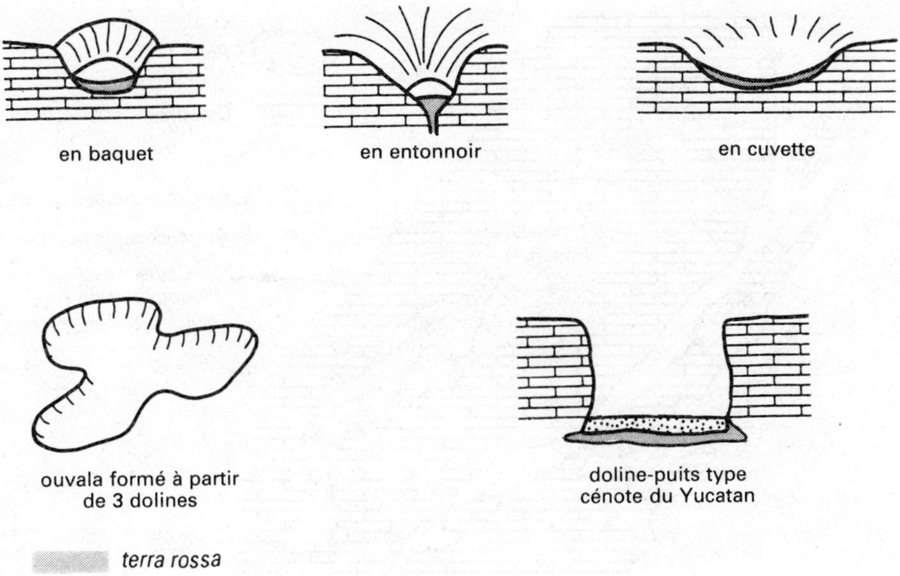

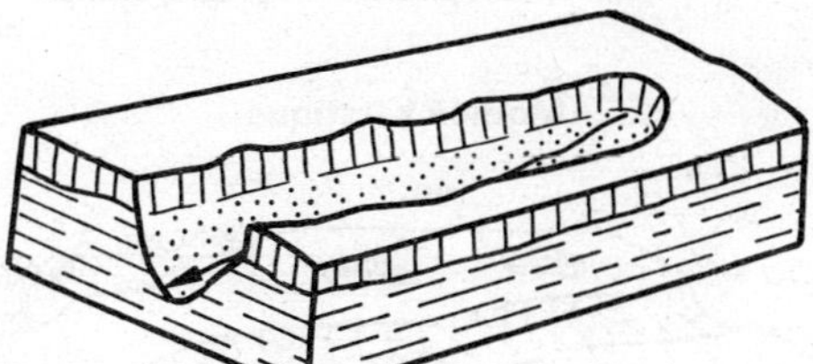

Une reculée du Jura

Les galeries peuvent s'élargir en véritables salles souterraines, ornées de nombreuses concrétions de calcite **(stalagmites** formées à partir du plancher, **stalagtites** pendant du plafond des grottes, **colonnades).**

d) Les types de karst : dans la zone intertropicale, certains karsts sont particulièrement évolués, les poljés bien représentés laissant subsister des hums à versants très raides, véritables pitons rocheux. On parle de **karsts à tourelles.**

De nombreux karsts sont **dits fossiles :** ils n'évoluent plus car ils ont été recouverts par une couverture sédimentaire postérieure (ex. : Vercors, parfois recouvert de moraines glaciaires ; Quercy, recouvert par le **sidérolithique,** formation d'argiles rouges et ferrugineuses provenant du Massif central).

Le littoral dalmate - région du Vélébit et le poljé de Lika

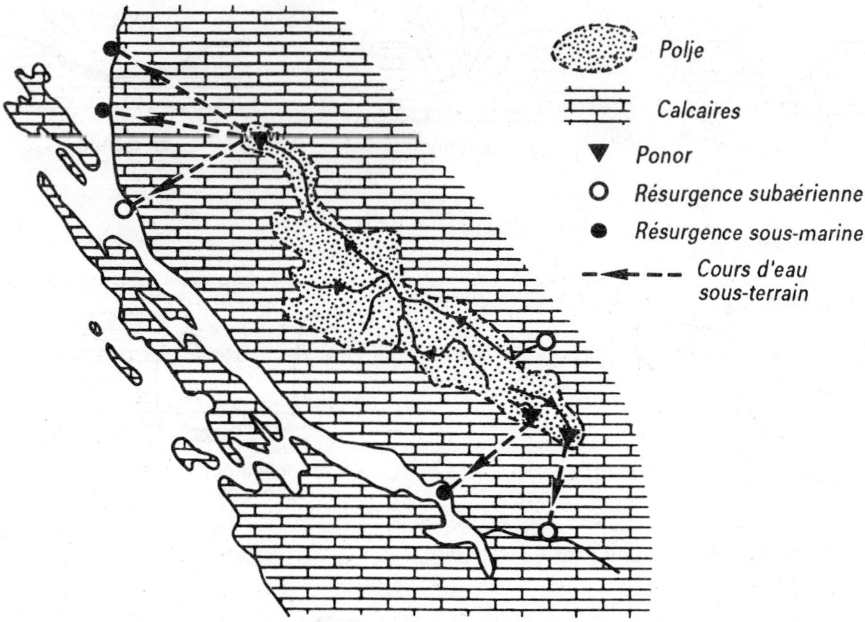

Modelé karstique

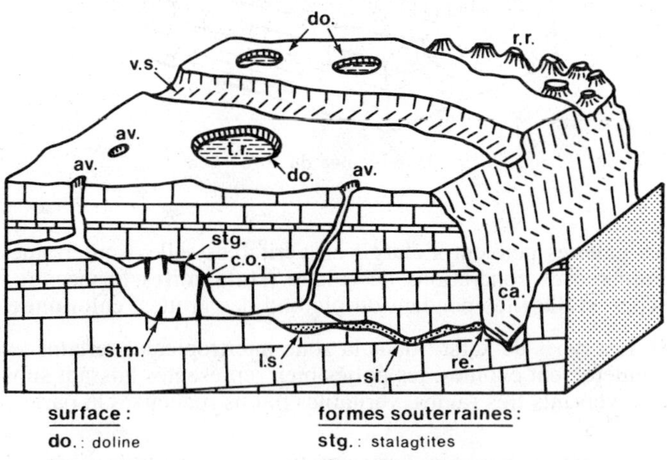

surface :

do. : doline
t.r. . terra rossa
av. : aven
v.s. : vallée sèche
r.r. : relief ruiniforme
ca. : canyon

formes souterraines :

stg. : stalagtites
stm. : stalagmites
c.o. : colonne
l.s. : lac souterrain
si. : siphon
re. : résurgence

18. CARTES

Une carte (du grec khartès = feuille de papyrus) est une image, la représentation conventionnelle d'un phénomène dans l'espace. C'est un dessin à plat, en général sur papier ou sur des supports très divers : bois, verre, métal, plastique, écran d'ordinateur. On peut classer les cartes selon leur échelle, selon leurs contenus mais aussi selon leur ancienneté.

1. Les cartes et leur échelle

L'échelle d'une carte est une fraction correspondant à l'inverse du rapport entre les distances réelles sur le terrain et leur représentation sur la carte. Dans une carte à 1/10 000e (ou carte au dix-millième) le rapport entre la distance réelle et représentation est de 10 000, autrement dit, 10 000 mètres sont représentés par une distance d'un mètre sur la carte.

Avec **les cartes à petite échelle** la réduction est très grande car la fraction est très petite ; on peut donc représenter des phénomènes localisés sur de très grands espaces : un continent, un pays ou une région entière. Principales cartes à petite échelle : à partir du cent millième jusqu'à 1/200 000 000 (ex. les cartes d'atlas).

Lorsque la carte représente le monde entier, on parle d'un **planisphère.** Une **mappemonde** est aussi une représentation du monde entier, mais avec séparation en deux hémisphères (origine de mappa = serviette, nappe car le support était, à l'origine, une pièce d'étoffe et mundi = monde).

Dans une **carte à grande échelle,** la réduction est relativement faible (la fraction est assez grande) donc l'espace cartographié est assez peu étendu. Parmi les cartes à grande échelle, les principales éditées en France sont le 1/10 000, le 1/25 000. Les cartes à 1/50 000 et à 1/100 000 sont, en France, appelées cartes à moyenne échelle. La carte Michelin est à 1/200 000.

Les plans sont des cartes à très grande échelle ; ex. plan de maison à 1/100, cadastre à 1/1 000.

2. Les cartes et leur contenu

Les contenus sont très variés et fonction des utilisateurs ; ex. **cartes routières** pour les touristes et les automobilistes, **cartes nautiques** pour la navigation de plaisance, en haute mer...

Les **cartes topographiques** figurent essentiellement les résultats des observations topographiques (topographie = configuration d'un espace).

Utilisées d'abord par les militaires, elles étaient établies par triangulation : le terrain à cartographier est divisé en triangles, à partir de points fixes et repérables (ex. sommet d'une montagne, clocher) appelés **points géodésiques.** En France, la **carte d'état major** à 1/80 000 représentait le relief au moyen des **hachures** (d'autant plus serrées que la pente est forte). Les cartes topographiques récentes (produites en France par l'I.G.N., Institut Géographique National) sont établies par **photogrammétrie** (mesure et restitution des formes terrestres à partir de photographies aériennes). Le relief y est figuré par des **courbes de niveau** (lignes unissant les points ayant la même altitude).

Les **cartes topographiques** représentent aussi l'hydrographie, la végétation (avec peu de précision) et figurent les installations humaines.

Les **cartes thématiques** se consacrent à un thème dominant, sinon unique ; quelques exemples : les **cartes aéronautiques** (pour les besoins de la navigation aérienne), les **cartes nautiques** (cartes marines, cartes côtières, plan nautique d'un chenal ou d'une rade, d'un estuaire...), les **cartes de végétation** (en France à 1/200 000e), les **cartes pédologiques** qui indiquent les caractéristiques des sols, les **cartes météorologiques** qui représentent l'état de la basse atmosphère.

Les **cartes géologiques** représentent les terrains qui affleurent à la surface du sol ou qui sont cachés par une faible épaisseur de formations superficielles (alluvions, sols...). Elles sont complétées par une notice qui précise la tectonique, l'épaisseur des couches, etc.

Un **atlas** est un recueil de cartes (le cartographe Mercator, en décorant son recueil avec la figure légendaire du héros Atlas portant le globe terrestre est à l'origine du titre). Les atlas peuvent être mondiaux, nationaux, régionaux.

De nouvelles techniques et de nouveaux besoins sont à l'origine de nouvelles cartes : cartes pour l'aménagement, ex. les **P.O.S. (Plan d'Occupation des Sols)** qui représentent à l'échelle de la commune le partage de l'espace en fonction des activités souhaitées (zone agricole, zone industrielle, zone urbaine ou constructible).

(Cartes par satellites, cartes informatisées → *infra 4.*)

3. Histoire des cartes

Les Grecs ont été les premiers à élaborer des cartes « scientifiques » construites selon des **coordonnées** (les coordonnées géographiques d'un lieu sont sa latitude et sa longitude). Les Romains ont surtout dessiné des **cadastres.** Au Moyen Age, Génois et Pisans ont été les premiers à dessiner des **cartes marines.** Les **portulans** ne sont pas des cartes mais des livres contenant la description des ports de mer, des fonds et des marées. Ils accompagnent les cartes marines (origine : portalani = livre de bord des marins italiens).

4. La cartographie et ses techniques

La **cartographie** désigne l'ensemble des opérations intervenant en vue de l'établissement d'une carte et fait appel à des techniques très élaborées.

Le principal problème est la mise à plat d'un monde sphérique. D'où la mise au point de **projections** plus ou moins complexes mais toutes imparfaites. Dans les projections, on imagine que l'image du globe se projette sur une feuille de papier qui peut être un plan **(projection azimutale),** un cylindre **(projection cylindrique)** ou un cône **(projection conique).** Dans chaque cas, on obtient un **canevas** de parallèles et de méridiens (ex. dans une projection cylindrique les parallèles sont des droites mais les méridiens sont également des droites qui coupent les parallèles à angle droit : ex. projections cylindriques de Mercator, de Peters...).

Les projections qui conservent les angles sont dites **conformes,** les projections qui conservent les surfaces sont dites **équivalentes.**

De nombreuses projections sont des compromis complexes et donnent des **canevas continus** ou même **discontinus** (projection de Mollweide, de Sanson Flamsteed, de Goode...) (voir croquis).

Dans les cartes par **anamorphose** surfaces et distances ne sont pas respectées mais les surfaces sont proportionnelles aux quantités (ex. carte démographique avec la surface des pays proportionnelle aux populations).

Projection cylindrique équivalente de Peters

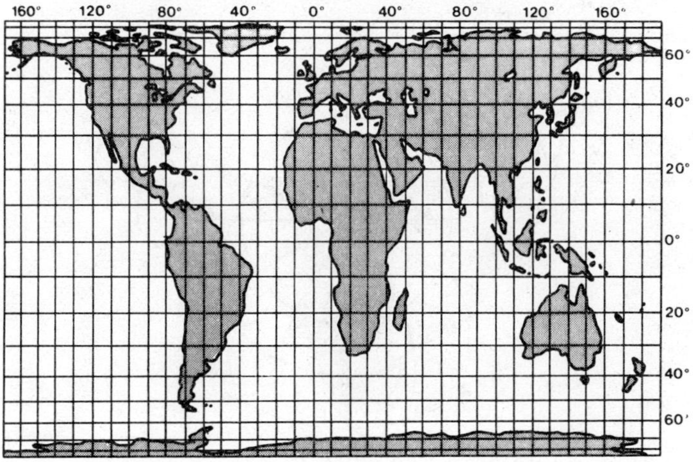

Projection azimutale orthographique polaire (Pôle Nord)

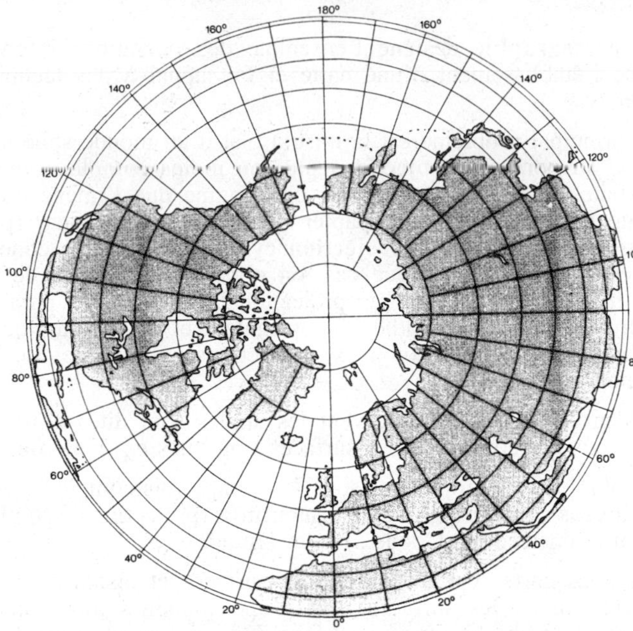

Le plan de projection est tangent au Pôle Nord

Projection équivalente tétraédrique de Grégory

Un canevas discontinu et complexe

Projection équivalente discontinue de Goode

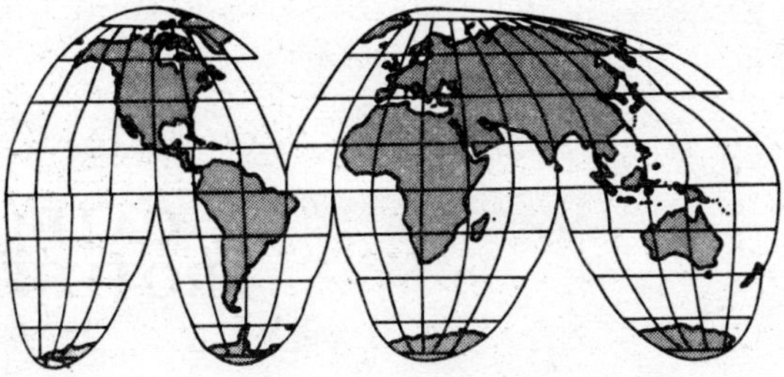

Selon les figures, on distingue des **cartes en points** (les points sont identiques et ont même valeur : ex. 1 point = 100 000 habitants), les **cartes en aires** (les phénomènes sont représentés par des surfaces), les **cartes en courbe,** etc.

Avec l'informatique est née la **« cartomatique »,** cartographie qui utilise l'ordinateur. Les cartes sont désormais dessinées par l'ordinateur qui peut traiter des données très complexes, d'où des **cartes en trois dimensions.**

Les **satellites de télédétection** permettent l'établissement de nombreuses **cartes par satellites.** Les mesures des radiations terrestres (selon les différentes longueurs d'onde) sont transmises par les satellites et à partir de ces données on peut cartographier de très nombreux phénomènes (ex. : degré d'humidité des sols, état des pollutions marines...). A chaque

Une carte par anamorphose

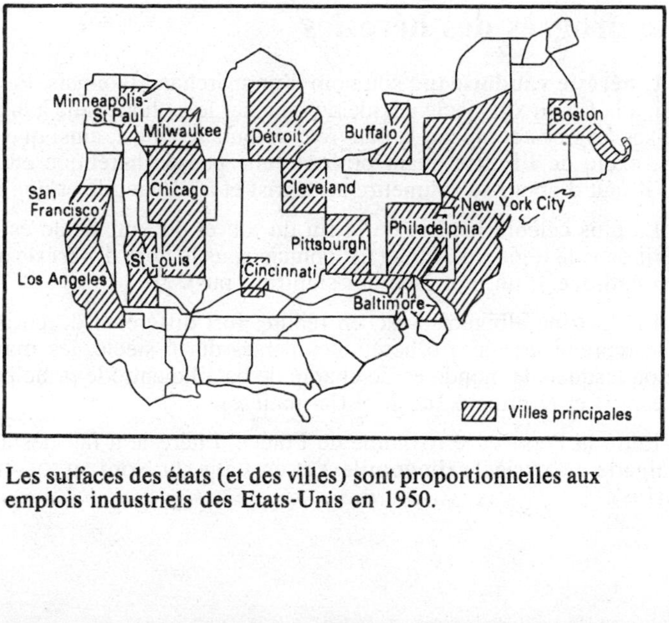

Les surfaces des états (et des villes) sont proportionnelles aux emplois industriels des Etats-Unis en 1950.

phénomène est attribué une couleur, d'ou le nom de **cartes en fausses couleurs** (ex. : bleu pour les surfaces construites, rouge pour les surfaces boisées, etc.).

19. CATHOLICISME PROTESTANTISME

1. Crise du catholicisme (XIIIe-XVIe siècle)

Durant les derniers siècles du Moyen Age, l'Eglise catholique traverse une crise grave due à ses trop grandes préoccupations temporelles.

Le recrutement des membres du clergé est corrompu : le pouvoir temporel intervient dans la distribution des charges et **bénéfices ecclésiastiques** (revenus attachés à une dignité ecclésiastique).

La possession simultanée de plusieurs bénéfices **(cumul)** est fréquente de même que la pratique de la **commende** (bénéfice attribué à un clerc qui n'y réside pas mais en perçoit les revenus).

Le luxe et la richesse de l'Eglise romaine paraissent fort éloignés de l'exemple donné par le Christ et favorisent le développement de croyances contraires à la doctrine chrétienne, c'est-à-dire **d'hérésies** (→ *97. religion*).

2. Le progrès des hérésies

L'**hérésie vaudoise** tire son nom d'un marchand lyonnais, Pierre Valdo qui, à la fin du XIIe siècle décide de ramener le catholicisme à la simplicité de ses origines et prêche la pauvreté volontaire. Il est, ainsi que ses adeptes, exclu de l'Eglise ayant professé une pensée hérétique en affirmant qu'il faut d'abord se soumettre au Christ et à l'Evangile et non au clergé.

La plus célèbre hérésie de la fin du XIIe et du XIIIe siècle est celle qui sévit dans la région d'Albi et est connue sous le nom d'**hérésie albigeoise** (ou **cathare**, d'un mot grec qui signifie : pur).

La doctrine albigeoise est, en réalité, fort différente du christianisme. Elle reprend les idées d'hérétiques perses du IIe siècle, les **manichéens,** selon lesquels le monde est le champ de bataille entre le principe du Bien (l'esprit) et le principe du Mal (la matière).

Entre la Perse et le royaume de France, l'hérésie a fait des adeptes en Bulgarie au Xe siècle **(bogomiles)** et en Italie du Nord au XIIe siècle **(patarins).**

Considérant que le corps humain est l'œuvre du principe du Mal, les cathares édifient une morale contraire aux lois de la nature, interdisant le mariage, légitimant le suicide.

Parmi eux, il y a deux catégories de fidèles : ceux qui ont reçu l'initiation complète de la religion par un sacrement spécial appelé « **consolamentum** » ceux qui ne l'ont pas reçus et ont décidé de la recevoir seulement à l'heure de la mort. Les premiers qui doivent mener une vie très austère prennent le titre de **Parfaits.**

Les progrès de cette hérésie dans le sud-ouest de la France amènent le pape Innocent III à organiser une expédition militaire : c'est la **croisade des Albigeois** (1209-1229).

Pour lutter contre ces hérésies autrement que par une action politique, les papes trouvent des exécutants remarquables dans de nouveaux ordres religieux : les **ordres mendiants**. Ils disposent également d'une institution spéciale créée au XIIIe siècle : l'**Inquisition.** Les tribunaux de l'Inquisition punissent avec sévérité les gens soupçonnés d'hérésie, non seulement de peines spirituelles **(excommunication)** mais aussi de châtiments corporels (la mort sur le bûcher). Dans ce cas, le condamné est remis au **bras séculier,** c'est-à-dire à l'autorité laïque qui exécute la sentence.

La mort sur le bûcher constitue un **autodafé ;** par extension, ce terme signifie la destruction par le feu : les nazis font des **autodafés** des livres condamnés par le régime.

L'Inquisition cesse pratiquement de fonctionner en France au XVIe siècle. En revanche, en Espagne, elle connaît un grand développement, devenant une institution d'Etat à la fin du XVe siècle. Elle est l'instrument de la lutte contre les musulmans restés en Espagne après la **Reconquête** (la **Reconquista** est une succession de luttes qui aboutissent à l'élimination de la domination musulmane de la péninsule ibérique) et de lutte contre les juifs convertis de gré ou de force au christianisme **(marranes).**

La crise de l'Eglise, le **Grand Schisme d'Occident** (→ *97. religion*), le mouvement de la **doctrine conciliaire** (seul le concile, c'est-à-dire l'assemblée de tous les évêques a pouvoir suprême dans l'Eglise) favorisent la **Réforme** qui aboutit au **protestantisme** après l'excommunication de Luther en 1517.

3. La Réforme

A la crise de l'Eglise, s'ajoute la crise de la pensée religieuse : beaucoup d'esprits pieux se demandent si l'enseignement de l'Eglise est conforme aux Ecritures.

Les **humanistes** qui prétendent retrouver l'esprit de l'Antiquité à travers les textes des auteurs grecs et latins prétendent également retrouver l'esprit véritable du christianisme dans la lecture directe de l'Ancien et du Nouveau Testament.

La pensée des humanistes chrétiens – l'**évangélisme** – correspond aux aspirations d'un grand nombre d'âmes religieuses. Ces aspirations, non seulement à une réforme mettant fin aux abus de l'Eglise mais aussi à un vaste renouveau de la piété et de la spiritualité chrétienne, conduisent à la Réforme.

Les **religions réformées** ou **protestantes** sont des religions chrétiennes séparées de Rome par la Réforme au XVIe ou qui s'inspirent des principes théologiques de la Réforme.

Ces religions ont de nombreux points communs, notamment le rejet de l'autorité pontificale, du culte de la Vierge et des saints, de la messe et de la plupart des sacrements, de la doctrine du salut par les œuvres, mais présentent entre elles d'importantes différences.

Les principes essentiels du **luthéranisme** sont présentés dans la **Confession d'Augsbourg** (1530) : justification du chrétien par la foi sans les œuvres, limitation des sacrements : baptême, communion, pénitence, culte ramené à la prédication, aux prières, aux **psaumes** (chants religieux).

Le **calvinisme** se distingue par la **prédestination** des élus (doctrine selon laquelle chaque individu est destiné, d'une façon infaillible à être sauvé ou damné), par la négation de la présence réelle du Christ dans l'**eucharistie** (selon les catholiques, lors de la **communion** qui renouvelle le repas de la Cène, Jésus-Christ est personnellement et entièrement présent sous les espèces du pain et du vin : c'est la **transsubstantiation** que condamne le calvinisme.

En Ecosse où le calvinisme connaît un grand succès, l'**Eglise** s'appelle **presbytérienne** en raison du rôle joué par les anciens (presbytéroï en grec). Le **presbytérianisme** rejette la hiérarchie des évêques et remet l'administration de l'Eglise à un corps de ministres du culte et de laïcs.

Brouillé avec le pape, le roi d'Angleterre Henri VIII se sépare de Rome en se proclamant en 1534 le chef de l'Eglise anglaise **(Acte de suprématie).**

Elisabeth, fille de Henri VIII, établit définitivement l'**Eglise anglicane** ou **Eglise établie** (**bill d'uniformité** 1559 – **bill des 39 articles 1563**).

L'anglicanisme se situe entre le catholicisme et le protestantisme de nuance calviniste : du protestantisme il adopte les croyances, du catholicisme il conserve l'organisation et le cérémonial.

4. Les sectes

En marge du protestantisme les **sectes** (→ *97. religion*) connaissent un essor, notamment en Angleterre et Amérique du Nord, essor qui se poursuit encore actuellement.

Certains mouvements religieux ne sont pas des sectes mais des formes particulières que revêt le protestantisme ainsi le **piétisme** est une tendance mystique mettant l'accent sur l'ascétisme, le **puritanisme** qui apparaît en

Angleterre à l'époque de Cromwell rejette le système hiérarchique des évêques et se caractérise par des tendances égalitaires et démocratiques.

Parmi les nombreuses sectes, on peut retenir :

L'**anabaptisme :** il dénie toute valeur au baptême des jeunes enfants et exige un nouveau baptême pour les adultes – le **mennonisme** est une forme d'anabaptisme.

L'**arminianisme** (doctrine d'Arminius, théologien protestant hollandais du XVIe) est hostile à la prédestination calviniste et souhaite la tolérance religieuse.

L'**adventisme** est une doctrine centrée sur l'attente du retour du Christ à la fin des temps. Le mouvement des **témoins de Jéhovah** appartient à ce mouvement adventiste.

Le **quakérisme** limite le culte à un élan tout intérieur proscrivant la violence, alors que le **mormonisme,** composé d'éléments empruntés au christianisme, au judaïsme et à l'islam se singularise (jusqu'au XIXe) par l'acceptation de la polygamie.

Le **méthodisme,** fruit d'une rencontre entre l'anglicanisme évangélique et le piétisme communautaire, insiste sur l'austérité des mœurs sur la charité, sur l'évangélisation des foules. Les **mouvements de sainteté** et le **pentecôtisme** (recherche d'un contact direct avec le Saint-Esprit) sont représentatifs de ce croisement. L'**armée du salut,** fille du méthodisme allie la recherche du salut avec le souci du relèvement social.

5. La Réforme catholique

Le succès de la Réforme provoque dans l'Eglise non seulement une réaction défensive (remise en activité de l'**Inquisition** – création de la **Congrégation de l'Index** dont la tâche est de dresser la liste – **index** – des livres dont la lecture est interdite aux fidèles) mais aussi le désir de corriger la discipline et de préciser la doctrine. C'est la **Réforme catholique** appelée abusivement **Contre-Réforme.** Elle est engagée par une congrégation nouvelle : la **compagnie de Jésus** fondée par Ignace de Loyola et s'affirme lors du **concile de Trente** qui fixe les dogmes de l'Eglise sur les points contestés par le protestantisme.

Par la condamnation sans appel du protestantisme, le concile achève la séparation de la chrétienté occidentale en deux.

Cette séparation est à l'origine, en France en particulier, d'un affrontement violent entre catholiques et **huguenots** (nom péjoratif donné par les catholiques aux protestants à partir d'un terme allemand signifiant conjurés) : ce sont les **guerres de religion.** Elles ensanglantent la France à la fin du XVIe, jusqu'à l'**édit de Nantes** (1598) qui garantit aux réformés la liberté de conscience ainsi que des **places de sûreté** (places fortes dont les protestants gardent la possession).

Les persécutions reprennent contre les protestants, malgré cet accord. Victimes des **dragonnades** (les huguenots sont contraints à héberger les dragons qu'on encourage à commettre tous les excès) ils perdent la liberté d'exercice de leur culte par la **révocation** de l'édit de Nantes (1685). Cette révocation est à l'origine de soulèvements protestants dans le pays, notamment dans les Cévennes (révolte des **camisards** ainsi nommés en raison du signe de ralliement, une chemise flottant sur les vêtements).

Pendant le règne de Louis XIV, l'Eglise catholique est confrontée aux succès du **jansénisme :** doctrine religieuse apparentée au calvinisme : l'homme ne peut faire son salut par ses vertus, le bonheur des élus est réservé à ceux que Dieu a prédestinés au salut.

Le **jansénisme** s'oppose notamment au **molinisme** (du jésuite *Molina*) : doctrine de conciliation avec la liberté humaine de la prescience de Dieu et de la nécessité de la grâce. Le molinisme, adopté par les Jésuites, critiqué par les jansénistes est combattu par les Dominicains qui défendent le **thomisme** (ensemble de doctrines philosophiques et théologiques de saint Thomas d'Aquin).

En 1713, la bulle Unigenitus condamne le jansénisme ; les jansénistes qui acceptent cette bulle sont les **acceptants,** par opposition aux **appelants** qui la refusent.

Le XVIIe siècle voit également se développer le **quiétisme** (l'étymologie du mot évoque le complet repos ou quiétude – du latin *quies* – dans lequel se trouverait l'âme plongée en Dieu). C'est une doctrine mystique qui fait consister la perfection chrétienne dans l'amour de Dieu et l'inaction de l'âme.

6. Catholicisme et monde moderne

Dans le langage catholique, le terme « moderne » s'applique à la société bourgeoise et libérale portée au pouvoir par la chute de l'Ancien Régime et est condamné par la majorité de l'Eglise.

A la fin du XIXe siècle, au sein de l'Eglise apparaît une tendance que cherche à adapter la doctrine sociale de l'Eglise avec les exigences de l'époque et à mettre le dogme en accord avec les conclusions d'une **exégèse** biblique moderne (une **exégèse** est une explication historique et religieuse du texte de la Bible) ; c'est le **modernisme** que condamne le pape Pie IX dans l'encyclique Pascendi en 1907.

Alors qu'à la fin du XIXe siècle, le libéralisme tend à s'imposer comme la philosophie dominante, *le catholicisme libéral* essaie de jeter un trait d'union entre catholicisme et libéralisme. La révélation de la misère née de la révolution industrielle provoque dans une partie du monde catholique un sursaut de la conscience morale, c'est le **catholicisme social.**

S'inscrivant dans la ligne ouverte par l'encyclique « Rerum Novarum » de Léon XIII (1891) sur la question ouvrière s'est créée l'**Action catholique,** organisation purement laïque que regroupe « l'ensemble des mouvements apostoliques laïcs organisés ». Elle comprend aussi bien des mouvements qui se proposent un objectif purement religieux que des mouvements dont l'action porte sur le cadre social, culturel, institutionnel de la morale chrétienne (le plus ancien de ces mouvements est la **J.O.C. – Jeunesse ouvrière chrétienne** – née en Belgique en 1924).

En 1959, Jean XXIII annonçant la réunion prochaine d'un concile – qui se tiendra de 1962 à 1965 Vatican II – fixe comme objectif l'ouverture de l'Eglise catholique au monde, son ouverture aux autres **(œcuménisme)**, sa modernisation (**aggiornamento**). Il ne s'agit pas d'une remise en question des articles fondamentaux de la doctrine de l'Eglise mais « d'étudier et d'exposer cette doctrine suivant les méthodes de la recherche et la présentation dont use la pensée moderne » (Jean XXIII).

20. CHRISTIANISME

C'est une religion monothéiste : un Dieu unique en trois personnes (le Père, le Fils, le Saint-Esprit) – le mystère de la **Trinité** constitue le point fondamental du dogme.

Le Fils s'est fait homme – c'est l'**incarnation** – sous le nom de Jésus – né à Bethléem –, a vécu en Palestine, à l'époque de la domination romaine. Il a subi le supplice de la croix (**crucifiement** ou **crucifixion**). La **Passion** de Jésus (ses souffrances, sa mort) a permis d'effacer le péché originel et le rachat de l'humanité : c'est la **Rédemption.**

Pour les chrétiens, Jésus est le **Christ,** c'est-à-dire le **Messie** (en grec *Khristos*) annoncé dans l'Ancien Testament par les prophètes d'Israël.

Dans les premiers siècles du Christianisme, le symbole du Christ est un poisson peint ou gravé sur les murs des **catacombes** (cf. *infra*). Cela provient du monogramme, composé des initiales des mots grecs *Iesous Khristus Theos Uios Sôter* « Jésus-Christ fils de Dieu sauveur » qui forme le tout grec IKHTHUS (= poisson) – en français **Ichthys**.

Le tombeau du Christ est le **Saint Sépulcre.**

Selon l'Evangile, c'est Ponce Pilate qui a fait clouer en haut de la croix, l'inscription **INRI** (initiales des mots latins *Iesus Nazarenus Rex Iudaeorum :* Jésus de Nazareth, Roi des Juifs).

La colline de Jérusalem où le Christ fut crucifié est la colline du **Calvaire** ou **Golgotha** (sur son emplacement s'élève aujourd'hui l'église du Saint Sépulcre). Le terme de **calvaire** désigne une petite élévation sur laquelle on a établi une représentation figurée de la Passion ou une simple croix.

L'**Ancien Testament** est la partie de la **Bible** antérieure au Christ et commune aux juifs et aux chrétiens. Il contient notamment la **Genèse** qui raconte la création du monde. Le **Nouveau Testament** est la partie purement chrétienne de la Bible, composée des Evangiles, des Actes des Apôtres, des Epitres, de l'Apocalypse :

- **évangiles :** (du grec *evaggelion :* bonne nouvelle) : livres qui racontent la vie du Christ et contiennent son enseignement.
- **actes des Apôtres :** les Apôtres sont les douze disciples désignés par le Christ pour prêcher l'Evangile.

  Le terme apôtre est à l'origine du mot **apostolat :** propagation d'une doctrine.
- **épitres :** lettres écrites par certains Apôtres aux premières communautés chrétiennes.
- **apocalypse :** prophétie sur l'avenir de l'Eglise et le Jugement dernier.

Le souci de faire connaître la Bible à un groupe religieux donné en la traduisant dans sa langue a donné lieu à un certain nombre de traductions anciennes. Parmi elles, on peut retenir les **versions judaïques des Septante**, traduction qui fut ensuite adoptée par le christianisme (il s'agit d'une traduction en grec réalisée par les juifs d'Alexandrie au IIIe siècle avant Jésus-Christ ; la légende des soixante-dix traducteurs valut le nom de Septante à cette traduction) et la traduction latine de saint Jérôme (IVe siècle) devenue la **Vulgate**.

Les **Pères de l'Eglise** – appellation non officielle, seulement fondée sur l'usage, concernant les écrivains religieux des premiers siècles – ont contribué à lutter contre le **paganisme** (→ *97. religion*) ; ce sont les **Pères apologistes** et à défendre la doctrine chrétienne contre les sectes, ce sont les **Pères dogmatiques.** Il s'agit de la **doctrine patristique** (relative aux Pères de l'Eglise).

1. Les débuts du christianisme

Le païen désireux de se convertir **(catéchumène)** doit apprendre la doctrine du Christ, l'instruction religieuse donnée aux catéchumènes est la **catéchèse,** terme qui désigne actuellement toute l'instruction religieuse.

Admis au **baptême** (cérémonie qui, à cette époque, se fait par immersion complète, destinée à effacer le péché originel), il devient chrétien, et participe aux assemblées **(églises)** tenues secrètement dans une demeure privée ou dans les cimetières souterrains **(catacombes).**

Le culte est fort simple, on prie ou lit les Evangiles. La principale cérémonie du culte est l'**agapè,** repas en souvenir du dernier repas pris par Jésus et ses disciples (**la Cène**). La salle où se déroule la Cène est un **cénacle** (un **cénacle** désigne maintenant une réunion de personnes groupées dans un but commun). Au cours de ce repas a lieu la **consécration** du pain et du vin. Une **consécration** est un rite ou une cérémonie qui donne un caractère sacré à une personne ou à une chose.

Les premières communautés chrétiennes créées dans l'Empire romain ont subi des persécutions. Les **martyrs,** ceux qui meurent pour témoigner de leur foi, sont nombreux. L'empereur Constantin autorise la religion chrétienne qui devient **religion d'Etat** pendant le règne de Théodose (fin du IVe siècle).

L'Eglise s'organise, de nombreux **conciles** précisent la doctrine. Un concile est une assemblée de prélats et de théologiens. Il peut revêtir plusieurs formes : un **concile particulier** se limite à la réunion des prélats d'une province ecclésiastique **(concile provincial)** ou d'un Etat **(concile national).** Lorsque tous les prélats de la catholicité sont réunis, le **concile est œcuménique** (du grec oikoumené : du monde entier). Ces conciles imposent aux **évêques,** élus par les fidèles, le contrôle des **métropolitains (archevêques)** et à ces derniers, celui des **patriarches** (évêques des grandes villes – Constantinople, Antioche, Alexandrie, Rome).

Les **prêtres** célèbrent le culte, les **diacres** s'occupent des questions matérielles.

L'Eglise-mère est d'abord celle de Jérusalem, puis, après la destruction de la ville par Titus, l'Eglise de Rome prend peu à peu le premier rang. Selon les chrétiens, cette Eglise fondée par l'apôtre Pierre devait diriger toute l'**Eglise catholique** (c'est-à-dire l'assemblée universelle des fidèles, du grec catholikos : universel).

A partir du VIIe siècle, **le pape,** évêque de Rome et successeur de saint Pierre impose sa direction spirituelle aux évêques d'Occident.

Malgré la chute de l'Empire romain, le christianisme poursuit son expansion dans les royaumes barbares (**conversion** – changement de croyance – de Clovis) et gagne toute l'Europe mais perd plus tard au profit de l'**islam** l'est et le sud du bassin méditerranéen.

Dans ces terres perdues au profit de l'**Islam,** les évêques ou archevêque des villes ayant été autrefois siège d'un évêché ou archevêché, portent le titre d'évêque **in-partibus** à titre honorifique.

2. Les premières crises

Durant cette période marquée par d'importants progrès, le christianisme est confronté à plusieurs difficultés : les **hérésies christologiques.** La **christologie** est la partie de la théologie qui traite spécialement du Christ. L'**arianisme** ou doctrine d'Arius met en cause la divinité de Jésus et par là même la réalité de son œuvre rédemptrice. Le concile de Nicée en 325 – premier concile œcuménique – condamne cette doctrine et surtout définit le **Credo,** c'est-à-dire le dogme chrétien face aux hérésies.

En réaction contre l'arianisme, d'autres doctrines proclament que le Christ n'a que nature divine et conduisent à l'apparition d'Eglises nouvelles – **Eglises monophysites** – se séparant de la communion catholique ; **Eglises copte** en Egypte, **jacobite** en Syrie, **arménienne** en Asie Mineure.

Dans les premiers temps du christianisme, certains milieux développent une doctrine (le **millénarisme**) selon laquelle le Christ reviendra sur terre pour régner pendant mille ans ; période qui se terminera par le jugement dernier. Au Moyen Age, le millénarisme prend une autre signification : il annonce la fin du monde en l'an mille.

Les Eglises chrétiennes du Proche-Orient

	Appellation des fidèles	**Effectifs de l'Eglise**	**Localisation des fidèles**
I. Eglises monophysites (dénient toute nature humaine au Christ)	– Coptes – Jacobites – Arméniens Grégoriens	de 3 à 7 millions 170 000 300 000	Egypte Syrie, Irak Liban, Syrie Irak, Egypte
II. Eglise nestorienne (séparée de Byzance après le concile d'Ephèse, 431)	Nestoriens (Assyriens)	50 000 à 150 000	Irak, Liban, Syrie
III. Eglises catholiques – Eglise catholique romaine – Eglise maronite	Latins Maronites	Quelques milliers environ un million	Lieux saints (Israël) Liban + diasporah libanaise + Israël
– *Eglises « Uniates »* * • Chaldéenne • Syrienne catholique • Copte catholique • Arménienne catholique • Grecque melkite	Chaldéens Syriaques Coptes catholiques Arméniens catholiques Melkites	500 000 150 000 100 000 à 150 000 100 000 400 000	Irak, Liban Irak, Syrie, Liban Egypte Irak, Syrie, Liban Turquie, Egypte Jordanie, Syrie Liban, Israël
IV. Eglise orthodoxe • Grecque orthodoxe	Grecs orthodoxes	800 000	Jordanie, Syrie

* Eglises « Uniates » : reconnaissent l'autorité du pape mais leur rite n'est pas latin.

3. Les croisades

Ce sont des expéditions militaires organisées par l'Eglise pour la délivrance de la Terre sainte ; en effet les Turcs interdisent aux chrétiens le **pèlerinage** (déplacement en un endroit sacré par dévotion) sur les **lieux saints,** c'est-à-dire les lieux où le Christ a vécu en Palestine (Bethléem, Nazareth, Jérusalem). A ceux qui partent en croisade, le pape accorde l'**indulgence pleinière** (rémission totale des peines résultant des péchés commis).

Parmi les huit croisades, seule, la première (1096-1099) est victorieuse. Elle permet la naissance des **Etats chrétiens d'Orient** (royaume de Jérusalem, comté de Tripoli, principauté d'Antioche, etc.).

La défense de ces territoires est assurée par des forteresses (les **kraks** notamment le **krak des chevaliers** en Syrie) tenues par des moines appartenant à des ordres nouveaux : **templiers, hospitaliers.** Ce sont des **ordres religieux militaires,** composés de chevaliers vivant comme des moines (vœux, silence, prière) mais faisant la guerre.

En 1291, les derniers territoires tenus par les chrétiens en Palestine sont pris par les Turcs.

Les Etats chrétiens d'Orient après la première croisade

4. Les schismes

En 1054, les **Eglises d'Orient** refusent définitivement d'obéir au pape et se séparent de l'Eglise de Rome. Ce **schisme** (→ *97. religion*) donne naissance à l'**Eglise orthodoxe** dirigée par le **patriarche** de Constantinople (évêque le plus élevé dans la hiérarchie sacerdotale de l'Eglise orthodoxe).

Dans la réalité, l'affrontement est ancien : depuis que Constantinople est devenue capitale de l'**Empire byzantin** (→ *42. empires*) des conflits chroniques l'opposent à Rome. Parmi ces conflits : la **querelle des images** (fin VIIIe, début IXe siècle). Dans l'Empire byzantin, l'**iconoclasme** condamne le culte rendu aux « images », c'est-à-dire aux **icônes** (du grec *Eikon* : image – peintures religieuses de la Vierge et des Saints alors que le pape est partisan des images).

L'**iconoclasme** est une doctrine qui considère comme **idolâtre** (celui qui adore les **idoles,** c'est-à-dire l'image d'une divinité à laquelle est rendu un culte comme incarnant la divinité) le culte rendu aux images. Par extension, l'**iconoclaste** est une personne qui détruit des œuvres d'art et est synonyme de **Vandale ;** terme créé à partir du nom d'un peuple pillard et destructeur originaire de Germanie orientale, envahisseur de la Gaule au Ve siècle après J.-C.

Au XVIe siècle, la **Réforme** sépare les Eglises protestantes de Rome. Le **catholicisme** étant la forme du christianisme qui reconnaît l'autorité du pape (→ *19. catholicisme, protestantisme*).

Les **chrétiens** constituent le groupe religieux le plus important du monde (au début des années 80)

D'après les baptêmes

catholiques :	607 millions
Protestants :	353 millions
Orthodoxes :	125 millions

Répartition des chrétiens dans le monde.

Amérique :	432 millions
Europe :	337 millions
Asie :	101 millions
Afrique :	140 millions
Océanie :	18 millions

21. CLERGÉ CATHOLIQUE

Clergé : c'est l'ensemble des ministres du culte.

Dans l'Eglise catholique, il est formé du corps des **ecclésiastiques,** hommes d'Église, prêtres et religieux, regroupant l'ensemble des **clercs,** c'est-à-dire ceux qui sont entrés dans l'état religieux.

Ceux qui ne font pas partie du clergé sont des **laïcs** ou **laïques.**

Il faut distinguer le **clergé séculier** qui vit dans le siècle (dans le monde) du **clergé régulier** qui vit sous une règle monastique.

1. Clergé séculier

Il présente une double hiérarchie au point de vue du pouvoir d'ordre et selon les différents degrés de juridiction.

L'**ordre** est un des sept sacrements catholiques, celui qui confère les degrés du **sacerdoce** (ministère de prêtrise), degrés répartis en ordres mineurs et ordres majeurs.

Au sein des **ordres mineurs,** quatre catégories de clercs, dont le lecteur et l'acolyte... Jadis, le **lecteur** lisait l'Ecriture Sainte pendant l'office, le rôle de l'**acolyte** étant de servir le prêtre à l'autel.

Le **diaconat** (fonction de **diacre**) et la **prêtrise** constituent les **ordres majeurs.**

Le **diacre** qui a reçu l'ordre immédiatement inférieur à celui de la prêtrise assiste le prêtre pendant la messe. La **messe** est la cérémonie principale du culte catholique, au cours de laquelle le prêtre consacre le pain **(hostie)** et le vin **(eucharistie)** en souvenir du repas de la **Cène.** La messe commence par l'**introït** – prière que le prêtre récite à l'autel en début de la messe – se poursuit par le **Kyrie** – prière ou chant qui comprend les invocations au Seigneur et au Christ – et le **Gloria.** Le diacre peut donner la communion et le baptême, présider les mariages. **Le prêtre** a le pouvoir de dire la messe et d'administrer les sacrements sauf la **confirmation** (sacrement administré à un fidèle en âge de raison) et l'**ordination** (cérémonie par laquelle sont conférés les ordres sacrés) réservés aux évêques.

Les sacrements sont des rites religieux institués par Jésus-Christ pour donner ou augmenter la grâce. Il y a sept sacrements : le **baptême** (→ *20. christianisme*) la **pénitence** (→ *97. religion*) l'**eucharistie** (→ *19. catholicisme*) ; la **confirmation,** l'**ordination,** le **mariage,** l'**onction des malades** (ou **extrême onction**) destinée à effacer les péchés.

Pour célébrer la messe, le prêtre porte par-dessus l'**aube** – longue robe blanche – une **chasuble** sorte de manteau formé de deux pans.

Le prêtre donne sa **bénédiction** aux fidèles, rite qui rappelle la protection divine. L'**imposition** des mains consistait à placer les mains sur la tête de celui que l'on bénit. La **bénédiction apostolique** est donnée par le pape ; par exemple la **bénédiction « urbi et orbi »** – à la ville de Rome et à l'univers – est donnée du haut du Vatican le jeudi saint, le jour de Pâques et le jeudi de l'Ascension.

Au sens théologique du terme, évêques et archevêques sont des prêtres. Dans les autres religions chrétiennes, les ministres du culte sont les **popes** (Eglise orthodoxe) et les **pasteurs** (Eglises réformées).

Selon les degrés de juridiction, il existe toute une hiérarchie du pape au curé. L'échelon inférieur est représenté par le **curé :** c'est le prêtre chargé de la direction d'une **paroisse.** (Depuis le XVIIIe siècle, on lui donne également le titre d'abbé). Il réside dans le **presbytère.** Jusqu'au XIXe siècle les biens appartenant à l'église d'une paroisse étaient administrés par la **fabrique** ou le **conseil de la fabrique** composé d'ecclésiastiques et de laïcs ; parmi eux les **fabriciens** et les **marguilliers.**

L'**évêque,** qui possède la plénitude du sacerdoce, occupe l'échelon supérieur. Il est chef religieux d'une circonscription appelée **diocèse** ou **évêché** (réunion d'un certain nombre de paroisses), il peut réunir des **synodes,** assemblées de prêtres pour discuter des affaires du diocèse (assemblées seulement consultatives). Le **saint-synode** est le conseil suprême de l'Eglise russe. Tout ecclésiastique doit demander à son évêque l'**imprimatur,** c'est-à-dire l'autorisation pour publier un ouvrage concernant la foi ou les mœurs.

Le **chapitre** des **chanoines** peut apporter son aide à l'évêque. L'église épiscopale au siège de l'évêché est la **cathédrale.**

L'**archevêque** a autorité sur plusieurs évêchés qui constituent une province ecclléciastique.

Le pape a pouvoir d'élever un évêque ou archevêque au rang de **cardinal.** L'ensemble des cardinaux forme le **Sacré Collège,** dont le rôle est notamment d'élire le pape.

Les ecclésiastiques de rang élevé sont les **prélats.**

Le **vicaire** assiste et éventuellement remplace un dignitaire ecclésiastique : le **vicaire général** assiste l'évêque, le vicaire de paroisse, le curé.

La formation générale et religieuse des futurs prêtres est donnée dans des établissements d'enseignement appelés **séminaires** (ou **grands séminaires**). Les **petits séminaires** sont des écoles catholiques, dont les élèves ne se destinent pas nécessairement au sacerdoce.

2. Clergé régulier

Il est formé de moines qui vivent en appliquant une **règle** monastique (ex. règle établie par saint Benoît – **règle bénédictine** – au début du IXe siècle). L'**institut** est la règle d'un ordre religieux telle qu'elle a été établie par son fondateur. Les **moines** sont des **religieux** qui ont pris l'engagement, par des vœux solennels, d'appliquer les règles d'un **ordre.**

Un **ordre** est composé d'un groupe d'hommes ou de femmes qui acceptent la même règle religieuse **(ordre des Bénédictins, ordre des Dominicains).**

Une association de religieux, dont les membres vivent en communauté mais ne prononcent pas des vœux solennels, forment une **congrégation.**

Le mouvement monastique apparaît en Orient dès le IVe siècle avec les **ermites** et les **anachorètes :** religieux qui vivent dans une retraite solitaire, afin de se consacrer entièrement à Dieu et aux **mortifications.** Cette forme de vie religieuse solitaire est l'**érémitisme.**

Lorsque ces religieux se regroupent en communautés, ils prennent le nom de **cénobites.** Cénobites et moines sont deux termes à peu près synonymes, mais le mot cénobite insiste sur l'aspect communautaire de la vie religieuse, alors que celui de moine met l'accent sur l'isolement des communautés chrétiennes.

Les moines vivent, en effet, sous l'autorité d'un supérieur, dans une communauté isolée du monde. Il s'agit d'un **monastère.** Tout établissement où vivent des religieux ou des religieuses est un monastère.

Une **abbaye** est un monastère dirigé par **un abbé** ou une **abbesse**. D'une abbaye-mère peuvent dépendre d'autres monastères : ce sont des **prieurés ;** le **couvent** souvent situé en ville est dirigé par un religieux qui n'a pas de titre abbatial.

Au sens strict, le terme de **moine** désigne des religieux séparés du monde, **cloîtrés ;** c'est-à-dire qui ne franchissent jamais la clôture du monastère (ex. les **trappistes**), mais les religieux non cloîtrés des ordres mendiants (ex. les **Dominicains**) sont également appelés moines.

A différents moments de la journée, à des heures précises – les **heures canoniales** – les moines doivent chanter ou réciter des prières imposées par les canons. Les **matines** sont le premier office chanté avant le lever du soleil le dernier est celui des **complies** précédé par celui des **vêpres.** L'ensemble des prières des heures canoniales est réuni dans un **livre d'heures**.

Les religieux (ou religieuses) qui s'occupent des tâches matérielles sont les **frères convers (sœurs converses).** Le service du monastère est également assuré par les **oblats** qui ne prononcent pas de vœux et gardent le costume laïc.

Deux innovations, proches du clergé régulier, caractérisent la vie religieuse aux XIIe et XIIIe siècles :

- le **tiers ordre.** Le tiers ordre représente la première tentative d'organisation de l'apostolat des laïcs. On y trouve des laïcs, même mariés qui continuent à vivre dans le monde, s'astreignant à des pratiques religieuses particulières (prières, jeûnes, œuvres de charité), les associant étroitement à la vie monastique ;

- le mouvement de **béguines** et de **bégards.** Les **béguines** sont des femmes pieuses, menant une vie semi-religieuse, mais sans vœux, dans des maisons groupées dans de grands enclos autour d'une église. Elles portent un habit distinctif, s'adonnent à la prière, aux soins des malades mais sont libres de sortir de l'association du **béguinage**, de se marier. Des hommes suivent cet exemple – les **bégards.** Ils mènent un genre de vie assez mal fixé, les uns s'adonnent au travail manuel, d'autres à la mendicité.

3. Les principaux ordres religieux

Le véritable début du **monachisme** (institutions monastiques, mais aussi état de moine) en Occident est dû à saint Benoît de Nursie qui, au VIe siècle, élabore une **règle :** les moines font vœu de chasteté, pauvreté personnelle et obéissance.

Le grand âge du **monachisme bénédictin** s'étend de l'époque carolingienne au XIIe siècle, marqué par l'essor de Cluny (909) et par le succès des **Cisterciens** à la suite de fondation de Citeaux (1098). Les Cisterciens s'insurgent contre la richesse excessive des moines clunisiens, contre le luxe de leurs églises et l'abandon du travail manuel.

A la fin du XIIe siècle, le renouveau de la vie urbaine et le progrès des hérésies exigent de nouvelles formes de vie monastique qui accordent une plus grande place à **l'apostolat** (action en vue de propager la doctrine en particulier par la **prédication** – prêcher : répandre la parole de Dieu) au détriment de la liturgie et du travail manuel : ainsi naissent les **ordres mendiants** dont les membres doivent vivre uniquement de la charité des fidèles. Ce sont notamment l'**ordre des Frères mineurs** (ou **ordre des Franciscains**) fondé par saint François d'Assise et l'**ordre des frères prêcheurs** ou **Dominicains.**

La nécessité de la **Réforme catholique** (→ *19. catholicisme*) au XVIe siècle, amène la création d'ordres qui se consacrent entièrement à l'action, renoncent non pas aux vœux traditionnels de religion, mais aux obligations particulières de la vie monastique : **ordre des Théatins,** et surtout des **Jésuites.**

La **compagnie de Jésus** fondée en 1540 par Ignace de Loyola, totalement dévouée à la papauté, présente une organisation très hiérarchisée : à sa tête un **préposé général** (ou **général des Jésuites**) élu à vie par les délégués des provinces **(provinciaux).**

Après un **long noviciat** (période avant de prononcer les vœux) marqué par des études très poussées (en philosophie et en théologie en particulier), les Jésuites se consacrent avant tout à l'enseignement (ils représentent actuellement la principale congrégation enseignante dans le monde) et aux **missions,** œuvres d'évangélisation et d'implantation d'églises dans les peuples où le catholicisme est ignoré (cf. rôle de saint François Xavier en Inde et au Japon).

L'ensemble des missions est dirigé depuis Rome pour la **congrégation de la propagande.** (Le terme de propagande a un autre sens : il concerne, dans les régimes totalitaires, l'action menée pour répandre la doctrine.)

Un long conflit oppose les Jésuites aux **jansénistes** (→ *19. catholicisme*) à propos de la **casuistique** (étude des cas de conscience) : les jansénistes reprochent aux Jésuites d'avoir une morale trop laxiste (cf. les critiques de Pascal).

Le rôle des Jésuites est également important dans le domaine artistique : les **églises jésuites,** c'est-à-dire de **style jésuite** (large nef, coupole à la croisée du transept, façade à deux étages) ont contribué à répandre le **style baroque** (→ *11. art*).

22. CLIMAT - TEMPÉRATURES PRÉCIPITATIONS

Les définitions du **climat** sont multiples. La **climatologie** est la science qui étudie les climats. Pour la **climatologie analytique** (ou **séparative**) le climat est l'état moyen de l'atmosphère en un lieu donné, défini, par un ensemble de moyennes caractéristiques, températures, précipitations, vents, insolation, nébulosité. Pour la **climatologie dynamique** le climat correspond à la série des états de l'atmosphère au-dessus d'un lieu dans leur succession habituelle.

Le **temps** représente l'état de l'atmosphère à un moment donné ; c'est une notion synthétique assez largement subjective – on parle de beau temps, de mauvais temps, traductions des appréciations humaines. Les états successifs de l'atmosphère en un lieu donné se combinent pour donner divers **types de temps** qui se reproduisent plus ou moins fréquemment. La **météorologie** observe et étudie scientifiquement les types de temps. Par l'analyse des phénomènes atmosphériques la météorologie essaie de prévoir l'évolution du temps.

1. Géographie des températures

a) L'énergie solaire

Le rayonnement solaire est partiellement renvoyé par l'atmosphère et par le globe terrestre. L'**albédo** (ou pouvoir réfléchissant) est le pourcentage de radiation lumineuse réfléchie par une surface donnée. Les surfaces claires ont un fort albédo (ex. 85 % pour la banquise ou une surface enneigée) ; les surfaces sombres (ex. forêts) ont un faible albédo.

La durée de l'**illumination** qui correspond à la durée de l'**éclairement,** dépend évidemment de la durée du jour, variable suivant la latitude et les saisons **(photopériodisme).**

La durée de l'**insolation** (ou de l'**ensoleillement)** dépend de la transparence de l'atmosphère. Une forte **nébulosité** limite l'insolation (la nébulosité exprime la proportion de ciel couvert de nuages).

La chaleur reçue est fonction de l'**angle d'incidence** des rayons du soleil. L'absorption par le sol est supérieure lorsque les rayons sont verticaux – **soleil au zénith.** Surtout la couche atmosphérique à traverser est d'épaisseur très variable : faible épaisseur aux basses latitudes (rayons subverticaux) ; épaisseur beaucoup plus grande aux hautes latitudes car les rayons du soleil très bas sur l'horizon arrivent obliquement. (L'épaisseur varie de un à huit entre le soleil au zénith et le soleil à 7° de hauteur.)

L'ensoleillement en janvier aux Etats-Unis

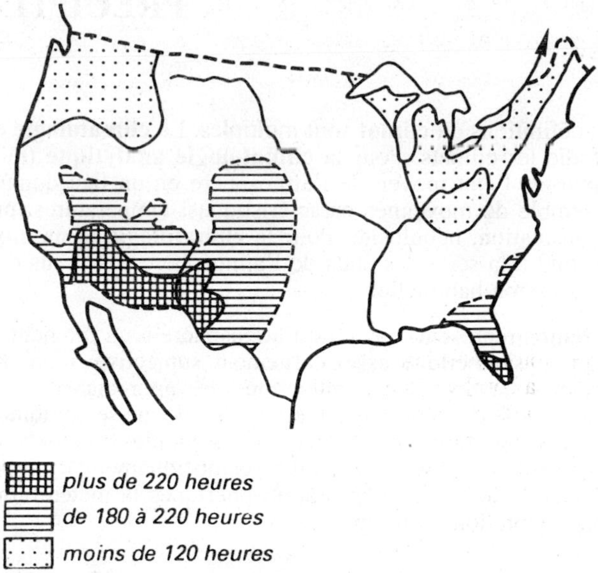

L'insolation est également fonction de l'exposition des versants des talus ou des vallées (→ *81. montagne*).

b) Bilan radiatif, zones thermiques

L'**apport calorifique** d'origine solaire se mesure en kilocalories par cm^2 et par an. Il est inégalement réparti : faible aux hautes latitudes, très élevé aux latitudes tropicales (transparence de l'air), un peu moins élevé aux latitudes équatoriales (nébulosité forte).

Le **bilan radiatif** au sol (ou à la surface des océans) mesure la différence entre le rayonnement reçu et le rayonnement réfléchi, cette différence (positive ou négative) étant généralement exprimée en calories par cm^2 et par minute. Le bilan est presque toujours positif le jour et négatif la nuit à toutes les latitudes.

Calculé sur une année le **bilan radiatif annuel** varie selon les latitudes : il est négatif vers les pôles (environ – 0,15 $cal/cm^2/mn$) et positif dans la zone intertropicale. Il existe des mouvements de **compensation thermique** par exportation de la chaleur tropicale vers les hautes latitudes (courants marins, flux atmosphériques) d'où un **bilan thermique** équilibré pour chaque zone.

L'inégale répartition des températures selon les zones entraîne la distinction de **zones thermiques :** (→ *107. terre*).

– deux zones froides au-dessus des pôles et aux hautes latitudes ;

– une zone chaude intertropicale ;

– deux zones intermédiaires dites tempérées aux latitudes moyennes.

c) Mesure et répartition des températures

Au sol, les températures sont très différentes selon les endroits et selon le milieu d'observation (eau, roches, sables...). Par convention, on mesure les **températures** de l'air, à l'ombre, dans un abri ventilé, situé à 2 m du sol.

Deux unités de mesure sont utilisées pour exprimer les températures :

- le degré **centigrade** ou **degré Celsius** (1/100e de la différence entre la température de la glace fondante – 0 – et celle de l'eau bouillante – 100°) ;
- le **degré Fahrenheit** (1/180° de la différence entre 32 °F = 0 °C et 212 °F = 100 °C).

Les températures font en principe l'objet de relevés journaliers. La **moyenne journalière** est la moyenne arithmétique du minimum journalier (en principe nocturne) et du maximum (en principe diurne). A partir des moyennes journalières, on établit des **moyennes mensuelles** et une **moyenne annuelle.** La courbe des moyennes mensuelles d'une station (lieu d'observation) donne le **régime thermique** d'une station. L'écart entre minimum journalier et maximum journalier est l'**amplitude thermique diurne** ou journalière. L'écart entre la moyenne du mois le plus froid et celle du mois le plus chaud est l'**amplitude thermique annuelle.** Les **températures extrêmes absolues** sont la plus haute et la plus basse des températures observées dans une station au cours d'une période donnée.

Les **isothermes** sont des lignes qui rejoignent des points d'égale température à un moment donné ou pour une durée donnée. Sur les cartes à grande échelle, on trace des **isothermes vrais** (d'après les températures réellement observées). Sur les cartes à petite échelle (1/1 000 000 et plus) on trace les **isothermes des températures ramenées au niveau de la mer** (la correction est fonction du gradient thermique et de l'altitude de la station).

Dans une situation d'**inversion thermique,** l'air est plus chaud en altitude qu'à la surface du sol. C'est le phénomène de l'**inversion de température** dans les vallées montagnardes avec des fonds de vallée plus froids que les régions situées à mi-versant.

L'**équateur thermique** est la ligne isotherme des températures moyennes les plus élevées du globe. On peut tracer un équateur thermique annuel et des équateurs thermiques de janvier et juillet.

2. Géographie des précipitations

a) L'eau dans l'atmosphère

Elle se présente sous trois formes : gazeuse, liquide et solide. L'**humidité absolue** de l'air est la quantité de vapeur d'eau (exprimée en grammes) contenue dans un mètre cube d'air. La **capacité hygrométrique** de l'air augmente avec la température : c'est la masse maximum de vapeur d'eau que peut contenir 1 m^3 d'air. Lorsque l'air a atteint la limite de sa **capacité d'absorption** (ou capacité hygrométrique), on dit qu'il est saturé. Le **point de saturation** correspond à la température au-dessous de laquelle la vapeur d'eau, auparavant invisible, se condense en gouttelettes d'eau liquide. La **condensation** – passage de la vapeur d'eau à l'état liquide – se produit donc aux abords du point de saturation.

L'**humidité relative** ou **degré hygrométrique de l'air** est le rapport exprimé en pourcentage entre l'humidité absolue et la capacité hygrométrique. Exemple : Un air X a une température de 20 °C et une humidité absolue de 8,6 g/m^3 ; la capacité hygrométrique de l'air à 20 C° est de 17,2 g/m^3. L'humidité relative de l'air X est de $\frac{8,6}{17,2} = 50\ \%$.

Si la température de l'air X s'abaisse, son humidité relative augmente et il se rapproche du point de saturation. Sachant que la capacité hygrométrique d'un air à 10 °C est de 9,4 g/m^3, l'air X porté à 10 °C a une humidité relative de $\frac{8,6}{9,4} = 91\ \%$.

Son point de saturation est proche de 8 °C. A cette température, il y aura condensation.

b) La condensation

Elle donne des gouttelettes ou des cristaux (état solide) de petite taille qui restent en suspension dans l'air. On les nomme **aérosols.** Ce sont les **nuages,** les **brouillards,** la **brume.** Parmi les **nuages,** on distingue :

- les **nuages élevés,** transparents, composés de cristaux de glace du genre **cirrus** (cirrus, cirro-stratus, cirro-cumulus) – altitude 6 000 à 10 000 m ;

- les nuages à développement vertical composés de gouttelettes d'eau, sont du type **cumulus** (cumulus = nuages séparés, à base sombre et presque horizontale, plus ou moins opaques, à sommet bourgeonnant blanc en forme de chou-fleur) ; **strato-cumulus** et **altocumulus** = nuages du type cumulus, se développant à l'étage inférieur (– 2 000 m) ou à l'étage moyen (2 000 à 6 000 m) ;

- les **stratus** sont des nuages plus ou moins translucides, à faible développement vertical, composés de gouttelettes d'eau : stratus à l'étage inférieur ; altostratus à l'étage moyen.

Les nuages sont souvent associés aux perturbations cycloniques tempérées formant alors un **système nuageux** qui comprend une zone antérieure, ou **tête,** située en avant de la ligne de front chaud, une zone centrale ou **corps** qui correspond à l'air chaud, une zone postérieure ou **traîne** située dans l'air froid postérieur (voir croquis).

Les **brouillards** sont, en fait, des nuages situés au voisinage du sol. La visibilité est alors inférieure à 1 000 m. La **brume** est un brouillard léger avec visibilité supérieure à 1 000 m.

Système nuageux d'une perturbation tempérée

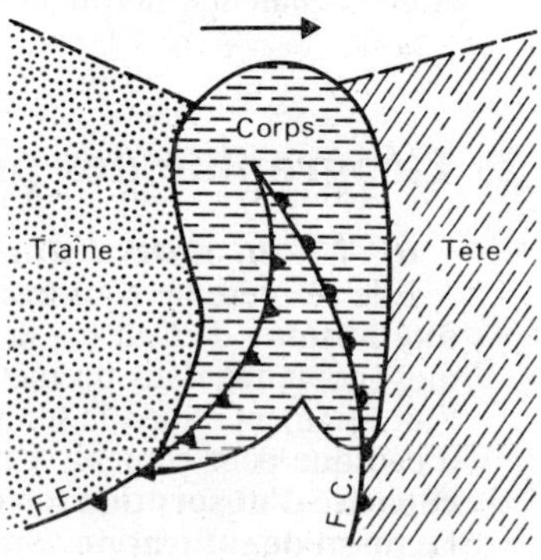

c) Les précipitations

Elles sont constituées par les produits de la condensation qui tombent sur le sol. Dans un nuage, lorsque le diamètre des gouttelettes d'eau dépasse 1/10e de mm, elles ne peuvent rester en suspension et tombent plus ou moins rapidement. Selon leur taille, on distingue :

- sous forme liquide : la **bruine** (gouttes de 0,1 à 0,5 mm de diamètre, appelé « crachin » en Bretagne), la **pluie** (gouttes de 0,5 à 4 mm) ;
- sous forme solide : la **neige,** précipitation de cristaux de glace, rassemblés en flocons qui tombent lentement ; le **grésil,** grains d'eau gelée, translucides, d'environ 2 à 5 mm de diamètre ; la **grêle,** billes et morceaux de glace de forme irrégulière de 5 à 50 mm de diamètre (les gros **grêlons** pèsent plus de 200 g).

Les **averses** sont des précipitations abondantes (grosses gouttes et forte densité). Les **orages** sont des précipitations violentes, accompagnées de phénomènes électriques (éclairs, tonnerre, foudre) se développant pendant les périodes chaudes et naissant dans de l'air instable à partir de nuages du type **cumulo-nimbus.**

Le **givre** est une couche de cristaux de glace déposée par un brouillard en état de **surfusion** (à température inférieure à 0 °C). Le **verglas** est une couche de glace transparente se formant sur les surfaces qui reçoivent de la bruine ou de la pluie en surfusion.

Les précipitations sont mesurées en millimètres par des **pluviomètres** ou par des pluviomètres enregistreurs appelés **pluviographes.** La courbe des totaux mensuels de précipitation constitue le **régime pluviométrique.** Sur les cartes, on trace des **isohyètes,** lignes rejoignant les lieux enregistrant une égale **pluviosité** (hauteur d'eau recueillie).

d) Les types de précipitation

Les précipitations sont causées par des ascendances de l'air d'où détente et refroidissement adiabatique (→ *12. atmosphère*). On peut distinguer des précipitations :

- **d'ascendance orographique :** dues à l'ascendance forcée de l'air au-dessus d'un relief ;
- **d'ascendance convective** (ou libre) : liées à l'ascendance d'un air à fort gradient thermique. On parle de pluies de convection ;
- **d'ascendance frontale :** dues à l'ascendance de l'air le long d'un front (ex. front polaire) ;
- **d'ascendance cyclonique :** provoquées par l'ascendance de l'air dans une dépression du type cyclone tropical ;
- **d'ascendance littorale :** provoquées par l'ascendance de l'air au-dessus d'un littoral, ascendance déclenchée par le freinage des flux d'air issus de l'Océan.

Le refroidissement de l'air peut également avoir pour origine une arrivée d'air froid allogène (advection d'air froid) dans une masse d'air tiède et humide.

Types de précipitations

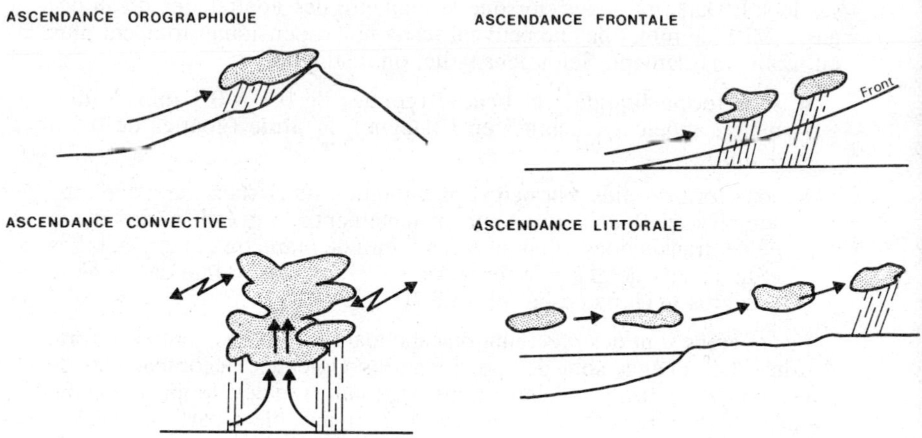

3. Le classement des climats

a) Climogramme et diagramme ombrothermique

Pour caractériser et comparer les climats, on utilise différentes représentations figurées :

- dans un **diagramme ombrothermique,** on trace les courbes des précipitations annuelles et des moyennes thermiques mensuelles, en choisissant deux échelles appropriées. En ordonnée, 10 mm de précipitations (P) doit correspondre à 5° de température (T), d'où une représentation graphique commode des **mois secs** (si P < 2T) et des **mois humides** (si P > 2T) ;

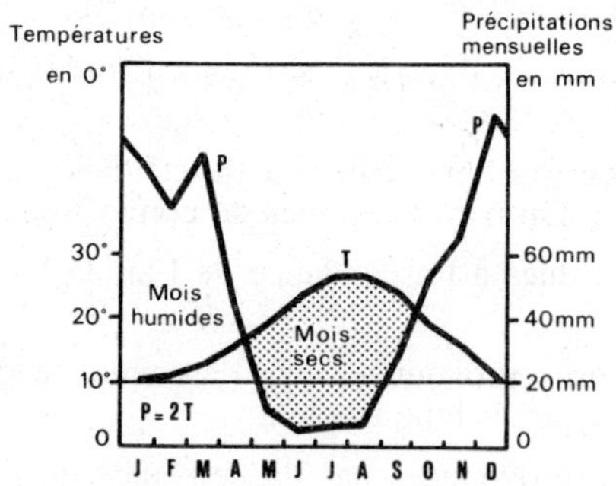

Diagramme ombrothermique de Catane (Sicile)

- un **climogramme** est une courbe fermée tracée sur des axes de coordonnées, l'axe des abcisses mesurant les températures mensuelles, l'axe des ordonnées les précipitations mensuelles.

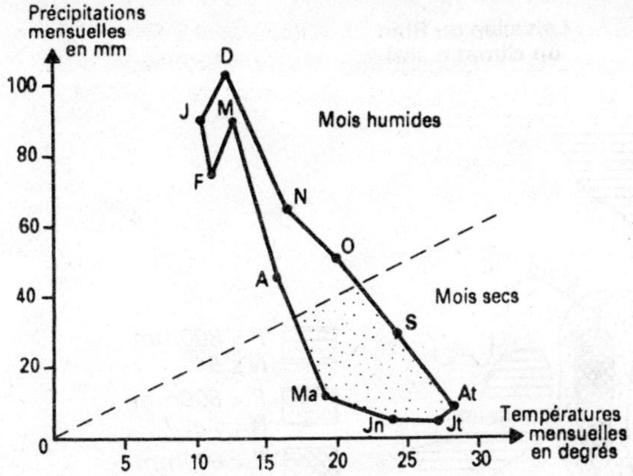

Ma = Mai Jn = Juin Jt = Juillet At = Août **Climogramme de Catane**

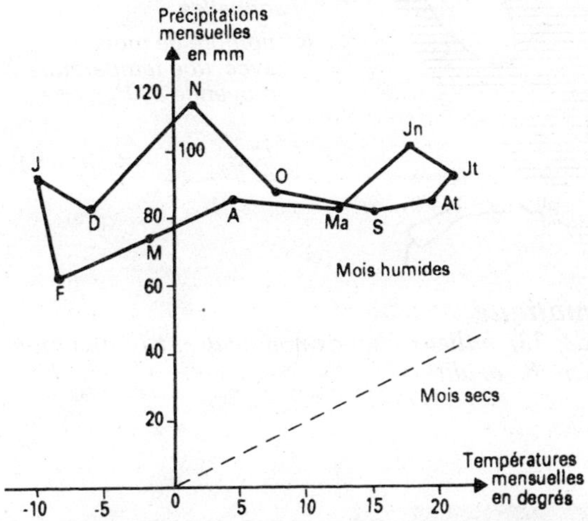

Climogramme de Montréal (Canada)

b) Espaces climatiques

La notion de climat dépend de l'étendue de l'espace considéré.

A l'échelle du globe, on parle de **zones climatiques.** Un **climat zonal** est un climat qui correspond aux zones thermiques grossièrement délimitées par tropiques et cercles polaires (climats chauds, tempérés...). Un **climat azonal** s'étend sur plusieurs zones : le climat « montagnard » est azonal. Le climat aride est azonal car il s'étend sur des régions de latitudes très diverses.

Un climat d'abri est le résultat de la protection par le relief des effets de certains courants atmosphériques (ex. : la vallée du Rhin) bénéficie d'un climat plus chaud et plus sec) (→ croquis).

A l'échelle locale, on parle de **microclimat** correspondant à un site particulier : fond de vallée, **microclimat urbain** dû au chauffage urbain et à la pollution.

La vallée du Rhin
un climat d'abri

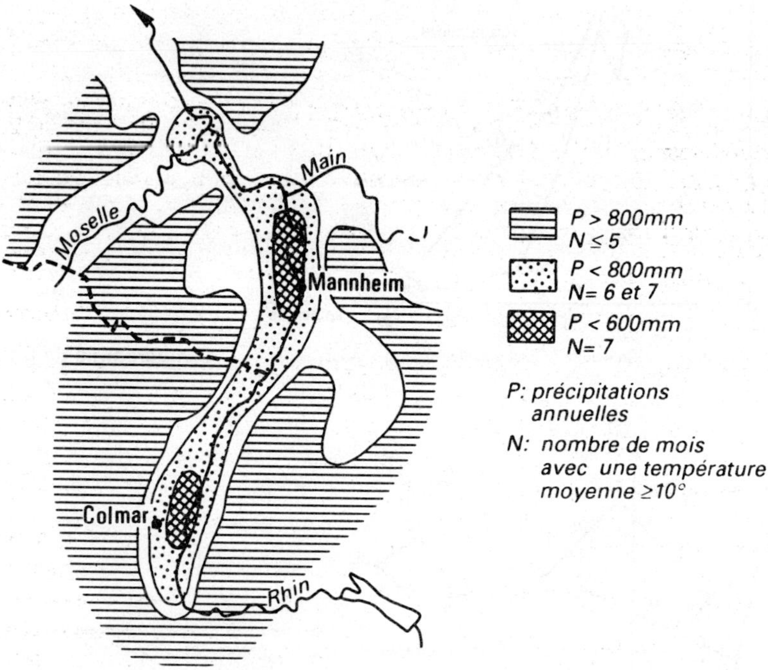

c) La variété climatique

(→ 74. milieux froids, 73. milieux chauds non arides, 81. montagne, 75. milieu méditerranéen, 8. aridité).

23. COLONISATION

Transformation d'un territoire en colonie soumise à une métropole ou peuplement d'un territoire d'outre-mer.

Un autre sens doit également être retenu : peuplement et mise en valeur d'un territoire inculte au sein d'un pays donné (la colonisation de la Sibérie par la Russie).

On ne parle de colonisation qu'au XVIIe siècle pour définir l'action des colonisés ou le résultat de cette action ; ce n'est qu'au XXe siècle qu'apparaît le terme **colonialisme,** chargé d'une nuance péjorative, provoquant par réaction l'apparition du mot **anticolonialisme.** Le terme colonialisme s'applique à la justification du fait colonial, l'anticolonialisme concernant l'attitude d'hostilité à la colonisation.

Dans l'Antiquité, une **colonie** est, soit un groupe d'habitants quittant une cité pour habiter un autre lieu, soit la cité ou la ville fondée. Depuis le XVIe siècle, il s'agit d'un territoire soumis par un autre pays, une grande distance séparant le pays colonisateur et la terre colonisée (une province limitrophe annexée n'est pas une colonie).

Le terme **colon,** personne qui fonde ou peuple une colonie, ne prend ce sens qu'au XVIIIe siècle. Antérieurement (depuis l'époque romaine), il concerne un cultivateur juridiquement libre mais attaché perpétuellement et héréditairement à la terre (pratique du **colonat**).

Les habitants des pays colonisés sont appelés **indigènes** (encore que ce terme désigne avant tout, tout individu originaire des pays où il vit). On peut faire la même remarque en ce qui concerne les autres termes utilisés pour désigner les habitants des pays colonisés : **aborigènes** (du latin *origo :* origine), **autochtones** (du grec *khthôn :* terre).

1. Colonisation dans l'Antiquité

Bien que le fait colonial défini à la fois comme une domination et une exploitation n'apparaisse qu'à l'époque moderne, dès l'Antiquité, les peuples méditerranéens offrent des exemples de colonisation. Trois types de colonisation peuvent être distingués : le **comptoir,** la **cité,** la **clérouquie.**

Les Crétois, peuple de commerçants et de marins créent de nombreuses **escales** ou **comptoirs** dans les îles et sur les côtes de la Méditerranée orientale. Ce sont des lieux où les navires peuvent embarquer, débarquer des marchandises. Il n'y a pas d'occupation territoriale. La suprématie des Crétois en Méditerranée orientale leur permet de construire un véritable empire maritime : la **thalassocratie** crétoise.

De même, les Phéniciens fondent de nombreux comptoirs dans tout le bassin méditerranéen où parfois viennent s'installer des populations venues des villes phéniciennes (ex. Carthage).

Au VIIIe siècle av. J.-C., la pauvreté de la Grèce, les contraintes sociales conduisent de nombreux Grecs à quitter leur cité pour fonder une colonie ; la colonie est totalement indépendante de la **métropole (cité-mère)** ; seuls demeurent des liens commerciaux et religieux.

La colonie grecque est presque toujours fondée sur le littoral ou près de la côte. C'est un **emporium.**

A la différence des colonies phéniciennes et grecques, indépendantes, les **clérouquies** d'Athènes et les colonies romaines restent liées à la métropole. La clérouquie est une création volontaire de la cité d'Athènes. Elle est peuplée de citoyens pauvres qui reçoivent un lot de terre **(cléros)**. Les **colonies romaines** sont peuplées de soldats paysans dont la tâche est notamment de participer à la défense des frontières. Elles sont les « boulevards de l'empire » (Cicéron).

2. La colonisation au Moyen Age

Pendant près de 5 siècles, après l'effondrement de l'Empire romain, l'économie européenne se replie dans un cadre domanial et autarcique qui exclut toute idée de colonisation.

Ce n'est qu'au début du deuxième millénaire que le mouvement reprend caractérisé par l'expansion de l'Allemagne vers l'Est. Ce sont les princes des **marches** orientales de l'Empire qui en sont à l'origine. Ces princes, **margraves** en Allemagne, **marquis** en France, sont des seigneurs qui exercent les pouvoirs civils et militaires dans des territoires constituant la frontière militaire de l'Empire.

Cette entreprise de colonisation est poursuivie par les membres de **l'ordre Teutonique,** ordre religieux et militaire, composé de nobles – les **chevaliers teutoniques** – qui mènent une double action de conversion des Slaves et de colonisation.

Une autre région de colonisation agricole concerne l'Espagne après la **Reconquête** – la **Reconquista** – sur les **Maures.** L'appellation de Maures concerne les populations arabes musulmanes qui ont envahi l'Espagne et le Sud de la France au VIIIe siècle. Par la suite ce terme est employé comme celui de **Sarrasin** ou de **barbaresque** (habitant de l'ancienne Berbérie) pour désigner l'ensemble des populations arabes de la partie Sud-orient du bassin méditerranéen.

3. Les premiers empires coloniaux

Les « **grandes découvertes** » dues aux progrès scientifiques et techniques (→ *83. histoire de la navigation*) à des raisons économiques (recherche des métaux précieux, des **épices** : poivre, cannelle, gingembre dont la production est alors exclusivement asiatique) et religieuse (volonté missionnaire) vont permettre, à partir du XVIe siècle la formation de grands empires coloniaux, espagnols et portugais d'abord.

Les conquérants espagnols (les **conquistadores**) ont établi leur domination sur d'immenses territoires du Mexique au Pérou. Pour cela, ils ont dû abattre des Etats indigènes, fortement organisés, foyer de puissantes et anciennes **civilisations** que l'on désigne par l'adjectif de **précolombiennes** (avant Colomb).

Dans les possessions portugaises et espagnoles, l'**administration coloniale** est prise en charge directement par l'Etat métropolitain. Ainsi en Espagne le **Conseil des Indes** est l'organe central de l'administration coloniale ; le gouvernement espagnol est représenté sur place par des **vice-rois,** le territoire est divisé en **audiencias** (circonscriptions administratives et judiciaires).

L'exemple des pays ibériques est suivi par d'autres Etats, l'Angleterre, la France, la Hollande qui adoptent une autre méthode de colonisation : la **compagnie à charte.** La compagnie reçoit de l'Etat, le monopole du commerce pour une région déterminée avec droit de souveraineté sur les territoires (ex. Compagnie des Indes orientales).

Ces colonies présentent deux types : **colonies de peuplement, colonies de plantation,** le deuxième l'emportant largement.

Les **colonies de peuplement** sont destinées à fournir des terres à des habitants de la métropole qui s'installent définitivement. Elles sont surtout situées dans des régions de climat tempéré (ex. les colonies anglaises d'Amérique du Nord).

Les **colonies de plantation** sont exploitées pour fournir aux métropoles des produits tropicaux (épices, canne à sucre).

4. Mise en valeur des premiers empires coloniaux

Chaque Etat s'efforce de s'assurer le monopole du commerce colonial à son profit : les échanges ne peuvent s'effectuer qu'avec la métropole et sur des navires de la métropole : c'est le **régime de l'exclusif** appelé **pacte colonial.** En Espagne, l'organisation monopoliste de l'économie coloniale est placée sous la direction suprême de la **Casa de contratacion** établie à Séville et plus tard à Cadix.

Les **navires interlopes** sont des navires qui ne respectent pas le monopole du pacte colonial. Pour le commerce avec les indigènes ou les colons, des **factories** ont été créées : ce sont des établissements qui servent de lieu d'échanges.

Pour exploiter les plantations (en Amérique tropicale) et pallier l'insuffisance de la population locale, on utilise une main-d'œuvre importée d'Afrique : c'est la **traite des Noirs** qui sera à l'origine d'un commerce très fructueux pour certains ports européens : le **commerce triangulaire.** Les armateurs qui organisent ce commerce sont les **négriers.**

Le commerce triangulaire

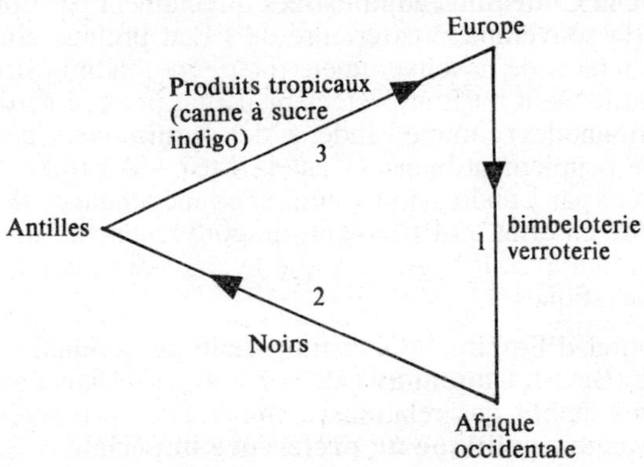

Ainsi l'**esclavage** (→ *47. esclavage*) réapparaît lié à la colonisation des Temps modernes. Cette exploitation des colonies correspond à la phase **mercantiliste** de la colonisation. Le mercantilisme – attitude considérant que la puissance d'une nation est déterminée par la quantité de monnaie qu'elle possède – est à l'origine de cette forme de mise en valeur.

Aux XVIIIe et XIXe siècles, ces premiers empires coloniaux vont disparaître (empires des pays ibériques) ou évoluer profondément notamment à la suite de l'abandon de l'exclusif, du monopole des compagnies, de l'interdiction de la traite, puis de l'esclavage (**abolition de l'esclavage** en France, 1848). La phase mercantiliste de la colonisation cède la place à la phase impérialiste.

5. Le second système colonial

La seconde moitié du XIXe siècle voit l'affirmation de l'**impérialisme** des grandes puissances européennes – politique d'expansion territoriale, militaire, économique – qui aboutit à un véritable partage du monde avec la formation des **empires coloniaux,** notamment britannique et français. L'expansion peut, sans colonisation proprement dite, conduire à une emprise économique : en Chine, par exemple au XIXe, les grandes puissances se partagent des **zones d'influence** et occupent des **territoires à bail :** ce sont des ports où les grandes puissances bénéficient de libertés commerciales et du privilège d'**exterritorialité** (privilège juridique qui soustrait les étrangers à la juridiction locale).

Au lendemain de la Première Guerre mondiale, les vaincus (Allemagne-Turquie) perdent leurs colonies qui sont confiées en **mandat** aux vainqueurs (les vainqueurs reçoivent une tutelle temporaire sur ces territoires).

6. Diversité des statuts politiques

L'Empire britannique offre une grande variété de statuts : il y a des **colonies de la Couronne,** administrées directement par Londres, des **protectorats** (la souveraineté extérieure de l'Etat protégé ainsi que certains droits dépendants de la souveraineté intérieure – administration de la justice – appartiennent à l'Etat protecteur, l'Etat protégé gardant ses institutions traditionnelles) comme l'Inde, et des **dominions.** Ce sont les grandes colonies de peuplement blanc : Canada 1867 – Australie 1901 – à qui le statut conféré par Londres équivaut à une indépendance de fait. Le dominion possède en effet un Parlement, un gouvernement, une armée, etc. et n'a de commun avec l'Angleterre que le souverain, la langue, les institutions démocratiques.

A la notion d'Empire, se substitue celle de communauté britannique des nations (British **Commonwealth** of Nations). Dans l'entre-deux-guerres, Londres établit des relations commerciales privilégiées au sein du Commonwealth : **politique de préférence impériale.**

Dans son empire, la France n'a pas de politique systématique : elle hésite entre l'**assimilation** et l'**association.** L'assimilation (Antilles, Réunion, Sénégal, Cochinchine) est une politique qui tend à donner aux indigènes le même statut et le même niveau culturel que celui des citoyens français ; mais en réalité l'assimilation est purement administrative et sauf quelques exceptions ne fait pas des indigènes des citoyens à part entière. Seules les **vieilles colonies** (Antille-Guyane-Réunion) dont les habitants sont tous citoyens français ont des députés au Parlement français. L'Algérie découpée en départements, a également des représentants au Parlement mais ils ne sont élus que par les citoyens français (les Juifs ont obtenu ce statut dès 1870, mais non les Arabes).

La politique qui tend à assimiler les indigènes aux citoyens de la métropole est celle de l'**intégration.**

L'**association** comporte en principe le maintien des institutions locales ; elle présente deux aspects : le **protectorat** (Tunisie, Maroc) et l'**administration directe** avec un gouverneur (Afrique équatoriale française).

7. La décolonisation (voir aussi → *108. tiers monde)*

Au cours du XXe siècle, et surtout après la Seconde Guerre mondiale, les revendications des mouvements et **partis nationalistes** en faveur de l'indépendance vont démanteler le système colonial et conduire à la **décolonisation** (mouvement qui permet à un peuple colonisé de passer de la dépendance à l'**indépendance**).

Face à des revendications, l'attitude des métropoles varie : hostile, elle conduit à des **guerres coloniales,** plus souple elle se traduit par l'**autodétermination,** c'est-à-dire la possibilité de choisir librement le statut futur du pays.

L'indépendance obtenue, des accords de **coopération** sont parfois signés : les anciennes métropoles apportent leur aide financière, technique, parfois militaire aux anciennes colonies ; mais ces aides peuvent être considérées comme un moyen de maintenir une domination économique et condamnées comme manifestation du **néocolonialisme.**

La plupart des anciennes colonies britanniques sont devenues des **dominions** – ce terme utilisé pour la première fois en 1867 à propos du Canada désigne les Etats dotés de l'autonomie puis de l'indépendance – regroupés dans le **Commonwealth** (mot anglais signifiant « communauté d'intérêts »). En 1932 lors des accords d'Ottawa, le Royaume-Uni a mis en place au sein du Commonwealth des accords commerciaux préférentiels (Politique de **préférence impériale**).

24. COMMERCE

1. Le commerce et les échanges

Au sens large le **commerce** est un échange de produits ; autrement dit la transmission d'un produit ou d'une possession moyennant une contrepartie.

Si la contrepartie est en nature l'opération n'est qu'un simple **troc,** échange direct de biens ou de services sans passer par la monnaie. Depuis quelques années les accords de troc se multiplient entre pays sous forme d'**accords de compensation** : ex. le Nigeria paie en pétrole le matériel pétrolier livré par le Brésil. Dans les **accords** dits **de switch** le partenaire qui reçoit des marchandises en compensation s'engage à les revendre à d'autres partenaires : ex. la Régie Renault vend des voitures à la Colombie et revend le café obtenu en échange.

La plupart du temps, l'opération commerciale se fait avec une contrepartie monétaire : la vente d'un produit s'effectue moyennant le versement d'une certaine somme d'argent correspondant à la **valeur marchande** (ou valeur d'échange) du produit.

Les **échanges** font intervenir des partenaires d'importance différente : échanges entre pays, entre sociétés commerciales ou groupes industriels, entre individus (ex. vente directe du producteur au consommateur). Les **échanges internationaux** supposent un franchissement de frontière, on parlera sinon d'**échanges intérieurs.** De fait, le commerce peut avoir plusieurs dimensions, selon l'échelle spatiale : commerce international avec importations et exportations (voir *infra*), commerce national, régional ou local ; selon la dimension des lieux de commercialisation on parlera du **marché international,** du **marché national** (ou intérieur), du **marché local.**

2. Le commerce de gros

Il est le fait d'entreprises le plus souvent spécialisées. Le **commerce de gros** a pour objet le ravitaillement des détaillants, et comporte de nombreuses opérations : collecte des produits, conditionnement et transport. Ce commerce doit disposer d'**entrepôts,** lieux de conservation des produits entre deux opérations de commercialisation ; **entrepôts portuaires,** entrepôts proches des **marchés-gares,** lieux de commercialisation et d'expédition liés aux transports routiers et ferroviaires (→ *111. transports et ports maritimes*), ex. le marché-gare de Rungis est un **marché d'intérêt national** (M.I.N.).

3. Le commerce intérieur de détail

Le **commerce de détail** distribue les produits à la clientèle des particuliers. Dans ce commerce, on distingue commerce intégré et commerce indépendant. Les entreprises de **commerce intégré** rassemblent les fonctions de gros et de détail, supprimant la plupart des intermédiaires entre producteur et consommateur. Elles disposent de leur propre **centrale d'achat,** qui réalise les achats auprès des fabricants. (Certaines centrales d'achats sont communes à de nombreux groupes.) Les **grands magasins** ont été fondés au siècle dernier (en France à l'époque du Second Empire). Situés encore souvent au cœur des villes ils offrent une gamme très variée de produits : ex. Galeries Lafayette, Printemps, Nouvelles Galeries.

Les **magasins** de type **« grandes surfaces »** sont des établissements de grande taille, avec vente en **libre service** (le client choisit le produit sans l'aide d'un vendeur et paie ses achats en une seule fois lors du passage aux caisses de sortie) et parcs de stationnement pour les véhicules des clients. Parmi les magasins à grandes surface, on distingue **supermarché** (surface de vente de 400 m^2 à 2 500 m^2) et **hypermarché** (surface de vente supérieure à 2 500 m^2) ; situés le plus souvent à la périphérie des agglomérations urbaines, ils sont souvent l'élément moteur d'un véritable **centre commercial,** avec regroupement de nombreux magasins en **galerie marchande.** Les **supérettes** de taille bien plus modeste (de 120 à 400 m^2) sont des magasins en libre-service, consacrés surtout à l'alimentation et dont le rayonnement est limité au quartier.

Le **commerce intégré** est également la forme caractéristique des **magasins à succursales multiples :** le magasin est la succursale d'un groupe ; il est dirigé par un **gérant,** alimenté par un entrepôt central et pratique les mêmes prix que les autres succursales du groupe (ex. Casino).

Les **centres de vente par correspondance** suppriment aussi les intermédiaires, présentant les produits au domicile du client grâce à un catalogue (ex. 3 Suisses, La Redoute). Certains centres sont de véritables coopératives, la vente par correspondance étant réservée aux adhérents (ex. C.A.M.I.F.).

Les **magasins de type coopératif** fonctionnent en théorie selon les principes des mouvements coopératifs (association d'adhérents dans un but non lucratif, les bénéfices étant reversés sous forme de **ristourne**). En fait, les magasins coopératifs (ex. Coop, Konsum) ressemblent de plus en plus aux autres formes du commerce intégré tout en essayant d'améliorer l'information et l'éducation du consommateur.

4. Le commerce indépendant

Le commerçant est un entrepreneur indépendant et dirige un **magasin spécialisé** (boulangerie, mercerie...). Ce type de commerce – le **petit commerce** – est en recul dans les pays développés mais il reste la règle dans les pays en développement.

Dans les pays de l'Islam, singulièrement en Afrique du Nord le **souk** est un marché souvent couvert réunissant boutiques et ateliers dans un dédale de ruelles. Au Moyen-Orient, le **bazar** est l'équivalent du souk : c'est parfois une véritable cité marchande avec des halles fermées et couvertes de coupoles (ex. Grand Bazar d'Istanbul). En France, le mot est synonyme de magasin très peu spécialisé, où l'on vend un peu de tout.

25. COMMERCE (Histoire du)

1. Le commerce antique

Les principales **routes commerciales** de l'Antiquité sont terrestres et maritimes.

- Les Romains édifient un véritable réseau routier centralisé : les **voies romaines** desservent les provinces et convergent vers Rome. Au Moyen-Orient les **routes caravanières** sont empruntées par des caravanes de chameaux (domestiqués dès la fin du deuxième millénaire).
- Le long des routes maritimes sont fondés des **comptoirs de commerce** (Phéniciens, Etrusques, Carthaginois), installations commerciales permanentes établies dans un pays éloigné. Chez les Grecs et les Romains, les **amphores**, poteries allongées munies de deux anses, permettent le conditionnement de nombreuses denrées (huiles, vin...).
- L'**emporium** est un port de commerce (ex. Ostie, emporium de Rome) chez les Grecs et les Romains.
- La navigation fluviale est parfois intense (ex. sur le Nil et le Tigre) à Rome et dans l'Empire romain, les bateliers ou **nautes** sont organisés en corporations, associations d'artisans.
- La monnaie fait son apparition en Chine et en Asie Mineure (Lydie-Ionie) au VIIe siècle av. J.-C. (→ *80. monnaie*).

2. Le commerce médiéval

a) En Occident, les villes sont d'importants lieux d'échanges. Les **villes de foire** sont le centre de grandes manifestations commerciales, régulièrement organisées et placées sous la protection du pouvoir politique. Cependant les **octrois,** taxes prélevées à l'entrée des marchandises dans les villes et les **péages,** taxes perçues lors de l'utilisation de certaines routes ou ouvrages (ponts), gênent les communications terrestres. Dans le cadre d'une ou de plusieurs villes, les marchands se regroupent en compagnies, les **« hanses »,** pour lutter contre les risques du commerce. En Europe du Nord la Hanse ou **Ligue hanséatique** devient au XIVe siècle une vaste confédération de villes commerçantes (plus de soixante-dix).

b) Dans l'Europe méditerranéenne, les ports de Gênes et de Venise multiplient l'établissement de comptoirs et deviennent de véritables **thalassocraties** (pour les anciens Grecs, action de dominer la mer), cités qui doivent leur fortune au commerce maritime et sont dirigées par les grands bourgeois négociants. Les techniques commerciales progressent avec la **lettre de change** (XIVe siècle) qui facilite les échanges, évite le transport de monnaies et permet de tourner l'interdit ecclésiastique du prêt à intérêt ; plusieurs partenaires sont en cause : un **donneur d'argent** qui veut effectuer un versement à l'étranger, un **tireur** qui donne l'ordre de payer à un **tiré** (son correspondant situé à l'étranger), un **bénéficiaire** qui reçoit le versement.

c) Dans les régions de l'Islam, les routes caravanières sont les plus adaptées au milieu aride. Parmi elles, « la **route de la soie** », qui relie la Chine et le Moyen-Orient et dont le tracé a évolué au cours des âges. Les **caravansérails** sont des gites d'étapes pour les caravanes et des centres d'accueil pour les négociants et les marchandises. Les uns sont fortifiés et établis en pleine campagne ; d'autres localisés dans les centres urbains sont plus souvent spécialisés et réservés à un certain type de trafic.

3. Le commerce des Temps modernes

Avec les grandes découvertes, c'est l'apparition de nouveaux axes commerciaux. Entre l'Europe, l'Afrique et l'Amérique se dessine un vaste triangle commercial. Le **commerce triangulaire** se développe à partir du XVIIe siècle : les navires partis des ports européens chargés d'armes et de **verroterie** (bijoux et ornements de verre coloré) et de **pacotille** (menus objets et marchandises destinés aux sultans et aux notables africains), échangent leur cargaison sur la côte africaine contre des esclaves. Les mêmes navires, transformés en navires négriers, échangent les esclaves africains dans les ports brésiliens et des Caraïbes contre les produits locaux (canne à sucre, plus tard tabac, coton).

Les richesses minières d'Amérique (or et surtout argent) arrivent en Europe, chargées sur les **galions** (navires de transport de l'or et de l'argent) espagnols et portugais.

Au XVIIe siècle, sont fondées les grandes **compagnies de commerce :** Compagnie des Indes orientales, des Indes occidentales, Compagnies du Nord fondées par les Hollandais, les Anglais et les Français. Ces entreprises commerciales exploitent les richesses coloniales, bénéficiant de véritables **monopoles commerciaux** (elles n'ont pas de concurrents) garantis par leurs Etats respectifs.

Les transports continentaux sont à l'époque assurés par la route et les voies fluviales. Pour les transports urgents, le **service de la poste** est organisé par les autorités royales, avec la mise en place de **routes de poste,** de **relais de poste,** de courriers réguliers, chargés des lettres et missives.

Dans les campagnes, une partie importante du trafic est assurée par le **colportage** – portage à col –, le colporteur permettant la diffusion des produits (et des nouvelles) de la ville (ex. la diffusion des **almanachs**).

A la fin du XVIIIe siècle, le **télégraphe optique** de Chappe permet la transmission à distance au moyen de signaux conventionnels.

Pendant toute la période des Temps modernes, les progrès des techniques bancaires sont considérables (→ *13. banques, 16. bourses*).

4. Les transports et la révolution industrielle

Les moyens de transport sont bouleversés par la **révolution ferroviaire :** les premières **voies ferrées** (à partir de 1770) sont contemporaines de l'invention de la machine à vapeur, sans cesse perfectionnée entre 1769 et la fin du XIXe siècle.

Les chemins de fer transcontinentaux en Amérique du Nord

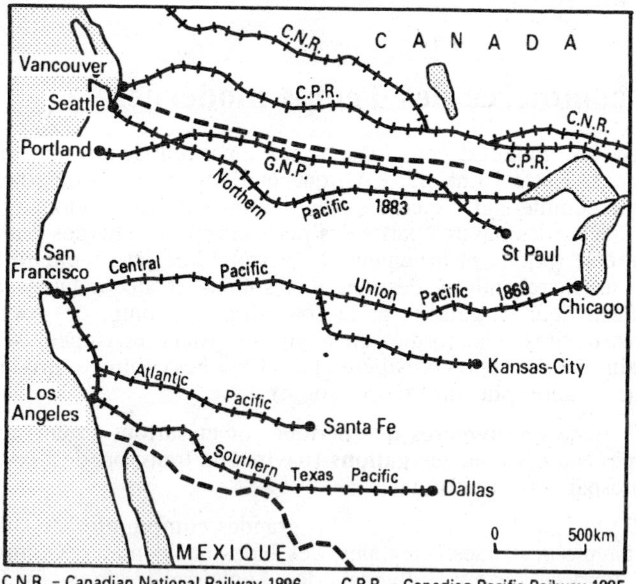

C.N.R. = Canadian National Railway 1896 C.P.R. = Canadian Pacific Railway 1885
G.N.P. = Great Northern Pacific 1894

Parmi les voies ferrées, il faut distinguer les grandes liaisons **transcontinentales,** édifiées entre 1869 (Transcontinental Union Central Pacific) et 1907 (Transsibérien). De grands tunnels ferroviaires sont percés en particulier **tunnels transalpins** (ex. tunnel du mont Cenis, 1871).

Le canal de Suez (1869) et le canal de Panama (1914) sont des **canaux maritimes** permettant les liaisons transocéaniques.

Les inventions du **télégraphe électrique** (Morse, 1837) et de la T.S.F. (télégraphie sans fil, 1895) permettent la diffusion des informations. Les **câbles transatlantiques** sous-marins relient Europe et Amérique.

A la fin du XIXe siècle, sont mis au point le moteur à explosion (1878-1886), le moteur à combustion lente (Diesel, 1893) et les premiers aéroplanes.

26. COMMERCE INTERNATIONAL

Le **commerce international** concerne l'ensemble des échanges de marchandises et de services entre les nations.

1. Les échanges de marchandises

Ils sont mesurés en valeur, en poids ou en volume.

- **En valeur :** la somme des importations mondiales est égale à la somme des exportations mondiales, les unes et les autres calculées **franco à bord** (ou F.A.B.). L'**évaluation F.A.B.** tient compte du prix des marchandises au moment où elles sont livrées à bord du navire (les prix du transport et de l'assurance maritime sont donc exclus). Pour les transports routiers et ferroviaires les prix sont également calculés franco, c'est-à-dire au moment du chargement **(franco camion ; franco wagon).**

  Parfois les importations sont calculées **(C.A.F.) :** coût, assurance, fret. Les coûts de transport et d'assurance des marchandises importées sont alors inclus.

- **En poids :** l'unité employée est généralement la tonne mais d'autres unités sont parfois utilisées : **long ton** = 1 057 kg ; **short ton** = 916 kg.

- **En « volume » :** ce n'est pas une mesure de volume mais le produit du poids de la marchandise par le prix « stable » de cette marchandise, prix mesuré en monnaie constante (généralement le dollar). C'est donc une mesure en valeur, compte non tenu de l'inflation.

2. La balance commerciale

Elle comptabilise l'ensemble des opérations d'importations et d'exportations de marchandises. Les comptes sont de plus en plus exprimés **F.A.B.-F.A.B.** (importations calculées F.A.B., exportations calculées F.A.B.). Cependant certaines statistiques douanières fournissent des comptes **C.A.F.-F.A.B.** (importations calculées C.A.F. ; exportations calculées F.A.B.).

- Le solde de la balance commerciale pour un pays donné peut être nul (équilibre du commerce extérieur ; rarement réalisé). Le plus souvent le solde est débiteur (déficit du commerce extérieur ou **déficit commercial** pour un pays) ou créditeur **(excédent commercial).**

- Le **taux de couverture** est le rapport entre les exportations et les importations calculées en principe F.A.B.-F.A.B. Il est généralement exprimé en pourcentage : ex. taux 108 %, soit un excédent commercial atteignant 8 % des importations. Lorsque le taux de couverture est exprimé C.A.B.-F.A.B. un taux de 93 ou 94 % correspond en fait à l'équilibre.

- Les **termes de l'échange** mesurent l'évolution comparée des prix à l'exportation et des prix à l'importation. Cet indicateur, rapport entre l'indice des valeurs unitaires des marchandises exportées et l'indice des valeurs unitaires des marchandises importées, retrace les variations intervenues dans le niveau des prix à l'exportation, en pourcentage des prix à l'importation (par référence à une année de base). Ainsi si les termes de l'échange évoluent à la baisse de 1970 à 1980 on parle de **dégradation des termes de l'échange** (inverse = amélioration).

  Il est intéressant d'analyser l'évolution des termes de l'échange pour les principaux pays. Surtout, on compare l'évolution des termes de l'échange pour les produits primaires et secondaires. Les **produits dits primaires** (ou **produits de base**) sont des produits bruts ou faiblement transformés (produits agricoles, matières premières, sources d'énergie). Au XXe siècle (selon la plupart des économistes) il faut noter une dégradation des prix des produits primaires vis-à-vis des prix des **produits secondaires,** produits transformés par l'industrie **(produits manufacturés).**

3. Les échanges et les services

Le commerce international fait une part de plus en plus large aux échanges de **produits impondérables** (qui n'ont pas de poids, ne font pas pencher les plateaux d'une balance). Il s'agit de services très divers services liés aux transports, services liés aux assurances, au secteur du tourisme, services liés aux mouvements des idées. **Brevets d'invention** et **licences d'exploitation** sont des biens qui s'échangent et dont la propriété est protégée par une législation internationale. Le **savoir-faire (know-how)** se définit selon l'O.C.D.E. comme l'ensemble non divulgué des informations techniques brevetables ou non, qui sont nécessaires à la production d'un produit ou d'un procédé.

Les échanges littéraires et artistiques donnent lieu à la perception de droits d'auteur dont le commerce peut être considéré comme un des éléments du commerce international : il existe des bourses d'échange pour les droits de reproduction des services littéraires, cinématographiques, télévisuels... L'ensemble de ces services fait l'objet d'une **comptabilité internationale** qui calcule les différentes balances : **balance du fret,** des assurances, des brevets et licences, du tourisme, de la propriété intellectuelle et artistique. Cependant, les échanges de services ou d'**invisibles** (biens invisibles) ne font pas tous partie intégrante du commerce international. En principe, sont exclus du commerce international les échanges de capitaux, les échanges liés aux revenus des salaires, des investissements et des placements (→ *80. monnaie et systèmes monétaires*).

4. Structure du commerce international ; zones d'échanges

A l'échelle mondiale, l'étude de la structure du commerce analyse la composition du commerce selon les produits, l'importance du commerce selon les zones commerciales. Par commodité, les pays sont regroupés selon leur système économique et leur niveau de développement (terminologie de la Banque mondiale → *108. tiers monde*).

- **Pays industriels à économie de marché** (ou pays industriels libéraux).
- **Pays industriels à économie planifiée** (pays de l'Est ou d'Europe de l'Est).

Depuis le début de la décennie, les pays de l'ancien bloc soviétique (ou de l'Est) sont généralement placés dans les pays en développement.

- **Pays en développement** parmi lesquels on distingue :
    - **pays à faible revenu** (produit national brut par habitant inférieur à 400 $ en 1985) ou **« pays les moins avancés »** (P.M.A.) ;
    - **pays à revenus intermédiaires** (P.N.B. par habitant de 400 à 1 500 $) qui peuvent être divisés en pays exportateurs de pétrole et pays importateurs de pétrole.
- **Pays exportateurs de pétrole à revenus élevés.**

A propos des échanges entre ces groupes de pays, on parle des **échanges Est-Ouest** (entre pays industriels libéraux et pays à économie planifiée), des **échanges Sud-Sud** (entre pays en développement).

A l'échelle nationale, l'étude de la structure du commerce extérieur analyse la composition du commerce par produits (les livraisons de matériel de guerre ne sont pas toujours comptabilisées) et l'orientation géographique du commerce (classement par partenaires et groupes de pays). L'habitude est prise de décompter les échanges de marchandises en balances spécialisées : balance des produits énergétiques, balance des produits agro-alimentaires, balance des produits industriels.

Le degré d'ouverture commerciale d'un pays est mesuré par le rapport entre les importations et le produit intérieur brut = **coefficient d'importation.**

5. Libre-échange et protectionnisme ; politiques commerciales

Le plus souvent, les Etats interviennent dans le domaine du commerce extérieur (enjeux stratégiques, monétaires...). Les **politiques commerciales** sont l'expression de ces interventions étatiques, évoluant sans cesse entre protectionnisme (politiques protectionnistes) et libre-échange.

a) Le **libre-échange** cherche à réaliser la libre circulation des marchandises (voire des hommes, des capitaux et des idées) entre les pays. Il existe lorsque sont supprimées toutes les entraves, ou restrictions, au commerce international. Le libre-échange a été préconisé par les économistes de l'école classique libérale (Smith, Ricardo). Il doit permettre une spécialisation internationale (d'où la division internationale du travail), développer la concurrence et stimuler les progrès techniques. En favorisant la coopération entre Etats, il serait un facteur d'entente et de paix.

Le libre-échange n'est jamais complet mais il est organisé par **des conventions commerciales** et par des **traités de commerce** entre Etats, conventions ou traités ayant pour objectifs l'abaissement ou la suppression des droits de douane et des autres obstacles dits paratarifaires (voir *infra*). Les traités de commerce peuvent être bilatéraux (signes entre deux Etats). Souvent, ils comportent la **clause dite de la nation la plus favorisée :** l'un des partenaires (ou les deux), s'engage à abaisser les droits de douane applicables à l'autre jusqu'au niveau des droits les plus faibles appliqués à un Etat tiers. Les traités multilatéraux sont signés dans le cadre d'organisations commerciales régionales ou internationales (→ *27. organisations commerciales*).

b) Le **protectionnisme** vise à protéger de la concurrence internationale le marché intérieur d'un pays. Parmi les mesures protectionnistes, il faut distinguer les mesures tarifaires (droits de douane), les restrictions quantitatives ou **contingentements** (quantité maximum pouvant être importée) et les obstacles paratarifaires.

- Les **droits de douane** (tarifs douaniers) sont des taxes perçues par l'Etat sur les importations, établies généralement **ad valorem** (en pourcentage de la valeur du produit importé) et payées par l'importateur (donc par le consommateur). Les droits *ad valorem* sont dits **nominaux** mais il existe aussi des droits **spécifiques** fixés en fonction de la marchandise, dont le montant est invariable. Pour différencier les deux méthodes, on parle de **protection nominale** et de **protection spécifique.**

Les mesures quantitatives peuvent être exprimées en quantités maximales pouvant être importées (**contingents d'importation** d'où le terme de contingentement) ou en parts du marché intérieur (**quotas d'importation,** ex. 3 % du marché automobile). Dans le cadre des mesures quantitatives, les importateurs reçoivent des autorisations d'importer appelées **licences d'importation.** La **prohibition** est l'interdiction totale d'entrée (ou de sortie) d'un produit.

- L'**embargo** est une interdiction d'exportation, pour tel ou tel produit, interdiction généralement temporaire, conçue comme une mesure de rétorsion à l'égard de pays réputés inamicaux. L'embargo peut être partiel ou total et s'applique à divers produits (embargo américain sur le blé à destination de l'Union soviétique), le plus souvent des produits stratégiques (embargo sur les armes à destination de pays belligérants).

- Les **obstacles paratarifaires** sont des entraves au commerce de natures très diverses : **accords d'autolimitation** par lesquels un Etat s'engage à limiter ses exportations vers un autre Etat, **normes sanitaires** et **industrielles** (règlements imposés aux produits importés et visant à gérer l'entrée de ces produits), **dépôts à l'importation** (obligation pour les importateurs de déposer à la Banque centrale des sommes équivalentes aux achats prévus)... La manipulation répétée des taux de change (→ *80. monnaie*) peut être considérée comme faisant partie de l'arsenal protectionniste.

A l'inverse, les Etats peuvent encourager leurs exportations par des procédés divers : **subventions à l'exportation, exonération fiscale** pour les produits exportés ou les sociétés exportatrices, **crédits d'exportation** (crédits à faible taux ou à taux bonifié – avantageux – accordés aux acheteurs).

- Une **politique autarcique** est la caractéristique d'un Etat très protectionniste, qui cherche à ne pas commercer avec l'étranger. L'**autarcie** est la situation d'un pays autosuffisant, vivant en économie fermée ou en économie repliée sur elle-même.

- La **politique mercantiliste** vise à limiter les importations et à favoriser les exportations de façon à dégager un excédent commercial permettant d'accumuler les métaux précieux (→ *15. bourgeoisie*).

6. Commerce et « zones franches »

- On appelle **zone franche** (**zone libre** en Amérique) un espace délimité et clos auquel ne s'applique pas la législation nationale. Le plus souvent, les zones franches sont simplement des zones de dérogation pour la législation douanière et constituent des **enclaves** où les marchandises entrent et sortent sans payer de droits de douane = **zones franches commerciales.** Il peut s'agir aussi de **zones franches in-**

dustrielles qui travaillent pour l'exportation, les composants ou pièces détachées entrent en franchise, les produits finis sortent de même (on dit aussi zone franche de transformation ; ex. les entreprises **maquiladoras** groupées le long de la frontière Mexique/Etats-Unis).

- Les **entreprises extraterritoriales** sont des firmes implantées dans un pays mais qui ne peuvent exercer leurs activités qu'en dehors du pays (entreprises off shore).
- Les **paradis fiscaux** sont une sorte de variante des zones franches, les dérogations étant surtout d'ordre fiscal. Il s'agit de territoire où les sociétés et les personnes physiques sont moins imposées qu'ailleurs. De nombreuses sociétés localisent leur siège social dans ces paradis fiscaux qui correspondent le plus souvent à des **micro-Etats** (paradis fiscaux pour les personnes, ex. Andorre, l'île de Sercq ; pour les personnes et les sociétés, ex. Monaco, les Bermudes, les Bahamas, les îles Turks et Caïcos dans la mer des Caraïbes).

27. ORGANISATIONS COMMERCIALES

1. Les organisations commerciales

Les **organisations commerciales** regroupent des pays qui sont souvent proches sur le plan géographique et comparables sur le plan économique et sont unis par des liens commerciaux plus ou moins intenses.

Certaines organisations sont de simples **zones de libre-échange,** les droits de douane entre les pays étant supprimés ou notablement abaissés.

D'autres organisations sont de véritables **unions douanières :** les droits de douanes sont supprimés à l'intérieur de l'organisation mais les différents membres appliquent un **Tarif extérieur commun** vis-à-vis des pays tiers (pays extérieurs à l'organisation).

Dans certains cas les pays associés s'engagent dans un véritable processus **d'intégration économique,** avec mise en place de politiques économique et sociales communes ou convergentes (ex. la C.E.E. ou le C.A.E.M.).

2. Les organisations européennes

a) L'**A.E.L.E.** (Association Européenne de Libre-Echange), née en 1959 comprend huit pays de 1961 à 1973 (dont le Royaume-Uni, l'Irlande, le Danemark). L'A.E.L.E. qui regroupe aujourd'hui six membres (Suisse, Autriche, Norvège, Suède, Finlande, Islande) n'est pas une union douanière puisqu'elle n'a pas mis en place de tarif extérieur commun.

Le 2 mai 1992, l'Association européenne de libre échange et la Communauté économique européenne ont signé un accord donnant naissance au « plus grand marché du monde » : l'**Espace Economique Européen (E.E.E.)**.

b) La **C.E.E.** (Communauté Economique Européenne) a été fondée en même temps que l'**Euratom** (Communauté Européenne de l'Energie Atomique) par le traité de Rome le 25 mars 1957.

La C.E.E. comprend à l'origine six pays (République fédérale allemande, France, Italie, Belgique, Pays-Bas, Luxembourg) qui sont les six membres fondateurs de la C.E.C.A. (Communauté Européenne du Charbon et de l'Acier) organisée par le traité de Paris (18 avril 1951). Réalisée par étapes à partir du 1er janvier 1959. La C.E.E. s'est progressivement élargie avec l'adhésion du Royaume-Uni, de l'Irlande et du Danemark (C.E.E. à neuf après le traité de Bruxelles le 22 janvier 1972), l'entrée de la Grèce (traité d'adhésion en mai 1979 ; entrée effective le 1er janvier 1981), de l'Espagne et du Portugal (le 1er janvier 1986).

La C.E.E. à douze est d'abord un marché commun, une union douanière avec libre circulation des marchandises et suppression des droits de douane et des obstacles paratarifaires, adoption d'un tarif douanier commun vis-à-vis des pays tiers. C'est aussi une véritable union économique et monétaire en voie de constitution avec la définition de politiques communes ou convergentes : **politique agricole commune ou P.A.C.,** politique commune vis-à-vis des pays en développement, politique harmonisée pour les transports, politique concertée pour la recherche (programme Eureka) ; le **système monétaire européen (S.M.E.** → *80. monnaie*) fonctionne depuis 1978.

Parmi ces politiques communes, celle qui a connu le plus grand succès en assurant un remarquable essor de l'agriculture est la P.A.C., bien qu'elle soit maintenant fort menacée. La garantie de prix européens supérieurs aux prix mondiaux, ainsi que la pratique des **prélèvements** et des **restitutions** ont conduit la P.A.C. à de lourdes dépenses et à des accusations de protectionnisme.

Le **prélèvement** est une somme versée par l'importateur communautaire qui s'approvisionne sur le marché mondial. C'est un droit qui relève le prix mondial au niveau du prix européen (prix de seuil) lorsque le prix mondial est inférieur au prix européen. L'exportateur européen sur le marché mondial, payé bien évidemment au cours mondial, reçoit, si le prix mondial est inférieur au cours européen, une **restitution** égale à la différence entre le prix européen – prix de marché – et le prix mondial.

Dans le fonctionnement de la P.A.C., la solidarité financière s'exprime par le **Fonds Européen d'Orientation et de Garantie Agricole (F.E.O.G.A.)** qui assure le financement de la P.A.C. Le F.E.O.G.A. comprend deux sections : – **la section Orientation** (**section O**) dont le rôle est de financer la politique commune en vue de l'amélioration des structures agricoles ; – **la section Garantie** (**section G**). Elle finance les dépenses découlant de la mise en œuvre des organisations communes des marchés agricoles.

A la fin des années 1980, la volonté de relance européenne s'est traduite par deux décisions importantes : l'**Acte unique européen** et les **Accords de Maastricht**.

– L'**Acte unique** entré en vigueur le 1er juillet 1987 prévoit la constitution avant le 1er janvier 1993 d'un grand marché européen avec suppression de toutes les entraves à la libre circulation des marchandises, des hommes, des services et des capitaux ; d'où une nécessaire harmonisation des politiques fiscales, l'ouverture des marchés publics, etc.

Pour obtenir plus de rapidité dans les décisions et surmonter les éventuels blocages, l'Acte unique étend le recours au **vote à la majorité qualifiée**. Pour les votes à la majorité qualifiée (modification du tarif douanier, mesures relatives à la politique sociale, etc.), les voix des Etats membres sont affectées d'une pondération (Allemagne, France, Italie, Royaume-Uni : 10 voix ; Espagne : 8 ; Belgique, Grèce, Portugal, Pays-Bas : 5 ; Irlande, Danemark : 3 ; Luxembourg : 2). Pour prendre une décision, 54 voix sont nécessaires.

– L'**Accord de Maastricht**, devenu un traité en février 1992, est d'abord la volonté d'achever un processus d'intégration économique amorcé il y a plus de quarante ans, avec la proposition d'un calendrier contraignant pour la réalisation d'une **Union monétaire** et d'une **monnaie unique**, l'**Ecu**.

Dans la perspective du grand marché et pour assurer un développement équilibré des politiques communes, le traité de Maastricht élargit sélectivement les compétences communautaires dans le respect d'un principe essentiel à l'équilibre institutionnel de la nouvelle Union : le **principe de subsidiarité**. « Dans les domaines qui ne relèvent pas de ses compétences exclusives, la Communauté n'intervient conformément au **principe de subsidiarité** que si, et dans la mesure où, les objectifs de l'action envisagée ne peuvent être réalisés de manière suffisante par les Etats membres et peuvent donc en raison des dimensions ou des effets de l'action envisagée être mieux réalisés au niveau communautaire » (Accord de Maastricht).

– Les **institutions de la C.E.E. :** l'Europe s'est engagée dans une voie confédérale, où les décisions sont prises à la suite d'accords entre les gouvernements (à l'unanimité le plus souvent) alors que le traité de Rome était d'inspiration fédérale, un pouvoir européen supranational étant implicitement envisagé.

- Le **Conseil** possède le pouvoir de décision. Il peut se réunir à trois niveaux :
  - conseil des représentants permanents des gouvernements (Bruxelles) ;
  - conseils des Ministres (Affaires étrangères ou ministres spécialisés), Bruxelles ;
  - conseil européen des chefs d'Etat et de gouvernement, réuni deux fois par an dans différentes villes européennes.

La présidence du Conseil est assurée à tour de rôle, par les différents pays (un semestre par pays dans l'ordre alphabétique).

- La **Commission** (de Bruxelles) prépare les décisions et les exécute. Elle élabore des règlements, propose des recommandations, établit le budget de la Communauté, négocie les accords internationaux selon les directives du Conseil. Elle est composée de dix-sept membres largement indépendants, les commissaires européens, aux attributions précises et possède un président (président de la Commission).
- Le **Parlement européen** élu au suffrage universel direct pour une période de cinq ans, siège à Strasbourg (518 députés européens). Il vote le budget et peut donner son avis à propos des décisions communautaires.
- La **Cour de justice** comprend treize juges siégeant à Luxembourg.

c) Le **C.A.E.M.** (Conseil d'Assistance Economique Mutuelle (sigle anglais : Comecon), a été créé en 1949 en réponse au plan Marshall). Il comprend aujourd'hui dix membres : l'Union soviétique, six pays d'Europe de l'Est (Bulgarie, Hongrie, Pologne, République démocratique allemande, Roumanie, Tchécoslovaquie), deux pays asiatiques (Mongolie, Viêt-nam) et Cuba.

Le but primitif était le développement des échanges entre les Etats membres, d'où la création d'une zone de « libre-échange » (mais les commerces extérieurs sont étatisés et planifiés) et l'utilisation d'une unité de compte commune, le **rouble transférable,** avec création d'une banque de compensation, la B.I.C.E. (Banque Internationale de Coopération Economique → *80. monnaie*). En fait, le C.A.E.M. a engagé un véritable processus d'intégration économique avec coordination des plans quinquennaux, mise au point de projets communs et de politiques communes (les « programmes finalisés »).

Il a surtout essayé de mettre en place une spécialisation économique selon les pays dans le cadre d'une **division internationale socialiste du travail** (D.I.S.T.).

L'organisme central est le **Conseil du C.A.E.M.** qui se réunit en principe deux fois par an (sessions du C.A.E.M.). La coopération est organisée par le comité exécutif et par vingt-trois commissions spécialisées.

Le C.A.E.M. a cessé d'exister en juin 1991.

3. Les organisations africaines

- La **Communauté Economique de l'Afrique de l'Est (C.E.A.E.),** créée en 1967 réunit le Kenya, l'Ouganda et la Tanzanie.
- La **Communauté Economique de l'Afrique de l'Ouest,** créée en 1953 regroupe six Etats (Mali, Sénégal, Mauritanie, Côte-d'Ivoire, Niger, Burkina Faso) mais n'est pas une zone de libre-échange. Une monnaie commune, le franc CFA (sauf Mauritanie).

– La **Communauté économique des Etats de l'Afrique de l'Ouest,** créée en 1975 regroupe, en plus des six Etats précédents, trois autres pays francophones (Togo, Bénin, Guinée), cinq Etats anglophones (Gambie, Sierra Leone, Libéria, Ghana, Nigeria) et un Etat lusophone (Guinée-Bissau).

4. Les organisations commerciales américaines et asiatiques

– L'**A.L.A.D.I.** (Association Latino-Américaine de Développement et d'Intégration). Il s'agit d'une association de libre-échange, fondée par le traité de Montevideo en 1960, comprenant tous les pays latino-américains et appelée « Association latino-américaine de libre commerce » jusqu'en 1981. Elle prévoit la constitution progressive d'un marché commun en harmonisant les législations commerciales et financières vis-à-vis des pays tiers.

– Le **Marché commun centro-américain,** créé en 1960, regroupe cinq Etats d'Amérique centrale dans un marché commun, en fait perturbé par les troubles politiques (Guatemala, Salvador, Honduras, Nicaragua, Costa-Rica).

– Le **C.A.R.I.C.O.M.** est un marché commun des pays anglophones des Caraïbes (né en 1968, modifié en 1973).

– L'**A.L.E.N.A.,** accord de libre-échange nord-américain ou **N.A.F.T.A.** (pour les Anglo-Saxons), a pour objectif le démantèlement des droits de douane entre le Canada, les Etats-Unis et le Mexique. Selon l'accord d'août 1992, le libre-échange doit être réalisé graduellement.

– L'**A.S.E.A.N** (ou A.N.A.S.E), Association des nations du Sud-Est asiatique, regroupe 6 pays en voie d'industrialisation (Indonésie, Malaysia, Philippines, Singapour, Thaïlande, Brunéi).

5. Les organisations internationales

– Le **Commonwealth,** communauté britannique créée en 1931, entre le Royaume-Uni et les Etats issus de l'empire britannique, est devenu à partir de 1932 (accords d'Ottawa) une véritable organisation commerciale dont les Etats entretenaient des rapports privilégiés, suivant le système dit de la préférence impériale. Aujourd'hui, le Commonweath est une communauté plus culturelle ou politique que commerciale.

– Le **G.A.T.T.** (General Agreement on Tariff and Trade – Accord général sur les tarifs douaniers et le commerce) a été créé en 1948 pour faciliter l'expansion du commerce international en réduisant les droits de douane et les obstacles paratarifaires. La plupart des pays participent au G.A.T.T., à l'exception de certains pays de l'Est.

– Dans le cadre du G.A.T.T., ont été menées de nombreuses **négociations commerciales multilatérales (N.C.M.)** ou Round. Parmi les dernières : négociations Dillon (Dillon Round) à Genève en 1960-1961, négociations Kennedy (1962-1963), Tokyo Round ou Nixon Round (1973-1979), Urugay Round depuis septembre 1986 (première rencontre à Punta del Este).

– La **C.N.U.C.E.D.** est la Conférence des Nations-Unies sur le Commerce et le Développement. Créée en 1964, son objectif est la promotion du commerce international pour accélérer le développement (des pays du tiers monde). La C.N.U.C.E.D. a préconisé un **Système Généralisé de Préférences (S.G.P.)** selon lequel les pays développés doivent assurer un accueil préférentiel aux produits manufacturés importés du tiers monde.

L'acceptation du S.G.P. est atténuée lorsque les produits importés constituent une menace pour l'industrie des pays développés (cf. les **accords multifibres - A.M.F.** → *64. Textile*).

La Communauté économique européenne, par les **Conventions de Lomé** (Lomé I, Lomé II, Lomé III, Lomé IV), témoigne d'une attention particulière à l'égard des **Etats A.C.P. (Etats d'Afrique, des Caraïbes, du Pacifique)**. Grâce au **Fonds Européen de Développement (F.E.D.),** la C.E.E., en plus d'une aide technique et financière a mis en place deux systèmes d'aide visant à pallier les problèmes résultant de la chute des cours des produits bruts.

- Le **Stabex** assure une garantie des recettes d'exportation des produits agricoles. Il compense la chute des recettes d'exportation des produits agricoles en provenance des Etats A.C.P. et destinés au marché communautaire.
- Le **Sysmin** est un système de garantie pour les produits miniers mais ne stabilise pas les recettes d'exportation. Son objectif est de maintenir ou de rétablir la capacité de production existante pour un produit minier lorsque cette capacité est menacée et que les recettes d'exportation chutent.

Récemment, la convention de Lomé IV a créé l'**aide à l'ajustement structurel** : c'est une aide aux Etats qui ont engagé, sous l'égide du F.M.I., des programmes d'assainissement économique en vue d'assurer le remboursement de leur dette.

6. Les accords de produits et les cartels de producteurs

– Les accords de produits sont passés entre pays producteurs et pays consommateurs de produits primaires dans le but de stabiliser les cours de ces produits. Ils prévoient des prix maximaux (prix plafond) et minimaux (prix plancher) et la constitution de stocks régulateurs.

– Les **cartels de producteurs** regroupent les pays producteurs de certains produits de base afin de tirer le meilleur parti de leurs ressources (hausses des prix ou actions de stabilisation, ex. O.P.E.P.) (→ *59. hydrocarbures*).

28. COMMUNISME

Le communisme est une forme d'organisation économique et sociale fondée sur la propriété collective des moyens de production (le **collectivisme**). La forme première de l'organisation économique, avant la naissance de l'agriculture a peut-être été caractérisée par une communauté ignorant la propriété privée donc la différence de classe et l'existence d'un Etat : on parle alors de **communisme agraire primitif.**

1. Mouvements populaires et théories utopiques

Au cours des siècles, le terme de communisme est donné à des mouvements populaires animés d'un idéal égalitaire et à certaines théories préconisant la substitution de la propriété communautaire des biens de production à la propriété individuelle.

– Mouvements populaires :
  - la guerre des paysans allemands au XVIe
  - le mouvement des « niveleurs » en Angleterre au XVIIe
  - la conspiration des Egaux de Babeuf (le **babouvisme**) pendant la Révolution française

– Les théories **utopiques,** ainsi définies par K. Marx, parce que irréalisables – le mot **utopie** (étymologiquement « Histoire de nulle part ») a été créé par l'Anglais Thomas Morus, au XVIe siècle qui appelle utopie une démocratie sociale, idéale, de son invention – sont notamment présentées par Morelly « le code de la nature », Owen, Fourier. Dans son système, Fourier imagine la création de **phalanstères** unités de production groupant jusqu'à 1 800 personnes vivant en communauté.

2. Le communisme, mouvement de classe

Au XIXe siècle, l'idée du communisme se précise. Avec la révolution industrielle et le développement du **prolétariat** (les **prolétaires** sont ceux qui n'ont pour vivre que le travail de leurs mains), une opposition s'affirme entre les classes sociales.

La pauvreté de la classe prolétarienne (le **paupérisme**) s'aggrave malgré le **paternalisme** du patronat et du pouvoir (cf. Napoléon III : l'extinction du paupérisme).

Le **paternalisme** est l'attitude protectrice du patron envers l'ouvrier comparable à celle d'un père de famille envers ses enfants.

Le caractère de classe du communisme apparaît avec Cabet (« Le voyage en Icarie ») se développe avec Blanqui, s'affirme avec Marx et Engels.

Schématiquement, la doctrine marxiste résulte d'une synthèse de trois courants de pensée :

- le **matérialisme** (influence de Feuerbach) : l'esprit humain n'a pas l'initiative des grandes transformations de la société. Ce sont les forces matérielles qui dominent, c'est-à-dire, pour les groupes humains, les forces économiques, elles-mêmes déterminées par l'état de la technique.
- la **dialectique** de Hegel. Marx est convaincu que l'évolution historique s'opère de façon dialectique : une force triomphante en suscite, par contradiction une autre qui lutte contre elle et finit par l'emporter. La **dialectique** de Hegel est **idéaliste ;** celle de Marx est **matérialiste.** Pour lui, les forces qui s'opposent sont les classes sociales.
- une théorie économique (influence notamment de Ricardo) selon laquelle le capital connaît un accroissement constant : la différence entre la valeur de l'objet fabriqué et le salaire que perçoit l'ouvrier est la **plus-value** dont seul le capitaliste profite.

Ce qui distingue **le marxisme** des formes antérieures du communisme, c'est qu'il fonde la nécessité du communisme, non dans un idéal moral, une exigence religieuse, mais sur une analyse « scientifique » des structures économiques de la société capitaliste et des lois de son développement ; c'est le **matérialisme scientifique.**

Les contradictions internes de la société capitaliste l'acheminent vers sa destruction ; seule la classe ouvrière est capable de construire un autre système de relations sociales : le communisme.

L'idée que, seule, la classe ouvrière est capable de réaliser la révolution et de transformer la société, constitue l'**ouvriérisme.**

Le marxisme réalise la fusion de la doctrine et du mouvement ouvrier : **la lutte des classes** sous toutes ses formes devenant le champ expérimental de la théorie. Dans la doctrine marxiste, le mot communisme prend un sens nouveau : il est l'aboutissement d'une évolution : la prise du pouvoir par le prolétariat doit être suivie par la **dictature du prolétariat (phase socialiste)** qui, par voie autoritaire permet d'atteindre la **phase communiste** dont les caractéristiques sont la société sans classe et la disparition de l'appareil étatique.

Lénine a complété les thèses marxistes (notion de parti-élite, rôle dominant des ouvriers des villes) ; la synthèse constitue le **marxisme-léninisme.**

3. L'organisation politique

Depuis la révolution soviétique de 1917, et la création de l'Internationale communiste en 1919 (IIIe Internationale ou **Komintern**) dissoute en 1943, le communisme désigne à la fois des partis communistes et des Etats dirigés par des partis communistes hégémoniques.

– **Les Etats communistes.** Ce terme est inexact. Le communisme n'a jamais été réalisé, même en U.R.S.S., qui se considère toujours comme étant dans la phase socialiste.

Ces Etats ont, en commun, d'être totalement dirigés par des partis communistes bénéficiant d'un monopole politique **(parti unique),** mais ils ne constituent pas un ensemble politique homogène.

L'U.R.S.S. a profondément été marquée par le **stalinisme** (Staline a dirigé l'U.R.S.S. de 1927 à 1953). Autoritarisme, centralisme, culte de la personnalité en sont les caractéristiques. Dès son arrivée au pouvoir, Staline a écarté Trotski dont la doctrine **(trotskisme),** préconise l'extension immédiate de la révolution à tous les pays, le passage au régime socialiste par une lutte violente, permanente et immédiate des prolétaires de tous les pays. Depuis 1956, **la déstalinisation** cherche à éliminer les méthodes de gouvernement de Staline.

Autour de l'U.R.S.S., gravitent la plupart des Etats « communistes » d'Europe orientale associés à l'Union soviétique dans des organisations économiques **(Conseil d'aide économique mutuelle – C.A.E.M.)** et militaires **(Pacte de Varsovie).**

Certains Etats communistes sont pour des raisons diverses opposés à l'hégémonie soviétique et à certains aspects de la politique de l'U.R.S.S. Ce sont notamment la Yougoslavie mise à l'index pour **titisme** depuis 1948 (système politique mis en pratique par le maréchal Tito après 1945) et la Chine qui a rompu avec l'U.R.S.S. en 1962. Mao Zédong ayant cherché – c'est le **maoïsme** – à adapter le marxisme aux conditions économiques, sociales et culturelles de son pays.

– Les **partis communistes.**

Dans les états communistes, les partis communistes se confondent avec l'Etat ; ils sont maîtres de l'Etat aussi bien que de la société.

Dans les Etats non communistes, les partis communistes sont en général des **partis d'opposition** (ils ont parfois participé aux fonctions gouvernementales mais d'une manière éphémère et non prépondérante, ainsi en France de 1944 à 1947 et de 1981 à 1984) qui

30. COURS D'EAU

1. Fleuve, rivière, torrent

Un **fleuve** est un cours d'eau important, collectant les eaux de nombreuses rivières affluentes – ses **affluents** – et qui aboutit à la mer. (En théorie tout cours d'eau se jettant dans la mer peut être considéré comme un fleuve.)

Une **rivière** est un cours d'eau d'importance moyenne, collectant les eaux de multiples ruisseaux et qui se jette dans une autre rivière ou dans un fleuve. Les rivières de montagne à forte pente sont des **torrents.** La réunion de deux cours d'eau se réalise en un point appelé **confluent ;** en principe le plus petit des deux cours d'eau est l'affluent mais cette règle n'est pas toujours vérifiée : certains affluents peuvent être plus longs ou plus puissants que la rivière principale, ou le fleuve dans lequel ils se jettent.

2. Le tracé des cours d'eau ; le réseau hydrographique

a) Le cours d'eau coule d'**amont en aval :** en un point donné la partie du cours située du côté de la source est la partie **amont,** celle située du côté de l'embouchure ou du confluent est la partie **aval**.

b) L'espace géographique alimentant un cours d'eau est le **bassin-versant** (ou bassin d'alimentation, ou bassin hydrographique). Entre deux bassins-versants adjacents passe la **ligne de partage des eaux :** ex. la ligne de partage des eaux entre les bassins de la Loire et du Rhône correspond à la ligne de crête de la bordure orientale du Massif central.

Le bassin-versant d'un torrent se décompose en trois parties distinctes : d'amont en aval le **bassin de réception** où se forment et se concentrent les ruisseaux, le **chenal d'écoulement** qui correspond au lit du torrent, plus ou moins encombré par des blocs et matériaux transportés, le **cône de déjection** situé au débouché du torrent dans la vallée principale, accumulation des matériaux disposés en éventail, en pente et élargi vers le bas.

c) Le **réseau hydrographique** est constitué par l'ensemble des cours d'eau, fleuves, affluents et **sous-affluents.** Un réseau hydrographique peut être plus ou moins dense, la **densité de drainage** étant le rapport entre la longueur totale des cours d'eau (calculée en km) et la superficie du bassin-versant. La densité de drainage est fonction de la nature des sols (perméable, imperméable), de l'intensité des pentes du bassin-versant et de l'importance des précipitations. Dans un **réseau parallèle,** rivières et affluents disposés sur une pente uniforme sont grossièrement parallèles entre

Le bassin-versant d'un torrent

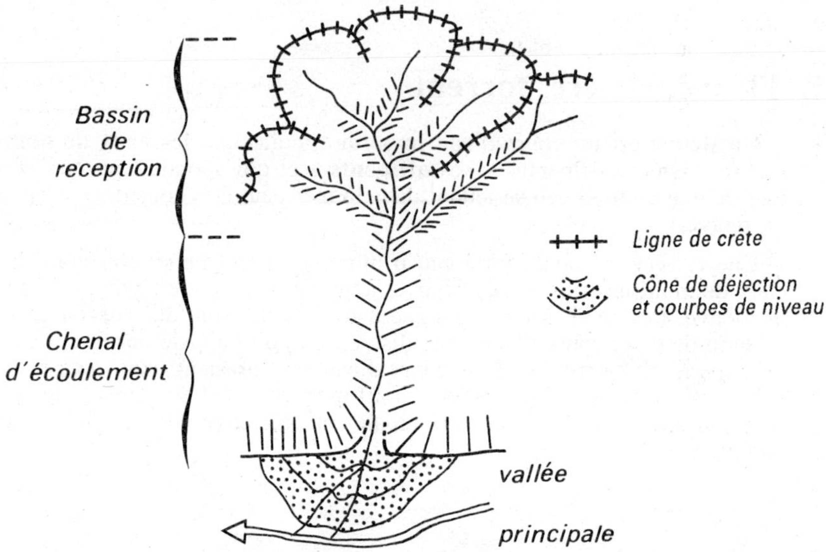

eux. Dans un **réseau ramifié,** les cours d'eau se disposent comme les branches d'un arbre ou les nervures d'une feuille (synonyme : **réseau dendritique**). Un cours d'eau peut naturellement être détourné vers un cours d'eau voisin et devenir son affluent : on parle d'une **capture** du premier par le second, la capture se traduisant souvent par un brusque changement de direction du cours d'eau capturé appelé **coude de capture.**

Capture et coude de capture
N.B. Une partie du lit abandonné de l'ancienne Moselle est drainé par l'Ingressin qui coule en sens inverse

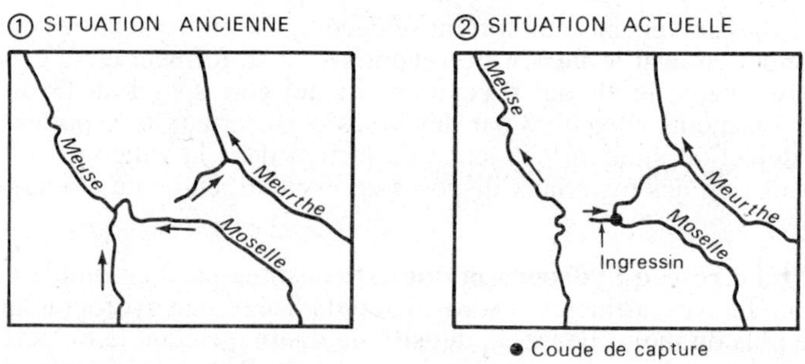

d) Dans les régions arides et désertiques, la rareté ou l'absence des précipitations expliquent l'absence de réseau hydrographique : on parle **d'aréisme,** caractérisé par absence d'écoulement fluvial.

L'**endoréïsme** caractérise les régions, où l'écoulement fluvial ne rejoint pas le niveau de base des mers et océans. Le réseau hydrographique se raccorde à une mer intérieure, à un lac intérieur (ex. lac Tchad) ou à une **sebkhra,** dépression fermée inondable lors de la saison des pluies et occupée par des efflorescences salines lors de la période sèche.

Contraire d'endoréisme : **l'exoréisme.**

3. Le profil des cours d'eau

a) Le **profil longitudinal** du cours d'eau correspond à la pente du talweg. Le **talweg** est la ligne joignant les points les plus bas de la vallée, le talweg étant occupé dans le cas des vallées drainées par un cours d'eau par le **lit** du cours d'eau. Le profil longitudinal n'a pas une pente constante. Il peut être marqué par de nombreuses ruptures de pente (ex. lors du passage des **verrous glaciaires** → *56. glaciers*). Aux pentes très fortes correspondent les **rapides,** les **cascades,** les **cararactes** (très grandes cascades sur un fleuve puissant) et les **chutes** (ex. chutes du Niagara). En théorie, le profil longitudinal évolue vers un **profil d'équilibre,** profil réalisé par un cours d'eau qui ne creuse plus son lit, sans pour autant **alluvionner** c'est-à-dire déposer une partie de la charge qu'il transporte. En réalité, le profil d'équilibre n'est jamais réalisé car le cours d'eau continue de transporter des débris arrachés à son bassin d'alimentation (→ *45. érosion*).

b) Le **profil transversal** (→ *96. relief*) : c'est la coupe du lit d'un cours d'eau, perpendiculairement au talweg. On y distingue lit mineur et lit majeur. Le **lit mineur** est occupé en permanence par le cours d'eau. Il est bordé par deux **berges,** petits talus le long des rives. Chaque rivière a une **rive droite** et une **rive gauche,** définies par rapport à un observateur regardant vers l'aval. Le lit mineur est souvent creusé par un **chenal d'étiage** qui suffit à l'écoulement lors des plus basses eaux.

Le **lit majeur** est la zone envahie par les hautes eaux lors des **crues** qui déterminent des **inondations.** La rivière peut se diviser en plusieurs bras. Lorsque les bras d'un cours d'eau se réunissent et se séparent fréquemment, on parle de **chenaux anastomosés** qui serpentent à l'intérieur d'un lit majeur parfois très large (ex. dans les régions méditerranéennes).

Le lit mineur est parfois rocheux, mais le **lit rocheux** est le plus souvent masqué par des dépôts d'alluvions de tailles diverses (galets, graviers, sables, limon → *102. roches*). Le long des berges l'accumulation des alluvions retenues par la végétation forme des **bourrelets alluviaux** (ou **levées alluviales**) ; à ne pas confondre avec les levées artificielles ou digues (ex. les levées de la Loire).

Le Tarn en amont de Moissac

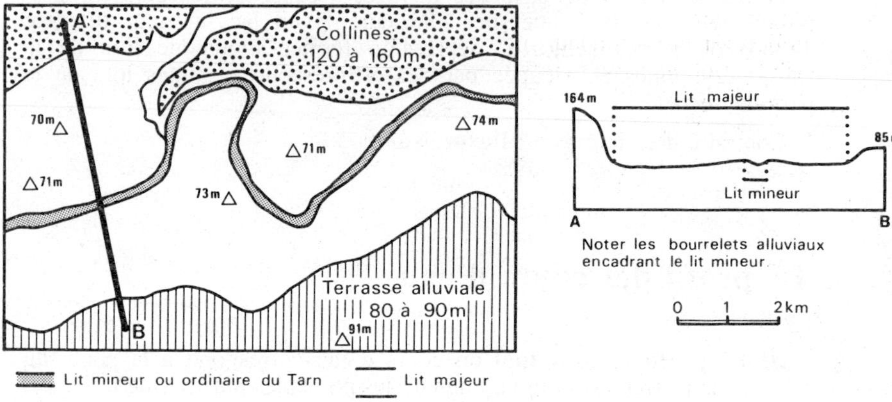

4. Les méandres

Le lit d'un cours d'eau peut décrire des sinuosités ou des courbes prononcées, les **méandres** (du grec maïandros, fleuve sinueux d'Asie Mineure). Les méandres peuvent être isolés au milieu d'un tracé peu sinueux mais le plus souvent ils sont groupés, se succédant en **train de méandres.** La rive concave du méandre, sapée par le courant est abrupte alors que la rive convexe est basse et en pente douce, constituée d'alluvions. Le contraste entre les deux rives est particulièrement net dans le cas des **méandres encaissés** lorsque la vallée alluviale est encaissée dans un plateau. Il existe aussi de nombreux **méandres de plaine alluviale,** sans véritable encaissement de la vallée.

Les méandres évoluent en migrant vers l'aval. Les sinuosités de méandres ont tendance à s'accentuer d'où le **recoupement** des **méandres ;** le **lobe** du méandre recoupé est abandonné par le cours d'eau et donne un **ox-bow,** bras mort de forme arquée.

La migration des méandres encaissés provoque un **calibrage de la vallée** qui possède alors une largeur uniforme, fonction des dimensions des méandres.

5. Débit et régime

a) La puissance des cours d'eau varie avec le **coefficient d'écoulement,** rapport entre la quantité d'eau écoulée par le fleuve et la quantité d'eau reçue par son bassin-versant. Le **déficit d'écoulement** est la tranche d'eau évapotranspirée à la surface du bassin-versant au cours d'une année.

Le coefficient d'écoulement dépend de la nature des sols. Il est aussi fonction de l'évaporation et de la densité de la couverture végétale sur le bassin-versant.

b) Le **débit** est le volume (en m^3) écoulé en une seconde par un cours d'eau, en un point de son cours. Le débit (en m^3/s) est très variable et se calcule en connaissant la **section du cours d'eau** (largeur moyenne multipliée par la profondeur moyenne) et la vitesse du courant. A partir des débits quotidiens ou **débits bruts,** on calcule des débits mensuels moyens et le **débit moyen annuel.**

La courbe de variation des débits en fonction du temps est un **hydrogramme.** Le **module** d'un cours d'eau est le débit moyen annuel calculé sur une longue période (ex. trente ans). On peut calculer également des **débits spécifiques :** exprimés en litres par seconde par km^2 ils permettent de comparer des cours d'eau dont les bassins-versants sont de taille très différentes.

c) L'évolution du débit du cours d'eau au cours de l'année constitue le **régime fluvial.** Pour représenter le régime, on dresse la courbe des débits mensuels moyens. On peut aussi utiliser la courbe des **coefficients mensuels de débit,** rapports entre chaque débit mensuel moyen et le module : ex. débit du Rhône à Lyon en juillet : 750 m^3/s, module 600 m^3/s d'où coefficient mensuel de débit du Rhône à Lyon en juillet

$$= \frac{750 \text{ m}^3/\text{s}}{600 \text{ m}^3/\text{s}} = 1{,}25.$$

Les régimes fluviaux sont plus ou moins irréguliers : selon que le débit est supérieur ou inférieur au module, le cours d'eau est dit en **hautes eaux** ou en **basses eaux.** L'**étiage** est le niveau moyen le plus bas d'un cours d'eau. La **crue** correspond à la période de montée du niveau des eaux ; elle culmine lors de la **pointe de crue,** le débit étant maximum. La crue est dite **inondante** lorsque les eaux débordent par-dessus les berges et envahissent le lit majeur. Suivant leur ampleur et leur fréquence, on distingue des crues ordinaires ou annuelles, décennales et des crues **centenaires** ou **millénaires,** crues exceptionnelles et très rarement observées.

Les cours d'eau à écoulement permanent sont dits pérennes. Les autres sont des cours d'eau temporaires, comme les **oueds** cours d'eau des régions arides.

6. Les types de régime fluvial

Le régime du cours d'eau est directement influencé par le régime climatique de son bassin-versant. Lorsque dans le bassin-versant les conditions climatiques sont homogènes, le régime du cours d'eau est simple. Parmi les régimes simples :

- le **régime glaciaire :** l'alimentation du cours d'eau est surtout assurée par les glaciers. Hautes eaux en été, très basses eaux ou maigres en hiver.
- le **régime nival :** l'alimentation est surtout assurée par la fonte des neiges, forte et progressive en montagne, plus rapide dans les plaines en climat continental (Russie, Sibérie, Prairie canadienne...). Dans ces régions froides, les eaux des rivières sont en partie gelées en

Les régimes fluviaux

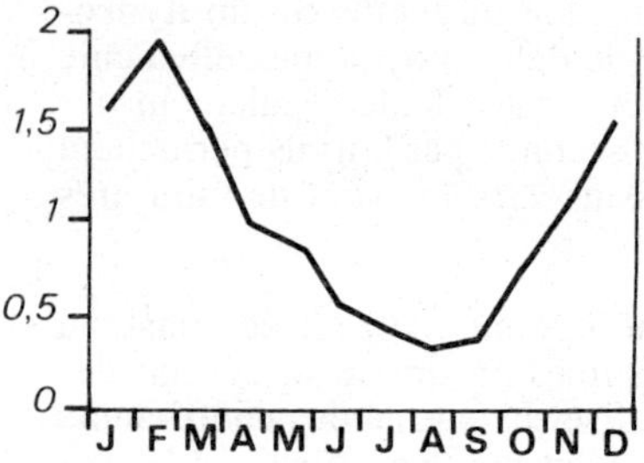

La **Saône** à Auxonne
Régime fluvial océanique

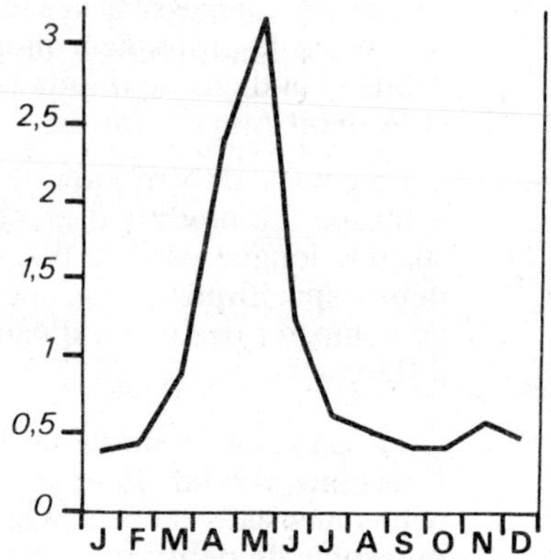

Le **Dniepr** à Kamenka
(avant l'aménagement)
Régime nival de plaine

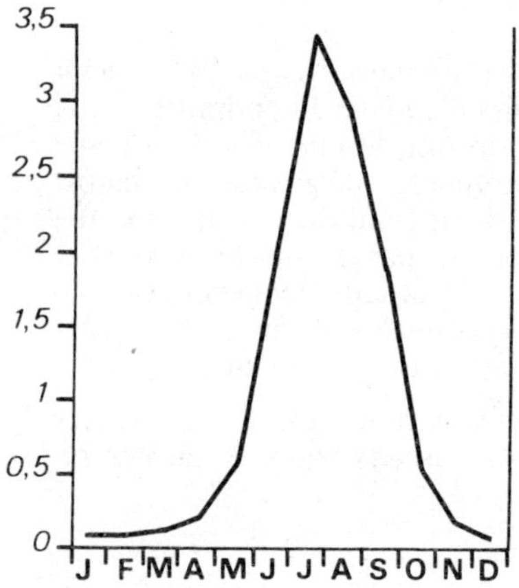

Le **Rhône** à Gletsch
Régime glaciaire

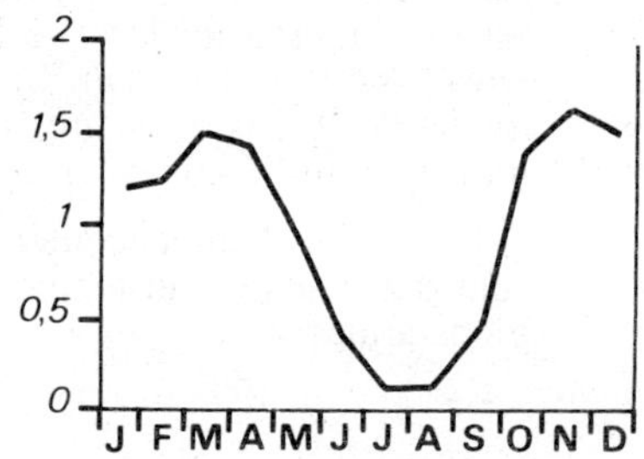

L'**Ardèche** à Vallon-Pont-d'Arc
Régime méditerranéen

En ordonnée, coefficients mensuels de débit.

hiver. La **débâcle** est la période de dégel des eaux, les **crues de débâcle** charrient des glaçons qui peuvent s'accumuler dans une portion plus resserrée du lit formant un **embâcle,** barrage qui obstrue partiellement ou totalement le cours d'eau, provoquant des inondations à l'amont et des **crues d'embâcle** à l'aval lorsque le barrage se rompt.

– le **régime pluvial océanique :** les hautes eaux sont en saison froide, liées aux précipitations, les basses eaux en été à cause de l'évaporation. Ce régime est caractéristique de plaines et montagnes peu élevées des régions tempérées océaniques.

– le **régime méditerranéen :** les maigres sont très prononcés en été du fait de la sécheresse estivale, le cours d'eau pouvant même être à sec. Les hautes eaux correspondent aux averses de saison froide. Dans l'ensemble le débit est très irrégulier et les crues violentes sont souvent liées aux orages de l'automne.

– le **régime pluvial tropical :** les maigres sont très accusés pendant la saison sèche (en hiver), les hautes eaux correspondent à la saison pluvieuse ou à la mousson.

Pour les fleuves à vaste bassin-versant, on parle de **régimes complexes** résultant de la combinaison de plusieurs régimes simples.

31. CROISSANCE

1. La croissance économique

a) Croissance et développement

La **croissance économique** est une augmentation quantitative, durable, de la production. Elle présente un aspect irréversible et s'accompagne de transformations structurelles (place relative des différents secteurs économiques, apparition de nouvelles activités industrielles, etc.). Elle se distingue de l'**expansion** qui est un mouvement d'augmentation de la production de courte durée, donc réversible.

Le **développement** « englobe et soutient la croissance » (F. Perroux). Il apparaît en même temps comme une cause et une conséquence de la croissance et présente un caractère essentiellement qualitatif.

b) Caractéristiques de la croissance

La **croissance** économique peut être de **type extensif** ou **intensif ;** dans le premier cas, elle résulte de l'augmentation des facteurs de production (nouvelles usines, nouvelles machines etc.), dans le deuxième cas, la croissance trouve son origine dans l'utilisation plus efficace des forces de production existantes.

Lorsque la **croissance** est rapide, à taux constants, elle est **exponentielle** (l'indicateur utilisé augmente de façon multiplicative) alors que, si la croissance a l'allure d'une fonction logarithmique, elle est **amortie** ou **asymptotique.**

c) Les indicateurs de la croissance

L'ensemble des biens et services produits sur le territoire national, fournis par les unités économiques nationales et étrangères, constitue le **produit intérieur brut** alors que le **produit national brut** comptabilise les biens et les services provenant des unités économiques françaises sur le territoire national et à l'étranger et exclut ceux fournis par les unités étrangères sur le territoire français.

Le **produit intérieur brut (P.I.B.)** correspond à la somme des **valeurs ajoutées** (→ *44. entreprise*) des différentes branches à laquelle s'ajoutent la **taxe à la valeur ajoutée (T.V.A.)** (→ *52. fiscalité*) et les droits de douane.

Le **produit intérieur net (P.I.N.)** déduit du P.I.B. la partie du capital fixe provenant de l'usure des machines, du vieillissement des bâtiments (cette perte correspond à l'**amortissement**).

Pour obtenir le **produit national brut (P.N.B.)** il faut ajouter au P.I.B. les revenus du capital et du travail provenant de l'étranger et en déduire les revenus du capital et du travail versés de l'étranger.

Le **produit national net (P.N.N.)** est calculé en retranchant au P.N.B. l'amortissement du capital fixe. Le P.N.N. est également appelé le **revenu national.**

P.I.B. = valeurs ajoutées des branches + T.V.A. + droits de douanes

P.I.N. = P.I.B. - amortissement du capital fixe

P.N.B. = P.I.B.
+ revenus du travail et du capital provenant des pays étrangers
- revenus du travail et du capital versés à l'étranger

P.N.N. = P.N.B. - amortissement du capital fixe

L'indicateur qui permet le mieux de traduire le **niveau de vie** est le **revenu national par habitant :** il indique ce dont chaque individu dispose en fonction de son revenu annuel. Un autre indicateur souvent utilisé est le **P.N.B. par habitant :** il permet de comparer les croissances de pays très différents par leur population mais masque l'inégale répartition des revenus.

d) Etapes et inégalités de la croissance

Dans sa théorie de la croissance économique, Rostow distingue cinq étapes dans le processus de modernisation :

– les sociétés traditionnelles (prédominance du secteur agricole) ;
– les conditions préalables au décollage (progrès des investissements, amélioration de la productivité de l'agriculture et de l'industrie grâce aux progrès techniques) ;
– le **décollage** ou **take-off** « phase décisive de l'histoire d'une société où la croissance devient un phénomène normal » (rôle moteur de l'industrie, généralisation de nouvelles techniques) ;
– la marche vers la maturité ;
– l'ère de la consommation de masse (les besoins fondamentaux sont satisfaits, développement des services).

Dans le monde contemporain les Etats présentent une grande diversité de développement et ne se situent pas dans la même phase du processus de modernisation imaginé par Rostow.

Les pays dont le revenu par habitant est inférieur à la moyenne mondiale, où l'agriculture occupe une place prépondérante, où la population en accroissement rapide est largement rurale, constituent le groupe des **pays en voie de développement (P.V.D.)** ou **pays en développement (P.E.D.).** (→ *108. tiers monde).*

2. Les variations de la croissance

a) Les fluctuations

La croissance n'est pas un mouvement régulier. Elle est jalonnée de **fluctuations** qui sont des variations successives dans des sens opposés autour d'une tendance à long ou moyen terme.

La **recession** est un ralentissement du rythme de la croissance après une période d'expansion. La récession ou **décélération** s'accompagne d'une diminution de la demande, des investissements, de l'emploi mais ne se traduit pas par une baisse du revenu national ; elle peut, si elle se poursuit, conduire à la **stagnation.**

La **contraction** ou **dépression** représente une situation plus préoccupante avec baisse du revenu national, et un taux de croissance négatif du P.N.B. par habitant. Ces retournements brutaux de la **conjoncture** (→ *infra*) sont des **crises.**

b) Les crises économiques

Le terme **crise** présente un sens différent au singulier et au pluriel. Au pluriel, les **crises** correspondent à des situations de déséquilibre économique entre l'offre et la demande ; au singulier, la **crise** représente une des phases d'un **cycle.** Le cycle est un mouvement alternatif par opposition au mouvement monotonique de la croissance ; il offre une succession de plusieurs phases : expansion - crise - contraction puis reprise. Les crises économiques présentent des caractères différents selon les époques. « Les économies ont les crises de leur structure. » (E. Labrousse).

– Les **crises d'Ancien Régime** ou **pré-industrielles**.

Elles correspondent à une structure économique dominée par l'agriculture et les fluctuations de la production et des prix agricoles. Il s'agit d'une **crise de sous-production** et de **subsistance** concernant essentiellement le blé **(crise frumentaire).**

La chute de la production et des revenus agricoles provoque une chute du pouvoir d'achat paysan et se prolonge en une crise de mévente industrielle.

– Les nouvelles crises

Depuis la seconde moitié du XIXe siècle, les crises se manifestent d'abord dans le secteur industriel : elles sont dues à un excès de marchandises qui ne trouvent pas d'acheteurs. Deux interprétations sont données à cette situation :

- il s'agit d'une **crise de sous-consommation :** la demande est inférieure à l'offre des entreprises : thèse présentée par Sismondi, Malthus et prolongée par Keynes ;
- il s'agit d'une **crise de surproduction** (thèse marxiste) il y a excès de la production par rapport à la demande solvable.

Schéma des cycles économiques

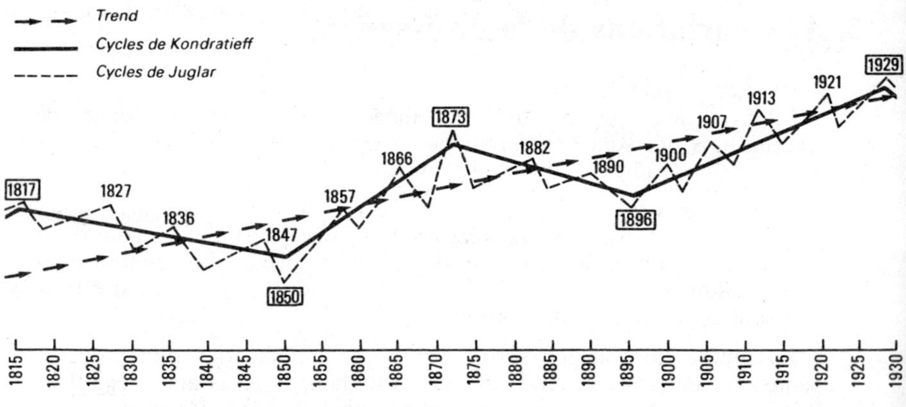

c) Les cycles

La croissance ne s'est pas développée d'une façon régulière au cours de la période capitaliste. La production, les échanges, l'emploi, les revenus, les prix, c'est-à-dire l'ensemble des éléments variables à court terme qui caractérisent la situation économique à une date donnée – et constituent la **conjoncture** – ont subi des fluctuations concomitantes, tantôt accélérant, tantôt ralentissant la progression.

On distingue plusieurs catégories, de mouvements de durée différente – ou **cycles** – qui s'inscrivent les uns dans les autres :

- une évolution lente dont le cycle correspond à une grande période de l'histoire économique de l'Europe : le **trend séculaire ;**
- un **cycle de longue durée** (50-60 ans) ou **cycle de Kondratieff** composé d'une phase ascendante dénommée **phase A** par Simiand durant laquelle les prix et la production augmentent et d'une phase de récession ou de stagnation relative des prix et de la production dite **phase B.**

  Ces cycles seraient dus, selon les économistes à des révolutions industrielles et technologiques plus qu'à l'influence de la circulation monétaire sur la conjoncture (théorie de Schumpeter) ;
- un cycle de durée moyenne de sept à dix ans dit **cycle classique de Juglar** ou **cycle majeur.** Les explications de ces fluctuations peuvent se ramener à trois schémas :

- la crise est une **crise de surcapitalisation :** la demande accrue de crédit en phase d'expansion fait monter le loyer de l'argent à un niveau tel que, les profits ne suffisant plus à payer le crédit, les entreprises ralentissent leur activité ou sont en difficulté. La **spéculation** sur la hausse des titres (→ *16. bourses*) aboutit à des résultats identiques : elle immobilise des sommes sans commune mesure avec la valeur réelle des entreprises que les titres représentent et suscite une augmentation du crédit ; le coup d'arrêt du relèvement du loyer de l'argent provoque la chute des cours : c'est le **krach boursier ;**
- la crise est une **crise de suréquipement :** la crise est provoquée par des erreurs de prévisions des chefs d'entreprise : ils commandent des biens d'équipement qui leur sont livrés quand la demande est saturée ;
- la crise est une **crise de sous-consommation :** elle résulte d'une distorsion entre l'élévation du pouvoir d'achat et celle de la capacité de production. Les dirigeants d'entreprises s'efforcent de maintenir les salaires au niveau le plus bas (**loi d'airain** des salaires selon Ricardo) de manière à dégager la **plus-value** maximum (différence entre la valeur du travail fourni et le salaire versé) pour acquérir de nouveaux biens de production.

3. Le mouvement des prix

a) L'indice des prix

Le **prix** est l'expression monétaire de la valeur d'échange d'un bien ou d'un service. Le mouvement des prix est connu par l'évolution de l'**indice des prix.** L'indice des prix de détail est calculé à partir des prix d'un certain nombre de biens et de services (depuis 1971, en France, 295 postes de dépenses représentant 750 variétés de produits sont utilisés pour le calcul de l'indice des prix). Il fournit ce que l'on appelle communément le **« coût de la vie ».**

b) Déflation et inflation

La **déflation** est une baisse durable et importante des prix. Elle se produit en période de profonde dépression (crise de 1929). L'**inflation** est une hausse durable des prix dont l'importance est variable. L'**inflation** est **rampante** ou **latente** lorsque le rythme de hausse des prix est inférieure à 3 % par an ; elle devient **ouverte** ou **déclarée** lorsque le taux se situe entre 3 et 6 % par an, **galopante** lorsqu'il est supérieur à 6 % par an.

L'inflation se produit en général en période de forte expansion. La **surchauffe** – expansion économique trop rapide, mal maîtrisée – notamment, crée des tensions inflationnistes ; l'inflation peut également accompagner une période de ralentissement, même de stagnation de la croissance économique, on parle alors de **stagflation** – mot construit par la contraction de stagnation et d'inflation – phénomène apparu en Royaume-Uni dans les années 1960 et généralisé dans les pays industrialisés depuis 1973.

c) Les origines de l'inflation

Elles sont fort diverses. Parmi les principales :

- l'**inflation par la demande** : demande supérieure à l'offre ;
- l'**inflation par les coûts** : l'augmentation des coûts entraîne la hausse des prix (cf. après 1973 et le 1er choc pétrolier) ;
- l'**inflation monétaire** : la masse monétaire atteint un niveau supérieur à celui des biens de production. Cette création excessive de monnaie peut résulter d'une inflation de crédit ou d'une inflation budgétaire (un budget en déficit peut être financé par une création de monnaie).

4. Les politiques économiques

Elles traduisent la volonté des pouvoirs publics de maîtriser le fonctionnement et les résultats de la vie économique. Longtemps, les Etats capitalistes n'ont eu qu'une action discrète laissant faire et agir les entreprises, se contentant d'assurer la sécurité de leur action **(Etat-gendarme)**.

La crise de 1929 marque une rupture. Les Etats sont amenés à intervenir dans l'évolution à court terme de l'économie mais aussi dans son évolution à moyen et long terme : les **politiques de croissance** complètent les **politiques conjoncturelles**.

La **politique conjoncturelle** concerne l'ensemble des mesures qui permettent d'éviter des accidents conjoncturels, principalement la récession et l'inflation, alors qu'une **politique de croissance** veille à ce que les structures économiques facilitent une augmentation régulière de la production. De ce fait, une politique de croissance intègre la politique économique, la politique sociale, la politique démographique.

Dans les années 1930, l'échec des politiques libérales cherchant à faciliter la reprise par une diminution des coûts de production a permis aux **politiques anticycliques** de connaître un certain succès pendant plusieurs décennies. Les politiques anticycliques ne visent pas seulement à lutter contre la crise et le chômage mais recherchent, par des mesures budgétaires et monétaires, à assurer une croissance régulière de l'économie. Largement fondées sur les **théories keynésiennes** – selon lesquelles, pour surmonter la crise, il ne s'agit pas de stimuler la production en diminuant les coûts, mais d'abord d'accroître la demande globale sur les marchés des biens de production et des biens de consommation –, les politiques anticycliques ont été de plus en plus difficilement mises en œuvre à partir de la fin des années 1960.

La stagflation nécessite en effet la recherche des nouvelles politiques de régulation économique.

Le **contrôle des prix** et **des salaires** peut être une forme d'action : le **contrôle des prix** consiste à n'autoriser pour l'ensemble des prix ou pour ceux de certaines activités que des hausses limitées et à soumettre éventuellement celles-ci à une autorisation préalable. Le **contrôle des salaires** ne permet pas la libre discussion des salaires entre le patronat et les syndicats et soumet leur augmentation à une autorisation gouvernementale. A l'opposé, des mesures favorisant la concurrence des prix, le libre fonctionnement du marché peuvent aussi être le moyen d'agir directement sur les prix et les salaires.

Le recours à une **politique monétaire** est également possible. C'est une politique qui cherche à agir sur l'économie par une action sur le crédit, les taux d'intérêt – augmentation du **taux de l'escompte**, des **réserves obligatoires** (→ *13. Banque*) – conjointement avec une réduction de la demande (augmentation des impôts, diminution des dépenses publiques, modération de la hausse des salaires et des prix : **politique des revenus**). Mais en période de stagflation, ces moyens de lutte sont aléatoires : le risque d'accentuer le ralentissement de l'économie doit être atténué par des mesures de **relance** – augmentation des dépenses publiques, diminution de l'impôt sur le revenu, du taux de l'escompte. Cette politique contrastée est désignée par un terme britannique : le **stop and go.**

Considérant que l'inflation est d'abord un phénomène monétaire (elle serait due non à un phénomène réel (excès de la demande) mais essentiellement à un excès de monnaie), des **politiques monétaristes** sont mises en place sous l'influence de Milton Friedmann. Une **politique monétariste** est un type de politique monétaire qui cherche à éviter que des variations incessantes dans le rythme de croissance de la masse monétaire n'aboutissent à perturber les décisions des agents économiques. En cas d'inflation, elle cherche à agir sur la hausse des prix en fixant un taux d'accroissement de la masse monétaire inférieur à la croissance de la valeur nominale de la production.

A la fin des années 1970, aux Etats-Unis, certains virent dans les propositions de l'**économie de l'offre** le complément indispensable des politiques monétaristes. A ces dernières d'assurer la lutte contre l'inflation, aux politiques de l'économie de l'offre d'assurer la relance. Pour faciliter la reprise et la résorbtion du chômage, il faut libérer l'offre en diminuant la pression fiscale et plus généralement toutes les mesures administratives qui empêchent une entreprise et les agents économiques d'agir librement. De la diminution des prélèvements fiscaux, l'on passe à la **déréglementation.**

32. DÉMOCRATIE

La **démocratie** est le système dans lequel le pouvoir politique appartient à l'ensemble des citoyens.

La volonté du peuple est considérée comme le fondement du pouvoir. « Le principe de toute souveraineté réside essentiellement dans la nation. » (Déclaration des droits de l'homme 1789.) La **souveraineté populaire** s'exprime par le **suffrage universel** (→ *39. élection*).

1. Démocratie et liberté

Gouvernement du peuple par le peuple, la démocratie exclut le pouvoir d'une autorité qui ne procède pas du peuple. C'est donc d'abord un système de gouvernement qui tend à inclure la liberté dans les relations de commandement à obéissance.

Cette liberté consiste à associer les gouvernés à l'exercice du pouvoir pour empêcher celui-ci de leur imposer une autorité discrétionnaire. Cette participation à l'entreprise gouvernementale, l'individu l'assure par l'entremise de ses droits politiques (l'élection) mais aussi par la jouissance des libertés individuelles fondamentales : **libertés de pensée,** de **réunion,** d'**association,** d'**opinion** ou de **conscience,** de **presse.**

Parmi les grands principes affirmés par la **Déclaration des droits de l'homme et du citoyen,** votée en août 1789, figurent, à côté de la souveraineté nationale et de l'égalité des droits, la liberté individuelle. La liberté consiste à pouvoir faire tout ce qui ne nuit pas à autrui (Déclaration des droits de l'homme).

La **liberté d'opinion** ou de **pensée** est la liberté d'exprimer sa pensée ; elle se traduit donc par la **liberté d'expression** (ne pas confondre la liberté de pensée avec la **libre pensée,** qui est une attitude critique à l'égard de la religion, se rattachant au **rationalisme,** c'est-à-dire à une tendance philosophique selon laquelle la raison doit être à l'origine de toute connaissance certaine).

La **liberté de réunion** permet à quiconque de tenir une réunion ; une réunion politique doit être préalablement déclarée.

Depuis 1901, la **liberté d'association** existe en France. Elle complète la loi sur les **associations professionnelles** (1884) qui permet l'existence légale des syndicats. Toute association bénéficie de la **personnalité morale,** ce qui signifie qu'elle possède les mêmes droits juridiques qu'un individu.

La possibilité pour chaque individu d'avoir les opinions politiques et religieuses de son choix constitue la **liberté d'opinion** ou de **conscience.**

Toutes les atteintes à la **liberté de presse** ont disparu depuis 1881 en France. Seule une réglementation dans un but d'ordre public limite la publication d'un journal. Il n'existe plus d'**autorisation préalable** (autorisation avant toute création de journal), de **cautionnement** (dépôt d'une somme d'argent fait dans le but de garantir le respect des règlements en vigueur) de **droit de timbre** (taxe qui alourdit le prix du journal), ni de **censure** (contrôle des articles avant leur publication). Le fait de censurer est parfois appelé le **caviardage :** la censure passant une encre noire sur les articles non autorisés.

Dans cette perspective, la démocratie apparaît bien comme le régime de la liberté politique.

2. Démocratie et justice

Si la liberté appartient à tous, il n'est pas donné à chacun de pouvoir en user. Pour empêcher que la liberté soit le privilège de quelques-uns, il est nécessaire d'introduire une justice dans la société ; d'où l'idée d'une **démocratie sociale** qui vise à affranchir l'individu de toutes les contraintes qui l'oppriment.

Si l'on considère que la situation économique est à l'origine de toutes les formes d'oppression, la démocratie sociale devra faire porter son effort sur la transformation des structures économiques.

3. Démocratie directe et démocratie représentative

Lorsque tous les membres de la collectivité prennent directement les décisions qui engagent l'avenir du groupe, le peuple se gouverne librement. Il y a identification des gouvernés aux gouvernants.

Cette formule de la **démocratie directe** recommandée par J.-J. Rousseau, est d'application difficile à cause de l'impossibilité de mobiliser le peuple en permanence et de le réunir tout entier en un seul lieu.

Aussi la règle généralement suivie est que le peuple fait connaître sa volonté par l'intermédiaire de ses représentants élus. C'est la **démocratie représentative.** « Le grand avantage des représentants, c'est qu'ils sont capables de discuter des affaires ; le peuple n'y est point du tout propre. Il ne doit entrer au gouvernement que pour choisir ses représentants » (Montesquieu, *Esprit des lois*).

Il est pourtant possible d'associer les institutions qui s'inspirent de la démocratie directe au fonctionnement d'un régime représentatif : c'est la **démocratie semi-directe** (ex. la Suisse contemporaine). Le peuple fait connaître sa volonté par l'**initiative populaire** (droit pour les citoyens de soumettre un projet en vue de le faire adopter par le pouvoir), le **veto** (droit pour les citoyens d'exprimer leur opposition à une mesure d'intérêt général), le **référendum** (droit pour les citoyens de se prononcer directement sur les grandes questions d'intérêt général).

4. Démocratie marxiste et démocratie libérale

Dans la **démocratie marxiste** le pouvoir procède d'une volonté populaire dont l'orientation est définitivement fixée par les exigences de la doctrine. C'est un pouvoir dont l'inspiration, le programme, les plans échappent à toute discussion parce que la puissance de l'Etat est monopolisée par une force politique qui s'est érigée en maîtresse de l'Etat.

Le caractère démocratique d'un pareil pouvoir ne peut être contesté que si l'on rejette le postulat marxiste de l'homogénéité de la société issue de la révolution.

Dans la **démocratie libérale,** le pouvoir est ouvert, la lutte politique est institutionnalisée. Aucune équipe dirigeante n'est jamais définitivement installée, aucun programme ne peut être tenu pour définitif. Cette disponibilité du pouvoir s'appuie sur le **pluralisme politique** (existence de plusieurs partis différents) qui fait de l'opposition une force aussi légitime que le sont les gouvernants en place.

5. Démocratie et république

Le terme **république** a deux sens :

- le gouvernement dans l'intérêt de tous (la « chose publique ») indépendamment de la forme du gouvernement.
- régime politique dans lequel le gouvernement n'est pas aux mains d'un monarque héréditaire.

Quantité de régimes ont été républicains : dans l'Antiquité, au Moyen Age en Italie, à l'époque contemporaine ; mais il importe de ne pas associer systématiquement république et démocratie ; une république ne recouvre pas nécessairement un système démocratique, et une démocratie n'est pas forcément une république (il peut exister des monarchies démocratiques ; au Royaume-Uni, en Espagne à l'époque contemporaine).

33. DÉMOCRATIES DE L'ANTIQUITÉ ET DU MOYEN AGE

1. La démocratie athénienne

En Grèce, le mot démocratie s'emploie par opposition à **monarchie, tyrannie, oligarchie** (→ *94. régime politique*).

Athènes, au Ve siècle avant J.-C., offre l'exemple d'une démocratie. Dans le cadre de la **cité** – petit territoire indépendant, pourvu d'un centre urbain et de bourgades rurales, entièrement maître de se gouverner à son gré – tous les habitants ne participent pas à la vie politique : les **métèques** (étrangers à la cité) et les **esclaves** (personnes qui, par leur état juridique, sont propriété d'une autre personne) en sont exclus ; seuls les **citoyens** y ont droit (citoyens signifiant admis à participer aux débats et à la vie politique).

Une pratique, l'**évergesie,** s'est répandue dans le monde grec, particulièrement à l'époque hellénistique. L'**evergète** est généralement un homme riche, étranger que, dans des circonstances diverses témoigne, d'une particulière bienveillance à l'égard de la cité et de ce fait reçoit le titre de bienfaiteur de la cité.

Les habitants de la cité sont répartis en **dèmes** qui représentent une division administrative ; chaque dème est administré par un **démarque.**

Les partisans de l'oligarchie se regroupent parfois en associations plus ou moins secrètes hostiles à la démocratie : les **hétairies**.

a) L'assemblée du peuple

Athènes est une **démocratie directe.** L'assemblée des citoyens (ou **Ecclesia**), après discussion publique à laquelle tout citoyen peut participer, vote à mains levées : la majorité décide. A l'origine, l'assemblée se réunit sur l'**agora** (principale place publique).

b) Le conseil

Le peuple ne pouvant siéger tous les jours, la continuité des affaires de la cité demande une assemblée permanente : la **boule** (le conseil).

Les 500 conseillers ou **bouleutes,** tirés au sort, travaillent à tour de rôle par groupe de 50 pendant un dixième de l'année chacun. Changé tous les jours, le chef de ce groupe est pendant vingt-quatre heures, une sorte de président de la République.

c) Les magistrats

Les **magistrats** sont chargés de l'application des décisions du peuple. Ils sont tirés au sort, à l'exception des **stratèges** (fonctions militaires) élus par l'assemblée et rééligibles. Périclès n'a d'autre titre que celui de stratège que le peuple lui a conféré pendant 14 ans.

Lorsque l'oligarchie supplante la monarchie, le pouvoir à Athènes appartient aux neuf **archontes.** L'archonte le plus important est l'**archonte**

eponyme. Ainsi appelé parce que son nom est donné à l'année, il est chargé de l'administration civile et de la juridiction publique. L'**archonte-roi** a la charge de la vie religieuse. L'**aréopage**, tribunal d'Athènes, est composé des anciens archontes.

d) Le tribunal du peuple

Maître de tous les pouvoirs, le peuple doit en principe rendre la justice. La plupart des causes sont jugées par le peuple réuni au **tribunal de l'Héliée** composé de 6 000 citoyens, tirés au sort chaque année et répartis en sections de 500 membres.

L'**ostracisme** permet au peuple, par un simple vote, d'exiler tout citoyen soupçonné d'aspirer à la tyrannie.

2. La République romaine

Rome a connu un régime républicain de 509 à 27 av. J.-C. D'abord aristocratique parce que réservé aux seuls **patriciens** – membres de la noblesse – le régime est devenu progressivement démocratique : la souveraineté appartenant à l'ensemble des citoyens : patriciens et **plébéiens.** Les plébéiens, moins élevés socialement se sont d'abord mis sous la dépendance, dans la **clientèle** des patriciens avant d'acquérir l'égalité des droits politiques. Le **client** reçoit chaque jour du patron un peu de nourriture ou une somme d'argent : c'est la **sportule.** La bonne marche du gouvernement est assurée par la collaboration de trois pouvoirs qui se font équilibre : les magistratures, le sénat, les assemblées du peuple.

a) Les magistrats

Les magistrats sont élus, en général pour un an. Ils forment des **collèges,** chaque magistrature a plusieurs titulaires.

Les **2 consuls** sont les chefs suprêmes de la République ; ils ont la haute main sur toutes les affaires publiques.

Les **2 préteurs** sont à la tête de la justice. Les **édiles plébéiens** et les **édiles curules** s'occupent de l'approvisionnement de la ville, de l'organisation des jeux et de la police.

Les **questeurs,** d'abord simples secrétaires des conseils sont les gardiens du trésor.

L'usage s'est établi de briguer les magistratures suivant un ordre déterminé : on devient d'abord questeur, puis édile, puis préteur, puis consul. C'est la carrière normale des honneurs **(cursus honorum).**

Trois autres magistratures ont chacune un caractère particulier.

Les **2 censeurs,** élus tous les cinq ans, procèdent au recensement des citoyens et à l'estimation de leur fortune. Ils dressent la liste des sénateurs et mettent en adjudication les grands travaux publics.

Les **10 tribuns de la plèbe** ont conservé leur caractère **sacro-saint** (inviolable) et peuvent s'opposer au vote d'une loi **(droit de veto).**

Leur pouvoir s'exerce désormais sur tous les citoyens sans distinction et non plus seulement sur les plébéiens.

En cas de grave menace intérieure ou extérieure, le sénat invite l'un des 2 consuls à désigner un **dictateur ;** celui-ci dispose d'un pouvoir absolu, toutes les magistratures sont suspendues mais il ne peut rester en fonction plus de six mois.

Les consuls, les préteurs, les édiles curules et le dictateur sont des **magistrats curules,** ainsi appelés parce qu'ils ont droit à un siège spécial, la **chaise curule** (tabouret d'ivoire, à pieds en forme d'X, attribut des rois de l'ancienne Rome).

b) Les assemblées du peuple (comices)

La souveraineté directe du peuple s'exprime, essentiellement, dans 2 assemblées, mais accorde en réalité la prépondérance aux riches.

Les **comices centuriates** élisent les consuls, les préteurs et les censeurs, et votent les lois. Les citoyens y sont répartis en 5 classes d'après leur fortune, chaque classe est divisée en **centuries.**

Les **comices tributes** élisent les édiles, questeurs et les tribuns et votent les lois. Ils se réunissent sur le **forum** (le forum correspond à l'agora des Grecs). Les citoyens sont répartis d'après leur domicile en **35 tribus :** 4 tribus urbaines, 31 tribus rurales. On vote par tribu.

Cette organisation qui ne tient pas compte de la fortune des citoyens, est plus démocratique que celle des comices centuriates ; toutefois, comme tous les prolétaires sont inscrits dans les 4 tribus urbaines, le vote des pauvres compte peu.

L'équilibre des pouvoirs

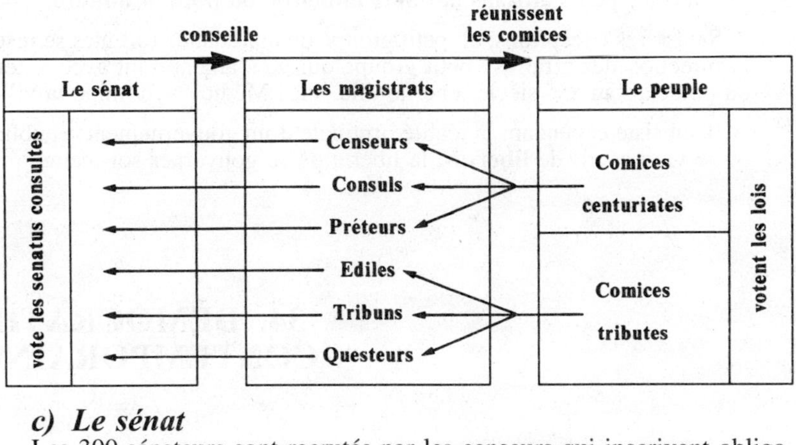

c) Le sénat

Les 300 sénateurs sont recrutés par les censeurs qui inscrivent obligatoirement sur la liste **(album)** tous les anciens magistrats. C'est donc le peuple qui, élisant les magistrats, désigne indirectement les sénateurs. Le sénat est le gardien des traditions et le conseiller des magistrats auxquels il donne des avis sous forme de **senatus consultes.** Sa compétence est universelle. Il demeure alors que les magistrats passent et assure ainsi la continuité de la politique romaine.

3. Les républiques italiennes de la Renaissance

Dans le nord de l'Italie se sont développées à la fin du Moyen Age, des républiques indépendantes à Milan, Venise, Florence, etc. mais peu démocratiques, évoluant vite vers des régimes **oligarchiques.**

Ainsi à Venise, le **doge,** chef élu de la République voit ses pouvoirs progressivement diminuer devant les empiétements de l'aristocratie (création du **conseil des Sages** puis du **conseil des Dix**). Pourtant, si l'Etat vénitien est géré dans l'intérêt des grandes familles marchandes, il reste soucieux d'une certaine responsabilité sociale.

A partir du XIIe siècle, Florence se libère de la domination impériale (Florence dépend jusqu'alors du Saint Empire romain germanique) et adopte des **institutions communales** (→ *15. bourgeoisie*) avec l'élection de magistrats municipaux : **consuls** et **podestats.**

La multiplication de métiers nouveaux ou **arts,** notamment dans le secteur du textile, permet l'essor d'une bourgeoisie d'affaires, riche et dynamique qui accapare la réalité du pouvoir avec la création d'organismes nouveaux. Ainsi le pouvoir exécutif appartient au **collège des prieurs** représentant les arts dont les membres sont régulièrement renouvelés.

Toutefois, cette république n'a pas de caractère démocratique ; la plupart des groupes sociaux sont exclus du pouvoir : les nobles, le prolétariat ouvrier, les petits artisans des **arts mineurs,** ou **populo minuto.**

Sauf rares exceptions, un petit groupe de marchands fortunés se réserve la direction des affaires ; petit groupe qui va s'amenuisant avec le temps au point qu'au XVe siècle, une famille – les Médicis – domine la ville.

Il subsiste cependant la réalité originale d'un gouvernement républicain et de vieil esprit de **libertas,** la liberté de se gouverner soi-même.

34. DÉMOCRATIES CONTEMPORAINES

Dans le monde actuel, les démocraties sont de deux types : les **démocraties libérales** et les **démocraties autoritaires.** Les premières sont fondées sur le pluralisme des partis politiques, les élections libres, affirment les **libertés individuelles** fondamentales, reposent sur le principe de l'économie libérale. Les secondes, de type socialiste, ont un système économique collectiviste et étatisé.

1. Les démocraties libérales

Elles correspondent à des pays ayant adopté un **régime parlementaire** (dans le cadre d'une monarchie ou d'une république) ou un **régime présidentiel.**

a) Le régime parlementaire

Il est caractérisé par l'**équilibre des pouvoirs.** Chaque pouvoir dispose de moyens d'action à l'égard de l'autre. Le Parlement contrôle l'activité du gouvernement et peut le renverser en mettant en jeu sa **responsabilité** politique. En contrepartie le gouvernement ouvre et clôture les **sessions** (périodes d'activité) parlementaires ; il a droit de parole devant les chambres et peut dissoudre le Parlement (au moins la chambre basse).

L'exécutif est composé de deux pouvoirs : un **chef de l'Etat** (monarque ou président de la République élu par le Parlement) irresponsable – l'**irresponsabilité** signifie que le chef de l'Etat n'a pas à répondre des actes politiques qu'il accomplit en vertu de ses pouvoirs (sauf en cas de haute trahison) – et un **gouvernement** solidairement responsable devant le Parlement. La responsabilité est la soumission à la confiance accordée ou refusée par le Parlement. Dans la Constitution française de 1946 l'**investiture** est l'acte par lequel l'Assemblée nationale confie par un vote à un homme politique, la mission de constituer un nouveau gouvernement. Lorsque le chef du gouvernement pose une question à l'Assemblée nationale, pour l'inviter, à l'occasion à un vote, à lui renouveler sa confiance, il s'agit de la **question de confiance.** Il ne faut pas confondre question de confiance et **motion de censure** (cf. *infra*) : en effet, selon la Constitution française de 1958 la motion de censure est une proposition déposée par au moins un dixième des députés et devant entraîner la démission du gouvernement si elle est acceptée à la majorité absolue. Ce système politique existe notamment dans les monarchies de l'Europe du Nord (Pays-Bas, Danemark) et britannique et dans deux républiques européennes (Allemagne de l'Ouest, Italie). En Grande-Bretagne, le **cabinet** (ministère) est tout puissant. Il est totalement libre vis-à-vis du souverain qui n'a plus aucun pouvoir politique. Le Parlement est totalement subordonné au cabinet ; en effet à cause du **bipartisme,** le Premier ministre est nécessairement le chef d'une majorité cohérente et disciplinée.

Dans la République italienne, le parlementarisme contient juridiquement des aspects spécifiques : les deux chambres sont recrutées de façon également démocratique, le gouvernement est responsable devant l'une et l'autre. Dans la pratique, le fonctionnement du régime est proche du **parlementarisme à la « française »** (parlementarisme des IIIe et IVe Républiques) : le **multipartisme** (grand nombre de partis politiques) est à l'origine de **gouvernements de coalition** (entente de plusieurs partis pour disposer d'une majorité au Parlement) qui aboutissent à l'**instabilité gouvernementale** (brièveté de la durée des gouvernements) et à l'omnipotence du Parlement.

Dans un régime parlementaire, lorsque l'Assemblée (pouvoir législatif) est prépondérante face à l'exécutif on parle de **régime d'assemblée.** L'expression, **régime des partis** qui a pris maintenant un sens péjoratif concerne un régime – celui de la IVe République en France – dans lequel les partis sont favorisés et non les personnalités indépendantes ou le pouvoir exécutif.

b) Le régime présidentiel

Le régime des Etats-Unis en fournit le meilleur exemple. C'est le régime de la **séparation rigide des pouvoirs** dans lequel l'exécutif est confié à un Président. Le Président, élu au suffrage universel à deux degrés (→ *39. élection*) est aussi chef du gouvernement dont les membres s'appellent **secrétaires** et non ministres (le ministre des Affaires étrangères est **secrétaire d'Etat**). Il prend conseil de ses secrétaires, qu'il nomme et révoque à son gré, mais le Président décide seul.

Donc le régime présidentiel s'oppose sur des points essentiels au régime parlementaire :

- origine élective du Président, sans intervention des chambres ;
- absence de distinction entre chef d'Etat et chef de gouvernement ;
- direction « monarchique » sans gouvernement de cabinet.

L'autonomie des deux pouvoirs au regard de l'autre se manifeste par deux caractères qui font de nouveaux contrastes avec le régime parlementaire :

- chaque pouvoir a ses compétences propres : au Congrès, le pouvoir législatif et financier sans partage ; l'administration, la politique étrangère sont la seule affaire du Président ;
- il n'existe pas de procédure juridique permettant à l'un des pouvoirs de mettre en cause l'investiture de l'autre. Le Président ne possède pas le pouvoir de dissolution ; il ne peut être renversé par le Congrès et n'a pas besoin de sa confiance.

Pourtant le Congrès peut procéder à la mise en accusation constitutionnelle du Président **(procédure d'impeachment)** en cas de faute grave de celui-ci.

La France de la Ve République a un régime **« semi-présidentiel »** : le président de la République, élu au suffrage universel, tire son autorité de l'ensemble de l'électorat national, ce qui le rend indépendant des chambres et assure sa supériorité sur le gouvernement.

Depuis 1874, la durée du mandat présidentiel est de 7 ans **(septennat).** Mais de nombreux éléments du parlementarisme demeurent (existence du cabinet ministériel, pratique de la dissolution, possibilité pour le Parlement de renverser le gouvernement après dépôt d'une **motion de censure**).

L'importance de ces éléments du parlementarisme est variable selon que la majorité parlementaire est ou non inconditionnellement favorable au chef de l'Etat. (Cf. problèmes de la **cohabitation** de 1986 à 1988.)

2. Les démocraties autoritaires

Démocratie socialiste, démocratie populaire désignent les Etats d'Europe orientale qui ont adopté le système marxiste.

La caractéristique fondamentale de ces régimes est que le parti communiste y dirige la société.

Le parti communiste, **parti unique** est organisé selon la règle du **centralisme démocratique** (le P.C. n'impose ses décisions qu'après que leurs données aient été examinées par ses organismes de base ou **cellules**). Il doit exercer le rôle dirigeant, sans se substituer aux organes de l'Etat, mais en réalité, il est l'élément fondamental et suprême du pouvoir.

D'après les constitutions des Etats socialistes, les assemblées politiques sont les titulaires du pouvoir d'Etat et tous les autres organes de l'Etat leur sont subordonnés. Le Parlement a les compétences législatives et désigne les organismes du pouvoir exécutif : le gouvernement qui est l'organe principal de direction de l'administration, et le **Conseil d'Etat,** institution originale propre aux Etats socialistes, comparable au **Praesidium** soviétique (sorte de chef d'Etat collectif). Les fonctions de président du Conseil d'Etat sont souvent exercées par le dirigeant du P.C. : le **secrétaire général.**

Les démocraties populaires européennes (Pologne, R.D.A., Tchécoslovaquie, Hongrie, Bulgarie, Roumanie) nées au lendemain de la Seconde Guerre, subissent, surtout après 1948, le totalitarisme stalinien. Elles perdent leur identité nationale et n'apparaissent plus que comme des **satellites** de l'Union soviétique.

3. Gouvernements délibératifs et monocratiques

Le concept de démocratie recouvre donc des réalités politiques fort différentes. Le moyen d'établir une distinction entre les gouvernements démocratiques et ceux qui ne le sont pas est, peut-être de mettre l'accent sur l'existence ou non d'une opposition. Dans ce cas on peut distinguer les **gouvernements délibératifs** et les **gouvernements monocratiques.**

Dans les **gouvernements délibératifs,** la politique suivie peut-être contestée par l'opposition dans des débats publics ; les citoyens ayant le dernier mot lors des échéances électorales. Selon que l'autorité gouvernementale est homogène ou non, on a des **gouvernements unitaires** (**gouvernement de cabinet** en Grande-Bretagne, **gouvernement présidentiel** aux Etats-Unis) ou des **gouvernements** par **délégation parlementaire** (Italie).

Lorsque les mécanismes constitutionnels sont au service de l'idéologie des hommes au pouvoir, il s'agit de **gouvernements monocratiques.** La **monocratie** est la condamnation de toutes les formes de pluralisme. Le pouvoir appartient à un seul parti (parti communiste dans les **démocraties populaires**) ou à un homme (**dictature** de Franco en Espagne de 1939 à 1976).

Dans ce type de régime, il est fréquent que le dirigeant nomme à des fonctions importantes des membres de sa famille (pratique du **népotisme,** de *nepote,* neveu en italien).

35. UNE « DÉMOCRATIE SOCIALISTE » L'UNION SOVIÉTIQUE

L'Union soviétique est un Etat fédéral constitué de quinze **Républiques fédérées** correspondant en principe aux groupes nationaux les plus importants ; les nationalités numériquement moins importantes forment des **Républiques autonomes** ou des régions autonomes.

1. La structure de l'Etat

a) Jusqu'en 1990

Tous les pouvoirs reposent sur la désignation par le suffrage universel mais une seule liste **(le Bloc)** réunissant des membres du parti communiste et des sans-parti est présentée aux électeurs.

Le pouvoir législatif appartient à deux assemblées **(Soviets) :**

Le **Soviet de l'Union** et le **Soviet des Nationalités** qui, réunis, constituent le **Soviet suprême** (→ *87. parlement*).

Le Soviet suprême désigne les membres du **Praesidium** (comité permanent qui détient le pouvoir exécutif composé d'un président et de seize vice-présidents = sorte de chef d'Etat collectif) et du gouvernement. Il nomme également les membres des **Comités d'Etat** dont les plus importants sont le **Gosplan** (chargé d'élaborer le plan) et le **K.G.B.** (comité à la sécurité de l'Etat). Le K.G.B. est une police politique dont les appellations ont varié depuis 1917 : **Tcheka** (T.C.K.), **Guépeou** (G.P.U.), **N.K.V.D.** puis K.G.B.

La réalité du pouvoir n'appartient pas aux organismes officiels mais au **parti communiste** « la force qui dirige et oriente la Société soviétique » (art. 6, Constitution).

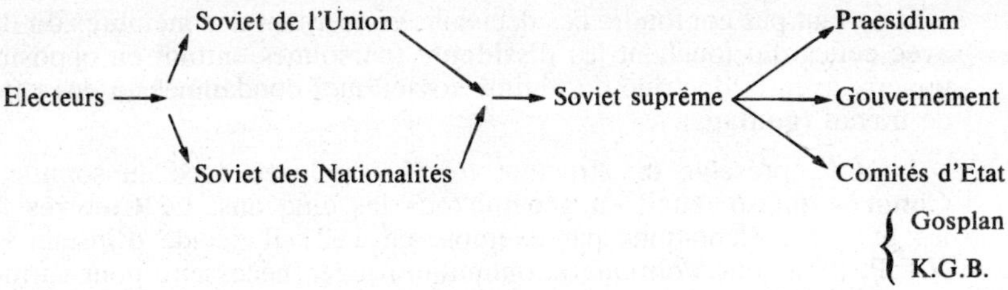

b) Les nouvelles structures depuis 1990

L'organisation de l'Etat soviétique a été largement bouleversée par de récentes mesures.

- Le **pluripartisme** (plusieurs partis politiques) est désormais officiellement admis (art. 6 et 7).
- Le **Congrès des députés du peuple** est l'organe supérieur du pouvoir d'Etat de l'U.R.S.S. Il comprend 2 250 députés (1/3 élus par des circonscriptions territoriales, 1/3 élus dans le cadre des nationalités, 1/3 représentant les organisations sociales).
- Le **Soviet suprême** est élu par le Congrès des députés. Il comprend 2 chambres, Soviet de l'Union et Soviet des nationalités (267 députés par soviet).
- Le chef de l'Etat soviétique est le président de l'U.R.S.S. élu pour 5 ans au suffrage universel. Le président de l'U.R.S.S. préside le **Conseil de la Fédération** qui s'occupe des problèmes de relations entre républiques composant l'U.R.S.S. Un **Conseil présidentiel** assiste le président de l'U.R.S.S.

c) La disparition de l'U.R.S.S.

En 1991, la plupart des républiques fédérées se déclarent indépendantes. Huit d'entre elles fondent la **C.E.I.**, communauté d'états indépendants.

2. Le parti communiste (P.C.)

Parti unique, le P.C. est un parti sélectionné : l'admission y est difficile et les exclusions fréquentes. Cela est lié à la pratique du **centralisme démocratique ;** théoriquement il concilie l'exercice de la démocratie par les discussions et propositions des organismes de base et le pouvoir centraliste, qui prend les décisions définitives, impose la soumission de la minorité à la majorité.

Le parti condamne le **fractionnisme,** c'est-à-dire la formation de groupes ayant des programmes particuliers et le **déviationnisme,** attitude de ceux qui s'écartent de la doctrine officielle. En cas de conflits persistants sur les orientations politiques, des épurations sont décidées (cf. les **purges** staliniennes et la mise à l'écart du **« groupe anti-parti »** en 1957 par Khrouchtchev).

Il ne faut pas confondre ces décisions concernant des membres du Parti avec celles qui touchent les **dissidents** (personnes entrant en opposition ouverte avec la doctrine du régime soviétique) condamnées à des camps de travail **(goulags).**

Le P.C. présente un structure très hiérarchisée avec au sommet le **Congrès** qui se réunit en général tous les cinq ans. Le **Congrès** fixe les grandes orientations par exemple en 1921 il décide d'instaurer la **N.E.P.** (Nouvelle Politique Economique) jugée nécessaire pour surmonter les problèmes nés de la guerre civile et en 1956 la **déstalinisation** (XXe Congrès).

Le Congrès élit les membres du **Comité central** lequel choisit le **politburo** (bureau politique) et le secrétariat à la tête duquel se trouve le **secrétaire général.**

Les **apparatchiks** sont les membres permanents de l'appareil du Parti. Quant aux dirigeants des postes importants dans les domaines politique, administratif, intellectuel, ils constituent la **nomenklatura.**

Pendant de nombreuses années, les postes de dirigeants ayant été aux mains de gens âgés, on a qualifié le régime soviétique de **gérontocratie.**

Le P.C. domine l'Etat et les syndicats (le droit de grève n'existe pas) et prépare ses militants dans des organisations de jeunesse : les **pionniers** regroupent les enfants de sept à quatorze ans, les **komsomols** (jeunesses communistes) les adolescents de quatorze à dix-huit ans.

Le Parti impose **le réalisme socialiste :** il s'agit d'une doctrine esthétique qui exige des artistes qu'ils participent à l'édification du socialisme en peignant la réalité selon les vues du marxisme et dans un style accessible à tous.

3. Une économie socialiste

Les deux principes de base de l'économie soviétique sont la **collectivisation** (propriété socialiste – ou collective – des biens de production) et la **planification :** le système économique est dirigé « sur la base de plans d'Etat de développement économique et social ».

a) Les entreprises

La collectivisation agricole, au début des années 30, voit l'élimination des **koulaks** (paysans propriétaires riches) et la création de deux organismes : le **kolkhoze** et le **sovkhoze.**

Le **kolkhoze** est une coopérative d'exploitation qui reçoit des terres de l'Etat, propriétaire du sol. Jusqu'en 1957 l'équipement en machines est assuré dans le cadre de **M.T.S.** (Stations de Tracteurs et de Machines). A l'intérieur du kolkhoze les travailleurs sont répartis en **brigades** (équivalents d'un village) et en **équipes** (dix-quinze personnes). Le kolkhozien assuré maintenant d'un salaire minimum perçoit une rétribution qui est fonction du temps de travail et des revenus du kolkhoze.

Le **sovkhoze** est une ferme d'Etat placée sous l'autorité d'un directeur nommé. Chaque travailleur reçoit un salaire fixe comme un ouvrier d'usine.

Chaque kolkhozien et sovkhozien dispose d'un **lopin individuel,** ou **dvor,** ou **exploitation individuelle auxiliaire (E.I.A.)** qu'il exploite personnellement et dont il vend librement les produits.

Un effort d'intégration agro-industrielle a été mené pour tenter d'améliorer l'efficacité agricole : ainsi sont nées des **organisations interentreprises** (O.I.) organismes spécialisés dans un domaine donné : habitat, aliments pour le bétail... et des **unions agricoles** réunissant plusieurs kolkhozes, sovkhozes et industries agro-alimentaires.

Dans l'industrie, pratiquement toutes les entreprises sont des entreprises d'Etat : deux types de regroupement ont longtemps existé : le **combinat** ou association d'entreprises complémentaires : **(concentration verticale)** le **trust,** association d'entreprises fournissant un même produit **(concentration horizontale).** Depuis les années 60, de nouvelles formes de concentration sont apparues avec les **unions de production** (regroupement d'entreprises, en général de petite taille, exerçant leurs activités dans une même région).

b) La planification

Depuis 1928, l'ensemble de la production est soumis à un plan en fonction des besoins prévus et des possibilités de réalisation. Il s'agit d'une planification **impérative,** globale, rigide, centralisée, souvent ambitieuse (à l'époque stalinienne la réalisation des **plans** implique une mobilisation maximum des forces productives par la propagande et l'émulation socialiste **(stakhanovisme).** Le plan, établi par le **Comité d'Etat au plan** (Gosplan) fixe les objectifs pour une période donnée, en général de cinq ans **(plans quinquennaux).**

A la fin des années 50, la nécessité d'une planification régionale s'est manifestée avec la création des **sovnarkhozes** ou **conseils économiques régionaux** qui ont très vite échoué (1957-1964) puis avec celle des **complexes territoriaux de production** (C.T.P.) qui rappellent les combinats (ensembles d'entreprises et de services complémentaires au niveau régional).

c) L'entreprise et le plan

Pendant les années staliniennes (1928-1953) l'entreprise est totalement soumise aux exigences du plan et ne dispose d'aucune autonomie.

Chaque travailleur, par son effort volontaire doit chercher à augmenter le rendement grâce à son expérience et à la rationalisation des formes de production : c'est le **stakhanovisme** (du nom de Stakhanov, ouvrier mineur du Donbass).

En 1965, une réforme dite Liberman accorde l'**autonomie financière ou comptable (khozrascet)** aux entreprises – autonomie renforcée depuis 1983 par l'expérience de gestion nouvelle ou « **Experiment** » – et réintroduit la notion de profit : le travailleur est intéressé à l'amélioration des résultats en recevant des primes alimentées par un **fonds de stimulation** dont dispose chaque entreprise.

Dans le même temps les **indices du plan** (ou **indicateurs**) imposés aux entreprises par le plan et que celles-ci se doivent de respecter sont modifiés.

En vue d'assurer une meilleure gestion, ont été créées, notamment dans le domaine agricole, des organismes intermédiaires entre les entreprises agricoles et les ministères – les **R.A.P.O.** – et à l'échelon central un comité d'Etat agro-industriel remplaçant plusieurs ministères agricoles : le **gosagroprom.**

4. Vers l'économie de marché

- Avec l'arrivée au pouvoir de M. Gorbatchev, l'Union soviétique entame un processus de profond renouvellement de ses structures économiques. La période est marquée par l'avènement de la **glasnost**, politique de transparence, d'où des progrès dans la liberté d'expression et une meilleure information des citoyens.
- Parallèlement l'U.R.S.S. s'engage dans la voie de la **perestroïka,** c'est-à-dire la refonte (ou la restructuration) de l'appareil de production. En bouleversant les rapports sociaux et le comportement des agents de production, la *perestroïka* poursuit une logique de libéralisation de l'économie (libertés accrues pour les entreprises, décollectivisation des campagnes, développement des coopératives et du secteur privé).
- Depuis l'implosion de l'U.R.S.S., l'économie de marché s'impose progressivement.

36. DÉMOGRAPHIE

1. La science démographique

a) La **démographie** est une science ayant pour objet l'étude des populations humaines d'un point de vue principalement quantitatif. Cette étude s'attache à décrire et à analyser l'état et la composition des populations (structures par âges, par sexe, selon l'état matrimonial, le degré d'instruction), et l'évolution des populations qui dépend de phénomènes naturels (natalité, mortalité, nuptialité) et de mouvements migratoires.

Les études récentes portent aussi sur les relations entre les phénomènes démographiques et les phénomènes économiques et sociaux.

b) La démographie compte plusieurs domaines de recherche :

- **démographie historique :** étude des populations anciennes, particulièrement celles pour lesquelles on ne dispose pas des données statistiques de type moderne. D'où l'utilisation de sources auxiliaires, **registres paroissiaux** et **registres d'état civil,** qui permettent la reconstitution des familles ;
- **démographie mathématique :** étude des phénomènes démographiques à l'aide du langage mathématique, d'où la détermination de **modèles démographiques** avec reconstitution mathématique des variables démographiques ;
- **démographie économique** et **sociale :** partie de la démographie étudiant les relations entre phénomènes démographiques et les phénomènes économiques et sociaux (influences de la conjoncture, du niveau de vie, influence de la démographie sur l'économie) ;
- **démographie biologique :** étude des aspects médicaux des phénomènes démographiques, étude des populations sous l'angle sanitaire (maladies, épidémies).

2. Les sources de la démographie

Les **dénombrements** de population ont pour but de recueillir des renseignements sur l'état et l'effectif de la population à un moment donné. Ils peuvent être généraux et concerner toutes les personnes du pays, ou partiels, c'est-à-dire limités à une catégorie d'habitants ou à une partie du territoire.

Les **recensements** sont plus complets. Les opérations de recensement effectuées par des agents recenseurs recueillent des renseignements sur les familles et les individus : domicile, sexe, âge, profession, lieu de naissance, instruction, structure des ménages, conditions de logement. En France, trois questionnaires sont utilisés : la **feuille de logement** (composition du logement, équipement), le **bulletin individuel** (renseignements sur chaque individu), le **bordereau de maison** (regroupe les renseignements sur l'ensemble du logement d'une maison ou d'un immeuble).

Le **ménage** est un ensemble de personnes, quels que soient les liens qui les unissent, occupant un même logement à titre de résidence principale. Un ménage, au sens statistique, peut ne comprendre qu'une seule personne. En France, on distingue **ménage ordinaire** (ensemble des occupants d'un logement) et **ménage collectif,** ensemble de personnes vivant dans une collectivité : communauté religieuse, maison de retraite, hôpitaux (pour les malades n'ayant pas d'autres domiciles). Pour certaines personnes, la résidence dans une collectivité présente un caractère temporaire : étudiants et élèves internes, militaires du contingent en garnison, malades en traitement dans un sanatorium, ouvriers logés dans des chantiers temporaires, détenus de prisons, malades en traitement dans un hôpital psychiatrique. Les catégories de population vivant en collectivité de manière temporaire ne sont pas classées dans les ménages collectifs et constituent la **population comptée à part.** A l'exception des détenus et des malades mentaux, les personnes appartenant à la population comptée à part sont également comptabilisées dans leur résidence habituelle (ménage ordinaire). Elles sont donc comptées deux fois, d'où un total de population appelé **population avec double compte,** (ou **population légale** pour une commune). Dans la **population sans double compte,** chaque personne est comptabilisée au lieu de sa résidence habituelle.

3. Le mouvement d'une population

Le **mouvement naturel** résume les changements progressifs d'une population sous l'effet des événements démographiques : naissances, mariages, divorces, décès. Plus particulièrement, le mouvement naturel est la résultante de la natalité et de la mortalité : lorsque le nombre de naissances est supérieur au nombre de décès, le mouvement naturel est positif ; c'est l'**accroissement naturel.** Inversement, quand le nombre des décès est supérieur à celui des naissances, on parle de **déficit naturel.**

Au mouvement naturel s'ajoute les effets de migrations : la différence entre l'**émigration** (déplacement de la population vers l'extérieur du territoire) et l'**immigration** (inverse) constitue le **solde migratoire** qui peut être positif ou négatif.

L'addition du **solde naturel** (accroissement ou déficit) et du solde migratoire donne le mouvement de la population.

4. Natalité et fécondité

a) Parmi les naissances, de nombreuses distinctions :

– **Naissances légitimes,** naissances dans le mariage (couple marié) à distinguer des **naissances illégitimes.**

– **Naissances vivantes** à opposer aux mortinaissances (accouchement d'un enfant mort-né).

– **Naissances simples** et **naissances multiples** (jumeaux, triplés...).

– **Naissances à terme** (après une durée normale de grossesse, soit trente-huit semaines) ou **avant terme.**

b) Le **taux brut de natalité** (ou taux de natalité) est le nombre de naissances vivantes enregistrées dans une année pour 1 000 habitants. C'est donc le rapport des naissances annuelles à la population moyenne de l'année, rapport exprimé pour 1 000 personnes. Ex. naissances annuelles : 769 000 ; population moyenne de l'année : 55 173 000 personnes ; taux de natalité :

$$\frac{769\,000 \times 1\,000}{55\,173\,000} = 13,93\ ‰$$

Les taux de natalité varient de 45 ‰ à moins de 10 ‰. Ils sont fonction du comportement démographique mais sont aussi influencés par la composition par âges de la population.

Taux de natalité et de mortalité au Royaume-Uni (moyennes quinquennales)

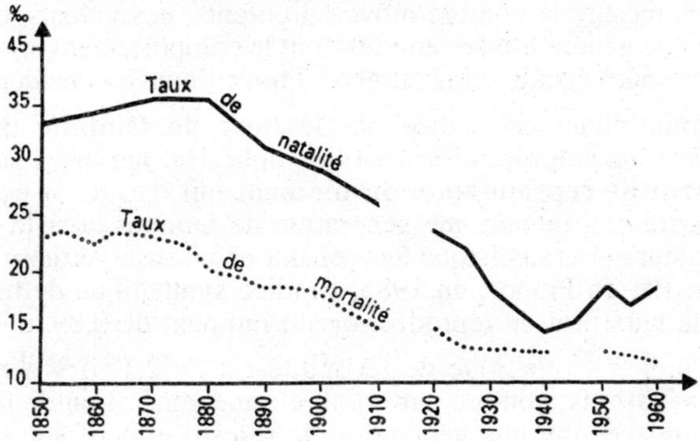

c) La **fécondité :** pour éliminer l'influence de la structure par âges on calcule des taux de fécondité. Le **taux global de fécondité** est le rapport du nombre de naissances vivantes d'une année à l'effectif moyen des femmes en âge de procréer (femmes fécondes, par convention femmes âgées de quinze à quarante-neuf ans). Ce taux est exprimé pour 1 000 femmes.

Taux de fécondité par âge en France en 1978 et 1988

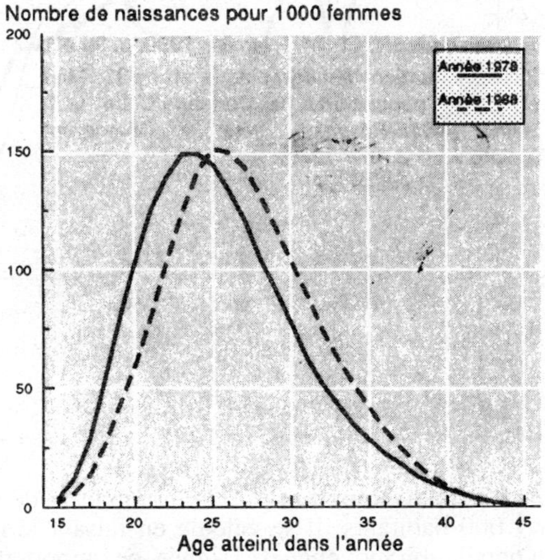

Source : I.N.S.E.E., *Tableaux de l'économie française,* 1990.

Le **taux de fécondité par âge** est le rapport des naissances annuelles nées vivantes, survenues chez les femmes d'un certain âge, à l'effectif moyen de la population féminine ayant cet âge. La somme du taux de fécondité des femmes de quinze à quarante-neuf ans (établi pour la même année) est appelée **somme des naissances réduites** ou **indice synthétique de fécondité.** Ce chiffre, appelé parfois **indicateur conjoncturel de fécondité,** mesure le nombre moyen d'enfants, nés vivants, que mettrait au monde une génération de femmes dont le comportement procréateur serait, à chaque âge, égal à celui observé durant l'année considérée.

En multipliant cet indice par le **taux de féminité des naissances** (48,8 ‰, soit la proportion de filles pour 100 naissances), on obtient le **taux brut de reproduction du moment** qui mesure le nombre de filles que mettrait au monde une génération de femmes dont le comportement procréateur serait, à chaque âge, égal à celui observé durant l'année considérée. Ex. en France, en 1985, l'indice synthétique de fécondité est de 1,82 ; le taux brut de reproduction du moment de 0,89.

Si l'indice synthétique de fécondité est de 2,1, il y a **remplacement des générations,** nombre par nombre : une génération de femmes devrait être remplacée par une génération de filles d'effectif équivalent.

Indice synthétique de fécondité en France et en Italie 1930-1980

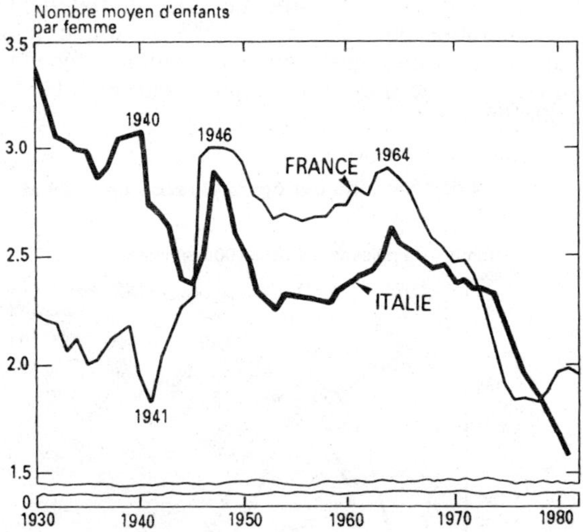

Source : I.N.E.D., *Population et sociétés,* n° 168.

5. La mortalité

a) Le **taux brut de mortalité** est le nombre de décès enregistrés en un an pour 1 000 habitants. Il se calcule en faisant le rapport des décès annuels à la population moyenne de l'année, ce rapport étant exprimé pour 1 000 personnes. Le taux (brut) de mortalité est très influencé par la composition par âges de la population : plus la proportion de gens âgés est forte, plus le taux de mortalité est élevé. Selon les pays, le taux de mortalité varie de 4 ‰ (populations très jeunes) à plus de 15 ‰ (pays à médiocre état sanitaire). Par région les différences de mortalité sont très sensibles : ex. en France, (1985) : taux de mortalité du Limousin : 14,1 ‰ ; de l'Ile-de-France : 8,2 ‰.

b) On peut aussi calculer des **taux de mortalité par âge** (ou groupes d'âge) : rapport entre le nombre de décès annuels subis par la population de cet âge et l'effectif moyen de la population concernée.

c) Les **tables de mortalité** décrivent, selon les âges, la survenance des décès dans une génération. Les tables de mortalité comportent le nombre de décès survenus d'un anniversaire à l'autre (ex. de 44 à 45 ans), le nombre de survivants (pour un effectif de départ de 10 000 ou 100 000) à chaque anniversaire. La **table de mortalité du moment** attribue à une génération fictive les conditions de mortalité du moment (ex. année 1988). A partir de la table de mortalité du moment, on peut calculer l'**espérance de vie,** nombre moyen d'années restant à vivre à une personne atteignant l'âge « X ». Le calcul de cette espérance notée « e » s'effectue à partir des survivants à l'âge « X » notés « Sx », selon la formule $e^x = 1/2 + \frac{S(x+1) + S(x+2) + S(x+3) + \dots}{Sx}$

(S(x+3) = survivants à l'âge x+3)

Deux tables de mortalité pour la France

Celle de 1933-1938 et la table de mortalité du moment 1981-1983

Ages (années)	Survivants aux âges indiqués pour 10 000 nés vivants				Espérance de vie aux âges indiqués (années et dixièmes d'années)			
	Hommes		Femmes		Hommes		Femmes	
	1933-38	1981-83	1933-38	1981-83	1933-38	1981-83	1933-38	1981-83
0	10 000	10 000	10 000	10 000	55,6	70,6	61,4	78,7
1	9 180	9 892	9 366	9 919	59,5	70,4	64,5	78,3
2	9 049	9 882	9 248	9 911	59,4	69,4	64,3	77,4
3	9 000	9 877	9 203	9 906	58,7	68,5	63,6	76,5
4	8 967	9 872	9 173	9 902	57,9	67,5	62,8	75,5
5	8 942	9 868	9 150	9 899	57,1	66,5	62,0	74,5
10	8 860	9 851	9 072	9 887	52,6	61,7	57,5	69,6
15	8 796	9 834	9 004	9 876	47,9	58,8	52,9	74,7
20	8 665	9 778	8 875	9 852	43,6	52,1	48,6	59,8
25	8 466	9 693	8 696	9 825	39,6	47,5	44,6	55,0
30	8 258	9 617	8 520	9 795	35,5	42,9	40,5	50,1
35	8 007	9 537	8 342	9 757	31,6	38,2	36,3	45,3
40	7 699	9 425	8 143	9 702	27,7	33,6	32,1	40,6
45	7 326	9 255	7 903	9 622	24,0	29,2	28,0	35,9
50	6 865	9 872	7 596	9 501	20,4	25,0	24,0	31,3
60	5 573	7 953	6 699	9 073	13,9	17,5	16,5	22,5
65	4 692	7 172	6 009	8 711	11,1	14,1	13,1	18,3
70	3 642	6 158	5 062	8 174	8,5	11,0	10,1	14,4
75	2 471	4 837	3 819	7 301	6,3	8,3	7,5	10,8
80	1 340	3 269	2 395	5 880	4,6	6,1	5,5	7,7
85	516	1 727	1 118	3 876	3,3	4,4	4,0	5,4

d) L'**espérance de vie à la naissance** est le nombre moyen d'années de vie d'une personne prise à la naissance. C'est une probabilité moyenne calculée *a priori,* à partir de la table de mortalité du moment.

Espérance de vie à la naissance : $e^o = 1/2 + \dfrac{S1 + S2 + S3... + S91 + S...}{S^o}$

(S1 = survivant à 1 an – S91 = survivants à 91 ans)

L'espérance de vie est, sauf exception, plus faible pour les hommes que pour les femmes. L'écart entre espérance de vie masculine et féminine mesure la **surmortalité masculine** (de deux à dix ans).

e) Le **taux de mortalité infantile** est le rapport du nombre de décès d'enfants de moins de un an durant une année civile au nombre de naissances vivantes durant cette année. Dans la mortalité infantile, on distingue souvent la **mortalité néo-natale** qui intervient dans les quatre semaines après la naissance.

6. Les autres mesures démographiques

La **nuptialité** (phénomène du mariage) peut donner lieu à un calcul du **taux de la nuptialité.** Le **taux brut de nuptialité** est le rapport des mariages d'une année à la population moyenne de cette année. On peut aussi calculer des taux de nuptialité par rapport à la population en âge de se marier, des **taux de divortialité** : le **taux brut** est égal au rapport des divorces d'une année à la population moyenne de cette année ; le **taux de divortialité des mariés** rapporte les divorces d'une année à l'effectif moyen des mariages subsistants durant cette année.

7. La démographie, analyse de la composition d'une population

La **structure** (ou la composition) d'une population s'analyse selon diverses caractéristiques démographiques (sexe, âge, état matrimonial) ou sociologiques (degré d'instruction, profession exercée...).

a) La **pyramide des âges** est un double histogramme donnant une représentation de la population par sexe et par âge. En abscisse, deux échelles portées par des demi-axes pour la représentation des effectifs masculins et féminins (effectifs en valeur absolue ou en pourcentage de la population totale) ; en ordonnée, une échelle pour la représentation des âges (intervalles d'une année, de vingt ans...).

Les pyramides des âges, adoptent des formes variées : en pagode, à base très large pour les populations jeunes ; à base restreinte pour les populations en voie de vieillissement ; les pyramides enregistrent les événements démographiques qui ont affecté l'ensemble des générations d'un pays. On y retrouve les **classes creuses,** générations sensiblement moins nombreuses que celles qui les entourent.

Pyramide des âges de la France au 1er janvier 1990

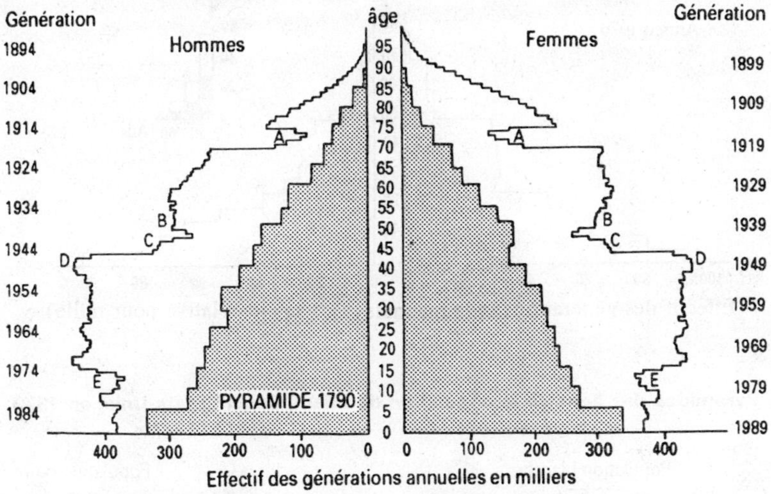

A: Déficit des naissances dû à la guerre de 1914-1918 B: Passage des classes creuses à l'age de la fécondité
C: Déficit des naissances dû à la guerre de 1939-1945 D: Baby-boom E: Dénatalité

Source : I.N.S.E.E. - T.E.F. 1990.

Pyramides des âges de la population de Paris en 1982

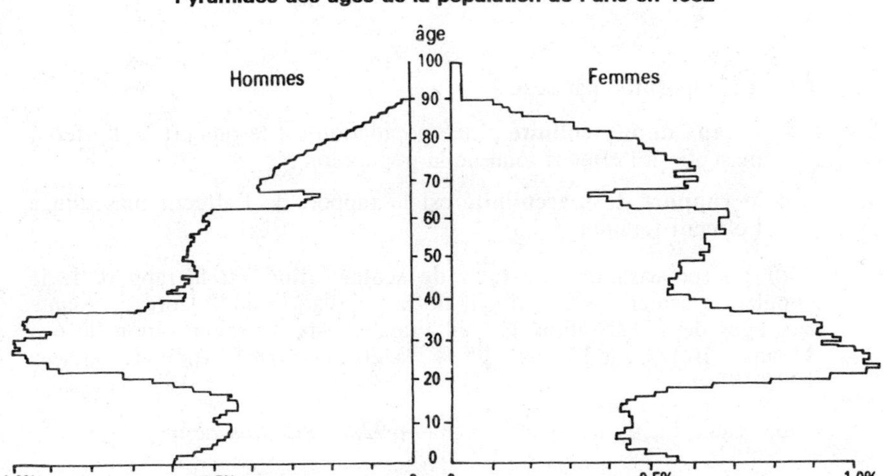

Pyramide des âges de la population africaine de Pointe-Noire (Congo)

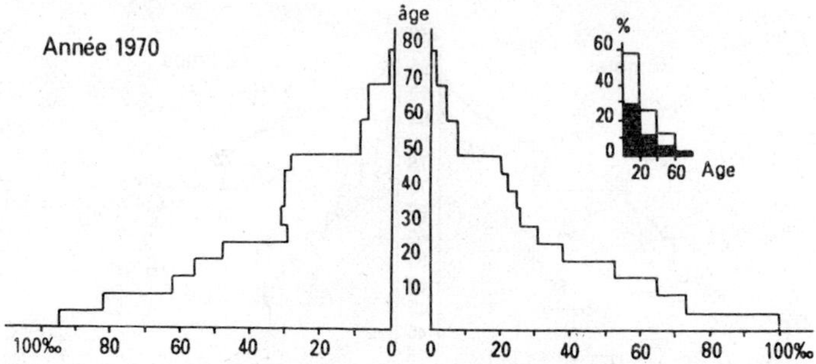

Effectif des générations quinquennales (en valeur relative pour mille)

Pyramides des âges de la population de Miami Beach (Etats-Unis) en 1970

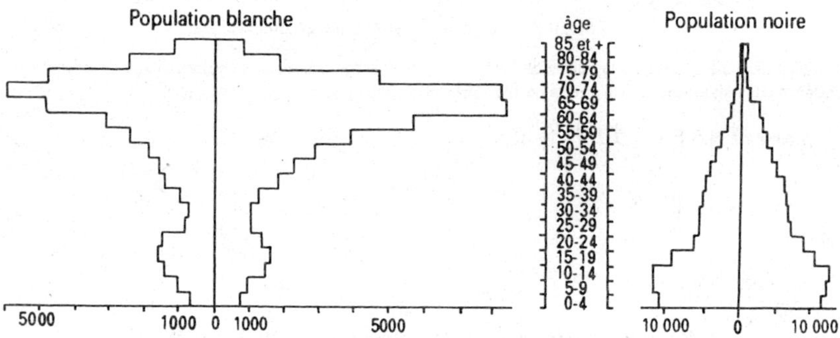

b) La composition par sexe :

– le **taux de masculinité** d'une population est le rapport de l'effectif masculin à l'effectif total de la population ;

– le **rapport de masculinité** est le rapport de l'effectif masculin à l'effectif féminin.

c) La scolarisation : le **taux de scolarisation** est le rapport de la population scolarisée à l'effectif de la population totale correspondante aux âges de scolarisation. Ex. en France, taux de scolarisation de 6 à 11 ans : 100 % ; à 15 ans : 95 % ; à 20 ans : 18 % (pour les années 1983-1984).

d) Taux d'activité, de chômage (→ *92. population active*).

8. Histoire démographique et politiques démographiques

a) L'histoire démographique des diverses populations présente certaines similitudes.

– L'**ancien régime démographique** est une situation démographique caractérisée par un fort taux de natalité et un fort taux de mortalité. La natalité très élevée est quasiment une natalité naturelle, la population ne pratiquant aucun contrôle ou limitation des naissances (→ *infra*). La mortalité est élevée du fait d'une forte mortalité infantile à laquelle s'ajoutent de nombreux phénomènes de **surmortalité accidentelle** (épidémies, guerres, famines). L'espérance de la vie à la naissance est faible (25 à 35 ans) ; l'accroissement naturel demeure encore relativement limité.

– La **transition démographique** est la situation d'une population dont la natalité et la mortalité baissent plus ou moins conjointement. La baisse de mortalité intervient le plus souvent avant la baisse de natalité, mais cette règle souffre de très nombreuses exceptions. La baisse de la mortalité a pour origine la disparition de certaines causes de surmortalité accidentelle (épidémies, famines) et les progrès dans la lutte contre la mortalité « normale » (progrès sanitaires puis médicaux). La baisse de la fécondité est souvent associée à un recul de la nuptialité mais s'explique surtout par une baisse de la fécondité des couples liée à l'émergence de **pratiques malthusiennes,** pratiques préconisées par le pasteur anglais Malthus et visant à limiter les naissances. De ce fait, l'**intervalle intergénésique** s'accroît (intervalle séparant deux naissances).

Trois stades de l'évolution démographique

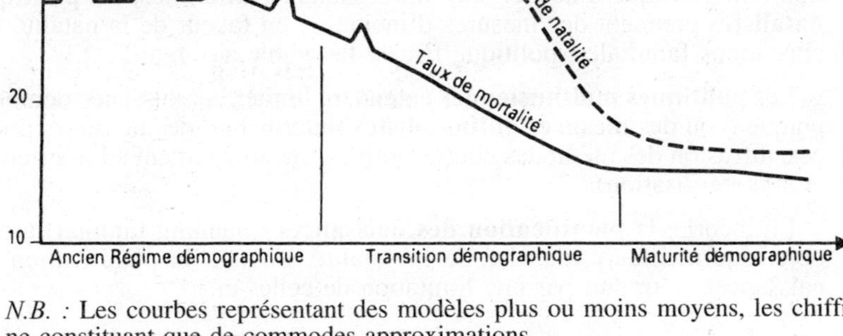

N.B. : Les courbes représentant des modèles plus ou moins moyens, les chiffres ne constituant que de commodes approximations.

Une population parvenue au stade de la **maturité démographique** conjugue faible natalité et faible mortalité.

b) La pratique malthusienne : à la fin du XVIIIe siècle Malthus préconisait la limitation des naissances pour éviter la misère chez les pauvres, mais aussi pour faire obstacle à la surpopulation.

Aux moyens sommaires préconisés par Malthus – retarder le mariage, recourir à l'abstinence – se sont ajoutées de nombreuses méthodes de **limitation des naissances.**

Les **méthodes contraceptives** ont pour but d'empêcher que les rapports sexuels aboutissent à une conception. Certaines méthodes ne nécessitent le recours à aucun produit (**coïtus interruptus, méthode des températures** pour déterminer la période de fertilité de la femme, donc la période de continence). Parmi les **contraceptifs** modernes, les contraceptifs oraux ou **pilules contraceptives** sont des comprimés à base d'hormones qui entraînent l'arrêt de l'ovulation. Le **stérilet** est un dispositif intra-utérin, corps étranger dans l'utérus, à des fins contraceptives.

L'**avortement** est synonyme d'interruption de grossesse. L'avortement peut être **spontané** (donc « naturel », sans intervention extérieure ; on parle de **fausse-couche**). L'avortement provoqué peut être pratiqué dans le but dc préserver la vie ou la santé de la femme : c'est l'**avortement thérapeutique.** Il peut être un moyen de prévention (limitation) des naissances. L'**avortement** est devenu **légal** (autorisé par la loi) dans de nombreux pays : en U.R.S.S. depuis 1920 ; au Japon depuis la **loi eugénique** (pour améliorer les conditions de la reproduction) de 1948 ; en France depuis la loi Veil de 1974, qui autorise l'**I.V.G. interruption volontaire de grossesse.**

La **stérilisation** est une opération pratiquée soit sur l'homme, soit sur la femme, et entraînant la stérilité (chez l'homme : **vasectomie,** c'est-à-dire ligature ou obturation des canaux déférents ; chez la femme : **tubectomie,** ligature ou obturation des trompes).

c) Les politiques de population regroupent un ensemble de mesures, prises le plus souvent par les pouvoirs publics et destinées à influencer l'évolution démographique.

Les **politiques populationistes** visent à l'accroissement de la population (ex. politique d'accueil aux immigrants). Parmi elles, les **politiques natalistes** prennent des mesures d'incitation en faveur de la natalité (ex. allocations familiales, politique fiscale favorable aux familles).

Les **politiques malthusiennes** entendent limiter la croissance démographique d'où des **mesures antinatalistes** (interdiction des mariages précoces, diffusion des méthodes contraceptives, encouragement à l'avortement et à la stérilisation).

En théorie, la **planification des naissances** (planning familial) a pour objet une meilleure maîtrise de la natalité. En fait, la planification des naissances se traduit par une limitation de celles-ci.

37. ÉDUCATION

L'**éducation** concerne l'ensemble des activités visant à façonner la personnalité de l'enfant, à former des citoyens. Ce sens, actuel, est apparu à l'époque de la Grèce antique ; dans les civilisations traditionnelles le seul objectif de l'éducation est le maintien d'un système de valeurs religieuses et morales.

1. L'éducation dans les civilisations antiques

En Grèce, l'éducation vise à réaliser une harmonie entre l'esprit et le corps d'où l'importance accordée à la gymnastique, à la musique, à la poésie. C'est le cas à Athènes car à Sparte le désir de former des soldats aguerris privilégie l'éducation militaire (cf. la pratique de la **cryptie** qui consiste à tuer des hilotes).

A Athènes, la loi exige que le chef de famille donne à son fils une instruction suffisante, sans aller jusqu'à faire de l'école une institution publique. L'enfant est conduit à l'école par un esclave appelé **pédagogue** (plus tard à Rome ce terme signifie précepteur chargé de l'instruction d'un enfant riche). A l'école élémentaire, il est l'élève du **grammairien,** c'est-à-dire qu'il apprend la lecture, l'écriture, la mythologie, le calcul, – un autre maître, le **cithariste** (la cithare est un instrument de musique, sorte de lyre entre cinq et onze cordes) lui enseigne la musique et lui apprend à déclamer. Vers douze ou quatorze ans, il se rend au **gymnase,** terrain à ciel ouvert entouré de **portiques** (galerie bordée de colonnes).

Le **palestre** est la partie du gymnase où se pratique la lutte. Le gymnase d'abord exclusivement consacré à la gymnastique devient le principal centre de formation intellectuelle des adolescents. Entre dix-huit et vingt ans, l'éducation est complétée par l'**éphébie,** à la fois service militaire et école de formation civique.

L'enseignement supérieur est dispensé dans des établissements privés par des philosophes ou des **rhéteurs** (orateurs – la **rhétorique** est la technique de la parole) ; par exemple l'**Académie** est l'école philosophique de Platon, le **Lycée** l'école philosophique d'Aristote. (Le lycée est un quartier d'Athènes où Aristote a installé son école). A Alexandrie, à l'**époque hellénistique** (période comprise entre la fin des conquêtes d'Alexandre – 323 et la conquête de la Grèce par les Romains 146 avant J.-C.). Le **musée** apparaît, avec sa bibliothèque, son observatoire comme une véritable université.

A Rome, avant que l'influence grecque se fasse sentir, l'éducation reste essentiellement pratique et morale. Ensuite, l'enseignement est modelé sur l'enseignement grec avec successivement le **magister ludi,** le **grammaticus,** le **rhetor** pour les enseignements primaire, secondaire et supérieur.

2. Ecoles et universités au Moyen Age

Au lendemain des invasions **barbares** – pour les Romains, comme pour les Grecs, barbare s'applique aux peuples étrangers dont la civilisation est jugée inférieure – et durant tout le Moyen Age, l'enseignement reste dans une étroite dépendance de l'Eglise et de la religion.

Jusqu'au XIIe siècle, malgré Charlemagne qui crée à Aix-la-Chapelle l'**Ecole du Palais,** pour former les gens lettrés ; les centres de la vie intellectuelle sont les **écoles monastiques** installées dans les grandes abbayes et les **écoles cathédrales,** dirigées par un **écolâtre,** au siège des évêchés. Il s'agit d'un **enseignement scolastique** (c'est-à-dire qui a rapport aux écoles du Moyen Age). La scolastique étant l'enseignement philosophique propre au Moyen Age.

A partir du XIIe, alors que les écoles monastiques entrent en décadence, les écoles cathédrales, connaissent une crise : l'augmentation du nombre des étudiants aurait exigé celle du nombre des professeurs or, l'autorisation d'enseigner – la **licence d'enseignement** – est donnée par les évêques qui ne veulent pas accorder davantage de licences par crainte de perdre leur influence et leur autorité.

Face à l'attitude intransigeante de l'autorité épiscopale, maîtres et étudiants vont se grouper et, avec l'appui de la papauté qui voit l'occasion d'accroître son autorité, créer des organismes nouveaux, sortes de syndicats appelés du nom latin d'**universitas.**

Ainsi naissent les **universités** dans les principales villes d'écoles : dès le milieu du XIIe celle de Bologne est réputée pour ses études de droit, au XIIIe celle de Paris pour la théologie, celle de Montpellier pour la médecine.

Une université comprend quatre **facultés :** celle des **Arts** qu'on appellera plus tard lettres, et où l'on fait des études de formation générale, celle de Droit, celle de Médecine, celle de Théologie.

A la tête de chaque faculté il y a un **doyen ;** celui de la faculté des arts représente officiellement l'Université avec le titre de **Recteur.** Tous les enseignants sont des ecclésiastiques ; les étudiants d'une université sont des **écoliers** ou **escoliers.**

Pour recevoir les étudiants pauvres ou étrangers sont organisées des maisons spéciales, donnant logement et nourriture. Puis des maîtres et des étudiants viennent s'installer en commun dans ces sortes d'hôtels où ils vivent ensemble sous la direction d'un principal. C'est l'origine des **collèges,** comme celui fondé à Paris en 1253 par Robert, originaire du petit village de Sorbon dans les Ardennes, et qui est devenu la **Sorbonne.** Simples institutions charitables à l'origine, les collèges du jour où l'enseignement y est donné, deviennent des annexes de l'Université. Les étudiants sont répartis suivant leur pays d'origine en **« nations »,** ainsi à Paris, il y a quatre « nations » (France - Normandie - Picardie - Angleterre).

3. Les études médiévales

Les universités médiévales donnent ce qui correspond maintenant à l'enseignement secondaire et à l'enseignement supérieur. Les élèves viennent à l'université sachant lire et écrire, après avoir appris le latin, langue dans laquelle se font tous les cours dans les **petites écoles de grammaire.** Tous fréquentent d'abord la faculté des Arts où ils acquièrent une culture générale en suivant un programme d'études arrêté depuis longtemps, comprenant sept matières groupées en deux cycles : le **trivium** (grammaire–rhétorique, philosophie) le **quadrivium** (arithmétique–géométrie, musique, astronomie) le **baccalauréat ès arts** sanctionne ces études.

Puis suivant leurs goûts et aptitudes, les étudiants s'inscrivent à la faculté de Théologie, de Droit ou de Médecine pour y subir trois examens successifs : le **baccalauréat,** la **licence** (qui donne le droit d'enseigner) le **doctorat** – qui confère le titre de « maître de l'Université ».

Dans ces Universités sont énoncées les théories les plus importantes de la pensée médiévale. Les progrès les plus notables sont accomplis en théologie : certains théologiens du XIIe et XIIIe sont attirés par les idées des philosophes de l'Antiquité que l'on vient de redécouvrir, tel Aristote selon lequel toute science doit être établie sur des raisonnements logiques (l'**aristotélisme**). Ces idées sont en opposition dans leurs principes avec les théories chrétiennes souvent fondées sur la croyance en des mystères que la raison ne peut expliquer. Le **thomisme** (théorie philosophique et théologique de saint Thomas d'Aquin) est la synthèse de l'aristotélisme et de la doctrine chrétienne. A côté de l'enseignement dans les universités, le Moyen Age voit progresser une « science » : l'**alchimie :** c'est un ensemble de connaissances et de techniques à la fois magiques et empiriques. Les alchimistes cherchent notamment le moyen de transformer les métaux en or **(transmutation)** et de donner à l'homme l'élixir de longue vie **(panacée).**

4. L'éducation à l'époque de la Renaissance et de la Réforme

Avec l'esprit de la **Renaissance** – mouvement artistique et littéraire caractérisée par un retour à l'Antiquité gréco-romaine par une certaine libération à l'égard du christianisme médiéval et de la scolastique – et le progrès de l'**humanisme** – mouvement intellectuel qui met en valeur la dignité de l'homme – apparaît une aspiration à une nouvelle forme d'éducation, plus proche de la vie, plus individualiste, accordant une égale importance au développement du corps qu'à celui de l'intelligence.

L'invention de l'**imprimerie** accélère la diffusion de l'humanisme. Dès la fin du XIVe siècle, des artisans ont mis au point le procédé de la **xylographie :** des lettres sont gravées en relief sur une planche de bois. Au XVe siècle, le procédé est perfectionné par l'utilisation de caractères mobiles, en bois puis en métal (invention de Gutenberg).

Les premiers livres imprimés sont des **incunables ;** on distingue les **incunables tabellaires** obtenus par la xylographie et les **incunables typographiques.**

Le latin reste le fondement de tout enseignement et au nom des « **humanités** » (enseignement dont la base est le latin et le grec) le fossé s'élargit entre la culture littéraire et populaire. Ce rôle prépondérant des humanités dans la formation scolaire est accentué par les **collèges jésuites,** dont le succès est grand à partir de la fin du XVIe siècle.

L'**obscurantisme** est l'attitude hostile à la diffusion de l'instruction, notamment dans la masse du peuple.

Jusqu'au XVIIe, la culture reste le privilège d'une minorité. L'éducation populaire donnée dans les **écoles de charité** dépendant des paroisses est peu importante et mal organisée.

L'**analphabétisme,** (le fait de savoir ni lire ni écrire) est fort répandu ; pour ceux qui savent lire, la seule lecture est celle des **almanachs,** dont la diffusion est liée aux progrès de l'imprimerie. C'est, à l'origine, un calendrier avec indications astronomiques auquel s'ajoutent, progressivement, des récits et des renseignements sur les lettres, les sciences...

5. La modernisation de l'enseignement en France

Au XVIIIe siècle, des idées nouvelles commencent à faire évoluer l'enseignement au niveau du contenu, au niveau de l'organisation.

a) Au niveau du contenu

Les **petites écoles** (écoles élémentaires payantes sous l'Ancien Régime) de Port-Royal s'efforcent de favoriser le raisonnement personnel de l'élève ; les **oratoriens** (l'Oratoire est une congrégation de prêtres séculiers) introduisent dans leur programme l'histoire, la géographie, les sciences ; les **encyclopédistes** (nom donné aux auteurs de la grande *Encyclopédie* du XVIIIe siècle d'Alembert, Diderot) réhabilitent l'étude des métiers et des techniques, Rousseau préconise l'éducation naturelle.

b) Au niveau de l'organisation

L'idée que l'éducation est une affaire d'état – **école publique** – connaît sa première application en Prusse au début du XVIIIe (1717). En France la Convention décide d'établir un enseignement primaire obligatoire mais le décret n'est pas appliqué ; en 1795, elle remplace les collèges supprimés en 1793 par les **écoles centrales** auxquelles succéderont en 1802 les **lycées** (Bonaparte).

Napoléon Ier en 1808 crée l'**Université impériale** qui reçoit le monopole de l'enseignement. Il s'agit d'une administration très centralisée avec à sa tête le **grand maître** assisté d'un conseil d'université et d'un corps d'inspecteurs généraux.

c) Le XIXe et la liberté de l'enseignement

Face au monopole de l'Etat défendu par les **laïques,** la liberté de l'enseignement est réclamée par les **cléricaux.**

Si la liberté de l'enseignement est accordée pour l'enseignement primaire par la **loi Guizot 1833,** pour l'enseignement secondaire par la **loi Falloux 1850** et en 1875 pour l'enseignement supérieur, la IIIe République réalise la **laïcisation** de l'enseignement public (lois de 1881 - 1882 - 1886). Les lois de 1881 et 1882 imposent la gratuité complète de l'enseignement primaire et l'obligation scolaire.

38. ÉGLISE ET FÉODALITÉ

1. L'église dans le monde féodal

La situation économique des Xe, XIe, XIIe siècles qui fait de la terre la principale source de richesse oblige les ecclésiastiques à avoir des domaines pour vivre.

La foi intense de l'époque conduit les seigneurs à donner de vastes domaines au clergé. Ces domaines sont organisés comme des **seigneuries.** L'abbé ou l'évêque, comme un seigneur laïque, rend la justice, fait payer diverses taxes. Souvent il a des **vassaux** car il concède une partie de ses domaines en **fiefs.** Pour le représenter auprès des pouvoirs laïques et remplir certaines obligations féodales (comme le service d'ost), l'abbé désigne une personne n'appartenant pas au clergé qui prend le titre d'**avoué** (ou de **vidame** s'il s'agit de la représentation d'un évêque).

Le revenu d'un bien d'église attribué au titulaire d'une fonction ecclésiastique, constitue la **mense.**

2. Les problèmes de l'Eglise

Adaptée à la société féodale, l'Eglise en souffre. Deux vices atteignent le clergé : d'une part évêques et prêtres vendent les charges et les sacrements ecclésiastiques afin de s'enrichir, c'est la **simonie ;** d'autre part ils ne respectent pas toujours le célibat, c'est le **nicolaïsme.**

Le problème le plus grave est celui de l'**investiture** des évêques : les seigneurs ou les rois, sous prétexte que les évêques ont des obligations à leur égard parce qu'ils possèdent des fiefs ou parce qu'ils exercent des charges en leur nom, interviennent dans leur désignation, conférant aux nouveaux évêques toutes leurs fonctions aussi bien spirituelles que temporelles. Ainsi, un laïque remet au nouvel évêque les **insignes** – c'est-à-dire les signes extérieurs de sa dignité – de son office ecclésiastique, la crosse et l'anneau.

3. Réforme grégorienne et querelle des Investitures

C'est le nom donné au mouvement dirigé par la papauté notamment à l'initiative du pape Grégoire VII dans la seconde moitié du XIe siècle. L'objectif est de rétablir la discipline et de corriger les mœurs des clercs ; développant ainsi sur une plus grande échelle des efforts menés depuis le Xe siècle par l'abbaye de Cluny à l'intérieur du monde seigneurial.

L'adjectif **grégorien** qualifiant cette réforme est dû à l'action du pape Grégoire VII. Ce n'est pas à ce même pape qu'il faut attribuer d'autres changements portant ce même qualificatif. Le **chant grégorien,** chant rituel de l'Eglise catholique, très peu pratiqué actuellement, aurait été mis en vigueur par le pape Grégoire le Grand (540-604).

Le **calendrier grégorien,** imposé en 1582 par le pape Grégoire XIII, remplace le **calendrier julien** utilisé depuis Jules César. Pour compenser le retard pris par le calendrier julien par rapport au soleil, il est décidé une remise à jour du calendrier et la suppression de trois années bissextiles tous les 400 ans.

Grégoire VII en interdisant aux laïcs de choisir et d'investir les évêques entre en conflit avec l'empereur Henri IV **(querelle des Investitures).** Celui-ci semble d'abord s'incliner : il reconnaît ses péchés et sollicite le pardon du pape à Canossa (d'où l'expression : **aller à Canossa :** s'humilier devant un adversaire) mais reprend bientôt la lutte. Il réunit des évêques à sa dévotion qui non seulement déposent le pape mais élisent à sa place un nouveau pontife appelé **antipape** (parce que ce n'est pas le vrai pape reconnu par l'Eglise).

Le concordat de Worms (1122) règle le problème à la suite des propositions de **canonistes** (spécialistes de droit canon c'est-à-dire de la législation de l'Eglise) en distinguant la charge temporelle de l'office spirituel : l'évêque est élu par le clergé en présence d'un représentant du souverain puis après avoir prêté serment au souverain, il est consacré par l'archevêque.

4. Eglise et mœurs féodales

L'Eglise cherche à rendre moins rudes les mœurs de la société féodale. Pour limiter les affrontements guerriers, elle interdit de se battre certains jours (en général du jeudi au lundi) c'est la **trêve de Dieu.** La **paix de Dieu** interdit de s'en prendre aux femmes, aux enfants et aux clercs. Le **droit d'asile** met à l'abri des poursuites les gens réfugiés dans les monastères et les églises.

Pour répondre aux désirs des gens pieux, le clergé favorise l'organisation de **pèlerinages** aux lieux les plus célèbres de la Chrétienté : Rome, le Puy-en-Velay en France, Saint-Jacques-de-Compostelle en Espagne.

Ces pèlerinages ont souvent pour but d'honorer des **reliques** (partie du corps d'un saint ou objet ayant appartenu à un saint ou au Christ ou ayant servi à son supplice : exemple le **saint suaire,** pièce d'étoffe dans lequel le Christ était censé avoir été enseveli, fut considéré comme une relique avant que l'on ait découvert qu'il datait du XIIe siècle). Les reliques sont en général conservées dans des coffrets appelés **reliquaires** ou **châsses.**

39. ÉLECTION

Election : Action de désigner par un scrutin une ou plusieurs personnes pour leur confier un mandat ou une fonction.

Les **élections municipales** permettent de choisir les conseillers municipaux, les élections **législatives** les députés, les élections **présidentielles** le président de la République.

Un référendum est un vote de l'ensemble des citoyens pour répondre à une question posée par l'exécutif. En 1962, un référendum proposé par le général de Gaulle a décidé que le président de la République serait élu au suffrage universel, alors qu'un **plébiscite** est un vote sur la confiance à accorder (ou non) à celui qui a pris le pouvoir (Napoléon III pendant le Second Empire).

1. Suffrage

Le **suffrage** est la manière dont est organisée une élection. Le suffrage est **universel** lorsque tous les citoyens ont le droit de vote. Le suffrage universel masculin existe en France depuis 1848, le suffrage féminin n'a été accordé qu'en 1945. A la suite des mouvements des **suffragettes** les Anglaises ont obtenu le droit de vote beaucoup plus tôt (au début des années 1920).

Pour être **électeur** en France, il faut, avoir dix-huit ans, être de nationalité française, ne pas avoir subi de condamnation, être inscrit sur la liste électorale de la commune de son domicile.

Lorsqu'une catégorie seulement de citoyens dispose du droit de vote, le suffrage est **restreint.** Quand ce droit est fonction du montant des impôts versés ou du niveau de fortune, le suffrage est **censitaire** (en France sous la Restauration et la monarchie de Juillet).

La désignation des titulaires des mandats peut être faite directement par les électeurs, le suffrage est alors **direct** (c'est le cas de l'élection du président de la République, des députés en France), mais lorsque les citoyens votent pour des représentants – ou **grands électeurs** – qui désignent ensuite les titulaires des mandats, le suffrage est **indirect ou à degrés.**

Les sénateurs en France, le président des Etats-Unis, sont élus au suffrage indirect.

2. Scrutin

Le **scrutin** – c'est-à-dire le vote au moyen de bulletins – est en général secret, l'électeur devant utiliser un isoloir, mais il peut être public. Les bulletins sont déposés dans une boîte fermée ou **urne** (ce terme désigne également un vase utilisé pour recevoir les cendres d'un mort).

Les **circonscriptions électorales** (divisions qui servent de cadre pour une élection) sont variables. Elles peuvent être à l'échelle de la commune, du canton, du département, de la région ou de la France.

Deux types de scrutin ont été utilisés en France pour désigner les députés :

- **le scrutin de liste à la représentation proportionnelle :** les électeurs, au niveau départemental, votent pour une liste comprenant autant de noms qu'il y a de sièges à pourvoir. L'**apparentement** est la faculté donnée aux partis de se grouper pour le décompte des voix afin de gagner des sièges au détriment de leurs adversaires. Le **panachage** est la possibilité, par l'électeur, de modifier la composition d'une liste.

  Chaque liste obtient un nombre de sièges équivalent au pourcentage de voix recueillies. Le reliquat est attribué soit à la **plus forte moyenne** (constitution française de 1946) soit au **plus fort reste** (système favorable aux petits partis) ;
- le **scrutin uninominal majoritaire à deux tours :** le vote se déroule au niveau de l'arrondissement. L'électeur choisit un candidat. Si aucun candidat n'obtient la **majorité absolue** au premier tour, il y a **ballottage.** Avant le second tour un candidat peut se retirer au profit d'un autre : c'est le **désistement.** La **majorité relative** suffit au second tour pour être élu. La majorité absolue correspond à la moitié des suffrages **exprimés** plus 1, la majorité relative au plus grand nombre de suffrages exprimés.

Electeurs – abstentionnistes = votants Votants – votes blancs et nuls = suffrages exprimés.

L'**abstentionniste** est celui qui, volontairement, ne participe pas à une élection.

Le pouvoir peut apporter son soutien à l'un des candidats qui devient le **candidat officiel.** Cette pratique, contraire à la démocratie, a été utilisée sous le Second Empire en France.

40. ÉLECTRICITÉ

L'**électricité** n'est pas une source d'énergie à proprement parler, mais représente une forme d'énergie commode, obtenue par la transformation d'autres sources d'énergie. La distinction entre électricité primaire et secondaire est classique mais ambiguë ; en effet, l'électricité est toujours le résultat de la transformation d'une énergie primaire (énergie cinétique, thermique, nucléaire). Par convention, on appelle **électricité primaire** celle qui est obtenue à partir de sources d'énergie non combustibles, **électricité secondaire** celle qui est fournie par des combustibles brûlés dans des **centrales thermiques classiques.**

1. L'hydroélectricité (houille blanche)

a) La source d'énergie est l'**énergie cinétique** des cours d'eau. La puissance des cours d'eau est inégalement répartie (rôle de l'abondance des cours d'eau et du régime hydrologique). D'autre part, les cours d'eau ne sont pas tous utilisables (conditions de relief). Le **potentiel hydroélectrique** mesure la capacité théorique de production des cours d'eau entièrement aménagés. Ce potentiel peut s'exprimer en production théorique annuelle, calculée en *gigawatts-heures* (millions de kilowatts-heures).

b) L'énergie hydroélectrique est produite dans des **centrales hydroélectriques** dont la puissance dépend de deux facteurs : volume d'eau débité par la centrale (on parle de volume turbiné car l'eau actionne des **turbines hydrauliques**), hauteur de la dénivellation ou hauteur de chute.

Le classement des centrales hydrauliques se fait en fonction de deux critères :

– la hauteur de la chute d'eau :
  - **centrales de haute chute** = dénivellation de plusieurs centaines de mètres ;
  - **centrales de moyenne chute** = dénivellation de quelques dizaines de mètres ;
  - **centrales de basse chute** = dénivellation inférieure à vingt mètres.

– la capacité de stokage de la retenue d'eau :
  - **centrale de lac :** la retenue est un lac au temps de remplissage supérieur à 400 heures. Il peut s'agir de lacs glaciaires aménagés ou de lacs de barrage ;
  - **centrale d'éclusée :** la retenue est de dimension moyenne, le temps de remplissage variant de 2 à 400 heures ;
  - **centrale au fil de l'eau** : établie sur le cours d'eau ou dérivation, elle fonctionne sans arrêt, sans pouvoir mettre l'eau en réserve.

c) Les centrales de lac sont le plus souvent des centrales de haute chute : l'eau retenue par le barrage est canalisée dans des **conduites forcées** (parfois souterraines) et alimente les turbines d'une centrale située beaucoup plus bas.

Les centrales au fil de l'eau sont toujours des centrales de basse chute. Le plus souvent, elles sont associées à un **barrage de dérivation** (en amont), un **canal d'amenée** qui conduit les eaux dérivées, une centrale formant barrage, un **canal de fuite** restituant les eaux au cours d'eau (ex. centrale de la C.N.R., Compagnie Nationale du Rhône). Dans certains cas, il n'y a pas restitution des eaux à l'ancien lit du fleuve, les centrales se disposant tout au long d'un vaste **canal de dérivation** (ex. Grand Canal d'Alsace).

L'aménagement du Rhône et la centrale A. Blondel (au fil de l'eau) en aval du défilé de Donzère

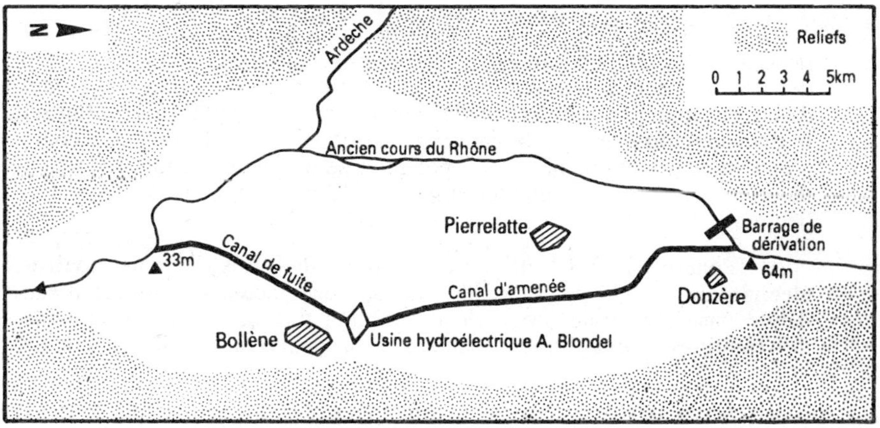

Les **centrales de pompage** constituent une catégorie particulière. Les eaux d'un cours d'eau ou d'un réservoir sont remontées dans un réservoir en altitude pendant les **heures creuses** (heures de faible consommation électrique, d'où un faible prix du courant électrique). Pendant les **heures de pointe** (forte consommation = prix élevé), les eaux stokées en altitude sont turbinées par la centrale de pompage ou par d'autres usines (de haute ou de moyenne chute).

d) Le classement des barrages est fonction de leur **capacité de retenue** (exprimée en milliards de m^3, voir en km^3, ex. Assouan = retenue de 163 km^3) et de leur technologie. Les **barrages voûtes** sont des ouvrages en béton, de forme incurvée qui s'arc-boutent sur les flancs de la vallée ; **les barrages-poids** sont des ouvrages massifs s'opposant par leur poids à la poussée des eaux de retenues. Les barrages peuvent être édifiés en matériaux meubles, rochers, terre compactée... Tous les barrages doivent pouvoir faire face aux crues, d'où la nécessité d'**évacuateurs de crues.**

2. Les centrales marémotrices, géothermiques, solaires

Les premières sont des centrales hydrauliques qui turbinent l'eau de mer, exploitant la dénivellation créée par les marées (un seul exemple sur l'estuaire de la Rance, en France). Les **centrales géothermiques** utilisent les émanations de vapeur naturelle, liées aux phénomènes volcaniques (la vapeur actionne des turbines à vapeur). L'énergie solaire peut être captée dans des **fours solaires** de tailles très diverses, où les rayonnements solaires sont concentrés par des miroirs paraboliques. L'énergie solaire peut aussi être transformée directement en électricité, par les **piles photovoltaïques.**

3. Les centrales thermiques classiques

Dans ces centrales, la combustion de produits combustibles divers (charbon, fuel, gaz naturel, mais aussi ordures ménagères) permet la vaporisation de l'eau dans des **chaudières ;** la vapeur est envoyée sous pression dans une **turbine à vapeur** qui anime un **générateur électrique.** Dans certaines centrales équipées de **turbines à gaz,** les gaz de combustion (du fuel ou du gaz naturel) font directement tourner les turbines. Le **rendement** des centrales thermiques (rapport de l'énergie produite à l'énergie consommée) est relativement limité : 40 % au maximum.

4. Les centrales nucléaires

Le principe de la production d'électricité est comparable à celui des centrales classiques ; la chaleur recueillie dans le **réacteur nucléaire (circuit primaire)** est échangée avec de l'eau d'un **circuit secondaire,** d'où la production de vapeur animant des groupes turbo-alternateurs (turbine couplée à un générateur).

a) Dans une centrale nucléaire, l'énergie est dégagée par la **fission** d'atomes d'**uranium U 235** (ou de **plutonium** dans les **surrégénérateurs** → *infra*). Cette énergie se transforme en chaleur au sein des barres d'uranium contenues dans le **réacteur nucléaire.** L'énergie calorique est communiquée à un fluide **caloporteur** qui peut être un gaz ou un liquide. La réaction atomique est une **réaction en chaîne** qui est ralentie et contrôlée par des **modérateurs.**

L'ensemble **combustible nucléaire** (ex. uranium 235), modérateur, fluide caloporteur constitue une **filière nucléaire ;** ex. filière « française » : uranium naturel, gaz carbonique, graphite ; filière à uranium enrichi et eau sous pression comme modérateur et caloporteur (type P.W.R. américain, ou V.V.E.R. soviétique).

b) L'uranium représente le principal combustible nucléaire. La teneur moyenne des **minerais d'uranium** est faible, voisine de 0,1 % ; il faut donc de grandes quantités de minerai pour obtenir une tonne de **métal uranium (uranium naturel).** Dans cet uranium naturel, la proportion d'**isotope fissile,** U 235, est très faible (0,7 %), l'essentiel du métal, composé d'U 238, n'étant pas utilisable car **non fissile (inerte).** Dans ces conditions, la plupart des filières modernes utilisent un **uranium légèrement enrichi** en isotope U 235 (de 2 à 4 %). De nombreux procédés d'**enrichissement de l'uranium** existent par **diffusion gazeuse** (procédé utilisé en France par EURODIF) ou par **ultracentrifugation,** procédé relativement coûteux.

c) Ainsi, selon le type de centrale (à uranium naturel ou à uranium légèrement enrichi), de 0,7 % à 4 % seulement des combustibles sont utilisés. Le reste (U 238) n'a pas d'utilité, mais lors de la fission, une partie se transforme en **plutonium,** élément très toxique et radioactif (Pu 239). Après utilisation, l'ensemble U 238 + plutonium constitue les **combustibles irradiés** qui sont des déchets dangereux. Ces déchets doivent être traités dans des **usines de retraitement** (ex. La Hague, en France) qui isolent le plutonium, lequel peut être utilisé à des fins militaires **(bombes atomiques)** mais aussi à des fins civiles dans les centrales nucléaires de type **surrégénérateur.**

d) Les **surrégénérateurs** (ou réacteurs nucléaires à neutrons rapides) consomment de l'uranium et du plutonium, fonctionnent sans modérateur et possèdent un rendement énergétique excellent. Dans ce type de réacteur, l'irradiation fournit plus de matière fissile que celle qui est consommée pour la production de chaleur (d'où le nom de surrégénérateur, ex. Superphénix à Creys-Malville).

Les centrales nucléaires dans le monde (fin 1991)

Pays	Nombre de tranches	Puissance nette installée en mégawatts
Etats-Unis	112	101 660
France	56	56 300
Ex-U.R.S.S.	45	33 900
Japon	42	32 000
Allemagne	21	22 500
Canada	20	14 000
Royaume-Uni	37	13 500
Suède	12	10 000
Corée du Sud	9	7 200
Espagne	9	7 080
Belgique	7	5 500
Taïwan	6	4 900
Bulgarie	6	3 560
Pays disposant d'une puissance installée comprise entre 1 600 et 3 200 mégawatts : Suisse, Finlande, Hongrie, République tchèque, Afrique du Sud, Inde.		

5. Le transport de l'électricité

A la sortie des centrales électriques, la tension du courant est relevée. En effet, dans les **lignes électriques à haute tension** (225 000 volts, 380 000 volts), les pertes en ligne sont plus faibles. La variété des tensions du courant entraîne l'utilisation de nombreux **transformateurs,** groupés parfois en **postes de transformation.**

L'ensemble des lignes de transport du courant électrique constitue le réseau électrique (réseaux internationaux, nationaux, régionaux). Pour permettre les échanges de courant entre réseaux, il faut réaliser l'**interconnexion** des réseaux électriques. Les **lignes électriques** sont **aériennes** pour le réseau à haute tension, **souterraines** pour les réseaux à moyenne et basse tension (ex. 220 volts).

Quelques exemples de centrales électriques

Centrales hydrauliques	Bassin fluvial	Pays	Puissance installée en mégawatts*	Prod. annuelle moyenne en milliards de kW/h
Haïpu	Parana	Brésil Paraguay	12 600	env. 70
Bratsk	Ienisseï	U.R.S.S.	4 600	22
Assouan	Nil	Egypte	2 100	8
Bollène	Rhône	France	310	2,2
Centrales nucléaires *Paluel* (France) comporte 4 tranches de 1 300 mégawatts soit 5 200 MW de puissance installée. Production en 1989 : 33 milliards de kW/h.				

* La puissance installée généralement donnée en mégawatts (10^6 watts) mesure la puissance des machines productrices d'électricité (turbines hydrauliques ou à vapeur couplées à des alternateurs).

Production et consommation d'électricité selon les pays (1991)

France
Production 454 milliards de kW/h
dont :
- nucléaire 73 %
- hydraulique 14 %
- thermique class. 13 %

Consommation 347 milliards de kW/h
soit 6 100 kW/h par habitant/an

Ex-U.R.S.S.
Production 1 670 milliards de kW/h
(nucléaire 12 % ; hydraulique 13 %)

Etats-Unis
Production 2 821 milliards de kW/h
(nucléaire 20 % ; hydraulique 10 %)

Production par habitant et par an
Canada 18 600 kW/h
Chine 520 kW/h ;
Bangladesh 60 kW/h

La consommation pour les besoins industriels utilise la haute tension **(courant industriel)** ; le **courant d'usage commercial** ou **domestique** est un courant basse tension (220 à 380 volts).

La consommation de courant électrique obéit à des rythmes : rythme annuel (forte consommation en hiver), rythme hebdomadaire, rythme journalier avec forte consommation aux **heures de pointe** et faible consommation aux **heures creuses** (ex. la nuit).

L'énergie électrique n'étant pas stockable, la production doit être instantanément (ou presque) adaptée à la demande. L'**opération de dispatching** a pour objet d'adapter la production à la demande, d'où l'intérêt des centrales fournissant le **courant de pointe :** centrales capables de fournir du courant dans un délai très court, ex. centrales de lacs ou d'éclusée.

41. ÉLEVAGE

L'**élevage** est l'action d'élever des animaux domestiques en vue de leurs productions (viande, lait, laine, miel, travail...).

1. La variété des cheptels

Le **cheptel** correspond à l'ensemble des animaux domestiques (synonyme de bétail) ; suivant le cheptel on distingue :

- l'élevage **bovin** (élevage des bœufs, des vaches laitières, des veaux, des taureaux, pour le lait et la viande) ;
- l'élevage **ovin** (élevage des moutons, agneaux, brebis, béliers, pour le lait, la viande, la laine, la peau...) ;
- l'élevage **caprin** (chèvres pour le lait, la viande) ;
- l'élevage **porcin** (pour la viande) ;
- l'élevage **chevalin** (pour la viande, les animaux de trait et de course) ;
- l'élevage **avicole** ou **aviculture** (élevage des volailles et des oiseaux) ;
- l'**apiculture** (élevage des abeilles) ;
- la **sériciculture** ou élevage du ver à soie.

De nombreux autres animaux peuvent faire l'objet d'élevage : élevage des **chameaux** en Asie et des **dromadaires** en Afrique, élevage des **lamas** et des **alpagas** dans les Andes (la **vigogne** est le lama sauvage), élevage des **rennes** dans le Grand Nord. En Asie, la famille des bovidés est représentée par le **zébu,** le **buffle indien,** le **yack** du Tibet.

La **domestication des animaux** s'est déroulée à l'époque néolithique, probablement entre 10000 av. J.-C. et 1500 av. J.-C. Pour certains animaux on peut parler de **dressage** plutôt que de domestication, ex. éléphants.

2. Les produits de l'élevage

L'élevage est effectué pour de multiples objectifs : pour fournir des animaux de trait ou de portage (pour le labour, le charroi), pour la fumure (engrais naturel). Plus spécialisés sont les élevages pour le lait, pour la viande, la laine ou l'élevage pour la fourrure (vison), la production d'animaux de course (les **haras** sont les lieux d'élevage et de sélection des chevaux, de course le plus souvent).

Les produits de l'élevage sont l'objet de transformations artisanales ou industrielles. Parmi les produits laitiers, il faut distinguer les **produits fermiers** (beurre, fromages fermiers) et les produits des **industries alimentaires** (beurreries, fromageries).

Aire de domestication de quelques espèces animales

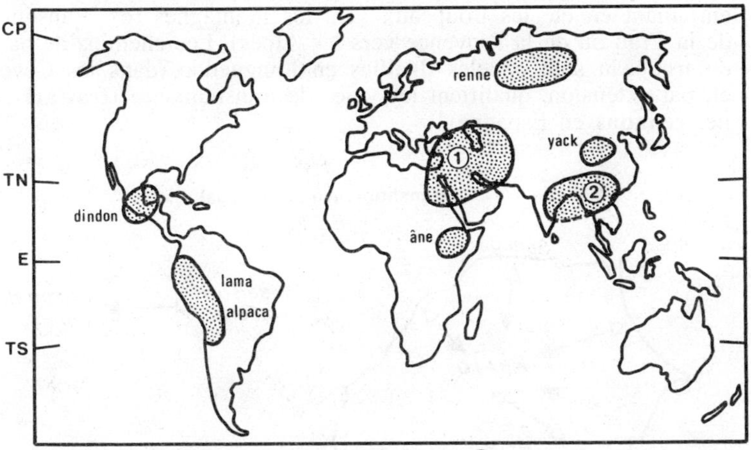

(1) cheval, chameau, zébu, mouton, vache, chèvre. (2) porc, buffle, canard, poulet.

3. Elevage extensif et vie pastorale

a) L'**élevage extensif** utilise de vastes étendues de terre, terrains de parcours pour les troupeaux. La **vie pastorale** désigne le genre de vie fondé sur l'exploitation extensive des pâturages.

L'élevage extensif se développe dans des milieux différents : dans la zone intertropicale parmi les savanes herbeuses d'Afrique (ex. élevage pratiqué par les Peuls, peuple pasteur d'Afrique occidentale), en Amérique dans la pampa sud-américaine et la prairie d'Amérique du Nord (**ranch** = grande exploitation d'élevage extensif), en milieu montagnard sur les prairies d'altitude (→ *81. montagne*).

b) L'**élevage nomade** suppose de vastes et continuels déplacements (les formations herbeuses sont souvent maigres), les éleveurs nomades et leur famille accompagnent les parcours du troupeau. Les conflits entre éleveurs nomades et paysans sédentaires sont nombreux à propos du **droit de parcours** (les animaux peuvent causer des dégats aux cultures) et au sujet de l'utilisation des points d'eau (surtout dans les zones arides).

c) La **transhumance** repose le plus souvent sur des parcours de moindre ampleur. D'autre part, le troupeau n'est accompagné que par les seuls bergers. Dans l'élevage transhumant, le cheptel évolue donc entre deux régions distinctes et complémentaires, chacune procurant la nourriture du bétail pendant une partie de l'année. Lorsque le groupe des éleveurs est fixé dans la montagne, les troupeaux descendent dans les plaines. Cette **transhumance descendante** ou **hivernale** est fréquente dans les montagnes du bassin méditerranéen ; ex. : des montagnes corses ou de l'Appenin, jusqu'aux plaines littorales. D'autres transhumances sont dites **montantes** ou **ascendantes** (ou **normales**), entraînant en été les troupeaux vers les montagnes (ex. transhumance de la Crau ou de la Provence vers les Alpes). Les chemins de parcours du troupeau sont appelés **drailles** en Languedoc (dans les Cévennes) et, par extension, qualifient les voies de transhumance (**tratturi** en Italie, **cañadas** en Espagne).

La transhumance au Sénégal

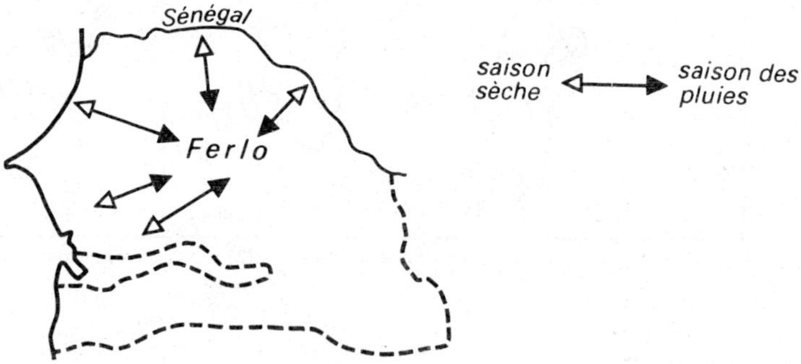

Les deux types de transhumance méditerranéenne

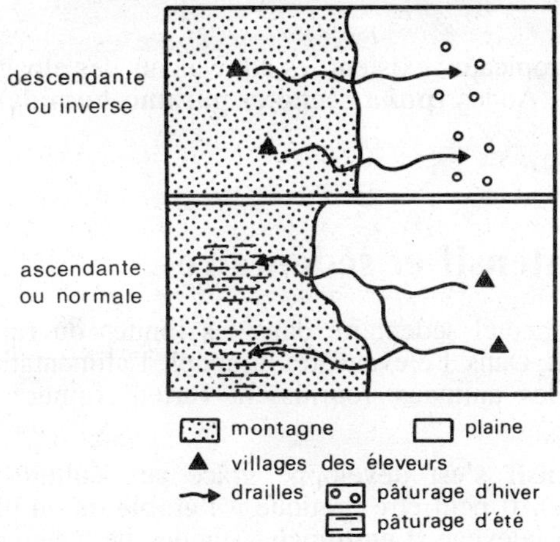

Les remues des troupeaux alpins

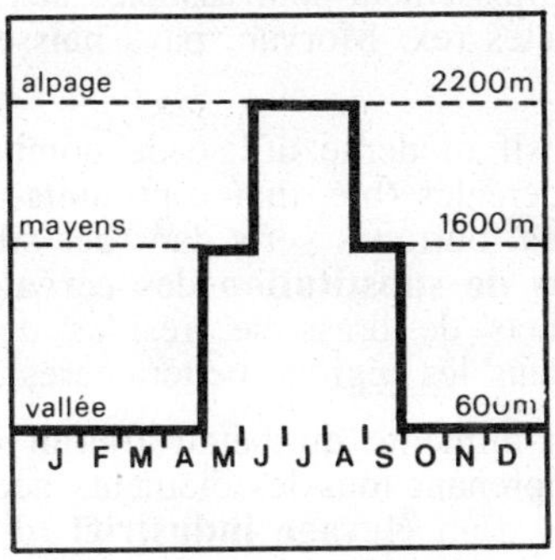

La relative longueur du parcours permet de distinguer la transhumance des simples **remues** dans les montagnes tempérées (→ *infra*).

4. La vie pastorale dans les montagnes tempérées

A l'intérieur des montagnes, les mouvements du troupeau sont de faible ampleur entre une ferme d'hivernage (occupée en hiver) et un pâturage d'**estive** ou **alpage.** Il n'y a pas de véritable transhumance mais de simples **remues**, avec parfois arrêt à l'étage intermédiaire des **mayens, alpages inférieurs.** L'alimentation du bétail en hiver impose la constitution d'importantes réserves de foin, stockées dans des **granges** (grenier à foin à distinguer des greniers à grain). L'alpage d'exploitation familiale est appelé « **petite montagne** », par opposition à la « **grande montagne** », alpage exploité par des salariés ou de manière communautaire. Le **chalet d'alpage** n'est qu'un abri temporaire (équivalent

cortel en Catalogne, **buron** en Auvergne) à distinguer des chalets du village.

Dans les pays tropicaux, existent les équivalents des alpages : les prairies d'altitude des Andes (**puña sèche** et **paramo humide**) où paissent lamas et moutons.

5. L'élevage intensif et sédentaire

L'élevage du cheptel sédentaire dans les limites du finage est plus ou moins intensif. Dans l'élevage traditionnel, l'alimentation du bétail est médiocre et les animaux fournissent surtout fumure et force de travail.

L'**élevage intensif** s'est développé grâce aux cultures fourragères (→ *4. agriculture*). Il peut être pratiqué à l'**étable** ou en plein air **(stabulation libre).** L'élevage d'**embouche** sur des herbages clos est destiné à l'engraissement des bovins pour la viande. Les **pays d'embouche** qui finissent l'engraissement sont associés aux **pays naisseurs** qui élèvent les jeunes bêtes (ex. Morvan, pays naisseur associé au Charolais, pays d'embouche).

L'élevage intensif moderne utilise de nombreuses sortes d'**aliments pour le bétail :** céréales (blé, maïs), produits fourragers (l'**ensilage** est la conservation des fourrages verts dans des silos : ex. maïs fourrager), et divers **produits de substitution** des **céréales (ou P.S.C.)** protéagineux (soja), déchets de brasserie, résidus de sucreries (élevage des **bœufs sucriers** dans les régions betteravières).

L'industrie des aliments du bétail fournit des **aliments composés** complets car comprenant tous les éléments nécessaires à la croissance. Elle est à la base d'un **élevage industriel** (d'abord avicole et porcin, mais également bovin aujourd'hui – ex. veaux de batterie). Dans cet élevage, la densité du cheptel n'a plus aucun rapport avec la surface agricole utile : on parle d'**élevage sans sol** ou **hors sol.** Les **feedlots** américains (parcs d'engraissement) sont un bel exemple d'élevage intensif et industriel, mais le modèle américain est exporté, y compris dans les pays du tiers monde.

L'élevage industriel mobilise des capitaux et utilise les techniques les plus évoluées : **insémination artificielle,** sélection et **croisement des races** (inscription au **herd-book** avec tenue d'arbres généalogiques), protection sanitaire (mais aussi utilisation des antibiotiques et des hormones).

42. EMPIRE(S)

Ce terme présente plusieurs sens. Il désigne :

- certains Etats, de vaste superficie, résultat d'une politique conquérante et dont le souverain porte le titre d'empereur (exemple : l'Empire romain) ;
- le régime politique dans lequel le souverain est désigné par l'appellation d'empereur. Ce régime est un empire, par opposition à une monarchie ou à une république (ex. le Second Empire en France) ;
- une domination soit politique, soit militaire. Les grands conquérants – Alexandre le Grand – on cherché à étendre leur domination sur le monde entier, à réaliser l'**empire universel** ;
- un ensemble territorial résultat de l'acquisition de colonies par un Etat. Au XIXe, la France, l'Angleterre ont créé de vastes empires coloniaux (→ *23. colonisation*).

1. Les principaux empires

L'**Empire romain** – le terme empire est d'origine romaine (→ *infra*) – son domaine géographique correspond au bassin méditerranéen et à une grande partie de l'Europe occidentale ; il naît au Ier siècle av. J.-C. avec Octave.

Il est divisé en 395 en **Empire romain d'Occident** – il disparaît en 476 – et en **Empire romain d'Orient** ou **Empire byzantin** qui dure jusqu'en 1453. Outre l'Empire byzantin qui se prétend l'héritier de Rome, d'autres Etats se réclament de l'Empire romain : l'**Empire carolingien** au IXe siècle, le **Saint-Empire romain germanique.**

Avant l'Empire romain, dès le IIIe millénaire dans le Proche-Orient, se créent de grands empires en Mésopotamie, en Egypte, en Anatolie (l'**Empire hittite**), et, s'étendant jusqu'à l'Indus, l'**Empire d'Alexandre.**

Sans référence à l'Empire romain et postérieurement à lui, d'autres Etats européens ou non portent le nom d'empire : en Europe, les **empires de Russie, d'Autriche,** d'**Allemagne,** de **France** (premier et second Empire) ; hors d'Europe, l'**Empire turc ou ottoman,** l'**Empire chinois** (ou **Empire du Milieu** ou **Céleste Empire**) l'**Empire mogol** en Inde, l'**Empire du Japon,** etc.

2. Les empires antérieurs à l'Empire romain

C'est en Mésopotamie (le pays entre les deux fleuves – mésos : milieu, potamos : fleuve – le Tigre et l'Euphrate) qu'apparaissent les premiers empires dont la durée est éphémère, à cause de la fréquence des invasions : **empires des Sumériens,** puis des **Akkadiens** (avec Sargon), des **Amorrites** (avec Hammourabi) auxquels succèdent au début du Ier millénaire le cruel empire des **Assyriens** dont Assourbanipal est le dernier grand souverain et l'**Empire chaldéen** ou néo-**babylonien** au VIe siècle (règne de Nabuchodonosor).

Les Mésopotamiens adorent de nombreux dieux : en leur honneur sont réalisés des temples et une construction originale, la **ziggourat,** tour à étages. Au service des dieux, les **génies** et **démons,** bienfaisants ou malfaisants, protègent ou punissent les hommes. Les **exorcistes** doivent libérer par la prière ceux que les démons tourmentent, alors que les **devins** indiquent aux hommes l'avenir ou la volonté des dieux.

Dans le domaine du droit, les Mésopotamiens ont le souci de rassembler les principes au nom desquels les tribunaux rendent leurs sentences, c'est l'origine de ces recueils appelés **codes** dont le plus célèbre est le **code d'Hammourabi.**

Bien que l'on parle en Egypte, d'**Ancien Empire,** de **Moyen Empire** et de **Nouvel Empire,** le terme empire ne convient véritablement qu'au **Nouvel Empire** – œuvre de la XVIIIe dynastie – XVIe-XIVe siècle – marqué par une politique de conquêtes territoriales accompagnées d'un système d'alliances et de **protectorats** respectant l'autonomie administrative et la tradition des différents peuples.

Le **pharaon,** dieu et monarque absolu, alors que les empereurs mésopotamiens ne sont que les représentants des dieux – est aidé dans le gouvernement de l'Egypte par les **scribes** (fonctionnaires qui savent lire). Le pharaon est coiffé du **pschent,** formé de deux couronnes rouge et blanche, qui représentent la première la royauté sur la Basse-Egypte, la seconde, la royauté sur la Haute-Egypte.

L'**Empire perse achéménide** (VIe-Ve siècles), par l'équilibre du pouvoir central et la décentralisation, représente l'épanouissement suprême du système impérial dans l'ancien Orient. Il est divisé en provinces (ou **satrapies**) dirigées par un gouverneur représentant de l'empereur, le **satrape.** La religion, comme la plupart des religions de l'Antiquité est polythéiste malgré les efforts de Zoroastre, au VIe siècle, pour faire de Ahoura Mazda le seul dieu. Selon le **Mazdéisme** le monde est dominé par l'affrontement entre le dieu créateur et le principe du mal – il est à l'origine de la religion **manichéenne** (→ *19. catholicisme*).

Le plus vaste empire de l'Antiquité, européen et asiatique, est, sans conteste, celui créé par Alexandre (IVe siècle) qui voulait assujettir à « une seule forme de gouvernement l'univers tout entier » (Plutarque).

Respectueux des coutumes locales, Alexandre favorise le mélange des races et permet par le contact des mondes hellénique et oriental la naissance de la **civilisation hellénistique.**

A sa mort (323 av. J.-C.) l'idée impériale décline – les **diadoques** – noms donnés aux généraux successeurs d'Alexandre et dont les fils sont les **épigones** – se partagent l'Empire désormais divisé en grandes **monarchies hellénistiques.**

3. L'Empire romain

C'est à Rome que l'on doit les termes d'empereur et d'empire. A l'époque royale, l'**imperium** est l'autorité, essentiellement militaire, conférée par les **comices curiates.** Pendant la république, l'imperium, délégué aux magistrats supérieurs, comporte des pouvoirs civils et militaires.

L'**imperator** est celui qui commande. C'est un titre essentiellement militaire. A la suite d'une victoire, un général victorieux est salué, par ses soldats, sur le champ de bataille du nom d'imperator : c'est l'**ovation** qui, après ratification par le Sénat, permet au vainqueur de célébrer la cérémonie du **triomphe** par laquelle, pour un jour, il s'identifie à Jupiter.

A la fin de la République, c'est le Sénat lui-même qui décerne le titre d'imperator aux généraux victorieux et César est le premier à le porter à vie.

a) Le Principat

Après l'assassinat de César (44 av. J.-C.) – César a cherché à créer à son profit une monarchie de droit divin – Octave vainqueur d'Antoine à Actium (31) bâtit un nouveau régime qui lui permet d'être tout-puissant tout en laissant subsister les apparences du régime républicain : c'est le système du **Principat.** Il affecte de n'être que le **princeps** (d'où est venu le mot prince) c'est-à-dire le premier personnage de la République ; mais en réalité il est le maître grâce à trois pouvoirs fondamentaux :

- la **puissance tribunicienne** c'est-à-dire la puissance sacro-sainte des tribuns, mais à vie, sans collègue et sur tout le territoire de l'Empire (le pouvoir civil) ;
- l'**imperium proconsulaire,** c'est-à-dire le commandement de l'armée et l'autorité absolue sur toutes les provinces occupées par des troupes (le pouvoir militaire) ;
- le **souverain pontificat** (le pouvoir religieux).

Octave prend le nom de son père adoptif **César** et reçoit du Sénat le titre d'**Augustus** chargé d'un prestige religieux. Après lui, les autres princes ou empereurs romains encadrent leur nom personnel par les titres d'**Imperator Caesar Augustus** (le mot César est à l'origine des termes, **tsar** et **Kaiser** qui désignent respectivement les empereurs de Russie et d'Allemagne et **césarisme,** régime politique où un homme avec l'appui de l'armée et des masses populaires exerce la totalité des pouvoirs – ex. le bonapartisme).

b) Le gouvernement d'Auguste

Auguste réorganise les classes riches dans lesquelles se recrute le personnel dirigeant.

Les **sénateurs** se recrutent toujours parmi les anciens magistrats (→ *33. démocraties de l'Antiquité*) mais seuls les plus riches (ayant une fortune au moins égale à un million de **sesterces** – sesterce = monnaie romaine valant deux as et demi – l'**as** étant une monnaie de bronze pesant 11,64 grammes) peuvent entrer dans la carrière des honneurs. Ils forment l'**ordre sénatorial** dont l'insigne est le **laticlave** (une large bande de pourpre bordant la toge). La **toge** est le vêtement d'apparat, en laine blanche des citoyens romains ; la toge bordée de pourpre, vêtement des magistrats, des prêtres et des adolescents est la **toge prétexte.**

Les **chevaliers** constituent l'**ordre équestre** dans lequel ne peuvent être admis que les possesseurs d'une fortune au moins égale à 400 000 sesterces.

Les magistrats dont les fonctions sont purement civiles et le Sénat continuent à administrer Rome et l'Italie. Au Sénat revient la garde du vieux trésor, l'**aerarium,** la frappe de la monnaie de bronze et l'administration des provinces pacifiées.

L'empereur s'est attribué le nouveau trésor impérial, le **fiscus,** la frappe des monnaies d'or et d'argent et l'administration des provinces frontières où résident les troupes. De plus, de nouveaux organes de gouvernement empiètent sur la part réservée aux magistrats et au Sénat. Ce sont le **conseil de l'Empereur (consilium principis)** qui participe à l'administration et à la justice et les grands fonctionnaires : le **préfet de la ville,** de rang sénatorial, gouverne Rome, le **préfet du prétoire** commande les troupes de la garnison de Rome, le **préfet des vigiles** est chargé de la police nocturne et de la lutte contre l'incendie, le **préfet de l'annone** s'occupe du ravitaillement. Les trois derniers sont de rang équestre. A Rome, le centre de la vie publique et politique est une place, le **Forum,** située à l'est du Capitole. Elle correspond à une ancienne plaine marécageuse assainie par les Etrusques (la **cloaca maxima**). Parmi les nombreux monuments élevés sur le Forum : des temples, la **Curie** (siège du Sénat), l'**aerarium** (cf. *supra*), le **tabularium** (service des archives), les **Rostres** (tribunes aux harangues ainsi appelées parce qu'elles étaient ornées d'éperons de navires pris sur les volsques – le rostre étant l'éperon des navires anciens), le **milliaire d'or** (borne servant de référence pour le calcul des distances sur les voies romaines)...

Les empereurs romains ont été de grands bâtisseurs : à côté des **temples** (→ *13. religions antiques*), des **basiliques** (→ *98. banque*) des **portiques** (galeries à colonnes s'ouvrant sur un espace découvert, soit annexées à un autre éfice, soit construites en bordure d'une rue ou d'une place) des **cirques** (rectangles allongés comprenant une piste centrale entourée de gradins, avec au centre de la piste une sorte d'épine dorsale – la **spina** – ornée de bas-reliefs, de statues d'autels), les principales constructions sont :

- les **théatres :** demi-circulaires, comme les théatres grecs, ils sont en général élevés sur le sol et non plus creusés dans les flancs d'une colline ;
- les **arcs de triomphe** portes monumentales élevées pour commémorer les victoires militaires ;
- les **amphithéâtres** (ex. le Colisée) : vastes édifices de forme elliptique entourant une arène. Ils sont utilisés pour les combats de **gladiateurs** (combats opposant deux hommes ou un homme et une bête fauve). Les gladiateurs, plus communément appelés **belluaires** (du latin *bellue :* bête féroce) ou **bestiaires** (du latin *bestia :* bête) lorsqu'il s'agit de combattants opposés à des fauves sont répartis en plusieurs catégories dont chacune à un armement offensif et défensif.

Dans les affrontements entre hommes, le **rétiaire** (du latin *rétis :* filet) armé d'un filet, d'un poignard et d'un trident est opposé au **mirmillon** protégé par un bouclier et un casque à visière ;

– les **thermes :** bains publics municipaux avec salles pour le bain froid **(frigidarium),** le bain tiède **(tepidarium),** le bain chaud **(caldarium). L'hypocauste** (de deux mots grecs signifiant « brûler » et « dessous » est un dispositif permettant de chauffer la salle : l'air chaud circule sous le dallage de la salle.

c) Evolution du régime impérial

Le régime du Principat fonctionne harmonieusement jusqu'au cours du IIe siècle ; il se transforme progressivement ensuite en une **monarchie militaire.** Lors de l'**apothéose,** les empereurs, morts, sont mis au rang des dieux ; ils s'agit d'une décision de **divinisation** (terme qu'il ne faut pas confondre avec celui de **divination :** art des devins, prévision de l'avenir).

Les empereurs, après leur conversion au christianisme (324) auront tendance à empiéter sur les fonctions spirituelles dévolues au chef de l'Eglise chrétienne ; attitude définie depuis le XIXe siècle par le terme de **césaropapisme.** Face à cette volonté certains évêques adoptent une attitude critique : il n'existe, selon eux, aucun lien essentiel entre l'Eglise et l'Empire car « il y a un roi pour la vie ici-bas et un roi pour la vie éternelle » ; l'Empire est au service de l'Eglise pour réaliser avec elle l'idéal du christianisme (théorie de l'**augustinisme politique).**

Dans cet immense empire menacé à l'extérieur par les Perses et les Germains malgré les fortifications frontalières avec fossés, remparts, levées de terre et tours (le **limes**), miné à l'intérieur par la turbulence des légions, il n'existe de chance de salut que dans une exaltation croissante du pouvoir. Loin de porter atteinte à l'unité impériale, le système de la **tétrarchie** est inventé par Dioclétien (284-305), pour renforcer cette unité : l'Empire a deux empereurs, l'un à l'Ouest, l'autre à l'Est qui portent le titre d'**Auguste,** et qui s'adjoignent deux collègues portant le titre de **César.**

En 395 les deux fils de l'empereur Théodose reçoivent l'un l'Orient, l'autre l'Occident. L'unité de l'Empire est définitivement rompue, et dès lors les deux parties de l'Empire connaissent des destins différents : l'**Empire romain d'Occident** disparaît devant les invasions barbares, l'**Empire romain d'Orient** résiste aux invasions jusqu'en 1453.

d) L'Empire romain d'Orient

Plus grec et oriental que romain, l'Empire d'Orient est plutôt appelé **byzantin** (Byzance est l'ancien nom de Constantinople). La romanité recule : à partir du VIIe siècle, le grec devient la langue de l'administration, de la religion, de la vie courante ; l'empereur lui-même ne s'appelle plus imperator (terme latin) mais **basileus** (terme grec).

Les circonscriptions administratives de l'Empire sont des **éparchies** à la tête desquelles se trouve un **éparque.** Parfois, un haut fonctionnaire reçoit un commandement extraordinaire civil ou militaire : l'**exarque.**

Au plan intérieur les problèmes religieux dominent : à l'opposé de ce qui se passe en Occident, l'Orient fait du christianisme une **religion**

d'Etat. Le concile de Chalcédoine (451) met l'Eglise d'Orient sous le contrôle du **patriarche** de Constantinople, et non pas sous celui de l'évêque de Rome – cela explique que les luttes politiques en Orient sont mêlées étroitement aux luttes religieuses.

A partir du VIIIe siècle, les querelles religieuses concernent le mouvement **iconoclaste** (qui brise les images) ; réaction contre le culte excessif des images saintes. L'iconoclasme provoque une rupture grave entre Constantinople et Rome : l'excommunication d'un évêque iconoclaste (Photius) provoque le premier **schisme de Photius** (867-869) suivi d'une série de réconciliations et de schismes jusqu'à la rupture définitive de 1054 (→ *20. christianisme*).

L'art de la **mosaïque** a connu son apogée dans l'Empire byzantin. Une mosaïque est une réalisation artistique faite de petits fragments de marbre, de pierre, de verre coloré ; appliqués par un ciment sur un support et formant par leur assemblage un ornement ou la représentation d'une scène, d'une personne etc.

4. L'héritage de Rome

L'idée d'un **Empire** unique, **universel** ayant son centre à Rome a survécu en Occident à la dispartion de l'Empire romain d'Occident.

Restaurer l'Empire c'est se poser en héritier de la tradition romaine. Ainsi s'explique la volonté de Charlemagne arrivé au faîte de sa puissance de se proclamer empereur et de se faire couronner à Rome.

a) L'Empire carolingien

L'Empire est créé par Charlemagne – couronnement en 800 – et disparaît en 843 au traité de Verdun qui le divise en trois parts au bénéfice des trois petits-fils de Charlemagne.

Le titre de l'empereur est « **Romanum gubernans Imperium** » (gouvernant l'Empire romain) formule exprimant l'essence de la magistrature suprême dans l'Empire chrétien qui semble revivre.

Bien que l'administration demeure rudimentaire, peu efficace, un effort certain est entrepris pour faire régner l'ordre intérieur. Un effort certain est entrepris pour faire régner l'ordre intérieur. En particulier, la fonction de **maire du palais** est abolie par Pépin le Bref en 751. **Le maire du palais** est un personnage qui, sous les derniers Mérovingiens exerce la direction des affaires du Palais royal et détient de fait le gouvernement réel.

Au centre, le palais groupe l'entourage immédiat du souverain, d'où émergent l'**archichapelain,** premier conseiller ecclésiastique auquel est confié la **chancellerie,** le **chambrier** préposé au trésor privé, le **comte du palais** qui rend par délégation la justice royale. Les **chambellans,** placés sous l'autorité du chambrier, sont à l'origine de simples domestiques chargés du service de la chambre à coucher du roi. Vivant à proximité du souverain, ils prennent de l'importance et la charge de chambellan devient un des grands offices de la Cour.

Les cadres locaux de l'administration sont les **pagi** ou **comtes** d'étendue variable. Les comtés frontières **(marches)** sont confiés à des comtes militairement expérimentés.

Les **comtes,** responsables du maintien de l'ordre public, percepteurs des redevances dues au roi, administrateurs de la justice dans leur ressort, sont recrutés dans l'aristocratie ; d'abord nommés par le roi et révocables, ils deviennent très vite inamovibles.

Les contacts entre le roi et les administrés s'établissent par le moyen de l'assemblée générale qui regroupe, autour du roi, au moins une fois par an, les grands, laïques et ecclésiastiques. Cette assemblée, devenue véritable institution du pouvoir central n'a, au début du IXe siècle, qu'un caractère consultatif. C'est un héritage de l'époque mérovingienne. Le **champ de mars** est le rassemblement des guerriers avant le départ en campagne, rassemblement qui a également un rôle politique. Sous les Carolingiens la prépondérance nouvelle de la cavalerie oblige à repousser ce rassemblement au mois de mai (époque où il y a du fourrage), le champ de mars devient le **champ de mai ;** il est supplanté, à partir du règne de Louis le Pieux par les **plaids généraux** (assemblée générale).

Des délibérations de l'assemblée sur les questions qui lui sont proposées sortent les **capitulaires,** que des **commissaires** ou **missi** sont chargés de porter à la connaissance du peuple. Les **missi dominici (envoyés du souverain)** vont deux par deux (un ecclésiastique et un laïque) dans des régions d'inspection déterminée (**massitica).**

b) Le Saint-Empire romain germanique (S.E.R.G.)

La tradition s'étant établie que le titre impérial appartient au maître de l'Italie, Otton Ier, roi de Germanie se rend à Rome pour se faire couronner empereur (962).

Le nom donné à ce nouvel empire d'Europe centrale qui ne disparaît qu'en 1806 est celui de **Saint-Empire romain germanique.** (En réalité ce terme n'apparaît qu'au XVe ; l'Empire s'appelant antérieurement **Empire romain,** puis **Saint-Empire** et **Saint-Empire romain**).

Protecteurs de l'Eglise à l'instar de Constantin le Grand, Otton Ier – et ses successeurs – se considèrent, également comme « l'évêque du dehors », intervenant dans l'administration ecclésiastique et ressuscitant le **césaro-papisme.**

Deux longs conflits opposent l'Empire et la papauté : la **querelle des Investitures** au XIe, la **lutte du Sacerdoce et de l'Empire** aux XIIe et XIIIe siècles.

Il n'y a jamais eu d'institutions proprement impériales ; le souverain gouverne l'Allemagne en tant que roi avec des services peu développés : quelques officiers, la **Diète** ou **Reichstag** qui réunit les seigneurs et hauts prélats ainsi que les représentants des villes libres à partir du XIIIe.

Aucune succession héréditaire : on devient empereur en étant élu roi de Germanie – titre de **roi des Romains** – par les princes, puis couronné à Rome par le Pape.

A partir du XIVe, l'Empire devient purement allemand comme le confirme la **Bulle d'or** de 1356 qui donne en fait à l'Allemagne sa première constitution. Le principe électoral du trône est confirmé ; en vertu de cet édit, le nombre des princes électeurs est fixé à sept ; ils élisent le roi de Germanie, mais aucune allusion n'est faite à une quelconque intervention du pape par la suite. Par le système de désignation du souverain, l'Empire est devenu purement allemand.

Les princes de la Maison d'Autriche – les Habsbourg – accaparent la couronne impériale dès le XVe siècle. En 1806, lorsque l'Empire disparaît, les Habsbourg gardent le titre impérial et se proclament empereur d'Autriche.

5. Les autres empires

Sans se rattacher à Rome, d'autres empires se sont créés en Europe ou hors d'Europe.

a) L'Empire ottoman

Edifié lentement au début du XIVe sur les ruines de l'Etat seldjoukide d'Anatolie, puis au XVe sur celles de l'Empire byzantin, l'**Etat ottoman** – du nom du chef de clan turc Osman Ier, le fondateur de la dynastie – est devenu après la prise de Constantinople (1453) une des puissances majeures de l'Europe et du Proche-Orient pendant plusieurs siècles. Sa décadence au XIXe donne naissance à la **question d'Orient :** les puissances européennes cherchent à démembrer l'Empire et à s'en partager les dépouilles. En 1923, la création de la Turquie nouvelle par Mustapha Kémal marque la fin officielle de l'Empire.

– *Organisation politique*

A la tête de l'Empire, le **Sultan** est un souverain absolu, chef spirituel et temporel. Il réside à Constantinople dans son palais ou **sérail,** avec sa famille, ses femmes (**harem**), ses serviteurs.

Dans ce palais, se tiennent les réunions, du **Divan** (conseil des ministres), présidé par le **Sultan** ou le **grand vizir,** sorte de Premier ministre, nommé et révoqué par le Sultan, assisté d'un certain nombre de **vizirs.** Les ordres émanant de l'administration du sultan sont les **firmans.** Le gouvernement ottoman est parfois désigné par les termes de **Haute Porte, Sublime Porte** ou **Porte,** termes qui à l'origine désignent le palais impérial, puis le siège du gouvernement et la résidence du grand vizir. L'Empire est divisé en provinces ou **sandjaks** dont les gouverneurs sont les **beylerbey.** Le titre de **bey** est un titre honorifique donné aux officiers supérieurs et aux hauts fonctionnaires. (Il a connu une certaine fortune en Afrique du Nord où le titre de bey est porté par le chef de l'armée ; en Tunisie, lorsque le chef de l'armée s'est emparé du pouvoir, il a conservé le titre de bey.)

Les plus hauts fonctionnaires – gouverneurs des grandes provinces, vizirs du gouvernement central – ont droit à l'appellation de **pacha.**

– *L'armée*

Instrument des conquêtes et du pouvoir du Sultan, elle est notamment composée du corps des **janissaires,** commandé par un **agha.** Ces troupes dont le souvenir de violence et de cruauté n'est pas usurpé sont recrutées d'abord par un prélèvement sur les prisonniers de guerre, ensuite par le système de la **devchirmé** ou ramassage des jeunes enfants dans les familles chrétiennes des Balkans.

– *Economie*

L'Empire ottoman a connu une civilisation riche et prospère. Les **razzias** en Europe centrale (opérations militaires rapides dont le but est de s'emparer de butin) et les expéditions de **corsaires** (navires autorisés par le gouvernement à capturer des navires de commerce ennemis – il s'agit de la **guerre de course**) ramènent des produits en abondance. Il ne faut pas confondre **corsaires** et **pirates :** ces derniers, agissent pour leur propre compte – les **flibustiers,** groupés en association, la **flibuste** pour piller les vaisseaux espagnols sont les pirates des mers américains du XVIe au XVIIIe siècle –, de même que les **boucaniers** marins aventuriers qui, avant de devenir des pirates, chassaient, pour en récupérer les peaux, les bœufs sauvages en Amérique.

La richesse de l'Empire ottoman provient également des relations commerciales – régulières et imposantes avec les puissances d'Europe occidentale.

Parmi celles-ci la France est l'Etat qui a noué le plus tôt – après les Vénitiens et les Génois – les relations commerciales grâce aux avantages obtenus par les **capitulations de 1535 ;** les commerçants français bénéficient de privilèges d'établissement et d'exemptions douanières dans les **Echelles du Levant** (ports de la côte orientale de la Méditerranée).

b) L'Empire de Russie

A sa tête, l'empereur ou **tsar** gouverne de manière **autocratique.** Ses **oukases (ukases)** ou ordonnances témoignent de son pouvoir au point que ce terme désigne maintenant toute décision empreinte d'absolutisme.

Les slaves, majoritaires, sont mêlés à de nombreuses populations **allogènes** (d'une autre race). La société à majorité rurale est composée de paysans ou **moujiks** (petits hommes) qui ne subsistent que grâce aux terres régulièrement distribuées de la communauté villageoise ou **mir** (le servage a été aboli en 1861). Seule une minorité de paysans a pu s'enrichir (les **koulaks**). Les grands domaines sont aux mains des membres de la noblesse (les **barines** ou **boyards**).

La religion dominante est la religion **orthodoxe.** Le clergé comprend le **clergé blanc** des **popes** et le **clergé noir** des moines. De nombreuses sectes orthodoxes subsistent en dehors de l'Eglise Officielle, notamment les **raskolnikis** (le schisme **raskol** résulte de la résistance des conservateurs au travail de révision de l'Ecriture Sainte entrepris au XVIIe siècle). A côté des orthodoxes, les musulmans représentent des groupes importants ainsi que les **uniates.** Les uniates sont des chrétiens de rite grec reconnaissant l'autorité du pape.

A la fin du XIXe et au début du XXe siècle, le pouvoir tsariste est contraint d'accorder des concessions : l'administration locale jusqu'alors aux mains arbitraires des bureaucrates, est réorganisée et confiée à des assemblées élues de district, les **zemstvos,** et à des conseils municipaux de villes, les **doumas.** En 1905, le tsar Nicolas II après le « dimanche rouge » et les grèves déclenchées par les conseils d'ouvriers (**soviets**), accepte de convoquer une assemblée législative la **douma d'empire** élue au suffrage censitaire.

c) L'Empire japonais

Jusqu'à la deuxième moitié du XIXe siècle, l'Empire japonais évolue peu. Le régime féodal réalise une liaison intime entre la société et le gouvernement. La terre est possédée par les seigneurs les **daïmos,** entourés d'une clientèle de chevaliers les **samouraïs.** Daïmos et samouraïs obéissent à un véritable code de chevalerie auquel on donnera plus tard le nom de **Bushido** (ou « voie du guerrier »). Il met l'accent sur la bravoure et la courtoisie, et en particulier sur la fidélité au suzerain poussée jusqu'au suicide rituel (Harakiri) en cas de manquement.

Au sommet de la société est placé l'empereur, le **mikado** dont la famille est considérée comme d'origine divine ; jadis absolu, il a dû laisser exercer le pouvoir par une famille de daïmos dont le chef occupe héréditairement le poste de **shôgoun** (généralissime) et joue le rôle d'un maire du palais.

En 1868, le jeune mikado Mutsu Hito met fin au shôgounat et engage l'Empire japonais dans une profonde transformation, politique, sociale, économique. C'est le début de l'**ère du Meiji** (ère du progrès).

43. ÉNERGIE

1. Les sources d'énergie (→ *101. richesses naturelles*)

Certaines sources d'énergie sont renouvelables ou plutôt permanentes, car constamment renouvelées sans intervention humaine. Ce sont l'**énergie éolienne** (énergie des vents), l'**énergie cinétique** des cours d'eau **(houille blanche)** et des marées (utilisée dans les **centrales marémotrices**), l'**énergie thermique** du soleil **(énergie solaire)** et de la terre (la **géothermie** qui utilise la chaleur interne de la planète).

Les autres sources d'énergie sont des **combustibles :**

- **combustibles renouvelables** à l'échelle humaine : la biomasse forestière ;
- **combustibles fossiles** (non renouvelables) (→ *59. hydrocarbures, infra charbon*).

La **bioénergie** est produite par la matière organique vivante, soit par combustion directe, soit par combustion après fermentation ou distillation.

L'**énergie nucléaire** (ou atomique) est produite lors de la modification de la structure atomique de certains éléments comme l'uranium (U 235).

2. Energie primaire ; énergie secondaire ; taux de conversion

L'**énergie primaire** est l'énergie libérée directement par une source d'énergie (ex. la combustion du bois ou du charbon fournit de l'énergie calorifique).

L'**énergie secondaire** est une forme d'énergie obtenue par l'homme à partir d'une énergie primaire qu'il a transformée (ex. dans une centrale thermique dite classique l'**énergie électrique secondaire** est obtenue par combustion d'une source d'énergie, charbon ou produits pétroliers).

Dans une centrale hydroélectrique, l'**électricité primaire** est obtenue directement grâce au cours d'eau.

Le passage d'une énergie à une autre forme d'énergie s'opère toujours avec une certaine perte. Le **rendement** est le rapport entre la quantité d'énergie utilisée et la quantité d'énergie obtenue après transformation.

Pour comparer les formes d'énergie, on utilise des unités de mesure commune. **1 T.E.C.** = une tonne d'équivalent charbon ; correspond à l'énergie calorifique libérée par la combustion d'une tonne de houille.

1 T.E.P. = une tonne d'équivalent pétrole ; correspond à l'énergie calorifique libérée par une tonne de produits pétroliers tirés du pétrole.

Pour comparer les sources d'énergie, on utilise des **taux de conversion**.

En moyenne : 1 T.E.P. = 1,43 T.E.C. ; 1 T.E.C. = 0,7 T.E.P. ; 1 000 m^3 de gaz naturel = 0,82 à 0,90 T.E.P.

3. Bilan énergétique

Pour un Etat, une région ou un espace donné, on peut dresser un **bilan énergétique** qui fournit des indications numériques : rapport entre la production et la consommation d'énergie ; répartition de la production et de la consommation selon les sources d'énergie.

Pour un Etat, le **taux de couverture** exprime le rapport entre la production d'énergie et la consommation d'énergie ; le **taux de dépendance énergétique** est le rapport entre les importations d'énergie et la consommation d'énergie. Taux de couverture + taux de dépendance = 1.

4. Les charbons

a) Le charbon

C'est une roche sédimentaire essentiellement formée de débris végétaux qui ont subi une carbonification (enrichissement en carbone, déshydratation). Les charbons sont des combustibles fossiles formés pour la plupart à l'ère primaire dans des bassins d'accumulation soit lacustres soit côtiers et lagunaires. Les gisements charbonniers sont donc situés fréquemment dans les massifs anciens ou en bordure de ces massifs (ex. Massif central français).

Les bassins charbonniers du Massif central

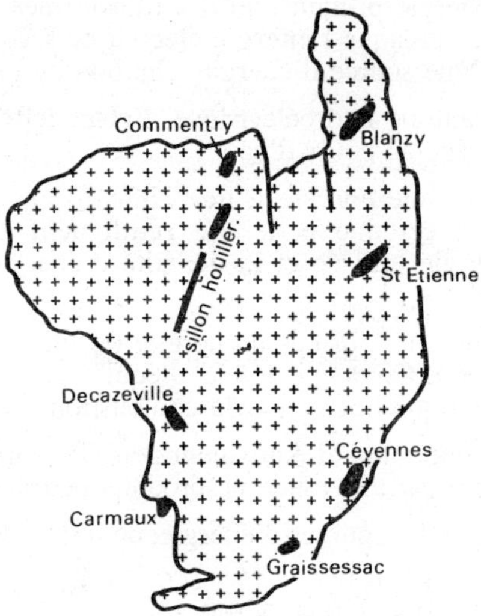

b) Le classement des charbons

- La **tourbe** (55 % de carbone), légère et brune, se rencontre dans les formations sédimentaires récentes et se constitue encore aujourd'hui dans les tourbières. C'est un combustible médiocre (forte humidité) à faible pouvoir calorifique.
- Le **lignite** (70 à 75 % de carbone), brun noir et terne. C'est un charbon à débris ligneux, contenant environ 20 % d'eau. Les gisements de lignite sont d'âge secondaire ou tertiaire. Pouvoir calorifique de 4 000 à 7 000 calories la tonne.
- La **houille** (80 à 85 % de carbone) est un charbon noir, mat ou brillant, tachant les doigts. On classe les houilles selon la proportion des **matières volatiles,** hydrocarbures qui s'échappent lorsque le charbon est porté à plus de 960°. Le **charbon flambant gras** comprend plus de 33 % de matières volatiles, le **charbon gras** de 20 à 33 %. Charbons flambant gras et gras sont aussi appelés **houilles bitumineuses.** Les **houilles maigres** comprennent de 8 à 18 % de matières volatiles.
- L'**anthracite** (92 à 95 % de carbone, de 0 à 8 % de matières volatiles) est noir et brillant, ne tachant pas les doigts.

c) Les utilisations

Certaines **houilles** sont dites **cokéfiables.** Elles sont transformées en **coke métallurgique** dur et compact (utilisé en sidérurgie) par le procédé de la **cokéfaction** (distillation du charbon à 1 200°C). Dès le XVIIIe siècle, le coke a remplacé le charbon de bois dans les hauts fourneaux (→ *62. industrie de base*).

Les houilles grasses distillées peuvent fournir du gaz, largement utilisé au XIXe siècle comme **gaz de ville** et **gaz d'éclairage.**

La **carbochimie** ou chimie du charbon, a été pendant longtemps à la base d'une riche chimie de synthèse fournissant des produits variés (goudrons, benzène, colorants, premières résines synthétiques).

Aujourd'hui les charbons sont surtout utilisés comme **charbon-vapeur,** brûlés dans les centrales thermiques, ils fournissent de l'électricité secondaire.

D'autres procédés d'utilisation du charbon existent :

– **hydrogénation** du charbon pour la fabrication de carburant liquide (procédé utilisé par les Allemands durant la Seconde Guerre mondiale) ;

– **gazéification** souterraine du charbon (procédés étudiés surtout depuis les chocs pétroliers).

d) Extraction

L'exploitation des gisements charbonniers est comparable à celle des autres gisements (→ *101. richesses naturelles*).

Le Bassin charbonnier de la Ruhr

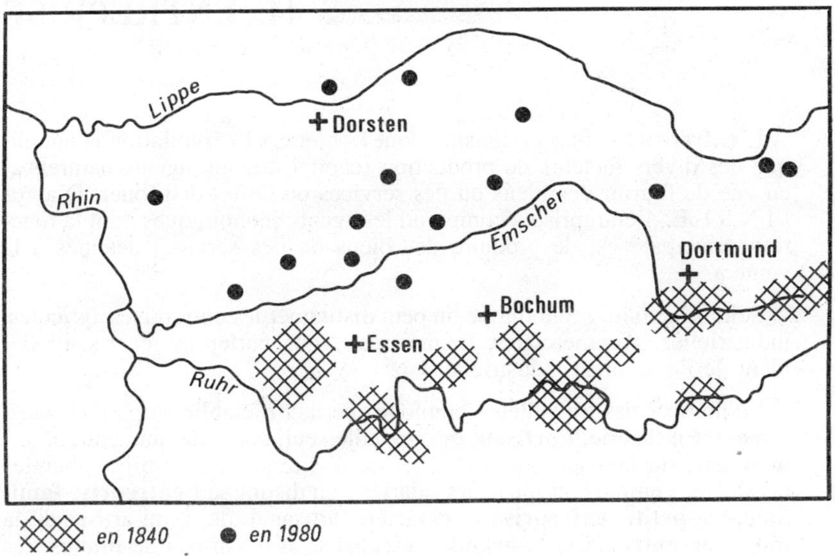

Ramenés à la surface (au jour) les charbons sont lavés et débarrassés des roches stériles qui s'accumulent et forment les **terrils.** Sur **le carreau de la mine** (en surface) se disposent les installations annexes de la mine (chevalements, bâtiments pour le triage du charbon, installations pour le personnel...) ; souvent à proximité, les logements des mineurs ou **corons.**

L'extraction du charbon présente des risques du fait du dégagement de gaz appelés **grisous** lors de l'extraction.

e) Echanges et transports

Le charbon fait l'objet d'intenses courants d'échange. Aux transports classiques par voie ferrée et voie d'eau s'ajoute un moyen récent, le **carboduc** qui transporte du charbon en suspension dans l'eau. Pour les échanges maritimes, sont utilisés des navires spécialisés, **navires minéraliers** de 100 à 200 000 tonnes de port en lourd (→ *110. transports*).

5. Les hydrocarbures (→ *thème 59*)

6. L'électricité (→ *thème 40*)

44. ENTREPRISE

L'**entreprise** est un organisme dont l'objet est l'exploitation économique des divers facteurs de production (capital, travail, agents naturels...) en vue de fournir des biens ou des services ou de les distribuer. D'après l'I.N.S.E.E., l'entreprise « comprend les agents économiques dont la fonction principale est de produire des biens ou des services destinés à la vente ».

Selon l'activité économique on peut distinguer les entreprises agricoles, industrielles, commerciales, financières. Nous parlerons ici essentiellement de l'entreprise industrielle.

Le nombre des travailleurs employés permet d'établir un premier classement. En théorie, l'**artisan,** qui travaille seul, constitue une entreprise ; mais dans le langage courant le terme d'entreprise est utilisé pour les organismes employant plusieurs salariés : on distingue l'**entreprise familiale,** la **petite entreprise** à caractère artisanal ou semi-artisanal, la **moyenne entreprise,** la **grande entreprise.** Il n'y a pas de limites très précises pour le passage d'une catégorie à l'autre. La confédération générale des **petites et moyennes entreprises (P.M.E.)** groupe les chefs d'entreprise employant moins de 250 personnes, utilisant des capitaux personnels ou familiaux.

Dans le cas de petites entreprises, il n'y a pas de distinction à faire entre **entreprise** et **établissement** puisqu'en général l'entreprise n'est constituée que d'un seul établissement ; mais pour les grandes entreprises, la distinction s'impose : l'**établissement** ou **unité locale** est le centre élémentaire de gestion. Sa fonction est essentiellement technique alors que l'entreprise qui peut le cas échéant coordonner l'activité de plusieurs établissements sous une même raison sociale est une entité juridique.

1. Fonctionnement de l'entreprise

L'ensemble des moyens de production d'une entreprise constitue son capital, formé des **capitaux fixes** (bâtiments, machines...) et des **capitaux circulants** (matières premières, espèces monétaires).

L'**investissement** est un apport qui, chaque année, s'ajoute, sous forme d'équipement neuf, au capital productif, Si on inclut les équipements de remplacement on parle d'**investissement brut.**

Pour investir des moyens financiers sont nécessaires : l'entreprise peut les trouver soit en faisant appel à l'extérieur **(emprunts)** soit en faisant appel à ses propres ressources, c'est-à-dire au profit non distribué, c'est l'**autofinancement,** il exprime la capacité d'**accumulation interne** d'une entreprise. Cette capacité s'exprime par le **ratio :** $\frac{\text{autofinancement}}{\text{investissement}} \times 100$

(Le **ratio** est le rapport entre deux postes dans un bilan.)

L'investissement est d'autant plus utile que l'équipement d'une entreprise se détériore au fil des années ou que sa technique est dépassée (phénomène d'**obsolescence**). L'**amortissement** correspond à cette perte de valeur. La nécessité de prévoir le remplacement de ce matériel amène l'entreprise à compter dans ses charges annuelles une certaine somme (rubrique **dotation aux amortissements**) correspondant à la dépréciation : c'est la pratique de l'**amortissement comptable.**

L'objectif d'une entreprise industrielle est de vendre ce qu'elle fabrique. Elle doit se préoccuper de l'écoulement de sa production ; or il est préférable de produire ce qui doit être acheté plutôt que de chercher à vendre ce que l'on a produit. Le **marketing** répond à cette préoccupation. Ses moyens d'action sont les **études de marché** (enquêtes, sondages auprès des consommateurs), la publicité, etc.

Pour fabriquer un produit une entreprise doit utiliser des **consommations intermédiaires,** ce sont des éléments qu'elle ne produit pas mais qui sont nécessaires à son activité (ex. matières premières, produits semi-finis, services).

A partir de la valeur des consommations intermédiaires et connaissant la valeur des biens produits on connaît la **valeur ajoutée** qui est la contribution productive de l'entreprise.

Valeur des biens et services produits	–	Valeur des consommations intermédiaires	=	Valeur ajoutée

2. Les résultats de l'entreprise

Il y a deux manières d'apprécier le résultat d'une entreprise : le **compte de résultat** et le **bilan.**

Le **compte de résultat** repose sur le **chiffre d'affaires** (somme de toutes les ventes effectuées en prix de cession) duquel sont soustraites les diverses **charges de l'entreprise** (salaires, charges sociales, matière première...). Le **bilan** est un document comptable que chaque entreprise doit établir au moins une fois par an. Il se présente sous la forme d'un tableau en deux parties – l'**actif** et le **passif** – indiquant à une date donnée, d'une part ce que possède l'entreprise, d'autre part ce qui constitue l'origine de ses biens. Ainsi par exemple les principaux postes de l'actif sont les **biens durables** (immobilisations corporelles : terrains, matériel, incorporelles : brevets, financières : actions, obligations), les comptes de stocks, les créances à court terme, les liquidités. Lorsqu'il s'agit d'un **groupe** (→ *infra*) possédant ou contrôlant plusieurs entreprises, chacune d'elles établit son propre bilan, le bilan global s'appelle le **bilan consolidé.**

3. Les formes d'entreprises

L'entreprise peut relever des **secteurs privé, coopératif** et **public.**

a) Le secteur privé

Il est représenté par :

– l'**entreprise individuelle :** une personne physique est propriétaire de l'entreprise ;

– l'**entreprise sociétaire :** plusieurs personnes se réunissent par contrat pour fournir le capital de l'entreprise. La société ainsi formée est une personne morale. On peut distinguer la **société de personnes** et la **société de capitaux :**

- la **société de personnes** résulte de l'association d'un petit nombre de personnes. Le capital est en général limité. Les associés sont solidairement responsables de la gestion, y compris sur leurs biens personnels. Il s'agit alors d'une **société en nom collectif.** La **société en commandite** ou **commandite** présente un type d'entreprise différent : le – ou les – **commanditaire(s),** fournisseur(s) du capital, n'est (ne sont) responsables(s) qu'en fonction de ses (leurs) apports alors que les **commandités** (responsables de la gestion) sont responsables sur l'ensemble de leurs biens ;

- la **société de capitaux :** le capital provient des **actions** (→ *16. bourses*). La société de capitaux ou **sociétés par actions** par excellence est la **société anonyme.** La responsabilité de l'actionnaire dans les dettes de l'entreprise se limite à son apport. La **société à responsabilité limitée(S.A.R.L.)** constitue une forme intermédiaire entre la société de personnes et la société de capitaux.

b) Le secteur coopératif

La **société coopérative** est une entreprise communautaire. La coopération présente plusieurs formes : consommation (achat en gros), production.

Les **coopératives de production** sont surtout des coopératives agricoles dont l'exemple le plus ancien est fourni par les **fruitières** (coopératives pour la fabrication des fromages de gruyère dans le Jura – cette création répond à la nécessité d'avoir une quantité de lait suffisante pour fabriquer une meule).

Dans le secteur industriel, il existe des **coopératives ouvrières de production (S.C.O.P. : Sociétés Coopératives Ouvrières de Production)** dont le capital est fourni par l'apport financier des associés. Elles ont le même statut juridique que les sociétés anonymes.

c) Le secteur public

Une **société publique** est propriété ou sous contrôle de l'Etat, d'une collectivité publique. Elle produit des biens et des services comme une entreprise privée ; elle dispose d'une comptabilité complète et jouit de la personnalité juridique (une « **quasi société publique** » dispose de la comptabilité complète mais pas de la personnalité juridique).
Lorsque l'Etat, seul, possède tout le capital social et que la gestion est assurée par la collectivité il s'agit d'un **établissement public.** La présence de capitaux privés à côté des capitaux publics donne naissance à une **société d'économie mixte.**

L'**entreprise nationalisée** ne doit pas être assimilée à l'entreprise publique.

La **nationalisation** est la mise à la disposition de la nation d'une entreprise ; la nation en devenant propriétaire et non l'Etat. La gestion relève indirectement de l'Etat : l'Etat la contrôle mais c'est la nation qui l'assure par un organisme qualifié où les usagers sont représentés. De ce fait, l'entreprise nationalisée doit avoir l'autonomie financière, la personnalité civile. Elle est soumise comme n'importe quelle entreprise aux lois de la concurrence. La **privatisation** est l'opération inverse qui consiste à remettre au secteur privé l'entreprise nationalisée.

La nationalisation doit être distinguée de l'**étatisation** et de **socialisation.**

Dans le cas de l'**étatisation,** l'entreprise est remise à l'Etat qui la gère directement. L'entreprise n'a aucune autonomie financière. Directeurs et employés sont de véritables fonctionnaires. L'entreprise soviétique (avant la réforme de 1965) en est le meilleur exemple. La **socialisation,** terme plus vague signifie que l'entreprise est remise aux travailleurs qui en assurent la gestion.

4. Concentration d'entreprises

La concentration est un regroupement d'entreprises.

Plusieurs cas peuvent être envisagés :

- la **concentration horizontale** regroupe des entreprises fabriquant un même type de produits ;
- la **concentration verticale** regroupe des entreprises fournissant des produits complémentaires.

Lorsqu'il s'agit d'entreprises n'ayant aucun lien entre elle, la **concentration** est **conglomérale** (volonté de diversification des risques).

La concentration résulte d'une **fusion** ou d'une **absorption.** Il y a **fusion** quand plusieurs entreprises se regroupent pour former un ensemble unique ; une seule direction générale réunit le capital, les salariés etc.

Dans le cas de l'**absorption** la prise de contrôle d'une société par une autre s'accompagne d'une réorganisation de l'entreprise (recherche d'intégration des activités, d'amélioration de la productivité, etc).

Très souvent, la fusion s'accompagne d'une absorption.

Le mouvement de concentration peut conduire à la formation d'**oligopoles,** c'est-à-dire à la domination du marché d'un produit donné par un petit nombre d'entreprises ; et à l'extrême à l'accaparement de fait d'un marché par une société qui a éliminé ses concurrents. Il s'agit dans ce cas d'une situation de **monopole.**

5. Les formes de concentration

Le **trust** est la forme de concentration monopoliste d'entreprises aux Etats-Unis. Son nom vient d'une technique juridique utilisée à l'origine, maintenant abandonnée, pour faciliter la concentration. L'opération de regroupement résulte d'une combinaison financière ; les entreprises absorbées perdent leur indépendance.

Pouvant aboutir à une situation de monopole, donc à porter atteinte à la libre concurrence, le développement des trusts a été freiné à partir de la fin du XIXe par une **législation anti-trust :** ce n'est pas une législation contre les trusts, mais contre leurs excès.

Les trusts ont, les premiers, au début du XXe siècle, adopté la **taylorisation.** C'est l'application des idées de Taylor ou **taylorisme.** Le travail est organisé en vue d'éviter le gaspillage de temps. Cette méthode conduit au travail à la chaîne.

Le **cartel** ou **entente** conduit à une autre forme de monopole. Plusieurs entreprises d'activités similaires s'associent, mais conservent leur indépendance, en vue de se partager le marché, de fixer le niveau des prix pour atténuer la concurrence qu'elles se livrent (ex. cartel des pétroles en 1928).

En Allemagne, le **konzern** est « un groupe d'entreprises juridiquement indépendantes mais réunies dans des buts économiques sous une direction unique » (loi de 1937). A cela s'ajoute un caractère économique : le Konzern tend à la concentration verticale (amont-aval). Ne cherchant pas à monopoliser le marché, mais plutôt à être présent dans une proportion importante à tous les stades de la production, le konzern est différent du trust.

Le **zaibatsu** japonais est une forme de concentration particulière. Le zaibatsu dont le rôle est important dans le développement industriel du Japon jusqu'en 1945, présente une direction personnelle et familiale des affaires. A la différence du konzern, il se compose d'industries diverses et apparaît comme un conglomérat. Dissous en 1945 par l'occupant américain, le zaibatsu se reconstruit sous l'aspect du **zakai :** au lieu d'un système de direction familiale d'entreprises ; des directeurs d'un type nouveau, des « managers » prennent en main la gestion et surtout une banque est au cœur du nouvel organisme.

La concentration peut être réalisée par une **société de portefeuille** ou de **participation** appelée **holding.** Un **holding** est une entreprise dont les actifs sont constitués par des participations dans des entreprises industrielles, commerciales, financières. Il ne dispose pas en propre des moyens techniques d'exploitation acquis par des sociétés contrôlées ou **filiales.** Dès lors, pour apprécier l'état réel de la concentration, il faut dépasser le stade de l'entreprise pour atteindre la notion de **groupe.** Le **groupe** industriel ou financier exprime l'aboutissement d'une multitude de fusions et absorptions, les interdépendances entre fournisseurs et clients. En effet, les **entreprises sous-traitantes** qui reçoivent d'une autre l'essentiel de leurs commandes, bien qu'indépendantes juridiquement, dépendent en fait d'un groupe.

Les progrès de la concentration s'accompagnent de la **multinationalisation.** Une **multinationale** est une entreprise contrôlant plusieurs filiales dans plusieurs pays. Cet essaimage répond à une stratégie particulière : recherche de coûts de production moins élevés (main-d'œuvre ; matière première) avantages fiscaux **(paradis fiscal),** désir de tourner une barrière douanière.

45. ÉROSION - ACCUMULATION

1. L'érosion (du latin *erodere* = ronger)

Ensemble des phénomènes externes (phénomènes exogènes) qui, à la surface du sol ou à faible profondeur, enlèvent une partie des terrains existants (sols et roches), entraînant une modification du relief. *Stricto sensu* l'érosion représente l'usure des reliefs, soit lors de la dissociation des matériaux, soit lors de transport des débris, transport générateur d'usure. Par extension, on admet que l'accumulation des débris fait partie des **phénomènes érosifs,** car cette accumulation entraîne une modification des reliefs.

2. Agents et processus d'érosion

a) Les agents de l'érosion sont multiples : **agents atmosphériques** (ou climatiques), comme le vent, la pluie, la neige, la glace, le gel, **agents biologiques** (les animaux, les plantes, l'homme – on parle d'**érosion anthropique**) ; mais aussi agents endogènes, comme les tremblements de terre.

b) Parmi les processus de l'érosion, il faut distinguer la **météorisation** et les processus érosifs liés au transport et aux agents de transport.

c) La **météorisation** désigne l'altération des terrains sous l'action des agents atmosphériques et cosmiques. Cette altération peut être le résultat de deux processus :

- la **désagrégation mécanique (érosion mécanique)** a diverses origines : la **thermoclastie** (du grec *klastos* = brisé) aboutit à la fragmentation des roches par alternance des températures basses et élevées (ex. la thermoclastie désertique) ; la **gélifraction** (ou

L'érosion d'un versant

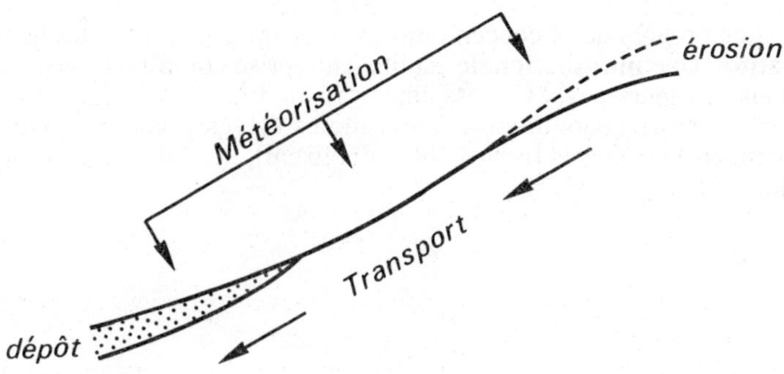

cryoclastie) (→ *74. milieux froids*) fait éclater les roches gélives par le gel de l'eau dans les diaclases. La désagrégation peut être aussi liée à l'action de la pluie (violentes précipitations sur roches ou sols meubles ou non cohérents), ou à l'action des plantes, des **météorites** (fragments rocheux ou métalliques venant de l'espace et atteignant la terre), de la foudre...

- l'**altération chimique (érosion chimique)** est surtout liée à l'action de l'eau qui peut agir seule ou avec le concours de **substances corrosives :** acide carbonique, acides sécrétés par les plantes. L'altération chimique peut être superficielle (en surface), ou souterraine. La **dissolution karstique** (corrosion karstique) est le processus de dissolution des roches calcaires par les eaux chargées de gaz carbonique (→ *17. calcaire*). L'altération chimique des granites et des gneiss dans un milieu humide provoque la désagrégation des feldspaths **(kaolinisation)** et conduit à la formation d'une **arène sableuse** (phénomène d'**arénisation**). Pour le granit et les roches en massif, la **désquamation** amène le détachement de minces écailles courbes prélevées sur les parties superficielles, d'où la constitution de grosses **boules granitiques** enveloppées par l'arène. Si celle-ci est déblayée, les boules s'entassent pour constituer des **chaos granitiques.** A l'échelle d'un massif, on parle d'**exfoliation :** le dégagement d'un massif granitique (ou de roches plutoniques) profondément altéré par l'érosion chimique conduit à la constitution de **pains de sucre,** progressivement mis en place par exfoliation et déblaiement de l'arène (→ *milieux chauds non arides*).

d) L'érosion et le transport : les débris issus de l'érosion peuvent se déplacer par simple action de la gravité : éboulement et progression des éboulis, d'où la constitution de **nappes d'éboulis** (les **casses** ou **clapiers** dans les Alpes), ou de **cônes d'éboulis** si ceux-ci suivent un couloir (→ **« grèzes »** *74. milieux froids*). Le **creeping** (ou **reptation**) est un mouvement superficiel et lent affectant les débris disposés le long d'un versant.

Dans de nombreux cas, les débris sont évacués par des agents de transport (vent, neige, glaciers, eaux courantes...) qui sont aussi des agents d'érosion.

L'**érosion éolienne** agit doublement : avec la **déflation éolienne,** le vent arrache des débris meubles, secs et généralement de petite taille. Lors du transport, les grains de sable soulevés par les vents et les **tempêtes de sable,** exercent une érosion sur les reliefs, appelée **corrosion** (→ *8. milieux arides*.

Les avalanches de neige peuvent creuser des **couloirs d'avalanches.** Les glaciers ont un important pouvoir d'érosion. L'**abrasion glaciaire** est l'action d'érosion exercée par les matériaux déplacés par la glace, d'où un véritable **polissage** du fond rocheux sous la pression du glacier (→ *56. glaciers*).

Les **eaux courantes** sont un important agent d'érosion et de transport. La **charge d'un cours d'eau** correspond à la masse totale des solides transportés par un cours d'eau : particules dissoutes dans l'eau, transportées en suspension dans l'eau (particules colloïdales, limons, sables), graviers, galets et blocs roulés et charriés par les eaux, surtout lors des crues. La **compétence** d'un cours d'eau exprime l'aptitude du cours d'eau à éroder le lit fluvial. La **compétence** désigne aussi **(compétence de prise en charge)** l'aptitude limite du cours d'eau au transport de gros matériaux : ex. tel cours d'eau a une compétence à charrier des matériaux isolés de X hectogrammes ou de X kilogrammes. La **capacité du cours d'eau** correspond à la charge maximum qu'un cours d'eau peut transporter.

3. Erosion linéaire - érosion aréolaire

L'érosion **linéaire** (ou **verticale**) est surtout due à l'écoulement des eaux concentrées dans un cours d'eau (→*30. cours d'eau*). Elle s'exerce le long du talweg : on parle d'**érosion fluviale** (ou **fluviatile**).

L'**érosion aérolaire** (ou **érosion latérale**) s'exerce sur une surface, généralement celle des **interfluves,** partie haute de l'espace compris entre deux vallées. L'érosion aréolaire est liée à de multiples agents : agents atmosphériques, biologiques. Elle peut être le fait du travail des eaux lorsque le **ruissellement** est diffus, sous forme de minces filets d'eau séparés constituant ensemble une mince pellicule **(ruissellement pelliculaire).** Le **ruissellement en nappe** est caractéristique des milieux arides ; de violentes averses provoquent la formation d'une véritable nappe (ou lame) d'eau s'écoulant le long des pentes et des versants dénudés ou peu couverts de végétation. L'érosion latérale conduit à la formation de **glacis d'érosion,** vaste étendue plane et peu inclinée (1 à 8 %). Au pied des montagnes, on parle de **glacis de piémont** (→*8. milieux arides*).

4. Le dépôt des débris

a) L'**accumulation** est l'entassement des matériaux détritiques en milieu continental (en milieu marin ou lacustre).

Les dépôts sont classés selon les agents d'accumulation :

- **dépôts éoliens,**
- **dépôts fluviatiles** (ou **alluvions** → *30. cours d'eau*),
- **dépôts glaciaires** (ou moraines → *56. glaciers*),
- **dépôts fluvio-glaciaires** (ou **alluvions fluvio-glaciaires :** dépôts morainiques remaniés par l'écoulement des eaux de fonte du glacier).

b) Le dépôt des débris est réalisé lorsque l'énergie cinétique qui déplace les débris diminue ou devient nulle. Dans le cas des cours d'eau, le ralentissement provoque une **rupture de charge** et un dépôt d'alluvions ; le ralentissement peut avoir diverses origines : diminution de la pente longitudinale des cours d'eau, augmentation des frottements à la surface du lit fluvial ; le dépôt des alluvions fluviatiles est également affecté par des variations du débit (ex. dépôt consécutif aux crues) et par la forme du tracé du cours d'eau. Ainsi, dans un **méandre,** la **rive concave** est érodée, alors que la **rive convexe** reçoit un dépôt d'alluvions qui « engraisse » le **lobe de méandre** (partie convexe à l'intérieur du méandre). (N.B. : concavité et convexité sont définies par l'observation des rives à partir du cours d'eau). Erosion et alluvionnement expliquent la tendance naturelle du méandre à exagérer sa courbure, d'où des **recoupements** (→ *30. cours d'eau*).

5. Le profil des versants

Les versants rectilignes et nettement inclinés – pente de 25° à 35° – sans rupture de pente et sans ravinement sont appelés **versants réglés** (ou **versants de Richter**). Il s'agit de versants rocheux à couverture détritique mince et discontinue.

Un **versant régulier** est un versant dont la pente évolue régulièrement, sans rupture de pente. Il peut s'agir d'un **versant rectiligne** (pente constante), d'un **versant concave** (pente régulièrement décroissante du haut en bas), d'un **versant convexe** (pente régulièrement croissante du haut en bas). De nombreux versants ont un **profil convexo-concave** (convexe en haut, concave en bas), la section concave étant souvent séparée de la section convexe par une section intermédiaire rectiligne. (Voir schéma.)

L'évolution des versants dépend de la couverture végétale du versant : faible sur les versants couverts d'un manteau forestier, l'érosion est particulièrement active sur les versants dénudés, dépourvus de végétation, d'où de nombreux ravinements et glissements de terrain.

La **solifluxion** est la descente de matériaux détrempés et gorgés d'eau qui s'écoulent en masse boueuse (syn. foirage). Les coulées de solifluxion sont fréquentes sur les versants marneux ou argileux.

6. Systèmes d'érosion et cycle d'érosion

a) Au sein des grandes zones climatiques, la combinaison des processus d'érosion spécifiques au milieu constitue un **système d'érosion bioclimatique :** ex. système d'érosion en milieu aride, en milieux chauds et humides (→ *8. milieux arides, 73. milieux chauds, 74. milieux froids, 76. milieux tempérés, 75. milieu méditerranéen*).

b) **Cycle d'érosion :** c'est une succession d'étapes qui, selon le géomorphologue Davis (1889), amènerait la formation de relief à partir d'une surface plane pour redonner, en fin de cycle, une autre surface plane. Le **cycle « davisien »** suppose un abaissement initial du niveau de base des rivières lié à la baisse du niveau des océans (**eustatisme** = ensemble des

Types de versants

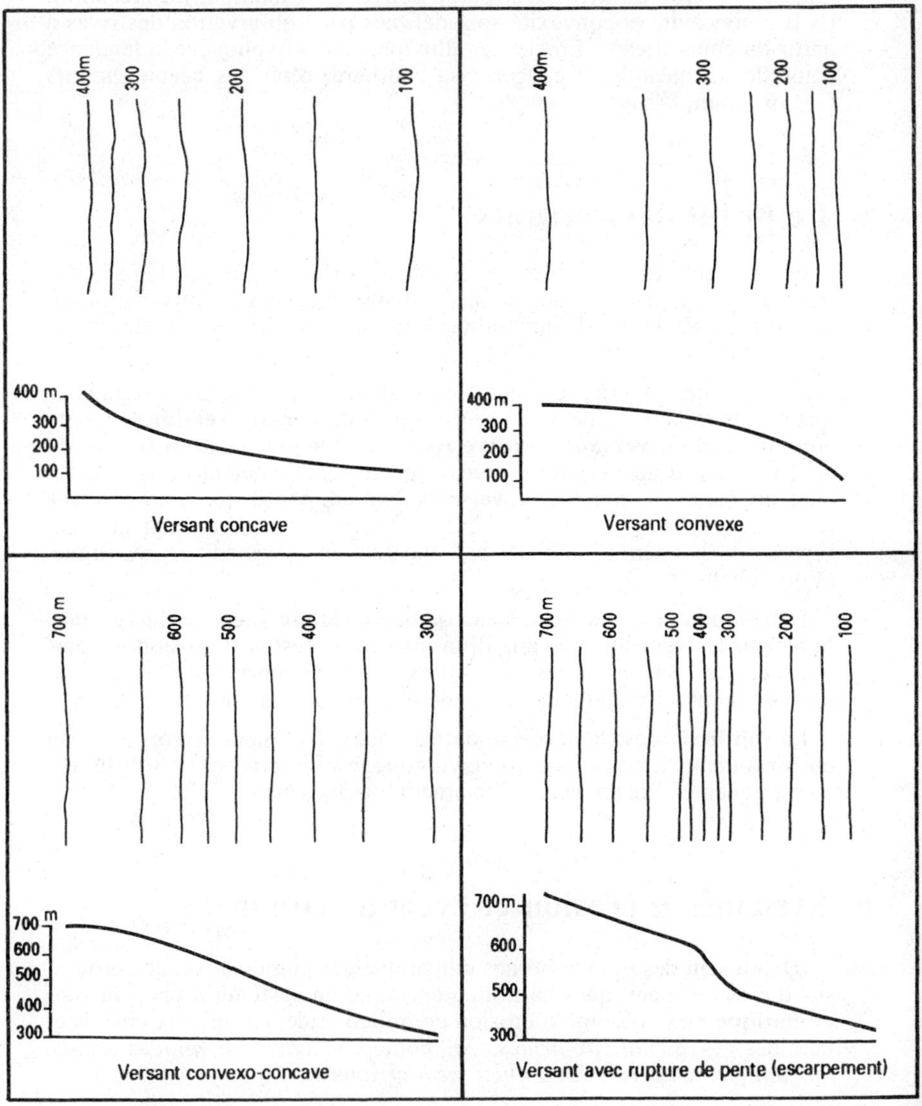

mouvements du niveau général de l'océan (→ *55. glaciations*). Le cycle d'érosion comprend plusieurs stades :

– **stade initial :** surface topographique plane ;

– **stade de jeunesse :** creusement par les rivières, l'érosion linéaire progressant vers l'amont, d'où le qualificatif d'**érosion régressive ;**

– **stade de maturité :** creusement peu actif des rivières versants adoucis ;

– **stade de vieillissement** ou de **sénilité :** les rivières ont atteint un **profil dit d'équilibre :** elles ne creusent plus mais n'alluvionnent pas. On aboutit à la formation d'une **pénéplaine** (→ *96. relief*). Le cycle davisien suppose une stabilité de longue durée des conditions tectoniques et climatiques, stabilité rarement réalisée.

c) **Surface d'érosion :** c'est une surface relativement plane et assez étendue résultant de l'arasement des reliefs par l'érosion. Il est possible de dater les surfaces d'érosion en observant l'âge des dépôts qui reposent sur la surface : ces **dépôts** sont discordants par rapport à la structure sous-jacente. Ils peuvent être le résultat d'une sédimentation marine postérieure à la surface d'érosion (avec immersion) ou d'une sédimentation continentale. La surface d'érosion est devenue une surface de discordance séparant structure sous-jacente et dépôts discordants.

Les dépôts peuvent être corrélatifs, c'est-à-dire déposés au moment de la formation de la surface d'érosion. Une **surface d'érosion** recouverte par des sédiments est une **surface fossilisée.** Si les sédiments sont ensuite déblayés par une nouvelle érosion, la **surface** est dite **exhumée.** Une **surface polygénique** est le résultat du recoupement de plusieurs surfaces d'érosion, élaborées lors de cycles successifs **(surface polycyclique).**

Surface d'érosion arasant une structure plissée

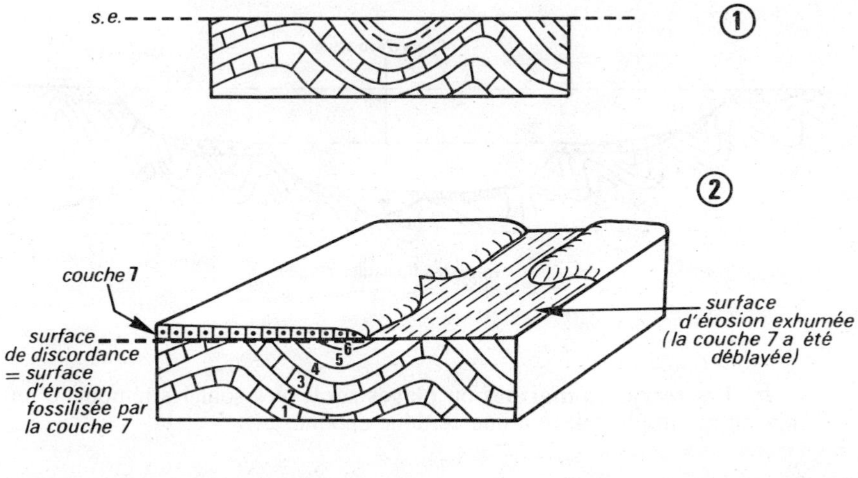

7. Terrasses fluviatiles - terrasses marines

a) Une **terrasse fluviatile** est un replat, une étendue plane située dans un talweg ou sur les versants d'une vallée, à une altitude supérieure à celle du lit majeur du cours d'eau. Elle représente le reste d'un lit ancien dans lequel le cours d'eau s'est enfoncé. Elle peut être constituée d'alluvions – **terrasse alluviale** – ou correspondre à la surface de l'ancien lit rocheux, sans formation alluviale – **terrasse rocheuse.** Plusieurs terrasses alluviales peuvent être superposées. Elles sont **emboîtées** si la terrasse inférieure est toute entière entaillée dans la terrasse supérieure d'alluvions plus anciennes. Elles sont **étagées** si, entre chaque terrasse, les affleurements rocheux du substratum apparaissent et séparent les terrasses.

Terrasses emboîtées, terrasses étagées

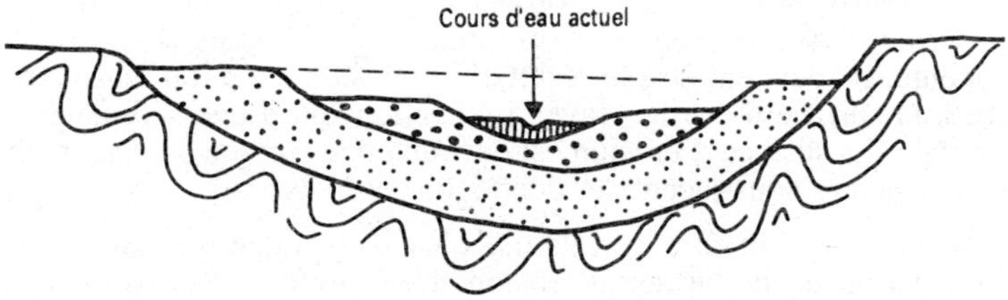

Terrasses fluviatiles emboîtées

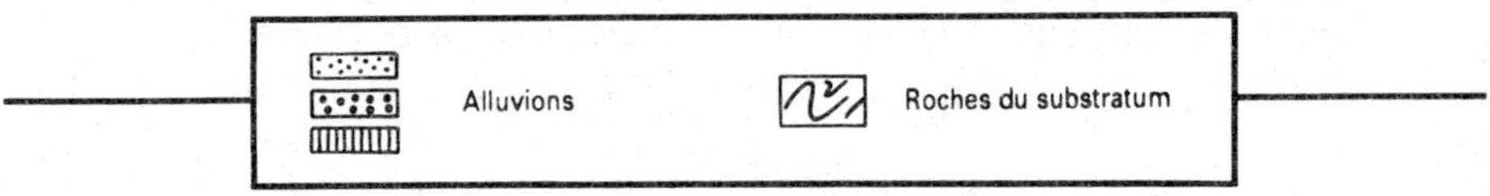

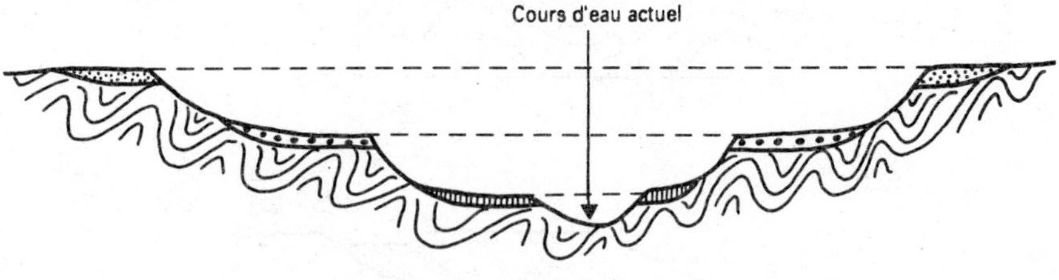

Terrasses fluviatiles étagées

b) Les **terrasses marines** ou **plages soulevées** sont les témoins d'un niveau marin plus élevé à une certaine époque.

8. Epigénie - surimposition - antécédence

Les variations eustatiques et les mouvements tectoniques peuvent créer, pour un cours d'eau qui érode, une situation d'épigénie. Dans une situation d'**épigénie,** un cours d'eau et sa vallée sont amenés à traverser des reliefs, constitués de roches de diverses résistances, sans que la structure du relief ait une influence sur le tracé du cours d'eau. Le cours d'eau qui coulait sur une surface plane s'est encaissé du fait de l'érosion, traversant la structure qui n'était pas apparente antérieurement à l'enfoncement. Deux mécanismes peuvent expliquer l'épigénie :

- la **surimposition :** le cours d'eau était installé sur une surface plane, surface d'érosion tranchant les structures sous-jacentes ou **couverture discordante** (couche de terrains sédimentaires reposant sur une surface d'érosion). Il s'est enfoncé lentement (abaissement du niveau de base) en gardant son orientation primitive,
- l'**antécédence :** les mouvements tectoniques (ex. plissement) ont progressivement déformé la surface plane où coulait le cours d'eau, qui s'est alors encaissé progressivement dans la structure nouvelle mise en place (ex. horst, anticlinal) tout en gardant son orientation primitive.

De nombreuses **vallées** (ou parfois gorges) **épigéniques** sont dues à la combinaison des deux mécanismes. Dans une situation épigénique, le tracé du cours d'eau est **inadapté** à la structure (**inadaptation).**

Epigénie par surimposition dans une structure plissée

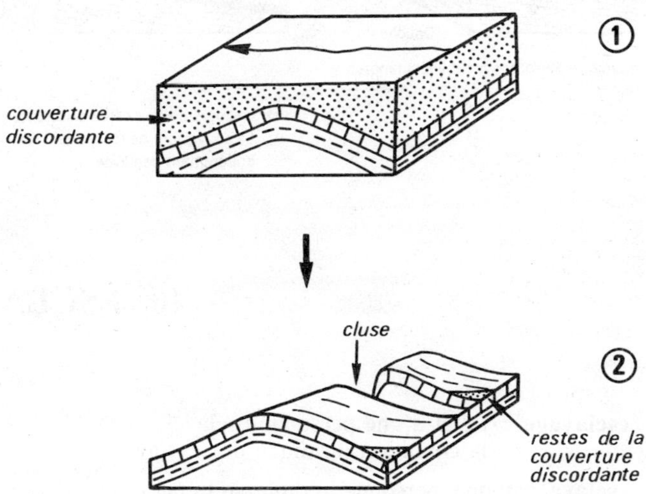

Epigénie par antécédence

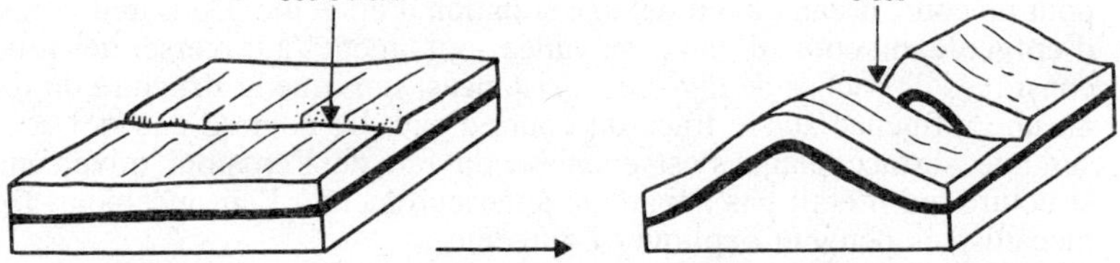

A- Le cours d'eau est légèrement encaissé dans le plateau

B- Le cours d'eau s'est encaissé dans la structure anticlinale d'où formation d'une cluse

Epigénie par surimposition dans une structure monoclinale

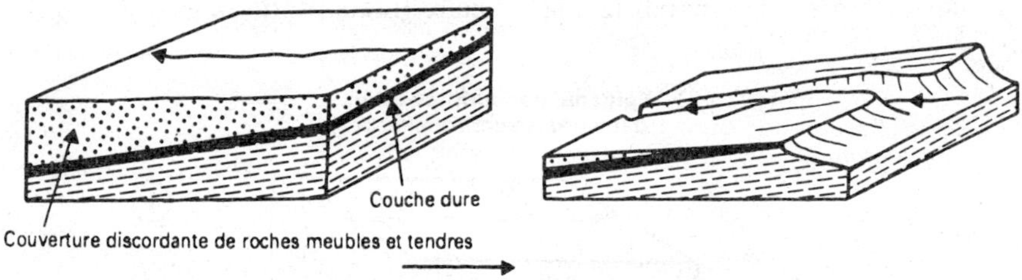

A-

B- Le cours d'eau s'est encaissé. La couverture de roches tendres a été presque entièrement déblayée

46. ESCLAVAGE

– L'**esclavage** : l'état d'une personne esclave
la condition juridique des esclaves

L'**esclave** est une personne réduite à l'état d'une chose. Propriété d'une autre personne, l'esclave peut être vendu, acheté, transmis par héritage. Il n'a pas de responsabilité civile, de capacité juridique, de droit politique.

1. L'esclavage dans l'Antiquité

La plupart des sociétés antiques ont connu l'esclavage mais deux grandes aires de civilisation doivent être distinguées : dans les empires orientaux, des gens d'une même race peuvent être libres ou esclaves alors que dans le monde grec, l'esclave est un étranger ou un captif.
Plusieurs catégories d'esclaves ont coexisté :

L'**esclave « domestique »** ou « **patriarcal » :** intégré à la famille, traité humainement ; l'esclave main-d'œuvre, véritable cheptel utilisé par de grands propriétaires pour exploiter la terre ou des ruines, l'**esclave public,** qui appartient à l'Etat et joue le rôle de fonctionnaire, de secrétaire. L'esclave qui économise quelque argent (un **pécule**), peut racheter sa liberté : c'est l'**affranchissement** ou l'**émancipation.**

A Athènes et à Rome, le droit de poursuite est appliqué aux esclaves fugitifs ou recherchés pour des délits. Au droit de poursuite s'oppose en principe le **droit d'asile** dont bénéficie l'esclave fugitif dans certains sanctuaires.

Dans les sociétés antiques, notamment grecques et romaines, il faut distinguer entre les non libres absolus, véritable chose de leur maître et des non libres relatifs, de même race que les libres qui ne possèdent pas tous les droits civiques et politiques. Ainsi les **ilotes** (ou hilotes) à Sparte, descendants de populations primitives ou de vaincus sont la possession de l'Etat qui les cède à des particuliers. Entre les ilotes et les citoyens, il existe une classe intermédiaire, celle des **périèques,** hommes libres mais sans droit politique. A Athènes, également, le **métèque** est un homme libre mais non citoyen.

Le **colon** romain, attaché héréditairement à la terre, a un statut intermédiaire entre la liberté et la servitude.

2. Le servage

Dans les sociétés d'Europe occidentale, le servage s'est lentement substitué à l'esclavage entre le VIIIe et le XIe siècle. Sous l'influence du droit franc, l'Eglise, les seigneurs attribuent des terres (un lopin, une maison) à d'anciens captifs : ce sont des **« esclaves chasés »** ou **serfs.**

Si le serf est considéré comme une personne, s'il possède une certaine part d'initiative économique, il reste encore largement le descendant de l'esclave du haut Moyen Age : son statut se caractérise par l'absence de liberté, son maître est responsable de ses actes devant les tribunaux.

Le servage implique une étroite dépendance personnelle qui se traduit par des charges particulières : le serf doit acquitter à son maître une taxe personnelle, reconnaissance de sa dépendance, le **chevage,** le maître prélève sa part sur l'héritage du serf : la **mainmorte ;** si le serf veut se marier en dehors du groupe des dépendants de son propriétaire, il faut payer la taxe de **formariage.**

A partir du XIIe, XIIIe siècle, l'**affranchissement** des serfs (c'est-à-dire la libération) progresse avec la renaissance des villes, le développement du commerce, l'usage de la monnaie, si bien qu'il ne subsiste que des vestiges du servage à la fin du Moyen Age en Europe occidentale.

En revanche, dans l'Europe de l'Est (notamment en Russie) depuis le XVe siècle, l'Etat remet aux grands propriétaires fonciers, le pouvoir sur les paysans en attachant ceux-ci à la glèbe : un nouveau servage se constitue qui ne sera aboli qu'en 1861.

3. Esclavage et colonisation (*→ 23. colonisation*)

A partir du XVIe siècle, dans les colonies d'Amérique, les Européens importent de la main-d'œuvre noire pour mettre en valeur les plantations **(traite des Noirs).** Ces Noirs sont des esclaves.

L'**esclavagisme** est l'organisation sociale qui repose sur cette situation. C'est aussi la doctrine de ceux qui veulent maintenir l'esclavage – doctrine qui s'oppose à l'**abolitionnisme** favorable à sa disparition.

L'abolition s'effectue par étapes, au cours du XIXe siècle.

Jusqu'à la guerre de Sécession, à l'instigation de l'Angleterre, la traite est abolie et le commerce international des esclaves réprimé. La guerre de Sécession est l'aboutissement de nombreux mouvements par lesquels les Etats-Unis suppriment l'esclavage à l'intérieur de leurs frontières.

Aux Etats-Unis, le 13e amendement à la Constitution (déc. 1865) abolit toute servitude, mais les Etats du Sud adoptent de nombreuses mesures pour écarter les Noirs qui demeurent en fait au ban de la société : c'est le régime de la **ségrégation.**

Depuis la Seconde Guerre mondiale surtout, la **déségrégation** ou l'**intégration** des Noirs a fait de nombreux progrès.

En revanche, au Brésil, l'absence de toute distinction entre les races a permis un étonnant **métissage** (croisement de deux races). Les éléments **métis** sont nombreux ; les **mulâtres** sont de Blancs et de Noirs, les **zambos** d'Indiens et de Noirs.

47. ESPACE (organisation de)

1. Le découpage politique et administratif de l'espace

a) Une **frontière** est la limite séparant deux Etats. Le tracé des frontières est généralement fixé par un accord international mais il peut résulter d'un état de fait. Une **ligne de démarcation** (de séparation) entre deux armées ennemies peut tenir lieu de frontière (ex. Chypre, les frontières entre Israël et l'ensemble Syrie-Jordanie).

Une **frontière « naturelle »** est constituée par un obstacle géographique majeur : chaîne de montagnes, fleuve difficilement franchissable. Le concept apparu au XVIIIe siècle et développé au XIXe siècle n'a plus guère de signification aujourd'hui, les obstacles géographiques ne pouvant servir de lignes de défense dans le contexte tactique actuel.

A l'origine, le terme frontière a une signification bien différente. Il désigne, à partir du XIVe la ligne de front d'une troupe en ordre de bataille. Plus tard (Vauban), la frontière correspond à une ligne de places fortes. A partir de la Révolution française, le terme prend le sens de limites : les frontières de la France deviennent progressivement **linéaires** par disparition des **enclaves,** territoire enfermé par un autre : enclaves étrangères en terre française mais aussi enclaves françaises en terre étrangère.

b) Le mot **frontière** peut être pris au sens de front pionnier lors de la colonisation d'une région (→ *90. peuplement*).

c) Le découpage administratif en France :

- Les **communes** sont la plus petite division administrative (→ *111. villes*) : environ 36 500 communes de tailles diverses. Le découpage communal actuel est largement hérité du **découpage paroissial** de l'Ancien Régime. La commune est administrée par un **conseil municipal** élu et qui élit en son sein le **maire** et ses adjoints. Les **fusions** de communes encouragées depuis les années soixante ont été relativement rares.

- Les **cantons,** créés en 1790 par l'Assemblée constituante, regroupent plusieurs communes. Les 3 830 cantons de France élisent un **conseiller général.** À chaque **chef-lieu de canton** correspond, en principe, une infrastructure administrative : perception, tribunal d'instance, éventuellement gendarmerie.

- L'**arrondissement** est une division du département, administrée par un **sous-préfet.** Depuis le début du XXe siècle, le nombre de **sous-préfectures** a été sensiblement réduit : 326 sous-préfectures aujourd'hui, chaque département comptant de un (Seine, Territoire-de-Belfort) à neuf arrondissements (N.B. : ne pas confondre avec les arrondissements urbains (→ *112. villes*).

- Le **département** a été créé par l'Assemblée constituante (décret du 26 févr. 1790) qui établit 83 départements divisés en **districts** (les arrondissements actuels). Les départements furent dénommés d'après leurs rivières et montagnes : le découpage départemental, opéré avec soin, correspond assez souvent au découpage provincial de l'Ancien Régime (ex. Indre-et-Loire = Touraine, Dordogne = Périgord...). Le département est administré par un préfet, le **conseil général** gérant le budget départemental.

La France compte actuellement 96 **départements** métropolitains auxquels il faut ajouter quatre **départements d'outre-mer**

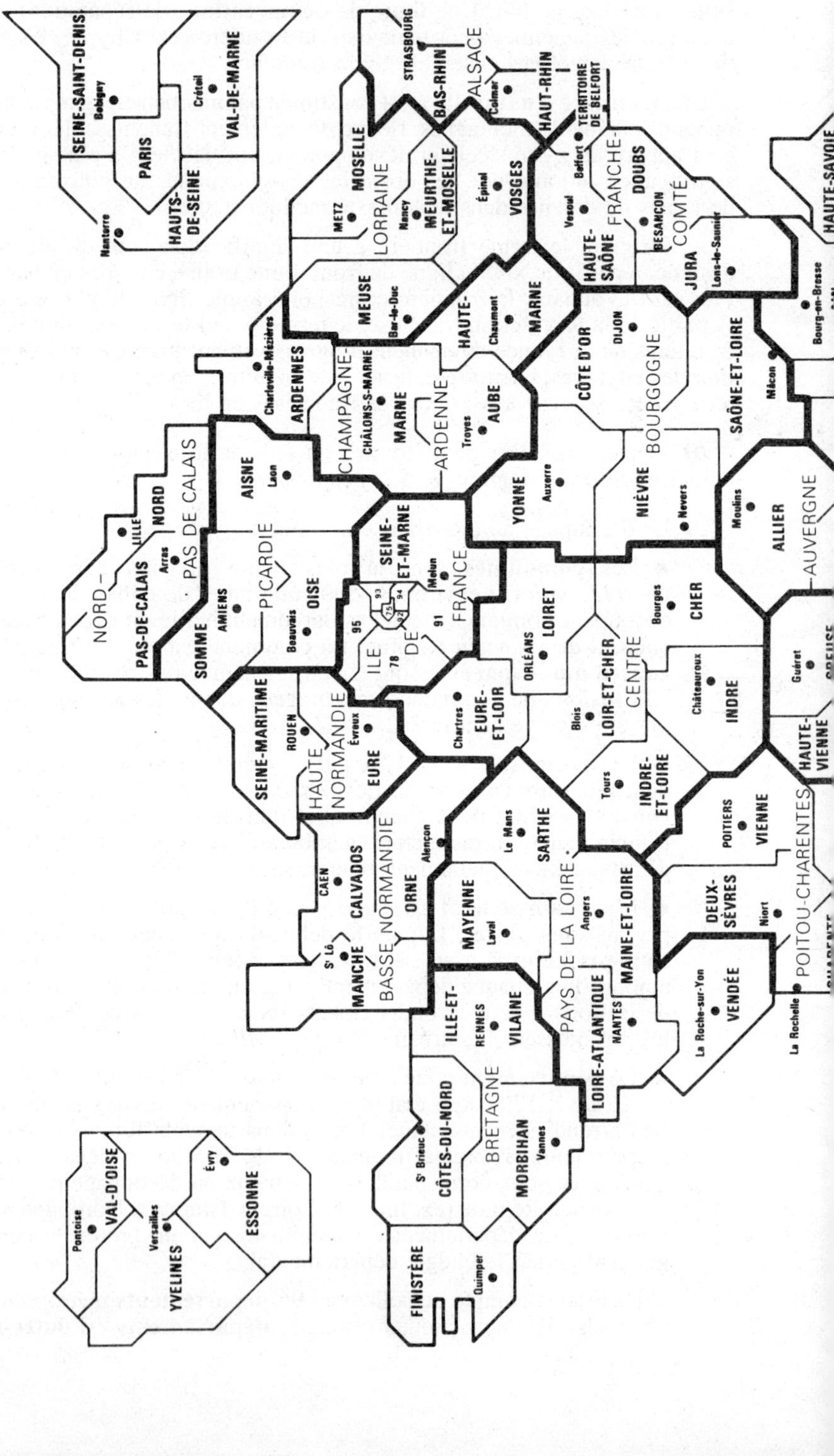
SEINE-SAINT-DENIS
Bobigny
VAL-DE-MARNE
Créteil
PARIS
HAUTS-DE-SEINE
Nanterre
VAL-D'OISE
Pontoise
Versailles
YVELINES
Évry
ESSONNE
STRASBOURG
BAS-RHIN
ALSACE
Colmar
HAUT-RHIN
TERRITOIRE DE BELFORT
Belfort
MOSELLE
METZ
LORRAINE
Nancy
MEURTHE-ET-MOSELLE
Épinal
VOSGES
FRANCHE-COMTÉ
DOUBS
BESANÇON
Vesoul
HAUTE-SAÔNE
JURA
Lons-le-Saunier
HAUTE-SAVOIE
Bourg-en-Bresse
MEUSE
Bar-le-Duc
HAUTE-MARNE
Chaumont
CÔTE D'OR
DIJON
BOURGOGNE
SAÔNE-ET-LOIRE
Mâcon
Charleville-Mézières
ARDENNES
CHAMPAGNE-ARDENNE
CHÂLONS-S-MARNE
MARNE
AUBE
Troyes
YONNE
Auxerre
NIÈVRE
Nevers
ALLIER
Moulins
AUVERGNE
PAS DE CALAIS
NORD
LILLE
Arras
PAS-DE-CALAIS
NORD-
AISNE
Laon
PICARDIE
SOMME
AMIENS
OISE
Beauvais
SEINE-ET-MARNE
Melun
ILE DE FRANCE
95
93
94
75
92
91
78
LOIRET
ORLÉANS
CHER
Bourges
LOIR-ET-CHER
Blois
CENTRE
INDRE
Châteauroux
Guéret
CREUSE
HAUTE-VIENNE
SEINE-MARITIME
ROUEN
HAUTE NORMANDIE
Évreux
EURE
EURE-ET-LOIR
Chartres
INDRE-ET-LOIRE
Tours
VIENNE
POITIERS
POITOU-CHARENTES
DEUX-SÈVRES
Niort
CHARENTE
La Rochelle
VENDÉE
La Roche-sur-Yon
CALVADOS
CAEN
BASSE NORMANDIE
ORNE
Alençon
SARTHE
Le Mans
MAYENNE
Laval
PAYS DE LA LOIRE
MAINE-ET-LOIRE
Angers
MANCHE
St Lô
ILLE-ET-VILAINE
RENNES
LOIRE-ATLANTIQUE
NANTES
BRETAGNE
CÔTES-DU-NORD
St Brieuc
MORBIHAN
Vannes
FINISTÈRE
Quimper

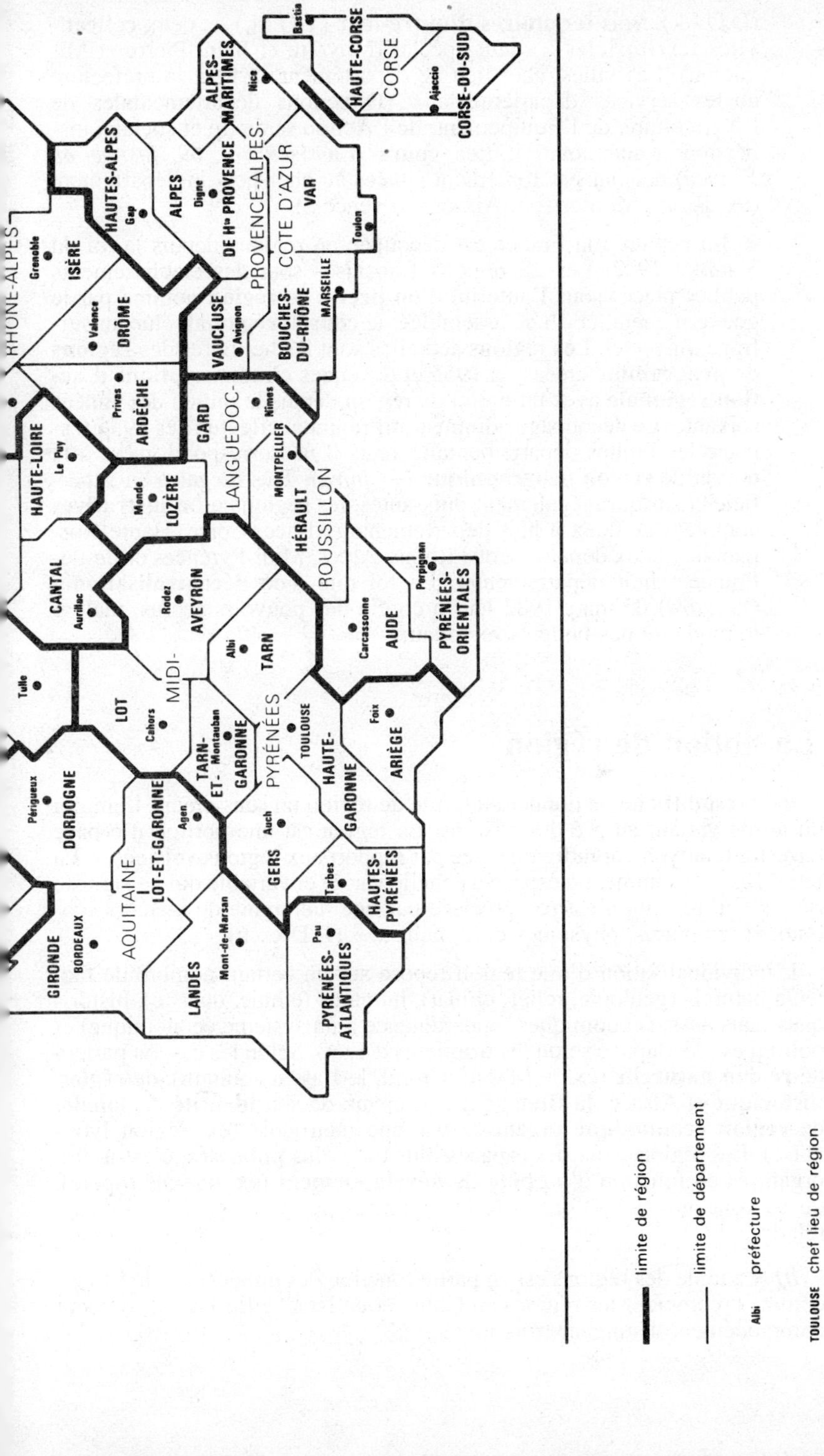
RHÔNE-ALPES
Grenoble
ISÈRE
HAUTES-ALPES
Gap
ALPES-MARITIMES
Nice
Bastia
HAUTE-CORSE
CORSE
Ajaccio
CORSE-DU-SUD
ALPES
Digne
DE Hte PROVENCE
PROVENCE-ALPES-
COTE D'AZUR
VAR
Toulon
Valence
DRÔME
VAUCLUSE
Avignon
BOUCHES-DU-RHÔNE
MARSEILLE
Privas
ARDÈCHE
GARD
Nîmes
LANGUEDOC-
ROUSSILLON
MONTPELLIER
HÉRAULT
HAUTE-LOIRE
Le Puy
Mende
LOZÈRE
CANTAL
Aurillac
Rodez
AVEYRON
Perpignan
PYRÉNÉES-ORIENTALES
Carcassonne
AUDE
Albi
TARN
MIDI-
PYRÉNÉES
Tulle
LOT
Cahors
TARN-ET-GARONNE
Montauban
TOULOUSE
HAUTE-GARONNE
Foix
ARIÈGE
Périgueux
DORDOGNE
Agen
LOT-ET-GARONNE
Auch
GERS
Tarbes
HAUTES-PYRÉNÉES
AQUITAINE
GIRONDE
BORDEAUX
Mont-de-Marsan
LANDES
Pau
PYRÉNÉES-ATLANTIQUES
limite de région
limite de département
Albi préfecture
TOULOUSE chef lieu de région

(D.O.M.), trois **territoires d'outre-mer** (T.O.M.), et deux **collectivités territoriales** à statut spécial (Mayotte et Saint-Pierre-et-Miquelon). Les villes, chef-lieu de département abritent la préfecture et les services départementaux (Directions départementales de l'Agriculture, de l'Equipement, de l'Action sanitaire et sociale, inspection académique...). Les **cours d'assises** (→ *69. justice en France*) ne sont pas forcément situées au chef-lieu du département (ex. Riom, Montbrison, Aix-en-Provence...).

• La **région :** la France est découpée en régions depuis la loi du 5 juillet 1972. Les 22 régions françaises sont des établissements publics placés sous l'autorité d'un **préfet** de **région** nommé par le gouvernement, et d'une assemblée, le **conseil régional,** élue au suffrage universel. Les régions actuelles sont les héritières des **régions de programme** créées en 1955 et devenues **circonscriptions d'action régionale** avec un préfet de région depuis le milieu des années soixante. Le découpage administratif régional effectué dès 1955 respecte les limites départementales mais il ne correspond guère à la notion de **région géographique** (→ *infra*). Très inégales en superficie et surtout inégalement puissantes, les **régions administratives** comptent de deux à huit départements (Alsace, Corse, Haute-Normandie : deux départements, Rhône-Alpes, Midi-Pyrénées et Ile-de-France : huit départements). La loi dite « de **décentralisation** » (→ *infra*) de mars 1982 leur a confié des pouvoirs accrus, malgré la modicité des budgets régionaux.

2. La notion de région

a) Il est difficile de donner au terme de région un sens précis, l'emploi du terme variant au gré des besoins. La région est une portion d'espace terrestre relativement individualisée par rapport aux régions voisines. « La région est, en somme, un espace à échelle variée et variable qui ne signifie rien si son identité n'est pas précisée par une hiérarchie de facteurs spatiaux et temporels, physiques et humains... » (J. Dresch).

L'individualisation d'une région repose sur un certain nombre de facteurs naturels (géologie, relief, climat), humains (ethnie, densité), historiques mais aussi économiques (appartenance à un système économique) et politiques (découpage selon les frontières d'Etat). Selon les cas, on parlera de **région naturelle** (ex. le Massif central, le Bassin aquitain), de **région historique** (l'Alsace, la Bretagne) consciente de son **identité régionale,** de **région économique** organisée par une métropole (ex. région lyonnaise). Les régions sont des espaces plus ou moins **polarisés,** c'est-à-dire organisés en fonction d'un **pôle de développement** (ex. une métropole), où se concentrent les forces de la région et où convergent les flux de relation.

b) La taille des régions est en partie fonction des dimensions de l'Etat : comment comparer les régions en Chine et en Israël ? En France, on peut commodément distinguer trois niveaux :

- niveau 1 : les régions naturelles, ex. le Massif central ;
- niveau 2 : les petites régions, ex. l'Auvergne, le Limousin ;
- niveau 3 : les « **pays** », ex. l'Aubrac, le Cézallier, le Livradois...

La Haute-Loire : un département, deux « provinces », de petits pays

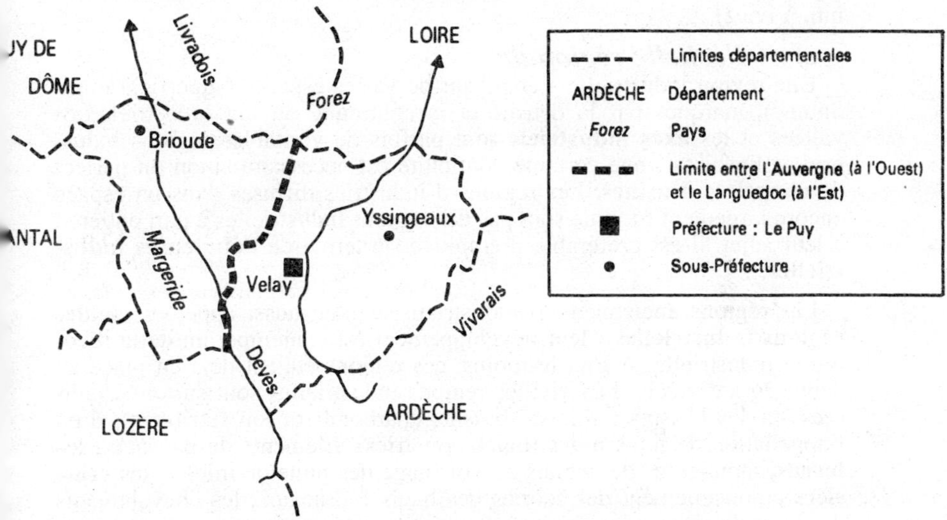

3. Régions et foyers industriels

Les activités industrielles sont généralement regroupées en concentrations géographiques plus ou moins vastes.

a) Un complexe industriel

C'est un regroupement géographique d'industries de superficies variable, caractérisé par la forte densité des implantations industrielles ; dans un véritable complexe industriel, les établissements industriels sont unis par de multiples relations : liens techniques, complémentarité des productions, communauté d'approvisionnement... A une échelle locale, les établissements se groupent en **îlots industriels** (quatre à neuf établissements) et en **quartiers industriels** (plus de dix établissements).

Un **complexe industrialo-portuaire** (ou **Z.I.P. = Zone Industrialo-Portuaire**) est un regroupement d'établissements industriels dans un grand port en liaison avec les (→ *111. transports maritimes.*)

Une **zone industrielle** est un regroupement d'établissements industriels à l'échelle locale : quelques hectares à quelques dizaines de kilomètres carrés. De nombreuses communes ou collectivités territoriales ont mis en place des **zones industrielles aménagées** (équipements routiers et embranchement ferroviaires – réseaux d'adduction, de distribution...) (→ *infra, aménagement du territoire,* → *111. transports maritimes*).

b) Un foyer industriel

Le terme est pratiquement synonyme de complexe industriel. On l'utilise surtout à propos des centres industriels isolés (ex. une petite ville industrielle). Pour distinguer les foyers selon leur taille, on parlera de foyer industriel majeur (la Ruhr) et mineur (l'ensemble Decazeville, Aubin, Viviez).

c) A l'échelle régionale

Une région industrielle s'étend sur de vastes espaces (superficie minimum ?), marqués par la densité et la continuité du fait industriel. Les vallées et les **axes industriels** sont parfois de véritables régions industrielles linéaires : une certaine continuité est nécessaire sinon on parlera de **chapelets d'usines.** Les régions d'industries diffuses dans un espace encore largement rural ne sont pas des régions industrielles à part entière : à leur sujet, il est préférable d'employer le terme de **nébuleuses industrielles.**

Les régions anciennement industrialisées sont aussi appelées **vieilles régions industrielles :** leur développement est contemporain de la révolution industrielle. A tout le moins, ces régions étaient déjà en place au début du XXe siècle. Les vieilles régions industrielles sont surtout localisées sur les bassins miniers : bassins charbonniers (ou ferrifères), d'où l'appellation de **pays noirs** (black countries). Eléments du paysage : les **terrils,** monticules de déblais au voisinage des puits de mines ; les **crassiers** amoncellement des scories des hauts fourneaux ; les chevalements des puits de mines ; les cités ouvrières et les **corons** (maisons des mineurs en Wallonie et dans le nord de la France) ; les établissements industriels (centrales thermiques, anciennes « usines à gaz », aciéries, hauts fourneaux, usines métallurgiques et chimiques...).

Le déclin des bassins miniers a entraîné la fermeture d'usines et l'apparition de **friches industrielles,** occupées par les anciens établissements laissés à l'abandon.

d) La localisation des industries de pointe : technopoles et parcs scientifiques

Les industries de pointe se concentrent parfois dans des zones industrielles spécialisées et équipées en service de haut niveau. Les **technopoles** sont un exemple de ces zones spécialisées qui se développent souvent à la périphérie des agglomérations (exemples fameux la Silicon Valley, au sud de San Francisco ; l'autoroute 128, à la périphérie de Boston), parfois au cœur de l'agglomération lorsque des terrains sont disponibles (ex. l'europole de Grenoble, la technopole de Lyon-Gerland). Un **parc scientifique** est une forme d'agglomération d'industries de pointe regroupant établissements d'enseignement supérieur, laboratoires de recherches et établissements industriels (ex. Sophia Antipolis, le parc de Brabois à Nancy, à une autre échelle le Triangle Research Park en Caroline du Nord).

4. L'aménagement du territoire

C'est une action concentrée et volontaire d'organisation du territoire. On peut distinguer plusieurs types d'aménagement selon l'espace et les activités intéressés.

a) Aménagement agricole

Au sens strict, toute transformation de l'espace agricole peut être un aménagement (construction de terrasses, irrigation). Il est préférable de réserver le terme aux grandes opérations d'aménagement, coordonnées par les pouvoirs publics : en ce sens, le défrichement des **terres neuves,** au Sénégal, est une opération d'aménagement lorsqu'il y a intervention du pouvoir (colonial ou actuel). Sinon, il s'agit d'une entreprise de défrichement collectif (rôle de la confrérie Mourid). Autre exemple : l'opération **terres vierges** en U.R.S.S. de 1950 à 1963.

En France, existent des **sociétés d'économie mixte** pour l'aménagement rural (ex. S.O.M.I.V.A.L., Société de mise en valeur de l'Auvergne-Limousin, S.O.M.I.V.A.C., pour la Corse...).

b) L'aménagement industriel

Il poursuit généralement deux objectifs :

- aider à une meilleure répartition de l'industrie,
- faciliter la **reconversion industrielle** (ou la conversion) c'est-à-dire la transformation des activités industrielles en vue d'une adaptation au marché (on utilise le terme à propos des régions industrielles mais il peut s'appliquer aussi aux entreprises : politique de reconversion, de **restructuration** d'une entreprise).

En Union soviétique, les **Complexes Territoriaux de Production** (C.T.P.) regroupent entreprises et services complémentaires (transport, infrastructure sociale) au niveau régional. Le C.T.P. est un outil de mise en valeur des richesses naturelles ; il représente un essai d'aménagement global du territoire. (Le **combinat U.K.K.** – Oural Kouzbass Kombinat – peut être considéré comme un ancêtre des C.T.P., mais il associait des entreprises situées dans deux régions relativement éloignées.)

En France, l'aménagement industriel a entraîné la création de multiples organismes (→ *infra* 5, « aménagement régional en France »).

c) L'aménagement urbain

La croissance urbaine est à l'origine de nombreux problèmes (transports, congestion urbaine, environnement...).

Les **politiques d'aménagement urbain** tendent à une meilleure maîtrise de l'urbanisation : d'où la mise en plans d'aménagement à caractère régulateur et prospectif : en France, le **P.O.S.,** Plan d'Occupation des Sols distingue plusieurs zones : zone urbaine, zone industrielle, zone inconstructible car zone agricole à protéger.

Le **S.D.A.U.,** Schéma Directeur d'Aménagement et d'Urbanisme est un plan d'urbanisme (1/50 000e) qui fixe les orientations de l'urbanisation future. Conçu pour les grandes agglomérations, il est révisé périodiquement et sert de référence pour la mise au point des P.O.S. Dans le S.D.A.U. sont délimitées les **Z.A.C.** (Zone d'Aménagement Concerté), les **Z.A.D.** (Zone d'Aménagement Différé), les **Z.U.P.** (Zone à Urbaniser par Priorité).

d) L'aménagement régional

Il regroupe l'ensemble des actions localisées c'est donc un aménagement global d'une région. Son objectif est l'utilisation rationnelle et optimale de l'espace régional. Il tend à une diminution des disparités régionales. Le P.N.B. par habitant et par région mesure (de façon imparfaite) les inégalités de développement **(disparités régionales)** entre les régions.

A l'échelle nationale, une politique d'aménagement du territoire peut avoir pour objectif la **décentralisation :** celle-ci se traduit par le transfert hors d'un centre urbain surchargé d'activités industrielles, commerciales ou de service ; la décentralisation contribue au **desserrement industriel,** diminution de la densité des établissements dans un complexe ou une région industrielle. Cependant, la création ou le transfert d'usines nouvelles à la périphérie d'agglomérations centrale (ex. villes nouvelles de la région parisienne) est un simple desserrement sans décentralisation. De même la **déconcentration** géographique n'est pas une véritable décentralisation : la création d'une unité nouvelle hors du centre contribue simplement à faire diminuer la concentration des industries dans la région centrale.

La décentralisation peut affecter les unités de production sans qu'il y ait déplacement du siège social : une décentralisation complète suppose un transfert total de la firme industrielle ou commerciale, cas assez rarement observé.

Le **redéploiement industriel** résume l'évolution des localisations industrielles, qu'il soit volontaire (desserrement, déconcentration, décentralisation) ou subi, en particulier, du fait du déclin des vieilles régions industrielles. Le redéploiement industriel, plus sensible depuis le début des années soixante-dix affecte les économies nationales, parfois, depuis plus longtemps (ex. littoralisation des activités industrielles, surtout intense dans les années soixante) mais on peut aussi parler de redéploiement industriel à l'échelle mondiale avec la montée des « nouveaux pays industriels ».

5. L'aménagement régional en France

Les organismes qui s'occupent d'aménagement du territoire sont légion. Citons simplement :

- la **C.N.A.T. :** Commission Nationale d'Aménagement du Territoire, rôle de conception ;
- le **C.I.A.T. :** Comité Interministériel d'Aménagement du Territoire, pouvoir de décision ;
- le **F.D.E.S. :** Fonds de Développement Economique et Social (créée en 1955), assure le financement de certaines opérations d'aménage-

ment. Son action est complétée par celle du **F.I.A.T.**, Fonds d'Intervention pour l'Aménagement du Territoire, qui intervient surtout à l'occasion du démarrage des grands travaux ;

- la **D.A.T.A.R.** : Délégation à l'Aménagement du Territoire et à l'Action Régionale (créée en 1963), est un organisme essentiel d'exécution mais aussi de conception et de contrôle ;
- les **CO.D.E.R.** (à l'échelle régionale) : Commission de Développement Economique Régional (créées en 1964), ont disparu lors de la réforme régionale (création des régions, 5 juillet 1972). Elles ont été remplacées par le **conseil économique et social** (un par région) au rôle consultatif où siègent des représentants des organismes économiques, sociaux et culturels.

La reconversion industrielle se fait dans le cadre de **zones de conversion** (quatre zones créées en 1967), remplacées par **quinze pôles de conversion industrielle** en 1984.

Pour encourager la décentralisation industrielle et tertiaire, de nombreuses primes, indemnités et subventions ont été mises en place en faveur des régions défavorisées. L'ensemble de ces avantages financiers a été remplacé en 1982 par une prime unique, la **P.A.T.**, Prime d'Aménagement du Territoire.

L'aménagement urbain est du ressort du **F.N.A.F.U.**, Fonds National d'Aménagement Foncier et d'Urbanisme, alors que le **F.I.D.A.R.** (Fonds Interministériel de Développement et d'Aménagement Rural, 1979) coordonne les actions concernant les régions rurales. La rénovation rurale est entreprise dans la cadre de contrats de pays conclus entre la région et un petit pays rural.

En mars 1982, a été adoptée une **loi de décentralisation administrative,** l'Etat transférant une partie de ses compétences aux régions, aux départements, et aux communes.

Aménagement touristique : (→ *109. tourisme*).

48. FASCISME

Dans son sens littéral, le terme **fascisme** désigne le mouvement fondé en Italie, en 1919, par Mussolini : création des **faisceaux milanais de combat (fasci).** Les faisceaux rappellent le nom des groupes de paysans siciliens révoltés à la fin du XIXe siècle mais aussi l'insigne de la dignité (assemblage de verges entourant une hache) des hauts magistrats de la Rome antique. Lors de leur déplacement, ces magistrats sont précédés des **licteurs** (appariteurs) portant les faisceaux.

Par extension, le mot fascisme s'applique à divers partis et mouvements dont l'action s'est développée dans la plupart des pays européens entre 1919 et 1945. Le **national-socialisme** allemand est une forme de fascisme.

1. Les doctrines fascistes

Elles se définissent par le rejet des principes du libéralisme traditionnel, par la condamnation des institutions représentatives et de la démocratie parlementaire. Les principaux thèmes sont :

- le **nationalisme,** exaltation de la valeur nationale considérée comme la valeur suprême de l'ordre politique ;
- le **totalitarisme,** volonté d'instaurer un Etat fort faisant prévaloir son autorité sur les droits et sur les libertés des personnes ;
- le **parti unique** (après la prise du pouvoir) doté d'une structure hiérarchisée, militarisé parce que présentant les caractères extérieurs de l'institution militaire (uniforme, symboles, rituel) ;
- le **culte du chef,** de l'homme providentiel, incarnation de la collectivité et guide de son destin ;
- le **corporatisme,** affirmation de la nécessité d'un nouvel ordre social intégrant plus étroitement l'individu à la collectivité.

Le fascisme doit réaliser une **révolution nationale,** conservatrice dans la mesure où il exalte le principe d'autorité et où il le renforce contre « une liberté démocratique exagérée ».

2. Caractéristiques de l'Italie fasciste et de l'Allemagne nationale-socialiste

Ces deux régimes présentent de nombreux points communs.

Ce sont des **dictatures :** tous les pouvoirs sont aux mains d'un seul homme (le **Duce** en Italie, le **Führer** en Allemagne) qui s'appuie sur un parti unique : le parti fasciste et le **parti national-socialiste des travailleurs allemands (N.S.D.A.P. :** National-Sozialist : **NAZI).** L'emblème de l'Allemagne nazie est la **croix gammée.** Il s'agit d'une croix à branches égales dont les quatre extrémités sont recourbées à droite en forme de gamme empruntée à un symbole religieux de l'Inde et à un élément décoratif de l'art de l'ancienne Germanie (la **SVASTIKA**).

Les parlements sont maintenus mais perdent tout pouvoir : en Italie le Parlement est transformé en une **Chambre des faisceaux et corporations** réduite à un rôle d'enregistrement et le **Grand Conseil fasciste** sert de relais entre le gouvernement et le parti. Le **faisceau,** emblème de l'Italie fasciste et à l'origine du terme fascisme, désigne, à l'époque de l'Empire romain un assemblage de baguettes de bouleau ou d'orme liées par des courroies de cuir entourant une hache. Le faisceau était l'insigne de la dignité des magistrats car symbole du droit du magistrat d'exercer la justice ; (le citoyen romain condamné à mort était d'abord fouetté à verges puis décapité à la hache) ce qui explique que lors de leurs déplacements officiels, les magistrats étaient précédés d'appariteur (les **licteurs**) portant les faisceaux.

Ces dictatures se dotent de forces de police nombreuses : en Italie, la **Milice volontaire pour la sécurité nationale (M.V.S.N.)** encadre les **squadristi** (membres de formation paramilitaires créés en 1919) devenus les **Chemises noires.** Une police politique est adjointe aux milices : l'**O.V.R.A. (Organisation volontaire pour la répression de l'antifascisme).**

Le nazisme, avant son accession au pouvoir (1933) a créé successivement deux formations paramilitaires :

- la **S.A. (Sturmabteilung).** Les **sections d'assaut** nommées également **chemises brunes,** après avoir absorbé les **Casques d'acier**, sont devenues si puissantes que Hitler s'en est inquiété et a fait éliminer ses chefs (**Nuit des longs couteaux,** 30 juin 1934).
- la **S.S. (Schutzstaffel)** ou **Corps noir (Schwarze Korps).** Au sein de ces escouades de protection, les **unités à la tête de mort** sont chargées de la surveillance des **camps de concentration** alors que les **Waffen S.S.** sont des unités combattantes d'élite. Après 1933, l'Allemagne nazie s'est donnée une police politique : la **Gestapo** (Geheime Staatspolizei).

L'aspect répressif du système se traduit par des **déportations** (dans les îles italiennes) et par des internements dans des **camps de déportations** des opposants.

La volonté de gagner la jeunesse à leur cause conduit ces régimes à former des mouvements qui encadrent les jeunes jusqu'à l'adolescence : en Allemagne les **Jeunesses hitlériennes** et la **Ligue des jeunes filles allemandes** ; en Italie les enfants à partir de 6 ans appartiennent aux « **Enfants de la louve** » puis aux « ballilas », aux **Avant-gardistes** et aux « **Jeunes Faisceaux de combat** ».

L'adoption de la **Charte du travail** (1927) en Italie confirme la volonté de créer un Etat corporatif ; la création du **Front allemand du travail** et la loi sur l'organisation du travail national vont dans le même sens.

Les problèmes économiques conduisent ces deux Etats à s'engager dans une politique d'**autarcie** (système d'économie fermée) qui implique un renforcement de la mainmise de l'Etat sur l'économie et le développement de produits de remplacement **(ersatz)**.

3. Originalité du national socialisme

Le national-socialisme présente une différence essentielle par rapport au fascisme : Hitler accorde une importance fondamentale, non pas à sa notion d'Etat, mais à celle d'une communauté raciale reposant sur la pureté du sang **aryen** (peuple de langue indo-européenne qui envahit le nord de l'Inde au IIIe millénaire av. J.-C. ; pour Hitler, prétendue race dont les Allemands sont le rameau le plus pur) et sur l'élimination de ses éléments corrupteurs. **Le racisme,** théorie reposant sur l'inégalité des races humaines, est donc à la base du nazisme.

De cet aspect racial résultent les mesures **eugéniques** visant à supprimer les sujets tarés ou à les empêcher de se reproduire, les persécutions contre les races considérées inférieures (les juifs) (→ *56. judaïsme*) avec de véritables **pogroms** (la **Nuit de cristal,** – 1938) avant l'idée de la **solution finale.**

La volonté expansionniste résulte de ce même fondement racial : la nouvelle Allemagne doit réunir à elle toutes les populations de langue allemande vivant hors d'Allemagne afin de créer la **Grande Allemagne (Großdeutschland)** puis conquérir l'**espace vital (Lebensraum)** nécessaire à l'affirmation de la **« race des seigneurs »**.

4. Le fascisme hors d'Italie et d'Allemagne

De nombreux mouvements plus ou moins inspirés de l'exemple mussolinien et soutenus par l'Italie se sont créés dans les pays d'Europe occidentale sans que l'on puisse véritablement parler d'une « internationale fasciste ».

- le **rexisme** belge de Léon Degrelle ;
- les **Gardes de Fer** du Roumain Codreanu ;
- le **parti des Croix fléchées** en Hongrie ;
- en France, quelques **ligues** comme le **Francisme** ou la **Solidarité française.** Le Comité Secret d'Action Révolutionnaire (C.S.A.R.) plus connu sous l'appellation de **cagoule** (ses membres, les **cagoulards,** portaient des cagoules lors de manifestations) né après la dissolution des ligues par le Front Populaire est une organisation secrète de tendance fasciste ;
- l'Espagne de la dictature franquiste s'apparente au fascisme qui a aidé à sa victoire (Franco, le **caudillo** domine l'Etat, l'armée, la **Phalange** seul parti autorisé – entreprise de restauration réactionnaire – création d'un « **Etat national-syndicaliste** » par la Charte du travail de 1938) ;
- le gouvernement de Vichy (juillet 40-août 44). L'**Etat français** est-il une forme d'Etat fasciste ? Les **actes constitutionnels** (11 juillet 1940) qui fondent l'Etat français établissent une dictature au profit de Pétain qui prend le titre de chef de l'Etat. Sous la devise « Travail, Famille, Patrie » prend forme en quelques mois un système autoritaire et hiérarchique qui vise à réorganiser l'ensemble de la société française par la **Révolution nationale** en créant un **« ordre nouveau ».** La **Légion française des combattants** doit encadrer et surveiller les Français, elle donne naissance (1941) au **Service d'ordre**

légionnaire (S.O.L.) formation paramilitaire et esquisse du parti unique.

L'Etat français s'efforce d'embrigader la jeunesse dans divers mouvements **(Compagnons de France)** et par l'organisation des **Chantiers de la jeunesse.** Se plaçant dans la perspective d'une Europe allemande, Vichy s'engage dans la voie de la **collaboration** avec l'Allemagne nazie : comme en témoignent le **Service du travail obligatoire** (1943) **S.T.O.** qui contraint les jeunes à aller travailler en Allemagne, la **Milice française des combattants** et la **Légion volontaire française contre le bolchevisme (L.V.F.B.).**

L'emblème adopté par l'Etat français est la **francisque**, hache de guerre à un ou deux tranchants en usage chez les Francs et les Germains.

L'Etat français n'est donc pas seulement un régime réactionnaire. Son idéologie, ses bases sociales, ses manifestations répressives, sa politique économique et sociale sont comparables à celles des Etats fascistes voisins.

49. FÉODALE (Société)

1. Les seigneurs

a) Leurs activités : la guerre

La principale occupation des seigneurs consiste à faire la guerre, fréquente entre deux seigneuries et appelée pour cette raison guerre privée ou **duel judiciaire.**

Les moyens de protection que revêt le seigneur forment l'**armure.** Il s'agit des **défenses de tête** c'est-à-dire des **casques** aux formes multiples : le **heaume** est un casque en cuir renforcé d'acier ; il remplace à partir du XIIIe siècle la **cervelière,** simple calotte de fer couverte d'un capuchon de mailles.

L'**armure de mailles** ou **cotte de mailles** ou **haubert** constitue la **défense de corps.** C'est une armure faite de mailles de fer. Les mains sont protégées par des **gantelets.**

La **brigandine** est une petite cotte de mailles, alors que la **broigne** est un vêtement de cuir recouvert de pièces métalliques, utilisé comme armure du XIe au XIIIe siècle.

A partir du XIVe siècle l'**armure de plates** faite de plaques de fer remplace le haubert. L'armure la plus complète apparaît au XVe siècle avec le **harnais de guerre** composé de plaques articulées. Il recouvre la cotte de mailles et épouse toutes les parties du corps y compris la tête. Le **bouclier,** enfin, contribue à la protection du combattant. L'**écu** est un bouclier ovale ou triangulaire utilisé par le seigneur à cheval, alors que le **pavois,** quadrangulaire, sert à la protection du fantassin.

L'armement comprend notamment (→ *9. armement*) la **lance** – elle sert à désarçonner l'adversaire dans les combats à cheval – souvent ornée d'un fanion : le **gonfalon** ou **gonfanon** (ce terme est surtout utilisé pour désigner la bannière féodale sous laquelle se regroupent les vassaux appelés à la guerre), l'**épée** et la **dague,** long poignard à lame aiguë et plate.

b) Les autres activités

Quand il ne fait pas la guerre, le seigneur organise des **tournois,** c'est-à-dire des simulacres de combat qui opposent deux chevaliers ou deux équipes de chevaliers. Il reçoit des troupes qui comprennent des montreurs d'animaux, des danseurs, surtout des chanteurs qui récitent des poèmes.

Dans la France du Sud où l'on parle la **langue d'oc** (l'ensemble des langues et dialectes de la partie sud du monde gallo-romain constitue l'**occitan**) ces poètes sont les **troubadours ;** dans la France du Nord de **langue d'oil,** ce sont les **trouvères.** Au XIe siècle, leurs poèmes racontent les exploits héroïques de chevaliers légendaires : on les appelle les **chansons de gestes** (ex. la chanson de Roland) ou **gestes.**

Trouvères et troubadours rappellent les **bardes** gaulois ainsi que les **aèdes** et **rhapsodes** grecs. (A la différence de l'**aède,** le **rhapsode** chante des poèmes qu'il n'a pas composés. Ces poèmes destinés à être mis en musique sont des odes).

Les **ménestrels** sont des musiciens ambulants ou attachés au service d'un seigneur.

Au XIIe, le ton des poésies change : les chevaliers combattent et vivent avant tout pour servir la « dame » de leurs pensées. Cette littérature écrite à l'intention des seigneurs et de leur cour est la **littérature courtoise.**

c) Le château

Le seigneur réside dans une habitation fortifiée : le **château.** Edifié sur une hauteur, il comprend un **donjon,** habitation propre au seigneur et réserve de vins. Le château est entouré au début par une palissade de bois, plus tard par une muraille en pierres : la **courtine.** Le sommet en est assez large pour qu'on puisse y circuler : c'est le **chemin de ronde,** sur lequel se trouvent des emplacements fortifiés, les **merlons,** percés de **meurtrières.** Aux endroits les plus importants pour la défense, des **tours** d'abord carrées puis rondes (au XIVe) sont surmontées d'une galerie en pierre surplombant à pic le pied de la muraille : le **machicoulis.**

Les **créneaux** sont des ouvertures dans la partie supérieure de la muraille, en général à intervalles réguliers, pour permettre aux défenseurs de tirer sur les assaillants.

La courtine est entourée d'un large fossé rempli d'eau. Un **pont-levis** permet de traverser le fossé, il faut ensuite franchir une porte barrée en son milieu par une **herse,** gardée par deux tours qui forment le **châtelet.**

Attaquer un château nécessite l'utilisation de **machines de siège** déjà en service dans l'Antiquité pour prendre des villes fortifiées et une technique particulière (la **poliorcétique** est, dans l'Antiquité la technique du siège des villes fortifiées). Parmi ces machines de siège on peut retenir le **bélier,** énorme tronc qui sert à ébranler les murailles et enfoncer les portes, le **château roulant** permet d'attaquer de niveau les défenseurs du chemin de ronde, les **engins de jet (onagre, baliste, mangonneau, trébuchet, catapulte)** envoient des boulets et des pierres par-dessus les murailles.

d) La chevalerie

Dès leur enfance les seigneurs sont préparés au métier des armes : vers l'âge de 18 ans, capables de combattre réellement à cheval, ils sont **chevaliers.** L'entrée en chevalerie donne lieu à une cérémonie particulière : l'**adoubement.** Un seigneur sert de parrain au jeune homme. Il lui donne ses armes, puis il le frappe du plat de la main sur la nuque, pour prouver qu'il est capable de résister aux coups, c'est la **colée.** Le jeune chevalier pour montrer son expérience, à cheval, renverse de sa lance un mannequin revêtu d'une armure, c'est la **quintaine.**

L'éducation militaire du futur chevalier s'accompagne d'une éducation morale : on lui enseigne le **code de l'honneur,** la nécessité de se battre loyalement, de protéger les faibles. L'influence de l'Eglise se traduit par la **veillée d'armes,** longue nuit de prières qui précède la cérémonie de l'adoubement.

2. Les paysans

a) Conditions des paysans

Tous les habitants de la seigneurie – en dehors du maître et de sa famille – sont des paysans. Les uns, les **vilains,** (habitants de la villa) sont des paysans libres, parfois désignés par le terme de **manants,** les autres, les **serfs** sont attachés au service de leur maître et leur servitude est héréditaire. Chaque famille exploite un **manse ;** mais les vilains doivent aussi travailler sur la **réserve** du seigneur : ce sont les **corvées.** Tous versent au seigneur des redevances en nature dont la plus importante est la **taille.** Les **banalités** sont l'obligation pour les paysans d'utiliser les fours, moulins et pressoirs du seigneur **(droit de ban).** En plus, le serf doit payer des taxes particulières par exemple pour pouvoir hériter des biens de ses parents (le droit de **mainmorte**). Les droits du seigneur sont consignés dans un registre : le **terrier,** périodiquement mis à jour par les **commissaires à terriers.**

b) Les procédés de culture

Les instruments de travail, rudimentaires, sont à peu près les mêmes que dans l'Antiquité : la houe, la bêche, l'**araire** (charrue sans avant-train et sans roue), le **fléau** pour battre le grain (instrument composé de deux bâtons liés par une courroie de manière à être mobiles).

La mise en valeur se fait par **assolement** (changement d'une culture à une autre d'une année sur l'autre). L'assolement est triennal (réparti sur trois ans) ou biennal (réparti sur deux ans) : une année de **jachère** (on laisse la terre se reposer sans culture) succédant à deux ou une année de culture.

50. FÉODALITÉ

Féodalité : régime politique, économique et social qui s'est développé en Europe occidentale, notamment en France, entre la dislocation de l'Empire carolingien (IXe-Xe siècle) et les XIIIe-XIVe siècles, caractérisé par le renouveau du pouvoir central et le développement des villes.

Par extension le mot féodal est aussi utilisé pour qualifier ce qui est relatif à des régimes analogues qui ont existé dans d'autres pays et à d'autres époques : dans la Grèce homérique, au Japon jusqu'au XIXe siècle avec les **daïmios** (les seigneurs) et les **samouraïs** (les chevaliers).

1. Les origines politiques de la féodalité

Depuis la fin de l'Antiquité, les liens d'homme à homme se sont développés. Un **contrat**, c'est-à-dire un accord est passé entre deux individus selon lesquel le plus faible est protégé par le plus fort auquel il doit rendre à son tour certains services. On dit qu'on se **recommande** « à un plus puissant » (pratique de la **recommandation**).

La volonté du roi de se faire obéir, la décomposition du pouvoir central (les **comtes,** officiers employés aux divers services de la maison royale et représentant le roi dans les provinces, deviennent de plus en plus indépendants et transmettent leur charge à leur fils) entraînent la généralisation des liens d'homme à homme.

Ainsi de haut en bas de la société, chaque individu est lié à un autre. Les invasions des IXe-Xe siècles (Normands, Sarrasins) accentuent cette désorganisation et le développement des liens de dépendance. Pour se protéger, ne pouvant plus compter sur l'aide du roi, les gens se regroupent autour de ceux qui organisent au mieux la défense et leur jurent fidélité. Ainsi s'affirment les **seigneurs.**

2. Origines économiques de la féodalité

La terre principale source de richesse, appartient à de grands propriétaires qui possèdent de grands domaines (les **villas** de l'époque carolingienne) ou **seigneuries.** Ce mot désigne à la fois les terres appartenant à un seigneur et le pouvoir qu'il exerce sur les paysans.

Certaines terres ne relèvent d'aucun seigneur : ce sont les terres libres ou **alleux.**

Chaque domaine est divisé en deux part : la **réserve** concerne les terres que le seigneur exploite directement, le reste est morcelé en un certain nombre d'exploitations appelées **manses** attribuées par le seigneur aux paysans contre redevances (toute terre donnée moyennant redevance constitue une **tenure** ou un **ténement**).

En se recommandant à un personnage plus puissant, les propriétaires d'une terre demandent protection pour eux-mêmes et pour leur terre. Très souvent ils la donnent au protecteur qui leur en laisse les revenus.

D'autre part, pour récompenser leurs « fidèles » les personnages puissants leur concèdent un de leurs domaines. Ce domaine leur est concédé en **bénéfice.** A cause du resserrement des liens d'homme à homme, et comme la terre est la source principale de richesse, on se lie particulièrement à celui qui a concédé la terre ou à celui qui la protège.

3. Le régime féodal

Le bien, en général un domaine, qui est la manifestation du lien entre un individu et un autre, a reçu le nom de **fief** (feudum en latin, d'où l'adjectif **féodal**). L'**inféodation** est l'engagement par lequel un seigneur remet (inféode) une terre à un autre seigneur qui en échange lui rend **hommage** (cf. *infra*).

Le possesseur d'un fief, notamment lorsqu'il s'agit d'un grand fief, est le **feudataire ;** l'étude du droit féodal a donné lieu à la formation de juristes spécialisés : les **feudistes**.

Le personnage qui le concède s'appelle le **suzerain ;** celui qui le reçoit est le **vassal.** L'**hommage** est la cérémonie au cours de laquelle le vassal prête serment au suzerain et reçoit la concession du fief. L'hommage au suzerain impose au vassal des devoirs très stricts : moyennant la **protection** que le suzerain lui donne (les conflits sont fréquents), le vassal doit **aide et conseil :** d'une part, l'assistance pour aider le suzerain à rendre la justice et à faire la guerre – c'est le **service d'ost** –, d'autre part, une aide financière payée dans **quatre cas** précis (rançon du suzerain, départ du suzerain à la croisade, mariage de la fille du suzerain, entrée en chevalerie de son fils).

Chaque fois que le fils du vassal succède à son père, le suzerain perçoit une taxe : le **droit de relief.**

La **félonie** est la faute commise par un vassal qui n'accomplit pas ses devoirs envers son seigneur. La **forfaiture** correspond à une faute particulièrement grave. En cas de violation grave de l'hommage d'un vassal envers son suzerain, celui-ci est en droit de reprendre le fief concédé. La rupture du lien de vassalité entraîne la confiscation du fief ou **commise**.

Lorsqu'un personnage est vassal de plusieurs suzerains, un hommage prime les autres : c'est l'**hommage lige.** (La **fidélité** qu'un homme lige doit à son seigneur est l'allégeance).

51. FINANCES ET IMPÔTS SOUS L'ANCIEN RÉGIME

Les **finances** sont le point faible de l'administration royale. Il n'y a pas de **budget,** donc pas de prévision et d'autorisation des recettes et de dépenses. Le déséquilibre est constant entre les recettes et les dépenses, au détriment des recettes, d'autant que le roi utilise fréquemment les « **acquits au comptant** » (ordres de payer au porteur la somme indiquée). Le recours à l'emprunt est nécessaire et explique l'importance de la **dette publique** – dette dont l'Etat est débiteur et qui représente le total des sommes empruntées – ; elle atteint à elle seule la moitié des dépenses.

Les recettes de l'Etat reposent sur les **impôts directs et indirects** (→ *52. fiscalité*).

1. Impôts directs

La **taille :** c'est depuis 1439 un impôt royal établi à l'origine pour pourvoir aux besoins de l'armée permanente. Elle ne concerne que les **roturiers** (ceux qui ne sont pas membres de la noblesse). Ne pas être soumis à la taille présente un avantage appréciable : les **archers** (soldats armés d'un arc) enrôlés parmi la population par le roi Charles VII en 1448 sont appelés **francs archers** parce que exempts de la taille ; de même une **tenure** (→ *50.2*) non soumise à la taille, une **franche tenure** ou **franc tènement.** La **taille personnelle** porte sur les facultés des taillables qu'apprécient les collecteurs, la **taille réelle** sur les terres, même si elles appartiennent à des privilégiés. Le roi, chaque année, fixe en son conseil le **brevet de la taille,** c'est-à-dire le montant global réparti ensuite entre les généralités, puis entre les paroisses où la cote est faite par les **asséeurs** dans le rôle de taille (les asséeurs établissent l'**assiette,** c'est-à-dire qu'ils fixent le montant de l'impôt entre les feux.

En 1549 a été établi un additif à la taille, le **taillon,** pour remplacer les contraintes de logement et de substance des troupes sur les habitants. A la taille, seul impôt direct jusqu'en 1695, s'est ajoutée la **capitation.** Elle concerne tous les Français à l'exception du clergé qui se rachète en votant un **don gratuit** (laissé théoriquement au choix de l'assemblée du clergé le montant du don gratuit est en réalité fixé par le pouvoir royal). La population est répartie en vingt-deux classes, la première comprenant le dauphin et les princes du sang, la dernière, les journaliers et les manouvriers. Très vite, les nobles obtiennent des réductions, ou ne paient pas, si bien que la capitation porte essentiellement sur les roturiers. La possibilité pour un ordre privilégié – clergé ou noblesse – de remplacer le paiement de l'impôt par le versement d'une somme forfaitaire constitue l'**abonnement.**

Un nouvel nouvel impôt direct apparaît en 1710 : le **dixième.** Le **dixième foncier** sur les propriétés foncières, le **dixième des offices** sur les revenus provenant des charges et offices, le **dixième d'industrie** sur les revenus industriels et commerciaux. Mais l'administration se révèle impuissante à faire rentrer le dixième sur les privilégiés ; le clergé se rachète par un don gratuit, si bien qu'il est définitivement aboli en 1749, mais ressurgit sous la forme du **vingtième** (prélèvement d'un vingtième sur tous les revenus, privilégiés ou non). La **corvée royale** – obligation d'effectuer sans être rémunéré des travaux pour la construction ou l'entretien des voies de communication à l'intérieur du royaume – est devenue un nouvel impôt direct, d'abord par son remplacement par une taxe additionnelle aux vingtièmes, puis par un rachat contre une augmentation de taille.

2. Impôts indirects

Ils sont très nombreux. Parmi les plus lourds on peut retenir la **gabelle** : c'est l'impôt sur le sel. Les commis de la gabelle s'appellent les **gabeleurs** ou **gabelous** (ce dernier terme est encore employé d'une manière familière pour désigner les employés des contributions directes).

La répartition de la production et de la demande est à l'origine d'une division du royaume en secteurs de statut différent (1680).

– Les **pays de grande gabelle** (la plus grande partie du Bassin parisien). Le sel entreposé dans les greniers à sel y est très cher. Il est aussi possible d'acheter à des revendeurs, appelés **regrattiers,** approvisionnés par les **marchands sauniers.** La consommation d'une certaine quantité de sel est obligatoire (le **sel du devoir**).

– Les **pays de petite gabelle** (le sud-est du royaume) ravitaillés par les marais salants de la Méditerranée. Le prix du sel est bas et la consommation y est libre.

– Les **pays redimés** (le Sud-Ouest) appelés ainsi parce qu'ils se sont rachetés en payant une légère redevance. Le sel y est très bon marché.

Il résulte de cette diversité des différences considérables de prix et la fréquence du délit de **faux saunage,** c'est-à-dire de transport et de vente, dans la clandestinité du sel non gabelé. Les contrebandiers appelés **faux sauniers** risquent des peines très dures.

La gabelle en France

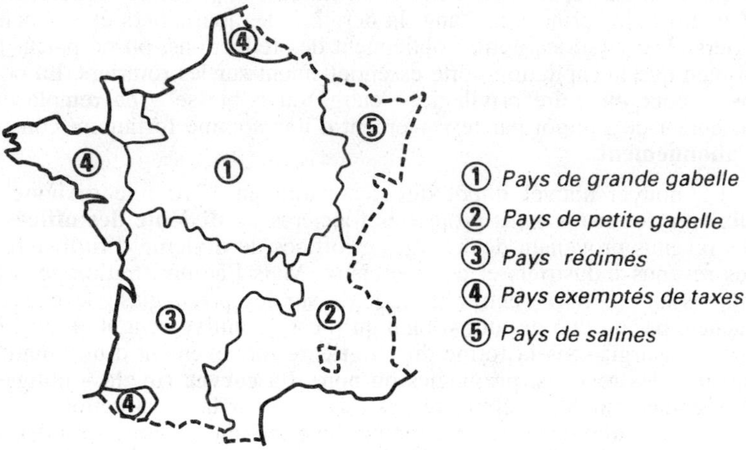

Les **aides :** impôts sur la consommation et la circulation des denrées ; leur taux, leur répartition géographique sont d'une extrême complexité. Les boissons sont les plus imposées.

Le **tonlieu** est une taxe sur les marchandises transportées ainsi qu'un droit de place sur les foires et marchés.

Les **traites,** droits levés sur les marchandises à l'entrée ou à la sortie, non seulement du royaume, mais de certaines provinces. Le régime des traites comprend :

- les **cinq grosses fermes,** vaste ensemble allant de la Normandie à la Champagne et à la Bourgogne et du Poitou à la Picardie où Colbert a procédé en 1664 à une unification et une simplification des droits ;
- les **provinces réputées étrangères** (sous-entendu au tarif de 1664) qui paient des droits élevés, non seulement avec les provinces d'autre statut mais aussi entre elles (Bretagne, Guyenne, Languedoc, Provence, Lyonnais, Flandre, Artois) ;
- les **provinces à l'instar de l'étranger effectif** concernent les pays tardivement annexés (Alsace, Franche Comté, Lorraine) qui commercent librement avec les Etats étrangers, mais se heurtent à un réseau dense de douanes, du côté des autres provinces françaises.

Ce sont là les principaux impôts indirects, mais le trésor royal a d'autres sources de revenus, provenant des domaines de la Couronne, du monopole de la vente du tabac... Certaines ont disparu comme par exemple la taxe du **toisé** (en 1645) portant sur les maisons construites dans les faubourgs de Paris, alors que pour des raisons militaires, il était interdit d'édifier des bâtiments sous les remparts.

3. Perception des impôts

Les impôts directs sont mis en **régie,** c'est-à-dire que leur perception est confiée à un organisme public, alors que les impôts indirects sont mis en **ferme.** Par une convention, l'Etat concède à des particuliers – les **fermiers généraux** – le droit et la charge de percevoir les impôts. Les fermiers généraux jouent le même rôle que les **publicains** à l'époque romaine. En 1681, Colbert a créé la **ferme générale** par le groupement des aides, gabelles et autres impôts directs.

Fermes et régies paient une partie des dépenses locales sur leurs recettes, seul l'excédent est versé au trésor. Fréquemment le trésor recourt à l'**anticipation,** expédient financier par lequel un receveur ou un fermier général verse par avance une recette quelconque moyennant un profit parfois considérable qui résulte de la différence entre ce que paient les imposés et ce que perçoit l'Etat.

4. Autres charges et redevances

De nombreuses autres charges et redevances pèsent sur les Français, et notamment sur les paysans, mais elles ne sont pas le fait du pouvoir royal.

La **dime** est versée au clergé, prélevée par le **décimateur ;** selon le droit canon, la dime porte sur « tous les produits des champs et jardins, sur les produits du bétail, sur les profits de la pêche et des moulins à eau et à vent, sur les bénéfices du commerce et de l'industrie, de la chasse et même du métier militaire » ; mais très vite les dimes sont restreintes aux **dimes réelles** portant sur les fruits de la terre et des troupeaux.
On distingue :

- les **grosses dimes** sur les revenus les plus importants (froment, seigle, orge, avoine, vin) ;
- les **menues dimes** sur les légumes et les fruits ;
- les **dimes de charnage** sur le croît des troupeaux.

La dime est prélevée sur toutes les terres quelque soit le rang ou la religion de leurs possesseurs.

Le **cens,** redevance annuelle due au seigneur est la rente féodale par excellence ; il pèse sur un bien-fonds, la **censive,** terre concédée par le seigneur. Le seigneur perçoit également une redevance en nature, le **champart,** sur certaines tenures, un droit de mutation à l'occasion de la vente d'une terre roturière, tenue à cens envers lui **(droit de lods et ventes),** une taxe **(le péage)** dans certains lieux de passage, ponts, chemins, sur des personnes, du bétail, des denrées circulant sur le territoire de la seigneurie.

L'**octroi** est une taxe comparable : c'est un droit levé par une ville à son profit, à l'entrée des boissons, du bétail, parfois des céréales. La **barrière d'octroi** est la porte où est établi l'octroi.

52. FISCALITÉ

La **fiscalité :** l'ensemble des mesures financières destinées à alimenter par des impôts la trésorerie de l'Etat. Par extension les **impôts** eux-mêmes. Les impôts étant les sommes d'argent que les citoyens ou sujets d'un Etat sont contraints de verser à l'Etat ou aux **collectivités locales** (les collectivités locales sont les communes, les départements et les régions).

Les impôts ne constituent qu'une partie des **prélèvements obligatoires** qui comprennent également les **cotisations sociales** destinées aux divers organismes de **sécurité sociale.** (En France, les cotisations sociales représentent près de la moitié – 43,6 % en 1984 – des prélèvements obligatoires.) Le **taux de prélèvement obligatoire** est calculé de la manière suivante :

$$\frac{\text{Impôts locaux et nationaux + cotisations sociales}}{\text{P.I.B.}} \times 100$$

1. Les impôts

Le **fisc** regroupe les administrations dont la tache est d'établir l'**assiette** de l'impôt. On dit d'un impôt qu'il est « assis » sur une matière imposable particulière : revenu, dépense, etc. Ces flux ou ces stocks sur lesquels on calcule l'impôt constituent l'**assiette fiscale.**

A Rome, dans l'Antiquité, le **fisc** concerne le trésor public de l'empereur, alimenté par les revenus personnels des domaines de l'empereur et s'oppose au trésor public sénatorial **(aerarium).**

En France, depuis la Révolution, le terme de **contribution** remplace officiellement celui d'impôt. L'impôt implique une idée de contrainte alors que la contribution a une connotation de versement contractuel et libre.

Traditionnellement, on distingue les **impôts directs** et les **impôts indirects.** Dire que l'**impôt direct** est versé directement aux services fiscaux et que l'**impôt indirect** transite par un tiers est une approche qui n'est que partiellement exacte. (Les **timbres fiscaux,** vignettes attestant le paiement d'un droit fiscal, peuvent être achetées directement au Trésor et sont pourtant des impôts indirects.)

L'**impôt direct** ne concerne qu'une personne physique ou morale et des faits caractérisés par leur permanence ou leur retour à date fixe.

L'**impôt indirect** s'applique à des objets ou des actes et frappe des faits intermittents ou survenant fortuitement.

L'**impôt sur la fortune** exigé exceptionnellement au lendemain de la Seconde Guerre mondiale est un impôt indirect alors que l'impôt sur les grandes fortunes (I.G.F.) (→ *infra*) de 1982 à 1986 se range dans la catégorie des impôts directs.

Les termes **droit** et **taxe** désignent également les impôts indirects. Ancien impôt en nature, la **redevance** correspond au paiement d'un service rendu par l'administration. L'impôt versé par un peuple vaincu à son vainqueur est le **tribut.**

2. Les principaux impôts dans la France actuelle

Recettes fiscales 1986
• Impôts sur le revenu : 22,5 % • Impôt sur les sociétés : 9,5 % • Autres impôts directs : 7,1 %
Total impôts directs : 39,1 %
• T.V.A. : 43,6 % • T.I.P.P. : 8,4 % • Autres impôts indirects : 8,9 %
Total impôts indirects : 60,9 %

- La principale recette fiscale est la **taxe à la valeur ajoutée** (T.V.A.). C'est un impôt assis sur la dépense – une taxe s'ajoutant au prix du produit. Le prix de vente comprend donc sans que l'usager en ait toujours conscience un prélèvement destiné au fisc.

Deux techniques sont possibles : la première correspond à l'ancienne **taxe sur le chiffre d'affaires** (T.C.A.) : chaque entreprise ou chaque commerce doit verser au fisc une somme proportionnelle au montant des ventes qui est incluse dans le prix total. Elle se répercute « en cascade » et a donc un caractère cumulatif.

Depuis 1968, la France a adopté la T.V.A. Avec la T.C.A. chaque commerçant inclut les taxes payées en amont dans son coût de production, ainsi plus un produit circule, plus il est cher. Dans le cas de la T.V.A., la comptabilité d'entreprise est établie hors T.V.A. et on déduit de la T.V.A. facturée au client la T.V.A. payée aux fournisseurs. Donc toutes les entreprises qui interviennent successivement dans la fabrication d'un produit règlent une partie de la T.V.A. L'autre avantage, c'est que c'est un impôt indolore.

- L'**impôt sur le revenu** (I.R.P.P. impôt sur le revenu des personnes physiques) porte sur l'ensemble des revenus des ménages y compris sur les bénéfices des entreprises individuelles. Pour connaître l'impôt qui sera payé, il faut calculer le **revenu imposable,** inférieur au revenu réel, par le jeu de déductions et d'exonérations. (Dans les pays de langue anglaise, l'impôt sur le revenu s'appelle *Income-tax.*)

L'**impôt sur les sociétés** (I.S.) est calculé sur les bénéfices des sociétés. Son taux est de 45 %.

- L'impôt sur les **patrimoines des ménages.**

  La fiscalité sur les patrimoines se divise en deux parts à peu près égales. Un peu plus de la moitié concerne les **impôts locaux :** il s'agit des « **quatre vieilles** ». La **taxe professionnelle** (elle est due en principe par toutes les personnes physiques ou morales exerçant à titre habituel une activité professionnelle indépendante ; elle remplace depuis 1975 la **patente**) ; la **taxe d'habitation,** la **taxe foncière bâti,** la **taxe foncière non bâti.**

  Les impôts d'Etat sur les patrimoines des ménages sont de trois sortes :

  – les **droits de succession :** ils portent sur le transfert de propriété entre un défunt et ses héritiers.

  – l'**impôt sur les plus-values** (plus-value : accroissement de la valeur d'une chose) ne concerne que celles réalisées lors de la cession de biens non professionnels à titre onéreux.

  – l'**impôt sur les grandes fortunes** (I.G.F.) : de 1982 à 1986 il frappe annuellement les patrimoines supérieurs à 3,5 millions de francs en dehors des biens professionnels. Depuis 1988, il est remplacé par l'**impôt de solidarité sur la fortune.**

  On peut ajouter à cette liste des impôts, sans prétendre être complet, les **droits de douane** (droits perçus à l'entrée ou à la sortie du territoire national), le **droit de timbre** (droit lié à la vente de papier timbré ou de timbres fiscaux), l'**impôt sur les opérations de Bourse,** les **taxes sur les alcools,** et la **taxe intérieure sur les produits pétroliers** (T.I.P.P.).

3. Etablissement et modalité de l'impôt

Lorsque le montant de l'impôt est fixé globalement par l'administration puis réparti ensuite entre les contribuables en fonction de leurs ressources, il s'agit d'un **impôt de répartition** (la **taille** en France sous l'Ancien Régime). L'**impôt de quotité** est, au contraire, constitué par une contribution égale à une part déterminée de la somme imposable.

L'**impôt est progressif** lorsque le pourcentage d'imposition augmente avec le revenu imposable ; si le pourcentage est fixe, l'**impôt est proportionnel.**

En France, le **quotient familial** permet d'atténuer la progressivité de l'impôt sur le revenu (le montant de l'impôt par foyer est fonction du nombre de parts, lui-même déterminé par le nombre d'enfants).

L'impôt peut être prélevé « à la source » du revenu imposé, c'est-à-dire à l'occasion de sa perception par le bénéficiaire, au lieu de le recouvrer sur ce dernier après cette perception. C'est la **retenue fiscale.** La retenue a été appliquée en France pendant quelques années à la perception des **impôts cédulaires** (impôts qui atteignent une catégorie déterminée de revenus) sur les traitements et salaires.

Mais depuis la réforme fiscale de 1948, elle n'est plus effectuée que sur un certain nombre de **revenus mobiliers** (revenus qui proviennent des biens **meubles,** c'est-à-dire pouvant être déplacés, transportés – intérêts des bons du Trésor, dividendes – par opposition aux **revenus immobiliers** provenant des **biens immeubles** – maison, terrain). Ainsi, l'**avoir fiscal** est une réduction d'impôts égale à la moitié des dividendes perçus.

Des **dégrèvements d'impôts,** c'est-à-dire des réductions, peuvent être consentis dans certains cas particuliers (ex. des dégrèvements peuvent être accordés à des agriculteurs ayant subi des calamités agricoles).

L'ensemble des impôts et taxes perçus par l'Etat et par les collectivités locales représente une part variable du produit intérieur brut : il s'agit de la **pression fiscale.**

4. Les cotisations sociales

La diversité des cotisations sociales est aussi grande que la variété fiscale.

Les **cotisations sociales** sont destinées à assurer la protection sociale. A la **sécurité sociale** proprement dite qui assure les remboursements des frais de maladie mais aussi les dépenses liées aux accidents du travail, à la maternité, à la retraite et au veuvage – ces versements constituent les **prestations** – il faut ajouter les caisses d'**allocations familiales** (prestations familiales destinées à réduire les inégalités sociales et à répondre à des objectifs de politique démographique), l'**assurance-chômage,** les caisses de retraite complémentaire, etc. A chaque poste correspond un prélèvement spécifique proportionnel au revenu brut du salarié et du non-salarié. Mais le système du **plafond de la sécurité sociale** établit un système dégressif en instaurant une limite de l'assiette sur laquelle est calculée la cotisation. Dans le cas des salariés, le **revenu brut** correspond à la rémunération totale qui apparaît sur le bulletin de salaire. Sur cette base sont fondées deux catégories de cotisation : la part salariale qui va venir en déduction du salaire brut pour déterminer le **salaire net** et la part patronale.

5. Le budget de l'Etat

Le budget, terme actuellement abandonné par le droit français qui lui préfère l'expression **« loi de finances de l'année »** est ainsi défini (ordonnance de 1959) : « la loi de finances de l'année prévoit et autorise pour chaque année civile l'ensemble des ressources et charges de l'Etat ».

Les ressources proviennent essentiellement des **recettes fiscales** (environ 95 %) ; les **recettes non fiscales** n'apportent qu'un complément (ex. les revenus fournis par les exploitations industrielles et commerciales et établissements publics à caractère financier).

Les charges ou dépenses comprennent trois grands groupes :

- **dépenses de fonctionnement :** rémunérations, pensions ;
- **dépenses en capital :** investissements civils, équipement militaire ;
- **dette publique :** ensemble des dettes de l'Etat résultant des emprunts que ce dernier a émis.

En effet, le budget peut ne pas être équilibré : lorsque les dépenses l'emportent sur les recettes, le **déficit budgétaire** ou **impasse** est couvert par des emprunts.

6. Organisation du budget

En France, l'élaboration, l'adoption, l'exécution du budget sont régis par des règles précises :

– **principe de l'annualité :** la loi de finances présentée au le Parlement par le gouvernement prévoit pour l'année suivante l'ensemble des recettes et des dépenses. L'année suivante le gouvernement exécute le budget. Une **loi de finances rectificative** est nécessaire si les prévisions doivent être révisées .

– **principe de l'unité :** recettes et dépenses sont l'objet d'un document unique ;

– **principe de l'universalité :** pas de lien entre les origines des recettes et les dépenses auxquelles elles peuvent donner lieu **(règle de non-affectation des recettes).**

La loi de finances comprend le **budget général,** les **budgets annexes,** les **comptes spéciaux du Trésor.**
Le **budget général** est la part du budget regroupant les recettes et les dépenses des services publics administratifs, les **budgets annexes** précisent les recettes et dépenses d'un service d'Etat dont l'activité tend essentiellement à produire des biens ou à rendre des services donnant lieu à paiement (ex. budget annexe des Postes et Télécommunication).

Les **comptes spéciaux de Trésor** retracent les recettes et dépenses de l'Etat entre lesquelles on veut établir un lien, soit que l'on désire affecter certaines recettes à certaines dépenses **(compte d'affectation spéciale),** soit que l'on veuille faire apparaître une sorte de bilan entre des opérations qui sont liées (ex. **compte de prêts**).

Le projet de loi de finances présente en annexe le **budget économique** et le **budget social.**

Le **budget économique** prévoit des données chiffrées de l'activité économique au cours de l'année.

Le **budget social** est un ensemble de comptes regroupant en dépenses la totalité des prestations versées par la sécurité sociale et les organismes d'assistance et en ressources la totalité des sommes perçues par les organismes et affectées à ces transferts à caractère social.

53. FORÊT

La **forêt** est un espace étendu couvert d'arbres en formation serrée et généralement fermée (formation fermée = recouvrant entièrement le sol).

1. Forêt primaire, forêt secondaire, déboisement, défrichement

La forêt **primaire** est une formation végétale naturelle primitive qui n'a pas subi d'intervention humaine. La forêt **secondaire** est celle qui a reconquis un espace déboisé par l'homme (ou les incendies). Le **déboisement** ou la **déforestation** sont des pratiques très anciennes, les hommes ayant utilisé successivement le feu (déboisement par brûlis), le fer, les machines (bulldozers...). **Défrichement** n'est pas synonyme de déboisement, le défrichement (mise en culture de terres nouvelles) pouvant se faire aux dépens de la forêt ou d'autres formes de végétation (landes, savanes, prairies). Au Moyen Age, l'opération de défrichement s'appelle **l'essartage (l'essart** est la terre défrichée). Dans certaines régions forestières chaque foyer habité dispose d'un droit d'**affouage ;** il possède une part de bois dans la forêt commune ; les **villages de défrichement (Waldhufendorf)** sont souvent des villages-rues fondés lors de défrichements collectifs mais les défrichements individuels ont pu donner un habitat dispersé.

2. Composition et densité des forêts

Selon la densité et la forme, on distingue la **forêt dense** (le sous-bois est obscur, les feuillages des arbres sont jointifs), la **forêt claire** aux arbres espacés, la **forêt galerie** (bande forestière longeant un cours d'eau).

Selon la nature des arbres et les essences (espèces d'arbres), on classe les forêts en **forêts sempervirentes** (toujours vertes) et **caducifoliées** (composées d'arbres à feuilles caduques, qui perdent leurs feuilles à la saison froide).

Parmi les forêts sempervirentes (au feuillage persistant) il faut citer les forêts de **conifères,** les forêts **ombrophiles** (→ *infra*) et la forêt **méditerranéenne sclérophylle** (plante sclérophylle = plante à feuillage coriace ou dur, ex. chêne vert). Les **forêts mixtes** comprennent des arbres à feuilles caduques et des arbres à feuillage persistant.

3. Les forêts et la variété climatique

On peut classer les forêts en fonction des climats auxquels elles correspondent.

a) La **forêt boréale** est la forêt des milieux tempérés à hivers très froids, composée surtout de conifères (pins, sapins, épicéas, mélèzes) auxquels sont associés quelques feuillus très résistants (bouleaux, aulnes). C'est la **taïga** russe et sibérienne, ou la **forêt boréale canadienne.** La forêt **hudsonienne** du Canada se développe au sud de la forêt boréale.

b) Les **forêts mixtes** de climat tempéré froid se développent sur les marges méridionales de la forêt boréale : **forêt laurentienne** du Canada (conifères, érables, hêtres), **forêt mixte russe.**

c) La **forêt caducifoliée tempérée** est relativement variée car elle correspond à des conditions climatiques diverses (climat océanique, continental (→ *76. milieux tempérés*). En Europe, quelques espèces dominent : chênes, hêtres, ormes, châtaigniers...) mais la forêt est rarement primaire. Du fait des reboisements, la forêt européenne est souvent une « plantation d'arbres » (reboisements en résineux, ex. Landes de Gascogne). La **forêt appalachienne** correspond aux façades tempérées et orientales des continents. Elle est plus luxuriante et riche en essences variées. En Amérique sur les façades tempérées et occidentales se développent de superbes forêts de conifères géants : forêt de Colombie britannique au Canada, forêt **valdivienne** au Chili méridional.

La forêt méditerranéenne primaire est une forêt **sclérophylle** avec chênes verts (sur des sols calcaires), chênes lièges (sur sol cristallin), pins, thuyas... mais cette forêt est résiduelle, très souvent **dégradée (forêt dégradée** = appauvrie).

d) Parmi les forêts de la zone intertropicale, on distingue :

- La **forêt ombrophile tropicale** (qui aime la pluie), adaptée au climat équatorial ou tropical humide (→ *73. milieux chauds*) (c'est une forêt sempervirente avec de nombreuses strates d'arbres d'espèces très diverses).
- La **forêt mésophile** tropicale adaptée à l'existence d'une saison sèche de quelques mois (deux strates, la strate inférieure étant sempervirente, la supérieure perdant ses feuilles en saison sèche). Variation en Asie = la **forêt de mousson.**
- La **forêt tropophile** ou **forêt tropicale sèche,** moins dense que les deux précédentes et uniquement composée d'espèces caducifoliées.

Forêts de montagne (→ *81. montagnes*).

e) De nombreuses forêts se développent dans des régions inondées : **forêts marécageuses** (ex. en Amazonie), le long des cours d'eau dans le lit d'inondation ; forêt de **mangrove** dans l'eau saumâtre des littoraux tropicaux (la mangrove est surtout riche en **palétuviers** qui colonisent la vase des lagunes).

Forêt boréale, forêt dense tropicale

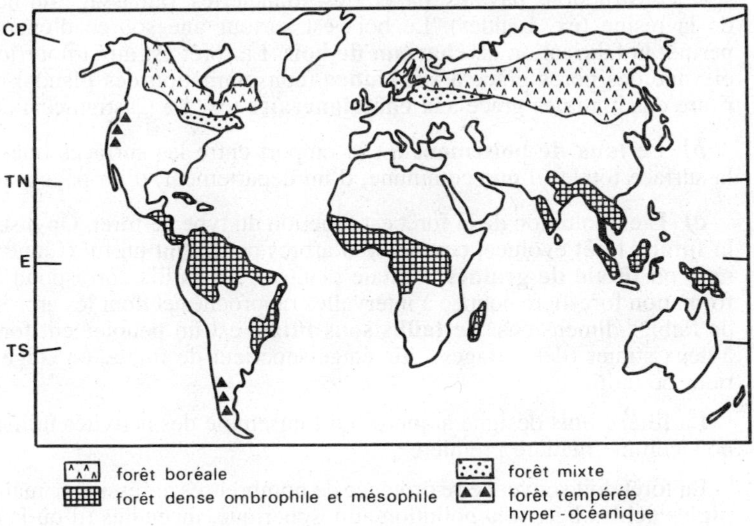

4. La propriété des forêts

En France, les **forêts domaniales** appartiennent à l'Etat et correspondent aux anciennes forêts royales et princières (ex. forêts de la région parisienne), aux forêts des biens nationaux et aux forêts de création récente (ex. Landes).

Les **forêts communales** (qui appartiennent aux communes) et domaniales sont des **forêts soumises** au régime forestier auxquelles s'appliquent des règles spéciales de gestion contenues dans le **code forestier.** Aux forêts soumises gérées par **l'O.N.F.** (Office national des forêts, ex. administration des eaux et forêts), s'opposent les **forêts libres** qui sont pour l'essentiel **privées.**

5. L'exploitation des forêts

a) La **sylviculture** exploite les forêts (conservation et entretien des forêts, reboisement), en vue de la production de bois ; le **bois d'œuvre** (pour le mobilier, les charpentes) correspond aux **grumes** (troncs d'arbres) ; le bois **d'industrie** est utilisé pour la fabrication de pâte à papier et de panneaux d'agglomérés. Les **bois exotiques** (bois des forêts tropicales, ex. okoumé, acajou) servent à la fabrication de contreplaqués et de menuiseries.

Dans l'économie traditionnelle, les utilisations du bois sont très diverses : constructions navales, papeteries, tonneleries, ramassage du liège et de la résine (ex. Landes). Le bois est surtout une source d'énergie et permet la fabrication de **charbon de bois**. La forêt est aussi nourricière : élevage des porcs grâce à la **glandée** (consommation des glands), nourriture des hommes grâce aux **châtaigneraies** (ex. La Castigniccia corse).

b) Le **taux de boisement** est le rapport entre les surfaces boisées et la surface totale (d'une commune, d'un département, d'un pays).

c) L'exploitation de la forêt est fonction du type de forêt. On distingue **la fûtaie,** forêt évoluée, composée d'arbres possédant un fût (fûtaie naturelle ou **fûtaie de graines** = fûtaie plantée). Le **taillis** correspond à une formation forestière coupée à intervalles rapprochés et dont les arbres sont de faibles dimensions. Le **taillis sous fûtaie** est un peuplement forestier à deux strates (deux étages) : un étage supérieur de futaie, un étage inférieur de taillis.

La **filière bois** désigne aujourd'hui l'ensemble des activités utilisant le bois comme matière première.

La forêt doit souvent être protégée de nombreuses agressions : maladies, **pluies acides** liées à la pollution atmosphérique, incendies (d'où la construction de **pare-feux,** bandes déboisées qui limitent la propagation des incendies).

54. GÉOLOGIE

1. La géologie

C'est la science qui étudie la composition, la structure, l'évolution de la Terre. Les principales disciplines de la géologie sont :

- La **pétrographie** ou étude des roches qui s'appuie sur la **minéralogie** (étude des minéraux), la **cristallographie** (étude des propriétés de l'état cristallin de la matière) et la **sédimentologie** (étude des sédiments).
- La **volcanologie** (vulcanologie), science des volcans (→ *113. volcanisme*).
- La **stratigraphie,** étude de la succession des roches dans le temps. Elle permet une reconstitution des paysages du passé ou **paléogéographie.**
- **La tectonique** (→ *106. tectonique*).

– La **sismologie** étudie les séïsmes.

– La **paléontologie,** science qui s'occupe des êtres fossiles soit animaux, soit végétaux.

– La **géomorphologie** étudie l'évolution des reliefs de la surface terrestre (et les causes de l'évolution). C'est une science à mi-chemin entre géologie et géographie.

2. Les ères géologiques

L'ère est la plus longue division chronologique des temps géologiques.

Après le précambrien, on distingue quatre ères :

– **ère primaire** ou **paléozoïque** : – 530 à – 245 millions d'années ;

– **ère secondaire** ou **mésozoïque** : – 245 à – 65 millions d'années ;

– **ère tertiaire** : – 65 à – 1,8 millions d'années ;

– **ère quaternaire** : – 1,8 million d'années à nos jours.

Chaque ère se divise en **périodes** (ex. trois périodes au secondaire ; successivement : le trias, le jurassique et le crétacé), chaque période se divisant en **époques,** chaque époque en **étages.**

a) L'ère primaire (ou paléozoïque) : elle dure environ 300 millions d'années, se divise en six périodes soit, chronologiquement, le **cambrien** (– 530/– 500 M), **l'ordovicien** (– 500/– 425 M), le **silurien** (– 425/– 400 M), le **dévonien (– 400/– 360 M), le carbonifère** (– 360/– 290 M), le **permien** (– 290/– 245 M). Elle est marquée par deux cycles orogéniques (genèse de montagnes) : le **cycle calédonien** (du cambrien au silurien avec plusieurs phases), le **cycle hercynien** (du dévonien moyen au permien). Les terrains carbonifères et permiens sont fréquemment riches en charbons.

b) L'ère secondaire (ou mésozoïque) dure environ 180 millions d'années (– 245/– 65 M) et se divise en trois périodes : le **trias** (– 245/– 204 M), le **jurassique** (– 204/– 130 M), le **crétacé** (– 130/– 65 M).

Au trias, correspondent trois époques (trias inférieur, moyen, supérieur) ; les faciès (→ *102. roches*) étant différents dans le trias alpin et le trias germanique (pour ce dernier, trias inférieur = **grés bigarré** ou **Bundsandstein ;** trias moyen = **Muschelkalk ;** trias supérieur = **Keuper).**

Le jurassique (de Jura) est également divisé en trois époques : jurassique inférieur ou **Lias,** jurassique moyen et supérieur.

Au crétacé (du latin creta = craie) se succèdent crétacé inférieur et supérieur.

L'ère secondaire, plutôt calme, est cependant marquée par plusieurs cycles orogéniques : **orogenèse névadienne, laramienne** et **andine** (Andes et montagnes Rocheuses).

Les ères géologiques

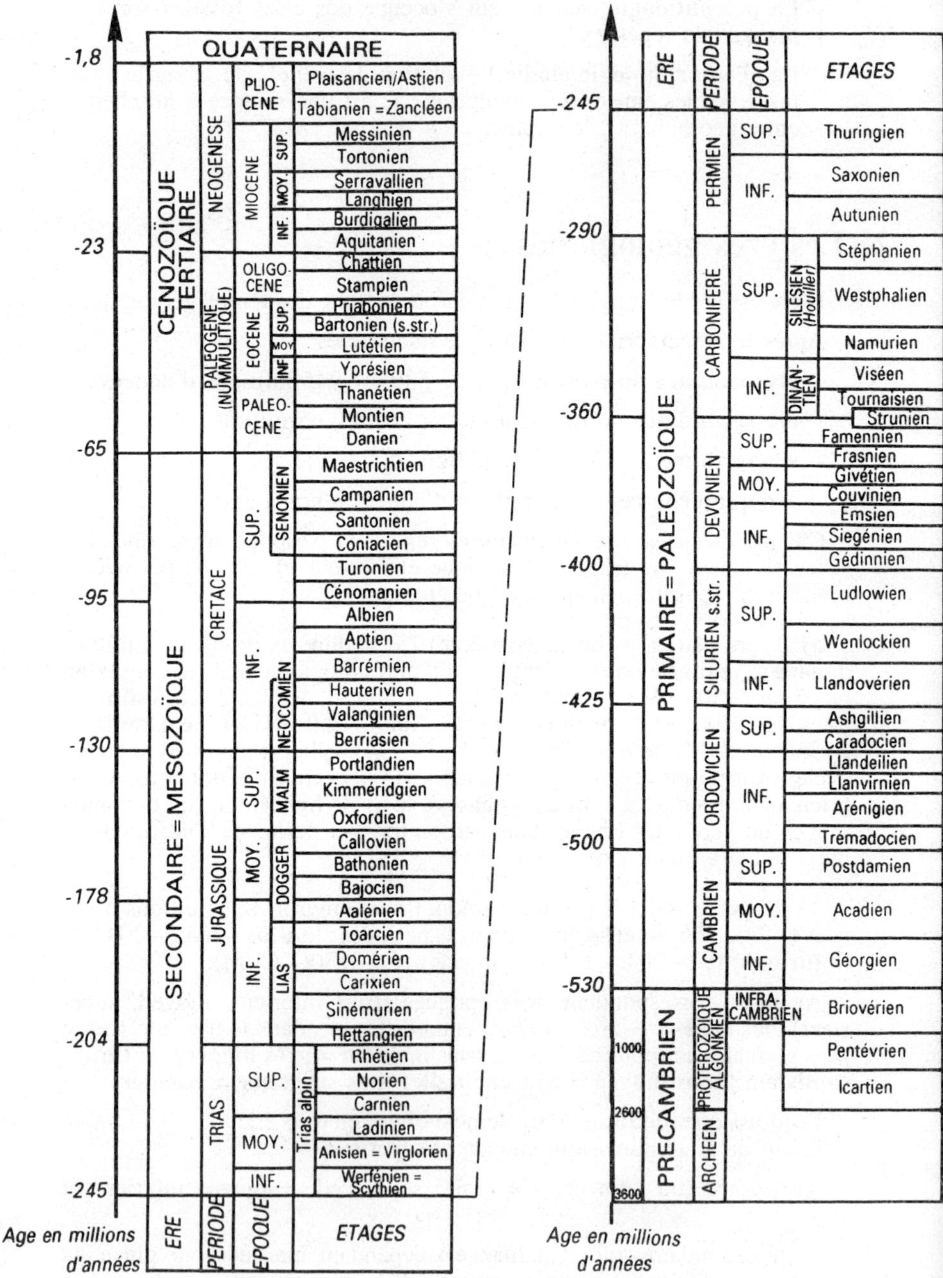

c) L'ère tertiaire : le **cénozoïque** regroupe l'ère tertiaire et l'ère quaternaire.

L'**ère tertiaire** est courte (63 millions d'années), moins longue que certaines périodes du primaire (ex. l'ordovisien) ou du secondaire (ex. le crétacé). Cependant, pendant cette ère, l'épaisseur des dépôts sédimentaires est importante (environ 30 km, soit presque autant que durant le secondaire). L'ère tertiaire est, en effet, marquée par l'orogenèse des chaînes alpines mais aussi par le commencement de leur destruction (d'où l'abondance des formations détritiques → *102. roches*).

Le **paléogène** (– 65/– 23 M, deux époques successives, **éocène** et **oligocène**) et l'éogène (- 23 M/- 1,8 M, deux époques Miocène puis Pliocène) sont les deux périodes de l'ère tertiaire.

d) L'ère quaternaire est très courte (environ 1 800 000 ans) et se dissocie mal du tertiaire. Elle est marquée par les glaciations et par l'apparition de l'homme. Le **pléistocène** couvre l'essentiel de l'ère quaternaire correspondant aux quatre périodes glaciaires, l'**holocène** ou post-glaciaire s'étendant sur les douze derniers millénaires (→ *102. roches, 107. terre, 106. tectonique, 55. glaciations*).

55. GLACIATIONS - PALÉOCLIMAT

1. Le paléoclimat

C'est un climat ancien à l'échelle des temps historiques ou géologiques (quaternaire, tertiaire...). La **paléoclimatologie** étudie les phases climatiques anciennes en s'appuyant sur diverses sources :

a) Pour les périodes historiques : analyse des documents écrits (date des récoltes, observations météorologiques anciennes, documents iconographiques, par ex. représentation des glaciers), étude de la croissance des arbres ou **dendrochronologie** (valable aussi pour les arbres fossiles).

b) Pour les périodes géologiques :

- analyse de la flore et de la faune fossiles (par ex. analyse des pollens fossiles pour déterminer la composition floristique = **polynologie**) ;
- comptage des **varves,** dépôts argileux feuilletés formés dans les eaux tranquilles des **lacs proglaciaires,** nappes d'eau situées sur les marges des inlandsis (→ *56. glaciers*) quaternaires en cours de retrait. Chaque varve correspond à un dépôt saisonnier (fin ou grossier, mince ou épais, sombre ou clair), deux varves correspondent à une année ;

– datation des fossiles à l'aide de la **radiochronologie,** ou méthode de datation aux **radio-isotopes** (ex. carbone 14, potassium, argon) fondée sur la décomposition des isotopes radioactifs des roches.

2. Les glaciers du quaternaire

a) L'ère quaternaire a été marquée par de grandes **glaciations ;** à chaque **période glaciaire,** le refroidissement de climat a entraîné la formation et la progression de grands glaciers de type inlandsis. Entre chaque glaciation coïncidant avec une période glaciaire, sont intervenues des phases de **déglaciation** d'assez courte durée (environ 50 000 ans), appelées périodes **interglaciaires.** L'ensemble des périodes glaciaires-interglaciaires constitue l'**époque glaciaire** qui correspond au pléistocène (→ *54. géologie*) et se termine il y a environ 12 000 ans.

b) La chronologie des glaciations quaternaires est encore sujette à discussion. Pour les Alpes, la chronologie classique a été proposée par Penck et Bruckner qui distinguent quatre périodes glaciaires successives nommées **günz, mindel, riss** et **würm** (donc trois interglaciaires, ex. interglaciaire riss/würm). En dehors des Alpes, les périodes glaciaires correspondantes portent d'autres noms : à la période würm correspondent la **glaciation de la Vistule,** en Pologne et en Allemagne du Nord, et la **glaciation de l'Illinois** en Amérique du Nord (sud des Grands Lacs actuels). A la chronologie classique, on ajoute parfois une glaciation antérieure à Günz, dite **glaciation Donau.**

Les glaciations dans les Alpes françaises

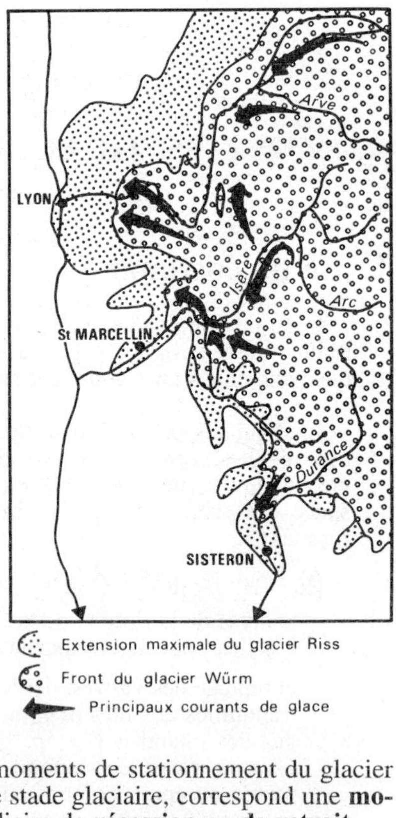

Extension maximale du glacier Riss
Front du glacier Würm
Principaux courants de glace

c) Le **maximum glaciaire** correspond, pour chaque glaciation, à l'extension maximale du glacier repérable par le vallum (→ *56. glaciers*) morainique le plus externe.

Pour l'ensemble de l'époque glaciaire dans les Alpes, le maximum glaciaire correspond au Riss (voir croquis). Pour chaque glaciation, on distingue des **stades glaciaires,** moments de stationnement du glacier pendant la phase de retrait ; à chaque stade glaciaire, correspond une **moraine** (= un vallum morainique) stadiaire de **récession** ou **de retrait.**

Les glaciations quaternaires

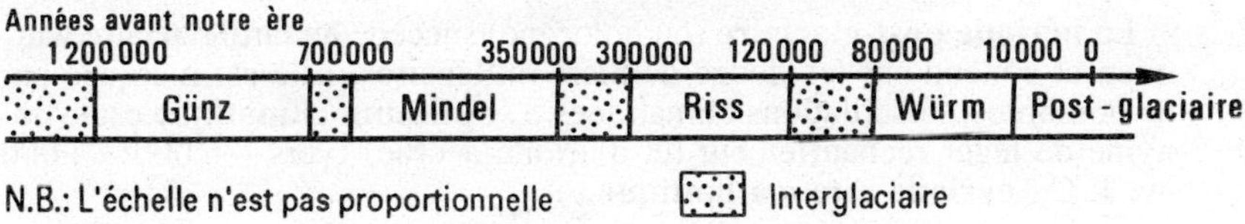

Le **tardiglaciaire** est la partie finale de la glaciation würmienne marquée par le retrait saccadé des glaciers würmiens.

3. Les variations glacio-eustatiques, glacio-isostatiques

a) Durant l'époque glaciaire, le niveau des mers a varié en fonction des variations du volume des glaces continentales : on parle de variations **glacio-eustatiques.** Théoriquement, chaque glaciation se traduit par une baisse du niveau des mers – une **régression marine ;** chaque déglaciation signifie une remontée du niveau des mers – une **transgression** – d'où des changements dans les formes et le dessin des littoraux (→ *70. littoral*). A l'époque du maximum glaciaire (riss), le niveau des mers se situe environ 150 m plus bas que le niveau actuel. La **transgression flandrienne** est la remontée du niveau marin à la suite de la déglaciation post-würmienne. Pendant les périodes interglaciaires, ont été définies d'autres **transgressions (sicilienne, tyrrhénienne...).**

b) Il ne faut pas confondre glacio-eustatique et glacio-isostatique. Les **mouvements glacio-isostatiques** sont des mouvements verticaux des régions glaciaires recouvertes par les inlandsis, mouvement lié à l'accroissement du volume des glaces (enfoncement de la région) ou à la diminution du volume des glaces (soulèvement). La période post-glaciaire a coïncidé avec un relèvement glacio-isostatique sensible surtout pour les boucliers (→ *14. massif ancien*) canadien et scandinave : ainsi, les plages de la **mer des Yoldia,** mer bordière de la Scandinavie, se sont soulevées d'environ 275 m (au maximum) depuis 12 000 ans.

4. Périodes pluviales - interpluviales

Une **période pluviale** est une période de précipitations plus abondantes encadrées par des périodes plus sèches appelées **interpluviales.** Au quaternaire, l'alternance pluvial/interpluvial enregistrée en Afrique (exemple particulier au Sahara) semble correspondre à l'alternance glaciation-déglaciation.

5. La période post-glaciaire

La **période post-glaciaire** (ou holocène) succède au tardiglaciaire würmien et s'étend sur les douze derniers millénaires. Elle est marquée par de nombreuses oscillations climatiques. L'**optimum climatique** est synonyme de léger réchauffement (et d'aridité accrue) (vers – 6 000/– 4 000 av. J.-C., **période dite « atlantique »**).

Le « **petit âge glaciaire** » est une période de refroidissement à l'époque historique (vers 1580 → vers 1720).

La période post-glaciaire

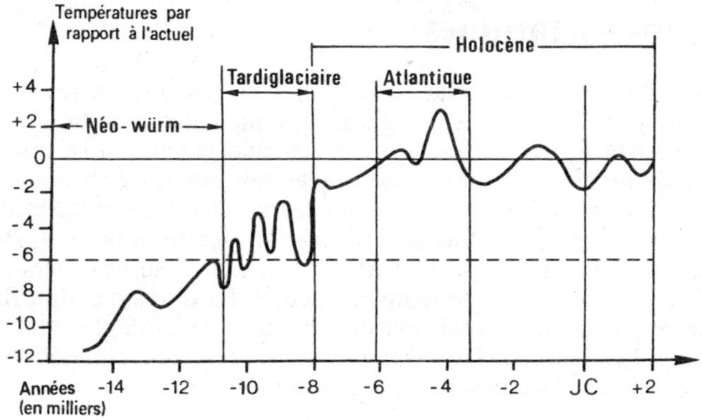

6. Formes périglaciaires et glaciaires

De nombreuses formes du modelé actuel sont héritées des périodes glaciaires et interglaciaires, ex. les vallums morainiques. On parle de **modelé périglaciaire** à propos des formes dont le modelé est lié à l'action du gel de l'eau dans le sol et le sous-sol. Actuellement, le modelé périglaciaire est l'apanage des milieux froids mais de nombreux modelés périglaciaires sont hérités des périodes glaciaires et interglaciaires (→ *74. milieux froids*).

Les **loess** sont des limons éoliens (appelés parfois **limon des plateaux**) déposés à l'époque glaciaire. Durant les périodes glaciaires, les vents violents soufflant à partir des inlandsis arrachent de fines poussières argilo-calcaires lors de leur passage sur les régions bordières des inlandsis puis les déposent dans des régions abritées ou pourvues de végétation. La décalcification de la partie supérieure des loess donne le **loehm**, argile jaune ou rougeâtre.

Le recul des glaciers
(Massif du Grossglokner - Autriche)

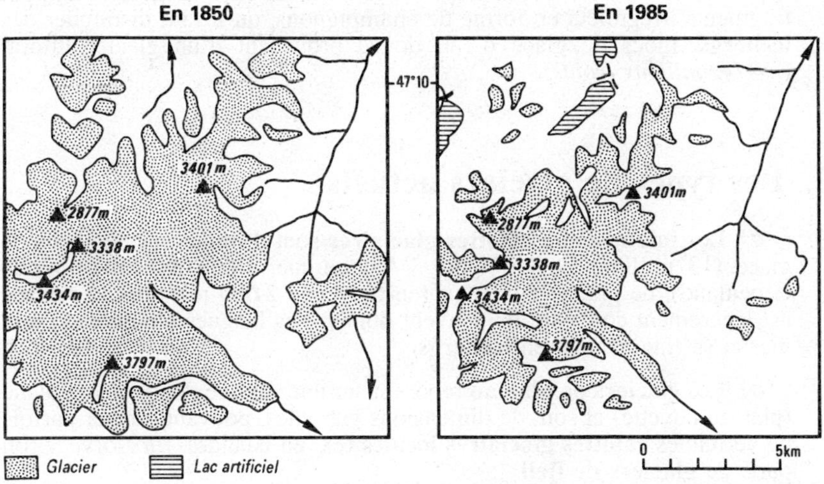

56. GLACIERS ET MODELÉ GLACIAIRE

1. La neige et la glace

La **neige** est une précipitation lente, qui tombe sous forme de cristaux de glace (hexagonaux ou étoilés) rassemblés en **flocons.**

La neige fraîchement tombée a une densité faible (0,1). La neige peut fondre superficiellement puis regeler **(neige tolée).** Elle est souvent accumulée par le vent en **congères,** amas neigeux allongés et aplatis. L'**avalanche** est la descente brusque de la neige le long d'un versant, les avalanches façonnant au fil des saisons des **couloirs d'avalanches.**

La neige comprimée et entassée se transforme en **névé,** formé de cristaux et de grains de glace non cimentés (densité environ 0,6).

Le **coefficient de nivosité** représente la part de neige (exprimée en mm d'eau de fusion) dans le total des précipitations (en mm).

La **glace de glacier** formée à partir de la neige et des névés, contient encore quelques bulles d'air : sa densité varie entre 0,8 et 0,88. La **glace de congélation** provient du gel d'eau de fusion.

L'eau de mer peut geler et donner une **glace marine,** constituée de cristaux de glace pure et de saumure. La solidification progressive de la glace donne d'abord une bouillie de cristaux de glace flottant, le **slush,** puis des plaques de glace aux bords retroussés, la **glace en crêpe** (pancake-ice). La **banquise** est une croûte de glace continue, épaisse de plusieurs mètres (en moyenne 2 m). La banquise peut être saisonnière ou permanente. La banquise peut se fragmenter, donnant des glaces flottantes appelées **floë** quand elles sont plates et étendues ou **bourguignons,** petit fragments irréguliers en forme de champignons, qu'il faut distinguer des **icebergs,** blocs de glace d'eau douce provenant d'un glacier littoral (→ *74. milieux froids*).

2. Les types de glaciers actuels

a) Les **inlandsis** ou **calottes glaciaires** sont d'immenses étendues de glace (13 millions de km^2 pour l'Antarctique, 1 600 000 km^2 pour le Groenland), de grande épaisseur (en moyenne 2 000 m), dont la surface est légèrement convexe. Ils peuvent donner des langues allant jusqu'à la mer et se fragmentant en **icebergs.**

b) Les **glaciers de plateau** reposent sur une surface relativement plane (plateau-cuvette) et sont de dimensions variables, pouvant donner parfois de véritables **calottes glaciaires locales** (ex. en Islande). En Norvège, on parle de **glaciers de fjell.**

c) Les **glaciers de cirque :** le glacier est de taille réduite, logé dans un amphithéâtre aux parois rocheuses abruptes, souvent exposé à l'ombre. On le rencontre surtout dans les massifs montagneux dont les sommets dépassent de peu la limite des neiges persistantes (ex. Pyrénées).

d) Les **glaciers de vallée** occupent des vallées plus ou moins encaissées. Parfois, il s'agit d'une simple **langue glaciaire** alimentée

Les glaciers du massif du Mont Blanc

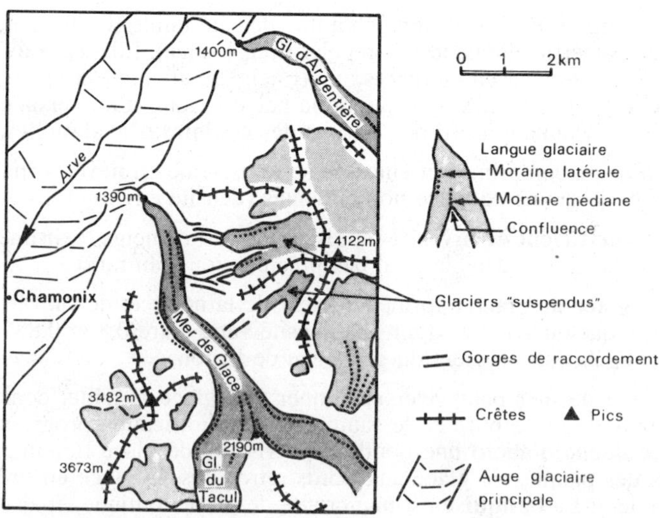

en amont par plusieurs glaciers de cirque. Ils peuvent confluer et dessiner un réseau comparable au réseau hydrographique. La surface de la glace est plus ou moins recouverte de dépôt : **les moraines.** Les **moraines latérales** sont formées de matériaux provenant des parois de la vallée. Lors d'une confluence de deux courants de glace se forme une **moraine médiane.** La **moraine de fond** est constituée par des blocs et matériaux entraînés sous la glace. Les eaux de fonte de la glace s'écoulent sous la glace par un **torrent sous-glaciaire.** En avant du glacier, la **moraine frontale** ou **vallum morainique** est formée par les matériaux transportés et poussés : elle est nette si le glacier stationne longtemps au même endroit. Les moraines, formes d'accumulation, se rencontrent aussi dans les autres types de glacier, mais de façon moins nette. Les glaciers de vallée sont parfois appelés **glaciers alpins** car ils sont très fréquents dans les Alpes. Dans l'Himalaya, les langues glaciaires sont de très grandes dimensions et forment souvent un réseau complexe d'où l'expression **glacier himalayen.**

e) Les **glaciers de piémont (type alaskien)** : ils sont formés par la réunion de plusieurs langues glaciaires au débouché des vallées et s'étalent au pied de la montagne. La moraine frontale est très chargée ; l'abondance des eaux de fusion provoque la formation de véritables **nappes alluviales,** ou **sandur,** en avant du glacier.

Ombilics et verrous :
Profil longitudinal d'une vallée glaciaire

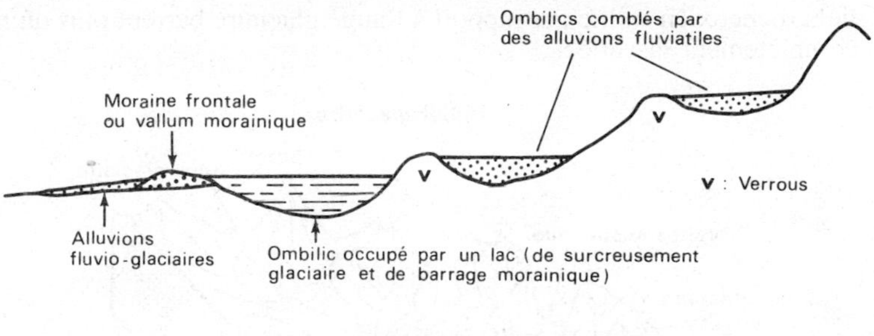

3. L'érosion glaciaire

La glace se comporte comme un fluide ; elle s'écoule plus ou moins lentement de l'amont vers l'aval. Les tensions liées à ce mouvement provoquent l'ouverture de **crevasses,** qui peuvent séparer des lames aiguës de glace ou **séracs.** Dans un glacier de cirque, la glace n'adhère pas aux parois rocheuses, mais en est séparée par la **rimaye,** espace étroit et profond dû au mouvement de descente du glacier.

Le **modelé glaciaire** regroupe l'ensemble des formes du relief façonnées par le creusement et l'érosion des glaciers **(abrasion glaciaire)** ou édifiées par les dépôts glaciaires.

a) Les formes de creusement

Le **cirque glaciaire** est une dépression en demi-cercle entourée de parois abruptes. Il peut abriter un petit lac et être fermé vers l'aval par une contre-pente. Selon la forme, on distingue des **cirques en baquet** (à fond assez plat), **en escalier** (succession et emboîtement de cirques), **en fauteuil...** Les cirques rarement isolés, se regroupent et isolent entre eux des **crêtes de recoupement** ou même des **pics** isolés (ou **aiguilles**). Au point d'intersection des crêtes, peut se dresser un **horn,** véritable pyramide dominant le niveau général des crêtes.

La **vallée glaciaire,** modelée par l'érosion d'une langue glaciaire est appelée **auge glaciaire** et possède un profil transversal caractéristique **en U,** avec un fond large et assez plat et des versants abrupts (souvent, la planéité du fond correspond en réalité au remblaiement d'un ancien lac glaciaire). Parfois, les versants de l'auge sont dominés par des replats appelés **épaulements.** Sur les flancs de l'auge, débouchent des vallées glaciaires de section plus faible, appelées **vallées suspendues,** car leur talweg est situé à une altitude nettement supérieure à celle de l'auge principale.

Des **gorges de raccordement** creusées après la fonte des glaciers relient vallées suspendues et auge principale.

Le profil en long de la vallée glaciaire n'est pas régulier. Se succèdent des portions élargies et, en faible pente, les **ombilics** et des portions plus étroites et en forte pente, les **verrous glaciaires.** Les **ombilics** sont dus au **surcreusement glaciaire** (creusement se terminant, à l'aval, par une contre-pente) ; parfois très profonds, ils ont souvent été remblayés par des alluvions récentes ou sont encore occupés par des lacs. Les **verrous,** reliefs rocheux en saillie par rapport à l'auge glaciaire barrent plus ou moins complètement la vallée.

Relief glaciaire

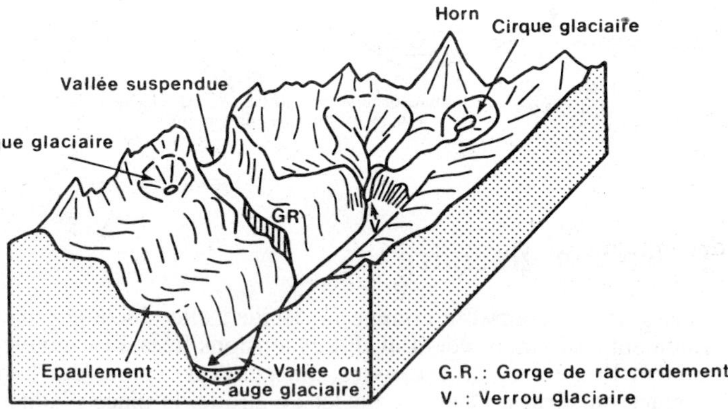

b) L'érosion dans les plaines et plateaux

Aux plaines et aux plateaux autrefois occupés par les grands glaciers quaternaires (→ *55. glaciations*) correspondent de vastes surfaces légèrement ondulées appelées **fjell,** où alternent des régions rocheuses bosselées où dominent les **roches moutonnées** (bosses rocheuses convexes striées et polies par le glacier) et de nombreux petits bassins lacustres occupés par des étangs ou tourbières.

c) Les formes d'accumulation

Les dépôts glaciaires se rencontrent dans les vallées et les régions de montagnes, constitués par les **moraines,** accumulation de blocs et de matériaux plus ou moins grossiers éboulés sur le glacier ou arrachés et transportés par lui.

Les formes les plus nettes se rencontrent dans les régions occupées par les inlandsis des glaciations quaternaires.

Les **drumlins** sont des collines convexes allongées, suivant l'écoulement de la glace, restes de la moraine de fond de l'inlandsis.

De nombreux dépôts morainiques situés sur les marges de l'inlandsis ont été profondément remaniés par les eaux de fusion ou **eaux proglaciaires,** d'où la formation de **dépôts fluvio-glaciaires** (ex. **sandur**). Les longs courants d'eaux de fusion ont creusé parfois des **chenaux proglaciaires.**

Les **eskers** sont des collines sinueuses, étroites et serpentiformes composées de dépôts fluvio-glaciaires.

Les principaux **vallums morainiques** correspondent aux phases de retrait des grands glaciers quaternaires (→ *55. glaciations*).

57. GUERRE

La **guerre** est une lutte entre deux (ou plusieurs) peuples ou pays en armes. On admet que la guerre – et non la guérilla (cf. plus loin) – concerne deux partis de force relativement égale.

Si un conflit est mené par un peuple beaucoup plus fort contre un autre beaucoup plus faible, on parle de **pacification :** c'est notamment le cas des mesures militaires prises par une puissance coloniale pour tenter de ramener l'ordre dans une région insurgée.

Dans le cas inverse, quand le plus faible veut s'affranchir d'une tutelle pesante, on parle de **rebellion.**

1. Les causes d'une guerre

Elles sont innombrables et d'autant plus complexes à présenter que se mêlent causes, prétextes et justifications *a posteriori.*

L'**expansionnisme** est souvent à l'origine d'un conflit. C'est une politique qui consiste, pour un pays, à chercher à étendre systématiquement son influence au-delà des frontières, à acquérir de nouveaux territoires, ou à soumettre d'autres pays à son emprise. Il peut s'agir aussi d'une politique économique qui encourage et soutient la conquête de nouveaux marchés.

L'expansionnisme, sous toutes ses formes, est fréquemment responsable de l'**antagonisme** (rivalité, affrontement) entre deux puissances.

Cette volonté **hégémonique** (l'**hégémonie,** à l'origine signifie la suprématie militaire et politique d'une cité grecque sur d'autres cités – traduit maintenant toute domination politique ou militaire d'un Etat sur un autre) ou **impérialiste** (l'**impérialisme** est une politique d'expansion territoriale, militaire ou économique) trouve son origine dans diverses revendications :

– revendications territoriales : la France royale cherche à porter ses frontières à des limites correspondant à des faits de géographie physique = fleuves, montagne **(politique de frontières naturelles).** De même, au XIXe siècle surtout, les puissances européennes ont cherché à assurer leur domination sur des territoires d'outre-mer **(guerres coloniales) ;**

– revendication à caractère racial : le **panslavisme,** système politique dont le but est de réunir tous les Slaves en un même organisme, est un des thèmes de la propagande et de la politique russes au XIXe et au début du XXe siècle ; le **pangermanisme** préconise la fusion de tous les peuples européens parlant des langues germaniques en une seule nation dont l'Allemagne aurait été l'élément prépondérant. La supériorité, affirmée par les nazis, de la race allemande justifie l'acquisition de l'**espace vital.**

Le comportement de certains gouvernements et de certains peuples peut favoriser le développement d'un climat de tension favorable à la guerre. C'est notamment le cas du **militarisme** et du **nationalisme.** Le militarisme est une attitude qui accorde à l'armée, même en temps de paix, un grand prestige à l'intérieur d'un pays ; il favorise l'essor du nationalisme qu'il ne faut pas confondre avec le patriotisme – le **patriotisme,** c'est-à-dire amour de la patrie et volonté de la défendre, sert parfois de caution à un état d'esprit qui donne une prééminence exclusive à l'intérêt national (le nationalisme).

Militarisme et nationalisme favorisent le **bellicisme** – tendance à préférer la guerre à tout autre mode de règlement dans les affaires internationales. Il s'oppose au **pacifisme,** doctrine de ceux qui sont intensément partisans de la paix.

Une guerre peut aussi être due à la volonté d'un peuple ou d'un Etat de se libérer d'une domination étrangère : **guerre d'indépendance,** de **libération** (c'est le cas de nombreuses guerres de décolonisation).

La **guerre sainte** présente un cas particulier parce que prêchée au nom d'une foi religieuse (les croisades ou les guerres de conquête de l'Islam).

2. Préparatifs de la guerre

Chaque état se prépare à la guerre en cherchant à obtenir des soutiens extérieurs par des **alliances,** des **ententes,** des **ligues,** actes par lesquels plusieurs pays décident de concerter leur action et de se soutenir mutuellement.

Une **coalition,** groupe de nations qui s'unissent pour agir en commun et spécialement pour mener une guerre contre un même ennemi et un **pacte,** convention entre plusieurs Etats qui acceptent des obligations réciproques, ont un sens voisin. Au XVIIIe siècle, les Bourbons de France et d'Espagne se sont unis (**pacte de famille**) contre les Etats protestants. L'alliance conclue entre l'Allemagne nazie et l'Italie fasciste en 1939 constitue le **pacte d'Acier.** La guerre froide qui suit la Seconde Guerre mondiale est marquée par la formation de deux blocs : les Etats occidentaux unis, derrière les Etats-Unis dans le **pacte de l'Atlantique,** les Etats socialistes derrière l'Union soviétique dans le **pacte de Varsovie** (officiellement dissout en 1991).

Les Etats qui restent volontairement hors du conflit, font preuve de **neutralité** – terme qu'il ne faut pas confondre avec celui de **neutralisme,** doctrine impliquant un refus d'adhérer à une alliance militaire. L'**isolationnisme,** attitude traditionnelle des Etats-Unis jusqu'en 1941 (excepté de 1917 à 1920) est une forme de neutralisme.

La **non-belligérance** est différente du **neutralisme ;** elle implique une prise de position favorable à l'un des deux camps, mais sans entrer dans la guerre (les Etats-Unis en 1941).

Chaque **état-major** – groupe d'officiers chargés d'assister un chef militaire dans l'exercice de son commandement – élabore des plans de bataille et arrête **stratégie** et **tactique.** La stratégie est la technique de la conduite générale de la guerre alors que la **tactique** est l'art qui consiste à mener le combat sur le terrain, à faire évoluer les troupes en face de l'ennemi au cours de la bataille.

En général, le début des hostilités est précédé d'une **déclaration** de guerre, qui fait suite à un **« casus belli »** (cas de guerre) : acte ou événement pouvant amener la guerre. La dernière démarche d'un Etat avant la déclaration de guerre est l'envoi d'un **ultimatum** qui contient les conditions ultimes faites à un autre Etat, et dont la non-acceptation amène la guerre.

3. Formes et aspects de la guerre

Au cours de son déroulement la guerre peut présenter des formes différentes, sans parler de celle que présente le début de la Seconde Guerre mondiale (septembre 1939-mai 1940) pendant laquelle les armées française et allemande ne s'affrontent pas **(drôle de guerre).**

La **guerre de mouvement** voit chaque armée tenter d'emporter la décision par des mouvements en rase campagne (la guerre en 1914). Lorsque cette guerre de mouvement aboutit à des succès rapides de l'une des armées, c'est la **guerre éclair** (on emploie parfois le terme allemand de **Blitzkrieg** en souvenir des succés foudroyants de la Wehrmacht au début de la Seconde Guerre mondiale).

Par opposition à la guerre de mouvement, la guerre de **position,** de **siège,** de **tranchée,** est caractérisée par la nécessité de défendre ou d'enlever des positions fortifiées – la guerre devient alors une **guerre d'usure** et peut prendre l'aspect d'une **guerre totale,** visant à détruire, non seulement l'armée ennemie mais tout le potentiel économique ennemi.

Les **fortifications** (constructions en vue d'assurer la défense d'une ville ou d'une région) présentent de multiples aspects.

Une **forteresse** est un ouvrage servant à la défense d'une ville ou d'un point stratégique.

La **ville** elle-même peut être **fortifiée :** c'est le cas de nombreuses **places fortes** aménagées par Vauban à la fin du XVIIe siècle. Au pied des **remparts,** un **fossé** (l'**escarpe** et la **contrescarpe** étant respectivement les talus intérieur et extérieur du fossé) et au-delà, le **glacis** est un terrain en pente douce où l'assaillant ne peut progresser qu'à découvert. Les murs de l'enceinte d'une place forte, ouverts d'**embrasures** pour le tir, sont protégés par des ouvrages faisant saillie (les **bastions**). La **citadelle** est la forteresse d'une ville fortifiée.

Les **fortifications de campagne** sont formées de **tranchées** reliées par des **boyaux** (passages étroits non rectilignes entre les différentes lignes de tranchées). Des **fortins** et des **redoutes** – petites constructions fortifiées isolées – ainsi que des **casemates** (abris fortifiés en général souterrains) complètent les défenses.

Les fortifications de campagne peuvent prendre l'allure d'une **ligne fortifiée :** ainsi la **ligne Maginot** construite par la France dans les années 1930, le long de la frontière allemande, ou le **mur de l'Atlantique,** émaillé de nombreux ouvrages fortifiés ou **blockhaus,** édifié par les Allemands le long des côtes de l'Europe occidentale, pour faire échec à un débarquement allié.

Des opérations rapides peuvent être menées en terrain ennemi par un groupe de **commando** – petite unité de soldats spécialement entraînés – ce sont des **raids** (ce terme est aussi utilisé pour une attaque aérienne sur des objectifs lointains).

A la fin de la Seconde Guerre mondiale, pour retarder l'avance américaine, les Japonais utilisent les **kamikazes** (vent divin), aviateurs-suicides dont la mission est de s'écraser avec leur appareil chargé de bombes sur les navires américains.

Parfois l'armée régulière est aidée par des **partisans** ou **francs-tireurs,** combattants volontaires, qui harcèlent l'ennemi par des **embuscades** (attaques par surprise) et des sabotages (la Résistance durant la Seconde Guerre mondiale). Ces forces sont des **troupes irrégulières,** c'est-à-dire qui ne sont pas organisées par les pouvoirs publics légaux et ne font pas partie de la force militaire d'un Etat. Elles servent de supplément aux forces régulières (**forces supplétives**).

L'arme du **blocus** peut être utilisée pour faire céder l'ennemi. Il s'agit d'isoler une ville ou un pays de manière à interrompre toute communication avec l'extérieur. Napoléon Ier, pour ruiner le commerce et les industries britanniques, a interdit l'entrée et la vente en Europe des marchandises britanniques **(blocus continental).**

Les grandes puissances sont parvenues à la fin du XIXe siècle début du XXe, par des conventions internationales, à établir des **lois de la guerre** qui définissent ce qui est permis et interdit dans la conduite envers les combattants et les civils ennemis. Par exemple la convention de Genève de 1929 interdit de tuer les prisonniers. Pendant la Seconde Guerre mondiale, les Allemands ont retenu les soldats prisonniers dans des **stalags,** les officiers prisonniers dans des **oflags.** Ces lois sont souvent transgressées ce qui a conduit, après la Seconde Guerre mondiale, les dirigeants de l'Allemagne nazie à être jugés à Nuremberg comme **criminels de guerre.**

4. Guerre civile et guérilla

Il s'agit de deux guerres qui présentent des aspects et des caractères originaux.

La **guerre civile** est une lutte entre deux groupes armés de citoyens d'un même pays. Pour qu'il y ait guerre civile et pas seulement **insurrection,** il faut que la lutte se prolonge et que les deux camps constituent ou tentent de constituer une autorité politique.

Lorsqu'il s'agit d'une guerre urbaine, les insurgés édifient des **barricades,** composées d'objets les plus divers pour empêcher le passage des troupes.

La **guérilla** est menée par des volontaires qui se battent pour une cause politique, sociale ou plus souvent nationale. Par son refus systématique de combats en formation régulière sur une ligne de front, elle se différencie dans sa tactique de la guerre proprement dite. Ayant besoin de l'espace et du temps, elle comporte des implications politiques, économiques, sociales tout aussi importantes que les aspects militaires.

Pendant la Seconde Guerre mondiale, dans les pays occupés par l'armée allemande, des mouvements de **résistance,** formés de combattants volontaires ont mené des actions de guérilla contre l'ennemi. En France, cette résistance intérieure a été appelée le **maquis** parce que les combattants se regroupaient surtout dans les régions d'accès difficile, boisées ou montagneuses. Les **maquisards** (résistants du maquis) ont formé les **Forces Françaises de l'Intérieur** (F.F.I.) et ont été incorporés dans l'armée régulière en 1944.

La **Fronde** est une guerre civile en France pendant la minorité de Louis XIV.

On distingue la **fronde parlementaire** et la **fronde des princes.**

La **chouannerie** est une insurrection de paysans catholiques bretons qui, pendant la Révolution, pratiquent la guérilla contre les soldats de la République.

Une **jacquerie** (de Jacques : sobriquet du paysan français) est une révolte paysanne, spontanée et violente, mais sans caractère politique organisé. Pendant le règne d'Henri IV, la **révolte des croquants** est une jacquerie due à la lourdeur excessive des impôts.

Mao Zedong a mis en relief le caractère fondamental de ces phénomènes dans une **guerre révolutionnaire** dont il a formulé les principes.

5. La paix

La guerre se termine en général par des traités de paix. En certains cas toutefois, l'un des pays belligérants a été entièrement conquis et tout son territoire annexé, en d'autres cas, la paix a été reconnue après cessation prolongée des hostilités – et non pas après **une trêve** qui n'est qu'une interruption provisoire des combats – sans qu'un traité ait été conclu (avec l'Allemagne en 1945).

L'**armistice** est un accord entre les belligérants ayant pour objet d'arrêter les hostilités (l'armistice du 11 novembre 1918 a été signé à Rethondes).

Lors de l'armistice le vainqueur peut exiger du vaincu une capitulation (le 8 mai 1945 les alliés imposent à l'Allemagne une **capitulation** sans condition). Ce terme désigne avant tout la **reddition** – action de se rendre, de capituler – d'une place.

L'**armistice** n'est pas la paix. Il doit permettre d'entamer des négociations ou des **pourparlers** en vue de parvenir à la signature d'un **traité de paix.**

Cet accord qui rétablit officiellement la paix comporte des **clauses** ou dispositions acceptées par les signataires (sauf si la paix est imposée au vaincu ; cf. **diktat** de Versailles imposé aux Allemands en 1919). Il arrive que le vainqueur exige du vaincu le paiement de **réparations** à titre de dédommagement pour les destructions provoquées par la guerre.

Le vainqueur peut chercher à humilier son vaincu. Depuis l'époque romaine, le nom de **Fourches Caudines** est resté dans l'histoire comme symbole d'humiliation. Lors des guerres samnites (IVe siècle avant Jésus-Christ), deux légions romaines sont cernées dans un défilé à l'est du Caudium près de Capoue. Chaque légionnaire après avoir jeté ses armes dut passer au milieu des insultes sous un joug formé de deux lances plantées en terre et d'une troisième attachée transversalement.

Il est possible en suivant la classification établie par R. Aron de distinguer plusieurs sortes de paix :

– **paix d'équilibre** dans laquelle les puissances se font contrepoids **(paix blanche) ;**

– **paix d'hégémonie** dans laquelle les nations sont dominées par l'une d'entre elles ;

– **paix d'impuissance** qui résulte de la terreur ou de l'intimidation réciproques **(paix armée).**

Les pertes (civiles et militaires) des guerres au XXe siècle

2e guerre mondiale	environ 52 millions de victimes
1re guerre mondiale	environ 10 millions de victimes
Guerre du Viêt-nam (1963-75)	environ 2 millions de victimes
Guerre de Corée (1950-53)	environ 1,5 million de victimes
Partition de l'Inde (1947-49)	environ 800 000 victimes
Guerre d'Indochine (1946-54)	environ 600 000 victimes
Guerre d'Iran-Irak (1979-88)	environ 450 000 victimes
Guerre d'Algérie (1954-62)	environ 200 000 (?) victimes
Guerre du Golfe (1991)	environ 100 000 victimes
Guerres isarélo-arabes (1947-49, 56, 67, 73, 82)	environ130 000 victimes

58. HISTOIRE ET PRÉHISTOIRE

L'**Histoire** est l'étude du passé. Elle s'appuie sur la **chronologie,** science qui a pour objet la détermination des dates. L'Histoire commence avec l'écriture. La période de l'évolution de l'humanité qui précède l'histoire, c'est-à-dire les premiers documents écrits est la **préhistoire** dont la durée varie selon les régions.

1. Connaissance de la préhistoire

La connaissance de la préhistoire repose sur des documents non écrits : **fossiles :** débris ou empreintes des corps conservés dans les dépôts sédimentaires (l'étude des fossiles est la **paléontologie**), outils, armes, **peintures rupestres** ou **pariétales** exécutées dans les grottes, sur la paroi du roc, **monuments mégalithes** réalisés avec des pierres brutes de grandes dimensions ; les **menhirs,** pierres allongées dressées verticalement (du breton men : pierre et hir = long ; les menhirs sont particulièrement nombreux en Bretagne). Généralement groupés, les menhirs sont disposés en **alignements** (à Carnac) ou en cercle **(cromlechs).** Les cromlechs sont fréquents en Grande-Bretagne. Les **dolmens** sont des monuments faits d'une grosse pierre placée sur d'autres dressées verticalement. Les dolmens sont sans doute des sépultures collectives. (Voir aussi → *11.1. art.*)

2. Périodes de la préhistoire

Dans la préhistoire, la chronologie est incertaine. La **méthode du carbone 14** permet d'établir une datation approximative. Le principe en est simple : les végétaux absorbent le gaz carbonique de l'atmosphère, le transforment et retiennent dans leurs tissus un isotope du carbone 12, le carbone 14. Tous les êtres vivants consommant des plantes absorbent aussi du carbone 14, corps radioactif qui commence à se désintégrer après la mort alors que le carbone 12 reste fixé. C'est la mesure de cette désintégration qui permet de fixer la date de vie du témoin par la mesure du rapport existant entre la quantité de carbone 12 et celle de carbone 14 et par comparaison de ce rapport à celui qui existe dans un exemple actuel.

Les temps préhistoriques se divisent en :

- **paléolithique** = période la plus ancienne caractérisée par l'utilisation d'outils en pierre taillée. L'homme vit alors dans des grottes dont on a trouvé des témoignages dans le Sud-Ouest français (les Eyzies, Lascaux) ;
- **mésolithique** = de 10 000 à 5 000 ans avant notre ère. Il correspond au retrait de la glaciation, à la lente évolution des zones de climat vers leur répartition actuelle ;
- **néolithique** = âge de la pierre polie. L'invention de l'agriculture, la domestication des animaux, le tissage, sont les caractères principaux de cette époque. Le néolithique a commencé dans le Proche-Orient où il a été relayé par l'**âge des métaux** (du cuivre d'abord) au IIIe millénaire avant notre ère ; il s'est prolongé un millénaire plus tard en Europe et en Extrême-Orient, plus longtemps encore dans le reste du monde.

La préhistoire en Europe

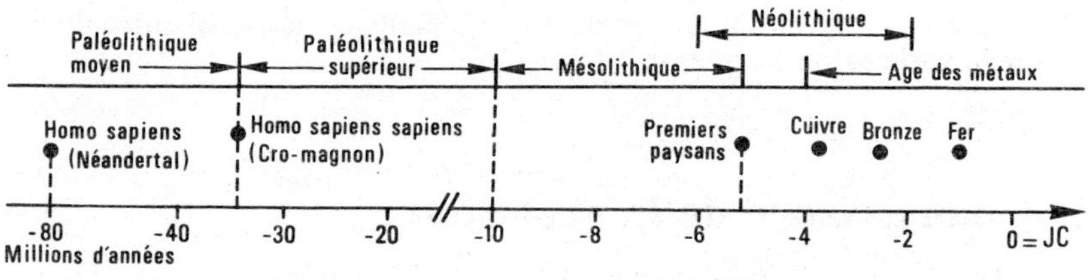

3. L'écriture

L'**écriture** est un système de signes servant à représenter la parole et la pensée. Parmi les systèmes d'écriture on peut distinguer celles qui figurent des « mots » entiers (sumérienne, égyptienne, chinoise), celles qui notent des syllabes et celles qui utilisent un **alphabet.**

L'**écriture pictographique** exprime des idées et relate des faits par une succession de dessins et de figures symboliques, les **pictogrammes.** Cette écriture primitive qui existe chez certains peuples de l'Amérique précolombienne (écriture aztèque, manuscrits mayas, connus sous le nom de **codex**) est à l'origine des **écritures idéographiques** (composées d'**idéogrammes**).

Les **idéogrammes** sont des signes ou caractères qui figurent soit des objets concrets soit des symboles (ex. écriture **sumérienne** – des peuples du pays de Sumer installés au sud de la **Mésopotamie** au IIIe millénaire avant J.-C. Mésopotamie = région où coulent le Tigre et l'Euphrate, du grec *mésopotamios* = entre deux fleuves).

Les idéogrammes chinois sont des tracés complexes : certains signes sont des dessins, des représentations ; d'autres des caractères composés qui donnent parfois l'indication du son à prononcer. (Voir ci-dessous **phonétique**).

Les **hiéroglyphes égyptiens** (hiéroglyphe, du grec *hiéros* = sacré et *gluphein* = graver), combinent des idéogrammes qui représentent des mots et des éléments qui représentent les sons : parmi les hiéroglyphes égyptiens qui sont des signes images, 24 signes n'expriment qu'un seul son. Ainsi l'écriture égyptienne est-elle à la fois pictographique et **phonétique.**

La découverte d'une inscription – **la pierre de Rosette** – en caractères grecs, hiéroglyphiques et démotiques permet à Champollion de trouver la clé de la compréhension de hiéroglyphes.

Une **écriture phonétique** est faite de signes représentant les sons de la voix : elle peut être **syllabique,** les signes notant les **syllabes** (unité phonétique se prononçant d'une seule émission de voix) ou **alphabétique.** L'**écriture alphabétique,** plus élaborée, utilise un **alphabet** (du grec *alpha* et *bêta,* nom des deux premières lettres grecques), ensemble de signes graphiques (les lettres) qui distingue les consonnes et les voyelles.

Le premier alphabet, l'**alphabet phénicien,** né en Phénicie au cours du IIe millénaire, se compose uniquement de consonnes et ne figure pas les voyelles (comme d'ailleurs l'**alphabet arabe**) alors que l'**alphabet grec** comporte cinq voyelles (*alpha, epsilon, iota, omicron* et *upsilon*). L'alphabet latin, dérivé du grec, se compose de vingt-trois lettres contre vingt-six lettres pour l'alphabet occidental actuel (distinction du *i* et du *j,* du *u* et du *v,* adjonction de l'*y*).

L'**alphabet cyrillique** a été mis au point par Cyrille et Méthode, apôtres byzantins du IXe siècle qui participent à la christianisation des slaves ; l'alphabet cyrillique est utilisé par les russes, les bulgares et les serbes.

4. Les supports de l'écriture

Au cours de l'Histoire, l'écriture a utilisé divers matériaux. En Mésopotamie, des **tablettes** faites d'argile fraîche sont utilisées pour l'écriture **cunéiforme** (du latin *cuneus* = coin). Cette écriture emploie des combinaisons d'éléments qui ont chacun la forme d'un coin ou d'un clou (empreinte laissée sur l'argile molle des tablettes par un roseau taillé).

En Egypte, on utilise le **papyrus,** roseau poussant sur les bords du Nil dont la tige est découpée en bandes qui une fois collées ensemble forment une feuille (le mot papier vient de papyrus). Le **parchemin** (du grec *pergamêni* = peau de Pergame) est mis au point à Pergame, ville antique d'Asie Mineure : c'est une peau de mouton (ou de chèvre) traitée spécialement pour l'écriture. Le parchemin est largement utilisé par les Romains et son usage se généralise pendant le haut Moyen Age. Le **papier** est inventé en Chine avant l'ère chrétienne : il est produit à partir de chiffons. Les Arabes l'introduisent en Occident à partir des IXe-Xe siècles (matière première : chiffons de lin ou de chanvre, puis de coton). Les papiers modernes sont depuis la fin du XIXe siècle fabriqués à partir de la cellulose du bois ou d'autres végétaux (ex. l'alfa → papier d'alfa).

5. Les sciences auxiliaires de l'Histoire

De nombreuses sciences permettent une meilleure connaissance de l'Histoire. Parmi les plus importantes, l'**archéologie** est l'étude des monuments figurés de l'Antiquité (monuments artistiques, armes, objets domestiques). La science des monuments antérieurs à l'Histoire écrite est l'archéologie préhistorique.

La plupart des vestiges archéologiques sont obtenus par des **fouilles.** Il s'agit de travaux minutieux qui en creusant le sol permettent de dégager des ruines de monuments, de tombes, etc.

Le déchiffrement des inscriptions constitue l'**épigraphie.** Il ne faut pas confondre l'épigraphie qui étudie les inscriptions sur la pierre, le métal, avec la **paléographie** qui étudie les textes écrits sur papyrus et parchemins. L'**iconographie** est l'étude des représentations figurées (peintures-sculptures) de personnages ou de symboles relatifs à une civilisation, à une religion.

L'étude des pièces de monnaie et des médailles **(numismatique),** des blasons et des armoiries **(héraldique),** des sceaux ou cachets servant à authentifier un acte **(sigillographie)** apportent également leur contribution à l'Histoire.

Les **archives,** manuscrits, et autres documents concernant l'histoire d'un Etat, d'une ville, d'une famille, etc. constituent une source inestimable pour l'histoire (les **archives** désignent également le lieu où ces documents sont déposés).

Le spécialiste des travaux ou des études historiques est un **historien** alors que l'**historiographe** est chargé, officiellement, d'écrire pour la postérité les événements d'un règne ou les annales d'un gouvernement.

6. Les divisions de l'Histoire

Les historiens ont l'habitude de diviser l'Histoire en quatre périodes :

- l'**Antiquité** qui se termine au ve siècle après J.-C. avec l'écroulement de l'Empire romain en Europe occidentale ;
- le **Moyen Age** qui se prolonge jusqu'au XVe siècle avec la prise de Constantinople par les Turcs (1453) ou la découverte de l'Amérique par Christophe Colomb (1492). L'adjectif **médiéval** concerne tout ce qui est relatif au Moyen Age ;
- les **Temps modernes** qui s'achèvent avec la Révolution française en 1789 ;
- l'**époque contemporaine** commencée en 1789 et qui se prolonge jusqu'à nos jours.

59. HYDROCARBURES

1. Genèse des hydrocarbures

Le **pétrole** (étym. = huile de pierre) et le **gaz naturel** sont des **hydrocarbures.**

La formation des hydrocarbures suppose une accumulation de matière organique, de type plancton marin, et sa décomposition à l'abri de l'air (en milieu dit « anaérobie »), dans des bassins de sédimentation marine ou lagunaire. Les huiles ainsi formées peuvent rester dans la **roche-mère** (roche où s'est effectuée la décomposition). Le plus souvent, les hydrocarbures migrent vers le haut du fait de leur faible densité, et viennent s'accumuler dans une **roche-réservoir,** ou **roche-magasin.** La roche-réservoir doit être suffisamment poreuse (sable, calcaire, dolomie) et surmontée par un toit imperméable. Certaines structures (ex. structures faillées, voûtes anticlinales...) constituent de bons pièges à hydrocarbures.

2. Diversité des hydrocarbures

Les hydrocarbures sont toujours un mélange de produits de structures et de masses moléculaires variées, associant carbone et hydrogène. Certains sont des gaz (à la pression normale), comme le **méthane.** Les molécules plus lourdes donnent des **hydrocarbures liquides,** voire des produits pâteux ou solides **(bitumes).** Selon les gisements, la proportion des hydrocarbures varie : ex. gisement à prépondérance gazeuse, gisement de pétroles **asphaltiques,** à prépondérance d'éléments lourds.

Les qualités du pétrole sont liées à la structure de la demande. Les **bruts légers** (Arabian Light, Bonny Light du Nigeria) sont généralement plus appréciés que les **bruts lourds** (ex. Maya du Mexique). D'autre part, les hydrocarbures contiennent des impuretés, dont le soufre, source de pollution atmosphérique. Ainsi le gaz de Lacq doit être débarrassé de ses composés sulfureux avant l'emploi.

3. Les gisements et l'extraction

a) Les gisements d'hydrocarbures sont toujours souterrains, localisés à des profondeurs très variables. Au sommet du gisement, s'accumulent les gaz, puis le pétrole surmontant souvent une couche d'eau (douce ou salée).

Les techniques de forage permettent aujourd'hui l'exploitation des gisements des bassins sédimentaires sous-marins, appelés **gisements offshore.**

Certains gisements de **sables asphaltiques** et de **schistes bitumineux** contiennent des hydrocarbures lourds (bitumes et asphaltes). La récupération des hydrocarbures y est délicate et coûteuse (environ 40 à 50 l d'huiles pour 1 tonne de roches).

Deux types de gisements pétroliers

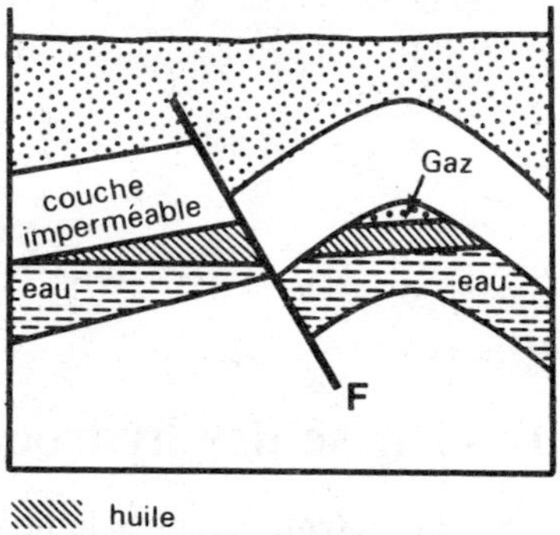

A gauche gisement dans un compartiment faillé,
A droite dans une voute anticlinale.

b) Dans un forage, le **derrick** est la tour métallique qui permet la mise en place des tubes de forage. Pour les gisements offshores on utilise des **plates-formes pétrolières** flottantes ou reposant sur les fonds marins. La plupart des forages sont verticaux mais avec les **forages directionnels** on peut effectuer des forages obliques ou contourner des obstacles.

Dans les gisements pétroliers, on ne récupère qu'une partie du pétrole contenu. Avec la **récupération primaire** on extrait 20 à 25 % des huiles de la roche-magasin par jaillissement naturel et/ou pompage. La **récupération secondaire,** avec injection d'eau, permet l'extraction de 30 % des richesses. Les techniques modernes de la **récupération tertiaire** qui améliorent la porosité de la roche permettent l'extraction de 40 à 50 % du pétrole en place (techniques très onéreuses). Selon les gisements, les **rendements journaliers des puits** sont très différents.

4. Le transport des hydrocarbures

a) Les transports terrestres sont surtout assurés par des conduites **(pipelines), oléoducs** pour le pétrole brut, **gazoducs** pour le gaz naturel et conduites pour produits pétroliers raffinés. Les trois types de conduite exigent des stations de pompage réparties le long du parcours. Les produits pétroliers lourds et visqueux ne peuvent être transportés par conduites. Certaines conduites sont sous-marines.

b) Les transports maritimes sont réalisés par des navires pétroliers (tankers). Le **port en lourd** (capacité de transport des navires – cargaison et avitaillement → *111. transports*) des navires pétroliers a beaucoup augmenté, d'où la distinction de plusieurs générations de pétroliers : **tankers** de 50 à 85 000 TPL (tonnes de port en lourd) dans les années cinquante, **supertankers** de 100 à 150 000 TPL des années soixante, énormes pétroliers de 250 à 500 000 TPL, lancés entre 1968 et 1975.

Les plus gros navires-citernes ne peuvent pas circuler partout, compte tenu de leur **tirant d'eau** (distance verticale entre la ligne de flottaison du navire et la quille), d'où la création de **ports d'éclatement** destinés à décharger, en partie ou en totalité, les plus gros pétroliers. Pour accueillir les supertankers, se sont aussi développés des terminaux pétroliers de grandes capacités (ex. île de Kharg, dans le Golfe persique) parfois situés au large hors des eaux territoriales : **terminaux offshore.**

Pour le gaz naturel, sont utilisés des **méthaniers,** navires citernes transportant le gaz liquéfié, d'où la nécessité d'installations de **liquéfaction** (au port de chargement) et de **regazéifaction** (au port de déchargement). On parle de **terminaux méthaniers** (ou gaziers).

5. Le raffinage du pétrole

Le pétrole brut doit être raffiné. La distillation du pétrole brut permet de procéder à la séparation de divers **produits pétroliers,** ensuite **raffinés : produits légers** (gaz de pétrole, kérosène, essence, gas-oil), **produits lourds** (fuels, huile, bitumes). A proprement parler, le **raffinage pétrolier** n'est pas une opération chimique mais physique. Cependant, la nature de nombreux produits est souvent modifiée par **craquage** (la chaîne moléculaire est brisée) et reformage. Ces opérations font partie de la **pétroléochimie** (chimie du pétrole) : ex. craquage à la vapeur ou **steam-craking.**

Les **raffineries** assurent les opérations de distillation, de raffinage et/ou les opérations pétroléochimiques. Elles sont plus ou moins spécialisées dans le traitement d'un ou de plusieurs types de pétrole brut. Les raffineries sont localisées près des centres de consommation, le long des oléoducs, dans les ports importateurs ou à proximité des lieux de production. D'où la distinction entre **raffineries portuaires** et **raffineries de l'intérieur.**

Depuis les deux chocs pétroliers (→ *infra*) la **capacité de raffinage** (capacité annuelle de traitement du pétrole brut en millions de tonnes) est trop importante. La **surcapacité de raffinage** se réduit grâce aux fermetures de raffineries.

6. Le marché pétrolier

a) Pendant longtemps, prospection, production et raffinage ont été dominés par de puissantes **compagnies pétrolières.** Parmi elles, **7 majors** (Esso est devenue Exxon, Gulf Oil, Mobil Oil, Texaco, Socal, Shell, British Petroleum) ont dominé le commerce du pétrole jusque dans les années cinquante, formant un véritable **cartel,** après le pacte d'Achnacarry, 1928. A leurs côtés se sont développées des compagnies indépendantes, les **indépendants.** Toutes ces compagnies disposent de **concessions** dans les pays producteurs, et exploitent les gisements moyennant le versement de **royalties** (redevances versées aux Etats). Les avantages consentis par les pays producteurs aux compagnies ont progressivement diminué de 1938 à 1970 ; des mesures de nationalisation ont été prises (Mexique en 1938), les royalties ont été augmentées, les bénéfices mieux partagés : règle du fifty-fifty (50 %-50 %), les bénéfices étant calculés par rapport à des prix de référence fiscale, les **prix affichés.**

Les prix spot du baril d'Arabian Light*

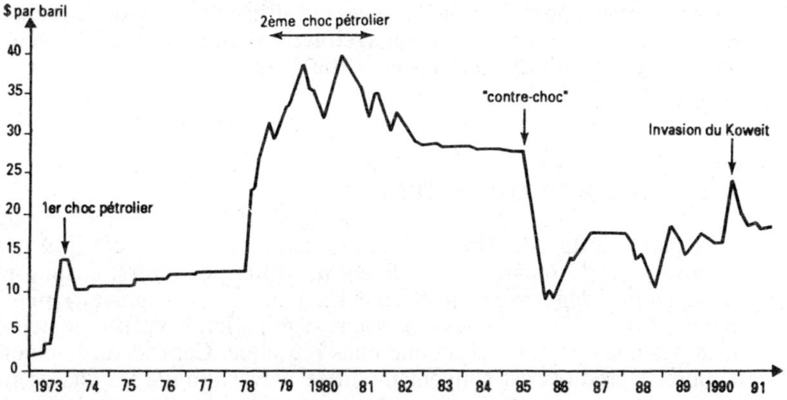

* La courbe des prix a été simplifiée. D'autre part il s'agit de cours exprimés en $ courants qui ne tiennent pas compte du prix du $ (très fluctuant) et de l'inflation mondiale.

b) En 1960, a été créée l'**O.P.E.P.** (Organisation des Pays Exportateurs de Pétrole – 5 pays à l'origine, 13 pays aujourd'hui), véritable cartel de pays producteurs. A partir de 1970, les pays de l'O.P.E.P. ont fixé eux-mêmes les prix affichés.

En 1973 et 1979/80, les pays producteurs de pétrole ont, à la suite de l'O.P.E.P. (et de l'**O.P.A.E.P.,** Organisation des Pays Arabes Exportateurs de Pétrole), massivement augmenté les prix, fixant unilatéralement les cours du pétrole brut. On parle du 1er et du 2e **choc pétrolier.**

c) Les **cours du brut** sont fixés en dollars par **baril** (un baril = 159 l).
La production est parfois calculée en baril par jour (1 b/j = 50 T.E.P./an).

A côté du marché officiel, se sont développés des **marchés libres** ou **marchés spot.**

Les deux chocs pétroliers ont, pour un temps, massivement augmenté les recettes des pays producteurs détenteurs de **pétrodollars** qui ont été utilisés ou recyclés **(recyclage des pétrodollars)** par des investissements, des placements et des prêts.

60. HYDROSPHÈRE

L'**hydrosphère** est l'ensemble des eaux du globe terrestre (sous les trois formes : liquide, solide, gazeuse). Les **eaux océaniques** constituent 97,4 % de l'hydrosphère, les glaces (continentales et marines) 2 %, les nappes d'eau souterraines 0,58 %. Lacs et rivières (0,02 %) et eau atmosphérique (0,001 %) ne représentent qu'une infime partie de l'hydrosphère.

L'**hydrologie** est la science qui étudie la nature, les propriétés et les mouvements des eaux continentales **(hydrologie continentale)** et des eaux marines **(hydrologie marine** ou **océanographie).**

L'**hydrogéologie** est une branche de la géologie qui s'occupe des eaux souterraines (circulation des eaux, recherche et études des nappes souterraines).

1. Cycle de l'eau - bilan hydrique

a) Entre océans, continents et atmosphère, l'eau s'échange par des transferts permanents : c'est le **cycle de l'eau.**

L'**évaporation** de l'eau au-dessus des océans (85 %) et des continents (15 %) correspond, pour l'essentiel, à un processus physique (passage de l'état liquide à l'état gazeux – passage de l'état solide à l'état gazeux appelé **sublimation**). Il faut y ajouter la transpiration des plantes et des animaux, processus biologique appelé **évapotranspiration** (→ *5. agriculture et eau*).

L'**écoulement fluvial** et l'**écoulement souterrain** assurent le retour des eaux aux océans et aux mers. L'**infiltration,** passage de l'eau dans le sol et le sous-sol, alimente des **nappes d'eau** souterraines (→ *infra*) et une circulation souterraine (importante dans les roches calcaires (→ *17. calcaire*).

Le cycle de l'eau est équilibré, le déficit au-dessus des océans (environ 39 700 km^3 par an) étant comblé par l'excédent (d'où l'écoulement) au-dessus des continents.

b) Le **bilan hydrique** (ou hydrologique) réalise une étude comparée entre la lame d'eau tombée sur une surface donnée (ex. le bassin versant de la Loire, la République fédérale allemande) et les différentes formes de transfert de cette eau ; si P = la hauteur d'eau tombée sur le territoire x (en mm), R la lame d'eau écoulée par le réseau hydrographique, E la hauteur d'eau retournée à l'atmosphère par évaporation et ΔN les variations des nappes souterraines, le bilan hydrique de x est résumé par la formule : $P = R + E \quad \Delta N$.

Le cycle de l'eau

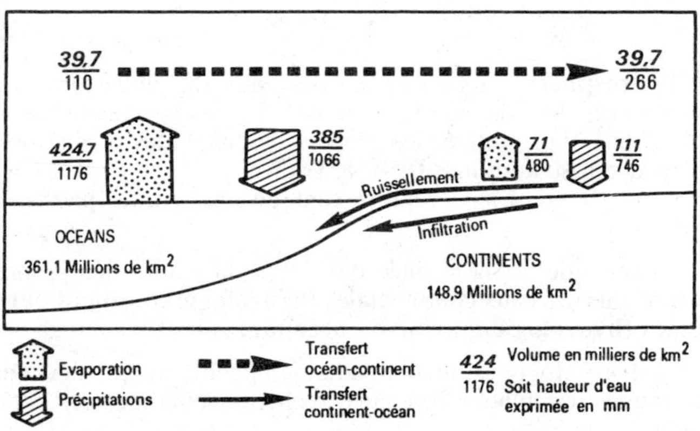

2. Eaux continentales

Parmi les **eaux continentales,** on distingue **eaux courantes,** eaux **stagnantes** et eaux **souterraines.**

a) Les eaux courantes sont les eaux des ruisseaux, torrents, rivières et fleuves (→ *30. cours d'eau*) rassemblées par le **ruissellement,** écoulement des eaux de pluie (ou de fusion de la neige ou de la glace). Le ruissellement est fonction de la pente, mais il est aussi influencé par le tapis végétal : dans les régions arides, le ruissellement se fait souvent sous forme de **nappes** à l'occasion des pluies violentes de type averses.

b) Les **eaux stagnantes** sont celles des **mares,** des **étangs** (plus grands que les mares), des marais et des lacs. Un **marais** (synonyme : marécage) est une nappe d'eau stagnante peu profonde, plus ou moins envahie par une végétation aquatique. On peut distinguer les marais selon leur emplacement et la qualité de leurs eaux : **marais continentaux, marais d'estuaire, marais littoraux** (ex. les lagunes).

Les **lacs** sont des nappes d'eau stagnante assez étendues et plus ou moins profondes. Selon l'origine, on distingue :

- les **lacs tectoniques,** occupant un fossé d'effondrement (ex. le lac Baïkal) ;
- les **lacs volcaniques,** occupant le cratère d'un volcan ou barrés par une coulée de lave ;
- les **lacs glaciaires,** occupant le fond d'un cirque glaciaire ou un ombilic de surcreusement, ou barrés par une moraine glaciaire (lac de barrage) ;
- les **lacs karstiques,** occupant le fond des poljés.

Les lacs peuvent recevoir des cours d'eau affluents (ou tributaires). Une rivière alimentée par un lac est **exutoire.**

Le lac Baïkal : un lac « tectonique »

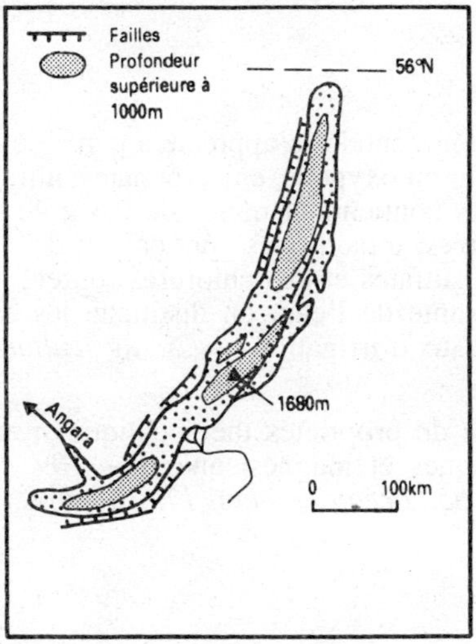

Le lac de Garde : un lac d'origine glaciaire

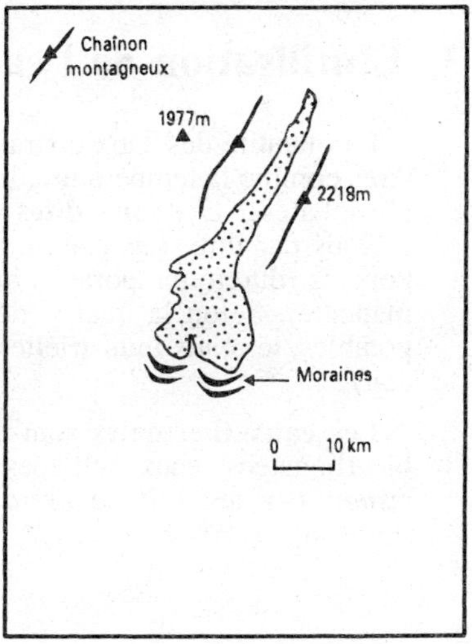

L'**eutrophisation** d'un lac se traduit par une exubérance de la vie végétale et microbienne qui consomme la majeure partie de l'oxygène des eaux, au détriment de la vie animale. (Les rejets d'engrais peuvent provoquer l'eutrophisation → *72. milieu.*)

La **limnologie** est la science qui étudie les lacs et les eaux stagnantes.

c) Dans une **nappe d'eau souterraine,** les eaux souterraines emplissent entièrement les interstices d'un **terrain** poreux et perméable, dénommé **aquifère.** Une **nappe d'eau libre** se forme par accumulation des eaux d'infiltration au-dessous d'un terrain imperméable. L'eau remplit par gravité tous les pores et cavités du terrain aquifère (ou **roche-magasin**) jusqu'à un niveau dit **surface libre.** Une nappe libre peut être **perchée** à flanc de versant au-dessus d'une vallée, ou située dans une région topographiquement déprimée **(nappe encaissante).**

Une **nappe phréatique** (du grec phréas = puits) est une nappe d'eau souterraine peu profonde, accessible au puits habituel.

Une **nappe captive** est une nappe d'eau emprisonnée entre deux terrains imperméables et qui ne comprend donc pas de surface libre.

Une **nappe artésienne** est une nappe captive constituée d'eau sous pression. Si un forage ou un conduit naturel relie la nappe à la surface du sol, l'eau jaillit par ce forage appelé puits artésien.

Une **nappe captive fossile** ne peut entrer en communication avec la surface du sol ; elle échappe au cycle de l'eau (ex. nappes fossiles du Sahara).

(Pour les eaux océaniques, → *85. océan et mers*).

3. L'utilisation de l'eau

La quantité des eaux courantes continentales s'apprécie à partir de critères comme la température, la teneur en oxygène, en carbonates, nitrates, phosphates... Les **eaux dites douces** contiennent moins de 0,6 g de sels dissous par litre. Les eaux dites **dures,** lorsqu'elles contiennent des carbonates (dureté temporaire) ou des sulfates et des chlorures (dureté permanente). Selon la qualité décroissante de l'eau, on distingue les eaux potables, les eaux industrielles, les eaux d'irrigation (→ *5. agriculture et eau*).

Les **eaux thermales** sont douées de propriétés thérapeutiques : eaux bicarbonatées, eaux sulfatées calciques et magnésiennes (→ *109. tourisme*). (→ aussi *30. cours d'eau, 85. océan et mers, 17. calcaire...*)

61. INDUSTRIE

1. Industrie, artisanat, industrialisation, révolutions industrielles

a) L'**industrie** est l'ensemble des activités économiques ayant pour objet l'exploitation des richesses naturelles (autres qu'agricoles) et leur transformation en produits fabriqués par des entreprises autres que celles de l'artisanat. L'**artisanat,** activité surtout individuelle ou familiale élabore des produits fabriqués dans des entreprises de taille modeste (en principe moins de dix actifs dans des locaux exigus de type atelier). L'**artisan** est souvent en même temps commerçant, assurant lui-même la vente de ses produits (il faut distinguer l'artisan créateur des produits, ex. menuisier, de l'artisan simple prestataire de services, ex. réparateur automobile).

L'industrie englobe des fabrications très variées d'où une classification en **branches industrielles,** ensembles d'unités de production fabricant la même catégorie de produits. En France, l'I.N.S.E.E. distingue vingt-trois branches industrielles parmi lesquelles :

– les **industries agricoles et alimentaires** (ou I.A.A.) qui transforment les produits agricoles (deux branches) ;

– les **industries du secteur énergétique** (trois branches) ;

– les **industries de biens d'équipement** (cinq branches) ;

– les **industries de biens de consommation** (cinq branches) ;

– les **industries de base** (huit branches).

(Définitions → *infra.*)

Les industries du **bâtiment et des travaux publics** sont généralement comptées à part.

b) L'**industrialisation,** c'est l'essor industriel d'un pays jusqu'alors médiocrement doté en industries. Le phénomène de l'industrialisation coïncide avec une forte augmentation de la productivité due à l'utilisation de machines (**productivité :** rapport entre la production utile obtenue et la quantité de travail nécessaire pour l'obtention de cette production).

L'industrialisation des pays développés s'est opérée suivant un rythme inégal. Schématiquement, on distingue plusieurs **révolutions industrielles,** phases d'intenses transformations techniques qui entraînent de profondes modifications dans la hiérarchie des branches industrielles et un bouleversement dans les rapports sociaux de production. A chaque révolution correspondent des sources d'énergie dominantes, des branches industrielles motrices, des processus de fabrication et de gestion du travail.

La **première révolution industrielle** se caractérise par l'emploi quasi exclusif du charbon consommé par les machines à vapeur, par la prépondérance des industries textiles et sidérurgiques (production de fonte puis d'acier). (Chronologiquement autour de 1780-1850.)

La **seconde révolution industrielle** repose sur l'emploi du charbon complété par d'autres sources ou formes d'énergie (houille blanche puis électricité thermique, produits pétroliers) ; les industries motrices de cette seconde révolution sont les industries métallurgiques, mécaniques et chimiques. (Chronologiquement autour de 1880-1914 ou 1880-1930.)

Depuis les rapports de production ont été largement bouleversés, les progrès techniques incessants, mais il est difficile de s'accorder sur la chronologie d'une troisième révolution industrielle.

c) Les pays en développement connaissent à leur tour une industrialisation plus ou moins rapide. Parmi ces pays, on distingue les **nouveaux pays industriels** (N.P.I.), pays désormais pourvus d'une base industrielle notable comme les **pays ateliers** de l'Asie du Sud-Est qui travaillent largement pour l'exportation (Singapour, Hong Kong, Taiwan, Corée du Sud).

Les **stratégies d'industrialisation** des pays en développement sont diverses. On peut distinguer les stratégies axées sur l'exportation **(pays** dits **extravertis)** et celles centrées sur le marché intérieur avec développement d'**industries de substitution** destinées à éviter les importations (développement autocentré).

Les **industries « industrialisantes »** sont des industries qui modifient l'ensemble des autres branches industrielles par leurs commandes et par leurs fournitures en biens intermédiaires : ce sont surtout des industries de base.

2. Le classement des industries

a) Les industries de base et de transformation

Selon le degré de transformation des produits on distingue les **industries extractives** qui se contentent d'extraire les richesses minérales et énergétiques, les **industries de base** qui transforment les matières premières en **produits semi-finis** (produits non directement utilisables par le consommateur final), les **industries de transformation** qui fabriquent des **produits finis** directement utilisables. Ex. l'éthylène, le propylène sont des produits semi-finis qui servent à la fabrication de produits finis (matières plastiques, textiles synthétiques). Les **industries extractrices** sont parfois rattachées au groupe des industries de base.

b) Biens d'équipements - biens de consommation

Selon la nature des produits fabriqués, on sépare les **industries de biens d'équipement** qui fournissent des produits destinés à l'équipement des entreprises (ex. matériel ferroviaire, aéronautique, machines-outils) et les **industries de biens de consommation** qui livrent des produits destinés à la consommation des particuliers (ex. industries de la confection, agroalimentaire, pharmacie, mobilier...). De nombreuses branches industrielles livrent les deux catégories de produits : l'industrie automobile construit des voitures particulières (biens de consommation) et des véhicules utilitaires (biens d'équipements). La construction électronique peut fournir du matériel grand public (téléviseurs, magnétoscopes, calculettes...) ou du matériel professionnel (biens d'équipement : ordinateurs professionnels, centraux téléphoniques...)

c) Petite et grande industrie

La distinction n'est pas toujours évidente. Par convention, on parle de **grande industrie** dans le cas des branches fortement concentrées techniquement et financièrement (firmes très puissantes, usines de très grande taille). En fait, la différenciation est plus aisée au XIXe siècle, les grandes usines s'opposant aux petits ateliers.

d) Industries traditionnelles et de pointe

Le classement est souvent arbitraire et repose plutôt sur l'histoire de l'industrialisation. Les **industries traditionnelles** sont liées aux premières étapes de la révolution industrielle. Elles n'ont pas connu récemment de profonds bouleversements techniques et correspondent à des marchés en faible expansion ou en déclin (ex. sidérurgie, carbochimie, industries textiles, cotonnières et lainières).

Les **industries de pointe** sont à l'avant-garde du progrès technique et font preuve d'un grand dynamisme (forte croissance de la production et de la productivité). Elles nécessitent une recherche constante, une **innovation** permanente (les inventions font l'objet de brevets déposés), et emploient un personnel hautement qualifié (→ *63. industries de pointe*).

La distribution entre **industries lourdes** et **industries légères,** selon le caractère pondéreux des produits traités, est largement périmée.

(→ aussi *63. industries de pointe, 62. industries de base, 64. industries textiles, 47. organisation de l'espace.*)

62. INDUSTRIES DE BASE

1. Les industries de base

Elles correspondent au premier stade de la transformation industrielle et livrent des produits semi-finis en principe destinés aux autres activités industrielles situées en aval. Théoriquement, chaque branche industrielle possède des activités de base (métallurgie de base, chimie...) mais la distinction n'est pas toujours aisée. Ainsi pour l'industrie informatique, on ne parle pas d'activité de base à propos de la fabrication des circuits intégrés, pourtant située en amont de la production.

2. La métallurgie de base

a) Elle comprend plusieurs stades : à partir du minerai est élaboré le métal qui après la coulée se solidifie en **lingots.** A l'aide de **laminoirs,** les lingots sont transformés en produits semi-finis : **produits plats** (tôles de différentes épaisseurs), **produits profilés** (de section constante et à profil particulier, ex. poutrelles), **tubes** et **fils** de diverses sections.

b) La **sidérurgie :** (du grec *sideros* = fer) rassemble l'ensemble des techniques de production du fer, de la fonte et de l'acier. Elle comporte trois stades : **hauts fourneaux, aciérie, laminoir.**

La teneur du minerai de fer est variable : de 30 % pour les minerais pauvres comme la **minette** (= petite mine) lorraine jusqu'à 70 % pour les minerais les plus riches (**hématites** = FeO_3). Les gisements de minerai de fer ne sont pas rares : la sidérurgie traditionnelle a longtemps exploité les placages ou les poches **sidérolitiques,** formations sédimentaires tertiaires riches en minerai de fer (ex. argiles sidérolithiques).

Aujourd'hui, les minerais pauvres subissent un **enrichissement** qui élève leur teneur. Avant d'être introduits dans le haut fourneau, les minerais sont souvent préparés par divers procédés : agglomération en **boulettes.**

c) Dans le haut fourneau s'effectuent la fusion et la réduction du minerai de fer à l'aide du **coke métallurgique** (→ *43. énergie*). Le haut fourneau produit la **fonte** (alliage de fer et de carbone avec une teneur en carbone supérieure à 2,5 %) recueillie dans la partie basse ou creuset. Le **laitier,** sous-produit de l'opération de réduction, peut fournir des **scories de déphosphoration** (utilisées comme engrais), lorsque le minerai est phosphoreux (ex. minette). La **mise au mille** correspond à la quantité de coke nécessaire pour produire une tonne de fonte.

Avant la révolution industrielle, la fonte était produite dans des **bas fourneaux,** fours de faible hauteur et de capacité limitée. La réduction du minerai était réalisée grâce au charbon de bois. On parle alors de **fonte au bois.** Les **forges,** établissements où l'on travaillait le métal, étaient souvent localisées dans les forêts, à proximité des placages de minerai, le long des cours d'eau dont l'énergie mettait en mouvement les **martinets**, marteaux destinés à battre le fer.

d) Acier, aciéries : la fabrication de l'**acier,** fer allié à une faible quantité de carbone, est réalisée dans les **aciéries** qui utilisent divers procédés. Les aciéries modernes sont des **aciéries à l'oxygène** qui utilisent l'oxygène pour convertir la fonte en acier, en éliminant une partie du carbone.

Dans les **aciéries électriques,** l'acier est produit dans un **four électrique (ou four à arc)** à partir de ferrailles sans passer par le stade de la fonte. Les procédés mis au point pendant la révolution industrielle sont, aujourd'hui, obsolètes : **aciéries Bessemer** utilisant un convertisseur Bessemer (du nom de l'inventeur, 1855), employant l'air comprimé, **aciéries Thomas-Gilchrist** (du nom des deux inventeurs) permettant l'affinage des fontes phosphoreuses (procédé datant de 1876, longtemps employé en Lorraine), **aciéries Martin,** utilisant des fours Martin (1865). Plus ancien encore (XVIIIe siècle) le **puddlage** permettait l'obtention d'acier par brassage d'une masse de fonte en fusion au contact d'une scorie oxydante.

Certains aciers aux qualités spécifiques sont des **aciers spéciaux, acier inoxydable,** résistant à la corrosion (rouille), aciers résultant d'un alliage avec un autre élément : acier au **chrome,** au **tungstène...** D'une manière générale, le **trempage** (immersion dans l'eau avec rapide refroidissement) confère une grande dureté à l'acier.

A la sortie des convertisseurs et des fours, l'acier est coulé en lingots, sauf dans les **aciéries à coulée continue** où l'acier est directement envoyé aux laminoirs.

e) La localisation des usines sidérurgiques a beaucoup évolué. D'abord dispersée (forêts, cours d'eau...), la sidérurgie s'est concentrée sur les bassins charbonniers avec la première révolution industrielle (plus rarement sur les bassin ferrifères). La révolution des transports maritimes (→ *110. transports et ports maritimes*) a entraîné une littoralisation avec multiplication des installations de **sidérurgie « sur » l'eau** recevant leurs matières premières (coke et minerai de fer) d'outre-mer.

Plus récemment, se sont multipliées les **mini-aciéries** (de faible capacité = les **mini-mills**) proches des centres de consommation. Les **bresciani** (de Brescia, ville d'Italie) sont de petites aciéries, fournissant des aciers courants (ex. ronds à béton pour le bâtiment) avec des coûts minima.

f) La hiérarchie des grands pays sidérurgiques est en pleine évolution avec la montée en puissance des pays de l'Est et du tiers monde d'où une **crise sidérurgique** des vieilles puissances industrielles (Europe, Etats-Unis). La surcapacité sidérurgique des pays de la **C.E.C.A.** (Communauté Européenne du Charbon et de l'Acier → *27. organisations commerciales*) a conduit à la fermeture de nombreux sites.

g) La métallurgie de l'**aluminium :** le minerai d'aluminium, la bauxite, est d'abord transformé en **alumine** (AL_2O_3). L'aluminium est obtenu par **électrolyse** de l'alumine : on parle d'**électro-métallurgie.** Le duralumin est un alliage léger d'aluminium à haute résistance mécanique.

3. L'industrie chimique de base

L'**industrie chimique organique** s'intéresse aux produits composés du carbone, ex. charbon (**carbochimie** → *43. énergie*), pétrole (**pétroléochimie** → *59. hydrocarbures*).

L'**industrie chimique minérale** porte sur de très nombreux produits. Parmi les principaux : le sel, le chlore, le soufre, le phosphore.

L'**électrochimie** utilise l'électricité pour des opérations de chimie industrielle.

63. INDUSTRIES DE POINTE

1. Définition (→ *61. industrie*)

2. Industrie de pointe et recherche

En matière de recherche, on distingue trois phases :

- la **recherche fondamentale** a pour objet d'élargir la connaissance et n'est pas orientée vers des applications pratiques (astrophysique, mathématique...) ;
- la **recherche appliquée** vise l'application technique d'où la mise au point de procédés et de produits nouveaux qui constituent des inventions ;
- le **développement** comprend l'ensemble des opérations nécessaires à la mise en fabrication des procédés ou produits nouveaux. C'est le stade de l'**innovation,** application industrielle d'une découverte scientifique et technique.

L'ensemble de trois phases constitue la **recherche-développement** qui peut être publique ou privée. On compare les efforts de recherche des différentes nations en rapportant les dépenses de recherche au produit national (ou intérieur) brut.

3. Les technologies de l'information et la « révolution électronique »

a) Les technologies de l'information ont été bouleversées par la **révolution électronique.** L'**industrie électronique** recouvre l'ensemble des techniques qui utilisent les variations de grandeurs électriques pour capter, transmettre ou exploiter une information. Les **composants électroniques** sont les éléments de base nécessaires à la fabrication des dispositifs électroniques : les premiers composants ont été remplacés aujourd'hui par une panoplie diversifiée de **composants miniaturisés** (les puces) grâce à l'utilisation du silicium. Sur une puce de silicium – ou **semi-conducteur** –, on trace des lignes conductrices et on insère des impuretés qui modifient ses propriétés électriques : la puce devient un **circuit intégré.** Parmi les circuits intégrés, on distingue les **mémoires** appelées RAM ou ROM qui stockent les informations (1 bit = 1 unité élémentaire d'information soit 0 ou 1 ; 1 K = 1 024 bits donc une mémoire 256 K RAM = 262 000 bits), les **microprocesseurs,** circuits intégrés logiques capables d'effectuer des opérations, et les **« circuits sur mesure »,** assemblages sur une même puce de circuits conçus sur mesure pour des besoins précis.

L'application de l'électronique à diverses branches industrielles a amené la constitution d'une véritable **filière électronique.** Cependant, tous les secteurs de l'électronique ne font pas forcément partie des industries de pointe : ainsi l'**électronique grand public** ne fait plus appel à une haute technologie (calculettes, disques compacts...).

b) L'**informatique** est la technique du traitement de l'information reposant sur le recours à l'électronique. C'est aussi une industrie qui fabrique des **ordinateurs,** calculateurs électroniques programmables à grandes performances.

On distingue plusieurs **générations d'ordinateurs** selon la vitesse de calcul et les techniques utilisées : la première génération est celle du millième de seconde (mille opérations en une seconde), la seconde génération est celle de la micro-seconde, la troisième et la quatrième celles de la nano-seconde (un milliardième de seconde). Avec les années quatre-vingts, s'épanouit la quatrième génération d'ordinateurs et s'élaborent les recherches en vue d'une cinquième génération : ordinateurs capables de traiter logiquement et non plus numériquement, d'énormes quantités de connaissances, capables de tirer des conclusions et de faire des suggestions grâce à son énorme mémoire, somme toute un ordinateur doté d'**intelligence artificielle.**

On peut donc classer les ordinateurs suivant leur puissance depuis les **micro-ordinateurs** jusqu'aux **supercalculateurs.** La production de matériel informatique (branche dite du **hardware**) ne se conçoit pas sans la mise au point de programmes qui règlent le fonctionnement des ordinateurs : les **progiciels** ou programmes standards et les **logiciels** sur mesure pour un utilisateur particulier (branche dite du **software**).

c) L'informatique peut être appliquée aux traitements des informations à l'intérieur d'une entreprise ; c'est le domaine de la **bureautique** qui organise un réseau local de communication, reposant sur de multiples maillons : ordinateur, téléphone, machines à traitement de texte, etc.

Les technologies de l'informatique et des télécommunications (transmission de l'information) convergent aujourd'hui dans la **télématique** (centraux téléphoniques contrôlés par ordinateur, transmission numérique des données, utilisation du laser et des fibres optiques).

L'informatique a également rajeuni les industries de construction mécanique en donnant naissance à la **robotique,** technologie d'assistance des machines-outils et des robots par l'ordinateur.

La révolution électronique s'applique aussi au domaine de l'optique (microscope électronique). L'**opto-électronique** ou **photonique** assure, à travers la mise en œuvre industrielle de la lumière, la transmission et la représentation visuelle de l'informatique (système de visualisation sur écrans à cristaux liquides, synthèses d'image par ordinateur...).

4. Les technologies du vivant

La **biotechnologie** est la mise en œuvre industrielle des technologies du vivant. De considérables progrès ont été réalisés dans le domaine du **génie génétique** (qui s'emploie à modifier les combinaisons génétiques), dans la **chimie des enzymes** (enzyme = substance organique produite par des cellules vivantes qui agit comme catalyseur dans les réactions chimiques), en microbiologie, dans la chimie de synthèse (ex. synthèse de substances hormonales).

Les applications commerciales de la biotechnologie sont d'ores et déjà nombreuses dans le secteur de la santé, de l'alimentation, de l'agriculture (sélection des semences) et de l'élevage (manipulation des embryons).

5. Les autres industries de pointe

La **haute technologie** – high tech – caractérise les industries dont les dépenses de recherche et développement représentent plus de 10 % de la valeur ajoutée des produits : parmi ces industries, le secteur de l'aérospatiale civile et militaire (satellites, missiles...), l'industrie nucléaire (fabrication des centrales nucléaires, application des technologies nucléaires au secteur civil), l'industrie des nouveaux matériaux (matériaux composites, céramiques, etc.).

De nombreuses industries de pointe, liées au secteur militaire, sont de véritables industries stratégiques d'où les liaisons multiples entre industries et secteur de la défense. On nomme **complexe militaro-industriel** (selon l'expression du président Eisenhower en 1961) l'ensemble des industries de la défense nationale dont les liaisons avec la hiérarchie militaire sont étroites et intenses.

Les industries de pointe s'appuient souvent sur des firmes particulières, les **sociétés à capital risque** (venture capital).

La localisation des industries de pointe est souvent particulière (→ *47. organisation de l'espace*).

64. INDUSTRIES TEXTILES TEXTILE

1. Les matières premières textiles

Ce sont les matières à partir desquelles on peut fabriquer des fils et des tissus. Elles sont d'origine naturelle (végétale ou animale), ou produites par l'industrie (textiles artificiels ou synthétiques), c'est-à-dire les **fibres chimiques.**

a) Les fibres végétales

- Le **coton** est constitué par les filaments adhérents aux graines de cotonnier, plante tropicale et subtropicale. La qualité du coton est fonction de la longueur et de la résistance des fibres (ex. coton égyptien à longues fibres). Le cotonnier fournit en outre des graines oléagineuses (le coton est le second oléagineux du monde).
- Le **lin** est une plante annuelle des pays tempérés humides dont la tige fournit des fibres, après l'opération du **rouissage** (décomposition dans un milieu très humide, ex. par immersion dans l'eau).
- Le **jute** est une plante annuelle, haute de trois à six mètres qui prospère sous climat tropical humide, et donne des fibres relativement grossières utilisées pour la fabrication de sacs, de tapis, de toiles.
- Le **chanvre** cultivé depuis longtemps en Occident dans des champs appelés chenevières, a été beaucoup utilisé pour la fabrication des cordages et des toiles.
- Le **sisal** et le **henequen** sont des agaves dont les fibres fournissent hamacs, cordages, filets...

b) Les fibres animales

- La **laine** est une fibre provenant pour l'essentiel de la toison du mouton lainier, parmi lesquels le mouton **mérinos** est un des plus productifs.
- La **soie** est une fibre continue produite par le ver à soie ou bombyx du mûrier : la fibre, longue de 300 à 1 500 mètres, est enroulée et constitue un **cocon.** La **soie grège** est obtenue par simple dévidage du cocon.

La toison d'autres animaux peut fournir des fibres textiles : chèvres angoras ou lapins **angoras** aux poils longs et soyeux, donnant la laine **mohair,** alpagas d'Amérique andine donnant autrefois la laine d'**alpaga** (aujourd'hui l'alpaga est un mélange de soie et de laine), chèvres du Cachemire donnant autrefois du tissu de **cachemire.**

c) Les textiles artificiels

Ils dérivent de matières premières naturelles traitées chimiquement. La cellulose permet la fabrication de l'**acétate** et de la **rayonne,** filament continu obtenu à partir de la **viscose** (combinaison visqueuse de soude et de cellulose). La **fibranne** est un textile artificiel discontinu, à l'origine un sous-produit des déchets de rayonne ou **schappe.** Certains minéraux (carbone ou silice) permettent la fabrication de fibres, ex. fibres de verre.

d) Les textiles synthétiques

Ce sont des produits créés par la chimie de synthèse en général à partir du charbon et surtout du pétrole. La fabrication des textiles synthétiques est plus récente (1re fibre en 1934) que celle des textiles artificiels (1re fibre vers 1880). Parmi une soixantaine de produits, on peut classer les fibres synthétiques selon leur origine et leur composition chimique : **fibres po-**

lyamides (Nylon, Rilsan, Perlon) **fibres polyesters** (tergal), **fibres acryliques** (Orlon, Crylor).

Les fibres synthétiques peuvent être continues ou discontinues.

2. Les industries textiles d'amont : filature et tissage

Le secteur amont des industries textiles a pour objet la production de fils et de tissus lors des opérations de filature et de tissage.

a) La filature

La filature des tissus est mécanisée depuis la première révolution industrielle. Elle peut être encore manuelle dans certaines régions du tiers monde (la **quenouille,** petit bâton garni de matière textile est dévidée et filée au moyen du **rouet**). Pour la laine, on distingue la filature de la **laine cardée** (fibres courtes séparées par une cardeuse, donnant des étoffes assez grossières) et celle de la **laine peignée** (fibres longues donnant des tissus de qualité). Quel que soit le produit la filature travaille des fibres discontinues qu'elle transforme en fils. La puissance des usines de filature est fonction de leur nombre de **broches,** tiges recevant la bobine de fibres à filer. Les **fibres continues** (ex. soie, certains textiles artificiels ou synthétiques) n'ont pas besoin de filature. Pour la soie, le **moulinage** réalise la jonction et torsion de plusieurs fils de soie grège.

b) Le tissage

C'est l'opération qui produit des tissus par entrecroisement des **fils de chaîne** et des **fils de trame.** Les **métiers à tisser** remontent à la plus haute Antiquité (Mésopotamie, Egypte...). Depuis le XVIIe siècle, les perfectionnements ont été incessants : **navette volante** de John Kay (1733 ; la navette guidée jusque-là à la main est projetée dans le métier à tisser), **métiers Jacquard** (métiers réalisant des dessins en utilisant des cartons perforés dont les trous correspondent chacun à l'un des points du dessin à reproduire), **tissage mécanique** avec utilisation de l'énergie fournie par la vapeur, tissage de plus en plus automatisé au XIXe et au XXe siècle.

Certains produits textiles ne sont pas des tissus. La **bonneterie** produit des étoffes, non par entrecroisement des fils mais par enchevêtrement des mailles avec l'opération du tricotage. On parle **d'industrie de la maille** (ou du tricot). Les **non-tissés** sont des produits textiles comparables aux tissus mais dont les fibres ne sont pas entrecroisées, mais simplement cohérentes.

c) La variété des tissus

Elle est très grande, liée à la multiplication des techniques de production et à l'extrême diversité des modes de fabrication locale. D'une manière générale, les tissus actuels sont de plus en plus des **multifibres** qui mélangent plusieurs sortes de fils naturels, artificiels et synthétiques. De nombreux tissus doivent leur nom aux anciennes régions de fabrication ; ainsi pour les cotonnades, les **indiennes** sont des étoffes réalisées sur le modèle des toiles peintes ou imprimées, fabriquées primitivement aux Indes ; les **gazes,** tissus légers de coton (ou de soie), proviennent – semble-t-il – de Gaza ; les **mousselines** de Mossoul. On parle aussi de **percales** (nom tamoul de toile fine) ; de **tissus de vichy** (toile de coton à carreaux), du **calicot** (nom de la ville indienne de Calicut, XVIIIe siècle), de **tulle** (tissu léger formé, à l'origine, de mailles au point de Tulle), etc.

A l'origine, le **drap** est un tissu de laine dont les fibres sont feutrées par le foulage **(villes drapantes).**

La **dentelle** n'est pas à proprement parler un tissu, mais une étoffe très ajourée, présentant des dessins variés et se terminant généralement par un bord en forme de dents (dentelles à la main, dentelles mécaniques).

3. Les industries textiles d'aval et les industries annexes

a) Les industries annexes

Les fils et les tissus sont teints, les colorants artificiels ayant supplanté les **colorants naturels** employés jusqu'à la seconde moitié du XIXe siècle parmi lesquels l'**indigo** (bleu foncé – tiré des feuilles d'un arbrisseau, l'indigotier), le **pastel** (bleu clair – tiré d'une plante herbacée, le pastel), la **garance** (rouge – tirée des racines de la garance, plante herbacée des régions tempérées et chaudes), la **pourpre** (rouge vif – extraite d'un mollusque, le murex), le rouge **cochenille** (rouge écarlate – produit à partir de l'insecte cochenille), etc.

La teinture peut être réalisée avant le tissage ou après le tissage **(teinture en pièces** ou **teinture au « cadre »).**

b) Les industries textiles d'aval

Elles fournissent des biens très divers ; biens d'équipement pour l'automobile, l'aérospatiale... mais surtout biens de consommation. L'**industrie de l'habillement** fournit en série des vêtements, sous-vêtements et des accessoires (foulards, cravates...). La **passementerie** fabrique des ornements pour les vêtements, le mobilier, etc. (rubans, galons, tresses...).

La **confection** est devenue industrielle et fabrique des vêtements dits de **prêt-à-porter.** La **haute couture** exécute, à la demande de la clientèle, des vêtements sur mesure et à l'unité qui exigent un ou plusieurs essayages. C'est donc une activité de création qui détermine les tendances de la mode.

c) Les accords A.M.F. ou accords multifibres

L'accord multifibres conclu en 1974 a remplacé un accord sur le coton conclu en 1962. Il institue un système mondial d'encadrement du commerce des textiles et vêtements avec contingents d'importations et clauses de sauvegarde. Les révisions successives (A.M.F. 1 : 1974-1977 ; A.M.F. II : 1978, 1981 ; A.M.F. III : 1982-1986 ; A.M.F. IV : 1987-1992) vont dans le sens de restrictions de plus en plus sévères.

65. ISLAM

C'est une des principales religions monothéistes (synonyme : **religion musulmane - islamisme**). Le terme **Islam** signifie « soumission de plein gré à la volonté de Dieu ». La même racine verbale donne le nom **salam** signifiant « paix ».

Le fidèle de l'Islam est le **musulman.** La communauté de croyants constitue le **Dar al Islam** (l'expression désigne l'aire musulmane, là où la communauté des croyants est régie par un gouvernement et des lois islamiques). Le nombre des musulmans dans le monde est estimé à 800 millions dont 200 millions d'Arabes (cf. carte). Il importe de ne pas assimiler Arabes et musulmans : la grande majorité des Arabes est certes de religion musulmane mais il existe des **Arabes chrétiens.** A l'époque même du Prophète les chrétiens étaient nombreux dans la péninsule arabique notamment sous la forme de communautés **nestoriennes** (il s'agit des tenants de la doctrine de Nestorius patriarche de Constantinople qui distinguent entre la nature humaine et divine du Christ). L'expansion islamique a mis les Arabes en présence d'autres communautés chrétiennes ; au Proche-Orient les **Maronites,** notamment (il s'agit de la principale communauté chrétienne du Liban ainsi nommée en souvenir de l'ermite Marun qui au ve siècle convertit cette population alors installée en Syrie), en Egypte, au Magrheb. De même que tous les Arabes ne sont pas musulmans, de très nombreux musulmans ne sont pas Arabes (les Iraniens, les Pakistanais, les Turcs...).

L'Islam est fondé par Mahomet, le dernier en date et le plus grand des **prophètes.** (→ *97. religion*). Il vit en Arabie (vers 570/580-632).

En 622, Mahomet doit quitter La Mecque dont les habitants rejettent le message de l'Islam, pour s'installer à Médina. Cet événement marque le début de l'ère musulmane ou calendrier de l'**hégire.**

1. Dogme et culte de l'Islam

La Révélation divine est consignée dans le **Coran** – livre sacré de l'Islam. Il est composé de cent quatorze chapitres **(sourates).** La **Fatiha** est le texte par lequel débute le Coran : cette sourate liminaire est la prière la plus courante. Il existe un seul Dieu, **Allah,** tout-puissant, invisible, éternel, que l'on ne peut représenter par des statues ou des peintures.

La **Charia** (ou **Sharia**) est la « loi » religieuse. Elle définit les rapports de l'homme à Dieu et des hommes entre eux. La formulation relève du **fikh** (droit) qui a été codifié au cours des siècles selon quatre grandes écoles (**madhab,** pluriel **madhahib**). Les madhahib sont des systèmes juridiques qui résultent de la mise en pratique des préceptes du Coran. Il ne s'agit pas de différence de dogme – donc le terme de secte est à proscrire – mais de codes juridiques et accessoirement de variantes dans les rites.

L'**Islam sunnite** (cf. *infra* 65.3) a dégagé quatre écoles désignées par le nom des principaux juristes qui les établirent : le **malékisme,** le **chaféisme** ou **shafisme,** le **houbalisme** et le **hanafisme.**

- le **malékisme** attache une importance particulière à la Sunna (tradition) et aux **hadîth** (dits du Prophète). Il prédomine en Afrique du Nord et au Soudan ;
- le **chaféisme** ou shafisme rejette la dépendance vis-à-vis de la Sunna (Arabie méridionale, Afrique orientale, Indonésie) ;
- le **houbalisme** qui s'en tient aux seules sources coraniques est la plus rigoriste des quatre écoles juridiques. Elle a notamment inspiré le mouvement **Wahhabite** (doctrine puritaine prêchée en Arabie au XVIIIe siècle) – (Arabie, région du Golfe persique) ;
- le **hanafisme :** bien qu'elle prenne comme source première du droit, le Coran et les hadîth, la doctrine hanafite se caractérise par le fait qu'elle accepte l'opinion personnelle (Asie centrale, Inde) ;
- l'**Islam chiite** (cf. *infra* 65.3) a sa propre maddhab, le **Joafarisme.**

Le culte de l'Islam est simple. Il consiste essentiellement en la récitation de la profession de foi et de prières quotidiennes ainsi que de la prière du vendredi qui a lieu à la **mosquée** (édifice du culte).

Il n'y a pas de clergé dans la religion musulmane mais seulement des « fonctionnaires » religieux : l'**imam,** celui qui dirige la prière – tout croyant peut faire fonction d'imam –, le **muezzin,** celui qui fait l'appel à la prière à partir de la tour de la mosquée ou **minaret** ; des interprètes de la foi : le **mufti,** l'**uléma** et les juges **(cadi)** pour les questions musulmanes. Le **mollah** (ou **mullah**) est un docteur en droit coranique.

2. Obligations morales et culturelles du musulman

Cinq obligations rigoureuses constituent les **cinq piliers de l'Islam :**

- la récitation de la **profession de foi** ou **shahade :** il n'y a qu'un seul Dieu, Allah et Mahomet est son prophète ;
- la prière ou **salat.** La prière liturgique se fait cinq fois par jour. Elle compte dans un ordre prescrit des séquences, chacune comportant une suite d'oraisons, d'inclinations et de prosternations. Elle peut être faite dans n'importe quel lieu (d'où l'usage d'un tapis de prière) mais elle est de préférence un acte collectif, accompli sous la conduite d'un imam, dans une mosquée. La prière doit être précédée des **ablutions** rituelles (purification pour l'eau). Pour permettre au croyant de faire l'ablution majeure, il existe le **hammam** appelé aussi « **bain turc** » ou « **bain maure** ». Il a parfois été considéré comme une annexe de la mosquée et a longtemps constitué avec

celle-ci et le **souk** (→ *24-111*) un des éléments constitutifs de la cité musulmane ;

- le jeûne du mois du **ramadan** (neuvième mois du calendrier de l'hégire). Pas de nourriture et de boisson du lever au coucher du soleil ;
- l'**aumône :** on doit donner aux pauvres le dixième de son revenu ;
- le pèlerinage à La Mecque ou **hadjh.** Le pèlerinage que tout musulman doit accomplir une fois dans sa vie a lieu le dernier mois du calendrier de l'hégire. Les pèlerins entrant à La Mecque dans un état de pureté rituelle et vêtus d'une tunique sans couture (**Irham**) accomplissent d'abord le « petit pèlerinage » ou **oumra** en faisant ensemble le tour de la **kaaba** en courant, embrassant ou touchant la pierre noire au passage (la **kaaba** est une grande tour recouverte d'un tissu noir – **kiswa**. Elle est d'origine préislamique avec la pierre noire sacrée qui y est enchâssée et le prophète l'intégra à l'Islam en la désignant comme lieu vers lequel tous les croyants doivent se tourner pour faire la prière). Les jours suivants a lieu la deuxième partie du Hadjh : les pèlerins se rendent du nord de La Mecque, à Mina où a lieu une cérémonie symbolisant la lapidation du démon. A côté de ces prescriptions juridiques il en est de nombreuses autres. La guerre Sainte contre les infidèles ou **djihad** ou **jihad** est à l'origine une obligation. La personne engagée dans la djihad est le **moudjahid** : ce terme qui conserve une forte connotation religieuse a aussi un sens politique ; il désigne les militants des mouvements nationalistes et islamistes.

L'Islam défend soigneusement le statut personnel : en matière de mariage, il permet à l'homme d'avoir jusqu'à quatre épouses, mais la tendance moderne est de restreindre au maximum la **polygamie.** L'Islam admet le mariage d'un musulman avec une chrétienne ou une juive **(mariage mixte**) mais non avec une païenne. Les enfants nés de ces unions ont le statut du père. Inversement, l'Islam interdit le mariage d'une musulmane avec un non-musulman.

Le musulman est soumis à une série d'**interdits alimentaires : prohibition** (= interdiction) de toute viande non saignée, de la chair de certains animaux, comme le porc, de boissons alcooliques.

La loi musulmane a prévu un certain nombre de pénalités : dans le cas de meurtre ou de blessures, on applique le **talion** (châtiment identique au dommage causé) avec possibilité de compensation à l'amiable (prix du sang) et même de pardon (**aman**). Les peines prévues pour l'adultère, pour le vol (main coupée) ne sont appliquées que dans les pays rigoristes (qui appliquent avec scrupule et rigueur les principes religieux).

3. Diversité de l'Islam

Les successeurs de Mahomet aussi bien en ce qui concerne le pouvoir spirituel que le pouvoir temporel sont les **califes** (ou **caliphes**). A partir d'Omar (deuxième calife) le calife reçoit le titre d'**émir.** Par la suite ce titre a été étendu aux souverains de certaines principautés indépendantes et est encore utilisé pour désigner certains princes (ex. émir du Koweit).

Le quatrième successeur au califat, Ali, gendre du prophète – il a épousé sa fille Fatima – est confronté à l'hostilité de certains clans arabes et meurt assassiné. Depuis les musulmans sont divisés.

a) Les chiites

Les **chiites** (mouvement du **chiisme** ou **shiisme**) – environ 10 % des musulmans – estiment que le califat appartient de droit aux descendants du Prophète et n'acceptent pas l'éviction d'Ali du califat. La doctrine du chiisme est centrée sur le rôle institutionnel de l'**Imam** ou chef de la communauté, elle nie la prééminence d'un individu ou d'une dynastie pour y substituer celle de la communauté de croyants conduite par des chefs religieux (**Ayatollahs**).

La subdivision du mouvement chiite en de multiples sectes provient de conflits portant sur le choix de l'Imam. On distingue principalement les **Zaidites** (Yemen du Nord) qui désignèrent leur propre cinquième Imam ; les **Ismaliens** ou **Septimains** (Afrique orientale, Inde) qui se séparent au moment du choix du septième Imam ; les **Druzes** (Syrie, Liban) représentent une secte religieuse apparue au IXe siècle au sein de la branche ismaelienne du chiisme ; les **Alaouites** (Syrie) qui contestèrent le choix du onzième chef de la communauté ; enfin, le courant majoritaire (Iran, Irak) des **Duodecimains** ou du **chiisme imamite.**

Le chiisme met l'accent sur la nécessité du retour à l'Islam originel caractérisé par l'égalité entre les musulmans et la justice sociale ; il se pose en Eglise souffrante et contestataire face à des pouvoirs considérés comme illégitimes par nature. En 1979 en Iran, il est à l'origine de l'**islamisme radical** souvent qualifié d'**intégrisme** (mais le terme d'islamisme paraît préférable) que « remet en cause l'ordre économique mondial et la domination de l'Occident et propose le retour aux racines de l'Islam » (B. Etienne). L'islamisme fait pendant au réformisme apparu au XIXe et a les mêmes origines. L'intégrisme correspond également à une attitude du catholicisme : l'**intégrisme** apparu à la fin du XIXe estime que, sous sa forme traditionnelle, le catholicisme est compatible avec la science et la société modernes et que, à la différence du **modernisme,** toute modification en matière de dogme et de morale est une altération de l'orthodoxie.

b) Les kharijites

Les **kharijites,** à l'opposé des chiites, estiment que tout musulman croyant et pieux peut devenir calife. Le **kharidjisme** qui s'était subdivisé en quatre branches n'est plus représenté que par la secte **ibadite** (Afrique du Nord-Oman). Pourtant, le kharidjisme a survécu sous la forme d'une mentalité, d'un idéal : c'est souvent en se réclamant de lui que des populations se sont révoltées contre un pouvoir officiel tyrannique : c'est le cas du **mahadisme** au Soudan au XIXe siècle.

c) Les sunnites

Entre les chiites et les kharidjites les **sunnites** représentent la grande majorité des musulmans (Afrique noire-Afrique du Nord-Arabie Saoudite-Pakistan) ; on les nomme les hommes du Livre (le Coran), hommes du consensus surtout musulmans orthodoxes bien que cette notion convienne mal car l'Islam ne connaît aucun magistère capable de définir une telle norme.

4. Soufisme et confréries musulmanes

Le **soufisme** désigne la mystique islamique qui recouvre de nombreux courants, souvent divergents dans leurs pratiques et doctrines.

C'est dans les domaines les plus tardivement islamisés (Inde, Afrique noire) que le soufisme est le plus représenté. Il s'y est développé en prenant appui sur la **pratique maraboutique,** et sur les **confréries musulmanes.**

Les **marabouts** sont des hommes pieux qui mènent une vie d'ermite contemplative (le terme provient de l'arabe mourabit qui signifie soldat d'une garnison d'un poste frontière ; les premiers marabouts avaient pour habitude d'effectuer des séjours temporaires auprès des soldats).

Bien que l'islam ne reconnaisse aucun clergé, aucun ordre religieux, le mysticisme musulman s'est organisé en **confréries,** associations admettant l'autorité d'un maître spirituel, utilisant un rituel commun.

Les **fakirs** et **derviches** – termes qui signifient « pauvres » – sont des membres des confréries religieuses. Les derviches s'adonnent à des pratiques magiques pour procurer l'extase ; ainsi les **derviches tourneurs** dansent et tournent sur eux-mêmes pour se mettre en état de transe.

Les **Frères musulmans** représentent une association d'un type particulier. Fondée à l'origine (1927) dans un but social (écoles, assistance médicale) l'organisation politise ensuite son action et au nom d'un retour à l'Islam condamne toute influence étrangère et s'engage dans l'action terroriste (assassinat du Président égyptien el-Sadate – 1981).

5. Islam et art musulman

Les expressions d'**art sarrasin** ou d'**art mauresque** parfois employées sont toutes deux limitatives ; la première, peu utilisée concerne l'art de l'Egypte et de la Syrie, la seconde est appliquée à l'art de l'Espagne et de l'Afrique du Nord. En Espagne, il est plus correct de parler de l'**art mozarabe** né dans les régions occupées par les Arabes et qui s'est développé aux XIe et XIIe siècles, puis de l'**art mudéjar,** apparu plus tardivement – du XIIe au XVIe siècle – sous l'influence des musulmans dans les territoires reconquis par les chrétiens.

Le lien qui unit toutes les manifestations de l'**art musulman** est la religion ; de là, les traits communs qu'il présente malgré les nuances entre les Etats.

Les musulmans dans le monde

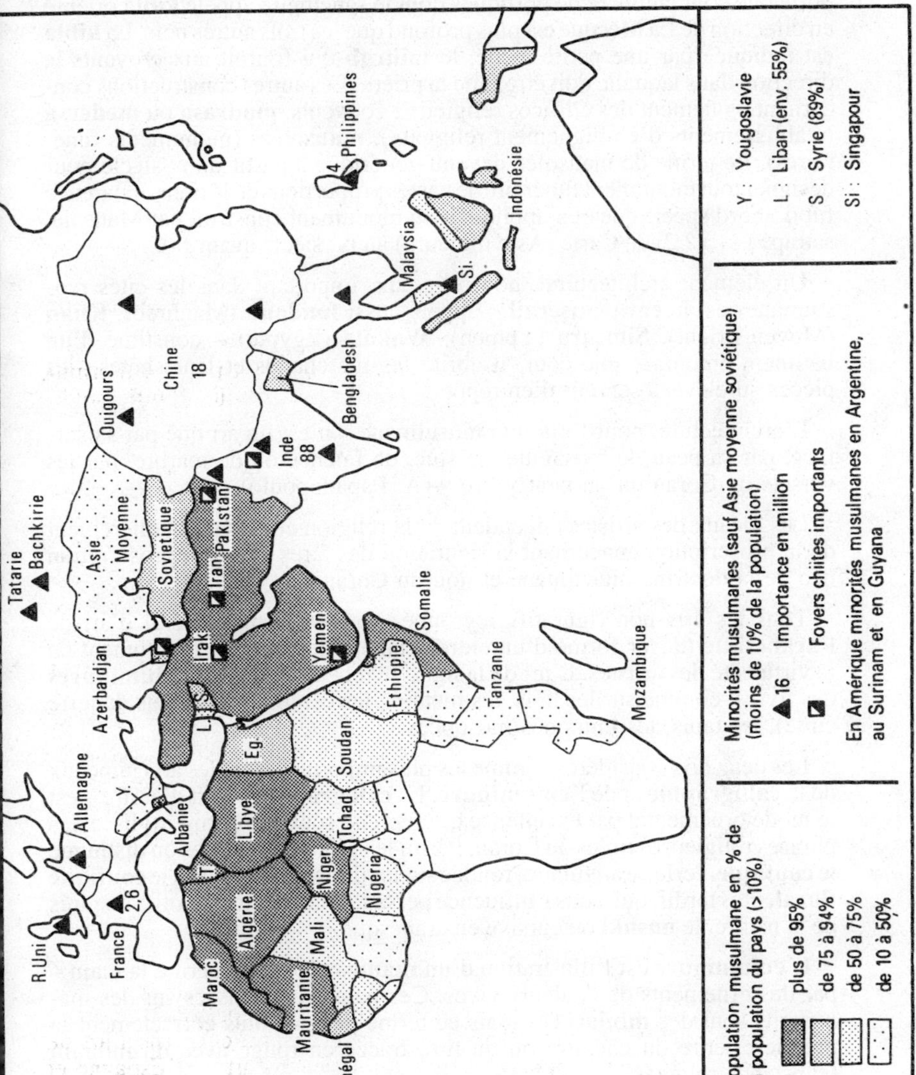

L'architecture n'est pas l'art essentiel. Elle a pourtant laissé des chefs-d'œuvre : notamment des **mosquées :** le plan primitif de la mosquée comporte une cour entourée de portiques dont le sanctuaire appelé **kibla** orienté en direction de La Mecque est plus profond que les trois autres nefs. La **kibla** est indiquée par une petite niche, le **mihrab** qui fournit aux croyants la direction dans laquelle doit être faite la prière. Les autres constructions concernent également des édifices religieux : couvents, **madrasa** ou **medersa** (établissements d'enseignement religieux), **mausolées** (monuments funéraires). Le terme de mausolée devenu générique à partir du Ier siècle pour désigner tout monument funéraire de vastes proportions et de riche apparence fut d'abord spécifique et s'appliquait au monument construit par Mausole, satrape (→ *42.2*) de Carie (Asie mineure) au IVe siècle avant J.-C.

Un élément architectural, non religieux, important dans les cités musulmanes est le **caravansérail** – appelé aussi **fondouk** (Maghreb), **Khan** (Moyen orient), **Simsara** (Yemen), **Wakala** (Egypte) – constitué d'un bâtiment entourant une cour, il abrite les marchands et leurs bêtes ; les pièces surélevées servent d'entrepôt.

L'architecture, pour l'opinion musulmane « n'est un art que par sa surface, par sa peau de mosaïque, de stuc, de faïence ou de marbre, par les versets du Coran qu'on peut y lire » (A. Papadopoulo).

Les idéaux des artistes dépendent de la religion et plus particulièrement de la proscription concernant la figuration des êtres vivants ; proscription née de la doctrine musulmane et non du Coran.

Tous les arts non figuratifs regroupés sous le terme général d'art de l'**arabesque** (décor formé d'un entrelacement de courbes) témoignent de la virtuosité des artistes. L'art de la ligne se retrouve dans les **enluminures** des livres, comme sur les bois, les métaux, les céramiques (objets de terre cuite), les tapis, les murs des mosquées.

Les deux arts considérés comme les plus importants sont les arts jumeaux de la **calligraphie** et de l'**enluminure.** La **calligraphie** – l'art d'écrire – est le mode ornemental par excellence qui reprend sous une forme stylisée des phrases religieuses tirées du Coran. Parmi les principaux styles on distingue le **coufique,** écriture angulaire, fondée sur les droites et obliques, le **coufique floral,** plus tardif, qui, sous l'influence persane, s'arrondit en motifs inspirés de la nature, le **nashki** ou cursive en arabesque.

L'**enluminure** est l'illustration d'un **manuscrit** – livre écrit à la main – par des ornements de couleurs vives. Ces peintures réalisées sur des manuscrits sont des **miniatures** mais ce terme désigne plus correctement la première lettre du chapitre ou du titre tracée en rouge avec du minium (substance rouge).

Cette différence de considération entre les arts s'explique : l'Islam est la religion d'un Livre (le Coran). Ce respect du Livre explique l'enseignement généralisé de l'écriture et de la lecture afin que les enfants puissent apprendre par cœur le texte sacré du Coran.

L'Islam est donc devenu rapidement la **civilisation du livre.** Posséder une bibliothèque avec les calligraphes et les peintres les plus célèbres représentait l'élément essentiel du prestige d'un prince.

6. Islam et monde moderne

L'adaptation au monde moderne est fondée sur un compromis et non sur une conversion intellectuelle. On accueille la science pourvu qu'elle ne pénètre pas la pensée islamique.

Deux types d'Etats doivent être distingués : les **Etats islamiques,** les **Etats musulmans.** Les premiers, influencés par le courant du **réformisme musulman** qui s'efforce de redonner à l'Islam une nouvelle vie en insistant sur ses racines, entendent restaurer le droit musulman traditionnel (Arabie Saoudite, Libye, Iran). Les seconds ont parfois tenté une laïcisation de type occidental (**mouvement Jeune Turc** et **kemalisme** du nom de Mustapha Kemal, dirigeant de la Turquie de 1923 à 1938) ; plus souvent ils s'efforcent de déposséder au maximum les dirigeants musulmans de leurs pouvoirs judiciaire et éducatif mais se heurtent à des retours de plus en plus marqués de la vague islamiste.

Dans le monde arabo-musulman – du Maroc à l'Irak – la modernité liée à l'Occident a donné naissance à deux courants : le **nationalisme** et le **socialisme.**

Le nationalisme a non seulement permis l'édification d'Etats nationaux modernes, c'est-à-dire sur le modèle européen, mais il favorise aussi le développement de l'**arabisme.** L'arabisme est né d'une réaction contre la domination turque. Il est à l'origine du **panarabisme,** doctrine politique visant à l'union de tous les pays de langue arabe. En dépit de relations inter-étatiques parfois conflictuelles, l'aspiration à une seule nation fondée sur une commune « arabité » demeure. En témoignent le rayonnement de celui qui en fut le chantre, Nasser ; l'influence d'un parti transnational au Proche-Orient comme le **Baas** (le parti Baas ou Baath, parti de la résurrection d'arabe est au pouvoir en Syrie et en Irak), divers projets avortés d'union et celui, plus réaliste et réalisé de la **Ligue des Etats arabes** (1945).

Quant au socialisme, il présente de nombreuses différences entre les Etats qui l'ont adopté (Algérie, Libye, Egypte, Syrie, Irak). Le **« socialisme arabe »** est non marxiste. Il y a des mouvements marxistes dans les pays arabes, mais leur idéologie est condamnée par l'arabisme comme par l'islamisme. Il s'agit d'un nationalisme arabe socialisant qui encourage l'étatisme planificateur et le parti unique.

66. JUDAISME

1. Judaïsme

Le judaïsme désigne avant tout une religion, – la plus ancienne des religions monothéistes – système de croyances, de rites et de prescriptions morales fondés sur la Bible, sur le Talmud (cf. *infra*) et sur la littérature rabbinique. C'est la forme que prend au VIe siècle avant notre ère la religion des Hébreux.

Les fidèles sont les **juifs** ou **israélites**.

La religion judaïque ne connaît pas de dogmes qui obligent tous les croyants dans leur conscience. La base de la foi consiste en un effort incessant d'accomplir la volonté de Dieu en toute chose.

- Mais le judaïsme peut aussi être assimilé à une « culture » liée plus ou moins étroitement à la religion. De nombreux juifs non croyants et non pratiquants peuvent se réclamer de la culture juive.
- Le peuple juif rassemble ceux qui de part leur naissance ou du fait d'une adhésion volontaire professent la religion judaïque et (ou) sont imprégnés de la culture judaïque.

A l'origine, le peuple juif constitue un groupe ethnique homogène, les **Hébreux** (mot latin *Hebraci* issu du mot hébreu *Ivrim* = ceux qui passent), peuple de nomades, pasteurs qu'Abraham à conduit de Chaldée (Mésopotamie) jusqu'à la Terre Promise, la terre de Canaan. Ce peuple est d'origine **sémite** : il parle une langue de la famille sémitique. Aujourd'hui, la diversité ethnique de la communauté juive est évidente : les références à une race juive dotée de caractéristiques spécifiques ne peuvent être justifiées et sont la manifestation d'un **antisémitisme** à connotations racistes.

a) La Thorah et le Talmud

Il existe des lois que tout croyant se doit de respecter. La **Bible** (en grec = les livres ; en latin *Biblia*) est le livre du peuple juif, appelé aussi le Peuple du Livre ; elle correspond à l'Ancien Testament des chrétiens. Elle ne correspond pas à des textes primitifs rédigés du vivant de leurs auteurs mais rassemble des copies de copies destinées à l'édification des fidèles et aux offices liturgiques. Elle comprend trois grands ensembles : la Thorah (ou Torah), c'est-à-dire la Loi, les Livres des prophètes, les Ecrits.

- La **Thorah** (ou Torah, mot hébreu signifiant enseignement, science) désigne les cinq premiers livres de la Bible (hébraïque) qui forment le **Pentateuque** attribué à Moïse. Le **Pentateuque** (en grec ouvrage composé de cinq livres) comprend successivement :
  - La **Genèse** (nom grec puis latin – *genesis* – d'après les deux premiers mot du livre : au commencement) qui raconte l'histoire de la Création jusqu'à l'établissement des Hébreux en Egypte.
  - L'**Exode** (du grec *exodos* = sortir) qui relate le départ des Juifs d'Egypte sous la conduite de Moïse et leur errance dans le désert. Sur le mont Sinaï Moïse reçoit de **Iahvé,** dieu du peuple d'Israël, (**Israel,** petit-fils d'Abraham, a engendré douze fils fondateurs des douze tribus d'Israël) les dix commandements qui forment le **Décalogue.** Inscrits sur deux tables de pierre, les dix commandements sont appelés **Tables de la Loi.** Elles sont gardées dans un coffre – **l'arche d'alliance** – déposé dans le Temple de Jérusalem construit par Salomon.
  - Le **Lévitique** ou livre des prescriptions religieuses.

– Les **Nombres** qui exposent la force du peuple d'Israël.

– Le **Deutéronome** (selon le titre grec = seconde loi) qui contient les préceptes donnés au peuple juif par Moïse de la part de Dieu.

- Le **Talmud** (mot dérivé de la racine hébraïque LMD signifiant apprendre) est un vaste commentaire des livres saints et de la tradition orale. La littérature talmudique est l'œuvre des rabbins qui, après la destruction du Temple en 70 après J.-C., mettent en ordre les traditions transmises depuis des temps immémoriaux et se livrent à un travail d'interprétation des livres saints, d'où la définition de règles régissant l'existence des juifs (**Halakha** = règle et législation talmudique et rabbinique). La **Mishna** publiée vers l'an 200 après J.-C. est un recueil qui recouvre aussi bien des prescriptions rituelles et juridiques que l'énoncé de normes éthiques ou religieuses.

b) Le culte

La célébration du culte israélite a lieu dans la **synagogue,** le ministre du culte étant le **rabbin.** Le lieu saint par excellence du judaïsme est la section de la muraille supportant le Temple de Jérusalem dans sa partie ouest (**Mur occidental**) et demeurée intacte lors de la destruction de l'édifice en 70. Devant ce mur, les juifs pleurent la destruction du Temple et l'exil d'Israël ; de là vient l'appellation de « **Mur des lamentations** ».

Si l'attente du Messie – le **messianisme** – n'est plus guère ressentie comme une préoccupation majeure, la religion imprègne la vie des israélites. Les prescriptions typiques concernent la **circoncision** (excision du prépuce), les lois alimentaires (la **cacherout,** prescription religieuse relative aux aliments, interdit la consommation de certaines viandes – le porc –, des crustacés et de certains poissons ; la viande ne peut être consommée que si les animaux ont été abattus conformément aux rites de la religion judaïque : viande **casher**), le **sabbat** (jour de repos du samedi consacré au culte de Dieu).

c) Les fêtes juives

Les fêtes juives sont mobiles dans le calendrier civil du fait qu'elles sûivent le calendrier lunaire. Elles sont marquées par le repos, la prière et l'étude. Le temps juif comprend les jours ouvrables, le sabbat, des fêtes de pèlerinage, des « jours austères », des demi-fêtes, des jeûnes, des jours mémorables.

Les fêtes proprement dites – les trois fêtes – la **Pâque,** la **Pentecôte**, les **fêtes des tabernacles** sont des fêtes de pèlerinage. La fête de la **Pâque** commémore la sortie des juifs d'Egypte, la **Pentecôte,** 7 semaines plus tard, la promulgation de la Torah sur le Mont Sinaï. La **fête des tabernacles** enjoint au juif de vivre huit jours durant dans une cabane de branchages à la manière dont vécurent les Hébreux dans le désert. Elle marque la fin des récoltes.

Les « jours austères » sont le Nouvel An (l'année juive commence en septembre ou en octobre (selon la tradition, l'année 1990-1991 est la 5750e depuis la création du monde) et la grande fête du Pardon, fête de l'expiation, le **Yom Kippour,** qui se situe neuf jours après le début de l'année.

Les demi-fêtes rappellent deux délivrances antiques : **Hanakki** célèbre la libération des juifs opprimés par les grecs au IIe siècle avant J.-C. par l'illumination de la **Menorah** (Chandelier) sur laquelle on allume chaque jour une lumière nouvelle ; **Purim** fête la délivrance des juifs de Perse par Esther.

2. Sionisme

a) La diaspora juive et le sionisme

Installé en Palestine à partir du XIV-XIIIe siècle avant J.C., le peuple juif essaime dans les diverses régions de la Méditerranée avant la conquête romaine, puis est dispersé par les Romains (I-IIe siècle de notre ère). C'est la **diaspora.** Depuis cette époque, les juifs cessent de former une nation autonome dotée d'un territoire.

La lutte contre l'occupation romaine et les membres de l'aristocratie juive qui acceptent de collaborer avec les Romains est menée par les **Zélotes** (secte nationaliste). Très religieux les zélotes se rapprochent de **pharisiens** (autre secte juive) par leur stricte observance des pratiques mosaïques. L'agitation des zélotes et pharisiens a conduit à la destruction de Jérusalem par l'empereur Titus (70).

A l'intérieur de la diaspora médiévale et des Temps Modernes, on distingue les juifs **Achkenazim** ou **Askhénazes** peuplant l'Europe centrale et orientale (*Achkenaz,* mot hébraïque signifiant Allemand) et les **Sépharadim** ou **Sépharades** désignant les descendants des juifs chassés d'Espagne en 1492 (*Sepharad,* mot hébreu signifiant Espagne).

Parmi les juifs de la diaspora, notamment sous l'influence de Théodore Herzl, se développe dans la deuxième moitié du XIXe siècle une idéologie appelée le **Sionisme.** Ce mot tire son origine de Sion, nom d'une colline de Jérusalem. Le Sionisme affirme la volonté des juifs d'un retour en Palestine. En 1917, le ministre britannique Lord Balfour lui fournit une sanction internationale (c'est la **déclaration Balfour**) en donnant son accord pour la formation d'un « **foyer national juif** » en Palestine.

b) La naissance d'Israël

La Grande-Bretagne qui, en 1920, reçoit mandat (→ *23.5*) sur la Palestine reconnaît l'**Organisation Sioniste Mondiale** créée par Herzl et surtout sa branche locale en Palestine : l'**Agence juive.** L'Agence juive se charge d'accueillir et d'installer les immigrants. Dès 1880, l'immigration juive en Palestine s'est déroulée en plusieurs vagues ou **Aliyah** (= montée, immigration). Jusqu'en 1948, on distingue 6 aliyah qui viennent renforcer le **Yichouv** (mot hébreu désignant la communauté juive en Palestine avant la création de l'Etat d'Israël). Face à la puissance mandataire (la Grande-Bretagne) et à la population arabe, la communauté du Yichouv s'organise et se dote d'une organisation de défense, la **Haganah,** créée en 1920. L'**Irgoun,** née d'une scission de la Haganah est une organisation plus extrémiste, voire terroriste. En 1948 est proclamée la naissance de l'Etat d'Israël dont les habitants sont les **Israéliens.** Les **Sabarim** sont les juifs nés en Israël (masculin **sabar ;** féminin **sabra**).

c) L'état d'Israël

Israël est une démocratie parlementaire avec une assemblée élue, la **knesset** dont le nom rappelle celui de l'assemblée existant à l'époque du second Temple. Depuis 1948, la vie politique est dominée par l'existence de deux grands blocs, l'un travailliste, l'autre de droite. Le bloc travailliste est formé d'une alliance entre le parti travailliste à proprement parler (le **mapeï**) qui dispose du soutien de la grande centrale syndicale (la **Histadrout**) et le parti socialiste sioniste de gauche (le **Mapam**).

La coalition de droite repose sur une alliance de deux partis au sein du **Likoud** (= coalition en hébreu) le parti libéral et le **Hérout** issu des groupes clandestins dont l'**Irgoun.** Quant au bloc religieux, il comprend deux partis, le parti national religieux et le groupe **Agoudat-Israël**.

L'armée, **Tsahal** (abréviation pour armée de défense d'Israël) en plus de son rôle militaire joue un rôle de creuset national.

En Israël, le développement rural a pris un caractère original avec la mise en place du **kibboutz** et du **mochav**. Dans le **kibboutz** (village) – pluriel kibboutzim – la propriété est collective ; l'exploitation, la vie familiale et sociale sont organisées de façon communautaire ; le **mochav** est un village corporatif.

Depuis 1948, Israël a été confronté à plusieurs guerres avec les pays arabes voisins. A l'issue de la guerre de 1967 – **la guerre des six jours** – l'Etat d'Israël a occupé la Cisjordanie et la bande de Gaza (= les territoires occupés) dans lesquels il doit faire face à l'**intifada** (la révolte des pierres) soutenue par l'O.L.P : **Organisation de Libération de la Palestine).**

La population juive au début des années 1990

– Amérique		:	**6 500 000**
dont :	Etats-Unis	:	5 750 000 (1re communauté)
	Canada	:	280 000 (6e communauté)
	Argentine	:	220 000 (7e communauté)
	Brésil	:	100 000
	Mexique	:	35 000
	Uruguay	:	25 000
– Asie		:	**3 780 000**
dont :	Israël	:	3 715 000 (2e communauté)
	Iran	:	20 000
	Turquie	:	22 000
	Syrie	:	4 000
– Europe		:	**2 480 000**
dont :	ex-U.R.S.S.	:	1 350 000 (3e communauté)
	France	:	550 000 (4e communauté)
	Grande-Bretagne	:	340 000 (5e communauté)
	Hongrie	:	80 000
– Afrique		:	**130 000**
dont :	Afrique du sud	:	110 000
	Maroc	:	12 000
	Tunisie	:	3 000
	Ethiopie	:	1 000

Le Sionisme a pris maintenant un sens quelque peu différent : il encourage l'immigration de juifs en Israël, c'est l'**alyah,** la « montée ». Depuis les grandes vagues d'immigration de juifs originaires des pays arabes en 1961 et 1964, l'immigration de masse s'est tarie au profit d'une alyah de choix individuel : juifs d'Union soviétique mais aussi de pays occidentaux.

3. Antisémitisme

Doctrine ou activité politique à fondement raciste, hostile aux juifs.

Dès le Moyen Age, le mépris à l'égard des juifs ainsi que leur propre besoin de vivre rassemblés pour des raisons religieuses conduisent à l'existence de quartiers réservés aux juifs dans certaines villes italiennes d'abord, puis du reste de l'Europe ensuite ; ce sont les **ghettos :** le terme est utilisé pour la première fois à Venise en 1516 pour désigner le quartier juif situé à proximité d'une forge (par extension, ghetto signifie maintenant un lieu où une communauté vit séparée du reste de la population). L'équivalent des ghettos dans les pays musulmans sont les **mellahs**.

Dans ces ghettos, une langue populaire sert aux besoins quotidiens : le judéo-espagnol ou **Ladino** de l'Afrique du Nord aux Balkans ; le judéo-allemand ou **Yiddish** en Europe Orientale. Parfois sur ordre des autorités locales, les juifs sont contraints de porter un insigne jaune en forme de roue – la **rouelle –.** L'**étoile jaune** imposée aux juifs à l'époque nazie est un souvenir de la rouelle médiévale.

Les juifs ne sont tolérés qu'en fonction de leur utilité immédiate. Chassés des corps de métier, ils se consacrent notamment au commerce de l'argent interdit par l'église : c'est l'**usure** qui, dans le droit canon chrétien désigne le prêt à intérêt même à un taux normal.

En Espagne et au Portugal, ils sont contraints à la conversion au catholicisme (les **marranes** – ce terme désigne aussi des musulmans convertis –) mais la plupart d'entre eux restent secrètement fidèles au judaïsme.

Au XIXe siècle, en Russie, le pouvoir tsariste laisse faire des **pogroms** qui sont des mouvements populaires violents, meurtriers contre les communautés juives.

Pendant la Seconde Guerre mondiale, les nazis ont non seulement créé des ghettos (ghetto de Varsovie) mais ont cherché à exterminer d'une manière méthodique, la population juive dans les chambres à gaz des camps de déportation. Cette extermination de juifs par les nazis (« la **solution finale** » d'Hitler) est un **génocide**.

L'histoire contemporaine nomme **holocauste** ce génocide sans exemple dans l'histoire humaine (l'holocauste est à l'origine un sacrifice où la victime est tout entière brûlée).

67. JUSTICE

La **justice** est l'organisation administrative qui a pour fonction de régler les différends entre les citoyens ou de faire respecter les lois. Elle est rendue par des magistrats appelés **juges.** Les juges sont les magistrats des tribunaux civils et pénaux, les magistrats des tribunaux administratifs sont les **conseillers.**

Certains juges ont des fonctions particulières :

Le **juge d'instruction** a pour tâche principale les enquêtes pénales ; le **juge d'application des peines** s'intéresse au sort des détenus après le jugement et peut obtenir des libérations anticipées ou conditionnelles. Il n'y a plus de **juge de paix :** la justice de paix a cédé sa place au **tribunal d'instance.**

Le local où siègent les magistrats est le **tribunal.** Le tribunal est également le corps de magistrats exerçant le pouvoir judiciaire. Les décisions du tribunal constituent les **jugements.** D'autres termes ont un sens voisin : lorsqu'un juge statue seul, par exemple le juge d'instruction, sa décision s'appelle **ordonnance,** le **verdict** est la décision pénale, en cour d'assises après délibérations du jury, alors que l'**arrêt** est la décision d'une cour d'appel ou de cassation.

Tout ce qui concerne la justice, les tribunaux, les jugements relève du domaine **judiciaire** qu'il ne faut pas confondre avec le domaine **juridique** qui est relatif au droit.

1. Justice et liberté

Toute constitution démocratique assure la totale indépendance de la justice qui devient la garantie des libertés personnelles et publiques. En ce domaine la loi de l'**habeas corpus** adoptée en Angleterre en 1679 est d'une grande importance : elle interdit d'emprisonner sans faire comparaître le détenu dans les vingt-quatre heures devant son juge naturel. En France, tout prévenu est considéré comme innocent jusqu'à ce qu'il soit reconnu coupable. Mais la justice peut conduire à l'oppression (les **grands procès** dans l'U.R.S.S. stalinienne des années 30 et dans les démocraties populaires de 1948 à 1952).

La recherche des preuves est également un moyen d'affirmer ou de bafouer la liberté individuelle. En droit français contemporain, le principe est que la preuve du fait incombe à celui qui l'invoque. Dans le passé, la recherche de la preuve est dominée par l'appel aux puissances surnaturelles : le **jugement de Dieu** ou **ordalie** permet de savoir si l'accusé est coupable ou innocent : le **duel judiciaire** est une forme d'ordalie : celui qui est victorieux a apporté la preuve de son innocence.

L'usage de la **torture** permet d'obtenir des aveux par la souffrance : c'est la procédure de la **question** sous l'Ancien Régime. Officiellement la torture n'existe plus dans les pays civilisés, sauf en certaines circonstances (pendant la Seconde Guerre mondiale), mais dans de nombreux pays le recours à la torture est régulièrement dénoncé.

2. Peines et châtiments

Lorsqu'un accusé est reconnu coupable il subit une condamnation. Les peines sont fonction de la gravité de la faute et varient selon les époques.

Dans l'Antiquité babylonienne, la punition est pareille à l'offense, c'est la loi du **talion** (œil pour œil, dent pour dent). Les châtiments corporels **bastonnade** (coups de baton), **flagellation** (supplice du fouet ou des verges appelé **knout** dans la Russie tsariste) ne sont plus utilisées dans les pays civilisés, de même que l'exposition publique du condamné attaché à un pieu (le **pilori**) parfois au moyen d'un collier de fer (le **carcan**).

Dans la Rome antique, certains condamnés à mort sont précipités à partir d'un rocher, le **Mont Tarpeien** ou la **roche tarpeienne,** situé sur le Mont Capitolin. Le voisinage de ce lieu avec le Capitole, endroit où l'on couronnait les triomphateurs, explique le proverbe, « la roche tarpéienne est près du Capitole ». Les cadavres des suppliciés sont exposés sur les escaliers **(gémonies),** situés sur le flanc nord-ouest du mont Capitolin, avant d'être jetés dans le Tibre (de là l'expression actuelle « vouer quelqu'un aux gémonies : l'insulter avec violence, le couvrir d'opprobre).

La privation de liberté se traduit par l'**incarcération** (prison) de durée variable.

Au Moyen Age, les condamnés à la prison perpétuelle sont enfermés dans des **cachots** ou **oubliettes.** Dans les châteaux forts il s'agit de fosses très profondes : les **basses-fosses** ou **culs de basse-fosse** où l'on jette les condamnés que l'on veut faire disparaître.

Un prisonnier puni peut-être enfermé pendant une durée très variable, dans une cellule très étroite : le **cachot.**

La peine d'emprisonnement peut s'accompagner du **sursis** (le sursis dispense provisoirement le condamné de subir sa peine qui ne sera appliquée que s'il subit une nouvelle condamnation). Le **bagne** n'existe plus : le criminel condamné aux travaux forcés, à perpétuité – le **forçat** – était enfermé dans des prisons aux conditions très sévères dans les ports ou déporté dans les colonies (Cayenne en Guyane, Nouvelle-Calédonie).

L'**exil** ou **bannissement** est une peine qui consiste à interdire à un habitant le séjour dans son pays. C'est une décision prise en matière politique par des régimes autoritaires. La **proscription** est un bannissement illégal en temps de guerre ou de troubles civils. A Athènes, dans l'Antiquité, l'**ostracisme** est un bannissement original : c'est une mesure prise exceptionnellement contre un citoyen jugé trop ambitieux ou représentant une menace pour la démocratie (les citoyens athéniens inscrivaient le nom du futur banni sur un tesson de poterie – en grec ostraka).

La peine de **réclusion criminelle** est plus lourde que celle d'emprisonnement. Elle consiste en la détention et à l'assujettissement au travail obligatoire. Elle remplace les anciennes peines de **réclusion** et de travaux forcés. La **relégation** est une peine complémentaire et accessoire que le juge doit prononcer lorsque le **récidiviste** (il y a **récidive** lorsqu'un délinquant commet une nouvelle infraction après une condamnation antérieure et dans un certain délai) a encouru, dans un certain délai, les condamnations pénales prévues par la loi. Autrefois, la relégation obligeait le condamné à résider dans un territoire colonial à l'expiration de sa peine.

Certains condamnés, ne peuvent, après leur sortie de prison, se rendre dans certaines localités dont la liste leur est signifiée : c'est **l'interdiction de séjour**. Ces condamnations correctionnelles peuvent être assorties d'une peine complémentaire privant le condamné de certains droits civils ou civiques (par exemple du droit de vote). C'est **l'interdiction**.

La peine la plus grave est la **peine capitale** ou la peine de mort maintenant abolie en France. Elle pouvait être notamment infligée aux assassins et meurtriers. Le droit pénal distingue le **meurtre**, homicide volontaire, du meurtre aggravé ou assassinat (meurtre avec préméditation). L'assassin peut faire commettre un crime par un **tueur à gages**. Au temps des armes blanches, ce tueur à gages était un **spadassin** (du latin *spada :* épée) ou un **sicaire** (du latin *sica :* poignard).

Au cours de l'Histoire la peine capitale a pris des formes diverses : le supplice de la croix **(crucifiement** ou **crucifixion),** le **pal** (tige de fer se terminant par une pointe acérée sur laquelle on assied le condamné), l'**écartèlement** (les quatre membres du supplicité sont attachés à quatre chevaux), la **roue** (rupture des os du condamné attaché à une roue ou à une croix de Saint-André), la **garrotte** (strangulation) utilisée en Espagne jusqu'à une époque récente, la **décapitation** (trancher la tête avec une hache puis avec l'instrument réalisé par Guillotin : la **guillotine),** l'**estrapade**, supplice consistant à hisser le condamné, par les mains liées derrière le dos, jusqu'au sommet d'un mât et à le laisser retomber brusquement jusque près du sol de manière à lui disloquer les bras ; le **fusillement** (passer par les armes), la **chaise électrique**...

L'office de **bourreau** n'existe qu'à partir du Moyen Age (XIIe siècle). Antérieurement, l'exécution est tantôt faite par un habitant, tantôt par les juges eux-mêmes. Le bourreau professionnel est appelé « **exécuteur de la haute justice** » ou **exécuteur des hautes œuvres**.

68. JUSTICE SOUS L'ANCIEN RÉGIME (La)

Sous l'Ancien Régime, la notion de justice recouvre à la fois la **justice** proprement dite, l'administration générale et la police. La **justice du roi** est **distributive** c'est-à-dire qu'elle reconnaît à chacun sa place dans la société selon sa situation et les services qu'il rend, elle donne à chacun la part qui lui est due en fonction de ses mérites.

La justice royale, malgré ses progrès, voit ses compétences encore limitées par la survivance de justices héritées d'un lointain passé.

1. Justices seigneuriales

Le seigneur qui a obtenu concession du souverain, rend la justice dans l'étendue de sa seigneurie : il est le **justicier.** Depuis le Moyen Age, on distingue la haute, la moyenne, la basse justice :

- la **haute justice** s'intéresse à toutes les causes personnelles, réelles entre les sujets (ex. crimes commis dans la seigneurie, connaissances des causes nobles, etc.) ;
- la **moyenne justice** comprend la connaissance de délits et crimes dont la peine ne peut être qu'une légère correction corporelle, bannissement temporel ou amende supérieure à soixante sols ;
- la **basse justice** est limitée à la connaissance des délits entraînant une amende inférieure à soixante sols. Dans la vie quotidienne des paysans, la basse justice a la plus grande importance.

C'est la justice qui donne à la seigneurie sa force ; à la justice se rattachent les **banalités** et la police générale dans la seigneurie. Depuis la fin du Moyen Age, la monarchie s'efforce de restreindre la compétence des justices seigneuriales en multipliant les **cas royaux** (cas réservés à la justice du roi dont la liste a été établie par l'ordonnance de 1640).

2. Justices ecclésiastiques ou officialités

Leur compétence s'étend aux affaires ecclésiastiques, aux affaires séculières lorsqu'un clerc y est impliqué, aux crimes commis dans les églises et monastères. Mais le pouvoir royal parvient à limiter leur juridiction aux seules causes spirituelles concernant l'administration des sacrements.

3. Justice royale

Les théoriciens de la monarchie absolue proclament que toute justice émane du roi. Le roi, juge suprême exerce sa justice soit par délégation : **justice déléguée,** soit directement : **justice retenue.** Le **chancelier** est le chef de la justice sous l'autorité du roi.

a) La justice déléguée

Le roi peut déléguer ses prérogatives à certains organismes :

– **cours souveraines :** ce sont des juridictions statuant en dernier ressort. En plus des cours souveraines spécialisées (→ *78. monarchie absolue en France*) il y a surtout les **parlements** et **conseils souverains** (les conseils souverains sont des juridictions analogues aux parlements pour quatre provinces tardivement annexées : Alsace, Roussillon, Artois, Corse).

En 1789, il y a quatorze parlements dans le royaume : les ressorts des parlements provinciaux qui se montrent beaucoup plus réservés sur les questions politiques que le parlement de Paris diffèrent en étendue : la juridiction du parlement de Paris s'étend sur le tiers du royaume.

Le parlement de Paris est organisé en trois chambres :

- la **grande chambre** ou **chambre des plaids** reçoit les appels des tribunaux des **bailliages** et **présidiaux** ; elle a une compétence générale au civil et au criminel et juge en première instance les **crimes de lèse-majesté** (crimes commis contre le souverain), les procès concernant les **pairs** (les pairs du royaume ou pairs de France sont les descendants des grands vassaux qui formaient le tribunal féodal), les villes, le **domaine** (propriétés appartenant en propre au roi), les **apanages** (parties du domaine royal confiées par le roi à ses enfants autres que l'aîné), les **appels comme d'abus** (appels contre une décision des officialités) ;
- la **chambre des enquêtes** est appelée à connaître des procès à juger sur preuves écrites ;
- la **chambre des requêtes** reçoit les requêtes (demandes) des plaideurs ;

– les **justices de second rang : présidiaux, bailliages, sénéchaussées, prévôtés** (→ *79. monarchie absolue, administration provinciale*).

– les **justices spécialisées non souveraines** telles que pour les finances, la **chambre du trésor** (différends au sujet des revenus du domaine royal) ; pour le commerce, les **tribunaux consulaires ;** pour la police, les **prévôts des maréchaux** chargés de faire respecter l'ordre dans un ou plusieurs bailliages et le lieutenant général de police qui a juridiction criminelle sur Paris.

b) La justice retenue

C'est la justice personnelle du roi. Exceptionnellement le roi peut connaître lui-même une affaire et prononcer son jugement. Le roi a le droit d'octroyer des **lettres de grâce** (accordant soit la réhabilitation, soit la commutation de la peine avec remise d'une partie de la peine) – cf. le **droit de grâce** que possède actuellement le président de la République qu'il ne faut pas confondre avec l'**amnistie** : la grâce laisse les effets de la condamnation, alors que l'amnistie, décidée par le pouvoir législatif, efface la peine et les traces de la peine.

Le roi peut également décider de **lettres de cachet** (lettres closes et authentifiées par le cachet personnel du roi ; elles renferment un ordre qui doit être exécuté sans publicité).

Les prisonniers arrêtés par lettres de cachet sont conduits à la **Bastille**, ancienne forteresse, devenue prison et symbole de l'absolutisme royal (le verbe **embastiller** désigne tout emprisonnement arbitraire).

69. JUSTICE (Organisation en France)

1. Domaine civil

En ce qui concerne les affaires civiles l'administration présente une hiérarchie comportant à la base des **tribunaux d'instance** et des **tribunaux de grande instance,** juridictions de droit commun, en principe au chef-lieu de département.

Sont du ressort de ces tribunaux les procès concernant le **droit civil,** domaine qui concerne l'état des personnes privées, les questions relatives aux contrats, aux obligations, aux relations familiales. L'ensemble des lois relatives au **droit civil** forme le **code civil** (1804).

Au-dessus de ces tribunaux qui statuent en première instance, se trouvent des **cours d'appel** (cours chargées de recevoir et de juger les appels aux jugements rendus par la juridiction inférieure). Au sommet, la **Cour de cassation** est la cour suprême. Ce n'est pas un 3e degré de juridiction, elle juge en droit et peut casser un jugement rendu pour vice de forme ou violation de la loi. Ses arrêts font **jurisprudence.** La jurisprudence est la manière dont les tribunaux interprètent la loi sur tel ou tel point. La loi ne pouvant pas prévoir tous les cas possibles, le tribunal doit par sa jurisprudence régler ceux qui n'ont pas été prévus ou donnent lieu à des discussions.

Le tableau se complique du fait de l'existence de certaines **juridictions d'exception (tribunaux de commerce, conseils de prud'hommes** chargés de régler les conflits entre employeurs et salariés) qui sont appelés à connaître de diverses affaires à la place des tribunaux d'instance et de grande instance.

2. Domaine criminel

A côté de cette hiérarchie statuant en civil, il en existe une autre pour les affaires criminelles. A la base les **tribunaux de police** connaissent des contraventions puis les **tribunaux correctionnels** (au chef-lieu de département) des délits. Les uns et les autres sont soumis, comme au civil, au contrôle des **cours d'appel** et à celui de la **Cour de cassation.**

Les infractions les plus graves – appelées crimes – sont la compétence de juridictions particulières, les **cours d'assises.** Les cours d'assises se caractérisent par le fait qu'un **jury** composé de 9 citoyens tirés au sort – les **jurés** – collabore avec les juges de carrière au jugement des affaires. Le **code pénal,** recueil de lois, définit les sanctions frappant les délinquants. Dans tous les procès l'accusé est défendu et assisté par un **avocat,** dont la fonction est de plaider devant le tribunal.

Pour les affaires entre administration et citoyens un autre système de juridiction a été mis en place. Il comporte essentiellement des **tribunaux administratifs** et statuant en 1re ou 2e instance le **Conseil d'Etat.**

3. La justice politique

C'est la justice rendue à l'égard des actes portant atteinte, soit au régime politique, soit au personnel politique. Les justiciables sont les hommes au pouvoir et les citoyens qui se dressent contre le pouvoir.

La fonction d'assurer la justice politique est parfois confiée à une juridiction par les dispositions de la Constitution elle-même : la constitution française prévoit la création de la **Haute Cour** pour juger les ministres et le président en cas de trahison.

En 1944 en France, le Gouvernement provisoire installe une Haute Cour pour juger les collaborateurs : de nombreuses condamnations à mort sont prononcées par **contumace** (en l'absence du prévenu). Beaucoup de condamnés sont frappés d'**indignité nationale** (peine qui entraîne notamment la perte des droits civiques) ou de **dégradation nationale** (peine constituée par la privation des droits civiques et politiques et par la privation du droit de porter des décorations et d'exercer des fonctions publiques). Parfois la jurisprudence politique doit son existence à une simple loi prise en fonction des circonstances : en 1963 a été créée la **Cour de sûreté de l'Etat** pour faire face aux complots et attentats contre l'Etat.

4. La magistrature

C'est l'ensemble du corps qui rend la justice. Il y a plusieurs magistratures :

- la **magistrature administrative** comprend le Conseil d'Etat et les tribunaux administratifs ;

- la **magistrature commerciale** ou **consulaire** connaît les litiges entre commerçants ;
- la **magistrature civile** est formée des magistrats des cours et tribunaux. Elle est divisée en **magistrature assise** qui juge les procès (les juges) et en **magistrature debout ou parquet** qui exerce les fonctions du **ministère public.** Le ministère public représente auprès des tribunaux l'Etat et l'intérêt public. C'est le rôle de l'**accusateur public** dans les tribunaux révolutionnaires en 1793.

  Les principaux magistrats du parquet sont le **procureur de la République** auprès du tribunal de grande instance, le **procureur général** auprès de la cour d'appel ou de la Cour de cassation, les **substituts,** adjoints aux procureurs et l'**avocat général,** officier du ministère public qui remplace le procureur général principalement pendant le service des audiences et représente les intérêts de la société.

70. LITTORAL (Milieux littoraux)

Littoral : au sens strict, c'est une bande de terre plus ou moins étroite comprise entre le niveau des plus hautes mers et celui des plus basses mers. C'est donc l'équivalent de l'**estran.** Plus largement l'**espace littoral** correspond au domaine terrestre directement soumis aux actions marines (marées, vagues, tempêtes...), autrement dit le **rivage.** La notion de **côte** est un peu plus imprécise : l'espace côtier est la région de contact entre la terre et la mer.

1. L'estran

Selon la nature des roches du littoral, on distingue plusieurs types d'estran :

– le **platier** est un estran rocheux. Il correspond souvent à une **plate-forme d'abrasion,** partie rocheuse en faible pente, nivelée par l'érosion mécanique due au frottement des matériaux côtiers brassés par les vagues ;

– la **plage** est un estran formé de matériaux meubles tels que sable ou galets ;

– les **estrans vaseux** sont constitués de matériaux très fins et localisés le long de côtes très basses, parfois occupées par des **marais littoraux :** terres basses en partie inondées par les eaux de mer et progressivement colmatées (dépôts de **tangue** – sédiments sableux et limoneux des côtes de la Manche – dépôts de **terre de bri** des marais littoraux de la côte atlantique française).

L'estran vaseux des marais littoraux comprend deux parties : la **slikke** (ou **vasière**) est la partie la plus basse inondée à chaque marée haute et dépourvue de végétation. Le **schorre** (ou **herbu**) est occupé par un tapis

Plage et estran sableux sur un cordon dunaire

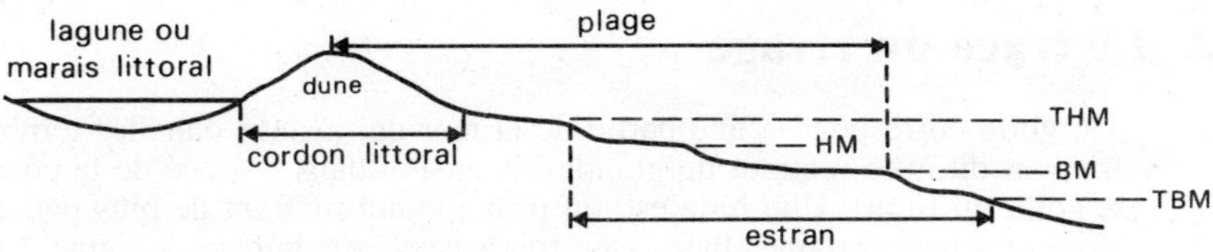

HM : Haute mer BM : Basse mer
THM : Trés haute mer, altitude 0 des courbes de niveau
TBM : Tres basse mer, altitude 0 des courbes isobathes

L'Anse de l'Aiguillon

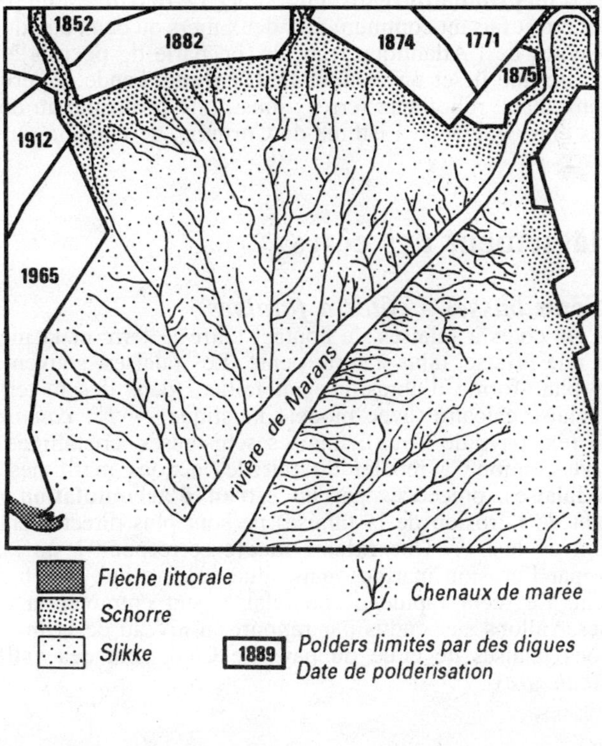

végétal plus ou moins dense, à l'abri des eaux sauf lors des grandes marées (→ *85. océan et mers*) et des tempêtes. Entre schorre et slikke, un espace de transition, la **haute slikke** plus ou moins colonisée par des végétaux **halophiles** (qui aiment le milieu salé). Schorre et slikke sont parcourus par des **chenaux de marée** dont le réseau très ramifié assure l'écoulement des eaux. Le **pré-salé,** partie la plus élevée et la plus dense du schorre, est utilisé pour l'élevage (ex. agneaux dits de pré-salé). Synonymes : **salenque, sansouire** (Languedoc-Roussillon).

2. Le tracé du rivage

Un **golfe** correspond à une partie de la mer qui avance dans les terres autrement dit à un rentrant de grande dimension dans le tracé de la côte (ex. golfe du Lion). Une **baie** est, en principe, un rentrant de plus petite dimension (mais certaines baies sont très vastes ; ex. la baie de Seine est plus vaste que le golfe de Saint-Malo). Une **anse** est une petite baie de forme arrondie. Une **crique** correspond à une baie très étroite dans une côte rocheuse.

La **péninsule,** avancée d'une masse de terre dans la mer est, en principe, de plus grande dimension que la **presqu'île,** portion de terre entourée par la mer et reliée au continent par une étroite bande de terre. Le **cap** est une pointe de terre saillant dans la mer (synonyme de pointe). Un cap au relief marqué est un **promontoire** (ex. Gibraltar). Le **détroit** est un passage plus ou moins étroit faisant communiquer deux mers ou deux étendues marines (sur les côtes de l'Atlantique français, on parle de **pertuis** à propos du détroit entre une île et un continent). L'**isthme,** bande de terre resserrée entre deux mers, relie deux terres ; ainsi, une péninsule au continent ou deux îles entre elles (ex. l'isthme de Corinthe, de Panama...).

3. Le classement des côtes

a) Côtes basses - côtes à falaises

Dans les côtes à falaises, le contact entre la terre et la mer est marqué par une **falaise,** talus à forte pente. Les falaises, souvent précédées par une plate-forme d'abrasion sont taillées dans des matériaux cohérents : falaise calcaire (avec modelé karstique → *17. calcaire*), falaise de craie (ex. pays de Caux), falaises schisteuses, cristallines... Une **falaise vive** continue à reculer du fait des actions maritimes. De nombreuses falaises, précédées par un **estran d'accumulation** (matériaux provenant de l'érosion de la falaise) ne sont plus directement soumises à l'action de la mer. Une **falaise morte** correspond à un talus réalisé naguère par l'érosion marine, mais situé aujourd'hui en retrait du littoral actuel. Le recul rapide d'une falaise peut entraîner la création de **valleuses,** vallons suspendus par rapport au niveau de la mer. (Les valleuses des falaises de craie du pays de Caux sont des vallées sèches → *17. calcaire*).

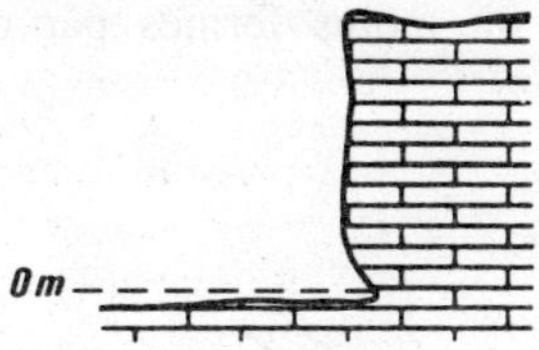

Falaise vive

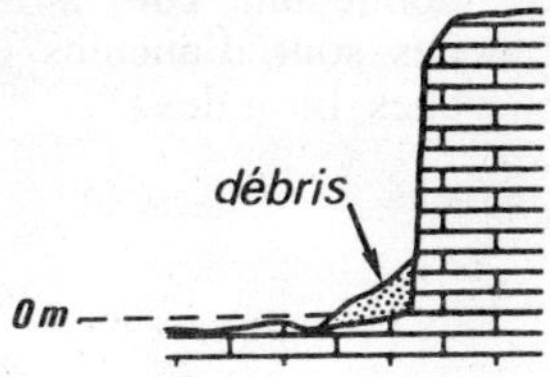

Falaise stabilisée

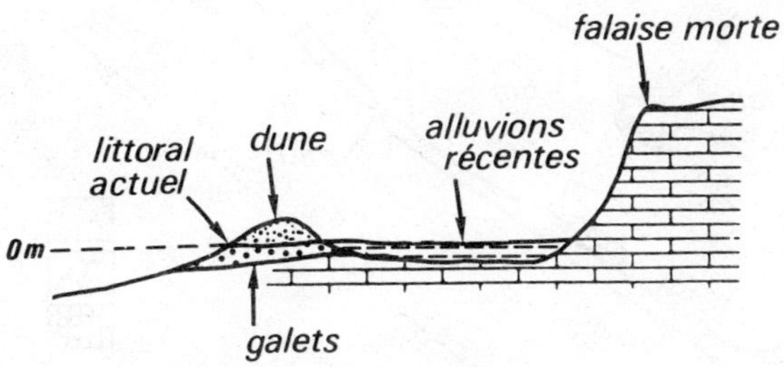

Falaise morte

Les **côtes basses** sont le plus souvent façonnées dans des régions de plaine ou correspondent à des côtes d'accumulation.

b) Côtes rocheuses - côtes d'accumulation

Dans les côtes rocheuses, le littoral est un platier taillé dans un matériau cohérent et relativement résistant. L'action érosive l'emporte sur l'action d'accumulation par la mer. Le littoral peut être bordé d'**écueils** (ou **récifs**), rochers à fleur d'eau.

Les **côtes d'accumulation** sont constituées par l'accumulation de matériaux meubles sous l'action de la mer, des courants, des vents.

Les principales formes d'accumulation littorale sont :

- la **flèche littorale :** c'est une accumulation de forme allongée, disposée plus ou moins parallèlement au rivage. Certaines flèches se situent à l'entrée d'une baie ou d'un estuaire (→ *infra*), s'allongeant à partir du rivage en travers du rentrant. On parle de **poulier.** La rive opposée au poulier peut être soumise à l'érosion (marine ou fluviale), c'est alors un **musoir.** Une **flèche à crochets** possède une terminaison courbe, faite d'arcs ou de crêtes successives incurvées vers l'intérieur (de la baie, de l'estuaire...) ;
- la construction des flèches littorales peut conduire à isoler de la mer des étendues d'eau salée ou saumâtre appelées **lagunes.** La lagune communique parfois avec la mer par une passe étroite appelée **grau** (en Languedoc). La flèche littorale isolant une lagune est appelée **cordon littoral.** Une **côte à lido** est constituée par un cordon littoral continu, isolant une succession de lagunes parallèlement au rivage. Le comblement des lagunes

donne une **côte à Marschen.** Dans une **côte à liman** les lagunes sont d'anciens estuaires plus ou moins fermés par des flèches littorales ;

Une lagune (ex. : Languedoc)

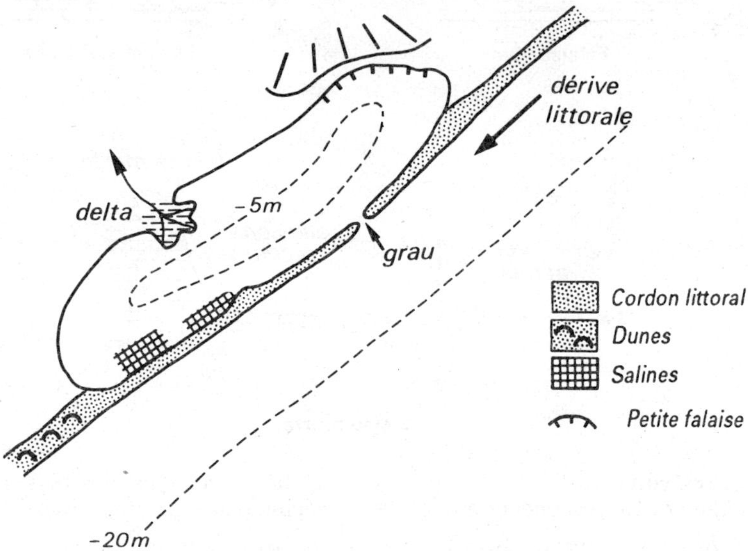

Double tombolo de Giens

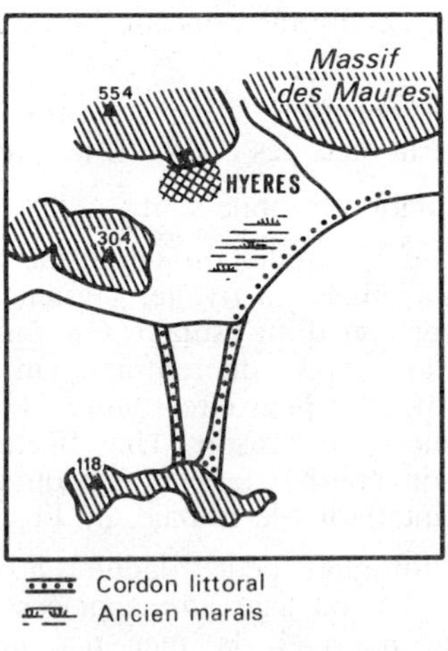

- une flèche littorale reliant une île au continent proche (ou deux îles voisines) détermine un **tombolo** (simple). Le tombolo peut être double (Giens), voire triple (Orbetello) ;
- les **dunes littorales** sont des formes d'accumulation dues au vent, fréquentes sur les flèches et les cordons littoraux. Elles sont souvent allongées transversalement à la direction principale du vent (dunes transversales), parfois parsemées de creux dus à l'érosion éolienne (→ *45. érosion*) et appelés **caoudayres** (côte des Landes).

c) Côtes régularisées - côtes contraposées

L'érosion marine peut simplifier le tracé de la côte en

attaquant les saillants et en comblant ou en fermant les rentrants d'où une **côte régularisée.** Inversement, l'action marine peut irrégulariser le rivage dans le cas d'une **côte contraposée** où des roches résistantes sont recouvertes par des matériaux meubles. La côte recule alors surtout dans les portions les plus tendres constituées par les terrains meubles.

4. Les types de côtes

a) La plupart des côtes actuelles sont des **côtes de submersion,** côtes dont le tracé est lié à la montée des eaux marines. En effet, la dernière **transgression** dite **flandrienne** a déterminé une remontée générale du niveau des mers. S'il y a mouvement négatif du niveau de la mer par rapport à la côte, on parle de **côtes d'émersion.**

Une côte à rias

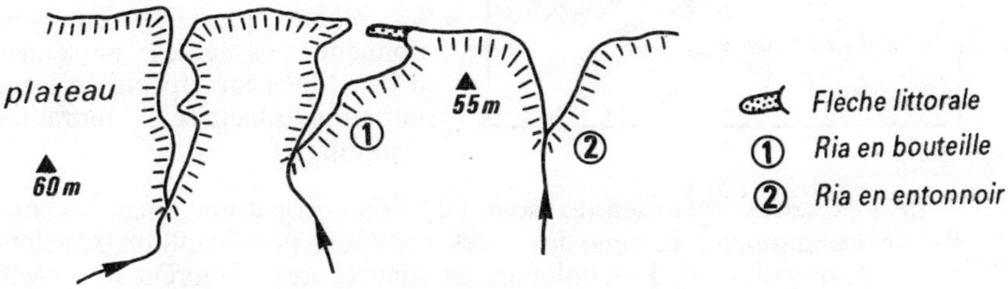

Une côte à calanques

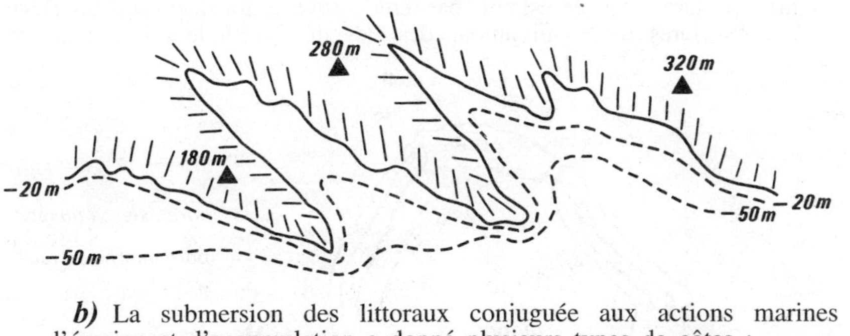

b) La submersion des littoraux conjuguée aux actions marines d'érosion et d'accumulation a donné plusieurs types de côtes :

- **côtes à rias :** une ria est une baie allongée, parfois ramifiée résultant de la submersion de la partie aval d'une vallée plus ou moins encaissée (ex. rias ou **abers** bretons). Une ria fermée vers la mer et ne communiquant avec elle que par un étroit **goulet** (passage resserré) est appelée **ria en bouteille** (inversement ria largement ouverte = **ria en entonnoir**) ;

- **côtes à fjords :** un fjord est une ancienne auge glaciaire envahie par les eaux marines, d'où une baie étroite, allongée et souvent profonde du fait du surcreusement glaciaire (→ *56. glaciers*) ;
- **côtes à calanques :** la calanque est une baie profonde et étroite résultant de l'ennoiement d'une vallée en littoral calcaire. Par extension on parle de calanques pour des baies de même aspect dans d'autres terrains (gneiss, granites en Corse) ;

Côte de type dalmate

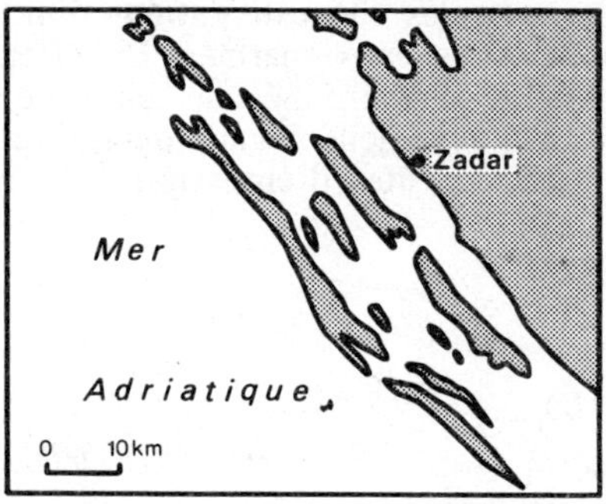

- **côtes de type dalmate :** c'est une côte créée par la submersion d'un relief en structure plissée, les axes structuraux étant parallèles au rivage. Les axes anticlinaux (→ *91. plissement*) donnent des chapelets d'îles, les axes synclinaux ennoyés donnent d'étroits bras de mer ;
- les plaines glaciaires ennoyées donnent des côtes parsemées d'îles (dues aux formes d'accumulation glaciaire : moraines, drumlins...).

c) Les **côtes coralliennes** sont des côtes construites par les **madrépores,** animaux marins des mers chaudes, possédant un squelette calcaire ou polypien. Les colonies de madrépores élaborent des **récifs coralliens** (ou platier corallien). Les **atolls** sont des récifs coralliens de forme annulaire enserrant une étendue d'eau ou **lagon,** communiquant avec la mer par des **passes.** Les récifs coralliens peuvent former au large des côtes une barrière continue appelée **récif-barrière** (ex. barrières de corail autour des îles du Pacifique ou le long de

Un atoll

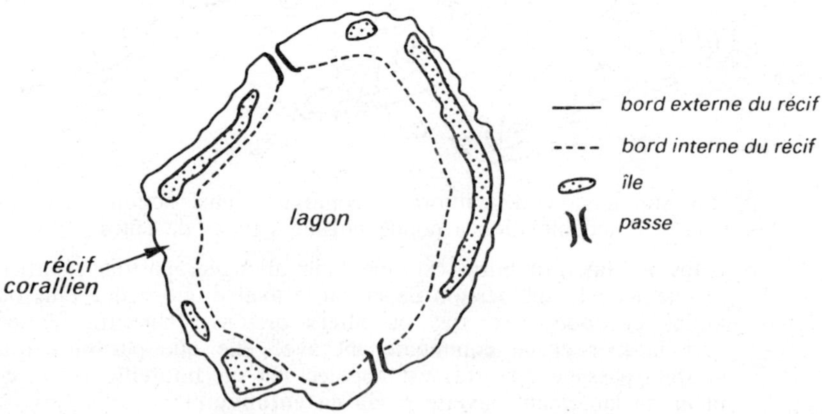

l'Australie). Les **sables coralliens** forment des plages qui s'appuient sur les récifs. Les îlots de sable corallien sont appelés **keys** (Etats-Unis).

5. Embouchures des fleuves

L'**embouchure** correspond à la partie d'un fleuve qui se jette dans la mer.

a) Un **estuaire** est une embouchure évasée, partie terminale du fleuve où la marée se fait sentir. L'envasement des estuaires provoque la formation de **vasières** le long des berges de l'estuaire ou de **marais d'estuaire.** La remontée de la marée dans les estuaires peut provoquer la formation d'un **mascaret,** vague déferlante progressant vers l'amont.

Le delta du Rhône

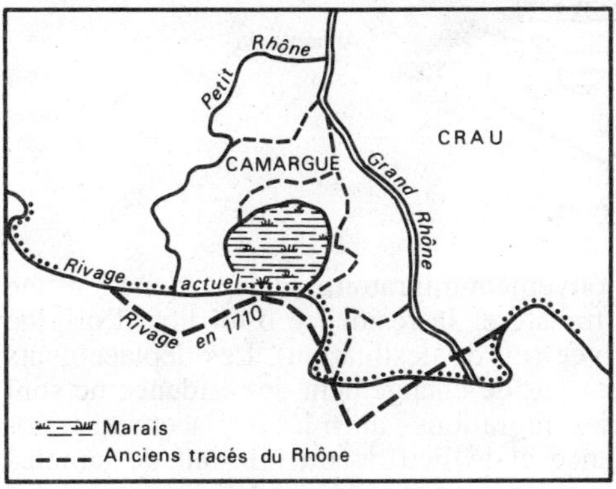

b) Un **delta** est une embouchure fluviale où s'accumulent les alluvions (fluviatiles), d'où une avancée de la terre sur la mer. La plupart des deltas comportent plusieurs bras de fleuve se divisant en plusieurs cours. Suivant les formes, on distingue des **deltas arrondis** (ex. Nil, Llobregat), des **deltas lobés** (ex. Pô), des **deltas digités** (en forme de doigts, ex. Missisipi).

De chaque côté des bras du delta ou **chenaux,** les alluvions édifient des **levées alluviales.**

Il existe des **deltas sous-marins** où l'accumulation des alluvions demeure faiblement immergée.

c) La **barre** est une accumulation sous-marine située dans, ou devant, une embouchure.

71. MIGRATIONS ET MOBILITÉ SPATIALE

Les déplacements des hommes sont très fréquents, sinon incessants : déplacements quotidiens, hebdomadaires en fin de semaine, déplacements saisonniers. Cette **mobilité spatiale** est à distinguer du phénomène migratoire proprement dit.

Les navettes des travailleurs frontaliers français dans la région genevoise.

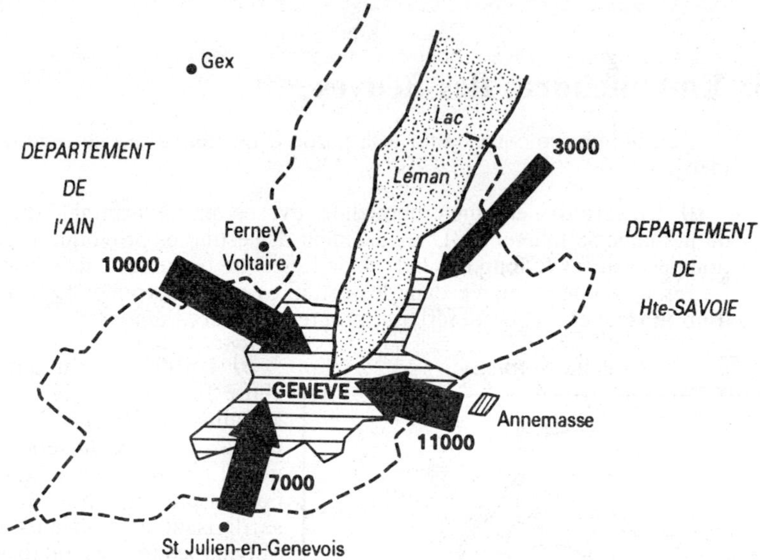

On appelle **migration** (ou mouvement migratoire) le déplacement d'une personne ayant pour effet de transférer la résidence d'un lieu d'origine (ou de départ) à un lieu d'arrivée (ou de destination). Les déplacements de courte durée qui n'entraînent pas de changement de résidence ne sont donc pas à proprement parler des migrations : ainsi les déplacements quotidiens entre le lieu de résidence et le lieu de travail sont de simples **navettes de travail,** appelées aussi **mouvements pendulaires** (termes à préférer à l'expression impropre **migrations alternantes**). Les navettes de travail peuvent occasionner un franchissement de frontière dans le cas de travailleurs frontaliers.

Le classement des formes de déplacement s'établit selon de nombreux critères :

- fréquence des déplacements ;
- durée du déplacement (quelques heures, une saison, plusieurs années, déplacement définitif) ;
- distances parcourues ; degré de liberté du déplacement ; motifs des déplacements.

La **mobilité habituelle** est liée aux nécessités quotidiennes de la vie et n'implique pas de rupture dans le cadre de vie habituel. Les déplacements touristiques s'intègrent à ces déplacements habituels. Les autres déplacements avec changement du cadre de vie de façon prolongée sont des migrations.

1. L'ampleur des migrations : migrations internationales, migrations intérieures

Le changement de résidence peut se réaliser dans le cadre d'un territoire restreint. On parlera de **migrations locales** (ex. aux Etats-Unis, les migrations à l'intérieur d'un même comté) qu'il faut distinguer de la **mobilité locale** (déplacements quotidiens du travail...). A plus petite échelle, on parlera de **migrations intrarégionales** (à l'intérieur d'une région), de migrations interrégionales (entre deux régions).

A la différence des **migrations intérieures,** c'est-à-dire internes à un pays, les **migrations internationales** supposent un franchissement de frontière.

L'**émigration** (déplacement vers l'extérieur du territoire, c'est-à-dire sortie du territoire national) et l'**immigration** (déplacement vers l'intérieur d'un territoire, c'est-à-dire entrée dans le territoire national) sont des déplacements internationaux. Cependant, on emploie parfois ces deux termes pour désigner des migrations intérieures, qui s'accompagnent d'un profond changement du cadre de vie (ex. émigration des campagnes vers les villes).

Pour un territoire donné, le **solde migratoire** (synonyme de **migration nette)** est la différence entre le nombre des arrivées et celui des départs (entre immigration et émigration). Ce solde (positif ou négatif) est calculé par référence à une période donnée : solde mensuel, solde annuel. Suivant leur solde, on oppose les **pays de départ** ou d'émigration et les **pays d'accueil** ou d'immigration.

Quelles soient intérieures ou internationales, les migrations peuvent être temporaires ou définitives. La **migration de retour** ramène le migrant à son lieu de départ. Les **migrations saisonnières** sont un cas bien particulier puisque subsiste un lieu de résidence habituel, même si ce dernier est peu fréquenté. A leur sujet, il vaut mieux parler de déplacements saisonniers, c'est-à-dire à périodicité régulière (déplacements des travailleurs agricoles pour les récoltes, déplacements touristiques).

Le **nomadisme** est un genre de vie caractérisé par un déplacement plus ou moins fréquent du groupe humain. On peut parler de migration puisqu'il y a changement de résidence. Avec le **grand nomadisme** (ex. pasteurs, chameliers d'Arabie, Touaregs), le groupe humain ne possède aucun habitat sédentaire. Le **semi-nomadisme** combine la sédentarité dans les villages (pendant l'hiver par exemple) et le nomadisme en campements pendant la belle saison. La plupart des nomades sont, aujourd'hui, en voie de **sédentarisation :** ils se fixent dans des habitats sédentaires et permanents.

2. Les déterminants des migrations

Selon les motifs des migrants et les modalités de la migration, on peut classer les migrations en cinq grandes familles :

- **migration primitive** de caractère écologique, qui vise à rétablir l'équilibre entre les ressources du milieu et la répartition des hommes (ex. migrations de l'Antiquité) ;
- **migration forcée :** elle est la conséquence d'une décision politique et ne laisse aucun choix aux individus ou aux groupes humains (traite des Noirs, transfert des minorités allemandes en 45-46) ;
- **migration sous contrainte :** elle est la conséquence d'une forte contrainte (politique, religieuse...) mais une certaine liberté de choix subsiste pour les individus (les minorités religieuses peuvent émigrer ou rester dans le pays au prix, parfois, de leur conversion, ex. musulmans dans l'Espagne du XVIe siècle, protestants français après la révocation de l'édit de Nantes) ;
- **migration libre et individuelle :** les origines en sont multiples. Recherche d'un emploi **(migration de travail),** recherche d'un meilleur emploi ou d'une promotion **(mobilité de carrière ou carriérale),** recherche du soleil ou d'un cadre de vie agréable **(migration de retraite)** ;
- **migration de masse :** c'est une variante de la précédente, qui met en mouvement de grandes quantités de migrants, souvent dans le cadre de migrations organisées. Ainsi les **migrations transocéaniques ou intercontinentales** entre l'Europe et les autres continents du milieu du XIVe siècle au milieu du XXe siècle. Les **migrations de peuplement** ont pour objet le peuplement d'une région plus ou moins vide d'habitants : ces migrations de masse sont, le plus souvent, libres quoique organisées, mais il peut exister des migrations forcées de peuplement. Quelles que soient les modalités ce sont de véritables **migration de colonisation :** colonisation du Far West américain, colonisation de la Sibérie, du Brésil intérieur...

3. Les migrations forcées et sous contrainte

Les personnes migrantes sont appelées personnes déplacées. Dans certains cas, on peut parler de **déportations** lorsque les migrants sont déplacés autoritairement vers des **camps de travail** (goulag, exode urbain des Khmers entre 1975 et 1977) ou d'**extermination.**

Les rectifications de frontières donnent lieu à des **transferts de population,** par exemple les Allemands expulsés en 1945-1946 des régions annexées par la Pologne, Polonais expulsés des régions annexées par l'Union soviétique.

Les événements politiques et les guerres sont à l'origine de nombreuses migrations sous contrainte : exode de **populations réfugiées,** dont l'accueil peut être assuré par des **camps de réfugiés.** Les **rapatriés** sont arrivés dans les métropoles à la suite de la décolonisation ; le terme est d'ailleurs impropre, la plupart des individus étant nés dans les colonies et considérant celles-ci comme leur patrie.

La dispersion d'une communauté à travers le monde est à l'origine d'une **diaspora**. Le terme d'origine grecque fait référence à la dispersion de la communauté juive quittant Israël soit pour fonder d'autres communautés dans le monde méditerranéen, soit pour échapper aux persécutions. On peut ajourd'hui parler de diaspora pour les communautés éclatées dont la majorité des membres réside en dehors de la mère-patrie d'où la distinction de quatre autres diaspora : arménienne, libanaise, palestinienne et irlandaise.

Diaspora palestinienne	Diaspora arménienne
Palestiniens en Israël : 750 000 Palestiniens des territoires occupés – Bande de Gaza 620 000 – Cisjordanie (dont Jérusalem Est) 1 100 000 Palestiniens – en Jordanie : 1 570 000 – au Liban : 600 000 – en Syrie : 300 000 – au Koweit : 400 000 – en Arabie saoudite : 210 000 – dans les états du Golfe environ 100 000 – dans le reste du monde environ 320 000 Total environ 6 millions	**Arméniens en Arménie soviétique :** 3 100 000 Arméniens en Union soviétique (Géorgie, Russie, ... : 1 400 000) Arméniens – aux Etats-Unis : 700 000 – en France : 300 000 – au Liban : 150 000 – en Syrie : 150 000 – dans le reste du monde environ 800 000 (en Iran, Egypte, Chypre, Turquie ; RFA, Italie, Belgique ; Argentine, Australie ; Canada, Mexique...) Total environ 6 600 000

4. Les relations migratoires entre villes et campagnes

L'**exode rural** désigne l'émigration des campagnards vers les villes. Il ne faut pas le confondre avec l'**exode agricole,** départ des agriculteurs vers les villes qui coïncide avec l'abandon du métier d'agriculteur. L'**exode urbain** correspond à l'émigration des villes vers les campagnes. Le plus souvent, les émigrants urbains s'installent dans des campagnes proches des villes qui restent leur lieu de travail. Ils deviennent **urbains** et on parle de **rurbanisation.** En France, ce phénomène conduit à distinguer le **rural profond** des **zones de peuplement industriel et urbain (Z.P.I.U.).** La délimitation des Z.P.I.U. tient compte des mouvements pendulaires, de l'importance de la population non agricole, de la taille des établissements industriels. Chaque Z.P.I.U. rassemble une ou plusieurs unités urbaines, des communes industrielles (effectifs salariés supérieurs à 100), des **communes dortoirs** (communes rurales à fort taux d'actifs travaillant hors de la commune).

5. Les politiques migratoires

Elles visent à contrôler ou à influencer les migrations intérieures et surtout internationales. Pour les migrations intérieures, la principale finalité est la lutte contre le dépeuplement de certaines régions. Vis-à-vis des migrations internationales, on peut discerner des **politiques d'accueil** et des **politiques restrictives**. Ces dernières fixant des restrictions à l'immigration, fonction de la qualité ou de la nationalité des immigrants. Les **lois des quotas** aux Etats-Unis fixent des contingents annuels d'immigration qui sont fonction des nationalités (loi de 1924 fixant les quotas annuels à 2 % du groupe national recensé aux Etats-Unis en 1890).

D'une manière générale, l'accueil est souvent sélectif, des facilités plus grandes étant offertes aux personnes qualifiées. D'où un véritable **« exode des cerveaux »** en direction de certains pays à haut niveau de développement, ex. les Etats-Unis.

72. MILIEU - ÉCOSYSTÈME

1. L'étude du milieu intéresse de nombreuses sciences

a) L'**écologie** est l'étude des milieux où vivent et se reproduisent les êtres vivants ainsi que des rapports de ces êtres avec le **milieu.** Celui-ci est conçu comme l'espace entourant immédiatement les êtres vivants et avec lequel les êtres vivants réalisent de constants échanges. Pour l'écologie, le milieu élémentaire est l'**écosystème,** c'est-à-dire une partie de l'espace terrestre émergé ou aquatique qui présente un caractère d'homogénéité (topographique, microclimatique, botanique, zoologique...). Dans un écosystème, la **chaîne alimentaire** (ou **chaîne trophique**) est formée par la hiérarchie des êtres vivants classés selon leur mode d'alimentation : producteurs qui élaborent de la matière vivante à partir du milieu minéral, consommateurs qui se nourrissent d'êtres vivants (herbivores, carnivores...), **décomposeurs** (bactéries, champignons) qui se nourrissent de débris organiques et de cadavres et assurent le retour de la matière organique à l'état minéral.

b) La **biogéographie** étudie la répartition de la **biosphère,** c'est-à-dire l'ensemble des êtres vivants à la surface du globe (**phytosphère** = ensemble des végétaux + **zoosphère** = ensemble des animaux). La biogéographie moderne s'intéresse de plus en plus aux **biocénoses,** communautés d'organismes vivants végétaux et animaux liés par une dépendance réciproque. L'ensemble des biocénoses constitue la biosphère.

c) La notion d'écosystème a évolué. Le terme ne désigne plus seulement un milieu élémentairc de taille réduite. Au sens moderne, l'écosystème désigne, pour un milieu donné (plus ou moins vaste), le système complexe de relations qui se nouent entre l'ensemble des êtres vivants (ou biocénoses) et l'ensemble des éléments minéraux (roches, eau, air) ou **biotope.**

On peut aussi distinguer les écosystèmes selon leurs dimensions :

– à l'échelle du globe : **écosystème terre** ;

– selon les zones climatiques **écosystèmes zonaux** (ex. régions tropicales humides à forêt dense) ;

– selon le **domaine** géologique ou géographique : ex. écosystème des îles méditerranéennes, écosystème des chaînes alpines européennes ;

– à l'**échelle régionale :** écosystème de la Sardaigne, du Roussillon, des Alpes du Nord en France.

Pour les dimensions plus réduites, on distingue quatre niveaux d'écosystème :

– le **géosystème :** de un à plusieurs dizaines de kilomètres : ex. le massif du Taillefer, dans l'Oisans ;

– le **géofaciès :** de la centaine de mètres au kilomètre : ex. une forêt de conifères au col d'Ornon ;

– le **géotope :** de la dizaine à la centaine de mètres : ex. une clairière dans la forêt ;

– l'**écotope :** moins de dix mètres, ex. un buisson d'airelles.

2. Milieu naturel - milieu géographique

Théoriquement, un **milieu naturel** est un milieu qui n'a pas été modifié par l'intervention anthropique. Lorsque les modifications sont superficielles, on peut encore parler de **milieu** et de **paysages naturels,** ex. la forêt dense du centre de Bornéo est un milieu naturel si les hommes se contentent de cueillette. Mais l'agriculture sur brûlis modifie le milieu.

De fait, l'homme transforme de plus en plus l'**environnement.** Le **milieu géographique** est rarement un **espace naturel** mais le plus souvent un **espace aménagé,** un **milieu humanisé** plus ou moins profondément transformé par l'action de l'homme : d'où la distinction entre milieux restés relativement naturels et **milieux anthropisés.**

3. Evolution du milieu

L'évolution d'un milieu biogéographique s'apprécie par rapport au climax. Le **climax** représente l'état d'équilibre relativement stable d'un écosystème : équilibre entre la végétation, le sol et le milieu correspondant en l'absence de toute intervention humaine.

Une formation **climacique** est une formation végétale en équilibre relativement stable.

Le **pédoclimax** est le stade d'équilibre d'un sol, adapté au climat et à la végétation, ex. en Europe occidentale la formation climacique est une forêt caducifoliée. Le pédoclimax est un sol brun forestier.

La **dégradation du milieu** entraîne une rupture de l'équilibre climacique. On parle alors d'**évolution régressive,** le milieu se dégradant et s'éloignant de son équilibre climacique. L'**érosion anthropique** est une érosion déclenchée à la suite d'une surexploitation du milieu avec destruction du couvert végétal. Parmi les perturbations d'origine anthropique :

- la **déforestation ;**
- l'érosion des sols à la suite de cultures mal adaptées, d'où déflation éolienne avec formation de **dust bowl** (cuvette à poussière), ex. dans le Kansas ;
- le surpâturage par les troupeaux.

73. MILIEUX CHAUDS NON ARIDES

1. Les milieux chauds non arides

Les milieux chauds non arides sont situés entre les tropiques. Tous les mois ont une moyenne thermique supérieure à 18 °C. Les précipitations annuelles sont supérieures à 500 ou 600 mm, avec une saison des pluies durant au minimum trois mois. On peut y rattacher le milieu subtropical (à proximité des tropiques) humide des façades orientales des continents.

2. La diversité climatique

Les distinctions climatiques dans la zone intertropicale ne sont pas le fait des températures. Ce sont les régimes pluviométriques qui permettent d'utiles différenciations.

a) Le **climat équatorial :** climat chaud à très faible amplitude thermique annuelle (moins de 4 ou 5°). L'humidité est constante, les précipitations abondantes (plus de 1,5 m, voire plus de 2 m – ascendance convective). En principe, existent deux maxima pluviométriques correspondant au passage du front intertropical, lieu de convergence des alizés. Extension : Amazonie, cuvette congolaise, côte nord du golfe de Guinée, Indonésie (Nouvelle-Guinée, Bornéo...). Autres appellations : **climat gabonais, climat guinéen.** En fonction des particularités locales, il existe des variétés dites **subéquatoriales** avec un minimum pluviométrique assez marqué.

b) Le **climat tropical humide :** climat chaud à faible amplitude thermique annuelle (moins de 8 à 9°). Il existe deux saisons bien marquées : une saison sèche plus ou moins longue (3 à 6 mois) avec fortes températures, une saison pluvieuse (1 200 à 2 000 mm) marquée par une baisse des températures, appelée **hivernage** en Afrique. Le maximum pluviométrique se place au solstice d'été et correspond au passage du F.I.T. (un seul passage). Autre appellation : **climat soudanien.** Extension : (→ *croquis*).

Milieux chauds et humides

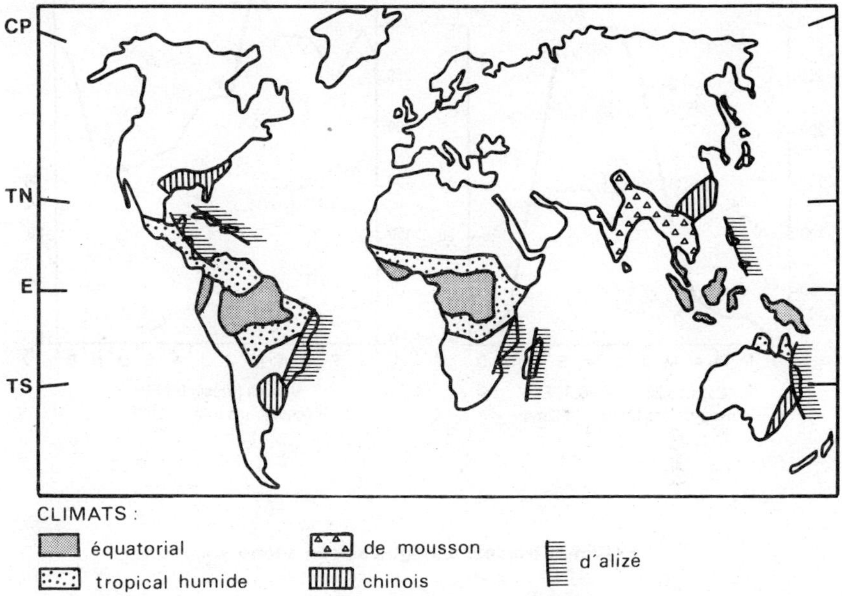

3. Variantes

Le **climat de mousson** procède des mêmes mécanismes, mais le début de la saison pluvieuse est particulièrement brusque : on parle d'**éclatement de la mousson,** terme à réserver plutôt à l'Asie du Sud-Est et à la **mousson indienne :** le front intertropical est décalé très au nord, attiré par les basses pressions au nord-ouest de l'Inde. Il devient alors un **front de mousson** (→ *12. atmosphère*). Autre appellation : **climat bengalien.**

Les **climats d'alizés** se développent sur les îles et sur les façades orientales des continents exposées aux vents alizés aux latitudes tropicales. Extension : Antilles, côte est du Brésil (Bahia), côte est de l'Australie.

L'influence de la direction des côtes est déterminante pour la pluviosité. L'opposition est fondamentale entre **côtes aux vents** (forte pluviosité) et **côtes sous le vent** (climat d'abri à tendance sèche). A ce propos, on parle parfois de **climat hawaïen.**

Les **cyclones tropicaux** (→ *infra*) influencent de nombreuses régions tropicales et modifient en partie la pluviosité classique.

Climat tropical humide

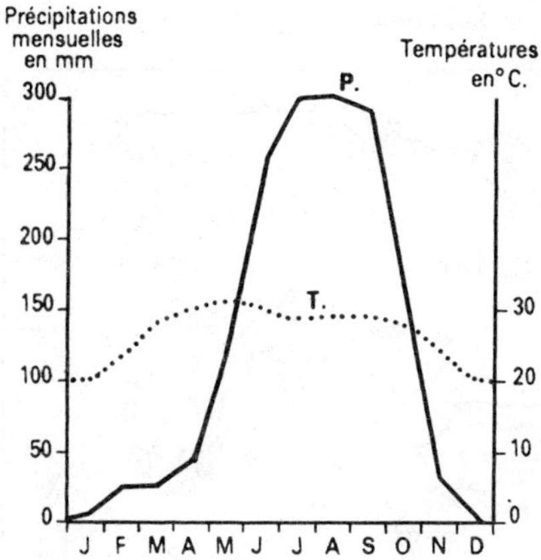

Calcutta 22°32'N. 88°30'E.
Précipitations totales: 1582mm

Climat équatorial

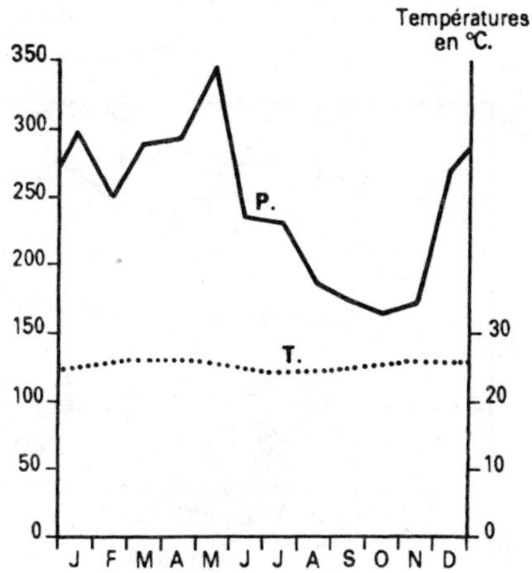

Uaupès (Brésil) 0°67'W.
Précipitations totales: 2896mm

Climat tropical à longue saison sèche

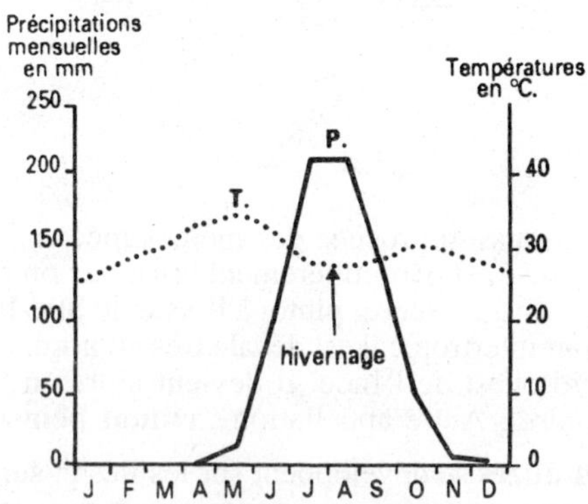

Kayes (Mali) 14°27'N. 11°26'W.
Précipitations totales: 735mm

Le **climat tropical sec :** même mécanisme que le climat tropical humide, mais la durée de la saison pluvieuse est courte, d'où un total de précipitations annuelles plus faible (500 à 1 200 mm). Longue saison sèche (6 à 9 mois). Au-delà, on passe à un climat semi-aride (→ *8. aridité*). Extension : sur les marges du climat tropical humide.

Le climat des **façades orientales subtropicales** (climat **chinois** ou **cantonnais** ou **virginien**). C'est un climat à hiver tempéré (les coups de froid sont possibles) et assez pluvieux, aux étés chauds et très humides. Il est parfois rangé parmi les climats tempérés du fait de températures hivernales inférieures à 15 °C. Extension : Chine du Sud, côte sud-est des Etats-Unis, pays de la Plata, sud-est de l'Australie.

4. Les cyclones tropicaux

Il s'agit de dépressions particulièrement creusées (au centre pressions inférieures à 950, voire 930 mbars), d'extension limitée (60 à 200 km) et de forme circulaire. Le centre du cyclone, ou **œil,** correspond à une aire calme avec éclaircie. Autour du cyclone se développe une ceinture de vents violents (200, voire 300 km/h).

Selon les régions, les cyclones portent des noms différents : **typhons** en Extrême-Orient, **hurakan** dans les Caraïbes, **hurricanes** aux Etats-Unis, **tornades** dans l'océan Indien.

Les principales régions de **cyclogenèse** (de formation des cyclones) sont la zone de convergence intertropicale (85 % des cas) et la zone de flux des alizés.

Les cyclones tropicaux

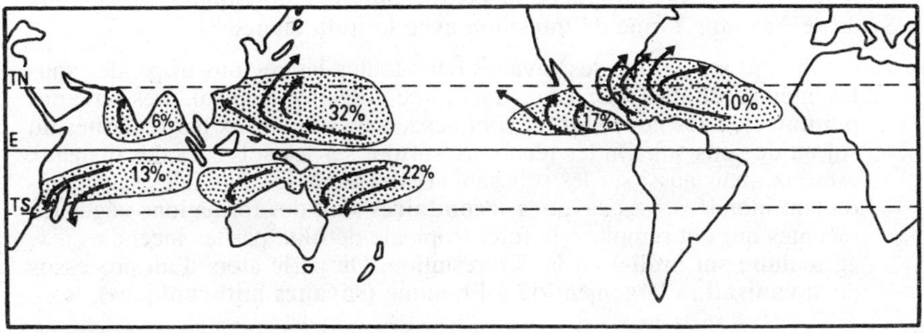

Le cyclone évolue selon trois stades :
- stade de développement ;
- stade de maturité (avec creusement de l'œil et forme tourbillonnaire nette) ;
- stade de déclin.

Au stade de maturité, le cyclone forme un gigantesque **anneau nuageux,** animé par un rapide mouvement d'ascendance et par un mouvement de convergence dans les basses couches. (Dans l'hémisphère Nord, la rotation se fait dans le sens contraire des aiguilles d'une montre.) Principales régions affectées par les cyclones tropicaux : mers de Chine et des Philippines, mer des Caraïbes et golfe du Mexique, océan Indien et golfe du Bengale.

5. La végétation en milieu chaud non aride

a) Le milieu forestier tropical : les forêts tropicales sont variées (→ *53. forêt*).

Les forêts de façades orientales aux latitudes subtropicales sont des forêts mixtes du type **forêt chinoise :** forêt très luxuriante, hygrophile, riche en espèces **laurifoliées** (végétaux à feuilles dures et vernissées comme celle du laurier, ex. magnolia), avec mélange d'essences tempérées et tropicales.

b) Une **savane** (de l'indien caraïbe sabena) est une formation végétale tropicale fermée, constituée d'herbes dures et hautes, avec dominante de **graminées à rhizome** (rhizome = tige souterraine).

Une **savane herbeuse** est une formation herbeuse pure, appelée **campo** au Brésil et **llano** au Venezuela.

Les savanes peuvent être parsemées d'arbres isolés – **savane arborée,** de buissons et d'arbustes – **savane arbustive** appelée **campo cerrado** au Brésil. Dans une **savane buissonnante,** les buissons l'emportent (forme de transition entre savane et steppe). Si les arbres sont groupés en bouquets, c'est la **savane-parc ;** la **savane boisée,** comportant de nombreux arbres, est une forme de transition avec la forêt claire.

On peut rencontrer des savanes dans toutes les régions tropicales sous les mêmes climats que ceux du milieu forestier tropical. Les **savanes primaires,** dites **édaphiques,** sont des savanes liées aux particularités du sol ou du sous-sol. On les rencontre surtout sur les sols secs des plateaux gréseux, mais aussi sur les sols sableux des terrasses alluviales saisonnièrement inondées. Les **savanes secondaires** sont des formations végétales récentes qui ont remplacé la forêt tropicale détruite par les incendies (ex. agriculture sur brûlis) ou la déforestation. On parle alors d'un processus de **savanisation** largement dû à l'homme **(savanes anthropiques).**

6. Relief et érosion en milieu chaud non aride

a) En milieu forestier tropical, le sol et le sous-sol sont, la plupart du temps, gorgés d'eau. La stagnation de l'eau dans le sous-sol provoque une altération des roches avec transformation de leurs propriétés physico-chimiques. Dans le sous-sol, se constitue un épais manteau d'**altérites** (produits de l'altération) surtout constituées d'argiles d'altération comme la **kaolinite.**

b) Les argiles d'altération très épaisses sont attaquées par l'érosion. Les **demi-oranges** sont des collines aux versants convexes modelés dans les altérites pouvant comporter un noyau de roche (souvent cristalline) non altérée.

L'érosion en milieu chaud et humide

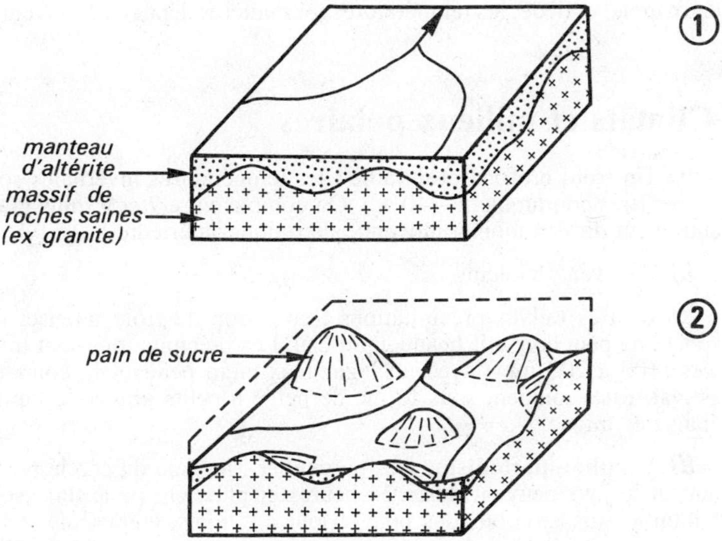

Les **pains de sucre** sont des dômes au sommet arrondi, aux parois lisses et à versants très raides modelés dans des roches cristallines ou métamorphiques.

Le ravinement dans les altérites épaisses et compactes donne des ravines appelées **lavakas** à Madagascar et **voçoroca** au Brésil. C'est un processus d'érosion surtout courant dans les savanes où le ruissellement est plus intense qu'en milieu forestier.

c) Dans les régions de savane, on observe de nombreuses **cuirasses,** croûtes superficielles épaisses (jusqu'à plusieurs mètres) fortement durcies par des précipitations d'hydroxyde de fer et d'aluminium (couleur brun rougeâtre). La formation de ces sols (aussi durs qu'une roche) est caractéristique des climats tropicaux à saison sèche bien marquée. (On parle aussi de **carapaces** parfois qualifiées de latéritique ; le terme latéritique est à éviter car la latérite est le sol rouge des régions tropicales humides sous couvert forestier.)

74. MILIEUX FROIDS

Les **milieux froids** sont surtout caractérisés par la rigueur de leurs températures estivales : aucun mois ne dépasse 10 °C de moyenne thermique. En **milieu polaire,** l'été n'existe pratiquement pas. En **milieu circumpolaire** (vers 60°, 70° de latitude dans l'hémisphère Nord ; vers 50 °, 60 ° dans l'hémisphère Sud) l'été est court (quelques semaines – moins de deux mois) et tiède, les températures journalières dépassant souvent 10 °C.

1. Climats et milieux polaires

a) Un froid profond et durable : les températures hivernales sont très basses (très couramment – 40 °C). On compte entre 7 et 9 **mois glaciaux,** autrement dit des mois à moyenne thermique inférieure à – 5 °C.

b) Des vents violents.

c) De très faibles précipitations : en raison du froid intense, l'atmosphère ne peut contenir beaucoup d'eau. Les précipitations sont très limitées (100 à 200 mm) avec un léger maximum pendant le court redoux estival. Elles tombent sous forme de neige à petits grains, le tapis nival étant très mince.

d) Un **photopériodisme** très particulier : au-delà du cercle polaire, la nuit et le jour peuvent durer 24 heures et plus. On parle du « soleil de minuit ». Aux environs des pôles : jour = 5 mois, crépuscule = 1 mois, nuit = 5 mois, aube = 1 mois.

e) Le milieu antarctique : le continent antarctique est en permanence recouvert d'une calotte de hautes pressions. Autour de cette calotte circulent en permanence des **« cyclones hurlants »** tournoyant vers 60° de latitude et dans le sens des aiguilles d'une montre. Le climat est un véritable **climat inlandsisien** (d'inlandsis) avec températures mensuelles toujours négatives et vents catabatiques très violents. Les vents **catabatiques** (ou de **gravité**) sont des vents thermiques qui naissent au contact de l'inlandsis (refroidissement de l'air et déplacement par gravité vers les points bas). Ces vents **« pelliculaires »** circulent au ras du sol (dans les 200 ou 300 mètres au-dessus de l'inlandsis) très rapidement (200 km) et de manière saccadée.

Autour de l'inlandsis antarctique et plus spécialement dans les golfes, se développe une plate-forme de glace flottante ou **glacier flottant** alimenté par l'inlandsis. Cette plate-forme appelée **shelf** se termine par une véritable falaise ou **barrière de glace.** Le **vélage** c'est-à-dire la fragmentation de cette plate-forme, donne naissance aux icebergs.

f) Le milieu arctique est un milieu surtout maritime. Autour de la **banquise** (→ *56. glaciers*) permanente, se développe le **pack,** glace saisonnière. Les **polynies** sont des chenaux d'eau libre à l'intérieur du pack.

L'Antarctique

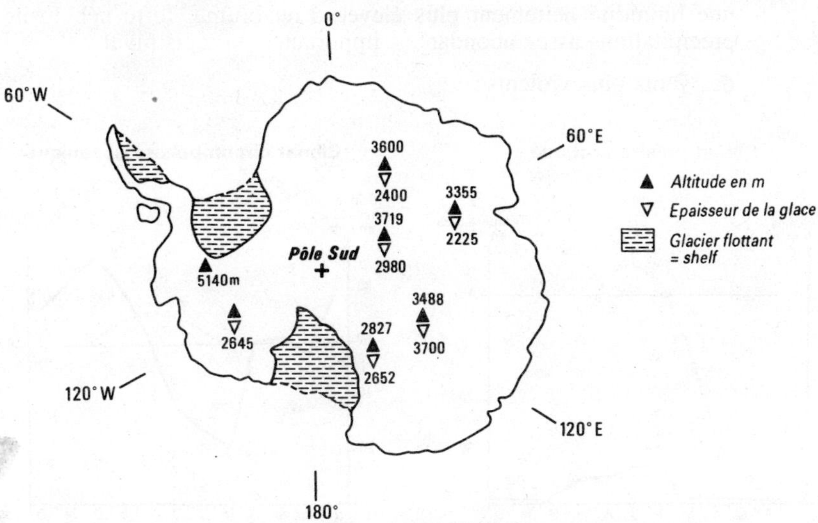

Le **climat groenlandais** est l'équivalent du climat inlandsisien. Cependant, le climat polaire arctique (ou groenlandais) est dans l'ensemble moins froid et plus humide que le climat polaire antarctique.

2. Climat et milieux circumpolaires

a) Autour des calottes polaires, se développent des **milieux circumpolaires,** milieu surtout continental dans l'hémisphère Nord entre 60° et 70° de latitude, milieu océanique dans l'hémisphère Sud entre 50° et 60°.

A la différence des milieux polaires, les jours de **gélivation** avec alternance gel-dégel sont assez nombreux. Les milieux cicumpolaires sont des milieux périglaciaires (→ *infra*), domaine de la toundra.

b) Le climat circumpolaire continental

– climat à très longs hivers (8 à 10 mois au-dessous de 0 °C ; 6 mois glaciaux) et à étés courts et frais. Précipitations annuelles faibles et surtout estivales (moins de 500 mm). Amplitude thermique annuelle élevée (supérieure à 30 °C).

– extension : (→ *carte*) nord du Canada et de l'Alaska, façade arctique de l'Union soviétique. (Pour l'U.R.S.S., on parle de **climat angarien,** du nom de la rivière Angara pourtant située nettement plus au sud.)

c) Le climat circumpolaire océanique présente quatre différences avec le circumpolaire continental :

– une amplitude thermique plus faible (moins de 12 °C) car les hivers sont moins froids ;

– un nombre important de jour de gélivation (≃ 100 jours) ;

– une humidité nettement plus élevée d'où brume, forte nébulosité, précipitations assez abondantes, importance du tapis nival ;

– des vents plus violents ;

Climat polaire arctique

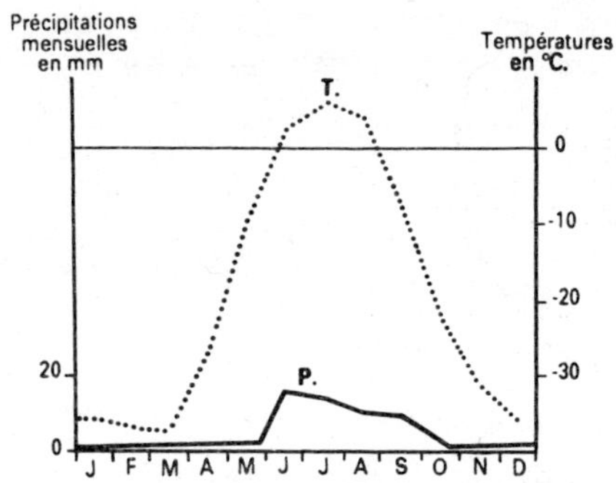

Euréka (Canada) 80°N. 87°W.
Précipitations annuelles: 70mm

Climat circumpolaire océanique

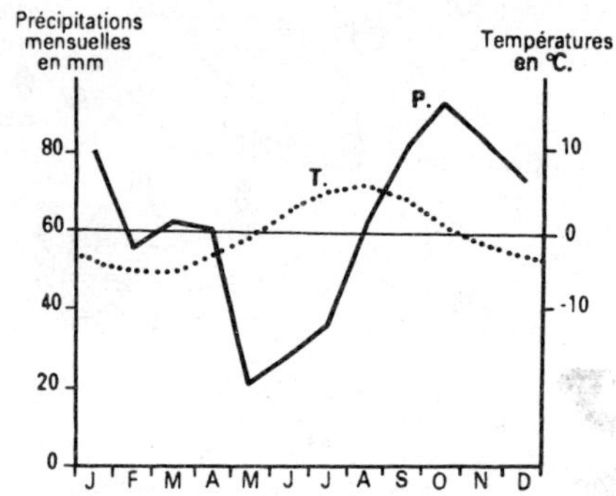

Jan Mayen (Mer du Groënland) 70°57'N. 9°W.
Précipitations annuelles: 735mm

Climats froids et banquise permanente (hémisphère Nord)

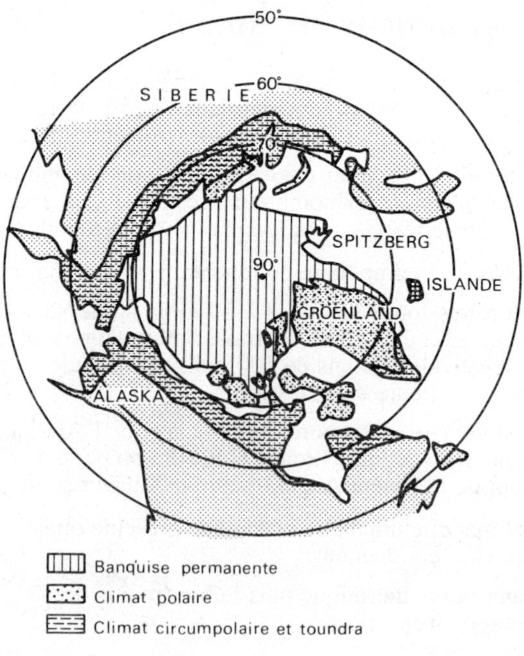

– extension : pointe extrême sud de l'Amérique, îles dites australes (Falkland ou Malouines, Géorgie du Sud, Kerguelen...), Spitzberg (on parle parfois de climat **spitzbergien**). L'Islande, réchauffée par la dérive nord atlantique (→ *85. océan et mers*) possède des étés plus tièdes (+ 11 °C) et des hivers plus cléments. Le climat **islandais** (ou islandien) est hyperocéanique, les précipitations étant liées aux dépressions du front polaire.

d) **Toundra :**

– végétation des milieux circumpolaires, la **toundra** est une formation végétale pauvre en espèces (200 à 300) dominée par les plantes herbacées (dryas, saxifrages...), les **cryptogames** (mousses, lichens) et les **chaméphytes** (végétaux nains, ex. airelles). Les arbres sont absents sauf dans les marges méridionales de la toundra arctique, mais peuvent subsister des arbustes et arbres rampants (saule polaire, bouleau nain) ;

– en Arctique, du nord au sud, on peut distinguer :

- la **toundra nue** à mousses et lichens, formation discontinue,
- la **toundra buissonnante,**
- la **toundra arborée** (ou boisée).
- la **toundra australe** (hém. Sud) est une toundra très herbeuse.

Selon le bilan hydrique des sols, on peut distinguer **toundra sèche** et **toundra humide** ou **tourbeuse.**

Au Canada, les **barrend grounds** sont des plateaux sans végétation car très exposés à la violence des vents.

3. Le modelé périglaciaire

Dans les régions circumpolaires soumises à des périodes de gel alternant avec des périodes de dégel, on parle d'un **modelé périglaciaire** pour les formes du relief. Ce modelé se retrouve en haute montagne.

a) Le **gélisol** est un sol soumis au gel. On y distingue une partie profonde constamment gelée appelée **pergélisol** (ou **permafrost** ou **merzlota**) et une partie superficielle qui dégèle pendant une période de l'année (**mollisol**). Le permafrost est largement un héritage de la glaciation würmienne : sous les régions polaires et de toundra il peut dépasser 300 mètres d'épaisseur.

b) La **gélifraction** (ou **cryoclastie**) est la fragmentation d'une roche sous l'effet du gel soit à cause des différences brutales de température, soit surtout du fait du gel de l'eau dans les fissures. La gélifraction est à l'origine des **abris-sous-roche** lorsqu'une couche de roches gélives est surmontée par une couche moins gélive (nombreux abris-sous-roches ou **baumes** dans les roches calcaires). La gélifraction provoque la formation de nombreux **éboulis,** nappe de débris anguleux déplacés par gravité et recouvrant versants ou talus. Les **grèzes** sont des éboulis formés de petits éléments anguleux disposés en couches inclinées en alternance avec des couches plus argileuses.

c) la **cryoturbation** désigne l'ensemble des déplacements de matière dans le sol ou les roches meubles superficielles sous l'effet du gel et du dégel. Elle provoque parfois la formation en surface de figures comme les **sols polygonaux** (les côtés du polygone sont constitués par des accumulations de pierres alors que le centre est terreux ; de 0,3 à 3 m). Les **coins de glace** (ou fentes de glace) sont des fissures (verticales ou obliques) progressivement agrandies par la glace qui s'y concentre (profondeur : 1 à 10 m ; largeur : quelques centimètres jusqu'à 3 m).

Les **hydrolaccolites** (ou **pingos**) sont des grosses lentilles de glace formées en sous-sol dans les régions périglaciaires et donnant des buttes ou **tertres de toundra**.

d) La **solifluxion** n'est pas spécifique du modelé périglaciaire mais très habituelle dans les milieux périglaciaires. C'est un glissement de terrain, mouvement de masse qui entraîne lentement vers le bas une partie du matériel d'un versant. Les terrains gorgés d'eau s'écoulent comme une masse boueuse à partir d'une **niche de décollement** (ou de **solifluxion**).

75. MILIEU MÉDITERRANÉEN

1. Le climat méditerranéen

a) Caractères

Le climat méditerranéen est un climat tempéré à hivers doux, voire tièdes (températures moyennes de 7 à 14 °C), à étés chauds (mois le plus chaud 23 à 28 °C) marqués par trois mois de sécheresse (précipitations mensuelles en mm < 2 fois les températures en degrés).

Les précipitations sont variables, mais généralement assez médiocres tombant, en saison froide, sous forme d'averses d'automne ou de pluies hivernales (grande irrégularité interannuelle). Le gel est assez rare, la nébulosité peu élevée et l'insolation importante. Les vents locaux sont nombreux, liés à la présence de couloirs et de reliefs montagneux : **mistral** dans la vallée du Rhône et en Provence, **tramontane** en Languedoc-Roussillon, **bora** (vent froid soufflant sur les côtes dalmates).

b) Extension

- Les régions bordières de la mer Méditerranée.
- Les façades occidentales des continents aux latitudes « subtropicales » (30°/40°) : Californie, Chili central, province du Cap en Afrique du Sud, sud-ouest de l'Australie.

Le milieu méditerranéen

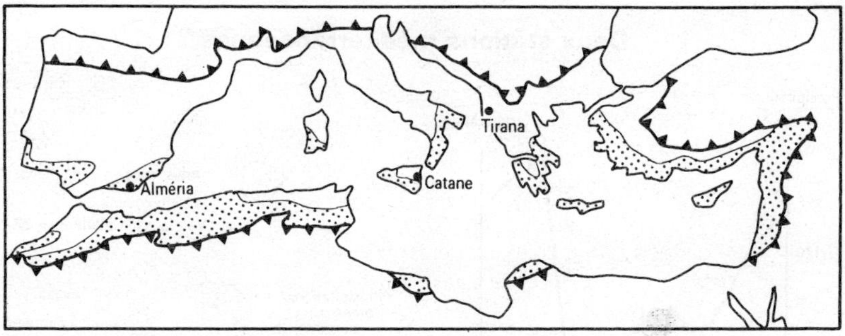

c) Les variétés locales

Selon la pluviosité, la durée de la sécheresse estivale et la position par rapport à l'Océan, on distingue plusieurs types de climat méditerranéen :

- climat méditerranéen à tendance aride ou **xéroméditerranéen :** longue sécheresse et fortes chaleurs estivales – pluies hivernales. C'est le type **hellène** (6 mois secs, 28 °C en juillet) que l'on rencontre en Grèce, au Liban, en Israël, dans le Sud marocain ou dans des régions abritées (ex. Alméria, en Espagne) ;
- **climat méditerranéen type portugais :** la pluviosité est plus abondante (700 à 1 100 mm), la sécheresse estivale plus courte (2 à 4 mois), la chaleur modérée en été. Extension Portugal (sauf le Sud), Albanie ;
- **climat méditerranéen type californien :** c'est un climat de côte à courant froid, d'où un été brumeux et frais (17 °C, à 21 °C). La sécheresse estivale est liée à la présence d'un air côtier frais et subsistant bloquant les phénomènes d'ascendance. L'hiver est doux et assez humide ;
- les climats méditerranéens dégradés (ou **subméditerranéens**). On les rencontre en montagne ou sur les plateaux (ex. Espagne centrale, Balkans) ou lorsqu'on s'éloigne du littoral.

2. Le milieu méditerranéen

a) La végétation est adaptée à la sécheresse estivale, d'où la domination des plantes **xérophiles et odorantes.** La formation végétale climacique est une forêt **sclérophylle** (à feuilles dures – du grec « skléros = dur) aux espèces variées : **chênes verts** (quercus ilex), **chênes lièges,** pins méditerranéens (pin d'Alep, pin laricio, pin parasol). Le sous-bois est plus ou moins dense avec de nombreux arbustes (lentisques, pruneliers, aubépines) et épineux.

Deux stations méditerranéennes *

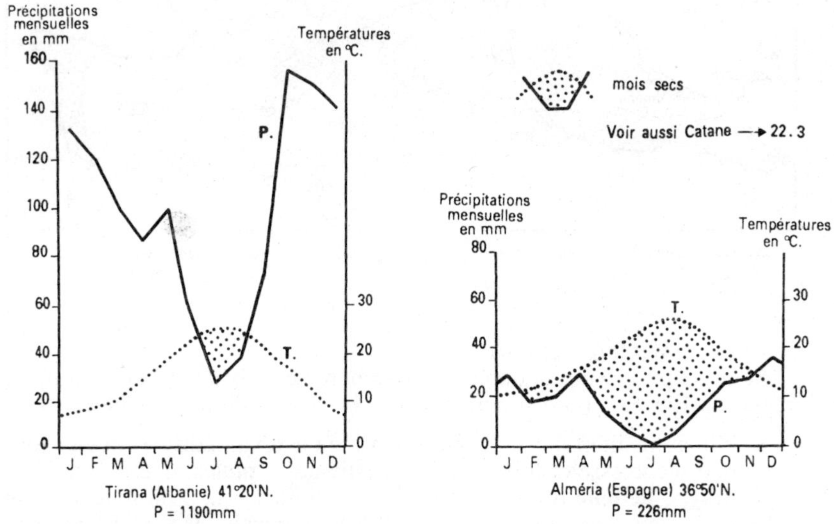

Climat subméditerranéen (tendance humide)

Climat méditerranéen (tendance aride)

* Voir aussi Catane → *22.3.*

b) La dégradation de la végétation méditerranéenne a plusieurs origines : déboisement, incendies de forêt, surpâturage des ovins et des caprins. La forêt primitive a été souvent remplacée par une formation appelée **matorral,** composée d'arbustes, d'arbrisseaux et d'épineux formant des fourrés plus ou moins pénétrables. Dans le matorral, on distingue **maquis** et **garrigue :**

- le **maquis** est une formation végétale dense et peu pénétrable composée d'arbustes (genévriers, arbousiers, bruyères arborescentes, lentisques, cistes) et pouvant comprendre quelques arbres. Le maquis est localisé sur les sols siliceux (on parle d'**espèces silicoles**).
- la **garrigue** est une formation végétale généralement ouverte, composée d'arbrisseaux (= végétation **frutescente**) et de sous-arbrisseaux **(végétation sous-frutescente)** comme le buis, le **chêne kermès** (quercus coccifera), le genévrier et de plantes odorantes (thym, romarin, lavande). Le **tomillar** (espagnol) est une garrigue pauvre où domine le thym. En Provence, une garrigue claire et très dégradée est appelée **erme.**

Le **chapparal** est une variante californienne du maquis auquel s'ajoute cactus et agaves. Cependant, à la différence du maquis, il s'agit, semble-t-il, d'une formation primaire.

c) Les sols méditerranéens : il s'agit le plus souvent de **sols rouges.** Les sols rouges sont des **sols rubéfiés,** c'est-à-dire colorés en rouge par les oxydes de fer déshydratés. La rubéfaction s'est opérée sous climat tropical semi-humide. La fertilité est inégale, dans l'ensemble plutôt médiocre.

Les **sols bruns méditerranéens** correspondent à la forêt sclérophylle primaire. Ils sont souvent dégradés par l'érosion lorsque les défrichements ont fait disparaître la forêt.

La **terra rossa,** argile rouge de décarbonatation est, la plupart du temps, un **paléosol** dont les caractères sont à relier à une phase climatique ancienne (climat tropical sec à saison contrastée). La terra rossa tapisse le fond des dolines. Elle est parfois recouverte par des sols bruns méditerranéens.

76. MILIEUX TEMPÉRÉS

1. Les climats tempérés

Ils se situent par évidence entre les climats froids et les climats chauds, c'est dire que les moyennes thermiques annuelles y sont peu caractéristiques (de – 10 °C à + 20 °C !) d'où une grande variété de climats tempérés à nuances froides, fraîches ou chaudes. La principale caractéristique est l'existence de quatre saisons assez nettement marquées sur le plan thermique – contrairement aux climats froids, l'été existe, plusieurs mois dépassant 10 °C de moyenne. A la différence des climats chauds, il existe un véritable hiver plus ou moins net sur le plan thermique, parfois tiède (moyennes mensuelles de 10 à 14 °C), parfois froid, voire très froid (– 40 °C en janvier en climat **yakoute**).

2. La variété des climats tempérés

Dans l'ensemble, les climats tempérés sont soumis à une circulation zonale d'ouest (vents d'ouest) mais celle-ci est perturbée par de nombreux facteurs : répartition des continents et des océans (opposition façades occidentales, façades orientales).

Compte tenu de ces perturbations, on distingue trois types de climats tempérés : **tempéré océanique** (des façades occidentales), **tempéré continental, tempéré des façades orientales** auxquels il convient d'ajouter le **climat méditerranéen,** climat original de transition entre zone tempérée et zone tropicale (→ *75. milieu méditerranéen*).

A l'intérieur de chaque type, les nuances sont nombreuses : d'où la définition d'un **climat hyperocéanique,** de **climats hypercontinentaux,** de **climats de transition** entre océanique et continental. A chaque climat correspond un milieu biogéographique particulier.

3. Le climat océanique

a) Climat océanique « pur »

Le **climat océanique** est caractérisé par une faible amplitude thermique annuelle (hiver doux, été frais) et une humidité constante. La pluviosité est, dans l'ensemble, élevée mais varie suivant la situation locale (de 700 mm à plus de 3 m). L'instabilité du temps est liée à la constance des vents d'ouest parfois violents, accompagnés de fréquentes « perturbations », d'où un nombre élevé de jours de précipitations (220 à 270 jours). Les précipitations, tombant souvent sous forme de pluies fines et régulières **(crachin),** sont inégalement réparties : maximum d'automne ou d'hiver, minimum estival mais aucun mois n'est sec. La nébulosité est généralement élevée, l'insolation faible en saison froide. Le gel est relativement rare.

b) Variétés régionales

Le climat océanique se développe sur les façades occidentales des continents, d'où une extension nette en latitude (ex. en Europe de 42° N à 65° N) qui explique la variété régionale :

- **climat océanique frais :** il correspond à un climat hyperocéanique avec forte pluviosité et température annuelle moyenne inférieure à 10 °C) ; extension : littoral pacifique en Alaska, Colombie britannique, au sud du Chili, littoral atlantique d'Ecosse et de Norvège, sud de la Nouvelle-Zélande. Le climat océanique frais (ou **norvégien**) correspond souvent au climat des montagnes des façades occidentales (→ *81. montagne*) ;
- le **climat océanique tempéré** (le plus « vrai »), s'étend en Europe occidentale (Irlande, Angleterre, ouest de la France, de la Belgique et des Pays-Bas). On parle de **climat breton** (hivers doux, moyennes > 5 °C ; étés tièdes) mais un tel climat se retrouve en Nouvelle-Zélande ou sur la côte nord-pacifique des Etats-Unis ;
- le **climat océanique** à étés chauds : la saison estivale est relativement chaude et prolongée (plusieurs mois > 18 °C). C'est le climat de la Galice et du sud-ouest de la France : **climat aquitain.**

c) Climat océanique de « transition »

Sur les marges océaniques, l'influence océanique se fait sentir loin du littoral dans les régions de plaine. Progressivement, s'opère une dégradation du climat océanique d'ouest en est, d'où de nombreuses nuances dans ce **climat de transition** caractérisé par une augmentation des amplitudes thermiques annuelles (étés chauds, hivers plus froids et gels fréquents) et une modification du régime pluviométrique (importance des pluies estivales). Le **climat parisien** est un climat semi-océanique aux précipitations modérées réparties sur toute l'année. Le climat **lorrain** est semi-océanique à tendance continentale (maximum de pluies en été).

Climat océanique à été chaud

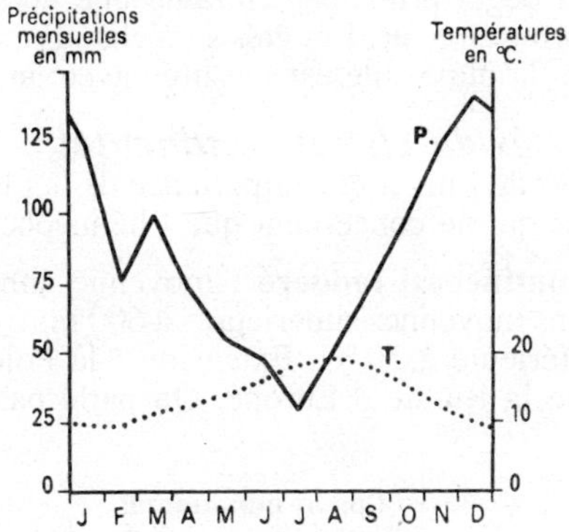

La Corogne (Espagne) 53°22'N. 8°23'W.
Précipitations totales: 975mm

Le milieu océanique est pour l'essentiel, un milieu forestier avec **forêts caducifoliées** (à feuilles caduques : hêtres, chênes, ormes, charmes, saules...). Les espèces sont fonction du sous-sol, ainsi certaines espèces sont **calcifuges** (elles évitent le calcaire) comme le châtaignier. Les sols sont des **sols bruns forestiers,** l'humus est un **mull forestier** (→ *104. sols*). Selon la pluviosité ces sols sont plus ou moins lessivés sous climat plus continental et peuplement d'arbres résineux, on passe aux **podzols** (→ *104. sols, infra* « milieux continentaux »).

Les **landes atlantiques** qui se développent en climat océanique sont parfois des formations climaciques, lorsque la violence du vent empêche le développement des arbres sur le littoral. Cependant, la plupart des landes sont des formations secondaires d'origine **anthropique :** elles sont le résultat des défrichements et des déforestations. Quelques espèces dominent : ajoncs, genêts, bruyères et fougères. Dans les pays de la Loire, les **gâtines** étaient des pays de landes et de médiocre intérêt. Autres synonymes : **brandes, savarts** (landes et broussailles en Champagne crayeuse), **brémailles** (étendues couvertes d'ajoncs, de genêts, de fougères et d'arbrisseaux, en Sologne). En milieu océanique frais et très humide, se développe de nombreuses **tourbières** (→ *infra* « milieux continentaux »).

4. Les milieux continentaux

a) Le climat continental

Climat à forte amplitude thermique annuelle. Les hivers sont rigoureux, longs et secs. Les précipitations hivernales tombent le plus souvent sous forme de neige mais l'épaisseur du manteau nival est variable. En hiver, les vents souvent violents, peuvent déclencher de véritables tempêtes de neige d'où l'inégale répartition du manteau neigeux : on nomme ces vents **blizzards** (anglais) **poudrerie** (français, canadien), **pourga** ou **bourane** (russe).

Le printemps généralement court est marqué par le dégel. La **raspoutitsa,** période du dégel printanier entraîne une véritable liquéfaction du sol qui se transforme en boue. Les étés sont chauds et de longueur variable. Dans l'ensemble, la pluviosité est mesurée avec un maximum estival.

b) Les variétés du climat continental

Selon la rigueur de l'hiver et l'importance de la pluviosité, on distingue plusieurs variétés qui ne concernent que l'hémisphère Nord ou boréal :

– le **climat continental modéré :** moyenne annuelle de 5 °C à 8 °C. Précipitations moyennes supérieures à 600 mm. Amplitude thermique annuelle inférieure à 30 °C. Extension : la Pologne, les Pays baltes et l'ouest de la Russie d'Europe. On parle parfois de **climat polonais** ;

Climat continental

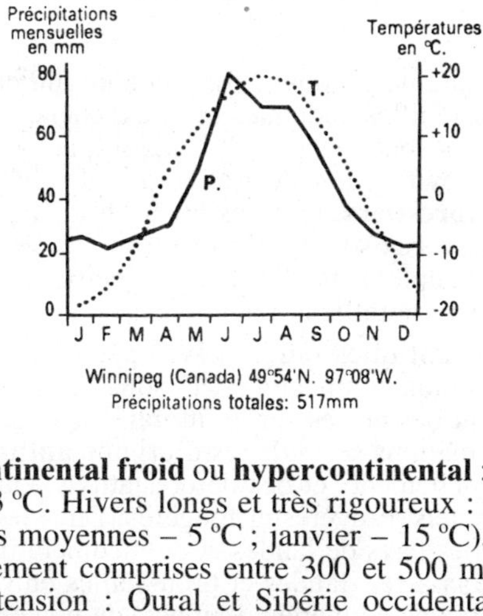

Winnipeg (Canada) 49°54'N. 97°08'W.
Précipitations totales: 517mm

– le **climat continental froid** ou **hypercontinental** : moyenne annuelle inférieure à 3 °C. Hivers longs et très rigoureux : cinq mois glaciaux (températures moyennes – 5 °C ; janvier – 15 °C), précipitations faibles généralement comprises entre 300 et 500 mm. C'est le **climat sibérien** (extension : Oural et Sibérie occidentale et sud-centrale, centre du Canada). Le **climat yakoute** est une version encore plus froide (sept mois glaciaux ; quatre mois – 30 °C). Il n'est pas classé dans les climats froids car l'été quoique court y est tempéré (+ 16 à + 20 °C). Précipitations très faibles. Extension : Sibérie orientale, Yakoutic ;

– le **climat continental sec à étés chauds** (type méridional). La moyenne des températures annuelles est supérieure à 7 °C et peut aller jusqu'à 15 °C (sud des grandes plaines des Etats-Unis). Les hivers sont froids (– 6 °C en janvier à Kiev 50°N ; – 6 °C à Des Moines dans l'Illinois 41°N) mais moins longs qu'en continental modéré. Les étés sont chauds et assez longs. Les précipitations sont le plus souvent médiocres, comprises entre 500 et 700 mm : on parle de climat continental sec ; c'est le climat de la **prairie.** Variétés locales : climat **ukrainien, danubien.**

c) Les milieux biogéographiques

Trois milieux biogéographiques correspondent à la variété des climats continentaux : forêt mixte, grande forêt boréale ou taïga, prairie :

- la **forêt mixte** mêle conifères et feuillus. La **forêt mixte russe** est dominée par l'association chêne-charme-épicéa. La forêt mixte canadienne est appelée **forêt laurentienne :** érable, hêtre, bouleaux + résineux. Toutes deux correspondent à un climat continental modéré ;
- la **grande forêt boréale** est adaptée à un climat continental marqué mais elle subsiste aussi en climat hypercontinental. C'est une forêt de conifères (donc sempervirente) assez pauvre en espèces (pins, sapins, épicéas, mélèzes) qui comporte aussi quelques feuillus très résistants aulnes, bouleaux, trembles.

La **taïga** s'étend du nord de la Russie à la Sibérie orientale ; elle est plus ou moins dense : vers le nord, on passe à une **taïga claire.** Au Canada, l'équivalent de la taïga est la **forêt hudsonienne.**

Les **tourbières** sont fréquentes : ces formations végétales hygrophiles se développent dans les creux humides progressivement comblés par la végétation, composée de mousses **(sphaignes),** de joncs, de carex et de plantes ligneuses de la famille **Ericacée** (bruyères, rhododendrons). Au fond de la tourbière, la tourbe est l'accumulation de ces végétaux en voie de décomposition et de carbonisation. Les tourbières se rencontrent aussi sous les climats océanique ou hyperocéanique (Ecosse, Irlande) ou dans le milieu de la forêt mixte (ex. moyenne montagne tempérée).

Les milieux en Amérique du Nord tempérée

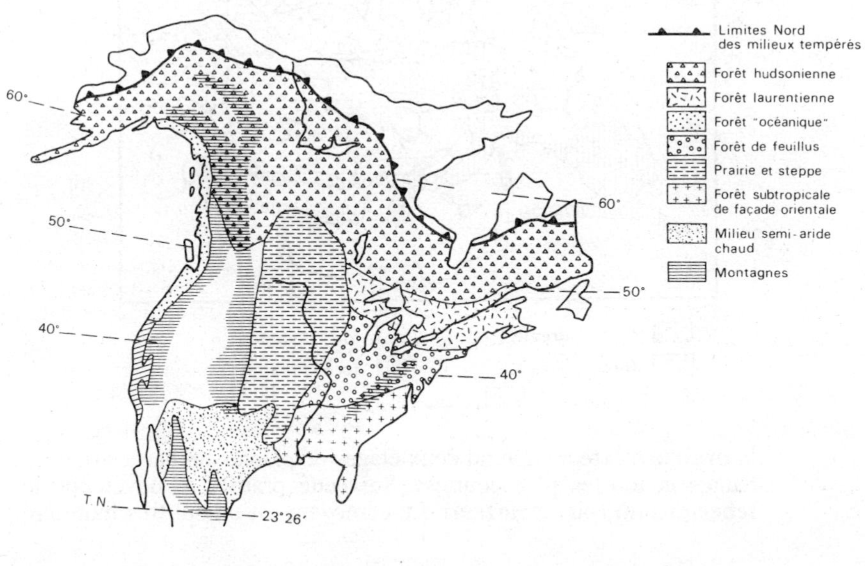

Les sols de la forêt boréale sont des **podzols.** Le podzol, sol acide comprend en surface un horizon A_0 (humus noir, épais, organique et acide) surmontant un horizon A_2 très lessivé, sableux, de couleur blanchâtre **(horizon cendreux)** car débarrassé des argiles et du fer. En dessous, l'horizon B est un horizon d'accumulation (du fer ferrique, des argiles) de couleur ocre ou rouille (→ *104. sols*).

d) Un milieu non forestier en climat continental : la prairie

La **prairie** est une formation végétale herbacée, fermée et dense ou dominent les graminées. Il ne faut pas confondre la prairie avec la steppe semi-aride qui est une formation ouverte (discontinue) ni avec la savane, formation adaptée à un repos annuel (la saison sèche) alors que la prairie subit un double repos annuel (l'hiver ; la fin de l'été, période de dessèchement).

La prairie est adaptée au climat continental à étés chauds. On distingue trois types de prairies :

– la **prairie haute (tall grassland)** qui correspond à une nuance humide (700 à 1 000 mm). C'est une prairie à hautes herbes (jusqu'à deux mètres) qui peut être arborée (en Russie méridionale et en Ukraine on parle de la « steppe » arborée) ;

Les milieux naturels en Europe

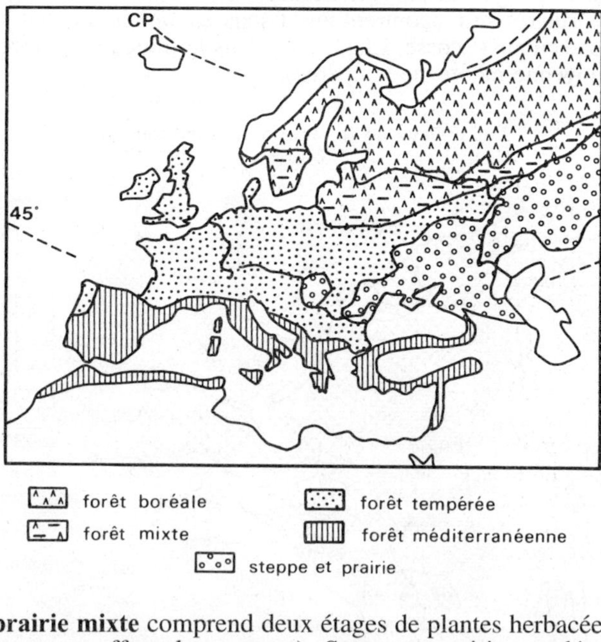

– la **prairie mixte** comprend deux étages de plantes herbacées (herbes hautes et touffes plus courtes). Sur cette prairie, se développe le **tchernoziom** (ou **cernozem**). Le cernozem est un sol très humifère (forte proportion d'humus) : l'horizon A est noir, épais (environ un mètre). L'horizon B n'existe pas, l'horizon C est à concrétions calcaires de carbonates (→ *104. sols*) ;

– la **prairie basse** est adaptée à un climat continental à nuance aride. Les herbes y sont basses et plus clairsemées (herbe à bison) on passe progressivement à la **steppe, formation ouverte.**

Sous prairie basse, les sols sont des sols **châtains** comportant moins d'humus.

L'extension géographique des prairies : en Eurasie, la **puzta** hongroise, les « steppes » (!) de l'Ukraine, de la Sibérie méridionale et de la Mongolie ; en Amérique du Nord, la « grande prairie » (Canada, Etats-Unis) ; en Amérique du Sud la **pampa** (Argentine, Uruguay, Paraguay), en Afrique du Sud le **haut veld.**

Certaines prairies ne sont pas des formations climaciques mais des **prairies dites secondaires** qui correspondent au défrichement d'une forêt primaire. Les prairies actuelles sont des régions d'élevage extensif ou de grande culture céréalière (→ *4. agriculture*).

5. Le milieu tempéré des façades orientales

a) Le climat : sur la façade orientale des continents entre 35° et 50° de latitude, se développe un climat bien particulier qui fait suite au climat subtropical (type chinois ou virginien). Malgré la proximité de l'Océan, on ne peut parler de climat océanique car les amplitudes thermiques sont fortes : vagues de froid en hiver (avec tempêtes de neige possible), vague de chaleur en été. A la différence du climat continental, le climat est nettement pluvieux (800 à 1 500 mm) avec des pluies réparties sur les quatre saisons. Extension : la côte nord-est des Etats-Unis, est du Canada (provinces maritimes. On parle à son sujet de **climat acadien**).

Il existe une variante méridionale et un peu plus intérieure le **climat missourien** (sud-ouest des Grands Lacs).

En Asie, le climat tempéré de façade orientale est marqué par une circulation saisonnière particulière : en hiver la région est dominée par un air froid et sec provenant de l'anticyclone sibérien (plusieurs mois à température moyenne 0 °C, cinq mois à Khabarousk) ; on parle de la « mousson d'hiver » provenant de l'intérieur du continent. En été le climat est chaud et humide (« mousson d'été » provenant de l'Océan). Le climat **mandchourien** s'étend en Mandchourie, Extrême-Orient soviétique, en Corée et dans le nord du Japon. La **mousson « japonaise »** ne peut-être assimilée à la mousson classique.

b) Le milieu est forestier. La forêt de type tempéré oriental est une forêt riche aux essences mêlées (tempérées : chênes ; nordiques : résineux ; méridionales : magnolias, tulipiens pour les franges sud). On parle de **forêt appalachienne.**

Climats et végétation en Europe

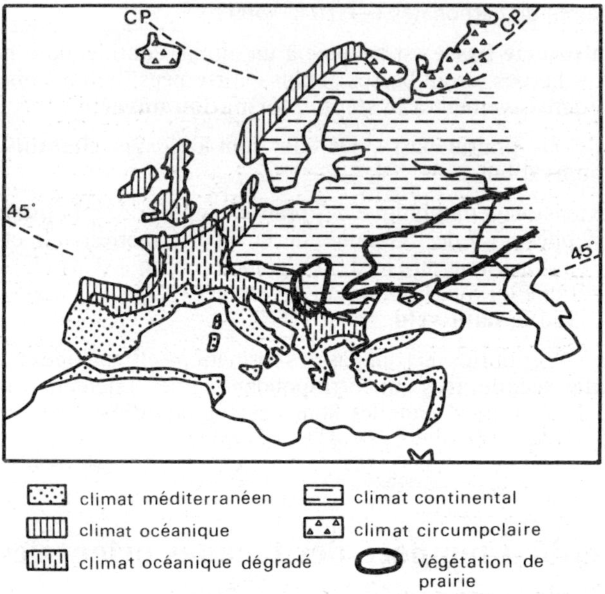

77. MONARCHIE

Monarchie : Etymologiquement, gouvernement d'un seul.

Forme de gouvernement caractérisé par l'unicité du titulaire du pouvoir, un pouvoir qui est exercé au bénéfice de tous. Le chef unique étant un **monarque,** un **roi,** un **empereur,** un **souverain.**

La monarchie diffère de la **dictature** ou de la **tyrannie.**

Ce qui caractérise la tyrannie et la dictature, c'est un régime dans lequel un homme, un parti ou un groupe dispose de la totalité des pouvoirs, sans aucun contrôle populaire, sans que l'opposition dispose de moyens d'exercer une action politique légale. La tyrannie et la dictature, c'est l'absence de tout fondement autre que le fait lui-même qu'il s'agisse de la force ou de la contrainte, alors que la monarchie est le gouvernement par un seul obéissant à un système institutionnel.

A l'origine, les mots de dictature et tyrannie ont un sens particulier : dans l'Antiquité, à Rome, le **dictateur** est un magistrat extraordinaire, choisi par les conseils en cas de danger grave, pour exercer pendant six mois, la totalité du pouvoir exécutif. En Grèce, le **tyran** est le chef populaire d'une cité, (ex. Pisistrate à Athènes).

Certains souverains occupent dans l'Histoire, une place telle qu'une appellation particulière leur a été attribuée :
- le **Grand Roi :** le roi de Perse dans l'Antiquité ;
- le **Roi des Rois :** l'empereur d'Ethiopie ;
- le **Roi Très-Chrétien :** le roi de France ;
- les **Rois catholiques :** Ferdinand et Isabelle de Castille ;
- le **Roi-Soleil :** Louis XIV ;
- le **Roi-Sergent :** Frédéric-Guillaume Ier, roi de Prusse ;
- le **Roi des Romains :** l'héritier désigné du Saint-Empire ;
- le **Roi de Rome :** l'Aiglon, fils de Napoléon Ier.

1. La succession au trône

La **monarchie est élective** en France jusqu'en 1180, puis **héréditaire.** La famille qui a fourni une série héréditaire de souverains à un pays constitue une **dynastie.** Lorsque l'héritier direct du trône – le **dauphin** – est un enfant mineur, le pouvoir est exercé provisoirement par un **régent** ou une **régente** pendant la minorité du roi. Marie de Médicis est régente de 1610 à 1614 pour Louis XIII mineur. Avec une majuscule, la Régence est la période de l'Histoire de France pendant la minorité de Louis XV (1715 à 1723).

Dans la plupart des cas, le règne d'un souverain se termine avec la mort de celui-ci, mais le souverain régnant peut renoncer à exercer le pouvoir : il s'agit d'une **abdication.** Après une interruption de la monarchie, le rétablissement de l'institution déchue est une **restauration.** Avec une majuscule, Restauration signifie soit le rétablissement de la dynastie des Stuart en Angleterre en 1660, soit celui de la dynastie des Bourbons en France en 1814.

Lorsqu'un Souverain épouse une personne de condition inférieure à la sienne une clause peut stipuler que l'épouse et sa descendance ne peuvent prétendre au trône, on parle alors de **mariage morganatique.**

2. Les différentes formes de la monarchie

La monarchie, dont l'empire et la royauté sont des formes particulières, est le premier mode de gouvernement des anciennes civilisations urbaines (en Grèce, à Rome – Rome est une monarchie avant de devenir une République en 509 av. J.-C.) et domine l'Europe, du Moyen Age jusqu'aux XVIIIe et XIXe siècles. D'un point de vue pragmatique, on peut distinguer plusieurs sortes de monarchies qui tiennent leur caractère d'un phénomène annexe, important au point de vue historique, mais impossible à classer dans une série homogène :

- dans une **monarchie patrimoniale,** le roi considère le pouvoir politique comme une simple extension de son pouvoir privé. Dès lors, il n'y a pas à proprement parler de domaine public, le royaume est une propriété privée du roi. La forme la plus connue de ce type de monarchie est celui de la période franque ;
- la **monarchie féodale** est le régime dans lequel le pouvoir du monarque est limité par la structure féodale du royaume (→ *50. féodalité*) ;
- la **monarchie absolue :** régime dans lequel le roi prétend gouverner sans limite, avoir tous les droits sur ses sujets et tend à assimiler sa volonté à la loi.

Peuvent être considérées comme absolues les monarchies égyptiennes (le pharaon) babylonienne, byzantine, mais le terme est généralement employé pour désigner les monarchies occidentales, française et espagnole, entre le XVIe et le XVIIIe siècles (→ *78. monarchie absolue en France*).

L'affirmation de la monarchie absolue en France s'est réalisée progressivement, grâce notamment, aux **légistes,** conseillers des rois capétiens, qui se sont attachés à développer les pouvoirs du roi en s'appuyant sur la loi romaine pour combattre la féodalité.

Un monarque absolu peut abuser de son pouvoir et devenir un **despote,** mais lorsque le gouvernement autoritaire est exercé selon les principes de la raison, le **despotisme** est éclairé (Catherine II en Russie).

L'**autocrate** est également un souverain absolu qui gouverne de manière despotique (ce terme est surtout utilisé en parlant des empereurs byzantins et des tsars de Russie) ;

- La **monarchie tempérée :** la monarchie est tempérée lorsque les pouvoirs du souverain sont limités par une constitution écrite ou non **(monarchie constitutionnelle).** Si le roi remet la direction des affaires à un ministère nommé par lui, mais homogène et responsable devant le Parlement et soutenu par une majorité, la **monarchie est parlementaire.**

A diverses reprises (Alexandre le Grand, les empereurs du Saint-Empire) on a imaginé la possibilité d'une **monarchie universelle** s'étendant à toute l'humanité.

78. MONARCHIE ABSOLUE EN FRANCE (La)

La monarchie absolue est incarnée en un homme dont la souveraineté est définie par ses attributs : choix de la politique, établissement des lois, levée des impôts, disposition d'une force armée permanente, source de justice.

La nature du pouvoir du monarque s'explique notamment par l'importance de l'héritage de l'Antiquité romaine : sa souveraineté est toute entière en lui et, comme l'empereur, il ceint une couronne fermée. Le roi détenant la totalité des pouvoirs est **irresponsable** (il n'a pas à répondre de ses actes). Aux éléments venus de l'Antiquité, se joignent des caractères religieux. Seul le roi reçoit son pouvoir par la grâce de Dieu : la **monarchie** est de **droit divin** (le souverain n'a de compte à rendre qu'à Dieu seul). Le **sacre** « ne fait pas le roi mais ajoute le caractère sacré à la monarchie ».

1. La cour

L'entourage royal forme la **cour.** Elle ne cesse de grandir du XVIe au XVIIIe siècles et devient une institution politique essentielle. Elle regroupe, en plus de la famille du roi tous ceux qui servent à un titre quelconque la personne royale, qu'ils appartiennent aux **conseils de gouvernement** (→ *infra*) ou à la **maison du roi.** La maison du roi réunit tous ceux qui sont affectés au service domestique du roi et de sa famille, elle se compose de la **maison civile** et de la **maison militaire du roi,** des **maisons de la reine,** des **enfants de France.**

La **maison du roi** est placée sous l'autorité théorique du **grand maître de France.** Les principaux offices civils relèvent de la chapelle (sous l'autorité du **grand aumônier de France**), de la bouche (sous la tutelle du **premier maître d'hôtel**) de la chambre (avec au sommet de la hiérarchie le **grand chambellan**), des écuries **(grand écuyer),** de la vénerie **(grand veneur, grand fauconnier).**

Ces offices, très recherchés sont le plus souvent réservés aux plus anciennes familles de l'aristocratie.

La maison militaire constitue une troupe d'élite, également fermée aux roturiers. De nombreux nobles vivent à la cour où ils forment la foule des **courtisans.** Ils respectent l'**étiquette,** cérémonial qui règle la vie du roi et de sa maison. L'étiquette contribue au culte monarchique et renforce l'autorité royale ; elle est aussi pour les courtisans, source d'honneur, symbole d'une situation privilégiée.

2. Conseils et secrétaires d'Etat

Le roi a besoin de collaborateurs pour l'assister dans le gouvernement du royaume et dans sa politique étrangère.

Il est entouré des **grands officiers** de la couronne et des secrétaires d'Etat. Les principaux officiers de la couronne sont le **contrôleur général des finances,** personnage essentiel du régime qui est à la tête, non seulement de l'administration financière mais aussi de toute l'économie, le **chancelier,** chef de la justice qui est aussi sous l'Ancien Régime, police et administration, le **connétable,** chef de l'armée royale a été supprimé par Richelieu. Quatre **secrétaires d'Etat** administrent, d'abord, chacun une partie du royaume et s'occupent des pays limitrophes, puis voient leurs fonctions se préciser dans quatre domaines : la guerre, la marine, les affaires étrangères, la **maison du roi.**

Le roi gouverne également à l'aide de conseils.

Le principe est qu'il n'existe qu'un seul conseil du roi. Issu de la **Curia Regis** (au Moyen Age, assemblée de seigneurs laïcs ou ecclésiastiques convoqués par le roi pour le conseiller ou former un tribunal) le **conseil du roi** prend selon les affaires traitées des noms différents mais les divers conseils ne sont que des sections spécialisées d'un même organisme.

On peut distinguer :

- le **conseil d'en haut** appelé aussi **conseil d'Etat** ou **conseil étroit** traite des questions les plus importantes sur le plan intérieur comme dans les relations internationales. Les membres sont appelés **ministres** ou **ministres d'Etat ;**
- le **conseil des dépêches :** sa tâche consiste à administrer le royaume, à fixer l'attitude à tenir vis-à-vis des états et parlements provinciaux, des villes, des ordres. Il comprend notamment le chancelier et les secrétaires d'Etat ;
- le **conseil des finances** dirige les finances du royaume ;
- le **conseil d'Etat privé** ou **conseil des parties** est l'organe judiciaire suprême de la monarchie avec compétence en matière administrative. Il met aussi en forme les **édits** et **ordonnances.** L'édit est un acte rendu par le roi sur une seule matière à la différence des ordonnances qui portent règlement pour l'ensemble du royaume sur un nombre variable de matières diverses. L'édit peut aussi être pris lorsqu'il s'agit d'une mesure concernant une catégorie particulière de sujets ou une partie seulement du royaume.

En plus de ces conseils permanents, des conseils temporaires répondent aux nécessités du moment : **conseils** de la guerre, de **conscience** (pour affaires religieuses), de commerce.

3. Cours souveraines

Les **cours souveraines** sont des juridictions statuant en dernier ressort. Ce sont :

- la **Chambre des comptes** ou **cour des comptes.** Elle est juge et contrôleur de la comptabilité et garde l'enregistrement de nombreux actes tels que les traités de paix, les lettres de noblesse, la fondation des foires ;
- la **Cour des monnaies** est chargée de l'enregistrement des actes royaux concernant la monnaie ;
- la **Cour des aides** a pour compétence le contentieux des impôts ;
- le **Grand Conseil,** issu de la Curia Regis comme la Chambre des comptes, juge les différends entre les cours souveraines.

4. Lois fondamentales et absolutisme

Un ensemble de règles coutumières limitent la souveraineté absolue du roi et qu'il ne peut modifier. Ce sont les **lois fondamentales** du royaume. Elles gravitent autour de deux concepts : la continuité de l'Etat et l'indépendance de la couronne. Ces règles sont :

- le gouvernement de la France est une monarchie héréditaire, par ordre de **primogéniture** (en faveur de l'aîné des enfants). C'est l'application du **droit d'aînesse ;**
- les femmes et les bâtards sont exclus de la couronne : c'est la **loi salique** invoquée en 1358 et confirmée en 1593 pour repousser les prétentions des princes espagnols ;
- la majorité des rois est fixée à l'âge de treize ans révolus. Pendant la minorité, la **régence** appartient à la reine-mère ou à son défaut au premier **prince de sang** (membre de la famille régnante) ;
- le successeur légitime est considéré comme roi dès la mort du prédécesseur ;
- par les serments du sacre, le roi s'engage vis-à-vis des évêques de France à leur conserver leurs privilèges canoniques, leurs lois et leur justice et vis-à-vis du peuple chrétien de France à le protéger, le garder en paix et justice et exterminer les hérétiques ;
- le principe de la catholicité du roi est reconnu par le sacre d'Henri IV en 1594 ;
- le **domaine royal** est inaliénable (le domaine royal ou **domaine de la couronne** est un ensemble de propriétés et droits appartenant en propre au roi en tant que propriétaire et seigneur direct).

5. Autres limites de l'absolutisme royal

Le pouvoir absolu est aussi limité par le respect des **coutumes** (usage juridique consacré par une longue pratique et sanctionné par les juges), des **libertés,** (en fait des privilèges). La défense des libertés reste la préoccupation majeure des **ordres,** corps et communautés qui constituent le royaume. La distinction des **ordres** au sein de la société est devenue une des lois fondamentales du royaume. Le droit caractérisé par le privilège distingue trois **ordres ou états :** clergé et noblesse, **ordres privilégiés,** le **tiers état** qui comprend l'ensemble des roturiers. En fait seul le clergé existe en tant qu'ordre au sens précis avec ses institutions et ses représentants, la noblesse malgré ses efforts n'a jamais obtenu un tel privilège ; quant au tiers état il ne constitue qu'une entité juridique se définissant essentiellement par opposition aux ordres privilégiés.

L'**assemblée générale du clergé** (assemblée composée de députés élus) défend les « libertés » de l'Eglise gallicane, les **états provinciaux** des **pays d'état** (→ *79. monarchie absolue, administration provinciale*) maintiennent les privilèges fiscaux et administratifs de leurs provinces.

La présence d'**officiers,** propriétaires de leurs charges et inamovibles (→ *79. monarchie absolue, administration provinciale*) et le principe selon lequel une imposition nouvelle ne peut être établie qu'après le consentement préalable des **états généraux** constituent également un obstacle de l'absolutisme.

Dans l'exercice de la monarchie absolue la réunion des **états généraux** – assemblée des représentants des trois ordres convoquée par le roi lorsqu'il le juge bon – constitue un danger (même si le système de représentation paraît médiocre) que le souverain préfère ne pas courir. Ce sont les difficultés financières et les échecs des tentatives pour y porter remède qui suscitent la convocation des états généraux en 1789 (ils n'avaient pas été réunis depuis 1614).

Depuis le XIVe siècle, les assemblées chargées d'élire les députés aux Etats généraux rédigent des **cahiers de doléances** faisant l'exposé de leurs doléances et de leurs vœux. Les cahiers de 1789 offrent un aperçu de l'état de l'opinion publique à la veille de la Révolution.

L'absence des états généraux conduit le **parlement de Paris** qui se considère comme le gardien des lois fondamentales du royaume à affirmer des prétentions politiques. Le parlement de Paris a avant tout des fonctions judiciaires (→ *68. justice sous l'Ancien Régime*) mais il intervient dans l'administration générale par des arrêts ordinaires et surtout il dispose du **droit d'enregistrement :** un acte du pouvoir souverain ne devient exécutoire qu'après vérification et enregistrement par le parlement. S'il refuse d'y procéder, il doit en donner les raisons par des **remontrances** verbales ou surtout écrites **(droit de remontrance).** Lorsque le roi persiste, il envoie des **lettres de jussion** exigeant l'enregistrement. Le conflit peut se durcir lorsque le parlement refuse une nouvelle fois. Le roi intervient en tenant un **lit de justice :** par sa seule présence, il reprend la justice déléguée au parlement et fait procéder à l'enregistrement.

79. MONARCHIE ABSOLUE (administration provinciale)

La caractéristique première de l'administration provinciale du royaume de France, c'est l'existence de circonscriptions dont le découpage n'est pas le même selon les domaines d'activité.

1. Pays d'état, pays d'élection

Le royaume reste divisé en provinces de statut différent : les **pays d'état** sont des provinces qui conservent des assemblées ou **états provinciaux** avec droit de regard sur l'administration générale et fiscale. Représentant les trois ordres, ces états excluent le bas clergé, le monde paysan et le petit peuple des villes.

Les **pays d'élection** possèdent une administration fiscale qui relève directement du roi (l'**élection** étant une circonscription financière) et dont le rôle est de répartir la taille entre les communautés de son ressort.

2. Les gouvernements

Trente-neuf **gouvernements** se partagent le royaume à l'époque de Louis XIV. Chaque gouvernement a à sa tête un **gouverneur** (à l'origine son titre est celui de **lieutenant général**) dont les attributions sont essentiellement militaires.

3. Organisation judiciaire

Les **bailliages** et **sénéchaussées** (il y en a plusieurs centaines) sont des circonscriptions créées à la fin du XIIe siècle et placées sous la responsabilité des **baillis** et **sénéchaux.** Les bailliages sont surtout situés dans le nord du royaume, les sénéchaussées dans le sud. Le tribunal de bailliage est une instance intermédiaire entre les **prévôtés royales** d'une part, et les **présidiaux** et les **parlements** de l'autre.

La **prévôté** est la circonscription ou la dignité d'un **prévôt** (appelé aussi **vicomte** en Normandie, **viguier** en Provence). Les jugements du tribunal de prévôté sont susceptibles d'appel au bailliage ou à la sénéchaussée.

Les **présidiaux** jugent en appel les sentences des bailliages (il s'agit souvent de tribunaux de bailliage élevés à la dignité de sièges présidiaux). La création des présidiaux (1552) allège la tâche des **parlements** provinciaux (il y en a treize en 1789) qui ne connaissent plus que les litiges importants.

4. Les généralités

Créée sous Charles VII comme ressort des **généraux de finances** (percepteurs et trésoriers) la **généralité** devient au XVIIe siècle la division administrative essentielle sous le contrôle d'un intendant. Trente-trois généralités ou **intendances** se partagent le royaume en 1789.

Dès le XVe siècle, le roi envoie épisodiquement des **commissaires** dans les provinces pour enquêter et redresser les irrégularités. Au XVIe siècle, ces envoyés du roi prennent le titre de **commissaires départis,** puis au début du XVIIe siècle, celui d'**intendants.**

Au milieu du XVIIe, l'institution devient permanente. L'intendant appelé officiellement intendant de police, justice et finances, est placé à la tête d'une généralité et devient le représentant presque tout-puissant du pouvoir central. Au XVIIIe, la généralité est divisée en **subdélégations** à la tête desquelles sont placés des **subdélégués** nommés et révocables par l'intendant.

5. Les auxiliaires du roi

Le roi exerce son autorité dans le royaume grâce à des auxiliaires : **officiers** et **commissaires.**

L'officier est le titulaire d'un **office.** A l'origine, le mot désigne toute espèce de fonction confiée par le roi à un particulier, puis le sens se précise : l'office est à la fois dignité, puisque participation au pouvoir, et fonction publique, puisque service du roi, en particulier dans le domaine judiciaire et financier.

Progressivement la vente des offices a été établie **(vénalité des offices).** En 1604, le caractère patrimonial et héréditaire de l'office est définitivement assuré contre le versement d'un droit annuel : la **paulette.**

Le danger de la vénalité des offices est qu'elle fait perdre au souverain ses moyens de contrôle sur ses « serviteurs ». C'est pour tenter d'apporter un remède à cette situation que sont créés les **commissaires,** c'est-à-dire des personnes ayant une commission du roi qui confère au titulaire une fonction toujours révocable et dont les limites sont fixées par sa seule volonté.

Le commissaire s'oppose donc à l'officier, propriétaire de sa charge. Les plus importants des commissaires sont les intendants.

80. MONNAIE ET SYSTÈMES MONÉTAIRES

Le **troc** (échange direct de biens et de services) convient à une économie d'autosubsistance, donc d'échanges limités, le progrès des échanges rend indispensable l'usage de la **monnaie.** (Ce terme vient du latin Juno Moneta – Junon la conseillère. C'est dans un temple consacré à Juno Moneta qu'était installé à Rome, l'atelier où l'on fabriquait les pièces de monnaie.)

Intermédiaire dans les échanges, mesure des valeurs – la monnaie sert de terme de comparaison entre les produits échangés –, moyen d'**épargne** (instrument de conservation des valeurs) telles sont les trois fonctions de la monnaie.

1. Formes de la monnaie

Elles ont beaucoup évolué ; de la **monnaie marchandise,** dont la **monnaie métallique** est la forme la plus perfectionnée, à la **monnaie scripturale** (virements) en passant par la **monnaie fiduciaire** (billets de banque).

a) La monnaie marchandise

En Europe occidentale, à la fin de la Préhistoire, le bétail est d'abord utilisé comme monnaie (en latin, troupeau : pecus, d'où l'adjectif **pécuniaire :** qui concerne l'argent), mais très vite, à cause de leurs propriétés physiques répondant aux fonctions de la monnaie, les métaux et les alliages sont utilisés : cuivre, bronze, puis métaux précieux : or, argent, **electrum** (alliage d'or et d'argent). Ces métaux circulent d'abord sous forme de **lingots** (blocs d'un certain poids), puis sous forme de pièces.

b) Les monnaies scripturale et fiduciaire

A partir du Moyen Age (XIIe siècle), pour le règlement des opérations commerciales réalisées notamment aux foires de champagne, l'usage des **lettres de change** (→ *25. histoire du commerce*) commence à se répandre. Ces reconnaissances de dettes – appelées par la suite **effets de commerce** et **traites commerciales** – permettent le règlement des paiements à la place des monnaies métalliques et deviennent de véritables monnaies. Il s'agit de **monnaies de papier,** les indications manuscrites qu'elles portent en font une **monnaie scripturale.**

Dans le même temps, une autre monnaie de papier est apparue, en Suède d'abord, puis aux Pays-Bas : le **billet de banque.** A l'origine le billet de banque est un certificat de dépôt de métal précieux. Le fondateur de la banque de Suède décidant de faire circuler ces certificats et non plus le métal précieux peut être considéré comme l'inventeur du billet de banque.

La valeur du billet est fondée sur la quantité de métal précieux déposé à la banque ; cette quantité de métal constitue le **gage.** Les billets sont gagés sur l'**encaisse métallique** qui doit, par conséquent avoir une valeur égale à celle des billets en circulation. L'utilisation des billets implique que son possesseur ait confiance dans l'organe d'émission d'où l'appellation de **monnaie fiduciaire** pour désigner les billets de banque (en latin, fides : confiance).

L'usage de la monnaie fiduciaire se généralise dans le cours du XIXe siècle plus ou moins rapidement selon les Etats, des expériences malheureuses expliquant parfois une certaine réticence (ainsi en France les **assignats** puis les **mandats territoriaux** pendant la Révolution : ce sont des **papiers-monnaies** assignés (gagés) sur les biens nationaux). Il ne faut pas confondre la monnaie de papier avec le papier monnaie : le **papier-monnaie** est une monnaie fiduciaire qui se présente sous la forme de billets de banque non directement convertibles en métal précieux.

Depuis la fin du XIXe, le progrès des techniques bancaires permet l'apparition de nouvelles formes de monnaie constituées par les avoirs en **comptes à vue** dans les institutions financières (banques, caisses d'épargne...). Cette monnaie est disponible à tout moment par les titulaires des comptes pour un transfert par **chèque** (le chèque est donc un support de la monnaie scripturale, il ne constitue pas en soi une monnaie), pour un règlement par **virement** (le virement est un jeu d'écriture qui permet le règlement d'un compte à un autre).

2. Les systèmes monétaires

La réglementation par l'Etat de la fabrication et de la circulation des monnaies – et cela depuis la plus haute Antiquité – constitue un **système monétaire.**

a) La première décision importante est la définition de l'unité monétaire

C'est une unité conventionnelle de mesure des valeurs qui se définit par une certaine quantité de marchandises, par un certain poids d'or **(étalon-or).** Pendant tout le XIXe le franc est l'unité monétaire dont la valeur est définie par la loi de germinal an XI – le **franc germinal** (1803) est de 5 gr d'argent ou 322,58 mg d'or – ou par une certaine quantité d'une autre monnaie **(étalon-devise).** Plusieurs monnaies peuvent également être utilisées pour établir une unité monétaire : la valeur de l'**E.C.U.** (European Currency Unit) (→ *infra*) est définie par un **« panier de devises ».**

L'**étalon monétaire** est donc la matière ou marchandise de référence adoptée conventionnellement pour mesurer les valeurs.

L'unité monétaire est une **unité de compte** jadis distincte des instruments de paiement alors qu'il y a maintenant coïncidence. Sous l'Ancien Régime en France au XVIIIe l'unité monétaire est la **livre** divisée en 20 sols et chaque sol en 12 deniers. Il s'agit de **monnaies de compte,** c'est-à-dire de monnaies non représentées matériellement mais qui servent dans les comptes. Les instruments de paiement sont le **louis d'or** et l'**écu d'argent.** Le louis est une monnaie d'or frappée à l'**effigie** (sceau) de Louis XIII et de ses successeurs. C'est une pièce qui vaut 24 livres (par analogie les pièces d'or frappées au cours du XIXe s'appellent des louis, on les appelle maintenant des **napoléons**). L'Angleterre du XVIIIe présente une situation analogue : l'unité monétaire est la **livre sterling** divisée en 20 **shillings,** les instruments de paiement sont la **guinée d'or** et le shilling d'argent.

La valeur de l'unité monétaire dans un Etat donné est fixée par une **loi monétaire.** La modification de cette valeur en la diminuant **(dévaluation)** ou en l'augmentant **(réévaluation)** ne peut être décidée que par une nouvelle loi monétaire. La **dépréciation** d'une monnaie n'est pas une dévaluation, c'est une simple diminution de son pouvoir d'achat.

b) Les instruments de paiement

Dès l'Ancien Régime l'Etat s'est réservé le monopole de la fabrication des monnaies métalliques **(frappe des pièces)** et fiduciaires **(impression des billets)** ainsi que celui de leur mise en circulation (monopole de l'**émission**).

– Les monnaies métalliques

Le **métallisme** est la doctrine préconisant l'utilisation des métaux précieux pour la définition de la monnaie. Celle-ci doit avoir une valeur intrinsèque correspondant à la valeur du métal précieux dont elle est constituée. Selon la nature du métal ou des métaux retenus, on parle de **monométallisme-or, monométallisme-argent,** de **bimétallisme-or-argent.** La frappe est réalisée dans des ateliers d'Etat dépendant de l'**Hôtel des monnaies.** Chaque pièce est notamment définie par son **titre** ou **aloi** (rapport entre le poids de métal fin dans un alliage et le poids total d'une monnaie). Lorsqu'il est possible à un particulier (en France avant 1914) d'obtenir de l'Hôtel des monnaies la transformation d'une certaine quantité de métal-étalon en pièces, la **frappe** est dite **libre.**

– Les billets de banque

Dans la plupart des Etats, une banque – la **banque centrale** (→ *13. banque*) dispose du monopole d'impression et d'émission. En France, c'est la Banque de France. La garantie – ou gage – de l'institut d'émission est faite :

- de l'**encaisse métallique :** métal précieux que possède la banque d'émission ;
- de la **dette de l'Etat** composée des rentes d'Etat, des bons du Trésor : titres de créance à court terme sur le Trésor ;
- du **portefeuille :** effets de commerce réescomptés par l'institut d'émission (→ *13. banque*).

c) L'emploi des monnaies

Les pièces et billets émis par l'Etat ont **cours légal :** les particuliers sont tenus de les accepter comme moyen de paiement. Ce **pouvoir libératoire** (tout débiteur peut les utiliser pour se libérer de ses dettes) est **limité** (défini) ou **illimité** (indéfini).

L'Etat a donc un rôle essentiel dans le domaine monétaire ; toutefois les banques participent aussi à l'émission de monnaie, en accordant des crédits à leurs clients. Ces monnaies scripturales ou **monnaies de banques** occupent une place croissante dans la masse monétaire de chaque Etat : la **masse monétaire** est l'ensemble des moyens de paiement immédiatement disponibles existant à un moment donné dans un pays donné.

d) Les différents systèmes monétaires

Jusqu'à la Première Guerre mondiale, la plupart des Etats ont un **système monétaire à libre convertibilité** de tous les instruments de paiement en métal-étalon. La frappe des pièces du métal-étalon est libre ; les pièces ont un pouvoir libératoire illimité ; les autres instruments de paiement sont immédiatement **convertibles,** c'est-à-dire échangeables contre le métal précieux. (Actuellement une monnaie convertible est une monnaie qu'on peut librement convertir contre une autre monnaie, alors qu'une monnaie inconvertible, n'est valable que dans la limite du territoire du pays et ne peut être échangée contre des devises.)

Le bon fonctionnement de ce système exige qu'il n'y ait pas d'augmentation excessive de la monnaie fiduciaire par rapport à l'encaisse métallique. La **couverture** est l'encaisse représentant la garantie de convertibilité d'une monnaie. La **couverture intégrale** de l'émission de billets préconisée par le **currency principle** est peu respectée – sauf en Angleterre au XIXe –, la plupart des Etats appliquent la règle de la **couverture partielle** (le **taux de couverture** des billets par l'encaisse est inférieur à 100 %). La France, jusqu'en 1928 applique le principe du **plafond légal d'émission** fixé par le Parlement.

Depuis la Première Guerre mondiale, la brutale augmentation de la monnaie fiduciaire a entraîné l'abandon du système monétaire à libre convertibilité et la mise en place du système monétaire à **cours forcé** des instruments de paiement.

La libre convertibilité est supprimée, le cours forcé des billets est décrété, le métal-étalon perd son rôle monétaire (les pièces de métal sont **thésaurisées** (accumulées par leurs détenteurs)), bien que l'unité monétaire reste définie par rapport à son poids de métal.

e) Les changes

La diversité des systèmes monétaires pose le problème du **change** des monnaies. Le **change** est l'opération par laquelle on peut obtenir une monnaie étrangère à l'aide d'une monnaie nationale. On parle d'**opérations cambiaires** ou de **cambisme** lorsque les banques pratiquent des opérations de change pour leur propre compte. Sur le **marché des changes** (lieu où se confrontent les demandes et les offres des diverses monnaies) s'établissent les **taux de change,** les **parités** entre les monnaies (valeur de la monnaie nationale exprimée en monnaie étrangère).

Le **taux de change** est dépendant de la **balance des paiements.** La **balance finale des paiements** ou **balance globale des paiements** ou **balance des comptes** est la somme algébrique de la **balance des mouvements de capitaux** (bilan des importations et exportations de capitaux prêtés et investis) et de la **balance des paiements courants.** La **balance des paiements courants** est, elle-même, la somme algébrique de la **ba-**

lance commerciale et de la **balance des services** (→ *26. Commerce international*).

Un Etat dont la balance des comptes est déficitaire connaît une dépréciation de sa monnaie et inversement.

Lorsqu'un Etat autorise la sortie de sa monnaie hors du territoire national, la monnaie est **transférable,** dans le cas contraire elle est **intransférable** (pays socialistes).

La transférabilité s'accompagne d'un régime de **liberté des changes** et des **mouvements de capitaux,** l'intransférabilité d'un **contrôle des changes.**

3. Système monétaire international (S.M.I.)

Les progrès et les besoins des échanges commerciaux ont conduit les Etats à harmoniser leur système monétaire et à se mettre d'accord sur les principes organisant les changes. Ainsi est née l'idée d'un **système monétaire international (S.M.I.).**

a) Le système de l'étalon or ou Gold Standard

Ce système s'est mis en place au cours du XIXe mais a disparu avec la Première Guerre. Il se caractérise par :

- l'existence de monnaies nationales dont l'unité est définie par un poids d'or ;
- la convertibilité de la monnaie fiduciaire en or ;
- la frappe libre de l'or ;
- la fixation des taux de change des différentes monnaies par la comparaison de leur poids d'or respectif : c'est le **pair** ou la **parité métallique.** La stabilité est presque absolue ;
- la libre circulation interne et externe de l'or.

b) La guerre et l'étalon de change or ou le Gold Exchange Standard

Les dépenses de la guerre 1914/18 obligent les belligérants à recourir à une création monétaire massive. La convertibilité des billets est suspendue, le cours forcé établi. La dépréciation des monnaies marque le début des **changes flottants.** La reconstruction d'un S.M.I. est réalisée à la conférence de Gènes (1922) :

- le retour au Gold Standard est impossible. La convertibilité des monnaies en or n'est que partielle puisque limitée au lingot. C'est le principe du **Gold Bullion Standard.** L'or disparaît de la circulation monétaire interne ;
- les encaisses des pays sont formées de métal précieux et de devises convertibles en or (monnaies promues au rôle de **monnaies internationales** qualifiées de **monnaies de réserve**). C'est la naissance de l'étalon de change or ou **Gold Exchange Standard (G.E.S.).**

Ce système s'effondre avec la crise de 1929, l'abandon de la convertibilité or de la livre sterling (1931) et la dévaluation du dollar. Le monde se divise en **zones monétaires : zone sterling, zone dollar, bloc or** autour de la France (1934-1936). Une zone monétaire est un ensemble de pays réunis autour d'un pays central et respectant quelques règles monétaires (parité fixe entre les monnaies, convertibilité des monnaies, mise en commun des réserves de change).

c) Le système de Bretton Woods

Au lendemain de la Deuxième Guerre mondiale, la conférence de Bretton Woods établit un nouveau système monétaire qui rappelle, en l'améliorant, le G.E.S. de 1922 :

- le **dollar,** convertible en or est promu monnaie internationale au même titre que l'or ;
- chaque pays s'engage à définir une parité officielle exprimée en or ou dollars et à limiter les fluctuations dans une marge étroite. C'est le **régime des changes à parité fixe ;**
- une coopération monétaire internationale est créée avec la mise en place du **Fonds monétaire international (F.M.I.).** Son rôle est, notamment, d'accorder des prêts – **droits de tirage** – aux pays membres confrontés à des difficultés financières passagères pour éviter tout recours aux dévaluations. La **Banque internationale pour la reconstruction et le développement (B.I.R.D.)** ou **Banque mondiale,** doit aider les pays dévastés par la guerre puis les pays sous-développés.

Après des débuts difficiles, à cause de la pénurie de dollars dans le monde – **le dollar gap** – qui contraint les Etats-Unis à apporter une aide massive à l'étranger, en particulier à l'Europe (l'**European Recovery Program,** transfère gratuitement 12 milliards de dollars dans le cadre **du plan Marshall**), le système fonctionne assez bien à partir des années 1950.

Mais dès les années 1960, le déficit de la balance des paiements des Etats-Unis provoque des difficultés : l'émission accrue de dollars qui en résulte est aggravée par le développement anarchique du marché des **eurodollars.** Les **eurodollars** sont des avoirs bancaires circulant à l'extérieur des Etats-Unis entre des non-résidents aux Etats-Unis. Ils forment l'essentiel du **marché international des capitaux** avec d'autres monnaies qui circulent à l'extérieur de leur pays d'origine : **euromarks, eurofrancs...** on parle d'**eurodevises.** Le marché des eurodollars connaît un grand développement après 1973 avec les excédents financiers (les **pétrodollars**) des pays pétroliers placés sur ce marché.

La confiance dans le dollar décline, conduisant à des crises spéculatives contre le dollar qu'aggravent les **capitaux flottants** (capitaux qui s'investissent d'une place financière à l'autre en fonction d'événements conjoncturels). Des mesures de défense, sans grand succès, sont décidées :

- création du **pool de l'or :** regroupement des banques centrales des huit pays les plus riches pour défendre la convertibilité du dollar ;
- constitution du **club des Dix :** les dix pays les plus riches augmentent leur quote-part au F.M.I. pour renforcer ses moyens d'action ;

- mise en place d'un **double marché de l'or** (1968) par l'abandon de la convertibilité externe du dollar en or pour les particuliers ;
- création des **droits de tirage spéciaux (D.T.S.)** par le F.M.I. en 1969. C'est une nouvelle monnaie, créée *ex nihilo* pour prévenir une pénurie des réserves traditionnelles (or). Elle permet aux Etats-Unis d'économiser l'or restant. C'est une monnaie soumise au contrôle international, donc émise de façon rationnelle en fonction des besoins du commerce international. D'abord fixée par rapport à l'or puis en dollars, la valeur des D.T.S. est maintenant déterminée par un **panier de monnaies.**

La décision américaine du 15 août 1971 (suppression de la convertibilité du dollar en or même pour les banques centrales) et la dévaluation du dollar (décembre 1971) consacrent l'abandon du principe de Bretton Woods. Malgré une tentative de restauration du système – **le tunnel monétaire** rétablit les parités fixes mais élargit les marges de fluctuations de plus ou moins 1 % à plus ou moins 2,25 % – une deuxième dévaluation du dollar (févr. 1973) porte un nouveau coup au S.M.I. C'est désormais le régime des **changes flottants** ou du **flottement généralisé des monnaies.** L'or est totalement abandonné comme étalon universel des valeurs.

Ces mesures sont confirmées à la **conférence de la Jamaïque 1976.**

d) Le système monétaire européen (S.M.E.)

Le flottement des monnaies est insupportable à la Communauté économique européenne (C.E.E.) où les prix uniques agricoles nécessitent la stabilité des taux de change. Les **montants compensatoires monétaires (M.C.M.),** c'est-à-dire l'établissement de taxes aux frontières compensant les avantages ou les inconvénients résultant d'une dépréciation ou d'une appréciation des monnaies ont été la première solution ; mais la parade a surtout consisté à créer un système monétaire propre à la C.E.E. : après le **serpent monétaire** (1972) à l'intérieur du tunnel, qui limite les oscillations des parités à plus ou moins 1,25 %, a été créé en 1979 le **système monétaire européen (S.M.E.).**

Le S.M.E. résulte d'un accord dans le but de réaliser la stabilité des taux de change entre les monnaies européennes et la solidarité monétaire entre les Etats membres.

Les moyens pour réaliser ces objectifs sont :

- l'**E.C.U. :** il remplace l'unité de comptes européenne. Il est défini sur la valeur pondérée des monnaies des pays membres ;
- les **taux de change :** pour chaque monnaie, une parité officielle ou **taux pivot** est déterminée en Ecus. A partir du taux pivot on établit les taux de change entre les monnaies prises deux à deux, c'est-à-dire une grille de taux bilatéraux. Les fluctuations de ces **taux bilatéraux** ne peuvent dépasser 2,25 % ;
- le **seuil** ou **indicateur de divergence :** le taux de change d'une monnaie par rapport à l'Ecu permet de connaître les fluctuations de cette monnaie par rapport aux autres monnaies des pays de la C.E.E.

81. MONTAGNE

Montagne : partie saillante de l'écorce terrestre, d'une grande étendue, d'un commandement important (plusieurs centaines de mètres) et aux pentes prononcées. Un **massif montagneux** est un ensemble de sommets de reliefs élevés : le massif de la Grande Chartreuse.

Une **chaîne de montagnes** est un vaste ensemble montagneux allongé, long de quelques centaines ou quelques milliers de kilomètres. Le mot sert aussi à désigner une chaîne ancienne qui a depuis été totalement arasée : chaîne calédonienne, hercynienne...

Une cordillière est une chaîne de montagnes longue et étroite : ex. Cordillière des Andes. Le mot désigne aussi les chaînes montagneuses complexes issues d'un géosynclinal et embryon de futures grandes nappes de charriage (→ *infra* « orogenèse »).

Un **piémont** est une région basse située au contact d'un massif montagneux ou d'une chaîne de montagnes. La pente, généralement douce forme un **glacis d'accumulation** constitué, pour l'essentiel, de formations détritiques **(glacis de piémont).**

1. Haute, moyenne montagne

La **haute montagne** est située à l'**étage nivo-glaciaire** (des neiges et des glaces), d'où la présence de glaciers et l'importance du **modelé glaciaire** lié aux glaciers actuels et aux glaciers quaternaires (formes héritées).

La **moyenne montagne** entièrement déneigée en été est une montagne où le modelé glaciaire est hérité et peu apparent.

Les limites hautes/moyennes montagnes varient selon la latitude.

2. Orogenèse des montagnes - géosynclinal

a) Au sens strict tout processus conduisant à la formation de relief est une **orogenèse.** Plus particulièrement, l'**orogenèse** est la formation de chaînes de montagnes, édifiées sur une portion instable de l'écorce terrestre, le resserrement de cette portion entraînant la formation de plis et de nappes de charriages (relief de plissement). On distingue plusieurs périodes d'orogenèse, chaque **cycle orogénique** comprenant trois phases : sédimentation, orogenèse proprement dite, pénéplanation.

L'Europe a connu plusieurs cycles orogéniques : **cadomien** (fin du précambrien – moins 370 millions d'années), **calédonien** (moins 500 millions d'années), hercynien (moins 370 millions d'années/moins 240 millions d'années), **alpin.** Chaque orogenèse comprend plusieurs phases : ainsi, pour l'orogenèse alpine, une phase **autrichienne** (vers – 100 millions d'années), une phase **laramienne** (vers – 65 millions d'années, dans les montagnes Rocheuses), une phase **pyrénéenne** (vers – 45 millions d'années) et de nombreuses phases plus récentes.

b) On distingue généralement trois types de chaînes mises en place par l'orogenèse :

– une **chaîne liminaire** est une chaîne formée aux dépens d'une croûte continentale dans une zone de contact avec la croûte océanique (→ *106. tectonique*), ex. Cordillière des Andes ;

– une **chaîne péricontinentale** est une chaîne formée en bordure d'un continent aux dépens de la croûte continentale ou de la croûte océanique ;

– une **chaîne géosynclinale** est une chaîne ayant pris naissance dans un géosynclinal (→ *infra*).

Certaines chaînes n'ont pas été mises en place par orogenèse (au sens particulier). Il s'agit des chaînes **intracontinentales** ou **intracratoniques.** Le **craton** est une portion stable du domaine continental par opposition aux zones instables affectées par l'orogenèse. Les chaînes intracratoniques sont des chaînes de socle.

c) **Géosynclinal** (voir croquis) : en théorie, une fosse sous-marine profonde (quelques kilomètres), étroite et allongée où s'accumule une forte épaisseur de sédiments. Par resserrement le géosynclinal donne naissance à une chaîne de montagnes. De l'extérieur vers l'intérieur du géosynclinal, on distingue :

- l'**avant-pays ;**
- le **miogéosynclinal** comprenant une dépression sédimentaire étroite ou sillon externe et une zone de hauts fonds, ou ride, appelée **miogéanticlinal ;**
- l'**eugéosynclinal** comprenant un sillon interne et une ride appelée l'**eugéanticlinal.**

Dans l'**eugéosynclinal** se produisent d'abord des éruptions sous-marines avec épanchement de roches très basiques appelées **ophiolites.** Puis survient une phase d'orogenèse avec mise en place de chaînes montagneuses et importante sédimentation de **flysch** dans le sillon eugéosynclinal (**flysch :** formation sédimentaire épaisse composée de débris issus de l'érosion des reliefs voisins. Les flysch donnent des grès et des schistes). Le resserrement final du géosynclinal produit une chaîne géosynclinale dans laquelle on distingue une **zone interne** formée à partir de l'eugéosynclinal (charriages + présence d'ophiolites) et une **zone externe** formée à partir du miogéosynclinal.

Au total, une chaîne géosynclinale est une chaîne double alors que chaînes liminaires et péricontinentales sont des chaînes simples.

Un géosynclinal

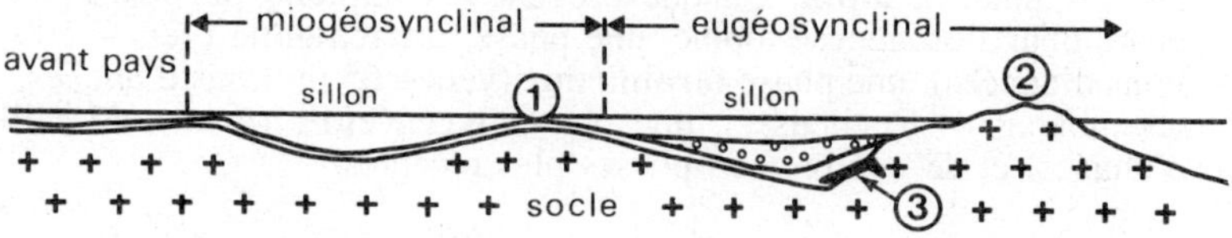

① Ride miogéoanticlinale ② Ride eugéanticlinale
③ Ophiolites

La théorie du géosynclinal, aujourd'hui caduque, a été relayée par les découvertes concernant la tectonique des plaques (→ *106. tectonique*). On peut désormais comparer la notion de géosynclinal avec les marges continentales (voir aussi → *85.2 océan*).

Dans certaines chaînes géosynclinales, l'orogenèse a incorporé dans la chaîne récente des fragments de massifs anciens. Ainsi, dans les Alpes, on distingue une chaîne récente et de vieux massifs très rajeunis appelés **massifs cristallins.** D'où la succession schématique pour les Alpes françaises de plusieurs zones d'ouest en est :

Dans la zone externe ou **dauphinoise :**

- les **chaînes subalpines** ou Préalpes ;
- les **massifs cristallins externes ;**
- la **zone ultradauphinoise.**

Dans la zone interne ou zone alpine interne :

- l'empilement complexe de plusieurs nappes de charriages ;
- les **massifs cristallins internes.**

3. Le milieu montagnard

a) C'est un milieu azonal mais les influences zonales existent (ex. milieu andin à 0° de latitude différent du milieu des Rocheuses à 50° N.).

b) La diminution des températures est définie par le **gradient thermique.** Il peut y avoir **inversion thermique,** les températures étant parfois plus basses dans le fond des vallées qu'à mi-versant.

c) La **pluviosité** élevée est liée aux précipitations d'**ascendance orographique** (→ *22. climat*) d'où l'influence de l'exposition par rapport aux vents dominants (alizés dans la zone intertropicale, vents d'ouest dans la zone tempérée).

d) La neige : le **coefficient de nivosité,** rapport entre les précipitations neigeuses (exprimées en mm d'eau de fusion) et les précipitations totales (en mm), augmente avec l'altitude. A partir d'une certaine altitude, la couche de neige persiste toute l'année : c'est la **limite des neiges persistantes,** ou **permanentes.**

La limite en altitude des neiges persistantes : évolution selon la latitude

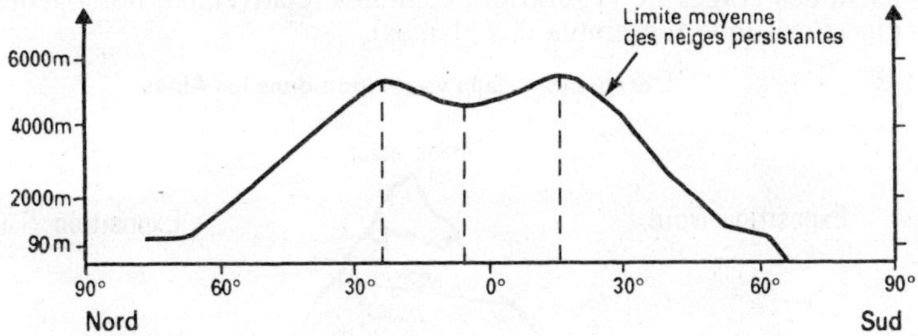

e) En montagne, existent de nombreux vents locaux parmi lesquels le **foehn** (→ *12. atmosphère*) et les brises : **brises de versant** ascendantes le jour et donnant des **brises de vallées** orientées vers les sommets, **brises descendantes** la nuit, appelées **brises de montagnes.**

f) L'influence de l'exposition est primordiale. En montagne, on distingue dans les montagnes tempérées (ou des hautes latitudes) un versant plus exposé au soleil (versant face au sud dans l'hémisphère Nord) appelé **adret** dans les Alpes, **soulane** dans les Pyrénées et un versant moins exposé au soleil (face au nord dans l'hémisphère Nord) appelé **ubac** (ou **bac** ou **envers,** ou **avers**) dans les Alpes et **ombrée** dans les Pyrénées.

Adret et ubac (hémisphère N ; latitudes moyennes)

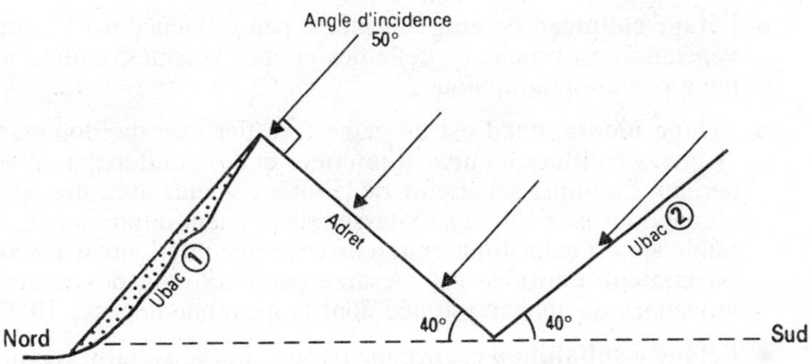

Les rayons solaires ont un angle d'incidence de 50 : L'ubac 1 est à l'ombre; l'ubac 2 reçoit des rayons qui arrivent au sol avec un angle de 10°. Au contraire l'adret (versant à 40°) reçoit des rayons qui frappent le sol à la verticale.

4. Diversité des milieux montagnards

a) L'étagement de la végétation

En fonction de l'altitude le long des versants montagneux s'individualisent des **étages de végétation,** ceintures relativement homogènes sur le plan floristique (ensemble des plantes).

L'étagement de la végétation dans les Alpes

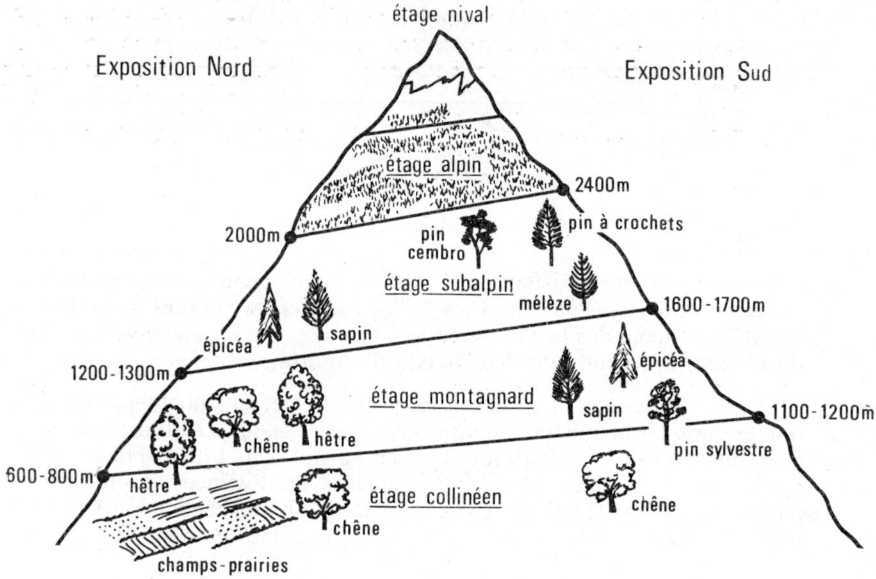

De bas en haut, on distingue cinq étages dont les limites varient en altitude selon la zone climatique :

- l'**étage collinéen** ou **étage basal** est peu influencé par l'altitude. La végétation est proche de celle des plaines voisines, malgré une certaine pente topographique ;
- l'**étage montagnard** est un étage forestier avec prédominance des essences feuillues au niveau inférieur et des conifères au niveau supérieur. La limite supérieure de la forêt coïncide avec des conditions climatiques particulières : vitesse relativement importante des vents, faible apport calorifique (**chaleur cumulée** inférieure à 1 200°/jour). La **chaleur cumulée** est mesurée par l'addition des températures moyennes de chaque journée dont la moyenne dépasse 10 °C ;
- l'**étage « subalpin »** est occupé par une **lande subalpine,** formation végétale composée de plantes ligneuses de petite taille (airelles, rhododendrons...). La lande subalpine est parfois une formation climacique (→ *72. milieu*). C'est souvent une formation secondaire résultant d'une dégradation d'une ancienne forêt claire dite **forêt**

subalpine. La lande subalpine est d'ailleurs plus ou moins arborée, parsemée de petits arbres ;

- l'**étage « alpin » :** c'est l'étage de la **pelouse alpine** formation végétale plus ou moins dense de plantes herbacées vivaces de petite taille (10 à 20 cm). Il correspond aux alpages, pâturage d'altitude des Alpes. Dans les Andes, la **puna** est une pelouse d'altitude ; formation xérophile adaptée à la sécheresse de l'**altiplano** (hauts plateaux intérieurs arides) ;
- l'**étage nival** s'étend au-dessus de la limite inférieure des neiges persistantes. Ne subsistent que quelques plantes isolées, étalées en **coussinets** à l'abri du vent, dans les creux bien exposés (on parle de végétation prostrée). Les **lichens** peuvent résister aux hautes altitudes.

L'étagement dans une montagne « équatoriale »
Le Kilimandjaro (5895 m)

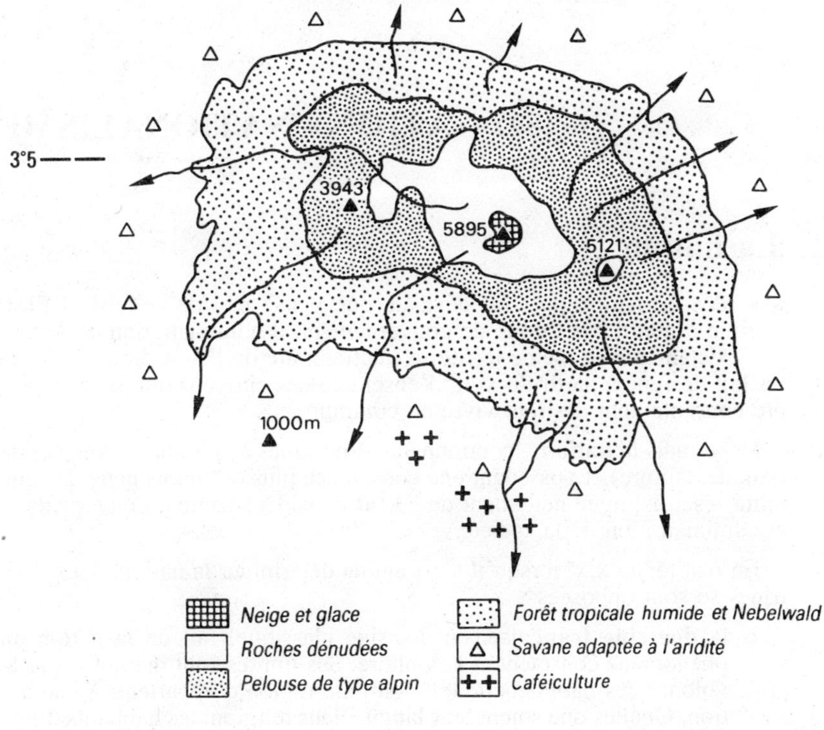

b) La variété des milieux montagnards selon la latitude

Aux latitudes tempérées (vers 45°-60°), certaines façades occidentales des continents correspondent à des milieux montagnards. Il y règne un **climat océanique hyperhumide** (précipitations très abondantes d'ascendance littorale et orographique), adouci par des courants marins tièdes ;

extension : les côtes de Colombie britannique (Canada) et de l'Etat de Washington (Etats-Unis), les côtes du Chili Patagonien (38° S.-50° S.), les côtes occidentales de l'Ecosse et de la Norvège (55°-65° N.). Dans ce milieu forestier hyperhumide se développent de belles forêts : forêt à **séquoias** et **tsugas,** conifères géants de la façade nord américaine, forêt dite **valdivienne** du Chili méridional (conifères + **nothofagus ou hêtre austral**). La déforestation intense explique la présence d'une **lande atlantique** en Ecosse (→ *76. milieux tempérés*).

Les milieux montagnards intertropicaux sont de deux types :

- milieux humides : dans ces milieux à forte nébulosité se développe une forêt dite **Nebelwald** ou **forêt des zones brumeuses** ou **selva nublada** composée de grands arbres, de lianes et de bambous avec lichens, mousses et fougères sur les branches ;
- milieux secs : forêt sclérophylle à l'étage montagnard et pelouse de type puña à l'étage alpin.

82. NATION - NATIONALISME

1. La nation

L'idée de nation ne s'est dégagée que peu à peu de celle de l'**Etat.** Définie d'abord par l'unité de gouvernement, d'administration et de langue existant sur un même territoire (dictionnaire de l'Académie, 1894) la **nation** désigne à partir du XVIIIe l'ensemble des citoyens qui, de leur propre consentement désirent vivre en commun.

Désormais la **nation** – communauté d'hommes ayant une certaine unité (langue, culture) et possédant une conscience plus ou moins nette de cette unité – se distingue nettement de l'**Etat** considéré comme gouvernement et administration de la société.

En réalité, au XIXe lorsqu'il s'est agi de déterminer la nation, deux doctrines se sont opposées :

- la **doctrine française,** ou doctrine classique, fait de la nation un phénomène conscient et volontaire. Ses limites sont marquées par la volonté des habitants de telle ou telle région d'appartenir à une nation. Quelles que soient leur langue, leur religion, les habitants d'une région doivent être maîtres de leur appartenance nationale qui s'exprime par un vote **(plébiscite).**
- la **doctrine allemande,** ou doctrine romantique, estime que la **nationalité** est inconsciente et involontaire. Sont membres d'une nation, qu'ils le veuillent ou non, ceux qui ont pour langue maternelle la langue commune, les mêmes traditions populaires.

2. Le nationalisme

Ce terme, chargé d'ambiguïté, offre plusieurs sens :

– dans un sens péjoratif, il est utilisé pour stigmatiser certaines formes outrancières du **patriotisme** (amour de la patrie), devenant synonyme de **chauvinisme** (patriotisme excessif, agressif). Chauvin est le héros ultranationaliste d'une pièce de théâtre datant du Ier Empire ;

– il désigne la revendication d'un peuple assujetti, aspirant à l'indépendance. Le nationalisme se trouve alors à l'origine de l'**Etat-nation.** Le développement de la conscience nationale a précédé la fondation de l'Etat-nation ; cette prise de conscience se traduit par le **droit des peuples à disposer d'eux mêmes** (cf. **principe des nationalités**) et à donné naissance aux **mouvements nationaux** (dans l'Europe du XIXe siècle comme dans les colonies lors du mouvement d'émancipation après la Seconde Guerre) ;

– il sert d'étiquette et de profession de foi à certaines écoles de pensée et à certains groupements, qui affirment la primauté dans l'ordre politique de la défense des valeurs nationales et des intérêts nationaux. Ces groupements généralement classés à droite et à l'extrême droite de l'opinion publique (cf. le nationalisme de Barrès, de Maurras) donnent une prééminence exclusive à l'intérêt national.

Ce nationalisme contribue à une exaltation du sentiment national qui est une des principales forces politiques du XIXe siècle, donnant naissance dans chaque pays à des associations dont les objectifs nationaux prennent souvent un caractère belliqueux, la **Ligue des patriotes** fondée par Déroulède en 1882, les **ligues pangermanistes** en Allemagne, le **mouvement panslaviste** russe sont de ce type.

3. Nationalité

Ce terme a une double signification :

- appartenance juridique d'une personne à la population constitutive d'un Etat ;
- groupe ethnique constituant une nation.

La détermination de la nationalité (sens premier) a relevé principalement de deux facteurs : la **filiation** (c'est-à-dire le lien de parenté qui unit un enfant à ses parents) dans l'Antiquité, le lieu de naissance au Moyen Age.

La législation française sur la nationalité fait l'objet d'une véritable codification qui se traduit par le **code de nationalité** adopté en 1973. Plusieurs cas d'attribution de la nationalité française sont envisagés, distinguant **nationalité d'origine** et **nationalité acquise.**

Il y a **nationalité d'origine :**

- lorsque les deux parents sont français ou lorsque l'un des deux est français et que l'enfant est né en France ;
- en raison de la naissance en France, de parents étrangers ou **apatrides** (sans nationalité définie), à condition d'être élevé et de résider en France.

La nationalité peut être **acquise :**

- par le mariage : le conjoint étranger peut acquérir la nationalité française ;
- par décret : un étranger peut obtenir la nationalité française sur sa demande. Il s'agit de **naturalisation.** La naturalisation est accordée par décret après enquête des pouvoirs publics sur la dignité, les conditions de santé du demandeur ; elle est subordonnée à des conditions d'âge (18 ans minimum) et de résidence en France (au moins 5 ans).

4. Le principe des nationalités

Il constitue un élément essentiel de l'**idéologie nationaliste** issue de la Révolution française. C'est le dogme suivant lequel Etat et nation doivent coïncider dans les groupements politiques. A l'origine de la théorie du **droit des peuples à disposer d'eux mêmes,** il s'oppose au **principe de légitimité** ou au **principe dynastique** (chaque Etat appartient à son souverain, héritier d'une dynastie) et affirme le droit à l'unité et à l'indépendance des peuples unis par une race, une langue, une histoire et des traditions communes.

Proclamé par l'Assemblée constituante, le droit des peuples devient une des bases de la politique européenne de Napoléon Ier. Par l'amorce de la réorganisation de l'Europe selon ce principe (création d'une République italienne, modification du Saint-Empire par la diminution du nombre des Etats allemands – de 300 à moins de 40 – lors du **recès** de 1803) Napoléon Ier est à l'origine des mouvements nationaux qui aboutissent au **Risorgimento** italien (mouvement idéologique et politique qui développe le sentiment national en Italie) et à l'unité allemande de 1871.

L'idée des nationalités domine toute l'histoire de l'Europe au XIXe provoquant l'éclatement de l'Empire ottoman et de l'Empire d'Autriche.

La revendication par les Italiens de territoires autrichiens à forte population italienne (Trentin - Istrie) constitue l'**irrédentisme.** Depuis ce terme traduit la revendication par une population d'un territoire peuplé de ses ressortissants.

Au lendemain de la Première Guerre mondiale, les traités de paix s'inspirant des « **Quatorze points** » du président Wilson s'efforcent de réorganiser territorialement l'Europe selon le principe des nationalités mais laissent subsister de nombreuses **minorités nationales** (groupes ethniques restreints soumis à un Etat étranger). Par exemple : les Sudètes constituent une minorité allemande dans l'Etat tchèque entre les deux guerres).

83. NAVIGATION (Histoire de la)

Dès la plus haute Antiquité, l'aventure, la recherche du profit, la volonté d'expansion expliquent l'attrait de la mer et le développement de la navigation maritime.

Au cours des siècles, la forme et le volume du **navire** (ne pas confondre navire, bâtiment conçu pour naviguer sur mer, avec les bâtiments utilisés pour la navigation fluviale – **péniches** et **chalands**), sa propulsion, l'art de naviguer ont beaucoup évolué.

1. Le navire

La **membrure** est la charpente, la carcasse d'un navire alors que la **coque** est le gros œuvre, l'ensemble des bordages et des ponts.

L'élément central de la membrure du navire forme la **quille,** située au bas de la coque, dans l'axe longitudinal, sur laquelle sont fixés les **couplés,** pièces transversales de la membrure.

A l'avant du navire – **à la proue** – un assemblage de pièces de bois, remplacé maintenant par une pièce de fer, prolonge la quille, c'est l'**étrave,** tandis que l'**étambot** est situé à l'arrière, **à la poupe,** à l'extrémité de la quille et s'élève verticalement ou obliquement au-dessus de celle-ci.

Babord et **tribord** désignent respectivement la gauche et la droite quand on regarde la proue. Le **tonnage** – ou **jauge** – est le volume intérieur du navire c'est-à-dire la capacité de transport : il est évalué en tonneaux. Un tonneau de jauge brute (T.J.B.) représente 2,83 m^3.

La vitesse d'un navire s'exprime en **nœuds,** un nœud équivalent à un mille marin à l'heure (soit 1852 mètres à l'heure).

2. Le mouvement de propulsion

Dans l'Antiquité, prédomine l'**aviron** – barre de bois manœuvrée à la main, l'une des extrémités, élargie, prend appui dans l'eau – bien que la **voile** soit déjà utilisée (pièce de toile fixée au mat qui, grâce à l'action du vent, fait avancer le navire).

Au Moyen Age, l'emploi de la voile se généralise, mais il s'agit dans la plupart des cas d'une voile unique, voile carrée d'abord, peu pratique pour le louvoyage, **voile latine** – triangulaire –, **voile arabe** – trapézoïdale –, ensuite les XVIe, XVIIe, XVIIIe siècles sont caractérisés par la multiplicité des mats et des voiles. C'est l'époque de l'apogée de la marine à voile avec la construction des **clippers,** les plus grands voiliers jamais réalisés et des **cap horniers,** ainsi appelés parce qu'ils contournent le cap Horn, à l'extrémité sud de l'Amérique.

Après avoir supplanté son antique rival, le navire à rame, le voilier disparaît à son tour devant le bâtiment à vapeur.

Au cours du XIXe siècle, la propulsion à vapeur se développe ; le véritable essor est lié à l'adoption de l'**hélice** (vers 1840) – l'hélice constitue l'organe propulseur du navire – qui remplace la roue à aube.

Le XXe siècle voit enfin la vapeur progressivement céder sa place au moteur Diesel et plus récemment encore à l'énergie nucléaire.

Ces progrès dans la propulsion s'accompagnent d'une grande découverte dans la manière de guider le navire : au XVe siècle, le **gouvernail d'étambot** qui tourne autour d'une ligne verticale, le long de l'étambot, dans l'axe du navire remplace la rame-gouvernail, placée à l'arrière, le long du bord, dans une position proche de la verticale.

3. L'art de naviguer

Pendant des millénaires, la navigation est restée empirique. On navigue de jour, de cap en cap, c'est la navigation à l'**estime.** De nuit, en cas d'obligation, on se guide sur les astres.

Dans l'Antiquité, sont établis les premiers **éphémérides** nautiques (tables donnant la position des astres pour chaque jour de l'année) et sont créés les premiers **astrolabes** (instruments de mesure de la hauteur des astres) ; des **phares** (tours proches du rivage ayant à leur sommet une source lumineuse) permettent de se repérer la nuit et d'assurer une meilleure sécurité aux marins. Le premier véritable phare situé en Egypte, près d'Alexandrie, sur l'île de Pharos (origine du mot phare) est considéré comme l'une des sept merveilles du monde.

Les premiers progrès importants datent du Moyen Age et des Temps modernes. C'est d'abord la **boussole.** Rudimentaire à ses débuts – aiguille aimantée enfilée dans un fétu de paille flottant sur l'eau puis montée sur pivot, elle permet à la fin du Moyen Age, la réalisation des **compas** (la boussole est enfermée dans un habitacle et suspendue pour éviter les effets néfastes des mouvements du navire). Dans le même temps apparaissent les cartes notamment les **portulans** offrant une description assez précise des côtes et des ports.

L'amélioration des astrolabes permet une mesure correcte de la latitude, mais le problème de la longitude reste entier : ce n'est qu'à partir du XVIIe siècle avec l'invention du **chronomètre** que le problème posé par la détermination de la longitude est résolu.

A l'époque actuelle, les techniques radioélectriques apportent une solution parfaite au problème du point à la mer.

4. Les différents types de navire

Au cours des siècles, en relation avec les progrès de la propulsion et avec l'utisation de nouveaux matériaux (le fer remplace le bois au cours du XIXe siècle) la construction des navires fournit des modèles fort différents. La **pirogue,** embarcation longue et légère, dont la coque est faite d'un tronc d'arbre évidé, connue dès le néolithique, est encore utilisée en Polynésie.

Dans l'Antiquité, les navires de combat sont de forme effilée qu'il s'agisse de la **trière** athénienne ou de la **trirème** romaine, navires auxquels on donne le nom générique de galère – les **drakkars** des Vikings rappellent ces galères – alors que les bâtiments de commerce, bâteaux ronds présentent des formes ventrues.

Les navires à voile dans l'Occident médiéval sont notamment la **nef,** héritière du bâteau rond de l'Antiquité, suivie de la **caravelle,** voilier long aux lignes affinées, avec laquelle Christophe Colomb atteignit l'Amérique. Pour le transport et le combat, les **caraques** et les **galions** constituent l'essentiel des flottes jusqu'au XVII siècle.

L'apogée de la marine à voiles aux XVIIe et XVIIIe siècles est l'époque du **vaisseau,** le plus grand des navires de guerre à voiles, par opposition à la **frégate** et à la corvette plus petites, et des **bricks** et **goélettes,** voiliers fins servant au transport qui préfigurent les **clippers** du XIXe. Le regroupement d'une flotte de guerre nombreuse est appelée une **armada** en souvenir de la flotte réunie en 1588 par le roi d'Espagne Philippe II pour attaquer l'Angleterre.

Les navires de commerce moderne (cargos) de plus fort tonnage, plus rapides, naissent au XIXe avec l'utilisation du fer et la propulsion à la vapeur (→ *111. transports et ports maritimes*).

84. NOBLESSE

1. Noblesse et aristocratie

La **noblesse** est un groupe social disposant de privilèges héréditaires ou octroyés par le pouvoir. On la retrouve dans différents pays à différentes époques. En France son importance n'est réelle que sous l'Ancien Régime, elle n'est plus maintenant qu'une survivance honorifique sans existence légale.

Il ne faut pas assimiler noblesse et **aristocratie.** L'aristocratie est un système de gouvernement dans lequel le pouvoir est aux mains d'une caste privilégiée (le gouvernement des meilleurs) ; par extension c'est l'ensemble de ces privilégiés. En France, sous l'Ancien Régime, tous les privilégiés ne sont pas des aristocrates (le bas clergé), au sein de la noblesse, la noblesse pauvres des campagnes n'appartient pas à l'aristocratie.

A Rome, le terme de **nobilitas** peut être traduit par noblesse mais en ne donnant pas une acception trop moderne à ce terme. La nobilitas comprend toutes les familles dont un membre a exercé une magistrature curule ; c'est en son sein que se recrute la grande majorité du Sénat.

2. Comment déterminer la noblesse ?

La noblesse, second **ordre** de la nation sous l'Ancien Régime cache une réalité complexe et un groupe social difficile à cerner.

La **particule,** les **armoiries,** les **titres** ne permettent pas de déterminer la noblesse.

La **particule** est la préposition « de » devant le nom.

Les **armoiries** sont un ensemble de signes, devises, ornements d'un **blason.** Depuis la fin du XVIIe siècle, chacun peut s'en gratifier.

Les **titres** – sauf celui de chevalier – sont attachés à une terre non à un homme. Il n'y a pas de hiérarchie pour les titres de noblesse, sauf pour les **princes du sang** et les **ducs,** les autres nobles se distinguent entre eux par l'ancienneté de la noblesse. La hiérarchie n'est introduite que dans la **noblesse d'Empire** (noblesse créée artificiellement en France par le premier et le second Empires).

Les principaux titres sont : **chevalier, baron, vicomte,** titre qui n'existe pas dans la noblesse impériale de même que celui de **marquis, comte, duc** et **prince.**

Le **marquis,** à l'époque carolingienne est celui qui gouverne une **marche,** c'est-à-dire une province frontière. Le **margrave** exerce les mêmes fonctions dans le Saint Empire romain germanique. Plus tard, sous l'Ancien Régime, le marquis est un noble titulaire d'un fief appelé **marquisat.**

Le titre de **comte** est d'origine lointaine : utilisé sous l'Empire romain pour désigner les conseillers de l'empereur puis les hauts fonctionnaires, il est appliqué au Moyen Age aux membres de l'entourage des souverains (service des maisons, représentants dans les provinces).

Duc et **prince** sont les titres les plus élevés de la noblesse (en Autriche, les princes de la maison impériale portent le titre d'**archiduc ;** les princes du sang en Russie, celui de **grand-duc**).

Les **princes du sang** sont les membres de la famille régnante. L'héritier présomptif au trône est appelé **prince royal** ou **prince impérial** (le prince de Galles en Angleterre). L'époux d'une reine, qui n'a pas le titre de roi est **prince consort** (aux Pays-Bas, en Angleterre).

3. Privilèges et puissance économique de la noblesse

La puissance économique de la noblesse est fondée sur sa richesse foncière, sur les droits féodaux perçus sur les paysans, elle provient aussi des traitements et pensions et des privilèges.

En tant que possesseurs de fiefs, les nobles ont la **propriété éminente** des terres paysannes et perçoivent à ce titre les **droits féodaux.** Mais on peut être noble sans posséder de fief, être roturier et posséder un fief.

Les **privilèges** constituent l'élément distinctif de la noblesse et expliquent l'attrait qu'elle exerce :

- **privilèges honorifiques :** distinctions extérieures s'attachant à la personne du noble : port de l'épée, girouette seigneuriale ; préséances : banc réservé à l'église, première place dans les processions, sépulture dans le chœur de l'église ;
- **privilèges judiciaires :** le noble est soumis en première instance à la juridiction des baillis et sénéchaux et non à celle des prévôts (→ *68. justice sous l'Ancien Régime*). En nature criminelle, il est jugé par le parlement. En cas de condamnation à mort, il est décollé et non pendu ;
- **privilèges fiscaux :** le noble ne paie pas l'impôt direct – la taille –, il échappe à l'impôt de consommation.

4. Nobles de race et anoblis

La naissance est la source de la **noblesse de race.** C'est le sang qui fait la supériorité du noble sur le roturier qualifié d'**ignoble.** Lorsque la noblesse remonte loin dans le passé, elle est « **immémoriale** ». En comptant les **degrés de noblesse,** c'est-à-dire les générations paternelles nobles, ou plus rarement les **quartiers de noblesses,** c'est-à-dire les générations paternelles et maternelles nobles, on s'assure de l'ancienneté de la noblesse.

Quatre degrés de noblesse sont nécessaires pour affirmer la noblesse de race. Ces nobles seraient les descendants des conquérants germaniques : la conquête en a fait les maîtres de la terre et donc les seigneurs des habitants gallo-romains.

Les **anoblis** s'opposent aux nobles de race, comme la **noblesse acquise** à la noblesse de naissance. Le roi s'est réservé l'exercice du droit d'anoblissement.

La noblesse s'acquiert, soit par lettres d'**anoblissement,** soit par l'exercice de certaines charges.

L'anoblissement par **lettres d'anoblissement** ou **lettres patentes** est en principe une récompense, en fait il est rarement gratuit. C'est un **expédient fiscal** (moyen pour se procurer des ressources. L'anobli paie une taxe pour compenser l'exonération d'impôt dont il bénéficie).

Le roi peut révoquer les lettres d'anoblissement précédemment accordées **(édits de suppression).** Les anoblis paient à nouveau pour voir leur privilège maintenu **(édits de confirmation).**

Cette noblesse ainsi conférée est, **transmissible,** si elle est accordée expressément « pour les enfants nés et à naître », **graduelle** si elle ne devient transmissible qu'à la deuxième ou troisième génération, **personnelle** si ceux qui la reçoivent ne peuvent la transmettre.

L'exercice de certaines charges constitue le second mode d'acquisition de la noblesse pour un roturier :

- charges administratives : certaines charges de gouvernement, de justice et finance procurent immédiatement la noblesse héréditaire à leur titulaire (grands officiers de la couronne, conseillers d'Etat), d'autres doivent être exercées pendant un certain temps et par deux générations avant d'anoblir (conseillers des cours souveraines). Ainsi s'est formée la **noblesse de robe ;**
- charges municipales : dans d'assez nombreuses villes, l'exercice des charges municipales comporte anoblissement : à Paris, à Lyon, à Toulouse **(capitouls).** C'est dans cette dernière ville que la noblesse municipale a été surnommée **noblesse de cloche.** Les charges militaires n'anoblissent pas avant 1750.

La noblesse peut se perdre : par **déchéance** (condamnation infamante), par **dérogeance** (exercice d'une profession considérée comme incompatible avec la noblesse : travaux manuels, profession mercantile).

5. Diversité de la noblesse

A l'intérieur de ce groupe restreint (1,5 % des Français avant 1789) existent de multiples clivages et de nombreuses oppositions. Ils reposent moins sur des différences de fonctions (la traditionnelle opposition entre la **noblesse d'épée,** d'origine militaire et foncière, et la noblesse de robe, d'origine administrative et financière) que sur la fortune.

La **« noblesse de cour »** dispose de ressources abondantes provenant des biens fonciers, des charges de cour lucratives, de pensions royales surtout lorsqu'il s'agit de **nobles présentés** au roi (la présentation comporte l'avantage de chasser avec le roi, de monter dans ses carrosses).

La **noblesse provinciale** est plus diversifiée : riches parlementaires aux abondants revenus fonciers et immobiliers, **gentilshommes** aisés dont les ressources proviennent de quelques seigneuries et du service temporaire du roi, petits nobles plus ou moins ruinés – les **nobliaux** vivant difficilement dans leur manoir.

85. OCÉAN ET MERS

1. L'océan

C'est une très vaste étendue d'eau marine. On distingue traditionnellement cinq océans : Atlantique, Pacifique, Indien, Arctique, Antarctique ou Austral. Ces cinq océans constituent l'**Océan mondial,** immense domaine par sa superficie (361 millions de km^2 = 70,8 % de la surface du globe) et son volume (1 348 millions de km^3 = 97,4 % de l'hydrosphère). Parmi les **mers,** généralement moins profondes que les océans, on distingue plusieurs types :

– **mer bordière :** située en bordure d'un océan et formant une sorte de golfe de l'océan, elle est généralement peu profonde ; le plateau continental constitue l'essentiel des fonds de la mer bordière. Ex. mer du Nord ;
– **mer continentale :** située à l'intérieur des continents la mer continentale communique avec l'océan par un passage assez étroit appelé **détroit.** Ex. mer Méditerranée, mer Noire... ;
– **mer fermée :** en fait, un très grand lac plus ou moins salé, situé entièrement à l'intérieur des terres. Ex. mer Caspienne ;
– **mer marginale : est une mer située entre un arc insulaire et le continent (→ *106. tectonique*).**

2. Les fonds océaniques

Les profondeurs sont exprimées par les **isobathes,** lignes d'égale profondeur par rapport à la surface de l'eau.

a) Les **dorsales océaniques** sont des chaînes sous-marines larges de quelques centaines de kilomètres, longues de plusieurs milliers ou dizaines de milliers de kilomètres, d'environ 2 000 m d'altitude relative (→ *106. tectonique*).

b) Les **bassins océaniques** occupent l'espace situé entre dorsales et **marges continentales.** Ils sont souvent accidentés de **collines abyssales.** Le long des marges continentales passives, les bassins océaniques sont régularisés par les apports **terrigènes** (provenant de l'érosion des terres émergées) et forment de véritables **plaines abyssales.** Les bassins océaniques ont des profondeurs qui varient entre 2 000 et 6 000 mètres et sont séparés les uns des autres par des **seuils** plus ou moins larges.

c) Les **fosses océaniques** sont des sillons larges d'une centaine de kilomètres en moyenne et profonds de 7 à 11 kilomètres (fosse des Mariannes 11 020 mètres).

d) Les **marges continentales** sont des régions immergées en bordure des continents, régions de transition avec les fonds océaniques. On distingue les **marges passives** où le passage de la croute océanique à la croûte continentale se fait au sein de la même plaque lithosphérique (→ *106. tectonique*) et les **marges actives.**

- Une **marge passive** comprend :
  - le **plateau continental** (ou **plate-forme continentale**) : région plane, légèrement inclinée vers la mer, de largeur variable (en moyenne 80 km – 90 % de la mer du Nord appartient au plateau continental – et de faible profondeur (jusqu'à 200 m) ;
  - le **talus continental :** versant raccordant le plateau continental aux grandes profondeurs. En pente sensible (5°), voire forte, le talus continental s'étend de 200 à 4 000 mètres de profondeur ;
  - le **glacis continental :** région à pente très faible (moins de 1°) entre 4 000 et 5 000 mètres de profondeur assurant la transition entre talus et bassins océaniques.
- Une **marge active** comprend un plateau continental généralement réduit. Au large, se développe une **fosse marginale** assez étroite (100 km au plus) allongée et très profonde (jusqu'à 10-11 km). Les marges actives sont marquées par une importante activité sismique et correspondent à la subduction d'une plaque à croûte océanique sous une plaque continentale. On trouve également des marges actives le long des **arcs insulaires** (ex. Kouriles, Japon...), ces derniers étant séparés du continent par une mer marginale (ex. mer du Japon, mer d'Okhotsk) (→ *106. tectonique*).

3. Les eaux marines

- L'**eau marine,** eau des mers et des océans, est caractérisée par sa salinité.
- La **salinité** (S) exprime la teneur en sel, mesurée en grammes de sels (chlorures de sodium, de magnésium, sulfates, carbonates) pour un kilogramme d'eau de mer (moyenne 35 %). La salinité est variable : forte dans les mers continentales ou fermées à forte évaporation, faible dans les mers continentales à forts apports d'eau douce. Une **saumure** est une solution à forte teneur en sel (ex. les eaux de la mer Morte S = 275 %). Une eau **saumâtre** est une eau à faible teneur en sels (ex. l'eau des estuaires).
- La densité des eaux marines varient quelques peu selon la température.

Dans l'Océan, s'individualisent des **masses d'eau** définies par leur densité, leur température, leur salinité.

En partant du fond, on distingue :

- une **masse d'eau** de fond dite **antarctique** (d'origine antarctique) très froide (– 1 °C à + 0,5 °C) et assez peu salée ;

– une **masse d'eau arctique** dite circumpolaire (+ 3 à + 4 °C) assez salée ;
– une **masse d'eau intermédiaire** assez froide (+ 1,5 °C) mais moins salée que l'arctique ;
– au-dessus de ces eaux profondes, une **masse d'eau dite centrale,** salée (évaporation) et de températures variables (8 à 25 °C), épaisseur 500 à 1 000 mètres.

La **thermocline** est la couche de transition qui sépare eaux profondes et eau centrale. Peu épaisse, elle est marquée par un brusque changement de température.

A l'intérieur des masses d'eaux profondes, existent de très lents mouvements de brassage, les **courants de densité** (40 à 80 mètres par heure).

4. Les courants marins

– Les **courants marins de surface** sont liés à la présence de vents constants et réguliers (ex. alizés) qui entraînent les eaux superficielles. Les grands courants de surface peuvent se développer sur des milliers de kilomètres (ex. Gulf Stream). Ils ont alors tendance à s'affaiblir et se transforment en simple **courant de dérive** (ex. dérive nord-atlantique).

Masses d'eau et courants de densité dans l'Atlantique

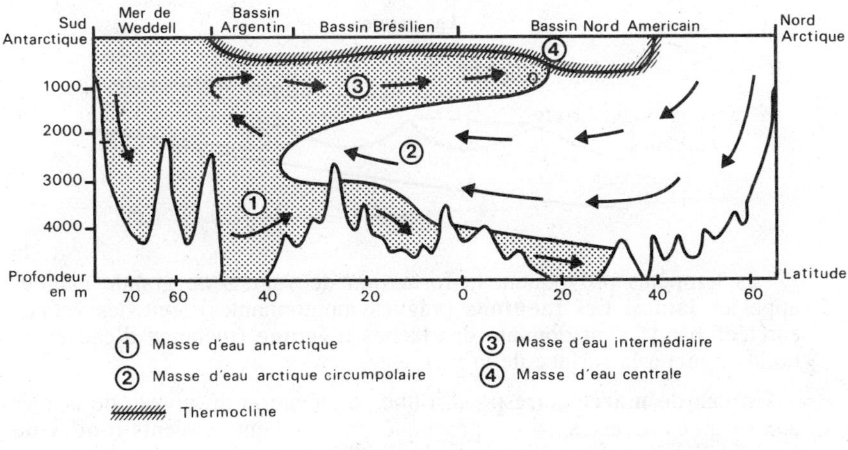

Les masses d'eau entraînées par les courants de surface sont remplacées par des **courants de compensation** ou par la remontée d'eaux profondes et froides (en anglais **upwelling**). Parmi les courants dus aux vents, on distingue :

- les **courants chauds** qui circulent des basses latitudes vers les hautes latitudes et amènent des eaux plus chaudes que les eaux environnantes (ex. Gulf Stream, Kouro Shiro...) ;
- les **courants froids** qui sont alimentés par les eaux des hautes latitudes (ex. courant du Labrador) ou par les eaux profondes (Upwelling, ex. courant des Canaries, de Benguela).

– Les **courants littoraux** sont liés aux mouvements des vagues (→ *infra*).

– Les **courants de décharge** sont le résultat d'échanges entre mers et océans. Ainsi, dans le détroit de Gibraltar, un courant de décharge provenant de l'Atlantique compense le déficit du bilan hydrologique de la Méditerranée, lié à la forte évaporation.

5. Les mouvements ondulatoires : vagues et marées

a) Les vagues

Ce sont des ondulations provoquées par le vent. Loin du littoral, les ondulations sont régulières : c'est la **houle** constituée de **vagues libres.**

Lorsqu'on s'approche du littoral, les vagues sont modifiées et se déforment (basculement vers l'avant : c'est le **déferlement,** vagues déferlantes). Les vagues sont caractérisées par leur **longueur d'onde** (distance entre deux crêtes), leur **hauteur** (distance verticale entre la **crête** et le **creux**) et leur **période** (temps qui s'écoule entre le passage de deux crêtes en un point donné).

Les vagues

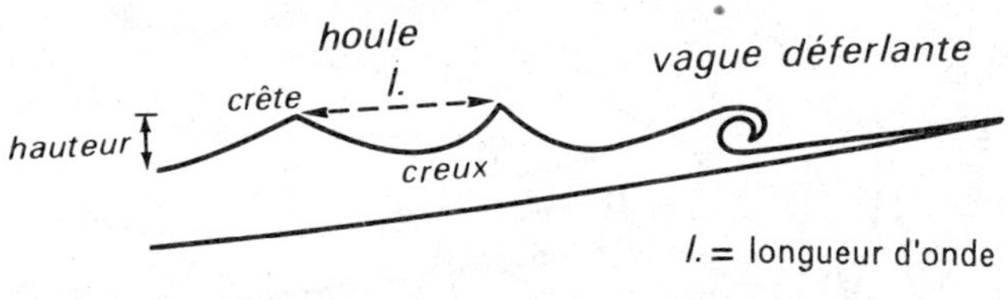

Les tempêtes provoquent la formation de vagues de grande hauteur appelées **lames.** Les **moutons** (vagues moutonnantes) sont des vagues écrêtées par le vent donnant des tâches d'**écume** (mélange d'eau et de bulles d'air) à la surface de la mer.

Un **raz de marée** correspond à une surélévation du niveau de la mer aux origines diverses ; il est provoqué par des vents violents **(ondes de tempête)** ou par des glissements de terrains sous-marins.

Les **tsunamis** sont une onde affectant la surface de la mer, provoquée par un séisme. Se propageant rapidement, les tsunamis provoquent sur les côtes des raz de marée destructeurs.

Les principaux courants marins

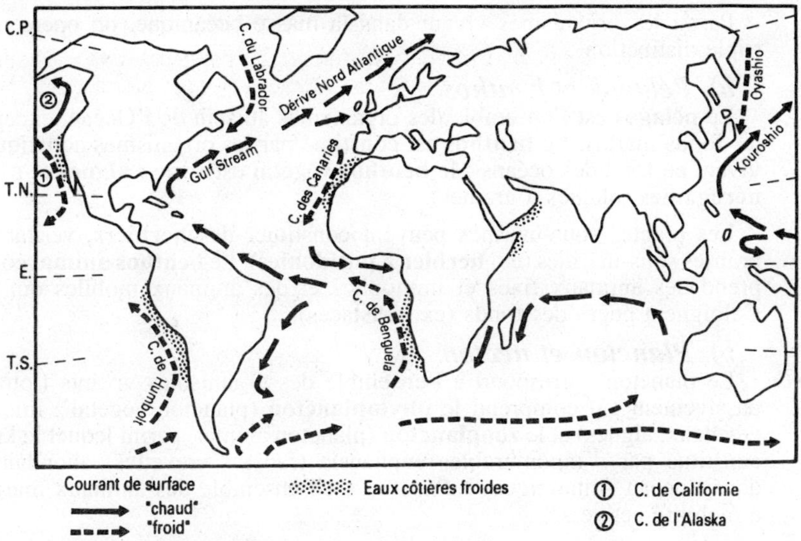

b) Les marées

On appelle marées, les variations périodiques des niveaux de la mer dues principalement aux attractions combinées de la Lune et du Soleil.

La **marée montante** est le **flux ;** la **marée descendante,** le **reflux** ou le **jusant**. La **basse mer** correspond au niveau inférieur, la **haute mer** au niveau supérieur. Le **marnage** est l'amplitude de la marée, dénivellation entre haute mer et basse mer. Sur le littoral, l'**étage interdital** est l'espace oblique qui sépare le niveau atteint par les très hautes mers de celui atteint par les très basses mers : c'est l'estran des plages (→ *70. littoral*).

Le marnage varie au cours de l'année. Son amplitude relative est mesurée par le **coefficient de marée,** rapport entre le marnage d'une marée donnée et le marnage moyen de la station d'observation.

Les **marées de mortes eaux** sont de faible marnage et correspondent à une situation astronomique où les attractions solaire et lunaire se contrarient **(situation de quadrature).** Les **marées de vives eaux** ou **grandes marées** correspondent à la concordance des attractions solaire et lunaire.

Le **rythme** (ou **période**) de la marée change selon les lieux, il peut être **semi-diurne** (deux hautes mers et deux basses mers en 24 heures) ou **diurne** (une haute mer et une basse mer) ou plus complexe.

6. Biogéographie des océans

Parmi les organismes vivant dans la masse océanique, on opère une triple distinction :

a) Pélagos et benthos

Le **pélagos** est l'ensemble des organismes au sein de l'Océan, excepté les fonds marins. Le **benthos** est constitué par les organismes aquatiques vivant au fond des océans : le **benthos végétal** est varié : **algues** et **phanérogames** (plantes à graines).

Les plantes sous-marines peuvent constituer des **herbiers,** véritables prairies sous-marines (ex. **herbier à posidonies**). Le **benthos animal** comprend des animaux fixés et immobiles et des animaux mobiles qui ne s'éloignent guère des fonds (ex. crustacés).

b) Plancton et necton

Le plancton correspond à l'ensemble des organismes vivants flottant passivement : il comprend le **phytoplancton** (plancton végétal : micro-végétaux, algues) et le **zooplancton** (plancton animal) parmi lequel le krill constitué par d'innombrables euphausia (fausses crevettes) abondantes dans l'océan Antarctique. Le necton est l'ensemble des animaux marins à mobilité active.

Zones et milieux marins et littoral

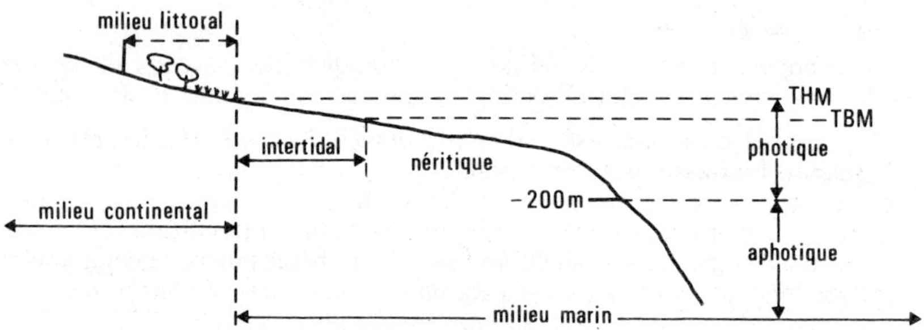

c) Milieux photique et aphotique

Le **milieu photique** est le domaine océanique pénétré par la lumière (jusque vers 200 mètres de profondeur).

Le **milieu aphotique** est obscur : il se subdivise en plusieurs étages :

- **étage bathyal :** 200 à 3 000 m
- **étage abyssal :** 3 000 à 6 000-7 000 m
- **étage hadal :** grandes profondeurs > 6 000-7 000 m.

d) Le milieu néritique

C'est le domaine biogéographique des littoraux correspondant aux profondeurs inférieures à 200 m (de la plate-forme continentale). Il s'apparente à l'étage (ou au milieu) photique.

Le milieu interdital correspond à l'étage interdital situé entre très hautes mers et très basses mers. Il coïncide avec l'estran.

86. PAPAUTÉ - PAPE

Le terme de **papauté** désigne soit la dignité de pape, soit l'administration et le gouvernement du pape (synonyme **Saint-Siège**).

Le **pape,** évêque de Rome, est le chef de l'Eglise catholique. On l'appelle aussi **souverain pontife** et **Saint-Père.** Il est élu par les cardinaux assemblés en **conclave.**

Les éléments distinctifs de la dignité pontificale sont sa soutane blanche, sa couronne, la **tiare,** son insigne, l'**anneau de pêcheur** représentant saint Pierre jetant ses filets. L'**intronisation** est l'entrée officielle en fonction (ce terme s'applique également pour un prélat ou un souverain).

1. Le pape, chef de l'Eglise catholique

Chef de l'Eglise, le pape peut prononcer l'**excommunication** des fidèles, c'est-à-dire prendre une mesure qui retranche un fidèle de la communion de l'Eglise. Les évêques tiennent leur pouvoir du pape. La sentence d'excommunication de l'Eglise est l'**anathème.** L'**interdit** avait une portée plus générale. Il supprimait l'exercice du culte sur tout le domaine d'un seigneur dont l'église avait à se plaindre et punissait ainsi des populations entières par la faute de leur chef jusqu'à ce que celui-ci ait cédé (cf. l'interdit qui frappa tout le royaume de France en 1198, quand le roi Philippe Auguste prétendit répudier sa femme).

Les **consistoires,** assemblées de cardinaux, permettent au souverain pontife de communiquer ses décisions (le terme de consistoire peut aussi concerner une assemblée dirigeante de rabbins ou de pasteurs protestants).

Le pape adresse au monde des **brefs,** des **bulles,** des **encycliques :**

- le **bref** est une lettre ayant un caractère privé mais contenant une déclaration ou une décision ;
- la **bulle** est un décret ainsi désigné parce qu'une bulle est un sceau rond, en métal, utilisé pour sceller certains documents (ex. une bulle d'excommunication) ;
- l'**encyclique** est une lettre destinée aux évêques ou aux fidèles sur une question concernant le dogme, la morale ou la discipline.

La bulle ainsi que l'encyclique sont, en général, désignés par les premiers mots ; ainsi la bulle « Unigenitus » (1713) condamnant le jansénisme et l'encyclique « Pacem in terris » (1963) concernant les relations internationales.

En matière de dogme et de morale, lorsqu'il se prononce solennellement, le pape est infaillible. Cette **infaillibilité** a été proclamée par le concile du Vatican en 1870. C'est le **magistère extraordinaire,** très rarement utilisé.

Le Saint-Père procède à la **béatification** puis à la **canonisation des saints,** preuve que sa puissance de juridiction est supérieure à celle des autres évêques. La canonisation est l'inscription solennelle d'un personnage au canon des saints ; un cantique catholique d'action de grâces – le **Te Deum** – est chanté pour célébrer la canonisation. La canonisation est précédée par la béatification qui consiste à admettre la personne concernée au rang de **bienheureux** sans l'inscrire au canon.

Les ouvrages relatant la vie d'un saint sont des **hagiographies.** Ce terme peut également désigner une biographie systématiquement élogieuse.

2. Le pape, un chef d'Etat

Le pape est souverain temporel. Son territoire, les **Etats de l'Eglise** ou **Etats pontificaux,** composé d'une partie importante de l'Italie centrale (Romagne, Marches, Ombrie, Campagne romaine) fut annexé par l'Italie lors de son unité en 1870.

Les **accords de Latran,** 1929, ont confirmé l'existence d'un Etat pontifical dans la ville de Rome : le **Vatican.**

Chef d'Etat, le pape a des ambassadeurs auprès de la plupart des Etats étrangers : il s'agit des **nonces apostoliques,** tandis que les **légats** sont des cardinaux représentant le pape pour une mission spéciale. L'**internonce** est le représentant du pape dans un Etat où il n'y a pas de nonce ou celui qui assure par intérim les fonctions de nonce apostolique.

Les **concordats** sont des traités passés entre le Saint-Siège et certains Etats : ils règlent la situation de l'Eglise et les questions religieuses. L'organisme gouvernemental, administratif et judiciaire du Saint-Siège est la **curie** (le terme vient du latin *curia* qui désignait le lieu où les sénateurs romains prenaient les décisions concernant l'Etat). Au fil des siècles, la curie a été organisée en **dicastères** (= tribunal – terme qui à l'origine désigne chacune des dix sections du tribunal des héliastes) correspondant aux divers besoins de l'Eglise, le plus ancien est la **Sacrée Congrégation de l'inquisition universelle et romaine** créée en 1542.

Actuellement, les organismes de la curie se répartissent en quatre catégories :

- les **congrégations.** Ce sont des commissions permanentes de cardinaux auxquels s'adjoignent des **consulteurs** (théologiens désignés par le Pape). Elles sont présidées par un **préfet,** parfois par le Pape lui-même. Elles constituent les véritables ministères de l'église catholique, les principales sont la **secrétairerie d'Etat** ou secrétariat du Pape (fonction de principal ministre du Pape) le **Conseil pour les affaires publiques de l'Eglise** (sorte de ministère des affaires étrangères) les **Congrégations pour l'évangélisation des peuples** ou **Congrégation de la propagande,** la **Congrégation pour la Doctrine de la foi** appelée autrefois **Congrégation du Saint Office** chargée de lutter contre l'hérésie ;

- les tribunaux :
  le **Suprême tribunal de la Signature apostolique** (Plan administratif), la **Sacrée Rote** (pour les affaires de droit privé), la **Sacrée Pénitencerie** (pour le for interne, sacramentel ou non) ;
- les secrétariats ;
- les conseils ou commissions :
  l'ensemble des documents officiels émanant soit du Pape, soit des congrégations, forme les **Actes du Saint Siège.**

La papauté reçoit une partie de ses revenus de versements effectués par les catholiques (le **denier de Saint Pierre**). Dans le passé, les **annates** constituaient un revenu important : il s'agissait d'une taxe levée à l'occasion d'une nouvelle collation d'un bénéfice mineur et dont le montant correspondait théoriquement aux revenus d'une année de bénéfice. Les annates ont été supprimées par le concile de Bâle en 1448.

87. PARLEMENT

1. Le Parlement

La souveraineté réside dans le peuple, mais le peuple ne peut l'exercer lui-même et délégue ses pouvoirs à des représentants qu'il choisit par l'élection.

C'est le **système représentatif** qui conduit à la réunion dans la capitale de l'Etat d'une ou deux assemblées **(monocamérisme** ou **bicamérisme)** dont l'ensemble constitue le **Parlement.**

Longtemps les constitutions ont cherché à limiter les pouvoirs des **chambres basses** élues par un corps électoral étendu au profit des **chambres hautes** d'origine aristocratique ou désignées par un corps électoral plus restreint. C'est le cas au Royaume-Uni où la chambre basse est représentée par la **Chambre des communes** et la chambre haute par la **Chambre des lords.**

Le bicamérisme a permis de résoudre le problème de la représentation des états dans les constitutions fédérales. Aux Etats-Unis, le **Sénat** représente les états à raison de deux sénateurs par état quelle que soit sa population, alors que les députés de la Chambre des représentants sont élus dans chaque état en nombre proportionnel à celui de la population.

Ces deux assemblées forment le **Congrès.**

En U.R.S.S., le Parlement ou **Soviet suprême** est formé du **Soviet de l'Union** et du **Soviet des nationalités** qui représentent respectivement la population soviétique et les diverses nationalités de l'U.R.S.S.

Mais dans la plupart des pays unitaires, la poussée des masses électorales et l'évolution des idées ont conduit à réduire peu à peu les pouvoirs des chambres hautes et à donner le dernier mot aux chambres basses. Ainsi en France, où les pouvoirs de l'**Assemblée nationale** l'emportent sur ceux du **Sénat.**

Les assemblées délibérantes portent des appellations très diverses selon les Etats. Les populations des Etats d'Europe centrale et du nord (Saint-Empire romain, Pologne, Danemark) étaient représentées par des **diètes,** celles de la Russie tsariste au début du XXe siècle par une **douma.**

2. Les parlementaires

La désignation des représentants qui forment ces assemblées est soumise à des règles très diverses. Les chambres hautes comprennent encore des membres héréditaires de droit, alors que pour les chambres basses, c'est le suffrage universel qui est la règle.

Les élus sont investis d'un **mandat parlementaire.** Ce mandat est limité dans le temps.

Les parlementaires jouissent d'un **statut** composé de mesures d'interdiction et de protection qui a pour but de leur assurer le libre exercice de leur mandat. L'**immunité** et l'**inviolabilité** de leur personne leur donnent pleine liberté d'expression et d'initiative dans leurs paroles et leurs écrits à condition qu'ils aient agi en leur qualité de parlementaires. L'**immunité** interdit toute poursuite judiciaire à l'égard des parlementaires au cours des sessions. L'**inviolabilité** les met à l'abri d'une arrestation pendant la durée des sessions sauf flagrant délit ou levée de l'immunité parlementaire.

L'**indemnité parlementaire** a pour objet de permettre à tout citoyen sans fortune de se présenter aux élections et d'abandonner pendant la durée de son mandat l'activité qui le faisait vivre.

3. Fonctions du Parlement

La fonction essentielle du Parlement, c'est l'exercice du **pouvoir législatif** (vote des lois) issu du droit de consentir l'impôt et, avec son corollaire, le contrôle de l'action gouvernementale. Ce rôle législatif explique que le Parlement soit parfois appelé **législature** bien que ce terme désigne plus généralement la durée du mandat d'une assemblée législative et le parlement local de chacun des états des Etats-Unis.

Le Parlement peut également avoir un rôle judiciaire : le jugement des procès de grande politique, notamment du **crime de haute trahison** lorsqu'il est commis par le chef de l'Etat ou par un ministre.

a) Elaboration de la loi

L'**initiative de la loi** vient soit du Parlement **(proposition de loi),** soit du gouvernement **(projet de loi).** La proposition ou le projet est soumis à un **débat** (discussion réglée qui se déroule selon une procédure ayant pour objet la sincérité et la loyauté des débats) au cours duquel des **amendements** (c'est-à-dire des modifications au projet) peuvent être apportés, puis à une **ratification** (approbation). Dans les Parlements bicaméristes la discussion se déroule successivement dans les deux assemblées ; la « **navette** » se poursuit jusqu'à ce que les deux chambres se soient accordées sur un texte unique, à moins que les dispositions constitutionnelles ne donnent à l'une d'elles le droit d'en terminer (en France à l'Assemblée nationale).

La loi ne se confond ni avec le **décret** ni avec l'**ordonnance.** Elle est toujours plus générale et plus solennelle. C'est notamment le cas de la **loi-cadre** ou **loi-programme** qui ne définit que des principes et laisse au pouvoir exécutif le soin d'en préciser l'application par **décrets** (textes promulgués par le pouvoir exécutif qui constituent les applications de la loi).

Pour faire face à des circonstances particulières, le gouvernement peut-être investi temporairement du pouvoir législatif. Le gouvernement a alors la capacité de prendre des **ordonnances** ou textes de loi (cf. les ordonnances du gouvernement provisoire de la République française pendant la Seconde Guerre mondiale) et des **décrets-lois** (décrets du gouvernement ayant force de loi, cf. le gouvernement Laval en 1935).

b) Contrôle de l'activité gouvernementale

Le Parlement contrôle le pouvoir exécutif dans les limites que lui sont accordées par la constitution.

Les interférences entre les deux pouvoirs sont surtout nombreuses dans les pays à régime parlementaire (→ *34. démocraties contemporaines*).

En Allemagne (R.F.A.) et en Italie (et en France de 1875 à 1958) le Parlement intervient dans la **nomination du chef de l'Etat :** il élit le président de la République.

Dans ces deux premiers pays il collabore à la création du chef du gouvernement (**chancelier** en Allemagne, **président du Conseil** en Italie). Le chef du gouvernement désigné par le chef de l'Etat et les ministres sont responsables devant le Parlement. C'est la **responsabilité ministérielle :** ils ne restent en fonction qu'autant qu'ils conservent la confiance du Parlement. Elle peut avoir pour contrepartie la **dissolution** du Parlement renvoyé devant les électeurs, devenus arbitres du conflit.

Ce régime plaçant l'exécutif sous une dépendance étroite du Parlement, peut aller jusqu'à la confusion des pouvoirs dans le « **gouvernement d'assemblée** ».

88. PARTIS POLITIQUES

Les **partis politiques** sont apparus sous leur forme moderne dans la première moitié du XIXe et ne se sont généralisés qu'à la fin du siècle et au début du XXe. La participation des masses à la vie politique par le suffrage universel a largement contribué à la formation des partis.

1. Qu'est-ce qu'un parti politique ?

Un **parti politique** est une réunion de personnes de même idéologie politique recherchant le soutien de la population en vue de l'exercice du pouvoir. Un parti politique suppose une organisation, en général au plan national, au sein de laquelle on peut distinguer plusieurs niveaux :

- celui des éléments de base formé de petits groupes locaux = **comités, sections, cellules ;**
- celui des échelons intermédiaires correspondant au découpage politico-administratif. Par exemple, en France, **fédération** au niveau départemental ;
- celui des organes centraux avec un organe délibératif **(congrès** ou **conférence nationale)** et un pouvoir exécutif **(comité directeur, comité central).**

Bien avant le XIXe siècle, le terme parti est utilisé, mais son sens n'est pas le même :

A Byzance, à l'époque de Justinien, s'opposent le **parti aristocratique** (les Bleus) et le **parti populaire** (les Verts) mais il s'agit en réalité de l'affrontement de deux **factions** (groupement de gens menant une action violente et illégale).

De même, pendant la Révolution française, « parti » est un mot commode, mais il ne faut pas voir dans les assemblées révolutionnaires des partis organisés dont les membres se classent suivant un programme précis (sauf une réserve sous la Convention en ce qui concerne le **parti montagnard ;** les autres Conventionnels, les **Girondins,** et le reste, hésitant, suivant tantôt les Girondins, tantôt les Montagnards : le **Marais**, ne forment pas de véritable parti). C'est peut-être en Angleterre, à la fin du XVIIe que, pour la première fois, des groupements politiques prennent l'allure des futurs partis lorsque après les deux Révolutions s'opposent le **parti tory,** champion des droits du roi et le **parti whig,** champion des droits du Parlement.

Il ne faut pas confondre un parti politique avec d'autres groupements qui agissent dans la vie politique mais sont moins organisés et n'ont pas la vocation d'exercer le pouvoir tels que les **sociétés de pensée** et les **groupes de pression** ou **lobbies** (associations regroupant des gens qui cherchent à faire pression sur le pouvoir pour défendre leurs intérêts).

Les termes **mouvement** et **rassemblement politique** signifient également des organisations permanentes à but politique et peuvent être considérés comme ayant un sens plus large que le mot parti, mais l'ambiguïté vient de ce que certains partis politiques portent ces appellations : **Mouvement républicain populaire** (M.R.P.) - **Rassemblement pour la République** (R.P.R.).

2. Types de partis

Une distinction traditionnelle (M. Duverger) oppose **partis de cadres** et **partis de masse.** Distinction insuffisante parce que certains partis échappent à cette classification – les partis démocrates chrétiens – et surtout parce que des partis récemment créés rappellent par certains traits les partis de cadres et par d'autres les partis de masse ; par exemple les **partis gaullistes** (du **Rassemblement du Peuple français** (R.P.F.) au **Rassemblement pour la République** (R.P.R.) tournés davantage vers les électeurs que vers les militants.

Une typologie reposant sur les grands choix politiques permet d'établir un classement entre les partis :

- **parti réactionnaire :** favorable au retour au passé ;
- **parti conservateur :** désireux de maintenir le système en vigueur ;
- **parti réformiste** pour lequel des changements progressifs sont souhaités sans remettre en cause les fondements du système ;
- **parti révolutionnaire :** des bouleversements radicaux doivent être apportés à la société et au régime politique.

Au sein d'un parti politique, l'**activisme** est l'attitude qui vise à promouvoir une propagande plus intense ou une action plus énergique.

3. Droite(s) et gauche(s)

Dans la vie politique française – et dans celle des autres partis européens – on oppose **partis de droite** et **partis de gauche.** A cette opposition, il faut ajouter les partis du Centre qui se situent entre les extrêmes. Pendant la Révolution française, lors de la Convention (1792-1793) entre le parti de la Montagne (**les Montagnards)** ainsi appelés à cause de leur situation en haut des gradins de la salle de séances et le parti des **Brissotins** (du nom d'un de leurs dirigeants Jacques Brissot) ou des **Girondins** les députés du Centre occupent dans la salle de séances un emplacement plus bas que celui des autres députés : ils constituent le **Marais** ou Plaine. Actuellement le terme de Marais désigne parfois d'une manière péjorative certains groupes politiques dont l'attitude est hésitante. La division droite-gauche date de la séance de l'Assemblée constituante du 11 septembre 1789 : sur la question du **veto** à accorder au roi, les partisans d'un **veto absolu,** donc d'un exécutif fort se sont groupés à droite, les partisans d'un **veto suspensif** à gauche (le veto absolu permet au roi de s'opposer définitivement à une décision, alors que le veto suspensif limite cette opposition dans le temps).

Quelques semaines plus tard lorsque l'Assemblée constituante s'installe à Paris, les **députés patriotes** et **aristocrates** prennent place respectivement à la gauche et à la droite du Président.

Depuis, le terme de droite est utilisé pour désigner les partis les plus conservateurs, celui de gauche, les partis les moins conservateurs...

La réalité est plus complexe parce que le contenu de ces deux notions a beaucoup évolué et surtout parce qu'il n'y a pas opposition entre une droite et une gauche mais entre plusieurs droites et plusieurs gauches. Alors que les divers courants de la droite coexistent depuis le XIXe, à gauche il s'agit beaucoup plus d'une succession de courants : un nouveau courant plus à gauche contribuant à repousser les autres vers le centre.

a) Les grandes tendances de la droite en France

- La droite légitimiste et traditionnaliste

La **droite légitimiste** représente lors de la restauration en 1815 la tendance royaliste fidèle à la branche aînée des Bourbons (Louis XVIII, Charles X puis le petit-fils de Charles X, le comte de Chambord). Elle domine la **Chambre introuvable,** chambre des députés élus en 1815 dont la majorité appartient aux **ultras** (plus royalistes que le roi Louis XVIII), extrême droite favorable à un rétablissement intégral de la monarchie absolue.

Cette tendance, fidèle à la monarchie traditionnelle, à l'Eglise catholique, refuse de se rallier à Louis-Philippe (1830-1848). Pendant la IIe République, elle contribue à la formation du **parti de l'ordre**. Après les événements de juin 1848 et après une période favorable au lendemain de la guerre de 1870, elle voit ses derniers espoirs de restauration monarchique s'évanouir à cause de l'**affaire du drapeau blanc** (refus du comte de Chambord d'adopter le drapeau tricolore).

La mort du comte de Chambord (1883) marque la fin du parti légitimiste dont l'héritage doctrinal est en partie recueilli par l'**Action française** qui l'associe à des éléments nationalistes jusqu'alors absents. L'Action française, née lors des affrontements de l'affaire Dreyfus sous l'influence de Maurras, évolue vers le **« nationalisme intégral »** c'est-à-dire une monarchie traditionnelle autoritaire. Préparant un coup de force contre le régime démocratique, l'Action française crée des groupes d'action tels les **Camelots du Roi.**

Le déclin du mouvement entre les deux guerres conduit une partie de ses éléments à se rapprocher du fascisme dans des organisations comme la **Cagoule.**

- La droite orléaniste et libérale

L'**orléanisme** regroupe les partisans de la famille des princes d'Orléans représentée par Louis-Philippe, roi pendant la monarchie de Juillet. Le roi tient son trône, non du droit divin mais en vertu de la volonté du peuple. Pendant la monarchie de Juillet, l'orléanisme se scinde en un **parti du Mouvement,** et un **parti de la Résistance :** le premier souhaite poursuivre les réformes libérales allant dans le sens des revendications populaires, alors que le second refuse toute concession au libéralisme.

Après avoir participé aux gouvernements de l'**ordre moral** après la défaite de 1870, les orléanistes déçus par l'échec de la restauration (affaire du drapeau blanc) s'intègrent au système républicain : leur **ralliement** étant facilité par l'appel du pape Léon XIII.

La droite monarchique dès lors décline très vite – en 1906 les royalistes sont pratiquement éliminés de la Chambre – dès lors la tradition de la droite libérale, hostile au nationalisme et aux méthodes de l'extrême droite, attachée au parlementarisme et au libéralisme économique se retrouve dans les **groupes modérés** des IIIe, IVe et Ve Républiques.

- La droite antiparlementaire et nationaliste

Les scandales politiques qui jalonnent la fin du XIXe (boulangisme, affaire de Panama, affaire Dreyfus) provoquent la naissance d'un nouveau mouvement de droite caractérisé par le rejet et la condamnation des partis traditionnels, l'idée de la personnalisation du pouvoir dans un chef, la **xénophobie** (méfiance ou haine de l'étranger).

Entre les deux guerres, les **ligues** – les **Croix-de-feu,** organisation d'anciens combattants créée en 1927 – traduisent la force de cette tendance qui connaît depuis 1945, des résurgences dans des mouvements d'**extrême droite.**

- Le **gaullisme** représente un courant particulier de la droite. Il s'agit d'une droite autoritaire, hostile au régime des partis, favorable à un pouvoir exécutif fort, mettant l'accent sur l'indépendance nationale et la légitimité du chef historique.

b) Les grandes tendances de la gauche en France

- La **gauche républicaine**

Jusqu'à la naissance du **parti radical** (1901) il n'y a pas de grands partis républicains organisés à l'échelle nationale. Sous le nom de **parti républicain** ou de **gauche républicaine,** on désigne l'ensemble des activités dispersées des républicains au XIXe siècle.

Sous la Restauration l'idée républicaine se développe lentement dans les sociétés secrètes, nées en Italie, les **carbonari.** Comme en Italie le mouvement est organisé en petit groupe d'une vingtaine de membres, les **ventes.**

La monarchie de Juillet est marquée par les progrès du parti républicain qui vient de naître, soutenus par le développement de sociétés : la **Société des amis du peuple,** la **Société des droits de l'homme.**

La lutte se concentre sur la réforme électorale avec la demande du suffrage universel et aboutit à la **campagne des banquets,** prélude à la révolution de février 1848.

Après la brève expérience de la seconde République (1848/1851), les républicains retrouvent le pouvoir au lendemain du second Empire et de l'échec de la Restauration. Les élections de 1877 marquent la victoire des **républicains modérés** ou **« opportunistes »** (soucieux de réaliser le programme du parti républicain, par étapes, quand les conditions le permettent) ; ils gardent le pouvoir jusqu'aux bouleversements provoqués par l'affaire Dreyfus qui ouvre l'ère de la **république radicale.**

- La gauche radicale

Le **radicalisme** apparu sous la monarchie de Juillet pour caractériser la tendance républicaine intransigeante, se manifeste pour la première fois, officiellement, en 1869, dans le **programme de Belleville** (application la plus radicale du suffrage universel – liberté de presse, d'association, séparation des Eglises et de l'Etat).

Le radicalisme soutient les gouvernements de la République modérée, mais sans y participer (« les républicains modérés demandent à la République son minimum, nous, son maximum » – Clemenceau) ; il parvient au pouvoir après les élections de 1902 et forme l'axe de la plupart des majorités gouvernementales jusqu'à la Seconde Guerre mondiale.

- La **gauche socialiste** (*→103. socialisme*)

Ce n'est qu'à la fin du XIXe que se manifeste l'essor du socialisme apparu pendant la Révolution **(babouvisme)** et caractérisé par son aspect **utopique** pendant la première moitié du XIXe siècle ; ses progrès ayant été brisés à deux reprises par les répressions suivant les journées de juin 1848, et la **Commune** (1871). Devenu premier parti français au début du XXe, le socialisme se scinde en 1920 au congrès de Tours **(section française de l'Internationale ouvrière (S.F.I.O.)** et **parti communiste).** En 1936, lors du **Front populaire,** pour la première fois, un socialiste (Léon Blum) dirige le gouvernement.

- La « gauche de la révolte »

Au-delà des partis politiques, une gauche de la révolte apparaît avec le mouvement des **sans-culottes** pendant la Convention (manifestants populaires qui portent, non pas la culotte considérée comme symbole de l'Ancien Régime, mais le pantalon long à rayures). Leur coiffure, le **bonnet phrygien,** bonnet originaire d'Asie Mineure retombant en avant, deviendra la coiffure symbolique de la République. Dans la seconde moitié du XIXe, des courants extrêmistes de gauche refusent le système parlementaire et préconisent le recours à la violence pour détruire le pouvoir de la bourgeoisie **(anarchisme).** Le **gauchisme,** à la gauche du parti communiste, représente au XXe un courant qui, en toute circonstance préconise une action révolutionnaire extrême, immédiate et violente.

4. Système des partis

Les relations que les divers partis d'un Etat entretiennent entre eux constituent les **systèmes de partis.** Le nombre des partis permet de distinguer le **système de parti unique,** le **système bipartite,** et le **système multipartite.** Les pays socialistes, les pays de type fasciste, la plupart des pays en voie de développement fournissent l'exemple de **système de parti unique.**

Dans le **système bipartite** deux partis sont a peu près égaux et se partagent au moins 90 % des voix ; c'est le cas des Etats-Unis avec les **partis républicain** et **démocrate** et de la Grande-Bretagne au XIXe siècle où **parti libéral** (ex. **Whig**) et **parti conservateur** (ex. **Tory**) se succèdent à la tête du gouvernement.

A ce bipartisme pur, on peut opposer le système à « deux partis et demi » dans lequel un troisième parti peu important numériquement joue le rôle de **parti-charnière** (complément indispensable à l'un des deux grands partis pour disposer de la majorité). En Grande-Bretagne, entre les deux guerres, le **parti travailliste** et le **parti conservateur** ont la plupart du temps, besoin des voix du **parti libéral** devenu un petit parti pour former un gouvernement. La situation est comparable en Allemagne fédérale.

Le **système multipartite** exige à cause de l'émiettement des partis, une **coalition** de plusieurs partis pour obtenir la majorité. La France notamment pendant la IIIe et la IVe République en fournit l'exemple : **cartel des gauches** (1924) (union des socialistes S.F.I.O., des républicains socialistes, des radicaux-socialistes et des radicaux). Le **Front populaire** regroupe le parti communiste, le parti socialiste S.F.I.O., une partie des radicaux et divers gauches.

De 1944 à 1947 le gouvernement s'appuie sur le **tripartisme,** coalition du parti communiste, du parti socialiste et du M.R.P.

89. PÊCHE

1. Pêche et aquaculture

La **pêche** est la récolte ou la capture des êtres vivants (végétaux ou animaux) qui peuplent les eaux quelles soient marines **(pêches maritimes)** ou **continentales** (pêches dans les rivières, les fleuves et les lacs). Les principaux produits de la pêche sont les poissons, les mollusques, les crustacés, les cétacés et autres mammifères marins, mais aussi des produits végétaux (algues).

L'**aquaculture** (ou aquiculture) suppose le contrôle de la production végétale et animale des eaux océaniques et continentales. Alors que la pêche se résume à une activité de cueillette ou de chasse, l'aquaculture peut se définir par référence à l'agriculture : ensemble des travaux qui transforment le milieu aquatique pour la production de végétaux et d'animaux utiles à l'homme. La **conchyliculture** est l'élevage de mollusques coquilliers marins : la **mytilliculture** (élevage des moules) se pratique sur des **bouchots,** pieux qui se découvrent à basse mer. L'**ostréiculture,** élevage des huîtres à partir du **naissain** (larves microscopiques), produit des huîtres comestibles, mais aussi des **huîtres perlières.**

La **pisciculture** correspond surtout à l'élevage d'animaux d'eau douce destinés à la consommation : elle est pratiquée depuis longtemps dans les étangs artificiels des Dombes (les étangs sont mis en eau pendant deux ans – c'est la période d'**évolage** – produisant du poisson, puis asséchés et labourés – c'est l'**assec**). La pisciculture peut atteindre de très bons rendements : il faut seulement 1,3 kg de nourriture pour produire 1 kg de chair de poisson-chat (soit un **taux de conversion** de 1,3 → *41. élevage* – 16 kg pour un gros bovin). Au Japon, la culture des **algues** est pratiquée de manière intensive pour la production du **nori :** riche en protéines et en sucre.

2. Les types de pêche

Suivant les procédés et les lieux de pêche, on distingue :

- la **pêche à pied :** cueillette pratiquée sur le littoral dans les zones découvertes à marée basse (ou recouvertes d'une faible couche d'eau). Le pêcheur à pied ramasse des coquillages ou des algues, ex. en Bretagne, la récolte du **varech** (varech = algues rejetées par la mer et utilisées comme engrais) ;
- la **pêche côtière :** limitée au domaine côtier, à moins de vingt miles marins du littoral (1 mile marin = 1 852 m) ;
- la **pêche hauturière** ou au large, est une pêche qui suppose une campagne de plusieurs jours, voire de plusieurs semaines, le bateau demeurant cependant dans le secteur océanique de son port d'attache (ex. pêche au thon blanc, ou germon, pratiquée dans le nord-est de l'Atlantique, au large du Maroc, du Portugal et de l'Espagne) ;
- la **pêche lointaine** ou grande pêche (le « grand métier »), est pratiquée au loin, les campagnes durant plusieurs mois, par de véritables bateaux-usines, assurant le conditionnement et la congélation des produits de la pêche.

Indépendamment du lieu de pêche, il faut opposer **pêche artisanale** et pêche industrielle. La première est le fait d'artisans qui, le plus souvent, sont associés dans la possession commune d'un bateau. Dans la **pêche industrielle,** bateaux et matériels sont possédés par un **armement** qui peut posséder de nombreux navires. Il faut cependant distinguer, dans ce cas, deux systèmes d'armement :

- l'**armement salarié :** hommes d'équipage, officier et capitaine sont salariés ;

– l'**armement à la part :** le produit de la pêche est divisé en parts, une pour l'armateur (ex. 40 %), le reste des parts étant fonction de la qualification de chacun (ex. patron 2,5 parts, chef mécanicien 2 parts, mousse ou novice 0,75 part).

3. Les techniques et les espèces pêchées

Les techniques varient en fonction du lieu de pêche et des espèces pêchées :

– le **chalut** est un filet traînant en forme de poche, qui permet la pratique de deux types de chalutage : le **chalutage de fond** dans un secteur de plaine, le filet glissant sur les fonds marins grâce à des patins ; le **chalutage pélagique,** le filet flottant entre deux eaux au niveau des bancs de poissons (jusqu'à 800 m de fond) ;

– le **navire-chalutier** remorque le chalut de diverses manières : chalutier de côté relevant le filet latéralement, chalutier à rampe arrière **(chalutage par l'arrière),** le filet traînant dans l'axe du bateau ; **chalutiers-bœufs** travaillant en couple.

Le chalut capture indistinctement toutes les espèces mais est surtout adapté à la pêche à la morue **(morutière)** et autres espèces vivant en banc (anchois, hareng, églefin...). Les flottilles de chalutiers sont encadrées par des **bateaux-usines** qui conditionnent et congèlent les poissons (il existe aussi des **chalutiers-congélateurs).**

Certaines espèces sont pêchées à la ligne. Les **thoniers** sont équipés de longues perches auxquelles on attache des lignes **(thoniers-canneurs, thoniers-ligneurs).** La pêche à la **palangre** se pratique avec une longue ligne servant à de nombreux hameçons.

Les **filets de pêche** sont très variés : **filets traînants** (les chaluts), **filets tournants** qui enferment le poisson dans une poche (ex. bolinche), **filets maillants** qui retiennent le poisson dans des mailles qui coincent la tête ou le corps. Quel que soit le type de filet, la dimension des mailles est importante, d'où sa réglementation (ex. règlements communautaires de la C.E.E. ou **Europe bleue**).

La pêche des **crustacés** (langoustes, crabes...) se fait généralement au **casier** (ou **nasse**), engin de pêche constituant une petite cage en osier, en filet ou en grillage métallique (les **langoustiers** posent des casiers). Les **bateaux-baleiniers** chassent les **cétacés.**

4. L'halieutique

C'est l'art de la pêche. Elle rassemble l'ensemble des techniques de pêche, mais l'halieutique doit aussi se préoccuper de la gestion des ressources des eaux marines en êtres vivants. Le principal danger (à part la pollution) est la surexploitation des fonds marins **(overfishing)** d'où une réglementation des captures (ex. baleines, phoques). Le droit de la pêche est fonction des conventions internationales.

5. Les industries de transformation et la commercialisation

Le **mareyage** est le commerce (de gros) des produits de la pêche.

La conservation du poisson est assurée par le séchage, la salaison, la congélation.

Les sous-produits de la pêche (déchets, espèces non consommées) sont nombreux : farine de poisson pour l'alimentation animale, engrais, huiles (pour des usages multiples).

90. PEUPLEMENT - POPULATION

1. Le peuplement d'un espace

Le terme **peuplement** recouvre deux notions, l'une dynamique, l'autre statique :

a) Au sens dynamique, c'est l'action d'occupation d'un territoire par une population qui s'y installe durablement. Le territoire peut être vide d'habitants – on parle alors de **colonisation de l'espace** – ou déjà partiellement occupé, d'où la superposition de plusieurs strates de population correspondant à plusieurs vagues de peuplement (voir 2).

b) Au sens statique, le peuplement caractérise le mode d'occupation d'un espace par ses habitants. On opposera un **peuplement dense** à un **peuplement lâche** ou **diffus,** un **peuplement continu** à un **peuplement discontinu.** L'étude des rapports entre les hommes et le milieu d'accueil peut conduire à la définition d'un **surpeuplement** ou d'un **sous-peuplement** (voir 3).

2. Le peuplement, occupation progressive de l'espace

a) Le peuplement de la planète Terre a été lent et progressif, la diffusion des hommes se réalisant grâce à de multiples déplacements ou migration (→ *71. migrations*).

Aux origines de l'humanité, le foyer primitif du peuplement est, semble-t-il, un foyer unique situé dans l'est du continent africain où apparaissent les **australopithèques** (moins 6 millions d'années, moins 1 million d'années), hominidés de petite taille, possédant la station droite et une boîte crânienne d'environ 450 cm^3 de capacité. L'**homo habilis** qui utilise les premiers outils (moins 2,5 millions d'années, moins 1,5 million d'années) s'est localisé en Afrique de l'Est.

Avec l'**homo erectus** (moins 1,8 millions d'années, capacité crânienne 825 à 1 200 cm^3) s'amorce la dissémination de l'humanité en Europe et en Asie méridionale et orientale (première maîtrise du feu = moins 400 000 ans). L'**homo sapiens** (- 100 000 ans /- 35 000 ; capacité crânienne 1 500 cm^3, premières sépultures) colonise l'ensemble de l'Afrique et de l'Europe, une grande partie de l'Asie. Le représentant de l'homme moderne – **homo sapiens sapiens** – (à partir de moins 45 000 ans, premières manifestations artistiques), se répand sur toute la planète, s'installant en Australie, en Sibérie, en Amérique (vraisemblablement vers moins 23 000 ans).

b) L'**œcoumène** (ou œkoumène) est l'espace habité par les hommes. Les limites de l'œcoumène sont climatiques et physiques : en altitude, les vallées himalayennes sont peuplées jusqu'à environ 4 200 m ; dans les Andes les montagnards vivent jusqu'aux environs de 5 000 m. Les hautes latitudes du globe sont très peu peuplées, elles ne sont plus franchement désertes.

c) La **densité de population** est le nombre d'habitants par km^2. Le calcul des densités est le calcul d'une moyenne sur un espace plus ou moins vaste. Pour l'ensemble du globe, la **densité moyenne** est de 34 h/km^2. Par pays, les densités sont très inégales : Hong Kong, 5 360 ; Malte, 1 266 ; Bengladesh, 744 ; Libye, 2,2 ; Mauritanie, 1,9 ; Mongolie, 1,3 ; Guyane française, 0,8 h/km^2 ! De fait, les chiffres de densité moyenne ont une simple valeur indicative, étant donné l'inégalité de la répartition des hommes à l'intérieur même des pays.

Afin de mieux appréhender la répartition des hommes, on calcule la **densité relative à la surface cultivée.** On peut aussi calculer la **densité nette** par rapport au territoire effectivement utilisé : ex. Japon, **densité « brute »** 328 h/km^2 (122 millions d'habitants sur 372 300 km^2) ; territoire effectivement occupé 81 000 km^2, d'où une densité « nette » de 1 506 h/km^2 utile.

d) L'analyse des processus de peuplement permet de définir un **peuplement primitif** ou **autochtone** correspondant aux premiers occupants du pays (ex. les Aborigènes d'Australie), auquel s'ajoute des peuplements plus récents, liés à l'immigration – arrivée de nouveaux habitants (→ *71. migrations*). Dans certains pays, se sont succédé plusieurs **vagues de peuplement** au cours de périodes d'inégale durée, chaque vague étant caractérisée par son origine géographique, ethnique et culturelle. La **colonisation de peuplement** est l'occupation et la mise en valeur par des immigrants d'un territoire vide ou très peu peuplé (ex. Australie, grandes plaines nord-américaines...). La région en cours de mise en valeur est une **région pionnière,** généralement peu habitée (région minière, région de colonisation agricole). Le **front pionnier** est la frontière mouvante qui sépare les régions habitées des espaces encore vides (ex. la frontière aux Etats-Unis durant le XIXe siècle).

La frontière aux Etats-Unis

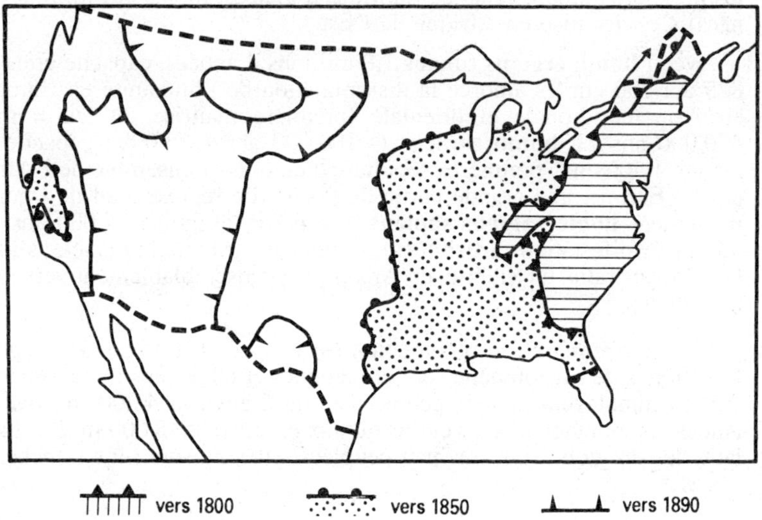

3. Le peuplement, mode de répartition de la population

a) **Rural et urbain :** l'analyse de la répartition de la population conduit à distinguer un peuplement urbain d'un peuplement rural. Fait partie du **peuplement urbain** tout groupement de population, rassemblant un effectif minimum (variable suivant les définitions statistiques des pays) et se consacrant à des activités à dominante non agricole (→ *112. villes*). Pour le peuplement rural, il faut étudier les formes de répartition (habitations isolées, groupement en hameaux et en villages → *1. paysages agraires*) et les **densités rurales** calculées par communes rurales ou par régions (on ne décompte, alors, que la population rurale). Il ne faut pas confondre densité rurale et **densité agricole,** cette dernière ne prenant en compte que le nombre d'agriculteurs (y compris leurs familles) au kilomètre carré.

b) **Sous-peuplement** et **surpeuplement :** ces deux notions qui expriment l'insuffisance numérique ou l'excès de population par rapport à un territoire donné sont évidemment des notions relatives, fonction du niveau de développement du territoire considéré. Par exemple, on parlera de surpeuplement d'une région agricole si, compte tenu d'une densité agricole très élevée, la région considérée ne fournit pas assez de travail pour occuper la population (chômage rural), ni assez de produits agricoles pour nourrir les habitants. D'une manière générale, une très forte densité de peuplement dans une région pauvre, peu dotée en ressources naturelles, est un signe apparent de surpeuplement. A l'inverse, certaines régions ne sont pas assez mises en valeur du fait de leur sous-peuplement. L'**optimum du peuplement** est une notion dynamique, c'est le point d'équilibre entre les ressources disponibles et le volume de la population, ou plus précisément l'optimum de peuplement correspond au peuplement le plus avantageux – en termes de niveau de vie – pour les habitants du territoire considéré.

Le **dépeuplement** affecte de nombreuses régions rurales naguère plus peuplées. Il résulte d'une émigration plus ou moins massive, qui souvent touche surtout les jeunes adultes, d'où vieillissement de la population et finalement excédents des décès sur les naissances. Un long processus de dépeuplement peut conduire à une véritable **désertification** des campagnes.

91. PLISSEMENT (Relief de)

Le **relief de plissement** (ou mieux **relief en structure plissée**) est un relief constitué dans une structure plissée, structure où des couches sédimentaires forment des ondulations ou plis de forme et d'ampleur variable.

Le **plissement** est une phase tectonique caractérisée par la formation de plis (ex. plissement alpin).

1. Plis (voir croquis)

Un **pli** est une déformation résultant de la flexion ou de la torsion de roches. Un pli au cœur duquel on observe les couches les plus anciennes, est un **anticlinal.** Un **synclinal** est un pli au cœur duquel, on observe les couches les plus récentes.

Un pli possède une **charnière,** région de courbure maximale et deux **flancs,** parties situées de part et d'autre de la charnière.

a) Les axes du pli

L'**axe « a »** est l'axe de symétrie du pli : il définit la **direction** du pli. L'axe du pli appelé **axe « b »** est la ligne passant par le milieu de la charnière : il définit l'**orientation** du pli. La **surface axiale** relie les deux axes du pli : dans le cas le plus courant (cf. croquis), c'est le plan de symétrie **(plan axial)** qui divise le pli en deux parties égales. Un **ensellement** est l'abaissement de l'axe b d'un anticlinal allongé (inverse : **surélévation**).

La terminaison d'un pli (dans le sens de l'axe b) est appelée **terminaison périclinale :** elle correspond à la retombée de l'anticlinal appelée **périanticlinal** (les pendages de l'anticlinal divergent en éventail vers le bas) ou à la remontée du synclinal appelée **périsynclinal** (les pendages du synclinal divergent en éventail vers le haut).

b) Les types de plis

Selon l'inclinaison de la surface axiale, on distingue : **pli droit** (surface axiale verticale) ; **pli déjeté** (surface axiale inclinée et pendage des flancs en sens opposé) ; **pli en genou** (pli déjeté dont un flanc est subhorizontal) ; **pli déversé** (surface axiale inclinée et pendage des flancs dans le même sens) ; **pli couché** (surface axiale proche de l'horizontale).

Un **pli coffré** présente des flancs verticaux ou subverticaux et un sommet horizontal. Si la longueur du pli est voisine de sa largeur, anticlinal et synclinal sont appelés **brachyanticlinal** et **brachysynclinal.**

Un **pli-faille** est un pli déversé ou couché dont le flanc inverse (situé en dessous de la surface axiale) a été étiré et laminé.

Plis

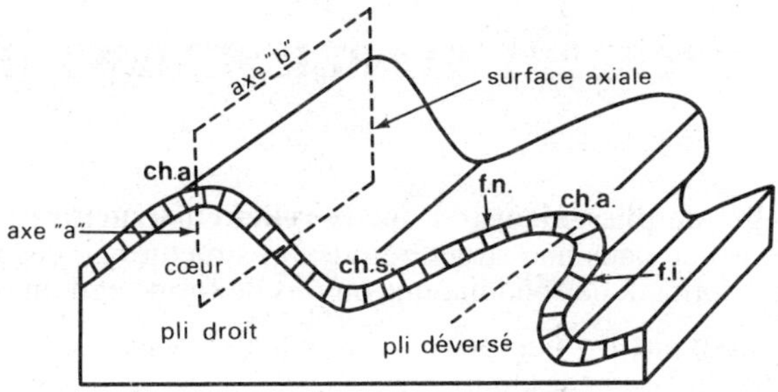

ch.a. : charnière anticlinale
ch.s. : charnière synclinale
f.n. : flanc normal
f.i. : flanc inverse

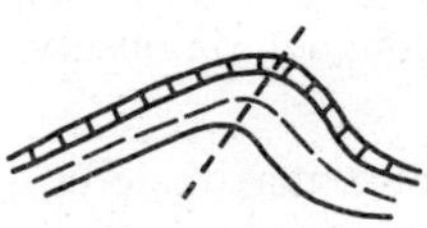

pli déjeté

pli couché

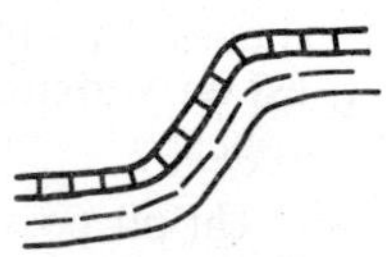

pli en genou

pli faille

pli coffrés

Un **pli-diapir** ou à **noyau perçant** est un anticlinal dont les couches situées au cœur ont percé les couches externes ou enveloppe.

Un **pli isopaque** est un pli où l'épaisseur des couches reste constante.

2. Association de plis et style de plissement

- Des plis **isoclinaux** sont des plis déversés ou couchés dont tous les flancs ont le même pendage.
- Un **anticlinorium** est un ensemble de plis parallèles constituant un vaste anticlinal ; un **synclinorium** est un ensemble de plis parallèles constituant un vaste synclinal.
- L'association de plusieurs plis permet la définition de **styles de plissement :** dans le **style éjectif** alternent synclinaux larges (parfois appelés **synclinaux en baquets**) et anticlinaux étroits. Au contraire dans le **style déjectif,** les anticlinaux sont larges (souvent coffrés), les synclinaux étroits et pincés. Le **style congruent** comprend des anticlinaux et des synclinaux de largeur comparable.
- Dans un **style en écailles,** plis et cassures ont affecté une couverture relativement rigide. Le **style saxon** est caractérisé par de larges plis et des failles déterminant horst et grabens et affectant socle et couverture.

3. Reliefs primitif, dérivé, régénéré, en structure plissée

a) Dans un **relief primitif,** l'anticlinal intégralement conservé donne un **mont ;** le synclinal intact est un **val.**

b) Dans un relief faiblement dérivé, le relief est encore conforme à la structure : on parle de **relief conforme** ou de **relief jurassien.** Dans un tel relief, le mont peut avoir été attaqué par l'érosion d'où le dégagement d'une dépression au sommet de l'anticlinal – une **combe anticlinale** – ou sur le flanc du pli en genou – une **combe de flanc.**

Si l'attaque est plus profonde, la couche dure sous-jacente est mise à jour et forme un **mont dérivé** au milieu d'une **combe annulaire** ou **combe double.**

Le rebord des couches dures forme des corniches encadrant la combe appelée **crêts.** Un crêt en arc de cercle est un **crêt périclinal.**

L'entaille que fait une rivière dans le flanc d'un mont est un **ruz (ou rû).** Entre deux ruz, peut se dégager un **chevron,** relief en forme de proue de bateau tournée vers le haut et déterminé par les entailles des rivières dans la couche dure inclinée. (On peut donc trouver les chevrons dans des structures monoclinales à pendage prononcé.)

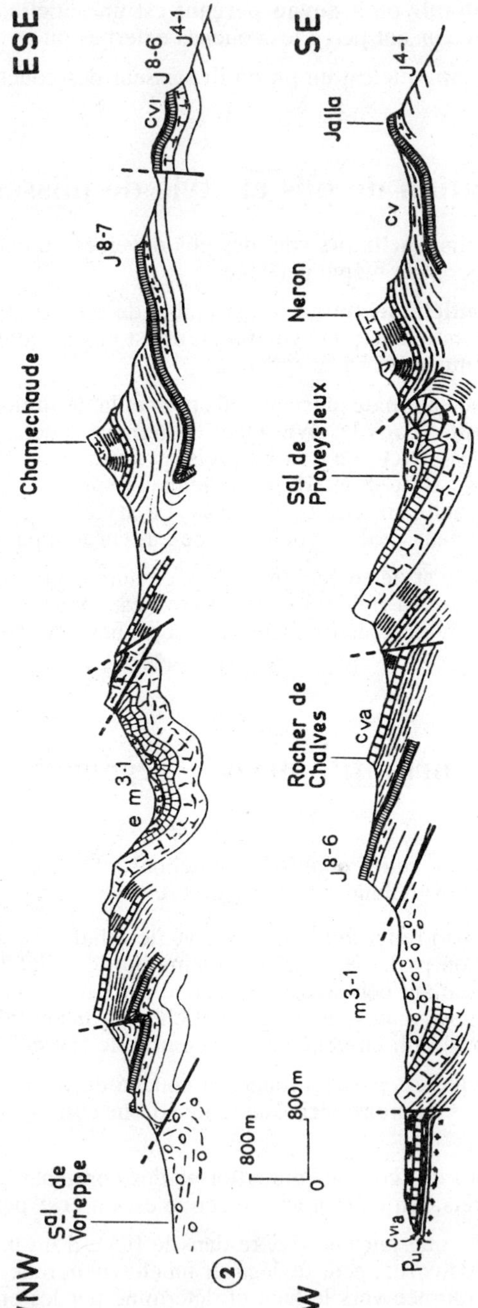

Deux coupes géologiques dans le sud du massif de la Grande-Chartreuse

Une vallée traversant un mont est une **cluse,** plus ou moins perpendiculaire à l'axe b du pli. Une **cluse vive** est empruntée par un cours d'eau (≠ **cluse morte**). Une **clue** (terme provençal) est une cluse en canyon dans un anticlinal massif de roche dure sans cœur de roche tendre. Un **val** remblayé par des matériaux détritiques est dit **val atténué**.

c) Si le travail de l'érosion a largement démantelé les anticlinaux, on passe à un **relief inverse.** Les hauteurs sont des structures synclinales appelées **synclinaux perchés** (ou **val perché**). La destruction partielle du val perché peut laisser subsister un des flancs du synclinal appelé **volet de val perché** (ou de synclinal perché). A propos de ce relief on parle parfois de **relief subalpin** ou **préalpin** (fréquent dans les Préalpes).

d) Le **relief appalachien** est un relief régénéré en structure plissée. Après avoir été complètement aplanie la structure plissée a été reprise par l'érosion : elle a été rajeunie, d'où le dégagement de **barres appalachiennes,** grossièrement parallèles et correspondant aux couches dures. Les **sillons appalachiens** correspondent aux couches tendres.

Dans un tel relief, le réseau hydrographique naguère installé sur la surface d'aplanissement est inadapté à la structure sous-jacente. Il est **épigénique** (né au-dessus) d'où le creusement de vallées **épigéniques.**

Relief conforme en structure plissée

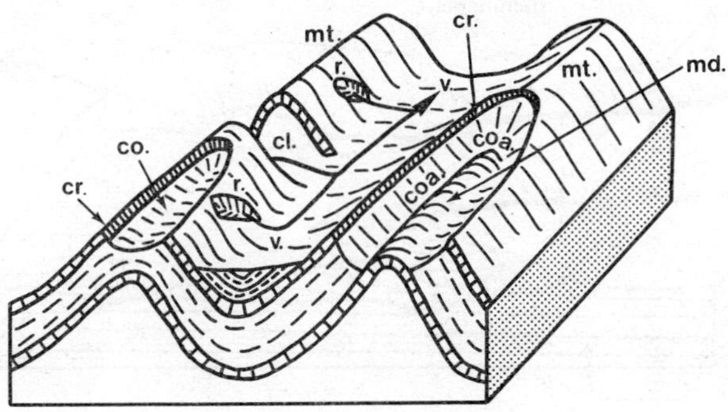

cr. : crêt
cl. : cluse
co. : combe
coa. : combe annulaire
mt. : mont
md. : mont dérivé
r. : ruz
v. : val

4. Chevauchement et charriage

Un **chevauchement** est un mouvement tectonique conduisant un ensemble de terrains à en recouvrir un autre. Le contact anormal entre les terrains est une **surface de chevauchement,** généralement peu inclinée. Le terme chevauchement désigne aussi le relief résultant du mouvement. De nombreux plis sont des **plis chevauchants :** l'érosion peut y dégager des **crêts de chevauchement.**

Un **charriage** est un chevauchement de grande amplitude (de la dizaine à la centaine de kilomètres, voire au-delà). La **nappe de charriage** est un ensemble de terrains qui a été largement déplacé **(terrain allochtone)** et est venu recouvrir un autre ensemble dit **autochtone.** Le contact entre terrains allochtone et **substratum autochtone** s'appelle le **plan de charriage.** Les parties les plus avancées de la nappe forment le **front** de la nappe (ou **front de charriage**). Lors de son avancée, la nappe peut arracher au substratum des **lambeaux de poussée.**

Le glissement de la nappe de charriage est souvent facilité par la présence à la base de la nappe d'une couche plastique, parfois salifère dite **couche-savon.** Au cours de la progression, la nappe peut se déformer et se briser en donnant des **écailles.** Des écailles imbriquées entre deux nappes sont appelées **duplex.**

L'érosion peut attaquer la nappe et laisser apparaître le substratum : il y a formation d'une **fenêtre** montrant l'autochtone complètement entouré par l'allochtone (**demi-fenêtre** si l'autochtone n'est pas totalement entouré). Un lambeau de nappe isolé par l'érosion est un **klippe.**

Nappe de charriage

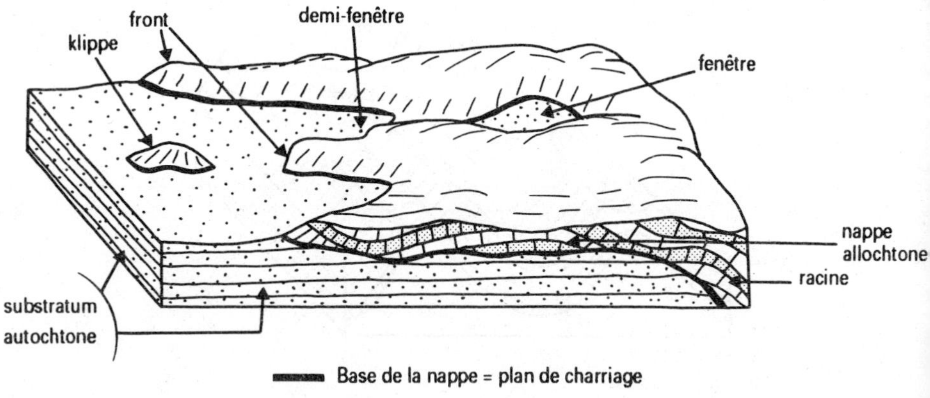

92. POPULATION ACTIVE

La **population active** est constituée par l'ensemble des personnes ayant un emploi ou étant à la recherche d'un emploi. Parmi cette population active, on isole la **population active occupée,** ensemble de personnes pourvues d'un emploi (salariés et non-salariés), de la **population au chômage.**

Les **chômeurs** (définition du Bureau international du travail) sont des personnes disponibles, qui recherchent effectivement un emploi, alors qu'elles n'ont pas d'occupation professionnelle, ou des personnes disponibles ayant trouvé un emploi qu'elles occuperont ultérieurement. En France, on parle de **demandes d'emploi non satisfaites (D.E.N.S.)** et de **population sans emploi à la recherche d'un emploi (P.S.E.R.E).** Les deux notions ne sont pas identiques puisque la demande d'emploi peut émaner d'un individu occupant un emploi.

1. Taux d'activité et chômage

Le **taux d'activité** peut être calculé par rapport à la population totale (d'un pays ou d'une région) : c'est le rapport de la population active à la population totale.

Le plus souvent, les **taux d'activité** sont évalués selon les âges : rapport à une date donnée et pour un sexe donné, de la population active à un certain âge, à la population totale correspondant à cet âge. Ex. en France, en mars 1985 : taux d'activité des hommes de 35 à 39 ans : 98 %, des femmes de 35 à 39 ans : 70,9 %.

Les militaires du contingent, les étudiants, les femmes au foyer ne sont pas comptés dans la population active. De nombreuses imprécisions statistiques existent lors des calculs des taux d'activité (ou de chômage) : ainsi les femmes, qui aident sans rémunération aux travaux de l'exploitation familiale (agricole ou artisanale) ne sont pas comptées de la même manière dans la population active des différents pays.

La notion même de chômage n'est pas toujours très claire. Un chômeur occupé quelques heures par semaine est-il toujours chômeur ? A partir de quel horaire est-il réputé actif ? Un chômeur en stage de formation professionnelle devient-il un actif ? Selon les pays, les réponses sont différentes.

Le **taux de chômage** est le rapport du nombre de chômeurs à la population active totale. La comparaison des taux de chômage de différents pays est souvent délicate.

2. Les types de chômage, plein emploi et sous-emploi

Le chômage peut revêtir de multiples formes.

Le chômage s'apparente à une inactivité forcée. Dans le cas contraire, on parle de **chômage volontaire :** ex. refus de travailler parce que les conditions de salaire sont jugées insuffisantes par rapport aux efforts requis par le travail.

Le **chômage partiel** correspond à une réduction des temps de travail imposée à la personne active (avec réduction du salaire) et ne doit pas être confondu avec le **travail à temps partiel** choisi par l'intéressé.

Le **chômage saisonnier** affecte certains actifs (travailleurs agricoles, actifs du bâtiment) et sévit beaucoup dans les pays du tiers monde.

Le **chômage technique** est une inactivité forcée due à une interruption technique du processus de production (panne de machine, rupture d'approvisionnement en pièces détachées), parfois liée à une grève dans une branche de production située en amont.

Les économistes distinguent le **chômage conjoncturel,** lié à une crise économique (→ *31. croissance*) du **chômage structurel** occasionné par les changements des structures économiques, sociales ou démographiques.

Le **chômage technologique** est dû aux changements technologiques avec substitution du capital au travail : ex. mise en service de machines qui remplacent une abondante main-d'œuvre. Il affecte les secteurs en voie de modernisation rapide **(chômage sectoriel)**.

L'absence d'emploi correspondant à la phase transitoire entre deux emplois est appelée **chômage frictionnel.**

Le **plein emploi** est une situation économique dans laquelle toute personne désirant travailler est pourvue d'un emploi, alors même que toutes les capacités matérielles de production sont utilisées. Au contraire, le **sous-emploi** caractérise une situation d'utilisation partielle de la main-d'œuvre disponible. Le sous-emploi est synonyme de chômage : dans les entreprises et les administrations, il peut exister de nombreux emplois à faible productivité ou des travailleurs en surnombre et, de ce fait, sous-employés (phénomène fréquent dans les pays en développement).

3. La composition de la population active

Le classement de la population active occupée peut se faire selon la profession (classement par **catégorie socioprofessionnelle** ou **C.S.P.**) ou selon l'activité économique de l'établissement dans lequel l'actif occupe un emploi.

Selon l'activité, on distingue traditionnellement trois secteurs :

- le **secteur primaire :** actifs agricoles, marins-pêcheurs, forestiers. Les employés des industries extractives (mines, carrières) sont généralement classés dans le secteur secondaire ;
- le **secteur secondaire :** actifs des activités industrielles, y compris le bâtiment et les travaux-publics qui sont parfois classés à part ;
- le **secteur tertiaire :** actifs des activités de service (transports, commerces, banques, assurances...) y compris les administrations.

L'hétérogénéité du secteur tertiaire conduit à des distinctions à l'intérieur de ce secteur : le **tertiaire supérieur** regroupe certaines activités de services d'un haut niveau technique, employant un personnel très qualifié.

Selon la profession, les statistiques distinguent de nombreuses catégories. En France, l'I.N.S.E.E. a défini une nomenclature des professions et des **catégories socioprofessionnelles** comprenant quarante-deux postes qui tiennent compte de la profession, du statut, de la branche d'activité et du degré de qualification.

Parmi ces catégories, les **travailleurs indépendants** sont « établis » à leur compte (agriculteurs exploitants, commerçants, artisans, professions libérales) et peuvent employer des salariés. Entre **salariés,** on opère une distinction entre salariés du **secteur privé** et salariés du **secteur public.** En France, par convention, sont considérés comme agents de la Fonction publique **(fonctionnaires)** les salariés de l'Etat et des **collectivités territoriales** (communes, départements, régions) à l'exception des entreprises nationalisées (S.N.C.F., E.D.F., G.D.F...) et de la Sécurité sociale.

Les catégories socioprofessionnelles sont parfois regroupées : ex. groupe des employés, des ouvriers, des **professions intermédiaires** (pour l'essentiel des **cadres moyens**), des cadres et professions intellectuelles supérieures.

93. RACE - ETHNIE - PEUPLE

1. Race

a) Le terme est apparu dans la langue française au XVe siècle. En **anthropologie** (branche de l'ethnologie qui étudie les caractères physiques de l'homme considéré dans la série animale), la **race** est un groupement naturel d'hommes présentant un ensemble de caractères physiques héréditaires communs, quels que soient leurs langages, leurs mœurs ou leur nationalité. La race a donc une base génétique ; on distingue quatre grandes races humaines : la grand-race **leucoderme** (race blanche), la grand-race **mélanoderme** (race noire), la grand-race **xanthoderme** (race jaune), la grand-race **australoïde.**

La distinction entre grand-races se fonde sur un ensemble de caractères anthropologiques parmi lesquels la teinte de la peau n'est qu'un élément parmi d'autres (système pileux, forme des cheveux, stature, forme de la tête, du nez, de l'œil, de la bouche, groupe sanguin...). Chaque **grand-race** se subdivise en **races de second ordre ;** à l'intérieur de ces dernières l'analyse permet de séparer des **types locaux** dits encore **sous-races.** Ex. dans la grand-race leucoderme, dix races de second ordre dont la race méditerranéenne, la race nordique, la race aïnou (petit groupe d'environ

20 000 personnes localisées au nord de Hokkaïdo et dans une petite partie des Sakhaline et des Kouriles). Cependant, il ne faut pas attacher trop d'importance aux classifications raciales car celles-ci sont nombreuses et contradictoires. De plus les **phénomènes de métissage** (croisement entre races différentes) sont fréquents et anciens.

b) Le **racisme** est d'abord une théorie de la hiérarchie des races qui justifie la domination de la race dite supérieure, celle-ci devant être préservée de tout croisement. Par extension, le terme désigne l'ensemble des réactions de valorisation d'une race aux dépens d'une autre afin de justifier une agression. Aujourd'hui, le terme est souvent employé improprement lorsqu'il s'agit de qualifier des comportements xénophobes (**xénophobie :** hostilité à ce qui est étranger).

c) Le **métissage** est *a priori* un phénomène physiologique. Le **métis** est un homme dont le père et la mère appartiennent à des races différentes. En fait, c'est aussi un phénomène chargé de connotations sociales : est métis, celui qui ayant des ancêtres de couleurs différentes, est désigné comme tel par la société. L'époque coloniale a utilisé de nombreux termes pour définir les métis : le **mulâtre** est un homme ou une femme de couleur né(e) de l'union d'un Blanc avec une Noire ou d'un Noir avec une Blanche. On appelle **quarteron** (de *cuarto :* quart en espagnol), un homme qui compte parmi ses ancêtres un grand-parent noir. Les **créoles** ne sont pas des métis mais des personnes de race blanche nées dans les anciennes colonies intertropicales (Antilles, îles de l'océan Indien).

2. Isolat, endogamie, exogamie

a) Un **isolat** est un groupement humain de faible effectif dont les membres ne se marient qu'entre eux. C'est une population isolée du fait de la nature (distances, relief) ou pour des raisons sociales (barrières religieuses, interdits sociaux). Dans le groupe prévaut une stricte **endogamie,** les mariages dans le groupe se faisant exclusivement entre les membres du groupe (inverse : **exogamie** c'est-à-dire tendance au mariage à l'extérieur du groupe).

Du fait de l'endogamie, on aboutit souvent à des **mariages consanguins,** c'est-à-dire entre parents de degré rapproché. Au siècle dernier, on pouvait encore parler d'isolat à propos des populations de certaines vallées reculées des montagnes européennes (ex. Alpes) mais le brassage des populations conduit à l'**éclatement des isolats** qui ne subsistent que dans certaines contrées très enclavées (ex. forêts tropicales).

b) Les **castes** peuvent être comparées à des isolats, puisqu'il s'agit de classes sociales fermées, qui présentent quatre caractéristiques principales : l'appartenance à la caste est liée à une spécialisation professionnelle dont la caste a le monopole ; chaque individu appartient par naissance à la caste dont fait partie son père ; le mariage se fait à l'intérieur de la caste ; il existe une hiérarchie entre les castes.

3. Tribu

La **tribu** est un groupement consanguin réunissant les descendants d'un même ancêtre : ex. les douze tribus d'Israël correspondaient aux groupes ethniques qui estimaient descendre des douze fils de Jacob. Par extension, la tribu est un groupe humain fondé sur une parenté ethnique réelle ou supposée. A l'intérieur d'une même tribu, on peut distinguer des factions, les **clans.** La tribu dispose d'une base territoriale et s'organise politiquement (et – ou – militairement) obéissant à un chef de tribu. On parle d'organisation tribale, de société tribale.

4. Ethnies et peuples

Les principales ethnies du Sénégal

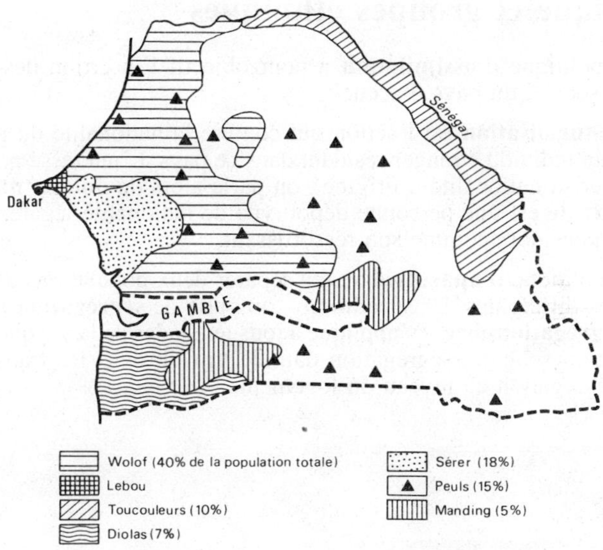

La distinction entre ethnie et peuple est délicate.

a) L'**ethnie** est un groupe humain, un ensemble d'individus que rapprochent des caractères communs. Ces caractères sont à priori d'ordre anthropologique (caractères physiques héréditaires). En fait, il s'agit surtout de caractères culturels : communauté linguistique, communauté de croyances, de coutumes et de mode d'existence. La participation à une ethnie suppose pour un individu la revendication de son appartenance au groupe et à la personnalité collective que le groupement humain est censé posséder.

b) Le **peuple** est un groupe humain présentant une unité ethnique et occupant un cadre géographique défini. La notion allemande de **Volk** se définit comme une communauté organique d'humains unis par le sang et la langue, liée à un sol déterminé, d'où d'étroites et intenses relations entre les individus unis par le sentiment d'identité de leur origine. Un peuple peut se confondre avec une ethnie ou rassembler plusieurs ethnies. La **communauté linguistique** semble être le meilleur guide pour définir un peuple mais la relation peuple-langue est loin d'être toujours vérifiée : de nombreuses langues sont parlées par des peuples (et des nations) différents. On utilisera alors les expressions **communautés anglophone,** francophone, **lusophone** (portugais)... En fait, la formation d'un peuple est largement le résultat d'une histoire commune : dans cette perspective le rôle de l'enseignement et de l'éducation est déterminant.

5. Politique et groupes ethniques

Une politique d'**assimilation** a pour objectif l'insertion des étrangers dans la société du pays d'accueil.

La **naturalisation** est l'action qui confère la nationalité du pays d'accueil à un individu étranger résidant dans ce pays. L'intéressé peut parfois conserver sa nationalité d'origine ; on parle alors de **double nationalité.** Un **apatride** est une personne dépourvue de nationalité légale, qu'aucun Etat ne considère comme son ressortissant.

Une politique d'**apartheid** vise à séparer deux populations de races ou d'ethnies différentes. La séparation – on parle de **ségrégation** et de politique **ségrégationniste** – s'applique à tous les stades de la vie quotidienne : ségrégation scolaire, ségrégation dans le travail, dans les transports publics, ségrégation au niveau du logement.

94. RÉGIME POLITIQUE

Le **régime politique** est la manière dont est organisé le gouvernement d'un pays.

Tout ce qui concerne l'exercice du pouvoir, qui a rapport au gouvernement des Etats, aux affaires publiques, constitue la **politique.**

1. Gouvernement et Etat

Le terme **gouvernement** a deux sens :

– au sens large, c'est l'Etat, l'ensemble des personnes qui concentrent l'essentiel des pouvoirs politiques à la tête d'une population. Le gouvernement comprend alors le chef de l'Etat, les ministres, les parlementaires, les fonctionnaires du pouvoir central ;
– au sens restreint, c'est l'ensemble des personnes qui exercent le pouvoir exécutif. En ce sens, le gouvernement – qui se distingue du Parlement – comprend seulement le chef de l'Etat, le Premier ministre et les ministres.

Le terme **Etat** a également plusieurs sens.

L'**Etat,** organisation permanente qui assure la direction politique et administrative d'une nation doit être distingué, dans ce sens, du gouvernement. L'Etat est aussi une communauté établie sur un territoire défini, formant une unité politique, administrée et représentée par une organisation souveraine.

2. Types d'Etats

- **Etat unitaire ou centralisé :** tout le gouvernement est rassemblé dans une capitale centrale. La population est soumise à une autorité unique qui laisse peu d'autonomie et d'initiative politique à la province et aux collectivités locales (ex. en France, les **institutions jacobines** sous la Convention ; le **jacobinisme** désignant une attitude politique notamment caractérisée par une volonté centralisatrice. Le caractère d'un régime où toutes les décisions sont prises par un gouvernement central est la **centralisation.**
- **Etats fédérés :** il y a partage entre la volonté de constituer un Etat unique fort vis-à-vis de l'étranger et le désir de respecter les particularismes régionaux. Deux autorités fonctionnent en parallèle : un **gouvernement fédéral** dont la compétence s'étend à la politique extérieure, l'armée, la monnaie, etc. et un **gouvernement d'Etat** ou de **canton** qui dispose d'une grande autonomie dans le domaine de l'enseignement, de la justice, ex. les Etats-Unis d'Amérique.

Le **fédéralisme** est le système (ou la doctrine) politique qui vise à remplacer, dans un pays, une organisation centralisée par une constitution fédérale ou du moins par une organisation très décentralisée (pendant la Révolution Française les Girondins ont été accusés de fédéralisme par les Montagnards).

En théorie, un Etat fédéral est une **fédération** mais en réalité, le mot fédération désigne plutôt un Etat en train de se réaliser par une union fédérale de plusieurs pays ou un projet dont l'idée agit comme force unificatrice (projet de fédération européenne). Au début de la Révolution le mouvement de la **fédération** affirme l'unité de la nation française.

A la différence de l'Etat fédéral la **confédération** n'est qu'un simple regroupement d'Etats autonomes dont la politique est coordonnée par un organisme fédéral (encore que la Suisse, véritable Etat fédéral forme la **Confédération helvétique**).

Lorsque des Etats regroupés dans un organisme fédéral ou confédéral, acceptent qu'une institution ait, en certains domaines, autorité sur les gouvernements nationaux, il y a **supranationalité** (la politique agricole commune de la Communauté économique européenne a un caractère supranational).

3. L'organisation des pouvoirs : la constitution

Les **institutions politiques** d'un pays – c'est-à-dire les assemblées et organismes qui exercent le pouvoir ainsi que l'ensemble des lois réglant la vie politique – sont définies par une **constitution.**

La constitution est une loi qui établit la structure et le fonctionnement des organes du pouvoir et les rapports entre les citoyens et l'Etat. Les règles constitutionnelles peuvent ne pas faire l'objet d'une rédaction : une constitution peut aussi bien être **coutumière** qu'écrite (**coutume** = usages anciens et généraux ayant force de lois). Au Royaume-Uni la constitution est en majeure partie coutumière.

L'idée de constitution est née à la fin du XVIIIe bien que l'on puisse considérer comme une constitution avant la lettre la **Grande Charte** de 1215 par laquelle le roi d'Angleterre, Jean sans Terre, s'engage à respecter les coutumes féodales. Une **charte** peut être comparée à une constitution mais il s'agit d'un acte établi, fourni par un souverain : ainsi la **Charte constitutionnelle** de 1814 est « octroyée » par le roi Louis XVIII aux Français.

L'élaboration d'une constitution peut être faite par une assemblée élue à cet effet : **Assemblée constituante** ou **Convention** (ce dernier terme étant surtout utilisé dans les pays anglo-saxons bien que l'Assemblée constituante de la Ire République française soit appelée Convention) ou bien par une commission nommée par le gouvernement qui établit un projet soumis ensuite à la ratification populaire (en France en 1958).

Le **révisionnisme** est un mouvement en faveur de la révision d'une constitution (ce terme désigne aussi la remise en question des principes fondamentaux de la doctrine marxiste : la Chine de Mao Zédong a accusé l'U.R.S.S. de Khrouchtchev de révisionnisme).

Une **loi organique** développe les principes posés par une loi constitutionnelle.

4. Les principaux pouvoirs

Il y a trois pouvoirs fondamentaux : exécutif, législatif, judiciaire qui selon Montesquieu doivent être séparés et indépendants.

La **séparation des pouvoirs** est la garantie des droits et de la liberté.

- Le **pouvoir exécutif** est chargé d'assurer l'application des lois, de promulguer des textes tels que décrets et ordonnances, de diriger l'administration. Il est formé du **chef de l'Etat** (roi ou président de la République) et du **gouvernement (chef du gouvernement** ou **Premier ministre** ou **chancelier** ou **président du Conseil** et **ministres)**. Aux Etats-Unis, le chef de l'Etat est en même temps chef du gouvernement. Le pouvoir exécutif est, selon les constitutions, assuré essentiellement soit par le gouvernement, soit par le chef de l'Etat (→ *34. démocraties contemporaines*).
- Le **pouvoir législatif** a pour mission d'établir la loi. Il appartient à une ou plusieurs assemblées (→ *87. parlement*).
- Le **pouvoir judiciaire** doit rendre la justice (→ *67. justice*).

L'**équilibre des pouvoirs** existe lorsque aucun des pouvoirs n'est en mesure de dominer les autres.

5. Les types de régimes politiques

Selon que le pouvoir appartient, à un seul chef, à un groupe d'hommes ou à l'ensemble des citoyens, on peut établir une classification entre les différents régimes politiques.

Le gouvernement d'un seul est celui de la **monarchie** (→ *77. monarchie*). Ce chef, un roi, un empereûr, un souverain, est désigné par l'élection ou l'hérédité, ce qui le différencie du **dictateur** ou du tyran.

Il y a dictature lorsqu'un homme exerce une large autorité sans contrôle. Le soutien de l'armée et des masses populaires peut permettre à un dictateur de créer un régime politique particulier : le **césarisme.** La **tyrannie** qui à l'origine concerne le régime d'un tyran grec (chef populaire dictatorial d'une cité) évoque le caractère oppressif d'un pouvoir dictatorial.

Lorsque le pouvoir est exercé par un petit nombre d'hommes ou de familles, il s'agit d'une **oligarchie.** Si cette minorité se distingue par la richesse, on parle de **ploutocratie ;** l'**aristocratie** étant le système de gouvernement où le pouvoir appartient à un groupe privilégié distingué, en général, par la naissance et la **gérontocratie** celui où le pouvoir appartient aux vieillards (à Sparte, dans l'Antiquité).

Il y a **totalitarisme** lorsqu'un homme, un groupe, un parti exige une soumission absolue de tous, dispose de la totalité des pouvoirs sans contrôle populaire. Le totalitarisme s'oppose au **libéralisme,** doctrine liée aux idées philosophiques du XVIIIe et aux principes de la Révolution française favorables à la liberté (→ *15. bourgeoisie*).

Le **terrorisme** peut accompagner le totalitarisme lorsque des actes de violence sont adoptés vis-à-vis des opposants. (Le gouvernement de la France en 1793-1794 est qualifié de **Terreur**). Le **terrorisme** définit aussi les moyens violents : sabotages, meurtres, etc., utilisés par un mouvement politique pour faire pression sur le pouvoir en place.

La **démocratie** existe lorsque le pouvoir procède du peuple, appartient à l'ensemble des citoyens ; ce régime est en général associé à la liberté bien qu'il puisse y avoir des démocraties autoritaires (→ *34. démocraties contemporaines*). La démocratie prend la forme d'une république ou d'une monarchie devenue libérale.

L'**anarchisme** doit être considéré à part : il s'agit d'une doctrine politique condamnant l'Etat et mettant l'accent sur la libre association des individus. A partir du milieu du XIXe siècle, sous l'influence de théoriciens russes (Bakounine), l'anarchisme préconise l'emploi de la violence et conduit au **nihilisme.**

6. Coup d'Etat et révolution

Un régime politique peut être renversé par le recours à la violence et l'illégalité.

Le **coup d'Etat** est différent de la **révolution** bien que dans les deux cas il y ait prise illégale du pouvoir, mais dans le coup d'Etat le mouvement provient de forces qui se trouvent au sein de l'organisation politique en place alors que dans la révolution il s'agit de forces qui sont au-dehors. Le comité militaire qui réalise un coup d'état puis exerce une dictature collective est une **junte,** terme à l'origine utilisé en pays ibérique puis dans tout pays.

En 1919, en Allemagne, le mouvement révolutionnaire **spartakiste** – mouvement communiste – tente de s'emparer du pouvoir par une révolution.

Une **sédition** est une émeute populaire, une révolte contre l'autorité publique. Très souvent le changement de régime est dû à l'intervention ou au soutien de l'armée, ce qui donne lieu à un **pronunciamento** ou à un **putsch.** Le pronunciamento est un terme d'origine espagnole ; les pronunciamentos sont fréquents en Amérique latine. Le putsch est un terme d'origine allemande utilisé pour la première fois en français après la tentative manquée d'Hitler à Munich en 1923. En général, le coup d'Etat conduit à l'établissement d'un régime autoritaire, mais ce n'est pas la règle (en 1974, l'armée a rétabli la démocratie au Portugal).

La **sécession** constitue un autre type de menace pour un Etat : elle ne porte pas atteinte au régime politique, mais à l'unité territoriale ; elle résulte du désir d'une partie de la population d'un Etat de former un Etat distinct. Aux Etats-Unis de 1861 à 1865 la **guerre de sécession** oppose les Etats du Sud (les **Sudistes** ou les **Confédérés**) qui veulent se séparer de l'Union et les Etats du Nord (les **Nordistes** ou **Fédéraux**). En 1865 les Sudistes sont vaincus.

Le **séparatisme** est un mouvement comparable ; une population, pour des raisons ethniques, linguistiques, etc., souhaitant faire sécession (ex. le séparatisme basque en Espagne).

95. RELATIONS INTERNATIONALES

Les relations entre les nations ont toujours été dominées par la préoccupation de la sécurité : sécurité des frontières, mais aussi des alliances, des approvisionnements, des débouchés. A ces préoccupations se sont ajoutés d'autres objectifs qui ne peuvent être atteints que par un effort de coopération ou de solidarité internationale comme en témoignent les nombreuses organisations internationales.

1. La diplomatie

C'est l'instrument et la science des rapports internationaux. Elle est aussi ancienne que ces rapports.

Dans la Grèce antique, les cités, indépendantes, nouent entre elles des relations par l'intermédiaire de messagers : les **hérauts,** chargés de certaines annonces officielles (négociations de paix, déclaration de guerre). Ce terme est également utilisé au Moyen Age.

A la fin du Moyen Age, c'est aux Républiques italiennes que l'on doit l'idée d'entretenir des missions permanentes auprès des gouvernements étrangers : les **ambassades.** Pour un problème particulier (par ex. des pourparlers de paix) des représentants occasionnels peuvent être dépêchés : ce sont des **plénipotentiaires**. Les **émissaires** sont chargés de missions diplomatiques, en général secrètes.

Le **consulat** est différent de l'ambassade : alors que le rôle de l'ambassade – et de l'**ambassadeur** – est de représenter les intérêts de l'Etat à l'étranger, celui du consulat – et du **consul** – est dans une région donnée, de défendre les intérêts des nationaux habitant l'Etat étranger.

L'ambassadeur bénéficie de divers privilèges dont ceux de l'**immunité diplomatique** (il ne peut être poursuivi devant les tribunaux du pays étranger) et de la **valise diplomatique** (ses bagages ne sont pas inspectés au passage de la douane). Quant à l'ambassade, c'est un **lieu d'asile** (les réfugiés politiques peuvent y trouver accueil sans risque de poursuite). Les questions internationales ne relèvent pas uniquement des diplomates : des rencontres de chefs d'Etat, des **conférences,** peuvent également permettre le règlement de problèmes internationaux (la conférence de Yalta en 1945 réunit Roosevelt, Churchill et Staline).

2. Guerre froide et détente

Depuis l'après Seconde Guerre mondiale, les relations internationales sont dominées par la confrontation américano-soviétique. La **guerre froide** est l'état d'hostilité prolongée entre les deux grandes puissances sans qu'il y ait affrontement militaire direct.

Une des causes de la guerre froide réside dans la politique d'expansion du communisme dans l'Europe orientale par l'Union soviétique. La coupure entre la zone d'influence soviétique en Europe orientale et les pays d'Europe occidentale constitue le **rideau de fer** ; expression employée pour la première fois par Churchill dans un discours prononcé aux Etats-Unis à Fulton en mars 1946 : un « **rideau de fer** s'est abattu sur l'Europe de Stettin à Trieste ».

La guerre froide est responsable, au début des années 1950, d'une psychose du communisme, aux Etats-Unis, qui se traduit par le **maccarthysme** (du nom du sénateur Joseph MacCarthy) : c'est une volonté d'épuration systématique de l'administration de tout communisme ou supposé tel (la chasse aux sorcières). Cette tension s'accompagne de la création de **blocs :** en avril 1949, les Occidentaux signent le **traité de l'Atlantique Nord** qui est avant tout un pacte militaire (l'**alliance atlantique**) auquel en 1955 les pays de l'Est répondent par le **pacte de Varsovie.**

La création du **Mouvement de la paix** résulte de cette menace d'affrontement. C'est une ligue internationale née de la crainte que provoquent les tensions de la guerre froide.

A partir des années cinquante, l'affirmation du désir soviétique de **coexistence pacifique** (chacun des camps accepte l'existence de l'autre), l'équilibre de la terreur conduisent à une certaine détente dans les relations internationales qui n'exclut pas le retour de crises.

Cette détente se manifeste en particulier par les **accords d'Helsinki** (1975) : accords signés par trente-deux Etats européens, l'Union soviétique et le Canada, par lesquels ceux-ci s'engagent mutuellement à respecter la souveraineté et les frontières de chacun, à préserver la paix et à assurer le respect des droits et libertés de leurs populations. La nouvelle politique de la R.F.A. d'ouverture à l'Est (**Ostpolitik**) contribue également à cette détente.

Pour écarter les menaces de guerre et limiter une coûteuse course aux **armements stratégiques** (armements nucléaires qui auraient un caractère décisif en cas de conflit par leur puissance de destruction massive et leur portée supérieure à 500 km) les premières négociations s'engagent dans le domaine du **désarmement** : des conversations permanentes s'ouvrent en 1969 ; les **S.A.L.T.** (Strategie Arms Limitation Talks). A partir de 1972, des accords de limitation des armements stratégiques sont signés dans ce cadre.

3. La sécurité collective

C'est l'entente entre les nations pour prévenir et garantir toute agression. A la différence d'une alliance défensive, ce système interétatique peut jouer contre n'importe quel agresseur.

La première tentative d'organiser la sécurité collective date de 1919 avec la création de la **Société des Nations (S.D.N.).** Mais cette grande espérance, reposant sur un programme de coopération internationale, de paix par l'arbitrage est vite déçue. L'absence de certains Etats, la règle de l'unanimité au sein du **Conseil** (organe exécutif de la S.D.N.) le manque de moyens d'actions n'ont pas permis à la S.D.N. de tenir la place prévue.

Pourtant, dans les années vingt, un désir sincère d'harmoniser les relations internationales selon le principe de la sécurité collective (cf. le projet de protocole pour le règlement pacifique des conflits internationaux : le **protocole de Genève 1924**) a semblé prévaloir : c'est l'apogée de l'**esprit de Genève.**

Au lendemain de la Seconde Guerre mondiale, les auteurs de la **Charte des Nations unies,** acte de naissance de l'**Organisation des Nations unies (O.N.U.),** ont tenté de remédier aux défauts de la S.D.N. : elle interdit notamment tout recours à la force et crée au service de cette interdiction un système centralisé. Les Etats membres confèrent au **Conseil de sécurité** la responsabilité principale du maintien de la paix, l'**Assemblée générale** n'étant qu'un organe de délibération. Les autres organismes de l'O.N.U. sont le **Secrétariat général,** il assure la permanence administrative des Nations unies, le **Conseil économique et social,** il s'occupe de toutes les questions de coopération économique et sociale et de l'assistance technique internationale et la **Cour internationale de justice** (ex. **Cour permanente de justice internationale** créée par la S.D.N.) : elle donne des avis au Conseil de sécurité et tranche les conflits juridiques entre les Etats.

L'O.N.U. ne dispose pas de force armée permanente. Depuis 1956 sont créés les **casques bleus** dans un but de stabilisation dans les zones où la paix est menacée. Cette force militaire qui répond à un problème spécifique (ex. au Liban, à Chypre, au Cambodge, en Yougoslavie, etc...) est composée de contingents fournis par les Etats membres de l'O.N.U.

4. L'O.N.U. et l'approfondissement des relations internationales

Le **système des Nations unies** regroupe tout un ensemble d'institutions spécialisées, créées, avant, pendant et après la Seconde Guerre. Seule, de toutes ces institutions, l'O.N.U. possède des attributions politiques ; toutes les autres sont destinées à la **coopération internationale,** chacune dans son secteur, et à mener une action en faveur du développement.

Parmi les nombreuses organisations, on peut retenir :

L'**O.I.T. :** Organisation internationale du travail (ex. B.I.T.).

La **F.A.O. :** Organisation des Nations unies pour l'alimentation et l'agriculture.

L'**U.N.E.S.C.O. :** Organisation des Nations unies pour l'éducation, la science et la culture.

L'**O.M.S. :** Organisation mondiale de la santé.

Le **F.M.I. :** Fonds monétaire international.

La **B.I.R.D. :** Banque internationale pour la reconstruction et le développement appelée Banque mondiale ;

L'**O.A.C.I. :** Organisation de l'aviation civile internationale.

L'**U.I.T. :** Union internationale de télécommunications.

L'**O.M.M. :** Organisation météorologique mondiale.

Le **G.A.T.T. :** Accord général sur les tarifs douaniers et le commerce.

La **C.N.U.C.E.D. :** Conférence des Nations unies sur le commerce et le développement.

Le **P.N.U.D. :** Programme des Nations unies pour le développement.

L'**O.N.U.D.I. :** Organisation des Nations unies pour le développement industriel.

Le **P.A.M. :** Programme alimentaire mondial.

Le **H.C.R. :** Haut commissariat des Nations unies pour les réfugiés.

96. RELIEF

Un **relief** est une forme en saillie à la surface du globe. Par extension, les inégalités d'une surface topographique sont des reliefs, aussi bien les creux que les saillies.

L'importance d'un relief se mesure à sa superficie et à sa hauteur ou **commandement :** hauteur relative par rapport aux reliefs voisins. Suivant les dimensions, on distingue des **reliefs majeurs** (ex. une chaîne de montagnes) et des **reliefs mineurs.** Les **microreliefs** n'ont que quelques mètres de hauteur : ex. les arêtes des lapiez (→ *17. calcaire*).

L'**altitude** d'un lieu est l'élévation verticale de ce lieu au-dessus du niveau moyen de la mer. Pour les altitudes continentales, la **cote 0** (l'altitude 0) correspond en France au niveau moyen de la Méditerranée mesuré par le marégraphe de Marseille. Pour les cartes marines, le 0 des profondeurs correspond le plus souvent au niveau des plus basses mers.

L'**hypsométrie** est la mesure des altitudes. Les **courbes de niveau** (ou **isohypses**) sont des lignes qui joignent tous les points ayant même altitude : on trace généralement des courbes de niveau à des altitudes s'exprimant par des chiffres ronds – tous les dix mètres – les vingt mètres – les cent mètres... Cette différence constante entre les courbes est appelée **équidistance des courbes.** Le terme **courbe hypsométrique** désigne soit les courbes de niveau pour les terres émergées, soit les courbes de fréquence des altitudes.

L'**orographie** (du grec *oros :* montagne) est l'étude descriptive des reliefs. Le terme désigne aussi l'agencement des reliefs : ex. l'orographie des Alpes du Nord. La **description topographique** est plus complète que la description orographique : en topographie, on décrit les lieux (formes, dimensions) en tenant compte des activités humaines (constructions, communications...).

1. Plaine, plateau, vallée, montagnes, collines

a) Une **plaine** est une surface continentale étendue, plane ou peu accidentée, sans encaissement notable du réseau hydrographique. L'altitude des plaines est variable : les **plaines littorales** sont proches du niveau de la mer ainsi que les **basses plaines alluviales** édifiées par l'accumulation des alluvions des fleuves. Une **haute plaine** peut atteindre de notables altitudes : elle se distingue d'un plateau du fait du non-encaissement des cours d'eau et en raison de la présence de reliefs plus élevés qui l'encadrent ou la dominent (ex. hautes plaines au pied des montagnes Rocheuses. Les **plaines sédimentaires** sont constituées par des roches sédimentaires mais les plaines peuvent aussi se développer sur des roches cristallines ou métamorphiques ayant subi une altération (→ *73. milieux chauds*). Une **plaine de corrosion** est le résultat de l'érosion chimique ou mécanique, les roches altérées et les débris rocheux ayant été déblayés (par les cours d'eau, le vent...).

La **pénéplaine** est l'aboutissement d'un cycle complet d'érosion d'où absence de saillies donc de relief (→ *45. érosion, 14. bassin sédimentaire, massif ancien*). Il existe de nombreux types de **plaines d'accumulation** résultant d'un entassement de matériaux détritiques en milieu continental : **accumulation fluviatile** (alluvions des fleuves), **fluvio-glaciaire** (alluvions glaciaires remaniées par les fleuves), **éolienne.** Une **plaine d'épandage** provient de l'étalement des alluvions d'un cours d'eau divaguant et transportant de fortes charges alluviales (ex. oueds débouchant des montagnes). Une plaine de **remblaiement** est une plaine réalisée par l'accumulation de matériaux dans une dépression (ex. un ombilic, un fossé) d'où une épaisseur notable des matériaux (ex. plaine de la Romanche vers Bourg-d'Oisans).

b) Un **plateau** est une surface étendue plane ou peu accidentée, entaillée ou entourée par des vallées encaissées. L'altitude des plateaux est très variable : les plateaux de l'Ile-de-France entaillés par des vallées à versants assez raides sont, pour l'essentiel, à moins de 200 mètres d'altitude. Certains plateaux ont des altitudes inférieures à 100 mètres. A l'inverse, les hauts plateaux, ensemble de hautes terres où dominent les étendues planes peuvent être élevés (ex. Causses jusqu'à 1 200 mètres) ou très élevés (ex. Tibet : plus de 3 000 mètres).

La surface des plateaux est plus ou moins disséquée par l'érosion fluviatile. Dans le cas d'une grande dissection par un réseau hydrographique dense, la surface est réduite à l'état de **lambeaux de plateaux,** ou de **plateaux en lanières.** Le rebord d'un plateau (sa terminaison) est un **talus,** versant à pente prononcée ou un **escarpement,** versant à pente forte (généralement supérieure à 40°). Un escarpement peut comporter des irrégularités de pente avec succession de **corniches,** versants très raides à sommet horizontal ou assez plan (corniches rocheuses) et de **vires,** versants moins raides (ex. pentes d'éboulis) ou véritables **replats** (étendue plane sur un versant entre deux parties déclives). Par évidence, on trouve escarpements, corniches, replats, également dans les montagnes.

Des plateaux superposés séparés par des talus sont des **plateaux étagés.**

c) **Vallées :** une vallée est une dépression allongée généralement parcourue ou façonnée par un cours d'eau (vallée fluviale) ou un glacier (vallée glaciaire). Il existe cependant des **vallées sèches,** vallées occupées jadis par un cours d'eau mais qui ne le sont plus aujourd'hui : cas fréquent dans les régions calcaires (→ *17. calcaire*). Les rebords de la vallée sont des **versants,** surface topographique inclinée comprise entre le faîte d'un relief et le **talweg,** ligne joignant les points bas d'une vallée. Il existe cependant des versants en dehors des vallées : **versant au sens large,** une des pentes générales d'une chaîne montagneuse ou d'un massif montagneux (ex. versant d'un volcan, versant des Cévennes : son rebord oriental). Un versant peut être plus ou moins incliné, de forme **concave** ou **convexe.** Un **versant réglé** ou versant de Richter est un versant rocheux rectiligne nettement incliné (25 à 35°) et à couverture détritique mince et discontinue. Une **vallée en V** est une vallée fluviale dont le talweg se confond avec le lit mineur du cours d'eau. Dans une **vallée en berceau,** le fond de la vallée est un peu plus large. Dans une **vallée alluviale** le fond de la vallée plat et assez large est parcouru par un cours d'eau au tracé souvent sinueux ou **divaguant** (le tracé du cours d'eau se déplace latéralement si la rivière n'est pas encaissée).

Une **vallée en U** ou **auge glaciaire** a été façonnée par un glacier (→ *56. glaciers*). Une **vallée suspendue** est une vallée débouchant sur un abrupt ou une pente forte (cas particulier : les **valleuses** → *70. littoral*). Une **gorge** ou **vallée** en gorge est une vallée étroite à versants rocheux escarpés (→ *17. calcaire,* « canyon »).

De nombreuses vallées sont surdimensionnées par rapport au cours d'eau actuel : elles ont été façonnées par des cours d'eau plus puissants (par ex. sous **climat périglaciaire** au quaternaire). Une **vallée morte** a été parcourue par un cours d'eau dont le trajet a été détourné de la vallée par **capture.**

d) Montagnes, piémont (→ *81. montagnes*).

e) **Collines :** reliefs de faible hauteur (100 à 300 mètres) dont les versants sont en pente assez douce (< 40°). Une colline isolée est une **butte.** Le sommet arrondi d'une colline est un **mamelon.**

2. Relief structural, primitif, dérivé

a) Un **relief structural** est une forme de la surface topographique qui correspond à la structure des terrains.

Si les formes de la surface topographique sont surtout liées à l'action de l'érosion, indépendamment de la structure des roches, l'ensemble de ces formes constitue un **modelé** (ex. modelé désertique, glaciaire, karstique...).

La distinction entre relief structural et relief issu de l'érosion n'est pas toujours aisée : à partir de quel stade de l'érosion pourra-t-on parler de modelé ? De toute manière, même si l'érosion a largement démantelé la structure, le relief peut rester influencé par les structures profondes. Par souci de commodité, on distingue selon l'ampleur des dégradations dues à l'érosion, trois types de relief : **reliefs primitifs, dérivés, arasés.**

b) Les **reliefs primitifs** (ou **directs**) n'ont pratiquement pas été retouchés par l'érosion, leurs formes résultent la plupart du temps de la seule action des forces endogènes (volcanisme, tectonique). Un volcan **actuel** ou **très récent** est un relief primitif. En structure plissée, le relief est étroitement calqué sur la structure : mont sur l'anticlinal intact, val sur le synclinal (→ *91. relief de plissement*).

c) Les **reliefs dérivés** résultent de l'action de l'érosion sur les reliefs primitifs : ex. les cuestas en structure monoclinale. En structure plissée, un **relief conforme** correspond à une érosion modérée : les régions topographiquement élevées sont les régions tectoniquement hautes (mont = anticlinal), les régions basses correspondant aux synclinaux. Si le travail de l'érosion a été important, on passe à un **relief inverse :** on parle d'**inversion de relief** (→ *91. relief de plissement*), relief en structure faillée (→ *106. tectonique*).

d) Les **reliefs arasés** sont des reliefs qui ont été plus ou moins complètement détruits par l'érosion. Deux types sont à distinguer :

- **pénéplaine** (→ *14. bassin sédimentaire, massifs anciens, 45. érosion*) ;
- **pédiplaine** (→ *8. aridité*).

e) Les reliefs arasés peuvent être rajeunis par l'activité tectonique :

- massif ancien rajeuni (→ *14. bassin sédimentaire, massif ancien*) ;
- relief appalachien (→ *91. relief de plissement*).

97. RELIGION(S)

1. Définition

- Ensemble de doctrines et de pratiques qui constituent le rapport de l'homme avec la puissance divine.
- Reconnaissance par l'homme d'un pouvoir supérieur, impliquant obéissance et respect.

Les croyances d'une religion possédant un corps de doctrines bien organisé forment le **dogme.**

L'étude du dogme, de la doctrine d'une religion, constitue la **théologie.** Dans la théologie, la défense de la foi, de la doctrine est l'**apologétique.** Le **culte** est l'hommage rendu à une divinité (ou à une personne ou à une chose ayant un caractère sacré) au moyen de pratiques rituelles, d'offices religieux, de cérémonies ; ainsi, par exemple, le culte du feu, du soleil chez certains peuples primitifs ; le culte des Ancêtres dans la Chine traditionnelle, le culte impérial sous l'Empire romain, l'empereur étant divinisé, le culte de l'**Etre suprême** pendant la Révolution française.

Le Directoire, en 1798, a tenté sans succès, d'implanter en France un culte révolutionnaire ; le **culte décadaire**, faisant du décadi (dixième et dernier jour de la décade dans le calendrier révolutionnaire), un jour de sanctification laïque et civique.

L'ordre des cérémonies et des prières forme la **liturgie.** Très souvent, les cérémonies et les fêtes religieuses présentent un aspect très formaliste, conformément au rituel établi, on dit alors qu'elles ont un caractère **hiératique.**

Les **ministres du culte** sont les personnes dont la profession est de célébrer le culte. Le **sanctuaire** est l'édifice consacré aux cérémonies d'une religion (à l'origine, le sanctuaire concernait le lieu le plus saint d'un temple, d'une église, réservé aux prêtres).

2. Polythéisme, monothéisme

La croyance à la présence de forces élémentaires dans tous les objets de la nature constitue l'**animisme.** L'**animisme** est la forme ordinaire des religions primitives ; il s'accompagne souvent de la **magie** (ensemble de croyances et de pratiques permettant de dominer les forces de la nature) et du **fétichisme** (croyance que la possession de certaines choses – les **fétiches** – peut procurer à son possesseur l'assistance ou la protection de l'esprit qui réside dans ces choses).

Les **amulettes** et les **talismans,** comme les fétiches sont des objets auxquels sont prêtés une efficacité magique.

Le **déisme** est une doctrine qui rejetant toute révélation, admet l'existence d'un Dieu, sans référence à aucun dogme.

Il existe deux grands groupes de doctrines religieuses, certaines admettant l'existence de plusieurs dieux **(polythéisme),** d'autres se fondant sur la croyance en un seul Dieu **(monothéisme).**

Les religions de l'Antiquité sont, en général, polythéistes, avec une tendance, plus ou moins marquée, à l'**anthropomorphisme** (représentation des dieux sous des traits ou avec des sentiments humains). Telles sont les religions des Egyptiens, des Grecs, des Romains. Telles sont encore actuellement la plupart des religions d'Extrême-Orient.

Les chrétiens, dans les derniers siècles de l'Empire romain, désignent le culte polythéiste par le terme de **paganisme** (mot dérivé de paganus = paysan) et leurs adeptes par celui de **païens.** Le christianisme est surtout la religion des villes, tandis que les gens des campagnes restent fidèles aux religions traditionnelles.

A la fin du monde antique, les cultes des divers dieux tendent à se confondre en un large **syncrétisme ;** le syncrétisme étant une combinaison, plus ou moins cohérente de plusieurs doctrines religieuses. Peu à peu se dégage l'idée d'un Dieu unique.

Déjà, dans l'Antiquité, le peuple hébreu se distingue des autres peuples par un monothéisme qui donnera naissance au **judaïsme.** Sous l'action et la parole du Christ, naît le **christianisme** qui répand avec la conception d'un Dieu unique en trois personnes les idées de charité et de fraternité. L'**islam** n'apparaît que beaucoup plus tard (VIIe siècle).

Ces trois grandes religions monothéistes ont également en commun d'être des **religions révélées ;** Dieu ayant fait connaître par les **prophètes** (ceux qui parlent au nom de la Divinité ou sous l'inspiration de Dieu) les mystères de la religion.

Le déisme, le culte de l'Etre Suprême, religions sans révélation sont des **religions naturelles.**

3. L'homme face à la religion

Le **fidèle** est celui qui est membre d'une Eglise, qui professe une religion. Son adhésion à une religion peut être tolérante, **sectaire** (intolérante), **mystique** (intense, intuitive), **dévote** (pieuse, très attachée à la pratique religieuse), **bigote** (se traduisant par une dévotion outrée, étroite), voire **fanatique** (animée d'un zèle excessif).

L'**ascète** est celui qui mène une vie austère et consacre sa vie aux **mortifications** (action de mortifier son corps, c'est-à-dire d'affliger son corps par des privations, des jeûnes, des austérités).

Lorsque le fidèle abandonne solennellement une religion, il **abjure** – Henri IV a abjuré le protestantisme – synonyme **apostasie. Le relaps** est celui qui, après abjuration retombe dans l'erreur. Un **renégat** est celui qui a renié sa religion pour adhérer à une autre ; au contraire, le **prosélytisme** est le zèle déployé pour répandre la foi, pour recruter des adeptes. L'**hérétique** est celui qui, dans la religion chrétienne, professe une doctrine contraire à la foi catholique et condamnée par l'Eglise (ex. : l'hérésie vaudoise ou cathare). L'hérésie peut conduire au **schisme,** c'est-à-dire à la séparation des fidèles d'une communion. La Réforme est un schisme et une hérésie, mais tous les schismes ne sont pas des hérésies : ainsi le **Grand Schisme** ou **schisme d'Occident** dû aux dissensions dans l'Eglise catholique à cause de la présence de deux papes, l'un séjournant à Rome, l'autre à Avignon (de 1378 à 1429) n'est pas une hérésie.

Le terme **secte,** utilisé d'abord dans un sens péjoratif et sans contenu précis est employé soit pour désigner un petit groupe qui se sépare d'un plus grand, soit l'ensemble des disciples qui suivent le fondateur d'une hérésie. Son sens plus récent concerne les groupements religieux dont l'apparition s'est accompagnée de polémiques (par ex. la secte Moon ou l'Association internationale pour la conscience de Krishna).

Celui qui ne croit pas en Dieu, qui nie l'existence de Dieu, est un **athée.** L'**incroyant** n'a pas de foi religieuse, alors que l'**incrédule** n'accepte pas entièrement une croyance religieuse. On peut être un incrédule sans être un incroyant.

Dans le langage courant l'**agnostique** est considéré comme un athée faisant preuve d'indifférence à l'égard des questions métaphysiques relatives à l'existence de Dieu.

Au XVIIe siècle, les **libertins** (le **libertinage**) sont ceux qui font preuve d'indépendance d'esprit en matière de religion. Ils ont été violemment combattus par Bossuet dans ses **sermons** (discours prononcés en chaire sur un sujet religieux).

L'hostilité à l'égard de la religion peut se manifester par le **blasphème** – parole qui outrage la divinité ou la religion – ou le **sacrilège** – acte d'irrévérence envers les personnes revêtues d'un caractère religieux.

Le blasphème et le sacrilège sont des manifestations d'**impiété.**

4. Enfer et paradis

Aux préoccupations de l'homme concernant l'**au-delà** (le monde après la mort) les religions fournissent une représentation dualiste de l'autre monde.

Les Egyptiens ont toujours cru à une survie après la mort : ils croient qu'ils peuvent être immortels si leur double – le **kha** – n'est pas condamné à disparaître par le **tribunal d'Osiris :** le kha est pesé, celui qui est trop lourd parce que son « propriétaire » s'est rendu coupable de trop nombreuses mauvaises actions durant sa vie est dévoré par une déesse terrifiante : la « mangeuse », les autres khas connaissent un bonheur parfait, auprès d'Osiris, dans les **champs Elysées.**

Dans la Grèce ancienne, les âmes des morts descendent du tombeau dans l'**Hadès** (le **Tartare**), vaste caverne où règnent les dieux des **Enfers.** Il n'existe aucune distinction entre les coupables et les autres ; nulle récompense ni punition.

Sous l'influence de l'**orphisme** (doctrine religieuse qui se répand en Grèce à partir du VIIe siècle av. J.-C.) la conception traditionnelle de l'autre monde se modifie : en descendant aux Enfers, l'âme est châtiée ou récompensée suivant ses fautes ou ses mérites. Désormais il existe deux séjours distincts, celui des bons et des méchants, les Champs Elysées et le Tartare.

Le christianisme a accepté cette représentation dualiste de l'autre monde : les **âmes damnées** sont condamnées aux peines éternelles de l'enfer, les âmes élues jouissent de la béatitude éternelle au **paradis.** C'est en fonction des **péchés** (fautes commises contre Dieu ou non-respect de ses prescriptions) que les âmes sont ou non punies. Le **péché mortel,** à la différence du **péché véniel,** fait perdre la grâce divine. (Le **péché originel,** le péché d'Adam, étant effacé par le baptême.)

Le **baptême** fait entrer le nouveau baptisé dans la communauté chrétienne. L'**absolution** est la remise des péchés après confession ; elle s'accompagne d'une peine imposée par le confesseur : la **pénitence.**

L'**enfer** est le séjour des **démons,** esprits infernaux qui tourmentent les âmes. Le chef des démons, tentateur des hommes, est **Satan** ou le **diable.**

Le **paradis,** lieu de délices est le séjour de Dieu et des **anges.** Les anges sont des êtres surnaturels, intermédiaires entre Dieu et les hommes. La théologie catholique a établi toute une hiérarchie entre les anges distinguant notamment les **séraphins** qui siègent autour du trône de Dieu, les **chérubins,** gardiens du trône, les **archanges,** chefs des anges, etc. Le **purgatoire,** est le lieu où les âmes des justes incomplètement purifiées achèvent de purger leurs fautes.

98. RELIGIONS ANTIQUES

Ce sont toutes des **religions polythéistes,** sauf la religion des Hébreux. L'ensemble de tous les dieux d'une religion donnée constitue le **panthéon.**

1. La religion égyptienne

Les dieux, très nombreux, – il y a autant de dieux principaux que de provinces (42) ou **nomes** – sont représentés soit sous forme humaine, soit avec une tête d'animal sur un corps humain.

Le **pharaon** est fils de dieu et dieu lui-même.

Les **prêtres** sont très nombreux et fabuleusement riches.

a) Les temples

En l'honneur des dieux ont été réalisées des constructions grandioses : les **temples**. Une large avenue bordée de **sphinx** (statue formée d'un corps de lion à tête d'homme, de bélier ou d'épervier) conduit à la façade principale. La porte d'entrée est flanquée de deux larges tours en forme de pyramides tronquées, les **pylones.** En avant des pylones se dressent deux **obélisques,** aiguilles taillées dans un bloc de granit.

La porte donne accès à la cour, entourée de galeries à colonnes ou **portiques** ; c'est le lieu des processions.

De là, on passe dans une salle immense **(salle hypostyle)** dont le plafond de pierre est soutenu par plusieurs rangées de colonnes gigantesques, au-delà enfin, la chambre sainte (ou **naos**) où trône la statue du dieu.

b) La survie des âmes

Les Egyptiens pensent que l'âme des morts peut jouir d'un bonheur éternel. Aussi, consacrent-ils aux morts des soins et des tombeaux particuliers. Le corps, après avoir été **embaumé** (traité de manière à empêcher la putréfaction) est **momifié** (transformé en momie, c'est-à-dire enserré de bandelettes). Les viscères sont conservés dans des **vases canopes.**

La momie est ensuite enfermée dans un ou plusieurs **sarcophages** (sorte de grande boîte sculptée en bois ou en pierre) et déposée dans un tombeau.

A l'origine, il s'agit d'une simple fosse recouverte d'un **mastaba,** tombeau de briques ou de pierres, placé à la surface du sol, puis ont été construits d'énormes monuments, les **pyramides,** enfin on a dissimulé la momie au fond de souterrains creusés dans une falaise, ce sont les **hypogées.**

Le **cénotaphe** est un tombeau symbolique, lieu de culte funéraire complémentaire. Souvent, les tombeaux sont rassemblés dans un espace limité, la **nécropole** (du grec nécropolis : ville des morts).

Plan d'un temple égyptien

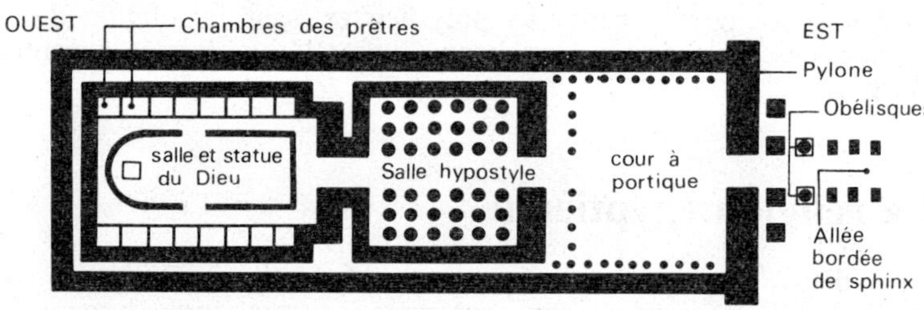

Un mastaba (coupe)

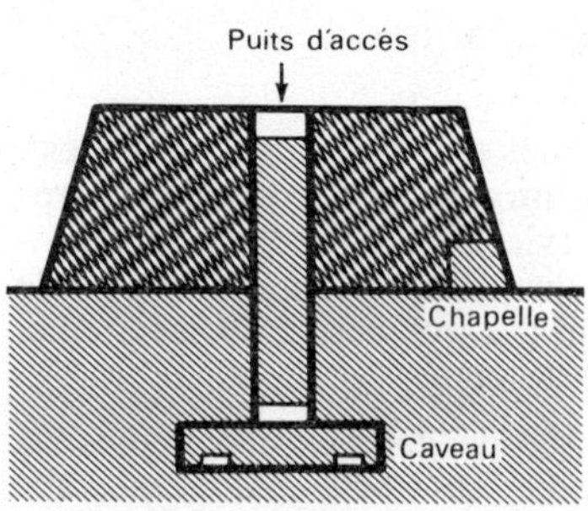

Une pyramide (coupe)

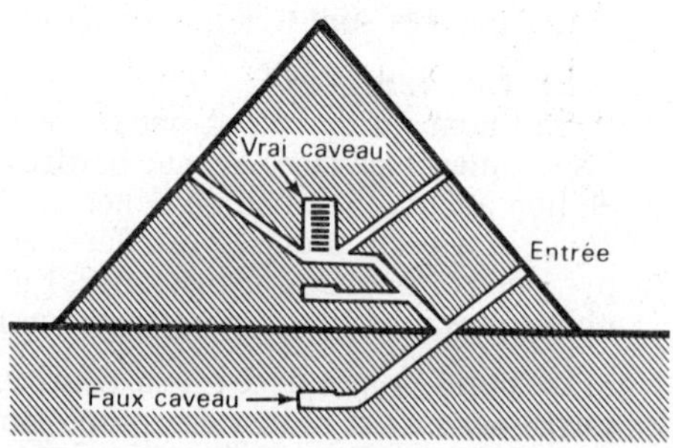

2. La religion grecque

Parmi les nombreux dieux, les principaux habitent sur le mont Olympe. Ce sont les **dieux de l'Olympe.** À mi-chemin entre les dieux et les hommes, se trouvent les **héros,** auteurs d'exploits fabuleux (ex. : Héraklès). Les poètes, notamment Homère, ont imaginé, concernant les dieux, des récits merveilleux, des légendes : les **mythes.** Leur ensemble constitue la **mythologie.**

a) Les pratiques religieuses

Pas plus que les croyances ne sont fixées par des règles et des **dogmes,** les pratiques ne sont organisées d'une manière précise. Ce sont les magistrats de la cité qui accomplissent les principaux actes du culte et font fonction de prêtres.

En plus des prières et des **sacrifices,** les **mystères** sont des cérémonies auxquelles ne sont admis que les initiés. On y représente certaines scènes de la vie du dieu, on dévoile aux participants des secrets qui leur permettent de survivre après la mort (ex. les mystères d'Eleusis). L'admission à la connaissance des rites secrets d'un culte est l'**initiation.**

Il est important de connaître la volonté des dieux, soit en cherchant à interpréter certains signes fortuits ou **présages,** soit en allant consulter les dieux dans certains sanctuaires où ils rendent des **oracles** en répondant aux questions qui leur sont posées. Dans le temple de Delphes, les paroles de la **pythie,** prêtresse de l'oracle d'Apollon, constituent la réponse de l'oracle.

Les Grecs – comme les Romains – attribuent des recueils de prédictions à des prophétesses (les **Sibylles**) qui auraient vécu à des époques très anciennes (**oracles sibyllins-livres sibyllins**).

b) Les fêtes religieuses

La **procession** conduit le peuple, en ordre, vers le sanctuaire du dieu que l'on veut honorer : la procession des **Panathénées** à Athènes en l'honneur d'Athéna est la plus importante.

Les **jeux :** rendez-vous par excellence des Grecs, les Grands Jeux sont célébrés périodiquement. Au premier rang, figurent les **jeux Olympiques** en l'honneur de Zeus à Olympie.

Ces jeux ont lieu tous les quatre ans ; la période de quatre ans séparant deux jeux, forme une **olympiade.**

De nombreuses fêtes sont célébrées en l'honneur des dieux : lors des fêtes en l'honneur de Dionysos, les participants peuvent être saisis d'un délire sacré (les **orgies**). Des défilés burlesques (ou **comos,** origine du mot comédie) accompagnent les **petites dionysies champêtres ;** des concours théâtraux les **grandes dionysies urbaines.**

c) Le temple

C'est le plus beau monument de l'architecture **hellénique** (qui appartient à la Grèce antique ; cet adjectif provient du mot **Hellènes,** nom que se donnaient les Grecs de l'Antiquité). Bâtiment de petites dimensions, il ne sert qu'à loger la statue et les trésors du dieu. Il ne reçoit pas la foule des fidèles. Son plan est rectangulaire.

La **corniche,** la **frise,** et l'**architrave** forment l'**entablement**. Elles sont soutenues par des **colonnes** qui font en général le tour du temple.

Au-dessus de l'entrée du temple, le **fronton** est un ornement triangulaire d'architecture. Le fronton du Parthénon représente la naissance d'Athéna. La galerie, couverte, qui s'étend entre les colonnes et le mur du sanctuaire, s'appelle le **péristyle.**

D'après la forme et l'ornement des colonnes et de la frise, on distingue trois types ou **trois ordres d'architecture**.

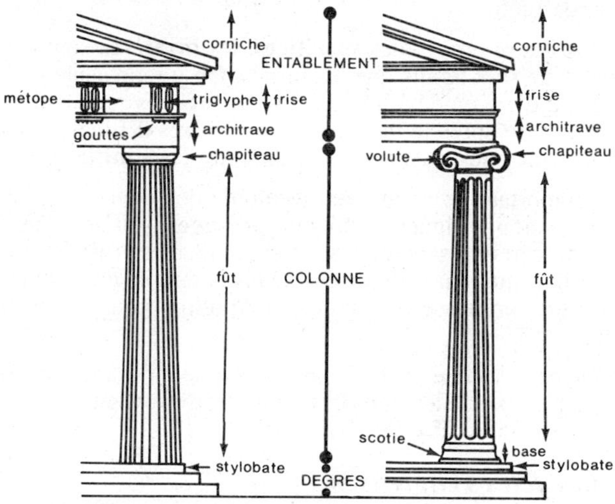

Dans le **temple dorique,** la colonne trapue repose directement sur le soubassement du temple, son sommet ou **chapiteau** comporte un simple coussin de pierre, surmonté d'une tablette carrée. La frise est caractérisée par l'alternance de **triglyphes** – plaques rectangulaires ornées de cannelures – et de **métopes,** plaques lisses ornées de **bas-reliefs** (sculptures peu saillantes sur une surface plate).

Dans le **temple ionique,** la colonne a un piédestal ou base, un fût plus étroit, un chapiteau décoré de volutes en forme de cornes de bélier. La frise forme une longue bande continue ornée ou non de bas-reliefs.

L'**ordre corinthien** reste une simple variante de l'ordre ionique, avec une riche décoration de feuilles d'acanthe sur le chapiteau.

3. La religion romaine

Les Romains vénèrent une multitude de divinités. C'est une religion sans **dogme :** comme la religion grecque, elle n'impose au fidèle aucune doctrine. On n'exprime pas au dieu sa vénération ou son amour, il s'agit d'amener les dieux à accorder ce qu'on leur demande en observant les **rites,** c'est-à-dire en prononçant certains mots, en faisant certains gestes sans se tromper.

La première obligation réside dans le respect de la qualité religieuse des jours. Certains jours sont **fastes** (ceux où il est permis d'avoir une activité, politique ou professionnelle) ; d'autres sont **néfastes** (ceux où certaines cérémonies religieuses sont interdites), d'autres, enfin, sont néfastes le matin et fastes le soir. Le calendrier même est matière de religion.

Le calendrier est de type lunaire avec des mois de 28 jours ; chaque mois est divisé selon les phases de l'astre : le début du mois (les **calendes**) correspond à la nouvelle lune ; puis viennent les **ides** (pleine lune) et les **nones** (premier quartier).

a) Le culte public

C'est le culte rendu aux dieux par l'ensemble des citoyens. Il est organisé et réglementé par l'Etat.

Les **prêtres** assurent le culte officiel. Ils ne forment pas une catégorie à part dans la société et mènent une vie semblable à celle des autres citoyens. Les uns sont prêtres d'un seul dieu : ce sont les **flamines,** les autres, groupés en collège, exercent ensemble leurs fonctions : le **collège des pontifes,** avec à sa tête le **grand Pontife,** dirige l'ensemble du culte ; le collège des **vestales,** est formé de jeunes filles chargées d'entretenir le feu sacré dans le temple de Vesta ; le **collège des féciaux** organise les cérémonies lors du début et de la fin des guerres. Les **augures** sont chargés de prendre les **auspices,** c'est-à-dire d'observer les présages (vols d'oiseaux, appétit des poulets sacrés) avant toute décision politique importante ; les **haruspices** cherchent à interpréter la volonté des dieux en examinant les entrailles des animaux offerts en sacrifice.

b) Les cérémonies

Elles se déroulent en général en plein air, près des autels dressés devant les **temples** – ceux-ci, comme en Grèce, ne sont que la maison du dieu.

Les principales cérémonies sont les **sacrifices :** offrandes au dieu, de vin, de lait **(libations),** de gâteaux ou d'animaux que l'on a mis à mort, des **jeux** (compétitions sportives offertes à un dieu), des fêtes agricoles où une procession et un banquet accompagnent le sacrifice.

Certaines fêtes voient le désordre et la licence se donner libre cours ; notamment lors des **saturnales** (en l'honneur de Saturne), les esclaves revêtent la toge et font semblant de commander à leurs maîtres, les **lupercales,** honorent Lupercus, dieu des troupeaux et de la fécondité, par des processions aux flambeaux accompagnées de divertissements licencieux, les **bacchanales** rappellent les dionysies grecques.

c) Le culte privé

Il est célébré par le père de famille. La famille honore le **génie** de la famille qui, légué par les ancêtres, assure sa prospérité, les **lares,** dieux de l'emplacement occupé par la maison, les **pénates,** dieux des biens périssables : mobilier, provisions, et les **dieux mânes** qui sont les morts.

Les principaux changements que connaîtra la religion pendant l'Empire, concernent la mise en place du **culte impérial** (culte rendu en l'honneur de l'empereur), le progrès des **cultes orientaux** (Isis, Mithra) qui promettent le bonheur après la mort.

99. RELIGIONS D'EXTRÊME-ORIENT

Dans le monde asiatique la religion joue un rôle primordial. Elle commande la structure sociale et la civilisation. Par le nombre de leurs fidèles, deux religions dominent : l'**hindouisme** et le **bouddhisme.**

1. L'hindouisme (ou brahmanisme)

L'hindouisme est la forme que prend le brahmanisme à partir du XIIe siècle quand il commence à se diviser en sectes.

Le brahmanisme qui caractérise le système religieux et social de l'Inde, est issu du **védisme,** religion des forces de la nature. Les principaux caractères sont :

- la croyance en une divinité suprême : Brahma, assistée de nombreuses divinités parmi lesquelles deux s'imposent : Vishnou et Çiva ;
- la croyance en la **transmigration** des âmes (**métempsycose :** l'âme est immortelle et peut animer successivement plusieurs corps : hommes, dieux, animaux) ;
- l'assurance du salut dont les voies peuvent être multiples. Liées par leurs actes qui a chaque instant les déterminent, les âmes émigrent jusqu'au moment où délivrées par le non-agir, la non-violence, la connaissance, elles obtiennent la liberté. La dévotion particulière à une divinité, la technique magique **(yoga)** sont aussi des moyens efficaces de salut. Les maîtres spirituels de l'hindouisme sont les **gourous ;**
- le système des **castes** (divisions héréditaires et cloisonnées des groupes au sein de la société). Quatre castes, chacune d'elle subdivisée en de nombreuses castes particulières, se partagent la population de l'Inde : celle des prêtres ou **brahmanes,** des guerriers, des bourgeois, des artisans. En dessous les sans-caste **(parias** ou **intouchables).**

L'hindouisme a donné naissance à de nombreuses sectes, parmi elles le mouvement **sikh :** né au début du XVIe siècle, il cherche à réconcilier musulmans et **hindous** (fidèles de l'hindouisme) en une foi monothéiste, mais très vite il se laisse entraîner dans la guerre sainte contre les musulmans.

2. Le bouddhisme

Né en Inde, il y a vingt-cinq siècles, le bouddhisme s'est répandu, non sans se modifier sur une grande partie de l'Asie et est devenu avec le christianisme et l'islam une des grandes religions mondiales.

A l'origine du bouddhisme, la doctrine de **Bouddha** (le Sage) : contre le formalisme des brahmanes et pour échapper au cycle de la transmigration du brahmanisme, l'homme doit s'oublier lui-même, renoncer à sa personnalité, lutter contre ses passions.

Tous les êtres humains transmigrent sans fin d'une existence à une autre passent par les états d'homme, de dieu, d'animal ; cette renaissance est déterminée par la valeur morale des actes précédemment accomplis : celui qui veut briser la chaîne sans fin des existences successives et goûter la béatitude de l'« Extinction » **(le nirvana)** doit observer rigoureusement les règles de la morale et pratiquer assidûment des méthodes psychiques, notamment la **méditation** – en japonais **Zen** – réflexion prolongée sur un sujet de piété –, permettant d'épuiser les passions, de développer la sérénité, de conduire à la **voie de la Délivrance.**

De telles méthodes exigent une discipline sévère, les vrais disciples de Bouddha doivent quitter leur foyer, et mener la vie austère d'**ascète** errant, de moine mendiant. Ces religieux bouddhistes sont les **bonzes.** Le monachisme combine l'exigence ascétique avec un rôle social délibérément central : enseignement de la doctrine, exemple des vertus morales, direction spirituelle.

Placés traditionnellement au cœur de la vie sociale, les **bonzes** mènent aujourd'hui, notamment, en Extrême-Orient une action non violente qui a parfois contribué au réveil du sentiment national.

Ces moines ne pouvant pratiquer aucune activité productrice de biens matériels, leur subsistance dépend entièrement de la bonne volonté des « fidèles laïcs » pour qui donner la nourriture aux religieux bouddhistes est faire les premiers pas sur la voie de la Délivrance.

3. Les diverses formes du bouddhisme

C'est hors de l'Inde que le bouddhisme compte le plus de fidèles. Ceux-ci se divisent en trois confessions ou **« véhicules »** (moyens de salut) :

- le **petit véhicule** conforme à la doctrine originelle, aux écritures rédigées en **pali,** dérivé du **sanskrit** (en Inde le sanskrit est une langue sacrée d'origine indo-européenne). Il règne à Ceylan, en Birmanie, Thaïlande, Vietnam ;
- le **grand véhicule,** imprégné de dévotion, de métaphysique, de mythologie, met fortement l'accent sur la pitié. Il a conquis la Chine, la Corée, et le Japon ;
- le **véhicule tantrique** (ou **tantrisme**), fortement teinté de magie, s'est développé en Mongolie et au Tibet. C'est le **lamaïsme.** Les

moines **(lamas),** réunis dans des couvents **(lamaseries)** vénèrent celui qui, à leurs yeux, est un véritable bouddha vivant : le **dalaï-lama.** Jusqu'en 1959 – invasion du Tibet par les troupes chinoises – le Tibet a été une **théocratie** (gouvernement dirigé par l'incarnation d'un dieu) sous l'autorité du dalaï-lama.

Le **jaïnisme,** religion fondée au VIe siècle avant notre ère présente de nombreuses analogies avec le brahmanisme et le bouddhisme : son but est de libérer l'âme par l'ascèse et de la conduire au nirvana.

4. Les religions « nationales »

- En Chine, à côté du **culte des ancêtres,** le **confucianisme** (Confucius a vécu au VIe siècle av. J.-C.) est plus une attitude philosophique qu'une véritable religion.

  Le confucianisme est avant tout l'expression d'une caste, celle des **lettrés** ceux qu'on appelle les **mandarins** (nom donné par les Européens aux fonctionnaires chinois). Doctrine d'esprits raffinés le confucianisme est non seulement une doctrine d'explication rationaliste du monde, il est aussi une morale politique et sociale qui tend à maintenir ordre et hiérarchie dans la société et dans l'Etat.

  A peu près contemporain du confucianisme, le **taoïsme** est une recherche mystique et une religion individuelle de salut. Le taoïsme, méthode de contemplation et d'action met en œuvre l'idée archaïque de la succession des états **yin** (faible, femelle) et **yang** (fort, mâle) dont le déroulement est le **tao** (la voie). L'immortalité recherchée par les taoïstes n'est pas seulement le salut de l'âme, elle est l'immortalité du corps grâce à une série de recettes de longue vie (gymnastique respiratoire, diététique) et de purification.

- Au Japon, le **shintoïsme** considéré parfois comme une religion nationale, notamment avant la Seconde Guerre, est issu du culte primitif des **kami** (esprit des choses et des morts) modelé sur les institutions et certaines croyances bouddhiques.

100. RELIGION, ÉTAT ET POLITIQUE

Dès l'Antiquité, un lien étroit existe entre la religion et la politique : dans l'Egypte ancienne, le souverain, le **pharaon,** est considéré comme un dieu ; à Rome, l'empereur, **grand pontife,** est le chef de la religion nationale, un culte officiel lui est rendu, le **culte impérial.**

Lorsqu'un Etat déclare qu'une religion est la sienne, exclusivement à toutes les autres qu'il ne fait que tolérer, on parle de **religion d'Etat.** Dans une **théocratie,** le pouvoir est exercé par les ministres du culte ou par un souverain considéré comme le représentant de Dieu sur terre.

1. Religion et monarchie en France

Pendant l'Ancien Régime, la cérémonie du **sacre** fait du roi le **lieutenant de Dieu sur terre.** Par le sacre, le roi voit son autorité revêtue d'un caractère religieux : il devient roi par droit divin ; la cérémonie a lieu à Reims, en souvenir de saint Rémi et du baptême de Clovis.

Lors du Sacre, le roi reçoit l'**onction** (action de oindre, c'est-à-dire de mettre de l'huile Sainte sur une partie du corps pour bénir) pratiqué avec le **Saint Chrême** (mélange d'huile et de baume).

On considère que le Sacre donne au roi le pouvoir de faire des miracles (roi **thaumaturge**) notamment de guérir les **écrouelles** (abcès d'origine tuberculeuse).

L'Eglise occupe, durant la monarchie, une position très favorable : elle prélève un impôt obligatoire, représentant une part de la récolte (théoriquement un dixième) : la **dime ;** le clergé, ordre privilégié (→ *77. monarchie*), n'est pas assujetti à l'impôt, mais consent au roi une contribution, le **don gratuit,** votée par l'**assemblée du clergé** qui se réunit tous les cinq ans. En plus des privilèges fiscaux, le clergé bénéficie de privilèges honorifiques et judiciaires : le clergé a ses tribunaux : les **officialités ;** mais ce privilège de juridiction a reculé au profit de la justice royale et ne s'exerce guère que dans les affaires disciplinaires des clercs ou sur des causes purement spirituelles se rattachant à l'administration des sacrements.

Le clergé ne se borne pas à exercer les fonctions du sacerdoce ; il est à la tête de grands services publics. L'état civil est entre les mains des curés qui tiennent les **registres paroissiaux** (il s'agit des **registres de catholicité :** baptêmes, mariages, sépultures). Le clergé contrôle les divers degrés d'enseignement ; dans les paroisses lorsque les écoles ne sont pas aux mains des **Frères des écoles chrétiennes,** les curés exercent une surveillance attentive sur les **régents** (enseignants des collèges) et les maîtres d'écoles. Bien que sécularisée, l'assistance est assurée par les congrégations vouées à la charité (par ex. congrégation des Filles de la Charité fondée par saint Vincent de Paul).

2. Gallicanisme et ultramontanisme

Au XVIIIe siècle se développe en France une doctrine affirmant une certaine indépendance administrative sinon dogmatique de l'Eglise de France à l'égard de la papauté : c'est le **gallicanisme.**

Le gallicanisme peut se ramener à trois principes essentiels :

- principe de la distinction des deux pouvoirs temporel et spirituel et de l'indépendance absolue du temporel à l'égard du spirituel ;
- principe de la non-subordination complète du clergé de France à l'égard du pape quant au temporel et à la discipline ;

- principe de l'autorité légitime du roi de France sur l'Eglise gallicane quant au temporel et à la discipline.

Ces principes, fixés par la coutume, ont force de loi sous l'Ancien Régime : la procédure de l'**appel comme d'abus** (→ *68. justice sous l'Ancien Régime*) leur donne une sanction efficace. La **pragmatique sanction,** ordonnance publiée par Charles VII en 1438 à Bourges, est considérée comme la Constitution de l'Eglise gallicane. Elle ruine la fiscalité pontificale et le droit du pape à disposer des bénéfices ; fonde le droit du roi à intervenir dans les élections épiscopales et abbatiales pour recommander ses candidats ; réserve aux universitaires un certain nombre de **prébendes** (ensemble de biens et de revenus destinés à l'entretien d'un chanoine séculier).

La **Déclaration des quatre articles** (1682) fixe jusqu'à la fin de l'Ancien Régime la doctrine des libertés de l'Eglise gallicane.

L'état d'esprit gallican imprègne tout le XVIIIe siècle et rend compte dans une certaine mesure des réformes religieuses des Constituants dans la **Constitution civile du clergé** (→ *infra*).

Les **articles organiques** (1802) qui précisent les modalités d'application du concordat de 1801 imposent d'enseigner la déclaration de 1682.

Il faut distinguer le **gallicanisme royal** et le **gallicanisme ecclésiastique :**

- le **gallicanisme royal :** la préoccupation du roi est d'assurer la prédominance du pouvoir civil sur l'autorité spirituelle. Les armes dont dispose le roi sont le **placet** (contrôle du pouvoir royal sur les bulles et expéditions pontificales permettant de vérifier qu'elles ne portent pas préjudice aux libertés de l'Eglise gallicane) et surtout la **régale.** Par le droit de régale le roi bénéficie de deux privilèges dans les évêchés vacants. En vertu de la **régale temporelle** il a le droit de percevoir les revenus du temporel de l'évêché pendant la vacance ; en vertu de la **régale spirituelle** il a le droit de conférer pendant la vacance, les bénéfices mineurs dépendant de l'évêché ;
- le **gallicanisme parlementaire** constitue un aspect du gallicanisme royal ;
- le **gallicanisme ecclésiastique :** les **conciles généraux** sont supérieurs au pape qui conserve cependant la puissance principale et ordinaire.

Au gallicanisme s'oppose l'**ultramontanisme** qui admet l'autorité absolue du pape. L'Eglise est une monarchie absolue sous l'obédience du pape.

Le gallicanisme n'est qu'un cas particulier d'une hostilité à Rome – on dit parfois d'un **antiromanisme** – qui s'est souvent développée dans l'histoire de la chrétienté. Ainsi le **joséphisme** dans l'empire germanique à la fin du XVIIIe siècle est une intervention de l'Etat dans les affaires de la religion dans le but d'affaiblir l'influence de l'Eglise au profit de l'Etat.

3. Religion et Révolution française

Pendant la Révolution française, l'Assemblée constituante en juillet 1790, organise l'Eglise de France sur des bases nouvelles par la **Constitution civile du clergé :** les évêques sont élus par les assemblées départementales, les curés par les assemblées de districts.

Cette décision venant après la **sécularisation des biens d'Eglise** (les biens d'Eglise sont rendus au siècle, c'est-à-dire pris par l'Etat et forment les **biens nationaux** vendus par les assemblées révolutionnaires à partir de novembre 1789) provoque une division dans le clergé entre les prêtres qui acceptent la Constitution civile – ce sont les **prêtres constitutionnels** (ou **assermentés** ou **jureurs**) et ceux qui la refusent : ce sont les **prêtres réfractaires.**

Le **concordat de 1801** – traité entre le Saint-Siège et l'Etat – abolit la Constitution civile et définit la situation de l'Eglise en France jusqu'en 1905, date à laquelle la loi de **séparation des Eglises et de l'Etat** amène les pouvoirs publics à considérer les Eglises comme des groupes privés, ni reconnus ni subventionnés.

Depuis, l'Eglise est totalement indépendante de l'Etat ; ce sont les fidèles qui assurent la subsistance des membres de l'Eglise par le versement du **denier du culte** ou par le paiement de certaines cérémonies : le **casuel.**

4. Eglise et vie politique

Lorsque le clergé et l'Eglise, sortant de leurs attributions officielles, exercent une influence sur la conduite des affaires politiques, il s'agit de **cléricalisme.** L'**anticléricalisme** s'efforce de le combattre (cf. Gambetta, 1877, « le cléricalisme voilà l'ennemi »).

Le rôle de certains partis politiques a parfois été dénoncé comme une manifestation de cléricalisme, à cause des liens avec la hiérarchie catholique : la **Démocratie chrétienne** en Italie, le **M.R.P.** (Mouvement des républicains populaires) en France au lendemain de la Seconde Guerre.

C'est au cours du XIXe siècle que s'est développée l'idée de **laïcité.** La laïcité est la conception politique qui sépare la société civile de la société religieuse et enlève aux Eglises tout pouvoir politique et administratif, notamment dans le domaine de l'enseignement.

Le resserrement des liens de tous les catholiques autour du Saint-Siège, la proclamation de l'infaillibilité pontificale favorisent les progrès de l'idée laïque. En Allemagne, la campagne du **Kulturkampf** (expulsion des congrégations, interdiction de l'enseignement congrégationniste, etc.) lancée par Bismarck en 1873 apparaît comme une riposte à la proclamation de l'infaillibilité pontificale.

En France, la collusion des catholiques et de l'épiscopat avec le régime de l'**ordre moral** – politique de restauration monarchique, favorable aux intérêts de l'Eglise menée par Mac-Mahon entre 1873 et 1877 – contribue à faire progresser l'idée de laïcité. Sous l'action de la **Ligue française de l'enseignement** créée en 1866 et des membres des **loges maçonniques** (la **franc-maçonnerie** est une institution philanthropique et une société de pensée dont le but est de réunir les hommes qui veulent travailler à l'amélioration matérielle et morale ainsi qu'au perfectionnement intellectuel et social de l'humanité) trois décisions sont prises :

- la dispersion des congrégations religieuses ;
- la laïcisation de l'enseignement (l'**enseignement laïque** est un enseignement qui ne dépend pas de l'Eglise et marque une totale neutralité sur les questions concernant la religion. Il s'oppose à l'**enseignement confessionnel**) ;
- la séparation de l'Eglise et de l'Etat. La séparation est suivie du problème des inventaires (inventaire du mobilier des établissements religieux qui devait être remis aux associations culturelles).

101. RICHESSES NATURELLES

1. Ressources et richesses naturelles

a) Les **ressources naturelles** correspondent à l'ensemble des moyens naturels dont dispose ou peut disposer une collectivité. Notion d'abord écologique, le terme ressource s'applique à la totalité des moyens fournis par la nature avant toute transformation ou traitement par l'homme ; le soleil, l'air, l'eau, le bois sont des ressources naturelles.

b) Les **richesses naturelles** sont constituées par l'ensemble des biens fournis par la nature, qui peuvent satisfaire les besoins d'une société, peuvent être l'objet d'une appropriation et possèdent une valeur. La notion est plus économique. A ce titre, l'air, ressource naturelle fondamentale, ne peut guère être considérée comme une richesse naturelle.

Cependant, pour le Japonais qui paie pour une bouffée d'air pur dans les villes polluées ou pour les stations touristiques climatiques, l'air devient une véritable richesse naturelle, la qualité de l'air étant synonyme de valeur.

Les ressources naturelles sont donc le plus souvent des richesses potentielles, exploitées ou susceptibles d'exploitation ou nécessaires aux processus d'exploitation.

2. Le classement des richesses naturelles

L'**écosphère** est constituée par l'ensemble des éléments naturels, envisagés de manière statique. On peut parler de l'écosphère d'un espace donné ou de l'**écosphère globale** de la planète Terre. Tous les éléments de l'écosphère d'un lieu donné se combinent entre eux, s'interpénètrent et agissent les uns sur les autres et constituent l'**écosystème** de ce lieu (notion dynamique) au sein duquel se réalisent toute une série de cycles.

Les éléments de l'écosphère :

- la **lithosphère** est constituée par l'ensemble des roches (dans la tectonique des plaques le terme a une signification plus spécifique). Les principales richesses de la lithosphère sont les minerais (ensemble rocheux contenant des substances utiles en pourcentage suffisant pour justifier une exploitation) parmi lesquels, on distingue les **minerais métalliques** (ex. minerai de fer, de cuivre, de plomb...) et les **minerais non métalliques** (ex. soufre, sel, phosphate, potasse, etc.). Au sens strict, les **combustibles fossiles** contenus dans la lithosphère (charbons, hydrocarbures...) sont aussi des minerais mais à leur propos, on préfère employer le terme de **produits énergétiques,** leur combustion fournissant de l'énergie.
- l'**atmosphère** (→ *12. atmosphère*) est également source de richesse. Par elle transitent l'énergie solaire, les vents sources de l'**énergie éolienne.**
- l'**hydrosphère** est l'ensemble des eaux marines et continentales. C'est une des sources de la vie (→ *60. hydrosphère*).
- la **pédosphère,** constituée par l'ensemble des sols, représente le support des activités agricoles et pastorales (→ *104. sols*).
- la **biosphère** est l'ensemble des êtres vivants du globe. Elle est composée de la **phytosphère** (végétaux) et de la **zoosphère** (animaux). Lorsqu'il s'agit d'évaluer l'importance quantitative de la biosphère, on parle de **biomasse,** masse de matière organique vivante (animale et végétale) que l'on peut exprimer par unité de surface ou de volume (ex. biomasse océanique : 0,03 tonnes par hectare).

3. Richesses renouvelables et non renouvelables ; richesses permanentes

Les ressources et **richesses renouvelables** sont celles qui sont reproductibles, qui peuvent se renouveler à l'échelle humaine. Il s'agit surtout des sols et de la biomasse.

Les richesses non renouvelables ne peuvent se renouveler à l'échelle humaine, leur remplacement n'étant assuré qu'à l'échelle géologique. Ainsi, les minerais métalliques ou non métalliques, les combustibles...

Les **richesses permanentes** sont constamment renouvelées sans que l'action humaine soit nécessaire : ainsi le rayonnement solaire, les eaux continentales ou océaniques. La plupart d'entre elles peuvent être considérées comme inépuisables mais cependant leur potentiel de richesse n'est pas illimité (ex. le potentiel énergétique des cours d'eau).

4. Matières premières et sources d'énergie

Les richesses naturelles sont utilisées comme matières premières ou comme sources d'énergie.

a) Les **matières premières :** il s'agit de produits bruts extraits du sous-sol, ou fournis par l'agriculture ou l'exploitation de la forêt. Les matières premières minérales constituent de véritables richesses naturelles, alors que les matières premières agricoles (céréales, café, coton...) sont des produits de l'activité agricole. Les matières premières font l'objet d'échanges. Leurs prix – les **cours** – sont fixés dans des bourses de commerce (→ *16. bourses*).

b) Les **sources d'énergie :** indispensables à la production, elles fournissent l'équivalent d'un travail. Les sources d'énergie sont diverses : combustibles qui fournissent de l'énergie calorifique en brûlant, corps en mouvement qui sont porteurs d'énergie cinétique (vents, marées, cours d'eau) (→ *43. énergie*).

5. Les réserves de richesses minérales

Les **richesses minérales** – combustibles fossiles, minerais métalliques et non métalliques – se présentent sous la forme de **gisements miniers** en cours d'exploitation, ou dont l'exploitation peut être envisagée dans un avenir assez proche.

Les richesses minérales sont plus ou moins abondantes : certains minerais sont abondants d'où une production importantes en tonnage : le minerai de fer, la **bauxite** (minerai de l'aluminium), le **sel gemme** (chlorure de sodium), la **potasse** (chlorure de potassium). Pour certains **minerais** et **métaux rares** la production est limitée : cobalt, mercure (10 000 tonnes par an), antimoine, béryl, pierres précieuses et métaux rares (or, argent, platine).

Pour les richesses non renouvelables, le problème essentiel est celui des **réserves.** En fait, l'évaluation des réserves est très délicate : elle est fonction de nos connaissances géologiques, elle dépend des techniques d'extraction et surtout des prix (– des cours –) des minerais. On peut distinguer les **réserves certaines** (les gisements ont été identifiés et délimités), et les **réserves probables** qui résultent d'estimations et de spéculations. Le montant des réserves peut s'exprimer en années de production.

Exemple : au 1er janvier 1987, réserves prouvées de pétrole, 96 milliards de tonnes, soit 33 années de production (selon la production de 1986).

On peut aussi les exprimer en **fonction des cours.** (Ex. en 1986, réserves d'uranium raisonnablement assurées à un prix inférieur à 80 dollars le kilo de U_3O_8 : 1 584 000 tonnes (soit 43,4 années de production.)

6. Prospection, extraction, transports des minerais

a) La **prospection** contemporaine fait appel à des techniques sophistiquées : **prospection gravimétrique** (qui étudie la pesanteur terrestre et ses anomalies en un lieu donné), **prospection sismique** (qui étudie la propagation des ébranlements matériels dans la Terre), **prospection par télédétection** (qui utilise les satellites de télédétection, les photographies aériennes).

b) Tous les gisements reconnus ne sont pas exploités. L'intérêt d'un gisement dépend des conditions d'extraction : profondeur du gisement, importance de la masse minéralisée, situation du gisement. La quantité du minerai est essentielle ; on parle de **teneur du minerai,** pour les minerais métalliques : proportion de métal par rapport au minerai extrait (ex. pour le cuivre, la teneur moyenne de l'écorce terrestre est de 70 grammes par tonnes soit 0,007 % ; sont exploités les gisements dont la teneur est comprise entre 0,5 % et 4 %).

c) Les types d'extraction :

- les **découvertes** sont des **mines à ciel ouvert ;** le gisement assez proche de la surface est exploité au moyen de carrières et d'excavations de formes diverses : excavation circulaire (jusqu'à 600 m de profondeur) aménagée en gradins, longues tranchées plus ou moins larges. L'épaisseur des **morts-terrains** (terrains qu'il faut traverser pour traverser les roches exploitables) est variable mais généralement inférieure à 200 mètres.
- les **mines souterraines** qui correspondent aux gisements plus profonds sont exploitées au moyen de **puits de mines.** Chaque **siège d'extraction** comprend au moins deux puits (un pour l'entrée d'air, l'autre pour le retour d'air) surmontés de **chevalements.** Pour descendre, les mineurs empruntent un ascenseur appelé cage. A partir des puits, sont creusées des **galeries** qui doivent être protégées par un **soutènement** des parois (**soutènement par boisement** avec des poteaux de bois, aujourd'hui soutènement par des éléments métalliques soutenus par des vérins). L'extraction se réalise sur le **front de taille** à l'aide d'un matériel adapté, rabots, haveuses, marteaux-piqueurs. Dans les tailles mécanisées, le **soutènement marchant** progresse en même temps que le front de taille.
  (Pour les paysages → *47. organisation de l'espace*.)
- certains gisements sont superficiels et correspondent aux dépôts alluviaux. Ces **gisements alluvionnaires** sont appelés **placers** (gisements aurifères ou de pierres précieuses).
- les **forages** sont utilisés pour l'extraction de certaines richesses : sel gemme (le forage permet l'injection d'eau chaude et l'extraction de la saumure), surtout hydrocarbures (→ *59. hydrocarbures*).

7. Compagnies minières et politiques de mise en valeur des richesses

a) Dans de nombreux pays (pays de l'Est, du tiers monde, pays européens libéraux), les richesses minières sont contrôlées par l'Etat. L'extraction est assurée par des **compagnies minières nationalisées** (ex. Charbonnages de France).

Les compagnies privées sont souvent des sociétés multinationales qui exploitent les richesses minières en fonction d'accords avec les Etats appelés **contrats miniers** qui définissent droits et obligations des deux parties.

b) Dans une **concession,** l'Etat se contente de contrôler et d'encaisser des recettes fiscales perçues selon le volume extrait. Dans les **contrats** dits de **joint-venture** l'Etat et la compagnie privée sont associés (ex. 51 % des parts à l'Etat, 49 % des parts à la compagnie privée). Dans les **contrats de service** les compagnies privées étrangères se contentent de fournir leurs services et leur assistance technique sans posséder de part dans la compagnie locale généralement nationalisée.

c) L'utilisation des richesses minérales et naturelles pose des problèmes d'où la mise en place de politiques.

Les pays producteurs sont amenés à se regrouper en **cartels de producteurs** (ex. O.P.E.P.) pour sauvegarder ou accroître la valeur de leurs ressources ou pour augmenter leurs parts de marché.

Pour assurer la sécurité de leur approvisionnement, les pays consommateurs pratiquent des **politiques de diversification** (diversification de leur consommation, diversification de leurs fournisseurs).

Les **politiques de substitution** visent à remplacer un produit par un autre (ex. remplacement du pétrole par le nucléaire, du cuivre par l'aluminium comme conducteur d'électricité).

Pour éviter l'épuisement des ressources sont menées des **politiques d'économie** (ex. économies d'énergie) ou des politiques de **recyclage** (réutilisation des objets usagés – ferrailles... –, récupération des déchets).

102. ROCHES

Une **roche** est un matériau de l'écorce terrestre formé d'un assemblage de minéraux et présentant des caractères homogènes, comme par exemple le granit, constitué par deux minéraux essentiels, le quartz et le felsdpath et des minéraux secondaires divers : mica, amphibole...

L'**affleurement** est la partie d'un terrain visible à la surface de la terre et constitué le plus souvent de formations superficielles (comme les sols). Le plus souvent on parle d'affleurement des roches pour désigner l'espace sous-jacent occupé par les roches du **sous-sol.**

1. Les propriétés des roches

Le **débit d'une roche** est la manière dont elle se fragmente. La fragmentation peut se faire en plaquettes (ex. calcaire), en **lauzes** (dalles plus ou moins épaisses, ex. schistes), en **boules** (ex. granit), en prisme... Les **roches massives** n'ont pas de fissures (ou **diaclases**) et ne se débitent pas.

Les roches peuvent être **cohérentes** (les éléments sont jointifs – ils adhèrent ensemble – ou liés par un ciment) ou **meubles** (les grains sont séparés les uns des autres, juxtaposés mais non liés, ex. sables). Elles sont plus ou moins **plastiques** c'est-à-dire qu'elles se déforment plus ou moins facilement (ex. les argiles sont plastiques).

La dureté des roches est très variable, les roches dures rayent le verre ou l'acier. Lorsque la roche est **imperméable,** elle s'oppose à la circulation de l'eau (et à l'infiltration des eaux de pluie) alors qu'une roche **perméable** se laisse traverser par l'eau.

Certaines roches sont solubles : elles peuvent se dissoudre dans l'eau.

2. Les classements des roches

D'après leur origine, on distingue :

a) Les roches **exogènes** formées à la surface de l'écorce terrestre. Ces roches dites **sédimentaires** (5 % en volume de la croûte terrestre mais couvrant 75 % de la surface), se présentent le plus souvent sous forme de dépôts, en lits superposés **(strates).**

b) Les roches **endogènes** formées au moins en partie à l'intérieur du globe (conditions de température et de pression supérieures à celles de la surface). Parmi elles, les roches **magmatiques** résultent de la solidification du **magma,** fluide plus ou moins visqueux des couches profondes. Le refroidissement du magma peut se faire lentement et en profondeur : il donne les roches **plutoniques,** formées de cristaux, d'où leur nom de roches **cristallines.** Le refroidissement rapide et en surface de magma lors d'une éruption volcanique donne les roches **volcaniques.**

c) Les roches **métamorphiques** sont également des roches endogènes, formées à partir de roches préexistantes, profondément transformées du fait d'une élévation de température et/ou de pression avec cristallisation de nouveaux minéraux (autre appellation : **roches cristallophyliennes**).

3. Les roches sédimentaires (→ *17. calcaires*)

On classe les roches sédimentaires d'après leur origine, leur composition chimique et leur milieu de sédimentation.

a) Selon l'origine, on distingue :

- les **roches détritiques :** elles résultent de l'accumulation de débris de roches préexistantes. Certaines sont des roches meubles, dont les **galets** et les **graviers,** les **sables** (grains fins, entre 0,06 mm et 2 mm), les **limons** (grains compris entre 2 et 20 microns), les **argiles,** roches à grains très fins. D'autres sont cohérentes, consolidées comme les **conglomérats** (**brèches** avec éléments anguleux, ou **pouddingues** avec éléments arrondis liés par un ciment), les **grès** (roches détritiques avec 85 % au moins de grains de quartz) ;
- les **roches sédimentaires d'origine chimique :** elles résultent d'équilibres chimiques réalisés dans des conditions externes très diverses (depuis la surface des continents jusqu'au fond des océans) (ex. les **dolomies,** carbonates double de calcium et de magnésium, certains calcaires) ;
- les **roches sédimentaires d'origine organique :** de nombreuses roches sont formées par l'accumulation de squelettes et de fragments d'organisme animaux (ex. les **calcaires coralliens** ou récifaux construits par les **coraux**, organismes vivants, les **calcaires coquilliers**, débris de coquilles...). D'autres proviennent d'accumulation de végétaux, comme les roches **carbonées** qui comprennent les **charbons** et les **hydrocarbures** (→ *43. énergie*).

b) Selon la composition chimique, on distingue :

- les **roches sédimentaires carbonatées** (formées d'au moins 50 % de carbonates. Deux groupes, les calcaires et les dolomies) ;
- les **roches siliceuses,** roches sédimentaires riches en silice (ex. grès pour les roches détritiques, **gaize** : Grès verdâtre avec éponges, radiolaires...) ;
- les **roches salines** (sel gemme, gypse, albâtre...).

c) Selon le milieu de sédimentation on classe les roches d'après leur **faciès :** le faciès est déterminé par les caractères de la roche (faciès, gréseux, faciès calcaire) mais aussi par le milieu ou le domaine de la sédimentation :

- les **faciès continentaux** sont variés : faciès **fluviatiles** (alluvions ou sédiments déposés par les fleuves), faciès **éoliens** (sédiments accumulés par les vents, ex. **limons éoliens**), faciès **glaciaires** (sédiments déposés par les glaciers) ;
- les **faciès marins** dépendent de la profondeur de la mer et de la proximité relative du continent. Selon la proximité de la côte, on distingue des faciès **côtiers** et **littoraux** riches en coquilles, des faciès **terrigènes** riches en apports détritiques, provenant du continent, des faciès **océaniques** (→ *85. océans*).

La sédimentation peut être aussi **lagunaire** ou **lacustre** (eaux peu profondes).

4. Les roches magmatiques cristallines

a) Les distinction entre les roches magmatiques (issues d'un refroidissement du magma) ne sont pas aisées. En effet, les **roches volcaniques** (ou extrusives, ou effusives) et les roches plutoniques (cristallines) ont souvent la même composition chimique. C'est leur **texture** (agencement spatial des minéraux de la roche) qui les différencie : alors que les roches plutoniques ont une texture (on dit aussi structure) **grenue** montrant un assemblage des cristaux visibles à l'œil nu, les roches volcaniques ont une **texture pâteuse** du fait d'un refroidissement rapide en surface, à l'air libre ou sous l'eau (pour les roches volcaniques → *113. volcanisme*).

b) Pour les roches plutoniques cristallines, le classement est fonction de la composition chimique et de la taille des cristaux. Pour des grains grossiers, moyens, très fins, on parle respectivement de structure (texture) **pegmatitique, grenue, aplitique.** (Une structure **porphyroïde** présente des cristaux de grande taille dispersés au sein d'une pâte.)

Parmi les principales roches cristallines, la famille des **granites,** roches généralement grenues, de teinte claire (blanche, grise, rosée, bleutée) avec deux minéraux essentiels : **quartz** et **feldspath** (silico-aluminate). Mais les granites sont très nombreux, leur diversité étant fonction de leur composition (nombreux types de feldspaths, présence de minéraux secondaires variés) et de leur structure. Les **gabbros** sont des roches cristallines grenues de couleur sombre (vert noirâtre) avec feldspaths sodi-calcique (silico-aluminates de sodium ou de calcium appelés **plagioclases**).

Autres roches cristallines :

- les **syénites** (roches grenues avec plus de 60 % de feldspaths plus du mica noir) ;
- les **diorites** (roches grenues à éléments blanchâtres, verdâtres ou noirâtres, composées de plagioclases, d'amphiboles, minéraux à base de fer et de magnésium, et d'un peu de mica noir).

5. Les roches métamorphiques et le métamorphisme

Le **métamorphisme** désigne l'ensemble des phénomènes (physiques, chimiques) qui, en transformant des roches préexistantes, aboutissent à la formation de **roches métamorphiques** on distingue deux métamorphismes :

a) Le **métamorphisme général** (ou régional) affecte l'ensemble des roches sur des épaisseurs et sur des surfaces importantes. Il s'effectue en profondeur par exemple lors de la formation des chaînes de montagnes.

b) Le **métamorphisme de contact** est localisé au contact des roches magmatiques, lors de la mise en place du magma. Un massif de roches magmatiques, mis en place sous la surface est appelé **massif intrusif** ou **batholite** (de bathos : profond et lithos : pierre). Autour du batholite la zone métamorphisée est épaisse de quelques mètres à quelques centaines de mètres et son effleurement dessine à la surface une **auréole de contact.** Les roches dans lesquelles s'est mis en place le batholite (ou massif intrusif) sont dites roches encaissantes.

Plus secondaire, le **métamorphisme dynamique** est lié aux mouvements tectoniques ; les roches broyées (et/ou recristallisées) le long du plan de faille deviennent des **mylonites.**

Suivant le degré de transformation des roches, on distingue dans le métamorphisme général **plusieurs zones :**

- la zone supérieure à faible métamorphisme **(dite épizone) :** c'est la zone des schistes, roches qui se débitent en feuillets (ex. **schistes** ardoisiers, **calcschistes** (issus de marnes) ;
- la zone de métamorphisme moyen **(dite mésozone) :** c'est la zone des **micaschistes** (roche feuilletée où alternent lits riches en micas et lits quartzeux) et des **gneiss** (roche feuilletée avec alternance de lits sombres riches en micas et de lits clairs avec quartz et feldspaths). Les **marbres,** issus de calcaires, appartiennent à cette zone ;
- la zone de métamorphisme fort **(catazone)** où règnent fortes pressions et températures élevées (de 500 à 650 °C). Zone des **granulites** (roches à grains fins de teinte claire, avec quartz et feldspaths dominants).

103. SOCIALISME

1. Socialisme

Mouvement de pensée apparu au XIXe siècle. Toutes les doctrines socialistes ont en commun d'être opposées à l'**individualisme** (tendance qui privilégie les droits de l'individu considéré comme réalité suprême) et au **libéralisme** (les pouvoirs publics ne doivent pas intervenir pour perturber les lois et mécanismes économiques).

Ces doctrines dont la base est la dénonciation des inégalités sociales, sont reliées par une commune condamnation de la propriété privée des moyens de production et d'échange. Elles critiquent les institutions sociales et proposent des solutions aux problèmes posés.

On peut distinguer :

Le socialisme à tendance démocratique. L'association libre est la solution aux problèmes. C'est le **mutualisme** de Proudhon, l'**associationnisme** de Louis Blanc, le **coopératisme** de Fourier.

Le **socialisme réformiste** selon lequel le sort des travailleurs peut être amélioré par des réformes successives du système capitaliste.

Le **socialisme collectiviste,** la propriété collective des moyens de production suit la prise du pouvoir politique (doctrine marxiste).

L'intervention croissante de l'Etat dans le domaine économique et social (législation sociale, taxation des prix...) permet de parler de **socialisme d'Etat.**

2. Les partis socialistes

Le mouvement socialiste connaît dans la seconde moitié du XIXe siècle des progrès importants qui s'accompagnent d'un manque d'unité doctrinale : malgré les progrès du marxisme la tendance réformiste l'emporte (cf. le **révisionnisme** de Bernstein). En Grande-Bretagne, en 1906, se forme le **parti travailliste** (Labour Party) étroitement lié au syndicat.

Le socialisme français est divisé en factions rivales jusqu'en 1905. En 1901 se créent le **parti socialiste de France** (P.S.D.F.) (regroupant le **parti ouvrier français** (P.O.F.) qui s'affirme marxiste et révolutionnaire et le **parti social-révolutionnaire de Blanqui) et le parti socialiste français** (P.S.F.) de Jaurès, de tendance évolutionniste.

En 1905, l'essentiel des forces socialistes s'unifie au sein du **parti socialiste** (P.S.), **Section française de l'Internationale ouvrière** (S.F.I.O.).

Jusqu'aux années 1900, le socialisme russe s'exprime surtout par le **populisme** qui tente de concilier le socialisme utopique et les traditions historiques de la Russie, le **parti social-révolutionnaire** (P.S.R.) est à la fois l'héritier du populisme et des courants anarchiques.

Les marxistes groupés dans le **parti ouvrier social-démocrate russe** (P.O.S.D.R.) se séparent en 1905 entre les **bolcheviks** (majoritaires) et les **mencheviks** (minoritaires).

Les premiers (avec Lénine) affirment la possibilité d'une révolution ouvrière dont on peut hâter l'arrivée en organisant le prolétariat ; la force du parti résidant dans la qualité de ses membres **(parti-élite)** alors que les seconds pensent que la Russie doit d'abord passer par une phase de révolution bourgeoise et estiment que la révolution résulte du développement numérique du prolétariat **(parti-masse).**

3. Socialisme et Internationale

La prise de conscience de la solidarité qui lie les travailleurs à travers le monde se traduit par la création de l'**Association internationale des travailleurs** (A.I.T.) 1864, appelée aujourd'hui **1re Internationale** à laquelle succède en 1889 la **2e Internationale** qui existe toujours.

Depuis la victoire du parti bolchevik en Russie (1917) et la fondation de la **IIIe Internationale** (1919) (→ *28. communisme*) une scission au sein du mouvement socialiste a donné naissance aux partis communistes et aux partis socialistes (France : congrès de Tours, 1920).

Les partis socialistes, réformistes, soucieux d'obtenir une transformation du système capitaliste, en maintenant le régime démocratique et parlementaire, occupent une place importante en Europe occidentale : **parti travailliste** en Grande-Bretagne, **parti social-démocrate** en Allemagne et dans les pays scandinaves, **parti socialiste** en France, en Espagne;

104. SOLS

Le **sol** est une formation superficielle d'épaisseur variable, résultant de l'altération des roches : c'est une formation généralement meuble mais certains sols sont des **croûtes** cohérentes. Le sol résulte de la transformation de la roche sous-jacente dite **roche-mère** au contact de l'atmosphère et de la biosphère. La formation d'un sol fait intervenir un processus d'altération (mécanique et chimique) et un apport de matière organique, végétale et animale. Le sol est donc un **complexe,** mélange d'éléments minéraux et organiques.

Il ne faut pas confondre sol et roche : ainsi les **loess** (appelés limons des plateaux dans le Bassin parisien) sont des roches sédimentaires détritiques meubles à grains très fins (inférieures à 1/16e de mm), d'origine éolienne (déposées par les vents sous climat périglaciaire). Mais les loess originels se transforment sous l'action des facteurs climatiques et biologiques (animaux, apport de végétaux). La partie superficielle devient un sol qui fournit généralement de bonnes terres arables.

La **pédologie** est la science qui étudie les sols (ou formations pédologiques) ; grâce à elle on peut dresser des **cartes pédologiques.**

La **pédogenèse** résume l'ensemble des processus de formation et d'évolution du sol.

1. Composition du sol et pédogenèse

a) Composition

- Un sol est composé :
  - d'une fraction minérale comprenant des fragments de roche-mère, des **particules colloïdales** (très petite taille ; diamètre 2 microns), des **ions minéraux** (groupes d'atomes ayant une charge électrique) ex. sels de potassium, oxydes de fer ;

– d'une fraction organique comprenant de la matière organique plus ou moins décomposée et de l'**humus** complexe colloïdal et organique qui absorbe les ions minéraux.

- Pour chaque élément, existe un **cycle naturel** qui permet le passage de l'état organique à l'état minéral (et vice versa) ex. le **cycle de l'azote :** l'azote est fixé par certains microorganismes (bactéries) ; il est introduit dans le sol à l'état organique par ces microorganismes et à l'occasion de l'enfouissement dans le sol des débris végétaux et animaux. Il passe à l'état minéral par **ammonification** puis **nitrification** d'où la formation de nitrates. Les végétaux absorbent les nitrates du sol par leurs racines et font donc passer l'azote de l'état minéral à l'état organique. Le cycle se termine par la mort des végétaux et animaux.

b) Complexe absorbant ; caractère chimique du sol

Le **complexe absorbant** du sol est constitué par l'ensemble des substances colloïdales du sol, humus mais aussi argiles, capables d'absorber les ions minéraux. Les **cations** (ions chargés positivement) absorbés par le complexe absorbant sont soit des **ions H^+,** soit des **cations métalliques** appelés **bases échangeables.** Lorsque tous les ions fixés sont des cations métalliques le complexe absorbant est **saturé.** Le sol est alors **basique** (pH supérieur à 7, valeur extrême 11). Lorsque parmi les ions, il existe une proportion plus ou moins importantes d'ions H^+ le complexe absorbant est plus ou moins **désaturé.** Plus la proportion d'ions H^+ est élevée, plus le sol est **acide,** plus le pH est faible. **Sols neutres :** pH = 7 ; **sols très acides** (riches en ions H^+) : pH inférieur à 5 (valeur extrême 3).

c) La pédogenèse

Elle comprend :
- des processus d'altération de la roche mère,
- des processus d'enrichissement en matière organique,
- des processus de migrations de certains éléments du sol.

On distingue :
- des **migrations ascendantes :** remontée des éléments et colloïdaux avec l'évaporation ;
- des **migrations descendantes :** dans les régions de forte pluviosité cations et colloïdes sont entraînés en profondeur. On parle de lessivage et de sols lessivés ;
- des **migrations obliques :** se produisant le long des pentes. Le haut des pentes est appauvri en éléments solubles et colloïdaux au profit des bas de pente. Il y a constitution d'une **chaîne de sols** (ou **catena)** le long d'un versant.

2. Texture et profil d'un sol, les horizons du sol

a) La **texture du sol** est fonction de sa **composition granulométrique** (répartition des éléments du sol selon la taille) (N.B. on parle aussi de composition granulométrique pour les roches détritiques → *102. roches*).

Selon la texture, on distingue des **sols sableux** (éléments de 0,02 à 0,2 mm), des **sols limoneux** (0,02 à 0,0002 mm), des **sols argileux** (éléments inférieurs à 0,0002 mm).

b) La **rétention des eaux** dans le sol est le maintien sur place de l'eau des précipitations pendant un temps plus ou moins long. La **capacité de rétention** du sol correspond à la quantité maximale d'eau retenue par le sol. Cette capacité est fonction de la texture du sol et de sa **porosité** (pourcentage d'espaces libres dans un volume donné de sol).

c) Le **profil** d'un sol ou **profil pédologique** est constitué par la superposition de couches de composition et de propriétés différentes appelées **horizons du sol.** On distingue deux horizons majeurs dans le sol désignés par les lettres A et B, l'horizon C étant en fait la roche-mère.

d) L'**horizon A** est un horizon riche en matière organique, en humus. On parle d'horizon humifère. Parmi les humus, on distingue quatre types :

- le **mull** ou humus doux est un humus à complexe saturé ou peu désaturé, à forte activité biologique (deux types de mull : le **mull forestier** des forêts de feuillus et le **mull calcique,** à caractère basique des formations de graminées sur roches calcaires) ;
- le **mor** (ou humus brut), humus formé en milieu biologiquement peu actif (la matière organique est incomplètement décomposée). C'est un humus très acide, caractéristique des forêts de résineux ou des landes atlantiques ;
- le **moder** est un humus intermédiaire entre mull et mor, à complexe absorbant faiblement saturé, caractéristique des **sols forestiers dégradés** (sols appauvris en humus dans une forêt clairsemée) ;
- la **tourbe** est un humus formé en **anaérobiose** (à l'abri de l'air) dans un milieu humide et gorgé d'eau. La matière organique à décomposition très lente peu s'accumuler sur de grandes épaisseurs. Sur la tourbe se développent les tourbières.

Dans l'horizon A qui est dans l'ensemble un horizon **lessivé** (ou **elluvial**), dominé par les migrations descendantes, on peut discerner plusieurs niveaux : A_0 uniquement organique, A_1 avec mélange de la matière organique et minérale, A_2 uniquement minéral. Dans le mull, A_0 n'existe pas car la minéralisation est rapide, alors que dans le mor A_0 est assez épais.

e) L'**horizon B** est un horizon d'accumulation, enrichi par les éléments venus de A. C'est un horizon **illuvial,** situé en règle générale en dessous de A. Cependant, si les migrations ascendantes sont prédominantes, l'horizon B est situé au-dessus de l'horizon A.

f) L'**horizon C** correspond à la roche-mère en voie d'altération. Les sols **jeunes,** peu épais présentent un profil du type C (sols **squelettiques**) ou AC. Les sols **peu évolués** ont un profil de type AC ou A(B)C, (B) étant un horizon peu différencié. Les **sols évolués** ont un profil ABC, profil évolué avec horizons bien différenciés.

3. Les types de sols

On peut classer les sols selon leurs caractères chimiques, suivant la zone climatique auxquels ils appartiennent ou selon leur degré d'évolution. Les sols dont le type dépend surtout du climat (et de la végétation) sont des **sols zonaux.** Les sols qui dépendent surtout de la roche-mère sont des sols **intrazonaux.**

a) **Sols intrazonaux :** ranker et rendzine sont des sols peu évolués de profil de type AC :

- les **rankers** sont des sols plus ou moins acides, à humus de type mor (ou moder) à complexe désaturé, développés sur roche-mère siliceuse : **ranker d'érosion** sur les pentes des montagnes ;
- les **rendzines** sont des sols développés sur les roches calcaires. L'horizon unique A_1 est un mull calcique gris ou brun noir, assez abondant mélangé à de fines particules calcaires. Le complexe absorbant est saturé en cations Ca^{++} (pH basique 7,5 à 8).

b) **Sols zonaux :** les principales variables influençant la formation des sols zonaux sont la pluviosité et la température. On distingue une **zonation hydrique** ou **zonation péridésertique** car formant des auréoles autour des zones arides et une **zonation thermique :**

- **zonation hydrique :** selon les précipitations, on rencontre des sols désertiques, des sols subdésertiques (200 à 400 mm de précipitation) avec des sols à croûte calcaire, saline ou ferrugineuse, la croûte pouvant se trouver à l'intérieur du sol ou à la surface formant carapace ; des sols **steppiques** sols châtains, sols bruns steppiques (à mull calcique). Le **tchernoziom** correspond à la prairie. (→*76. milieux tempérés*) ;
- **zonation thermique :** dans les milieux froids, on rencontre le pergélisol et les sols de toundra (→ *74. milieux froids*).

Les **podzols** sont caractéristiques de la forêt boréale, les **sols bruns forestiers** (avec mull forestier) se rencontrent dans le milieu de la forêt de feuillus (→ *76. milieux tempérés*).

Sols rouges méditerranéens (→ *75. milieu méditerranéen*).

Sols ferralitiques (→ *73. milieux chauds*).

105. SYNDICALISME - SYNDICAT

Le **syndicat** est une association de personnes ayant pour but la défense des intérêts communs, notamment professionnels. Bien que né du machinisme et de la séparation du travail et du capital, il ne se limite pas au seul monde ouvrier ; il existe aussi un syndicat paysan et patronal.

1. Le syndicalisme ouvrier

Avant la révolution industrielle, les travailleurs sont organisés au sein d'organisations spécifiques, les **corporations** (→ *29. corporations*) qui relèvent d'une autre logique que celle des syndicats. Au cours du XIXe siècle, les ouvriers luttent pour améliorer leurs conditions de travail, se faire accorder des garanties légales : le droit de faire grève **(droit de coalition),** droit de former des associations professionnelles, obtenir l'abolition des mesures de discrimination dont ils sont l'objet (obligation du **livret :** véritable carte d'identité que l'ouvrier doit présenter à son employeur avant toute embauche).

En Angleterre, la première forme de la lutte ouvrière (fin XVIIIe) résulte de l'hostilité aux machines (le **luddisme**). Dès 1824, les **trade-unions** ou syndicats ouvriers sont autorisés mais le refus des patrons d'embaucher les ouvriers des trade-unions conduit à un vaste mouvement révolutionnaire, le **chartisme ;** le chartisme tire son nom de la **charte du peuple** (1838) qui fait dépendre la réforme économique et sociale d'une réforme politique.

En France, le **droit de grève** est accordé en 1864, le **droit d'association** en 1884 (loi Waldeck-Rousseau). Ainsi naissent les **bourses du travail** et les **fédérations d'industrie ou de métier.**

Les bourses du travail cherchent, au plan local, à mettre à la disposition des travailleurs un réseau de services, notamment dans le domaine de la **mutualité** (système d'assurance, d'entraide) ; elles visent aussi à remplir une fonction d'éducation par la mise en place des **« universités du peuple ».**

Les fédérations d'industrie ou de métier regroupent au plan national les ouvriers d'un même secteur d'activité.

En 1895, à Limoges, la fusion de la fédération des bourses et des fédérations d'industrie donne naissance à la **Confédération générale du travail** (C.G.T.). Les bourses du travail sont désormais considérées comme des « unions locales ou départementales de corporations diverses ».

Par la suite, se sont constituées d'autres confédérations :

- la **Confédération française des travailleurs chrétiens (C.F.T.C.)** (1919) qui est devenue la **Confédération française démocratique du travail - C.F.D.T.** – en 1964, tandis qu'une partie garde l'ancienne appellation ;
- la **Confédération générale des cadres (C.G.C. - 1944) ;**
- en 1947, une scission de la C.G.T. donne naissance à la **C.G.T. Force ouvrière (C.G.T.-F.O.).**

2. Objectifs et actions des syndicats

Assurer la défense collective des intérêts vitaux, garantir un salaire de subsistance, une sécurité minimale, réduire le temps de travail sont les revendications premières des syndicats : les **conventions collectives** qui réglementent les conditions de travail des salariés dans un cadre professionnel donné sont le moyen d'obtenir satisfaction. Leur champ d'application s'étend à une profession ou à une branche d'activité.

Cette action revendicative peut être la seule préoccupation immédiate du syndicat : c'est l'orientation actuelle du syndicat américain **(American Federation of Labor - A.F.L.).**

Le **syndicalisme d'opposition** ajoute à la volonté revendicative un projet de transformation de la société. Ainsi en France à la fin du XIXe siècle, le syndicalisme sous la forme dite **anarcho-syndicalisme** ou **syndicalisme révolutionnaire** (le syndicalisme devant réaliser l'idéal politique et social de l'**anarchisme :** suppression de l'Etat, libre association des individus) et la C.G.T. dans la charte de 1895 envisagent de « mener la lutte pour la disparition du patronat et du salariat ».

3. Syndicalisme et mouvement ouvrier

L'organisation syndicale est, avec les partis politiques une des composantes essentielles du mouvement ouvrier. Le **socialisme** (→ *103. socialisme*) diffère du syndicalisme ; il présente un cadre plus large et part d'une conception doctrinale de l'histoire, et de la société, il vise à bouleverser toute l'organisation économique et sociale.

Les relations entre les partis et les syndicats varient : en Angleterre, le **parti travailliste** (Labour Party) est né d'une initiative du syndicat ; en France, la tendance dominante du moins jusqu'au début du XXe siècle est celle de la séparation du syndicat et du parti (**charte d'Amiens, -** 1906). En Union soviétique, depuis 1917 s'est créé un type particulier de syndicalisme dont la caractéristique première réside dans sa subordination au parti unique.

A la différence du **mouvement ouvrier réformiste,** le mouvement ouvrier **révolutionnaire** vise à la transformation complète de la société.

Deux thèses fondamentales du **marxisme** ont comporté d'importants prolongements sur le plan de l'action : les thèses de la **lutte des classes** (la classe ouvrière doit inéluctablement s'opposer à la classe bourgeoise et en triompher) et de l'**internationalisme ouvrier** (→ *103. socialisme*).

Au plan syndical, l'internationalisation est plus difficile à cause des différences de tendances d'un pays à l'autre et parfois d'un secteur professionnel à un autre. Toutefois, au cours du XXe siècle apparaît un pluralisme syndical international :

Trois organisations syndicales internationales naissent entre les deux guerres : la **Ire Internationale syndicale** en 1919, la **Confédération internationale des syndicats chrétiens** en 1920, l'**Internationale syndicale rouge** en 1921.

En 1945, l'espoir d'une organisation unique avec la création de la **Fédération syndicale mondiale (F.S.M.)** est vite déçu à cause du refus de l'A.F.L. et des syndicats chrétiens.

Sous l'impulsion de l'A.F.L. se forme la **Confédération internationale des syndicats libres (C.I.S.L.)** alors que demeure la Confédération internationale des syndicats chrétiens devenue en 1968 la **Confédération mondiale du travail (C.M.T.).**

4. Syndicat et gestion de l'entreprise

Le **comité d'entreprise** est le moyen de réaliser l'association du personnel aux responsabilités économiques et sociales de l'entreprise. La terminologie employée est française, la traduction des expressions étrangères donne une variété de vocables tels que **comités de gestion, conseils d'entreprise** ou d'établissement, **commissions** (ou délégations) et **conseils ouvriers.**

Par-delà la variété de la terminologie l'institution répond fondamentalement à la préoccupation d'organiser au sein de l'entreprise des représentations du personnel participant de manière plus ou moins efficace aux responsabilités sociales, économiques et financières de l'entreprise.

Toutefois, selon les Etats, la situation est différente : en France les comités d'entreprise (créés par l'ordonnance de février 1945) sont surtout chargés de la gestion des œuvres sociales. Mais si l'intervention des salariés n'est pas concevable au niveau de la formation du pouvoir, elle peut être envisagée dans le cadre de l'exercice du pouvoir : il s'agit de **participation.**

En revanche, en Allemagne fédérale, depuis 1952, la **cogestion** est une réalité : capital et travail sont des facteurs égaux en droit qui doivent posséder une **représentation** presque **paritaire** (c'est-à-dire en nombre égal) dans les organes dirigeants de l'entreprise : **conseil de surveillance (Aufsichtsrat)** et **comité de direction (Vorstand).**

L'idée de **contrôle ouvrier** est voisine de celle de la cogestion. Elle implique une information à tous les niveaux (entreprise - branche industrielle) ainsi qu'une possibilité d'infléchir – par la participation – les décisions dans un sens plus conforme aux intérêts de la classe ouvrière.

Dans les pays socialistes, les conseils ouvriers qui s'expriment par la commission d'entreprise n'ont pas de responsabilité de gestion.

L'**autogestion** – la gestion par soi-même – signifie la suppression de toute distinction entre dirigeants et dirigés. Il n'existe aucun modèle véritable d'autogestion malgré l'exemple yougoslave : le comité de gestion est certes élu par le conseil ouvrier mais il doit tenir compte du directeur nommé par le comité populaire de la commune.

5. Organisations et syndicats patronaux

L'organisation patronale – ex. en France le **Conseil national du patronat français (C.N.P.F.)** – s'intéresse aux relations avec les salariés et négocie avec les syndicats ouvriers mais est aussi tournée vers les intérêts économiques (tarifs, législation fiscale). Dans certains pays (en Allemagne) ces deux fonctions sont confiées à des associations séparées.

6. Organisations et syndicats agricoles

Les organisations agricoles occupent une place à part parmi les groupements professionnels ; leurs objectifs, leurs méthodes d'action les apparentent aux syndicats ouvriers et patronaux, mais en général propriétaires de leurs moyens de production, les paysans ne font pas partie du prolétariat et ils n'appartiennent pas non plus au monde capitaliste car leurs capitaux sont de faible importance.

Le nombre des **organisations agricoles** varie considérablement d'un pays à l'autre. Elles existent sous des formes différentes dans les pays mais remplissent des rôles sensiblement identiques :

- les **syndicats de producteurs** (blé, vin) se préoccupent essentiellement d'obtenir le prix le plus élevé possible pour leur production et des garanties pour son écoulement ;
- le **mouvement coopératif** aux activités diverses (approvisionnement des exploitations, transformation et vente des produits, achat et utilisation en commun du matériel agricole : **coopérative d'utilisation du matériel agricole - C.U.M.A.**) ;
- les agriculteurs disposent d'une organisation bancaire particulière : le **crédit agricole.** Elle a été créée pour permettre une collecte plus efficace de l'épargne paysanne et accorder des prêts aux agriculteurs ;
- de nombreuses **mutuelles** pour garantir les exploitations contre les fléaux naturels : grêle, gelée, etc.
- les **chambres d'agriculture** sont des organismes consultatifs élus au suffrage universel par les paysans.

Le syndicat paysan est souvent divisé en organisations rivales. La **National Farmers' Union** en Grande-Bretagne offre un des rares exemples d'unité. En France, organisation syndicale unique depuis 1946, la **Fédération nationale des syndicats d'exploitants agricoles (F.N.S.E.A.)** doit à la grande souplesse de sa structure d'avoir réussi à surmonter ses contradictions. Elle est en effet constituée de trois organismes distincts : les fédérations départementales, les groupements spécialisés et le **Centre national des jeunes agriculteurs (C.N.J.A.).**

106. TECTONIQUE

1. La tectonique

Du grec *tektonikos* = charpente, la **tectonique** étudie l'ensemble des déformations ayant affecté les terrains géologiques postérieurement à leur formation : cassures (failles, décrochements, failles transformantes), plis, chevauchements...

La tectonique analyse les déformations de l'écorce terrestre selon plusieurs échelles : à l'échelle locale, ou régionale, elle étudie les failles et les structures plissées (→ *91. plissement*). A l'échelle mondiale, elle s'intéresse aux mouvements profonds et superficiels de l'écorce terrestre d'où plusieurs théories successives.

2. Isostasie, dérive des continents, tectonique des plaques

a) L'isostasie

C'est une théorie ancienne (1889) selon laquelle les différents compartiments de l'écorce terrestre se maintiennent en équilibre relatif. Selon cette théorie, les blocs de **sial** (blocs continentaux ou cratons → *107. terre*) reposent en équilibre sur le **sima** (→ *107. terre*), fluide très visqueux. L'équilibre isostatique peut être rompu par l'érosion (le bloc de sial, allégé, remonte), par la déglaciation (un bloc de sial recouvert d'une épaisse calotte glaciaire s'enfonce ; lors de la déglaciation, il remonte).

b) La dérive des continents

Selon cette théorie exposée par le savant Wegener en 1912, les blocs de sial (radeaux continentaux) dérivent sur le sima. Au carbonifère, les continents actuels forment un bloc unique, la **Pangée,** avec un continent austral, le **Gondwana** (= Amérique du Sud + Afrique + Madagascar + Deccan + Australie) et un continent boréal ou **Laurasie** (Amérique du Nord + Europe et Asie - Deccan), les deux continents étant séparés par la mer **Mesogée.** Par la suite, ce bloc s'est disloqué, l'écartement du bloc eurafricain et de l'Amérique donnant naissance à l'Atlantique.

Le Gondwana

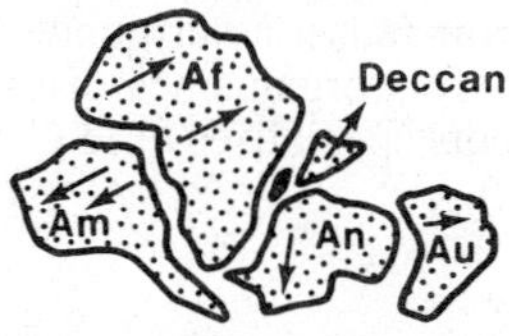

Af. : Afrique **Am.** : Amérique du Sud
An. : Antarctique **Au.** : Australie

Longtemps controversée, la théorie de **Wegener** est largement confirmée par la théorie de la tectonique des plaques moyennant quelques modifications.

c) La tectonique des plaques

Selon cette théorie, la partie superficielle de l'écorce terrestre ou **lithosphère** est formée de plaques rigides d'une centaine de kilomètres d'épaisseur (70 km sous les océans, 150 km sous les continents), flottant sur l'**asthénosphère** déformable. Ces plaques sont constituées d'une partie du manteau supérieur (→ *107. terre*) et de la croûte (continentale ou océanique). Les plaques sont mobiles, le moteur de leurs déplacements étant l'expansion des fonds océaniques.

Plaques, expansion et subduction

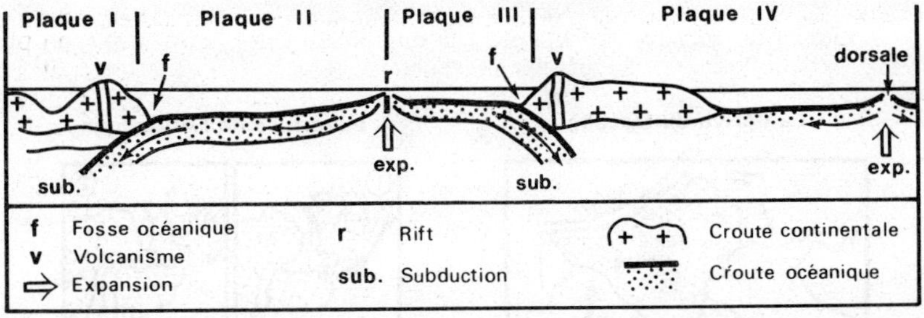

On distingue trois types de limites entre les plaques :

– les **limites constructives** ou d'**expansion** qui se situent au niveau des **dorsales médio-océaniques,** chaînes sous-marines (altitude moyenne 2 000 à 2 500 m) comportant généralement en leur milieu un fossé d'effondrement ou **rift océanique.** Les dorsales médio-océaniques sont des régions de production de croûte océanique, cette production se manifestant dans le rift par un **volcanisme basaltique et sous-marin** avec épanchement de **laves en coussins (pillow lavas).** La production de croûte est continue, la vitesse d'expansion plus ou moins grande (de 1 à 4 cm par an) ;

– les **limites destructives** ou zones de **subduction :** une plaque à croûte océanique plonge dans l'asthénosphère, progressivement « digérée » par cette dernière. La subduction s'accompagne de plusieurs phénomènes :

- le long de la zone de subduction se creuse une **fosse océanique** (ex. fosse de l'Atacama au large de la côte occidentale d'Amérique du Sud). Si la subduction se produit à la limite d'une croûte continentale, le contact océan-continent est appelé **marge active** (→ *85. océan*) ;
- un **volcanisme** se développe à la verticale de la plaque plongeante (→ *113. volcans*) ;
- le long du plan de subduction se produisent des séismes (→ *infra*) ;
- il peut y avoir **collision** entre deux plaques continentales d'où la formation de chaînes de montagnes : ex. l'**orogenèse** (processus de formation d'une chaîne de montagnes ou de reliefs) de l'Himalaya par suite de la collision Deccan-Asie (cf. croquis) ;

– les limites neutres ou **failles transformantes.** Ce sont des limites entre plaques où il n'y a ni apport ni absorption de matière, mais coulissage des deux plaques l'une par rapport à l'autre. Une faille transformante relie soit deux portions de fosse océanique, soit une fosse et un rift, soit deux portions de rift.

La dérive du Deccan

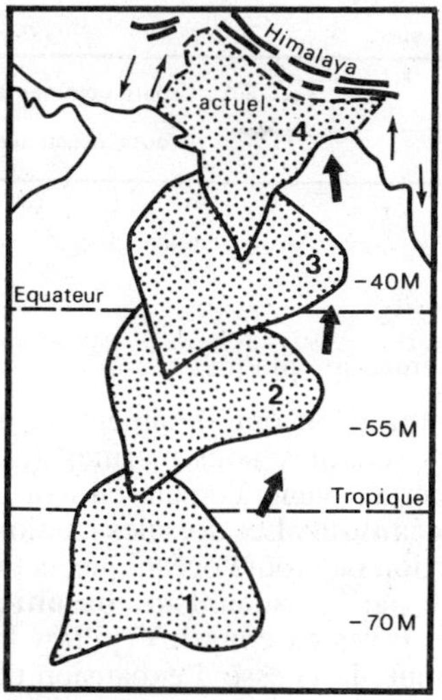

(M = Million d'années)

L'ouverture de l'Atlantique

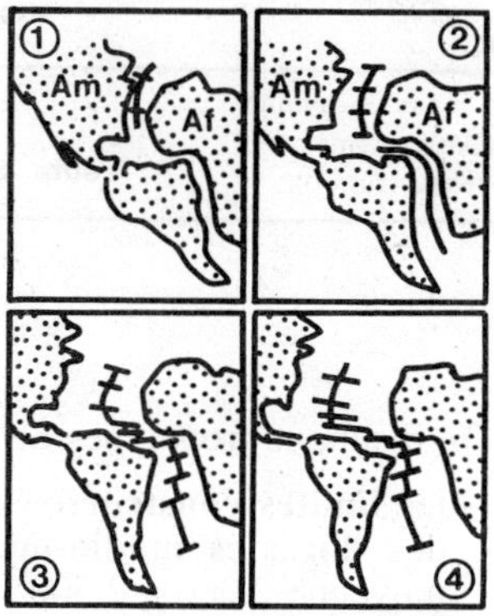

du Trias ① au Crétacé sup. ④

dorsale médio-océanique

3. Les séismes

Un **séisme** est un tremblement de terre, qui se traduit par une série de secousses plus ou moins violentes du sol. L'origine des séismes se trouve en profondeur à l'**hypocentre** ou **foyer** du séisme. L'**épicentre** est le point de la surface situé à la verticale du foyer. Selon la profondeur du foyer, on distingue les **séismes superficiels** (moins de 100 km), **intermédiaires** (100 à 300 km), **profonds** (300 à 700 km).

L'intensité du séisme en un lieu se mesure en fonction des dégâts causés. Elle est mesurée sur l'**échelle M.S.K.** qui compte 12 degrés.

La **magnitude** ne doit pas être confondue avec l'intensité : c'est un nombre qui traduit l'énergie dissipée par le séisme. L'**échelle de Richter** mesure les volumes de la magnitude (plus forte magnitude connue : 8,6).

La **sismologie** (à préférer à séismologie) est la science qui étudie les tremblements de terre utilisant des appareils de mesure appelés **sismographes.** Les **constructions parasysmiques** doivent résister aux tremblements de terre.

4. Les failles et la tectonique cassante

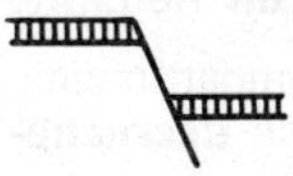

Faille normale

Faille inverse

Escalier de failles

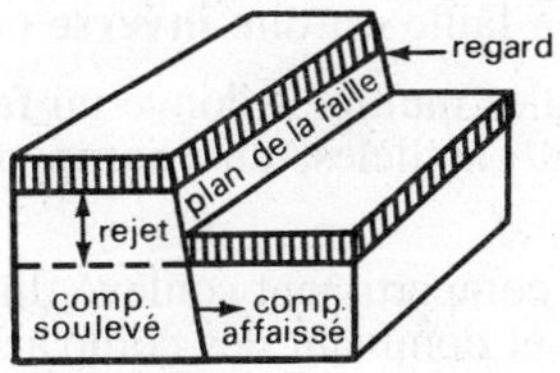

Une faille

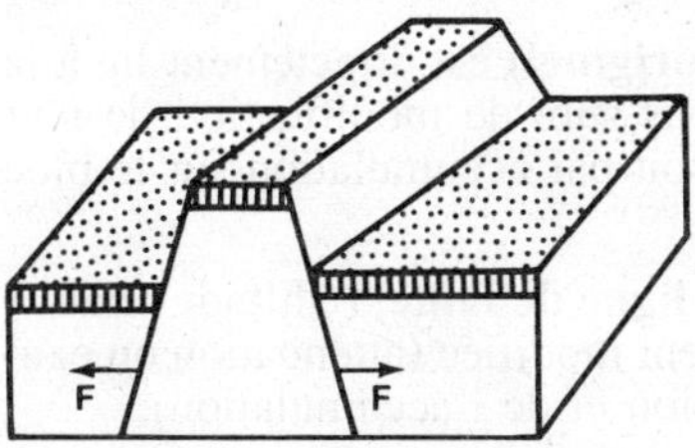

Un horst

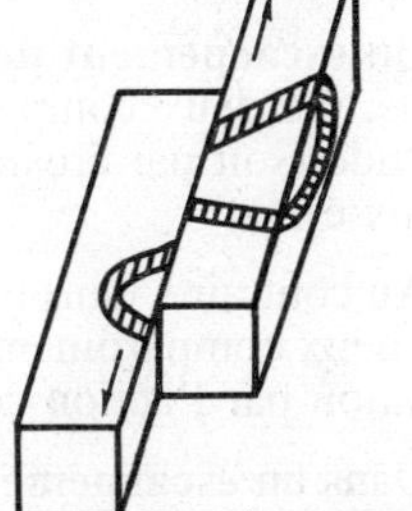

Un décrochement

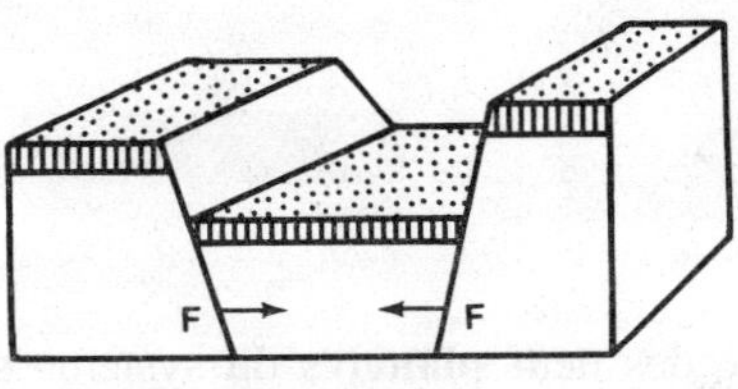

Un graben

Une **faille** est une cassure de terrain accompagnée d'un mouvement relatif des parties séparées. La longueur des failles peut varier de quelques mètres à plusieurs centaines de kilomètres. Les deux parties séparées par la faille sont appelées **compartiments.** Les surfaces engendrées par les cassures sont les **lèvres.** Le **plan de faille** est la surface le long de laquelle ont glissé les deux compartiments. Les roches du plan de faille peuvent être polies et striées par le frottement : on parle alors de **miroir de faille.**

Le **rejet** correspond au déplacement vertical des deux compartiments. Si les deux blocs ont coulissé horizontalement, il s'agit d'un **décrochement.**

Le **regard** de la faille est le côté vers lequel est tournée la lèvre du compartiment soulevé.

Lorsque le plan de faille est incliné en descendant vers la lèvre affaissée, la faille est **normale** (faille directe). Lorsque le plan de faille surplombe la lèvre affaissée, la faille est dite **inverse** ou **chevauchante.**

Un réseau de failles multiples donne un **faisceau de failles** si celles-ci sont plus ou moins parallèles, un **champ de failles** si les accidents se recoupent.

Un **horst** est un compartiment soulevé, limité par des failles normales de même direction et dominant des compartiment abaissés.

Un **graben** est un fossé tectonique, un compartiment abaissé encadré par deux compartiments soulevés (ex. Limagne de Clermont-Ferrand).

Dans la topographie, les failles sont souvent responsables de reliefs qui ont une allure de talus : même si la pente du talus est modeste, on parle d'**escarpement.**

Un **escarpement de faille (direct** ou **originel)** est directement lié à la faille, les deux compartiments n'ayant pas subi de modification de leur altitude (soit par érosion du plus élevé, soit par accumulation sur le bloc affaissé).

Au contraire, dans un **escarpement de ligne de faille,** l'altitude relative des deux compartiments a été profondément modifiée (atténuation ou exagération par l'action conjuguée de l'érosion et de l'accumulation).

Dans un **escarpement de ligne de faille inverse,** le compartiment soulevé tectoniquement est topographiquement plus bas que le bloc affaissé tectoniquement.

107. TERRE

La Terre est une des neuf **planètes** du système solaire. Ce n'est pas une sphère parfaite mais un géoïde ; le globe terrestre est légèrement aplati aux pôles (diamètre maximum 12 756 km ; diamètre minimum

12 714 km). Sa masse est de 5,977 10^{24} kg et sa densité moyenne de 5,517.

1. Structure du globe terrestre

De l'extérieur vers l'intérieur du globe, on distingue diverses couches. Du point de vue **sismique** (en fonction de la propagation des séismes ou tremblements de terre) se succèdent la **croûte** (deux types : **croûte océanique** et **croûte continentale**) d'épaisseur variable (minimum 5 km, maximum jusqu'à 70 km sous les montagnes), le **manteau** (manteau supérieur jusqu'à 700 km, inférieur jusqu'à 2 900 km), le **noyau** (de 2 900 à 5 100 km) et la **graine** au centre de la Terre (5 100 à 6 370 km).

Sous les océans (profondeur moyenne 4 500 m) la croûte océanique est en fait composée de trois couches superposées : une **couche sédimentaire** (→ *102. roches*), de 0 m à quelques kilomètres (300 m en moyenne), une **couche basaltique** (de 1 km à 2,5 km d'épaisseur), une **couche océanique** (→ *croquis*).

Sous les continents, la croûte continentale comprend une couche sédimentaire et une couche inférieure (basaltes et granites). Vers le bas, les deux croûtes sont limitées par la **discontinuité de Mohorovičić** ou **moho.**

Du point de vue de la tectonique des plaques la distinction fondamentale est celle de **lithosphère** (= croûte + couche rigide du manteau supérieur) et d'**asthénosphère** (→ *106. tectonique*).

Il y a quelques décennies, on considérait que la Terre était formée de la superposition de trois couches : le **sial** (couche riche en silice et alumine), le **sima** (couche riche en silice et magnésium) et le **nifé** (nickel et fer). Les sens de sial et de sima ont évolué ; les termes sont aujourd'hui désuets.

Structure du globe terrestre

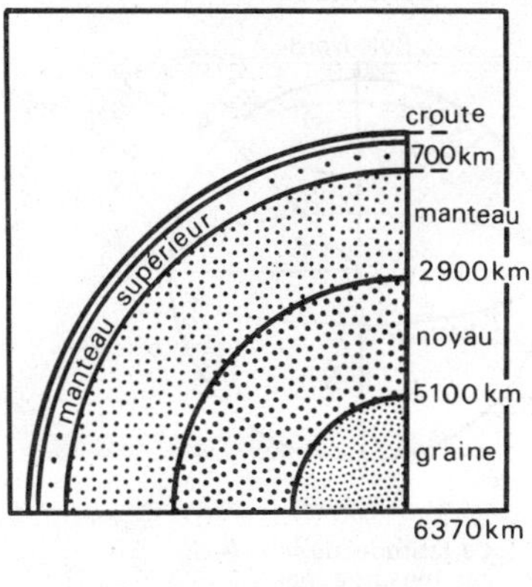

La croûte terrestre

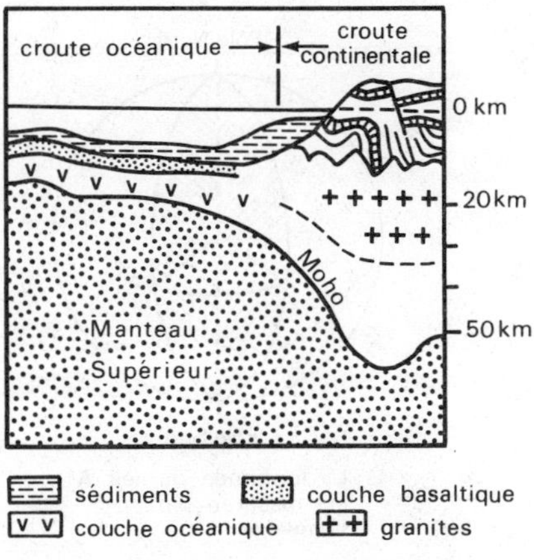

2. La rotation de la Terre

La Terre est animée d'un mouvement de **rotation** et effectue un tour complet sur elle-même en 23 h 56 mm 4,09 s. Elle tourne d'ouest en est autour de l'**axe des pôles** avec une **vitesse linéaire** de rotation nulle aux pôles et qui atteint 1 676 km/h à l'équateur.

Du fait de la rotation chaque point de la Terre décrit un cercle parallèle à l'**équateur,** plus grand cercle de la sphère terrestre, situé dans un plan orthogonal à l'axe des pôles. Plus ou moins longs, ces cercles sont appelés **parallèles.** Le plan de l'équateur correspond à la latitude 0°. La **latitude** d'un lieu est l'angle formé par le rayon joignant ce lieu au centre de la Terre avec le plan de l'équateur. Pour chaque **hémisphère** (moitiés du globe terrestre nord et sud, de part et d'autre du plan de l'équateur) la latitude (l'angle) varie de 0° à 90° (pôles Nord et Sud) tous les points d'un même parallèle ont la même latitude.

La rotation de la Terre explique la succession des jours et des nuits. Un **méridien** correspond à la section de la sphère terrestre par un demi-plan limité par l'axe des pôles.

Chaque méridien constitue donc un demi-cercle (imparfait puisque la Terre n'est pas une sphère parfaite) joignant pôle Nord et pôle Sud. L'autre demi-cercle situé dans le même plan constitue l'**antéméridien.**

Depuis 1856, le méridien qui passe par Greenwich (emplacement de l'observatoire de la banlieue est de Londres) sert de **méridien origine.**

La **longitude** d'un lieu est l'angle formé par le demi-plan limité par l'axe des pôles et contenant ce lieu et le demi-plan limité par l'axe des pôles et contenant le méridien origine. La longitude est comptée en degrés de 0 jusqu'à 180° est ou jusqu'à 180° ouest, les deux longitudes 180° est et ouest étant confondues et correspondant à l'**antéméridien de Greenwich.** Tous les points d'un même méridien ont la même longitude.

La longitude

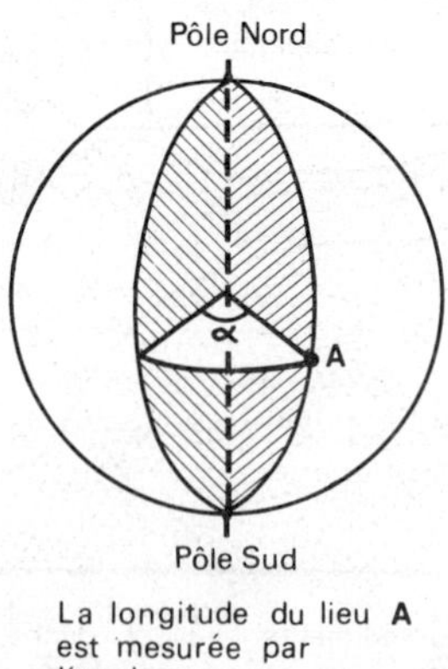

La longitude du lieu **A** est mesurée par l'angle α

La latitude

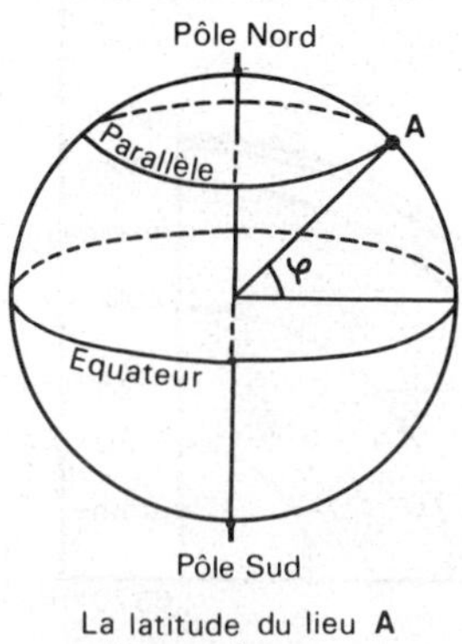

La latitude du lieu **A** est mesurée par l'angle φ

3. Heure vraie, heure légale, fuseau horaire

Les écarts horaires entre les divers lieux du globe dépendent de la rotation de la Terre. Deux points qui ne sont pas situés sur le même méridien n'ont pas la même heure. Chaque lieu possède donc son **heure vraie ou heure solaire** indiquée par les cadrans solaires.

Par commodité, on a déterminé des **fuseaux horaires,** qui partagent la sphère terrestre en vingt-quatre secteurs sphériques distants de 15° en longitude, le premier fuseau horaire ayant comme axe le méridien origine. A l'intérieur de chaque fuseau horaire l'heure est par convention la même, c'est l'**heure légale.** L'heure du fuseau origine (celui de Greenwich) constitue l'heure du temps universel (T.U.). La ligne de changement de date correspond à l'antéméridien de Greenwich (en fait cette ligne évite les terres habitées).

4. La révolution de la Terre : solstices, équinoxes, cercles polaires, tropiques

La Terre tourne autour du Soleil en décrivant une trajectoire elliptique dont le demi-grand axe mesure 149 598 600 km. La durée de ce **mouvement de révolution** est de 365,2422 jours ; comme il ne s'agit pas d'un nombre entier de jours, les calendriers ont dû s'adapter. Avec le **calendrier julien** on ajoutait un jour tous les quatre ans, lors des années dites **bissextiles** (durée moyenne de l'année : 365,25 jours). Le **calendrier grégorien** a ramené la durée de l'année civile à une valeur plus approchée de la durée de la révolution (en supprimant trois années bissextiles par période de 400 ans, d'où une durée moyenne de 365,2425 jours).

L'inclinaison du globe

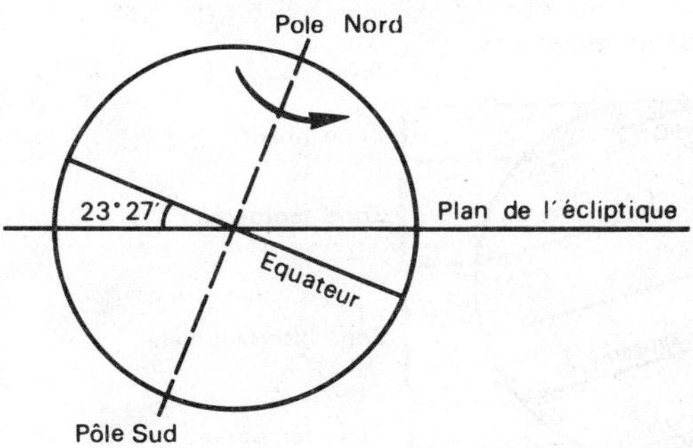

La trajectoire elliptique (ou révolution) de la Terre autour du Soleil se fait dans le sens inverse des aiguilles d'une montre et s'inscrit dans un plan appelé **plan de l'écliptique** (c'est sur ce plan que se font les **éclipses**). L'axe des pôles n'est pas perpendiculaire à ce plan mais incliné, l'inclinaison correspondant à un angle de 23° 27.

Du fait de l'inclinaison de l'axe des pôles sur le plan de l'écliptique, la durée des jours et des nuits varie en fonction des saisons, sauf à l'équateur où il n'y a pas de saisons (jour = nuit = 12 h).

Une **saison** est une des quatre parties de l'année comprise entre un solstice et un équinoxe, les saisons étant inversées d'un hémisphère à l'autre. Le **solstice d'hiver** de l'hémisphère Nord est le moment où la hauteur du soleil est maximale pour le pôle Sud (vers le 21 décembre). Ce jour-là, tout le nord du globe est dans l'ombre, la zone d'ombre s'étendant jusqu'au parallèle 66° 33 N., appelé **cercle polaire arctique.** Le **solstice d'été** de l'hémisphère Nord est le moment où la hauteur du soleil sur l'horizon est maximale au pôle Nord. Ce jour-là, tout le nord du globe est éclairé pendant 24 heures (soleil de minuit). Inversement, une zone d'ombre s'étend sur tout le sud du globe **(nuit polaire),** la zone d'ombre s'étendant jusqu'au parallèle 66° 33 sud appelé **cercle polaire antarctique.**

Les **équinoxes** de printemps et d'automne (vers le 20-21 mars et le 21-22 septembre) sont les moments de l'année où le soleil passe à midi à la verticale **(au zénith)** de l'équateur. Chaque saison suit le solstice ou l'équinoxe qu'elle qualifie : **hiver** du solstice d'hiver à l'équinoxe de printemps, **printemps** de l'équinoxe de printemps au solstice d'été, **été** du solstice d'été...

Au solstice d'été de l'hémisphère Nord, les rayons du soleil sont au zénith (à la verticale) des points situés à 23° 27 de latitude nord. Cette ligne de parallèle est le **tropique nord** ou **tropique du Cancer.** Au solstice d'hiver (de l'hémisphère Nord), les rayons du soleil sont au zénith du **tropique sud (tropique du Capricorne),** parallèle situé à 23° 27 de latitude sud.

5. Les zones du globe terrestre

Le globe terrestre se divise en cinq zones : deux **zones polaires** (nord et sud) comprises entre un pôle et un cercle polaire, deux **zones tempérées** (boréale au nord, australe au sud) comprises entre les deux tropiques du Cancer et du Capricorne (dans cette zone intertropicale, le soleil passe au zénith une fois par an sur la ligne des tropiques, deux fois par an dans le reste de la zone).

Les zones terrestres

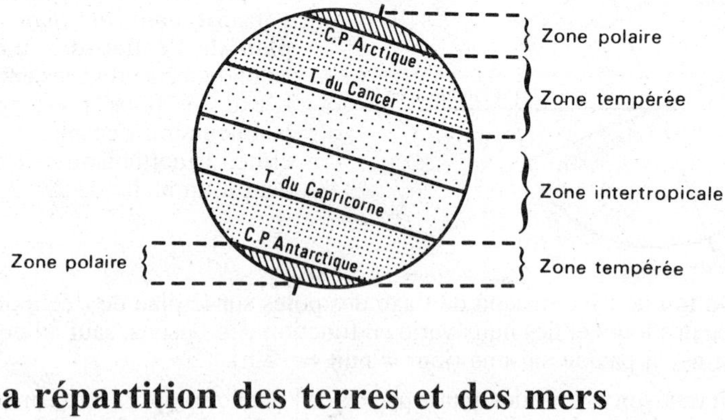

6. La répartition des terres et des mers

Les terres et les mers sont inégalement réparties à la surface du globe. L'ensemble des étendues marines représente 74 % de la surface de la planète (→ *85. océan*). L'**hémisphère Nord** ou **hémisphère boréal** est surtout continental alors que l'**hémisphère Sud** ou **hémisphère austral** est surtout océanique.

108. TIERS MONDE

1. Qu'est-ce que le tiers monde ?

a) L'expression tiers monde a été utilisée pour la première fois le 14 août 1952 par l'économiste Alfred Sauvy dans une chronique du journal français l'*Observateur.* La référence au tiers état est alors manifeste même si l'auteur n'entend nullement définir un nouvel ensemble géopolitique : comme le tiers état de la France de 1789, le tiers monde représente un groupement majoritaire (de pays et d'individus) qui revendique des droits jusqu'alors confisqués par les autres pays. Il est évidemment fait allusion à la fameuse brochure publiée en janvier 1789 par l'abbé Siéyès : « Qu'est-ce que le tiers état ? »

Effectivement, au début des années cinquante, le tiers monde représente déjà le plus vaste ensemble géopolitique de la planète avec environ 70 % de ses habitants alors que les **tiers mondes** (cf. *infra*) actuels regroupent près de 78 % de la population mondiale.

Dès le départ, l'expression tiers monde, progressivement diffusée dans les milieux universitaires francophones ou étrangers, a pris une signification politique et diplomatique désormais sans référence à l'histoire de France. Avec la décolonisation et après la Conférence de Bandung (1955), le tiers monde, c'est un troisième ensemble de pays, troisième groupe par la chronologie, puisque constitué après celui des pays capitalistes développés, mais aussi après celui des pays « socialistes ».

D'où un glissement de sens, le tiers monde signifiant alors l'ensemble des pays plus ou moins neutres – **pays neutralistes** – qui ne veulent pas opter ni pour la voie capitaliste ni pour la voie socialiste. En ce sens, le tiers monde est alors synonyme de l'ensemble des **pays** dits **non alignés** qui ne sont pas parties prenantes à l'une des deux grandes alliances politico-militaires du moment, alliances patronnées par les Etats-Unis d'Amérique et l'Union soviétique. Le mouvement des *non-alignés* naît à la Conférence de Belgrade (1961) sous l'impulsion du trio de trois chefs d'Etat, Nehru (Inde), Tito (Yougoslavie) et Nasser (Egypte). Dans ces conditions, les **pays sous-développés** (*infra*) du bloc socialiste ne feraient pas partie du tiers monde, affirmation qui paraît aujourd'hui hautement contestable.

b) Pour désigner l'ensemble des pays du tiers monde de nombreuses autres expressions sont utilisées :

Nations (ou pays) **prolétaires :** Le terme, utilisé d'abord par Arnold Toynbee évoque l'existence d'un prolétariat extérieur de l'Occident. L'expression peut être contestée dans la mesure où elle assimile les rapports entre pays producteurs à de simples rapports de classes, au sein d'une société.

Nations (ou pays) **périphériques :** Le terme s'appuie sur la distinction au sein de l'économie mondiale (du « système-monde ») entre un (ou plusieurs) **Centre** et une (ou plusieurs) **Périphérie.** Les **pays du centre** appartenant aux centres du capital (Etats-Unis, Japon, Europe) dominent des espaces périphériques grâce à un réseau de relations (connexions) commerciales, financières, techniques et culturelles, relations inégales organisées au profit du centre.

Pays du Sud : Pour désigner le tiers monde, on parle parfois de pays de Sud (sous-développés) qui s'opposeraient aux pays du Nord (développés). La division Nord-Sud met l'accent sur le déséquilibre de répartition des richesses entre les deux « hémisphères », mais dans ces conditions le Sud empiète largement sur le Nord géographique alors que l'Australie ou la Nouvelle-Zélande, pays relativement riches, appartiennent au « Nord ».

Le quart monde : Le terme est ambigu ; il s'applique tout aussi bien aux pays les plus pauvres du tiers monde qu'aux personnes les plus démunies des pays « riches ». A ces expressions utilisées pour désigner l'ensemble du tiers monde vient s'ajouter la terminologie portant sur la notion de développement, terminologie surtout orientée par des analyses économiques.

2. Croissance, développement, sous-développement

(Voir aussi → *31*).

a) Développement, sous-développement

Si le terme de croissance économique est assez clair puisque « scientifiquement » mesurable (→ *31*), la notion de développement n'est pas aisée à définir : on parlera d'une **économie développée** lorsque les processus d'intégration économique ont permis la construction d'une économie nationale homogène reposant sur des secteurs économiques dont les productivités sont relativement élevées et globalement comparables. Développement est également synonyme de relative indépendance, l'économie développée reposant surtout sur des facteurs intrinsèques (intérieurs) de développement, capables d'assurer un dynamisme autonome. Enfin, on peut considérer que le développement doit aboutir à une répartition des richesses et des revenus qui, faute d'être harmonieuse, ne soit pas trop inégalitaire, qu'il s'agisse de la répartition entre les individus ou entre les régions.

Le terme de **sous-développé** ne peut se définir que par référence au développement. Il peut être employé selon diverses échelles : on parle de **pays sous-développés** (à l'échelle planétaire) mais aussi de régions sous-développées (à l'intérieur d'un pays développé) ou de **pôles de développement** (à l'intérieur d'une région ou d'un pays sous-développés).

Pour définir et répertorier les **pays sous-développés,** on peut se contenter d'une description des symptômes, des indicateurs ou des critères du sous-développement. En 1965, le géographe français Yves Lacoste distinguait quatorze caractères fondamentaux parmi lesquels :

- l'insuffisance alimentaire ;
- le gaspillage des ressources nationales ;
- le grand nombre d'agriculteurs à basse productivité ;
- l'industrialisation restreinte et incomplète ;
- l'hypertrophie et le parasitisme du secteur tertiaire ;
- la violence des inégalités sociales ;
- la dislocation des structures traditionnelles ;
- l'ampleur de la croissance démographique.

En résumant, on peut avec l'économiste Samir Amin caractériser le sous-développement par trois critères :

- des grandes inégalités de productivité selon les secteurs économiques (jusqu'à des rapports de 1 à 10 ou même plus). On constate souvent la coexistence de deux systèmes économiques, l'un dit traditionnel ou précapitaliste non intégré au marché international, l'autre qualifié de « moderne » car capitaliste et intégré au grand marché des capitaux et des marchandises. La coexistence de ces deux modes de production est caractéristique d'une **économie dualiste ;**
- un système économique désarticulé : alors que dans l'économie développée, les échanges sont intenses entre les secteurs à l'intérieur d'un même secteur, l'économie sous-développée est constituée de secteurs juxtaposés qui n'effectuent entre eux que des échanges marginaux car l'essentiel de leurs échanges se fait avec l'extérieur ;
- une forte dépendance économique extérieure : dépendance commerciale du fait d'une faible diversification des exportations et par suite de la dégradation des termes de l'échange (→ *26.2*) mais aussi dépendance financière et technologique, voire culturelle.

b) Pays en développement, en voie de développement

Pour qualifier l'ensemble des pays sous-développés, d'autres expressions sont également utilisées.

Le terme **pays en voie de développement** (P.E.V.D.) se veut relativement optimiste. Il considère que les pays sous-développés, donc en retard de développement (de quelques décennies...) amorcent un processus de croissance rapide qui les conduit à réduire les écarts (de richesse et de développement) les séparant des pays développés. En fait, malgré la **décennie** du **développement** proclamée par l'O.N.U. de 1960 à 1970, les écarts entre pays riches et pays pauvres ont tendance à se creuser.

Pour qualifier les pays sous-développés la **Banque mondiale** parle de **pays en développement**. La **Banque mondiale**, autre appellation de la **B.I.R.D.** (Banque internationale pour la reconstruction et le développement) a été créée en 1945 lors de la mise en place du Fonds monétaire international (→ *80.3* ; *95.4*). Elle regroupe environ 150 membres (pays) et siège à Washington.

c) Sous-développement et colonisation

Selon certains, la colonisation est la principale responsable du sous-développement, la domination coloniale aboutissant à un véritable pillage du tiers monde. Sans rentrer dans le débat, on peut remarquer que les puissances européennes ont parfois bénéficié de l'appui des notables indigènes : ainsi les **Zamindars** en Inde, anciens fermiers généraux devenus grâce à la colonisation propriétaires des terres où ils levaient l'impôt. En Amérique espagnole, les colonisateurs se sont servis des **caciques** locaux (**cacique** = chef indigène de l'Amérique précolombienne).

Pour qualifier l'exploitation des richesses et des hommes des pays colonisés, on parle d'**économie de traite**. Aujourd'hui, le terme de **néo-colonialisme** est employé pour caractériser la domination économique que les pays développés exercent sur les pays sous-développés.

La colonisation est en partie à l'origine de la **balkanisation** de l'Afrique : la balkanisation est la conséquence du découpage d'un espace réputé homogène ou uni en de multiples états ou territoires (par référence aux multiples états des Balkans nés de la dislocation de l'Empire ottoman).

3. Les tiers mondes

Si le concept de tiers monde tend à faire de l'ensemble des pays sous-développés un groupement géopolitique plus ou moins homogène l'analyse des réalités actuelles prouve la grande diversité des pays du tiers monde.

a) Un classement selon le P.N.B. par habitant ?

Pour comparer les pays du tiers monde, il est commode d'avoir recours à un indicateur : le produit national brut par habitant. Selon cet indicateur (calculé en dollars US), sur 145 pays répertoriés par la Banque mondiale (en 1988), la répartition s'effectue comme suit :

- P.N.B./h < 500 $: 43 pays
- P.N.B./h de 500 à 1 500 $: 35 pays
- P.N.B./h de 1 500 à 2 500 $: 23 pays
- P.N.B./h de 2 500 à 5 000 $: 9 pays
- P.N.B./h de 5 000 à 10 000 $: 13 pays
- P.N.B./h de 10 000 à 15 000 $: 8 pays
- P.N.B./h > 15 000 $: 14 pays.

Cependant, le P.N.B. par habitant n'a qu'une faible signification : il est calculé en monnaie nationale, puis converti en dollars, mais les cours du dollar sont très fluctuants. De plus, le calcul du P.N.B. prend fort peu en compte les productions de l'économie traditionnelle et celles de l'**économie informelle**. Le secteur de l'économie informelle correspond à l'ensemble des activités productrices et marchandes qui ne sont pas déclarées et ne sont donc pas comptabilisées dans le Produit national brut. On parle aussi de **seconde économie** ou d'**économie parallèle**. Il paraît préférable de réserver le terme d'**économie souterraine** aux activités illégales et frauduleuses : ex. l'économie de la drogue (pour les trois grands pays producteurs de coca (Pérou, Colombie, Bolivie), l'économie de la drogue représente environ 3 milliards de dollars par an). Economies informelle, parallèles ou souterraine ne sont évidemment pas l'apanage des seuls pays sous-développés.

b) Une typologie des pays sous-développés ?

On peut retenir la classification de la Banque mondiale même si le classement ne cesse de se modifier.

- Les **Pays les moins avancés** (P.M.A.) sont les pays les plus pauvres ou pays à faible revenu. P.N.B./habitant inférieur à 400 ou à 500 dollars.
- Les **Pays à revenu intermédiaire** forment un groupe assez disparate (de 500 à 5 000 $?). Parmi eux, la Banque mondiale distingue une tranche inférieure (– de 1 600 $/h/an) et une tranche supérieure. On peut aussi opposer à l'intérieur de cette catégorie les pays exportateurs de pétrole (ex. : Algérie, Indonésie...) aux pays importateurs.
- Les **Nouveaux pays industriels** (N.P.I.) sont des pays en rapide croissance et en voie d'industrialisation. En fait, le terme est assez vague, quoique beaucoup employé. A leur propos, on parle parfois de pays en développement pourvus d'une base industrielle. Parmi eux, on pourrait distinguer les quatre **pays ateliers** d'Asie du Sud-Est (Taïwan, la Corée du Sud et les deux cités-Etats : Singapour et Hong Kong), les nouveaux pays industriels d'Amérique latine (Mexique, Brésil...), une nouvelle génération de N.P.I. (Malaisie, Thaïlande, Philippines...).
- Les **Pays exportateurs de pétrole à revenus élevés** : ces pays sont faiblement peuplés d'où des « revenus » élevés. P.N.B./h supérieurs à 6 000 voire 10 000 $ selon le cours du pétrole... Cependant, dans ces pays la **rente pétrolière** est fort peu redistribuée (ex. Koweit, Bruneï, Oman...).

c) Des modèles de développement différents

Compte tenu de la diversité des situations, il n'existe pas de **modèles de développement** pour les pays du tiers monde. Cependant, plusieurs stratégies de développement ont été retenues.

Certains pays ont privilégié l'industrialisation parfois aux dépens de l'agriculture. Selon la thèse des **industries industrialisantes**, seules certaines industries (en particulier les industries de base) sont capables d'assurer la propagation du processus d'industrialisation. L'implantation de ces industries garantit l'autonomie du développement par rapport au système économique mondial. La sidérurgie, la métallurgie et la chimie de base considérées comme des industries industrialisantes doivent selon cette thèse avoir des effets d'entraînement sur les branches situées en aval (la thèse est aujourd'hui largement remise en question).

S'agissant des rapports avec l'étranger, on peut (de manière simpliste) opposer la stratégie de développement autocentrée et celle du développement extraverti. Souvent, les deux stratégies ont été utilisées successivement. Dans le **développement autocentré**, les activités productives (principalement industrielles) sont surtout destinées au marché national ; le pays doit compter sur ses propres forces (ressources naturelles et humaines) et fait peu appel aux investissements étrangers. Il peut pratiquer une **stratégie de substitution aux importations** en développant des industries indigènes pour éviter les importations, d'où un nécessaire recours au protectionnisme.

Dans le **développement** (ou l'industrialisation) **extraverti** l'ouverture sur l'extérieur signifie d'abord un appel aux investissements étrangers accueillis libéralement et qui doivent permettre le meilleur emploi d'une main-d'œuvre bon marché. Le développement extraverti est réalisé grâce aux exportations qu'il s'agisse de produits industriels (ex. les pays ateliers) ou de produits agricoles (ex. Côte-d'Ivoire).

109. TOURISME

1. Définition et mesure du phénomène touristique

a) Le **tourisme** est un terme d'origine franco-anglaise. Le mot « tourisme » (1841) est né bien après « touriste ». Le français **« touriste »** (1816) est la transcription du mot anglais **« tourist »,** lequel à pour origine « the tour », le terme anglais étant un simple emprunt au français tour. Au XVIIIe siècle **the tour** est le voyage désintéressé qu'effectue en Europe, le jeune aristocrate anglais (on distingue alors suivant l'extension géographique du voyage le Grand Tour et le Petit Tour).

Le tourisme est l'action de voyager pour son agrément, le déplacement hors de son domicile habituel devant durer plus de vingt-quatre heures (d'où la nécessité d'une **nuitée**) et moins d'un an. Les déplacements de moins de vingt-quatre heures sont des **excursions.** En principe, ne sont pas comptés comme touristes les frontaliers ; par contre les définitions internationales (O.N.U., Organisation mondiale du tourisme = O.M.T.) incluent dans le tourisme les déplacements des étudiants, les voyages d'affaires, les déplacements des sportifs... d'où une défintion assez large. En France (selon l'I.N.S.E.E.) les **séjours touristiques** sont des séjours d'au moins quatre jours consécutifs (en fait quatre nuitées) hors du domicile pour des motifs autres que professionnels, d'étude ou de santé.

b) Par extension le tourisme désigne l'ensemble des activités liées aux déplacements des touristes.

c) La mesure des **flux touristiques** est souvent délicate : les statisticiens procèdent à des **dénombrements** aux frontières, à des dénombrements selon le **mode d'hébergement** et à des enquêtes par sondages.

Le **taux de départ en vacances** est le rapport du nombre de personnes parties au moins une fois dans l'année à la population totale. On peut calculer les taux de départ par pays, par région, selon les catégories socioprofessionnelles, selon la saison touristique. Par convention pour l'I.N.S.E.E. les **vacances d'été** se déroulent du 1er mai au 30 septembre, les **vacances d'hiver** du 1er octobre au 30 avril.

2. Tourisme et clientèle

Selon la clientèle touristique : on peut distinguer schématiquement un tourisme aristocratique et un tourisme de masse :

a) Le **tourisme aristocratique** est l'apanage des XVIIIe et XIXe siècles ; réservé à une « élite » fortunée et plus ou moins oisive (aristocratie, grande bourgeoisie, rentiers) il permet le développement des anciennes stations touristiques (stations pionnières), découvertes et mises à la mode par des personnalités du monde des affaires, des écrivains ou artistes, des monarques ou des aristocrates (ex. Hyères et la reine Victoria, Biarritz et l'impératrice Eugénie, Deauville et le duc de Morny...). Le **tourisme de masse** est caractéristique des pays et des populations où le taux de départ en vacances est élevé (par exemple plus de 50 % de taux de départ).

b) La **démocratisation du tourisme** est liée à l'allongement de la durée des loisirs (« congés payés ») et à l'élévation du niveau de vie. Le **tourisme social** s'adresse aux catégories sociales disposant de revenus modestes (ou moyens). Son objectif est de mettre les vacances à la portée de toutes les familles **(tourisme familial)** d'où des subventions et allocations versées par les entreprises et – ou – l'Etat et des équipements gérés le plus souvent par des associations à but non lucratif.

Aujourd'hui, la tendance est à la diversification du tourisme selon les clientèles :

- **tourisme de luxe** pour la clientèle fortunée ;
- tourisme plus ou moins spécifique pour les « personnes âgées » (ex. cure de rajeunissement en Bulgarie) ou les jeunes (colonies, camps de vacances) ;
- **tourisme de découverte** et d'**aventure** (expéditions, safaris, randonnées) ;
- **tourisme culturel** (visite de sites archéologiques, de musées).

3. Les destinations géographiques et les types de tourisme

On peut classer les séjours et déplacements touristiques suivant le mode d'organisation du voyage et l'ampleur du déplacement. Le **tourisme international** suppose un franchissement de frontières. Le **tourisme sédentaire** (séjour prolongé dans le même lieu de vacances) s'oppose au **tourisme mobile** ou **itinérant.** Le **tourisme individuel** (ou familial) est à distinguer du **tourisme de groupe** plus ou moins organisé (voyages organisés, croisières...).

Selon les motivations dominantes et les destinations, plusieurs types de tourisme s'individualisent :

a) Tourisme balnéaire

L'objectif dominant est la baignade d'où la recherche de **stations balnéaires** en bord de mer ou le long d'un lac (stations lacustres). La mode de l'**héliotropisme** (attrait du soleil et des « bains de soleil ») avantage les stations balnéaires à fort ensoleillement. Le naturisme prône le retour à la nature dans la manière de vivre d'où le développement de **camps naturistes** (« camps de nudistes »), voire de véritables **stations naturistes.**

b) Tourisme climatique

La recherche d'un « climat » doux, salubre ou tonifiant est la motivation dominante d'où le développement de **stations climatiques** dans des régions abritées ou réputées pour la douceur de l'hiver : les stations méditerranéennes pionnières du siècle dernier sont des stations climatiques (et non balnéaires) avec prédominance de la saison hivernale : ex. Hyères. Dans les pays tropicaux existent de nombreuses **stations climatiques d'altitude,** contemporaines de la colonisation et fréquentées pour la modération de leur climat (absence de températures excessives, pluviosité modérée ou faible).

c) Tourisme « montagnard »

C'est un tourisme estival depuis longtemps. De plus en plus, le **tourisme hivernal** s'y développe avec la progression des sports d'hiver (ski alpin, ski nordique ou de fond...) Parmi les **stations de sports d'hiver,** on distingue généralement les **stations de la première génération** (stations les plus anciennes développées à la fin du siècle dernier à partir de villes ou de villages existants, ex. Chamonix, Gstaad, Zermatt...), les **stations de la deuxième génération** créées de toutes pièces, soit dans l'entre-deux-guerres soit dans l'immédiat après-guerre (ex. Val-d'Isère, Courchevel, l'Alpe-d'Huez) avec une urbanisation anarchique ou maîtrisée (plans d'urbanisme). Les **stations de la troisième génération** sont des **stations intégrées** récentes (postérieures à 1960), complexes organisés dans des sites souvent difficiles d'accès mais remarquables par l'étendue et l'unité de leur domaine skiable. Les stations d'altitude généralement élevée sont conçues suivant un plan d'ensemble (ex. Flaine, Avoriaz, Val-Thorens...). Les **stations d'alpinisme,** au pied de massifs montagneux prestigieux organisent excursions, courses en montagnes et escalades (rôle des compagnies de guide en montagne).

d) Tourisme rural

Il est par nature plus diffus. Il s'appuie sur un réseau plus ou moins dense de **stations vertes.** Les **gîtes ruraux,** les **campings** (**ruraux** et – ou – à la ferme) constituent avec les **résidences secondaires** les principaux équipements du tourisme rural.

Dans de nombreux pays, ont été aménagés des **parcs naturels,** destinés à préserver les équilibres écologiques (faune, flore), tout en permettant le maintien de la vie rurale et la satisfaction des besoins touristiques. En France, les **parcs naturels nationaux** (1er parc : la Vanoise en 1963 soit près d'un siècle après les parcs nord-américains) comportent une **zone protégée** (interdiction de la chasse, pas de nouvelles constructions, protection des sites) et une **zone périphérique** qui entoure le parc proprement dit. Les **parcs naturels régionaux** sont soumis à une réglementation moins contraignante avec possibilité d'installations d'équipements d'accueil.

e) Tourisme de santé

Le **thermalisme** est lié aux vertus curatives des eaux de certaines sources thermales. C'est une forme très ancienne de « tourisme » : les Romains et les Gaulois fréquentaient assidûment les thermes – établissement de bains – de certaines stations (ainsi Aqua Sextia = Aix-en-Provence). Les stations thermales ont connu un grand développement au XIXe siècle mais ce **thermalisme mondain** est aussi lié à la présence d'établissements de jeux (casinos). Aujourd'hui, les **curistes** privilégient l'utilisation thérapeutique des eaux de source (eaux froides ou eaux thermales, chaudes ; eaux bicarbonatées sulfurées...).

La **thalassothérapie,** usage thérapeutique des bains de mer, est aujourd'hui utilisée dans des établissements de rééducation fonctionnelle ou pour de simples cures de remise en forme.

f) Tourisme culturel et religieux

Aujourd'hui, on peut parler d'un tourisme religieux dans la mesure où les équipements et les services fournis sont comparables à ceux du tourisme traditionnel. Dans les grands lieux de **pèlerinage** plusieurs éléments attractifs peuvent coexister : quête du lieu sacré (ex. La Mecque), culte des corps saints ou des reliques, célébration des apparitions (ex. Lourdes).

Le **tourisme culturel** s'intéresse aux sites archéologiques et monumentaux, aux musées ; les manifestations culturelles se multiplient : festivals de musique, cinématographiques, folkloriques... Les **parcs d'attraction,** conçus sur le modèle américain (Disneyland) sont des espaces touristiques qui attirent des millions de visiteurs mais pour des séjours assez courts. Le **tourisme gastronomique** est loin d'avoir une importance négligeable pour certaines régions.

Enfin, le **tourisme d'affaires** et de **congrès** totalise un fort chiffre d'affaires.

•

4. Les équipements touristiques

a) Les équipements d'hébergement

La qualité de l'équipement hôtelier est variable d'où une classification souvent officielle :

- en France, les **hôtels de tourisme** sont homologués (il existe des hôtels non homologués) et classés (de une à quatre étoiles) ;

– les **chaînes hôtelières** regroupent de nombreux établissements, parfois dans un seul pays, le plus souvent à l'échelle internationale (ex. Holiday Inn, Sheraton, Hilton...). Elles concurrencent les traditionnels **palaces** créés au siècle dernier (hôtels Ritz et Carlton ouverts entre 1890 et 1900) ;

– les **résidences secondaires** sont nombreuses dans les campagnes. L'urbanisation touristique sur les littoraux ou dans les stations de sports d'hiver a multiplié les appartements individuels dans des immeubles, ou des lotissements (type « **urbanisation** » espagnole ou **condominium,** grand domaine privé et clos avec immeubles ou villas). Les **marinas,** lotissements littoraux, aménagés autour d'un port de plaisance ou d'un quadrillage de canaux offrent des facilités de mouillage pour les bateaux de plaisance et de nombreux services (centres commerciaux, complexes sportifs) ;

– l'hébergement de plein air regroupe terrains de **camping** et de **caravaning** et villages de toiles (ou de cases) ;

– le tourisme social repose sur des hébergements spécifiques : les **auberges de jeunesse,** apparues d'abord en Allemagne sont aujourd'hui des hébergements-relais à bon marché. Les **colonies de vacances,** à l'origine destinées aux enfants pauvres et nécessiteux (Suisse 1876, France 1881) sont aujourd'hui des centres de vacances pour les jeunes, gérés par les comités d'entreprises ou par des associations laïques ou confessionnelles. Les **maisons familiales de vacances** sont destinées à accueillir des familles modestes. Les **villages de vacances** de **type V.V.F.** (villages, vacances, familles) comportent outre des locaux d'hébergement des équipements collectifs (restauration, accueil, équipements sportifs et de loisirs). Ils sont à différencier des **villages-clubs** (type Club Méditerranée) qui s'adressent *a priori* à une clientèle plus aisée et moins familiale.

Dans de nombreux pays les habitants louent des **chambres d'hôtes.**

b) Les équipements de transport

Dans les stations de sports d'hiver l'équipement spécialisé est destiné à faciliter l'accès aux sommets et aux pistes : remonte-pentes, téléphériques, télécabine...

Dans le domaine des transports aériens, les vols **charters** sont des vols non réguliers, affrétés à la demande par les compagnies spécialisées dans ce type de vol. Aujourd'hui, les compagnies aériennes régulières pratiquent également le vol charter et possèdent à cet effet des filiales spécialisées (ex. Air Charter pour Air France).

c) Les agences de voyages

Certaines sont de simples agences distributrices qui vendent voyages et séjours. D'autres sont de véritables organisateurs de voyages (ex. Cook, Wagons-lits, Club Méditerranée, Nouvelles Frontières...).

5. Les espaces touristiques

Les **espaces touristiques,** territoires aménagés à des fins touristiques et plus ou moins marqués par les activités liées au fait touristique, sont naturellement très divers.

Pour les classer, on peut retenir plusieurs critères : degré d'occupation de l'espace, caractère spontané (voire anarchique) ou volontaire (donc planifié) des équipements, mode d'occupation de l'espace (ponctuel ou continu), facilité de relations avec l'extérieur (espaces ouverts opposés aux espaces enclavés).

Les espaces touristiques littoraux : dans les **rivieras traditionnelles** l'espace est densément occupé, les équipements très divers témoignent d'une longue histoire touristique (ex. Côte d'Azur). Dans les **rivieras modernes,** on assiste à une urbanisation linéaire le plus souvent anarchique, qui conduit à la constitution d'un front de mer entièrement urbanisé, véritable muraille de béton comme en Espagne (on parle de **marbellisation**). L'occupation du littoral peut être séparée par des espaces non touristiques. Certaines côtes ont fait l'objet d'aménagements concertés et planifiés (ex. la côte du Languedoc-Roussillon). Dans les pays du tiers monde les espaces touristiques sont souvent de véritables **enclaves.**

110. TRANSPORTS

Tout déplacement de marchandises ou de personnes d'un lieu à un autre est un **transport.**

Les transports se caractérisent par la nature des marchandises (ou des personnes transportées), par le **mode de transport** utilisé et par la route (le trajet) suivie par les **flux de transport** (déplacement de marchandises ou de personnes).

1. Les marchandises transportées

On distingue généralement :

- les **marchandises en vrac** (marchandises transportées pêle-mêle, en masse, sans être emballées) et les **marchandises pondéreuses** (encombrantes et pesantes). Vrac et pondéreux sont des marchandises de faible valeur par rapport à leur poids ou à leur encombrement. Le prix du transport doit être limité ;

- les **marchandises conditionnées :** les produits fragiles et de valeur méritent un emballage (on parle de **marchandises diverses** ou générales).

2. Les flux et les axes de transport

Les flux de transport regroupent des courants d'échanges qui utilisent les mêmes **axes de transport** mais font parfois appel à des modes diversifiés. Ex. à l'axe rhénan correspond un énorme flux de transport utilisant l'autoroute, la voie ferrée, la batellerie fluviale, les oléoducs...

L'**intermodalité** est une pratique de transport dans laquelle on utilise successivement plusieurs modes d'acheminement, ex. transport combiné rail/route.

La **rupture de charge** correspond à un changement dans le moyen de transport, ce qui suppose un **transbordement.** Ainsi des machines peuvent être expédiées de Paris à Tokyo par la voie ferrée (Paris/Moscou, puis Transsibérien jusqu'à Vladivostok), puis par cargo jusqu'à Tokyo. Il y a rupture de charge dans le port de Vladivostok.

Certaines régions du monde sont éloignées de tout axe de transport. On parle de **régions enclavées** (d'où la nécessité du désenclavement).

Les différents moyens de transport s'organisent en **réseaux de communication,** ex. réseaux routiers, réseau ferroviaire. Pour qu'il y ait un véritable réseau de communication (pour un mode donné), il faut que les liaisons soient nombreuses et forment un ensemble cohérent (mailles plus ou moins serrées). La juxtaposition d'axes de transport sans **lignes transversales** permettant les liaisons ne constitue pas un véritable réseau : ainsi en Afrique occidentale, les voies ferrées sont de simples **axes de pénétration** (des pénétrantes) conduisant de la côte à l'intérieur.

Pour comparer les équipements de transport, on est amené à calculer la **densité des voies,** ex. 3 km de voie ferrée pour 100 km de superficie, 1 000 m de route par km^2.

3. Les transports ferroviaires

Les voies ferrées n'ont pas toutes le même **écartement** (écartement métrique (1 m) pour les voies ferrées secondaires, écartement européen (écartement « russe » de 1,524 m, écartement espagnol de 1,66 m), d'où d'inévitables ruptures de charges aux frontières dans les gares de transit.

Les compagnies ferroviaires, au départ compagnies privées, ont souvent dû être soutenues par l'Etat ou **nationalisées.** La plupart des nationalisations sont intervenues entre 1900 (C.F.F. = chemins de fer fédéraux suisses), et 1939 (1937 = création de la S.N.C.F.).

De nombreuses lignes récemment construites sont des **lignes minières** qui permettent l'acheminement de produits minéraux (ex. voies ferrées minières de Mauritanie, du Labrador ou du Brésil pour le minerai de fer). Sur ces lignes circulent de lourds convois, les produits pondéreux étant transportés par **trains complets.**

Le **ferroutage** se développe dans certaines régions : c'est un transport combiné rail/route dans lequel le véhicule routier (ex. remorque d'un semi-remorque) est chargé sur un wagon, ce qui évite une rupture de charge.

Pour les transports voyageurs, sont apparus, dès 1984, les **trains à grande vitesse :** Tokkaïdo au Japon puis réseau shinkansen, T.G.V. en France (T.G.V. Sud-Est puis T.G.V. Atlantique).

Pour les transports urbains, les **métros** (métropolitains) sont le plus souvent souterrains. Ils sont parfois reliés aux **réseaux ferroviaires de banlieue** (R.E.R. parisien = réseau express régional). Entre deux villes proches on peut établir une **desserte cadencée** (desserte à intervalles réguliers et rapprochés).

4. Les transports routiers et autoroutiers

Les premières **autoroutes,** voies routières aménagées en vue d'un trafic intense et rapide (séparation des chaussées, suppression des croisements à niveau) ont vu le jour en Italie : les **autostrades.** Les autoroutes sont reliées au réseau routier classique par des **échangeurs ;** le long du parcours sont disposées des **aires de service.**

Pour le réseau routier les distinctions entre les types de route varient suivant les pays : en France, on distingue les **routes nationales** (parfois aménagées en voies expresses) dont le tracé est hérité de celui des routes royales, les **routes départementales,** les **chemins vicinaux** propriété des communes à distinguer des **chemins ruraux.** Dans les régions pittoresques sont tracés des sentiers pédestres parmi lesquels les **chemins de grande randonnée** (notés G.R.).

Autour des grandes agglomérations existent des **boulevards périphériques** et des **rocades autoroutières** qui ceinturent plus ou moins complètement l'espace urbain.

5. Les transports aériens

Les **aéroports** regroupent l'ensemble des installations destinées à assurer le trafic aérien (l'**aérodrome** est le terrain aménagé pour le décollage et l'atterrissage des avions).

Parmi les avions, on distingue les appareils **longs courriers** (autonomie de vol d'environ 10 000 km), les **moyens courriers** (de 2 000 à 5 000 km) et les **courts courriers,** (appareils supersoniques ou subsoniques), les avions d'affaires et de tourisme. Les appareils **gros porteurs** (avions-cargos) permettent le transport des marchandises (frêt aérien) : matériel postal, **messageries** (marchandises qui doivent être acheminées rapidement), produits légers et de valeur.

Autour des aéroports se sont constituées de grandes **zones d'activité** ou **Z.A.L.A.** (Zones d'Activité Liées aux Aéroports).

6. Télécommunications et satellites

La transmission des informations peut-être réalisée avec le concours de supports matériels continus (fils, cables, fibres optiques) dans le cas du télégraphe, du téléphone, du télex ou par le moyen des **ondes hertziennes** pour les **radiocommunications.**

Les **satellites** constituent des engins pour le relais des télécommunications : ils sont alors **géostationnaires** (ils demeurent dans le prolongement du même rayon de la sphère terrestre). Ils sont aussi utilisés pour l'observation de la Terre : ce sont les satellites de reconnaissance et de télédétection qui sont **sur orbite** autour du globe (ils tournent suivant une « route » calculée à l'avance en fonction des régions à observer).

7. Les transports fluviaux

Fleuves et rivières constituent parfois des **voies d'eau naturelles** qui peuvent être utilisées sans aménagement et constituer des axes de pénétration (ex. Amazone).

De nombreux cours d'eau ont été aménagés pour la navigation : l'**endiguement** permet de concentrer les eaux dans un chenal unique (ces digues sont appelées Strombau en Allemagne). Les **méandres** sont souvent **recoupés** (artificiellement) ; un système d'**épis** oblige le fleuve à concentrer ses eaux dans la partie centrale du lit ou dans les zones à faible **tirant d'eau,** d'où une érosion du plancher alluvial et des **seuils** (seuil = secteur peu profond dans le lit d'un cours d'eau). Certains cours d'eau sont canalisés et leur cours est séparé en **paliers** séparés par des **écluses.**

Les canaux proprement dits n'utilisent pas le lit d'un cours d'eau mais sont des voies artificielles. Les **canaux latéraux** suivent le tracé d'un cours non navigable alors que les **canaux de liaison** relient deux cours d'eau utilisés par la navigation. Le nombre des écluses est fonction du profil topographique des régions traversées.

Les voies fluviales (fleuves ou canaux) sont classées en fonction de leur **gabarit** qui correspond au tonnage maximum des bateaux pouvant emprunter la voie. Pour les péniches comme pour les navires de mer le tonnage, qui exprime la capacité de transport du navire, est calculé suivant deux normes :

– **tonnage de portée** exprimé en **tonnes de port en lourd** (T.P.L.) : c'est le poids de marchandises que peut embarquer le navire (cargaison + combustible + approvisionnement) ;
– **tonnage de jauge** exprimé en **tonneaux** (1 tonneau = 2,83 m^3) : c'est la capacité de transport en volume (T.J.B.).

On distingue en France les canaux à faible gabarit (100 tonnes), les canaux à **gabarit Freycinet** (280 tonnes ; du nom d'un ministre des transports de la Troisième République), les canaux à **gabarit européen** (1 500 tonnes), les canaux à **grand gabarit** (3 200 tonnes ou plus).

Les **canaux maritimes** à très grand gabarit accueillent de véritables navires de mer (canal de Suez gabarit : 150 000 T.P.L. pour les navires en pleine charge).

Sur les voies fluviales circulent des **péniches,** bateau fluvial à fond plat généralement remorqué à partir de la rive par un cheval ou un appareil tracteur. Le long des canaux sont aménagés des chemins de halage utilisés pour la traction des péniches.

La plupart des péniches modernes sont des **péniches automotrices,** possédant leur propre moyen de propulsion.

Sur les canaux circulent aussi des **convois poussés,** un **navire pousseur** propulsant un convoi de **barges,** bateaux à fond plat associés par groupes de deux ou de quatre (d'où des convois pouvant dépasser 10 000 T.P.L.).

8. Les transports par conduites

(→ *59. hydrocarbures, 43. énergie*).
Les conduites s'imposent pour le transport des fluides (oléoducs, gazoducs, saumoducs ou conduites transportant de la saumure, etc.).

111. TRANSPORTS ET PORTS MARITIMES

Les transports maritimes (par voie maritime ou par canaux maritimes) occupent une place prépondérante dans les échanges internationaux. Parmi les **routes maritimes** fondamentales, la **route du Cap** (qui contourne l'Afrique (Cap de Bonne-Espérance), la liaison Golfe Persique-Japon qui emprunte les détroits de Malacca (bateaux inférieurs à 200 000 T.P.L.) et de Lombock, la route de l'Atlantique Nord (ou track de New York) qui relie la Manche à la côte Est des Etats-Unis. A ces **routes au long cours** (navigation au long cours) s'oppose le **cabotage,** navigation à courte distance des côtes, reliant deux ports d'un même Etat ou situés sur une même mer.

1. L'armement maritime

L'**armateur** est un commerçant qui exploite un navire. Il peut être propriétaire du bateau ou simple gérant.

L'**armement,** ou exploitation commerciale du navire, s'occupe de la gestion du navire (mise en état, entretien et maintenance, éventuellement recrutement de l'équipage). On distingue trois types d'armement :

- l'**armement en tramping :** les navires (les tramps) sont loués par les utilisateurs (ils sont affrétés) pour un transport déterminé selon un contrat de charte-partie et selon un prix établi dans une **bourse de frêt** (ou d'affrètement). C'est la Bourse de Londres – Baltic Mercantile And Shipping Exchange Ltd. – qui fixe les prix de location en fonction de l'offre et de la demande, d'où une variation des **taux de frêt** (prix moyen de location). Il existe aussi un **marché à terme du frêt,** les prix de location étant convenus six à douze mois à l'avance ;
- l'**armement en lignes régulières :** le navire appelé **liner** (navire de ligne) emprunte un itinéraire fixe avec des horaires programmés. Il doit répondre aux demandes des clients de la ligne (si les marchandises répondent aux règles du droit maritime). Les armateurs des lignes régulières se regroupent en **conférence de lignes** qui fixe le taux de frêt des liners. Le monopole des conférences de lignes a été remis en question par le **code de conduite des conférences** (voté par l'O.N.U. en 1974) qui vise à garantir les droits des marines du tiers monde (pour les marchandises diverses) ;
- avec l'**armement intégré** les navires appartiennent à des sociétés industrielles qui transportent pour leur propre compte.

Les **grands armateurs** peuvent être des indépendants (ex. les Grecs Onassis ou Niarchos), des sociétés privées ou nationalisées ou des **consortiums** regroupant plusieurs armements.

2. Les flottes marchandes et les navires

La **flotte marchande** d'un pays est constituée par l'ensemble des navires appartenant à ce pays ou immatriculé dans le pays.

Le **pavillon de complaisance** (ou de **libre immatriculation**) est le pavillon d'un pays (au sens propre pavillon = drapeau fixé à la poupe ou hissé sur un mât) qui accueille des bateaux appartenant à d'autres nationalités. Ex. les flottes marchandes du Liberia et du Panama sont d'importantes flottes ; leurs navires battent pavillon de complaisance.

Parmi les flottes marchandes on distingue de nombreux types de navires.

a) Les **navires-citernes** transportent des liquides : hydrocarbures **(pétroliers** ou **tankers, méthaniers),** produits alimentaires (ex. **pinardiers** pour le transport du vin), produits chimiques.

b) Les **vracquiers secs** transportent du vrac : navires céréaliers, navires minéraliers (il existe des **navires mixtes :** pétro-minéraliers) qui transportent les minerais et les combustibles solides.

c) Les **cargos** transportent des marchandises diverses. Certains embarquent ainsi des passagers **(cargos mixtes).**

d) Les **navires porte-conteneurs** sont assez récents. Le **conteneur** est un récipient de forme parallélépipédique et de dimension standard qui sert au transport des marchandises diverses.

La manutention des conteneurs est mécanisée et emploie peu de main-d'œuvre **(dockers) :** les conteneurs chargés et déchargés par des portiques sont empilés dans les cales ou sur le pont du porte-conteneurs. Le même principe s'applique aux **navires porte-barges** qui transportent des barges fluviales ce qui évite toute rupture de charge entre la mer et le fleuve. Les **navires roll on-roll off** sont une variante du porte-conteneurs : la cargaison est chargée ou déchargée par roulage à partir d'une porte-passerelle avant ou arrière (les navires roll on-roll off – ro/ro – travaillent en liaison avec les transports routiers).

e) Les navires pour passagers : les grands navires **paquebots** (francisation de packet boat) spécialisés dans le transport des passagers ont été victimes de la concurrence de l'avion. Les grands **transatlantiques** ont disparu ou sont devenus des navires de croisière (ex. le France devenu le Norway). Les **ferry-boats,** navires assurant l'acheminement des voyageurs dans leurs wagons de chemin de fer, sont de plus en plus remplacés par des **car-ferries,** navires de transport des véhicules automobiles.

Pour les traversées de courte durée on utilise les **navires aéroglisseurs** (hovercraft) qui circulent sur coussin d'air et se dispensent de quais et les **navires à ailes immergées** (ou à ailes portantes) qui prennent appui sur des ailerons et circulent émergés et à grande vitesse.

f) Certains navires marchands peuvent emprunter successivement les voies maritimes et fluviales.

3. Les ports maritimes

a) La situation et le site des ports

Le **port maritime** est une aire de contact entre circulation maritime et circulation terrestre.

Certains ports sont situés assez loin à l'intérieur des terres, utilisant les facilités de circulation qu'offrent les rias, les fjords et les estuaires. Les **ports de fond d'estuaire** sont situés le plus souvent au contact entre navigation fluviale et maritime. Ils sont souvent victimes de l'ensablement des chenaux de circulation (d'où **dragage** plus ou moins permanent). Surtout ils offrent rarement un **tirant d'eau** suffisant pour les plus gros navires (tirant d'eau = distance verticale entre la ligne de flottaison du navire et la quille. Pour un pétrolier de 250 000 T.P.L. le tirant d'eau est d'environ 20 d'où la nécessité d'un chenal d'au moins 22 mètres de profondeur).

Les **ports de front de mer** sont situés au contact direct avec la haute mer. Parmi eux les **avant-ports,** situés en aval des estuaires en complément des ports de fond d'estuaire (ex. Saint-Nazaire, Le Verdon...). Certains **avant-ports dits « de vitesse »** étaient destinés à l'accostage des paquebots (ex. Cuxhaven, La Pallice...).

Les sites primitifs des ports sont très divers : calanques, baies plus ou moins abritées, lagunes, rias, estuaires...

b) Les équipements portuaires

- L'aménagement le plus simple est le **wharf,** jetée qui s'avance dans la mer, en gros perpendiculairement à la côte. Ces appontements simples sont aussi appelés **terminaux :** ex. terminal pétrolier offshore (en haute mer) relié à la côte par un **sealine,** conduite permettant le chargement ou le déchargement du pétrole.
- Perpendiculairement au rivage sont édifiés des môles, jetées de grande longueur de forme rectangulaire, les navires accostant sur les trois côtés du môle. Une **digue parallèle** au rivage est destinée à protéger môles et bassins de la houle du large.
- Les **bassins portuaires** peuvent être conquis sur la mer et encadrés par des jetées et môles ou creusés à l'intérieur des terres. Dans les mers sans marée ou à marnage faible le bassin communique directement avec la mer : c'est le **bassin de marée.** Les **bassins à flot** sont fermés et communiquent avec la haute mer au moyen d'**écluses maritimes** (à plus ou moins grand gabarit).
- Les **bassins de radoub** sont destinés à l'entretien et à la réparation des navires (le navire est mis sur cales, il est mis au radoub).
- Autour des bassins se disposent les **entrepôts** servant à entreposer les marchandises générales, appelés aussi **docks.** Les produits pondéreux sont entreposés sur des plates-formes qui sont souvent des **plates-formes multrivracs** recevant différentes variétés de pondéreux.

c) Les fonctions des ports

- Les **ports monofonctionnels** sont spécialisés dans une seule marchandise : ex. port pétrolier, port minéralier alors que les **ports multifonctionnels** sont des organismes portuaires complexes, manipulant des marchandises très variées.
- On peut classer les ports selon l'équilibre entre les **marchandises chargées** (exportations) et les **marchandises déchargées** (importations). Certains ports ont un trafic équilibré ou proche de l'équilibre. Pour d'autres les importations ou les exportations dominent.

– L'**arrière-pays** d'un port (ou **hinterland**) est la région située en arrière du port et utilisant les équipements portuaires pour ses exportations et ses importations. L'arrière-pays correspond à l'aire d'influence du port, cette influence étant fonction des communications (routières, ferroviaires, fluviales) qui relient le port et son arrière-pays.

– A proximité immédiate des équipements portuaires s'installent de nombreuses industries d'où la constitution de véritables **zones industrialo-portuaires** (Z.I.P.), dont certaines sont des **polders industriels,** espaces gagnés sur la mer et accueillant des industries.

112. VILLES

Une **ville** est un groupement de population rassemblant sur un espace limité un effectif minimum d'habitants, se consacrant essentiellement à des activités non agricoles.

Trois critères de détermination sont à retenir :

– le chiffre de population,
– la densité de la population,
– la part des actifs non agricoles.

De fait les définitions varient beaucoup selon les Etats. En ce qui concerne l'effectif minimum, il est de 400 au Danemark, de 2 000 en France (sauf exception), de 50 000 au Japon ! L'analyse des densités ne permet pas toujours une délimitation commode ; de plus quelle valeur retenir ? Pour l'importance des actifs non agricoles, on s'accorde à considérer qu'une ville digne de ce nom ne peut guère contenir plus de 25 à 30 % de personnes vivant de l'agriculture (les exceptions sont nombreuses dans les pays du tiers monde).

1. Limites et évaluation de la population urbaine

Le calcul des effectifs urbains se fait sur la base du découpage administratif mais celui-ci est très variable suivant les pays. En France, la circonscription administrative élémentaire ou **commune** est en moyenne de petite taille (→ *47. organisation de l'espace*). Comment comparer les 36 500 communes françaises (taille moyenne 14,9 km^2) aux quelques 8 000 communes italiennes (taille moyenne 38 km^2) ?

a) Le problème des limites urbaines. Villes, agglomération, conurbation

La plupart des villes actuelles s'étendent sur plusieurs communes ou circonscriptions administratives de bases. On parle alors d'**agglomération**

urbaine association de plusieurs communes dont l'une est la **ville mère ;** l'ensemble des communes de l'agglomération est relativement cohérent, le **tissu urbain,** constitué par l'enchevêtrement des constructions urbaines, est caractérisé par une certaine continuité. Ex. d'agglomération : l'agglomération parisienne : la ville (commune) de Paris (2 176 000 habitants en 1982) plus 350 communes soit au total 8 706 000 h (densités : de Paris : 20 200 h/km^2, de l'agglomération : environ 4 000 h/km^2).

Les principales agglomérations vers 1990

(Millions d'hab.)

	Agglo-mération	Unité centrale pop.	Unité centrale année
1 Tokyo (Japon)	28,7	8,2	1990
2 New York - Philadelphie (USA)	25,3	*p* 7,3	1990
3 São Paulo (Brésil)	19,0	*e* 10,1	1985
4 Séoul (Corée du Sud)	18,5	10,6	1990
5 Mexico (Mexique)	16,1	8,2	1990
6 Osaka (Japon)	15,1	2,6	1990
7 Los Angeles (USA)	14,0	*p* 3,5	1990
8 Bombay (Inde)	12,8	9,9	1991
9 Manille (Philippines)	12,8	1,6	1990
10 Rio de Janeiro (Brésil)	12,1	*e* 5,6	1985
11 Moscou (Russie)	11,8	*e* 8,8	1990
12 Buenos Aires (Argentine)	11,5	3,0	1991
13 Calcutta (Inde)	11,1	4,4	1991
14 Le Caire (Egypte)	10,8	6,1	1986
15 Shanghai (Chine)	10,6	*p* 13,3	1990
16 Jakarta (Indonésie)	10,6	*p* 8,2	1990
17 Delhi (Inde)	10,2	7,2	1991
18 Paris (France)	*9,4*	*2,2*	*1990*
19 Chicago (USA)	9,2	*p* 2,8	1990
20 Karachi (Pakistan)	8,8	4,9	1981
21 Beijing (Pékin) [Chine]	8,7	*p* 10,8	1990
22 Lagos (Nigeria)	8,4	*e* 4,5	1984
23 Bangkok (Thaïlande)	7,9	*p* 5,9	1990
24 Taipei (Taïwan)	7,8	*e* 2,7	1988
25 Téhéran (Iran)	7,8	6,0	1986
26 Istanbul (Turquie)	7,6	6,6	1990
27 Grand Londres (Royaume-Uni	7,3	*p* 6,4	1991
28 Lima (Pérou)	7,0	*e* 0,4	1988
29 Dhaka (Bangladesh)	6,8	2,4	1981
30 Nagoya (Japon)	6,4	2,2	1990
31 Ibadan (Nigeria)	6,3	*e* 4,2	1984
32 Boston (USA)	6,2	*p* 0,6	1990
33 Tianjin (Chine)	6,0	*p* 8,8	1990
34 Shenyang (Chine)	6,0	*e* 4,4	1988
35 Hong Kong	6,0	1,2	1986
36 San Francisco (USA)	5,6	*p* 0,7	1990
37 Washington (USA)	5,5	*p* 0,6	1990
38 Madras (Inde)	5,5	3,8	1991
39 Santiago (Chili)	5,2	*e* 0,2	1989
40 Lahore (Pakistan)	5,1	2,7	1981
41 Bogota (Colombie)	5,0	4,0	1985
42 Johannesburg-Rand (Afrique du Sud)	5,0	0,7	1980
43 St-Petersbourg (Russie)	4,9	*e* 4,5	1990
44 Madrid (Espagne)	4,7	3,1	1986
45 Toronto/Hamilton (Canada)	4,6	0,6	1986
46 Rhin/Ruhr (Essen) [Allemagne]	4,6	*e* 0,6	1990
47 Bagdad (Irak)	4,5	3,8	1987
48 Hyderabad (Inde)	4,4	2,9	1991
49 Detroit/Windsor (USA)/Canada)	4,4	*p* 1,0	1990
50 Bangalore (Inde)	4,2	2,7	1991
51 Pusan (Corée du Sud)	4,2	3,8	1990
52 Guangzhou (Canton) [Chine]	4,0	*e* 3,5	1988
53 Barcelone (Espagne)	3,9	1,7	1986
54 Kinshasa (Zaïre)	3,9	2,7	1984
55 Sydney (Australie)	3,9	0,1	1986
56 Milan (Italie)	3,9	*e* 3,4	1990
57 Miami (USA)	3,9	*p* 0,4	1990
58 Wuhan (Chine)	3,8	*e* 3,6	1988
59 Belo Horizonte (Brésil)	3,7	*e* 2,1	1985
60 Berlin (Allemagne)	3,7	*e* 3,4	1990
61 Alexandrie (Egypte)	3,7	2,9	1986
62 Dallas (USA)	3,7	*p* 1,0	1990
63 Athènes (Grèce)	3,7	0,9	1981
64 Colombo (Sri Lanka)	3,6	*e* 0,7	1987
65 Medan (Indonésie)	3,5	*e* 2,1	1985
66 Caracas (Venezuela)	3,4	1,8	1990
67 Ahmadabad (Inde)	3,4	2,9	1991
68 Casablanca (Maroc)	3,4	2,1	1982
69 Ho-Chi-Minh-ville (Viêt-nam)	3,3	3,2	1989
70 Taichung (Taiwan)	3,3	*e* 1,2	1988

Source : Base de données Géopolis

e = estimation
p = nombre provisoire

Critère de délimitation des unités urbaines = la continuité du bât.

Une **conurbation** est un groupement de villes (ou d'agglomérations) proches les unes des autres, chaque ville demeurant individualisée la relation avec les voisines étant assurée par des **rubans d'urbanisation** le long des voies de communication. Une conurbation peut-être un groupement hiérarchisé, la ville principale détenant un pouvoir de direction plus ou moins complet. Ex. Lille, Roubaix, Tourcoing (→ *infra,* « morphologie urbaine »).

b) Définition des villes en France

L'I.N.S.E.E. distingue en France deux types d'unités urbaines :

- l'**agglomération multicommunale :** c'est un ensemble de communes sur le territoire desquelles s'étend au moins une **agglomération de population** d'au moins 2 000 habitants. On appelle agglomération de population un ensemble d'habitations tel qu'aucune ne soit séparée de la plus proche de plus de 200 m et qui comprend au moins 50 habitants. (Attention : il ne faut donc pas confondre agglomération de population et agglomération urbaine !) Pour délimiter l'agglomération multicommunale, on tient compte de la continuité de l'habitat, repérée grâce aux photographies aériennes ;
- la **ville isolée** correspond à une commune comprenant une agglomération de population d'au moins deux milles habitants. Cette ville monocommunale n'appartenant pas à une agglomération multicommunale est le plus souvent une petite ville (quelques exceptions : Quimper, 57 000 h ; Cholet, 55 000 h ; etc.).

Les communes appartenant à une unité urbaine sont des **communes urbaines ;** les autres sont dites **rurales.** Cependant pour mieux cerner l'influence du milieu urbain l'I.N.S.E.E. a défini des **Z.P.I.U.,** zones de peuplement industriel et urbain (→ *71. migrations*).

c) Le taux d'urbanisation

C'est le rapport de la population urbaine à la population totale. Compte tenu des imprécisions statistiques et des définitions, il faut comparer avec prudence les taux d'urbanisation. Ex. Népal 7 %, Bolivie 43 %, Royaume-Uni 91 % (source : Banque mondiale). On peut aussi calculer des taux d'urbanisation selon la taille des villes (ex. taux d'urbanisation dans des villes de plus de 500 000 habitants).

2. Les débuts de l'urbanisation

a) L'urbanisation

Elle désigne le processus de croissance de la population urbaine : la création et l'extension des villes provoquent une concentration de la population (latin : urbanus signifiant « de la ville »).

b) Les villes antiques

Elles ont pour la plupart une triple origine, politique, religieuse ou commerciale d'ou une distinction commode entre **ville-citadelles, villes-sanctuaires** et **villes-marchés**, ex. Jéricho est à la fois une ville-sanctuaire et une ville-marché protégée par une enceinte fortifiée dès le VIIIe millénaire.

Le plan des villes romaines est établi, lorsque le terrain le permet, à partir de deux voies principales appelées **cardo** (orientation nord-sud) et **decumanus maximus** (est-ouest) ; à l'intersection des deux voies perpendiculaires se trouve le **forum,** centre des affaires publiques et privées. Cette disposition géométrique n'est pas sans rapport avec le **plan en damier** établi par l'architecte Hippodamus de Millet : on parle de **plan hippodaméen.**

c) Les villes médiévales

Dans l'Afrique du Nord islamisée, la **médina** est une ville fortifiée comprenant un centre militaire et politique ou **casbah** (= citadelle en arabe), un centre religieux avec mosquées et **madrasas** (ou **medersas** ou **médressés :** collèges d'enseignement religieux). Le centre commercial est le **souk,** quartier des commerçants (ou bazar en Orient) avec spécialisation en une infinité de ruelles. Les **khans** sont les entrepôts (Moyen-Orient). La ville islamique est organisée en quartiers avec ségrégation sociale et ethnique : le quartier juif est appelé **mellah** ou **hara.**

Dans l'Occident chrétien, le **bourg** est en principe une nouvelle localité, développée souvent à proximité d'une cité plus ancienne ou à proximité du château **(castrum).** Du IXe au XIIIe siècle, les bourgs se multiplient : **bourg monastiques** à proximité d'un monastère, **bourg castraux** (au pied du château), **sauvetés** (c'est-à-dire bourgs bénéficiant du droit d'asile dans le Sud-Ouest), **bastides** (XIIIe siècle, Sud-Ouest), points d'appui stratégiques et centres de conquête agricole. Les **villes neuves** et **villes franches** obtiennent des franchises ou une **charte** qui accorde aux habitants le droit de se gouverner eux-mêmes.

3. Site et situation

a) Le **site** d'une ville est l'emplacement sur lequel se développe la ville. C'est le cadre topographique à l'échelle locale. Le **site initial** a été choisi le plus souvent en fonction de considérations militaires (**site de défense** sur relief plus ou moins escarpé), commerciales (**site de franchissement** facile d'un obstacle) ou religieuses. Les sites évoluent avec les époques : une même ville peut avoir plusieurs **sites successifs** (ex. à Paris la montagne Sainte-Geneviève et l'île de la Cité ; à Lyon La colline de Fourvière et la rive droite de la Saône). L'**acropole** (akropolis : ville haute) des cités grecques est un site fortifié aux fonctions militaires et religieuses. L'**oppidum** des Celtes et des Gaulois est une agglomération fortifiée généralement établie sur une hauteur ou dans une île : nombreux oppida de la Bretagne à la Bohême (**civilisation des oppida :** IIe et Ier siècle av. J.-C.).

Parmi les sites, on peut distinguer en dehors des sites de défense (collines, rebord de plateau, promontoire) des sites de franchissement : **site de col** ou de **pied de col** (ex. Brigantio = Briançon), site de commandement d'un défilé ; sur les berges d'un fleuve les meilleurs sites sont ceux des hautes terrasses alluviales (à l'abri des inondations), parfois à proximité d'un **site de mouillage** pour les bateaux (ex. rive concave d'un méan-

Quelques sites de villes françaises

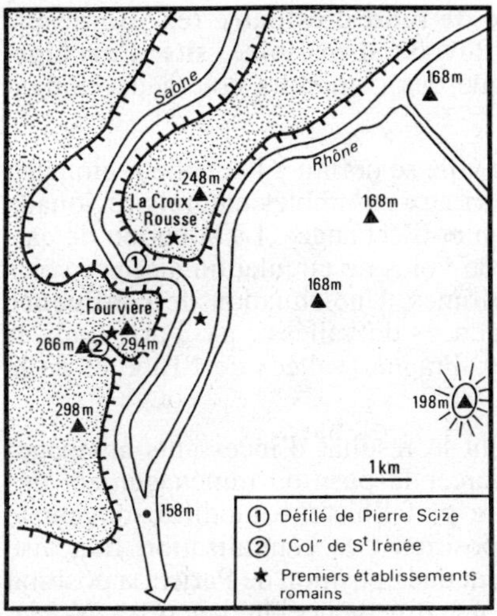

Lyon
Plaine du Bas-Dauphiné, plateau des Dombes, collines de l'ouest et confluence Saône-Rhône

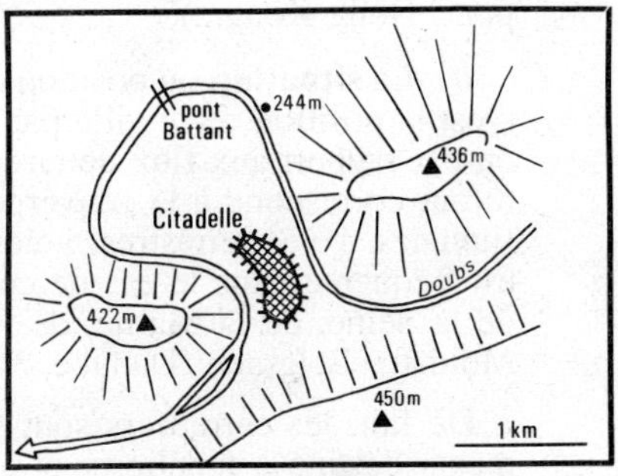

Besançon :
un méandre encaissé du Doubs

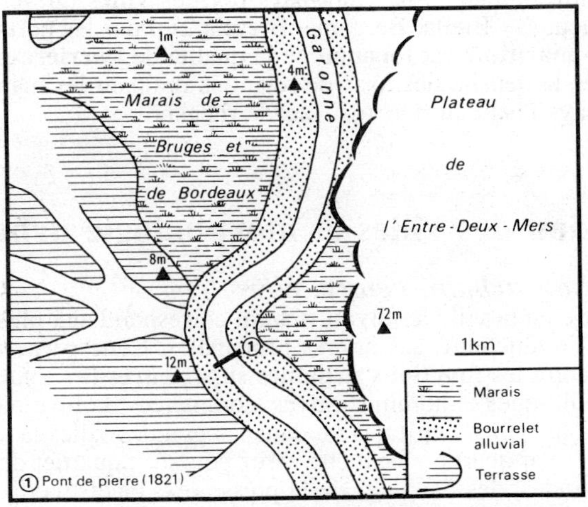

Bordeaux
Site primitif : terrasses de rive gauche

dre : Vienne, Bordeaux) le plus souvent sur un point de franchissement aisé (gué, rétrécissement du fleuve, division du fleuve en plusieurs bras. ex. Lutèce). Les sites portuaires sont variés : sites d'abris dans les baies et les calanques (ex. Marseille), **site de fond d'estuaire** (ex. Bordeaux, Rouen) au contact des navigations fluviale et maritime, **site d'archipel** (Stockholm) ou **site insulaire** typique des comptoirs coloniaux (Singapour, Hong Kong...).

b) La **situation** ou position d'une ville se définit à l'échelle régionale : c'est la position de la ville par rapport aux ensembles naturels régionaux ou par rapport aux flux de circulation et d'échanges. La situation de carrefour correspond à la convergence de voies de circulation aisées : voies fluviales, voies terrestres, voies maritimes. Une situation de **confluence** est fréquente dans le cas de convergences de vallées : ex. Paris (vallées de la Seine, de la Marne, de l'Oise), Prague (vallées de l'Elbe et de la Moldau), Belgrade (Danube, Save, Tisza)...

De fait, les carrefours sont souvent le résultat d'incessants aménagements destiné à améliorer et à renforcer la position (aménagement des fleuves et des axes routiers). D'autre part l'histoire modifie souvent le potentiel affirmé de telle ou telle position : la centralisation française contribue par évidence au renforcement de la position de Paris. La position de **difluence de Moscou,** au centre d'une divergence fluviale (Oka, Volga, Dniepr, Don...) s'est affirmée grâce à l'action des princes de Russie, complétée plus tard par la construction d'un réseau ferroviaire centralisé. A l'inverse, les rectifications de frontière peuvent gêner le rayonnement d'une ville pourtant bien située : ex. Vienne, hier centre d'un vaste empire, aujourd'hui proche du « rideau de fer ».

De nombreuses villes ont profité d'une **situation de contact** entre régions différentes et complémentaires : contact entre massif ancien et bassins sédimentaires (ex. les villes de l'ouest du Massif central français), contact entre montagne et avant-pays (ex. les villes du versant sud des Alpes italiennes : Biella, Bergame, Brescia...). Pour les ports la **situation de façade maritime** est fonction de la qualité de l'**arrière-pays (hinterland)** et de la densité des axes de relations drainant les marchandises de l'arrière-pays jusqu'au port (ex. façade rhénane).

4. Extension des villes et morphologie urbaine

a) Noyau urbain, centre, city

Au centre de la ville le **noyau urbain** correspond aux plus vieux quartiers, lieu de rencontre des artères principales. Cette partie initiale de la ville concentre les **fonctions urbaines supérieures** (→ *« fonctions »* 5) : activités politiques et administratives, commerces de luxe ou très spécialisés. Dans les villes **capitales** ou dans les grandes villes la spécialisation des activités par quartiers peut être assez poussée : quartier des ministères, des ambassades, des banques, de la presse (ex. Fleetstreet à Londres)...

A Londres, la concentration des activités bancaires, de gestion, de direction est réalisée dans la **City.** Par extension, le terme désigne des quartiers équivalents. Le phénomène de **city** ou de **cité** correspond à la dépopulation du centre des grandes agglomérations, les habitants quittent le centre ville pour des zones plus périphériques.

Les vieux quartiers centraux sont souvent l'objet d'opérations de **rénovation urbaine** avec aménagement des parties dégradées, destruction des îlots les plus insalubres, restauration **(réhabilitation)** des immeubles historiques dans les **secteurs sauvegardés** (ex. en France par application de la loi Malraux, 1962). La rénovation des centres peut conduire à une véritable **restructuration urbaine :** la création de nouveaux centres (ex. centre directionnel de la Part-Dieu à Lyon) conduit à une **démultiplication des centres.**

Synonymes de centre : **Stadtkern** en Allemagne, **Core** en Grande-Bretagne, **Downtown** aux Etats-Unis, **Centro** (Espagne, Italie).

b) Quartiers, îlots, districts, arrondissements

Le **quartier urbain** constitue un ensemble plus ou moins autonome et homogène. L'homogénéité peut être d'origine historique (vieux quartiers, nouveaux quartiers), économique et fonctionnelle (quartier des affaires, quartiers industriels, ex. textile, quartiers commerçants...) ou d'origine ethnique du fait de la ségrégation suivant les minorités (quartiers juifs en Afrique du Nord ou au Moyen-Orient, quartiers des minorités nord-américaines : porto-ricains, chinois, haïtiens, grecs, cubains).

Le quartier est constitué par un ensemble d'**îlots** d'immeubles, délimités par des rues. En Espagne, le quartier est le **barrio.** En Amérique du Nord et, par extension, dans les grandes métropoles de type américain, le quartier des affaires est le **C.B.D.,** Central Business District.

Sur le plan administratif, les grandes villes sont divisées en **arrondissements** (ex. villes françaises) ou en **districts** (ex. villes espagnoles).

c) Banlieues, faubourg, première couronne, deuxième couronne, suburbain, périurbain

Ethymologiquement, la **banlieue** est le territoire d'une lieue autour d'une ville sur lequel s'étendait le **ban,** pouvoir général de commandement de la seigneurie (dans le cas de la seigneurie urbaine). Le **faubourg** (littéralement en dehors du bourg) est la partie de la ville qui déborde son enceinte ou ses limites : à l'origine, le faubourg s'étend hors des remparts à proximité d'une porte de la ville. Il abrite des habitants venus des campagnes voisines qui échappent aux contraintes fiscales et économiques de la cité médiévale. Dans les villes musulmanes, le faubourg porte généralement le nom de la porte **(bab)** à proximité de laquelle il s'est développé : ex. Bab el-Oued.

L'urbanisation moderne a provoqué l'extension des banlieues parmi lesquelles on peut établir de multiples distinctions : **banlieues industrielles, banlieues ouvrières** (souvent proches des premières), **banlieues résidentielles** aux résidences plus ou moins cossues.

Selon la proximité de la ville, on distingue une **proche banlieue,** constituée par les communes limitrophes de la ville-centre et une **grande banlieue.** En principe, elle est administrativement distincte de la ville mais les villes-centres ont souvent absorbé d'anciennes communes de banlieues (ex. Paris).

Dans les grandes agglomérations, les étapes de l'extension permettent de distinguer plusieurs **auréoles urbaines** plus ou moins concentriques : on parle de **première couronne urbaine,** deuxième couronne... Au-delà s'étend l'**auréole suburbaine** ou **périurbaine :** l'espace périurbain est moins densement occupé et la discontinuité du bâti y est de règle avec présence d'îlots urbains dans un milieu qui demeure rural.

Dans certains Etats, commune-centre et communes de banlieues sont réunies dans une structure administrative unique : ex. les **communautés urbaines de France.**

d) Grands ensembles, Z.U.P., nouveaux villages, cités-jardins, bidonvilles

Les **lotissements pavillonnaires,** constitués de maisons individuelles avec pelouse et jardin forment des ensembles souvent hétérogènes ex. lotissements de l'entre-deux-guerres dans la banlieue parisienne, situés à l'emplacement d'anciens parcs ou d'anciens bois ou sur des espaces agricoles.

Dans les **cités-jardins,** fréquentes en Allemagne ou dans les pays anglo-saxons, les constructions sont généralement similaires, souvent réalisées par une collectivité (municipalité, coopérative, entreprise) d'où un plan d'ensemble cohérent ou harmonieux.

Parmi les immeubles locatifs, on peut distinguer des **cités de logements ouvriers,** parfois construits par l'entreprise (**cité ouvrière,** cités S.N.C.F.), des logements à bon marché (France des années trente) ou des **H.L.M.** (habitations à loyer modéré).

Les **grands ensembles** rassemblent des centaines ou des milliers de logements dans des immeubles de grande capacité (tours, barres...). En France, ils correspondent souvent aux **Z.U.P.** (zones à urbaniser par priorité), créées à partir de la fin des années cinquante pour faire face à l'afflux des nouveaux urbains.

Les **« nouveaux villages » périurbains,** de fondation récente, sont constitués de villas mitoyennes avec jardins privatifs et espaces verts communs.

Dans les villes du tiers monde, voire dans certaines banlieues de pays industrialisées, les **bidonvilles** sont une forme d'habitat spontané et précaire (utilisation de matériaux de fortune comme les bidons et les fûts) avec baraquements et habitations rudimentaires. On parle de **favellas** au Brésil, de **barracas** en Amérique latine...

e) Le plan des villes

Le plan des villes enregistre les différentes étapes de l'extension urbaine ; les plans simples sont donc plutôt rares. Par ailleurs, le plan doit s'adapter au site. On peut néanmoins distinguer plusieurs types de plan :

- le **plan orthogonal** ou en **damier** ou plan **quadrillé :** c'est le plan type des villes méditerranéennes antiques, des villes nouvelles du Moyen Age ou de l'époque moderne. On le retrouve spécialement dans les villes des pays neufs (Etats-Unis, Canada, Australie) mais aussi en Europe (plan en damier de Barcelone, d'après le projet de Cerda, 1860) ;

- le **plan radioconcentrique** correspond à une extension en auréoles concentriques, naguère contenues par des enceintes successives (ex. Paris, Moscou). Variantes : plan **demi-radioconcentrique** (ex. Cologne), **radioconcentrique avec réseau de canaux** (ex. Amsterdam) ;
- le **plan désordonné** ne présente pas de lignes directrices remarquables, mais un réseau de rues tortueuses et souvent étroites ; c'est le plan de nombreuses villes musulmanes (Fès, vieille ville du Caire) ou de villes médiévales (ex. Tolède). Plus récemment, il peut correspondre à une croissance désordonnée et anarchique (ex. Belo Horizonte).

5. Les fonctions des villes, le rayonnement urbain

a) La **fonction urbaine** définit le rôle de la ville dans un cadre spatial correspondant à son **aire d'influence**, espace dominé par la ville et en relation plus ou moins intense avec elle. Selon l'extension de l'aire d'influence, on distinguera les **fonctions locales** (liées aux activités quotidiennes des habitants), les **fonctions régionales,** les **fonctions nationales,** voire **internationales.** Fonctions nationales et régionales illustrent le **pouvoir de commandement** de la ville sur un espace donné, autrement dit son **rayonnement.** Ce dernier est lié à la situation de la ville, il dépend de sa taille, il dépend surtout de la qualité des équipements urbains : commerces très spécialisés à large **zone de chalandise** (espace d'où proviennent les clients), universités et centres de recherches à fort **rayonnement culturel,** concentration de sièges sociaux de grandes entreprises... Bien entendu, les **villes capitales** disposent d'un pouvoir de commandement étendu : elles concentrent les centres de décisions politiques et administratives et jouent, le plus souvent, un rôle déterminant dans la direction des affaires, la recherche, l'enseignement, la ville culturelle. Dans un Etat fédéral, la **capitale fédérale** est relayée par les capitales d'Etat.

b) Selon les secteurs d'activité, la distinction est commode entre **fonctions commerciales, fonctions industrielles, fonctions de service** et fonctions administratives et politiques. Certaines villes ont des fonctions peu variées : c'est le cas des villes industrielles, dominées par une activité (villes de la sidérurgie, du textile...). C'est surtout le cas des **cités minières :** ex. les villes minières de Sibérie ou du Grand Nord canadien.

6. Hiérarchie urbaine et réseau urbain

Suivant la taille et le rayonnement, il est possible d'établir une hiérarchie parmi les organismes urbains : dans la catégorie des petites villes

(villes isolées) on peut, en simplifiant, opposer les **petites villes industrielles** (souvent en déclin) et les **bourgs** aux fonctions surtout commerciales (villes-marchés, de redistribution des produits agricoles). Les **villes moyennes** (environ 50 000, environ 150 000) ont déjà des fonctions diversifiées : ex. La plupart des **chefs-lieux** de département en France. La **métropole régionale** est déjà une grande agglomération avec une aire d'influence assez étendue (centre administratif et de gestion, centre culturel et universitaire). En France, on parle de **métropoles d'équilibre** à propos des agglomérations destinées à contrebalancer l'influence excessive de Paris. Les **capitales** ont d'abord un rôle politique mais, par extension, on parle de **capitales économiques** pour les grandes métropoles à rayonnement national et international (ex. Milan, Barcelone...).

Une **région urbaine** est une région regroupant plusieurs grandes agglomérations dans une relative proximité : ex. la région urbaine de Rhénanie. Pour les régions urbaines les plus vastes, on emploie le terme de **Mégalopolis** (J. Gottman) : mégalopole américaine de Boston à Washington, mégalopole japonaise de Tokyo à Osaka-Kobé.

(*N.B. :* ne pas confondre région urbaine et région organisée par une ville, ex. la région lyonnaise.)

A la périphérie des grandes agglomérations, pour éviter une trop grande extension de l'urbanisation, ont été créées des **villes nouvelles.** L'objectif de cette **urbanisation volontaire** est la mise en place de centres urbains autonomes vis-à-vis de l'agglomération ; aux unités d'habitation doivent correspondre emplois et services.

Les premières **villes nouvelles** sont les **new towns** prévues par le plan d'aménagement du Grand Londres. En France, cinq villes nouvelles ont été organisées dans le cadre du schéma directeur de l'agglomération parisienne (organisation de l'espace). Les **villes satellites** sont dans l'orbite des grandes agglomérations sans être forcément conçues comme des villes nouvelles (ex. en Russie **Spoutnik gorod** autour de Moscou).

Le **réseau urbain** est constitué par l'ensemble des villes d'une région ou d'un Etat, les villes entretenant des relations basées sur l'égalité, la dépendance ou la complémentarité. Un réseau urbain hiérarchisé est dominé par une métropole régionale ou nationale.

113. VOLCANISME

Le **volcanisme** est l'ensemble des phénomènes liés à l'activité des volcans, le volcan étant le lieu où les laves (magma en fusion) et les gaz chauds atteignent la surface terrestre. Par refroidissement, les laves donnent les roches volcaniques (ou effusives).

1. Les volcanismes

Le volcanisme est surtout **sous-marin,** les roches volcaniques occupant des surfaces très importantes dans les fonds sous-marins (→ *106. tectonique*).

Le long des dorsales océaniques on parle de **volcanisme d'écartement,** les deux plaques s'écartant de chaque côté de la dorsale zone d'expansion. (→ *106. tectonique*).

Au niveau des terres émergées le volcanisme est inégalement réparti : Le **volcanisme de subduction** est localisé dans les **arcs insulaires** (chapelets d'îles correspondant aux parties émergées du bourrelet qui borde certaines fosses océaniques ex. : les Iles Mariannes), mais aussi dans les régions de subduction de la croûte océanique sous la croûte continentale (marge active ex. : bordure des Andes → *85. océan, 106. tectonique*). Parfois le volcanisme peut se manifester à l'intérieur d'une plaque en dehors de toute cassure de l'écorce terrestre. Le volcanisme correspond alors à un « **point chaud** ». Enfin le volcanisme à l'intérieur des continents peut être situé sur un **rift continental** (équivalent d'un rift océanique), fossé d'effondrement à l'intérieur d'une plaque à croûte continentale ; exemples de rifts continentaux : le rift africain d'Afrique orientale, le fossé rhénan.

Tout autour du Pacifique les volcans dessinent une véritable ceinture de fer. Les volcans (continentaux ou océaniques) peuvent être en activité ou éteints depuis plus ou moins longtemps ex. : volcans du Massif central français.

2. Volcans et éruptions volcaniques

Un volcan comporte généralement un **cône volcanique** dû à l'accumulation des roches volcaniques (laves et projections). Au sommet du cône s'ouvre le **cratère,** point d'émission des roches volcaniques montées par la **cheminée.**

Certains volcans sont formés au cours d'une seule phase d'éruption. Ils sont dits **monogéniques.** La plupart des volcans sont **polygéniques** résultant d'une alternance d'éruptions et de repos. Les **cônes emboîtés** sont le produit d'éruptions successives autour du même cratère. Les **cônes adventifs** peuvent apparaître sur les flancs d'un cône plus grand. Un **cône est égueulé** lorsqu'un des flancs du cratère a été détruit par une explosion ou par la poussée des laves.

3. Laves et roches volcaniques

Les laves volcaniques donnent des coulées d'extension très variable, fonction de la température d'émission (700 à 1200 °C), de la vitesse de progression et de la viscosité.

a) Les **laves basaltiques** ou **basaltes** sont des laves très fluides, de couleur sombre. Elles donnent des coulées généralement étendues, édifiant des cônes à faible pente (4 à 6°), appelés **volcans-boucliers (type hawaïen :** des îles Hawaï). Le cratère du volcan est parfois occupé par un **lac de lave ;** les explosions et les projections sont rares. L'empilement régulier de ces coulées basaltiques quasi horizontales s'appelle **trapp.**

b) les **laves intermédiaires** sont plus visqueuses (**andésites,** certaines **trachytes**) et donnent des coulées moins étendues, plus épaisses, comme les cheires (ou **aa**) : la **cheire** est un amoncellement chaotique, la lave aussitôt émise se couvrant d'une croûte solide qui se brise en blocs du fait du mouvement de la coulée.

c) les **laves acides** sont très visqueuses **(dacites, rhyolites)** et donnent surtout des aiguilles, des culots de lave, des **dômes,** formes liées aux difficultés d'écoulement de la lave.

d) Les **projections volcaniques** correspondent à l'ensemble des fragments solides de roches magmatiques projetés lors de l'activité éruptive du volcan. L'abondance de ces produits dits **pyroclastiques** varie avec le type d'activité du volcan : elle s'accroît lorsque la viscosité de la lave et l'intensité des phénomènes explosifs augmentent.

On peut classer les roches pyroclastiques suivant la taille des matériaux projetés :

- les **cendres volcaniques** sont fines (< 0,6 mm) ou grossières (de 0,6 mm à 2 mm). Elles peuvent être dispersées sur de grandes étendues ; leur dépôt donne des roches meubles ou consolidées **(tufs volcaniques).** L'accumulation des cendres en milieu marin ou lacustres donne des cinérites appelées **pouzzolanes** en Italie (elles servent de matériaux de construction) ;

Cône et produits pyroclastiques

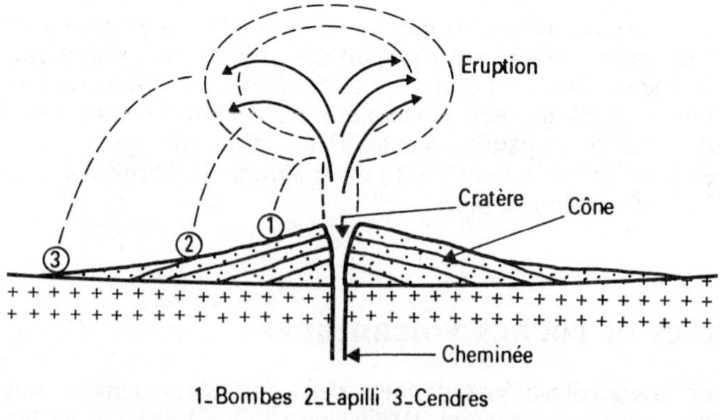

1-Bombes 2-Lapilli 3-Cendres

NB: Dans le cas de figure ci-dessus, le cône est uniquement composé de produits pyroclastiques.

Un volcan-bouclier avec une caldeira

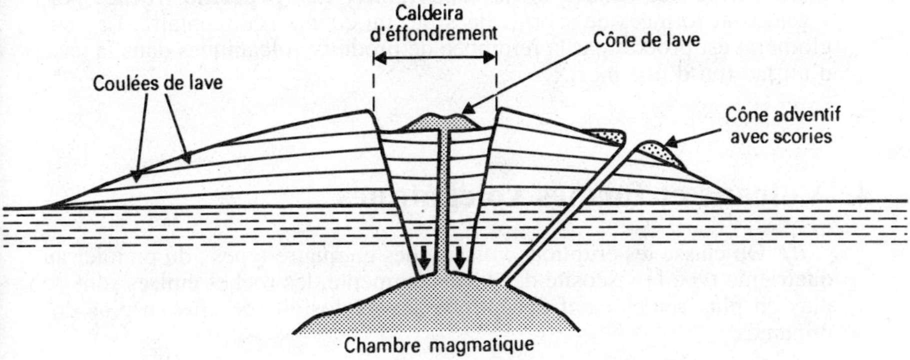

- les **lapilli** sont de petits fragments de lave (généralement de 2 à 30 mm). Les **ponces** (pierre ponce) sont comparables aux lapillis mais ces roches sont très poreuses donc très légères (densité parfois inférieure à 1) ;
- les **bombes volcaniques** sont de véritables blocs de lave, de forme arrondie ou en fuseau (la lave fluide a tournoyé dans l'air), de taille variable (du dm^3 à plusieurs m^3). Elles ont été expulsées lors d'une phase explosive de l'éruption ;
- à l'exception des cendres, toutes les projections volcaniques, comportent des bulles ou de petites cavités (= vacuoles d'où aspect vacuolaire) : ce sont des **scories ;**
- les **ignimbrites** sont formées par l'accumulation de débris de laves acides, soudés à chaud lors du dépôt sur le sol. Ces roches correspondent à des éruptions explosives catastrophiques, type **nuée ardente.** Lors d'une nuée ardente, le volcan (ou une partie du volcan) explose du fait de la soudaine libération d'un grand volume de gaz accumulés par l'obstruction de la cheminée. La nuée ardente, mélange de gaz, de vapeur d'eau et de produits pyroclastiques, détruit tout lors de son passage ou de sa retombée (ex. éruption de la montagne Pelée en 1902 détruisant Saint-Pierre de la Martinique).

e) Dans certains cas, les éruptions volcaniques se limitent à de simples émissions de gaz ; les **fumerolles** sont des émanations, le plus souvent calmes et régulières issues de fissures. Chargées de soufre, ces émissions sont appelés **solfatares.**

f) Laves et produits pyroclastiques peuvent être mélangés à d'autres matériaux ou à d'autres roches. Les **lahars** sont des coulées boueuses contenant des débris volcaniques de toutes tailles. A l'origine des lahars, d'intenses précipitations, la fonte de neige ou de glaciers lors de l'éruption, le soutirage d'un lac de retenue derrière les cendres ou dans le cratère.

Les **pépérites** sont issues d'un mélange entre laves et roches sédimentaires lors d'une éruption sous-lacustre ou lorsque les laves entrent en contact avec des venues d'eau souterraines. Les **pépérino** (roches poivrées) sont formées de scories liées par un ciment sédimentaire. Le conglomérat est produit par la retombée de produits volcaniques dans la vase d'un lac (ou d'une mer).

4. Volcans et formes volcaniques

a) On classe les éruptions volcaniques en quatre types ; du premier au quatrième type la viscosité des laves augmente, les roches émises sont de plus en plus acides (sauf exception), les explosions de plus en plus dominantes :

- type 1 : **hawaïen,** laves fluides donnent des volcans boucliers (→ *supra*) ;
- type 2 : **strombolien,** alternance de coulées de laves et de couches pyroclastiques. Le volcan en résultant est appelé strato-volcan ;
- type 3 : **vulcanien,** laves visqueuses bouchant fréquemment la cheminée. Cône volcanique constitué presque uniquement de projections. Coulées de laves peu étendues et fragmentées par les explosions ;
- type 4 : **peléen,** laves très visqueuses. Eruptions entrecoupées par de longs intervalles. Volcanisme explosif type « nuée ardente ». Cheminée occupée par une **aiguille de lave.**

Ces quatre types d'éruption ne correspondent pas à quatre types de volcans car pour un même volcan le type d'éruption varie dans le temps d'où la construction d'édifices complexes.

b) Les formes volcaniques sont complexes et sont le résultat d'actions de construction (par le volcanisme) et de destructions (par l'érosion mais aussi par le volcanisme et la tectonique) :

- une **caldeira** (= chaudron en portugais) est un cratère géant résultant de l'effondrement de la partie centrale du volcan, vidée en partie par les éruptions. C'est un cratère d'effondrement ;
- une **maar** correspond à un cratère d'explosion. La cuvette ainsi formée est généralement occupée par un lac.

Selon leur âge, les édifices volcaniques sont plus ou moins démantelés par l'érosion : lorsqu'une aiguille ou un dôme de lave correspondant à la cheminée ont été dégagés des roches environnantes et mis en relief par l'érosion, on parle de **culot.** Lorsque ces pointements correspondent à des conglomérats volcaniques, on a affaire à des **necks.**

Si l'érosion différentielle dégage un filon de lave colmatant une fissure, le relief créé en forme de muraille plus ou moins épaisse s'appelle un **dyke.**

Certaines laves en se refroidissant se fissurent, les diaclases (fissures) partageant la lave en prisme d'où avec l'érosion, création de **tuyaux d'orgue** (les prismes d'inégale hauteur ressemblent à un jeu d'orgue).

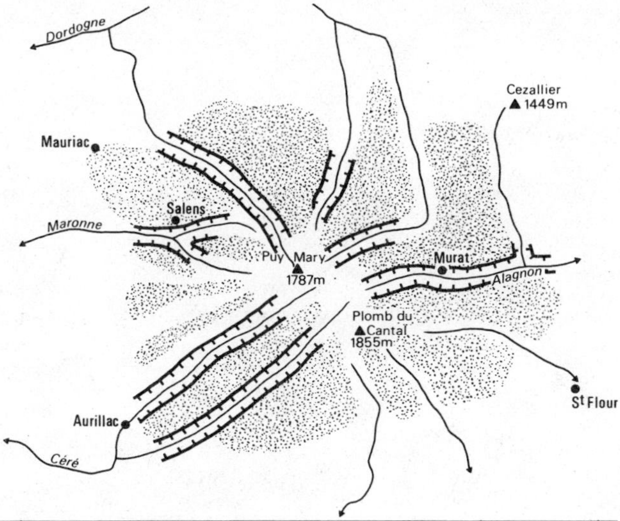

Principaux plateaux de type planèze

Grandes vallées et auges glaciaires

Les planèzes du Cantal

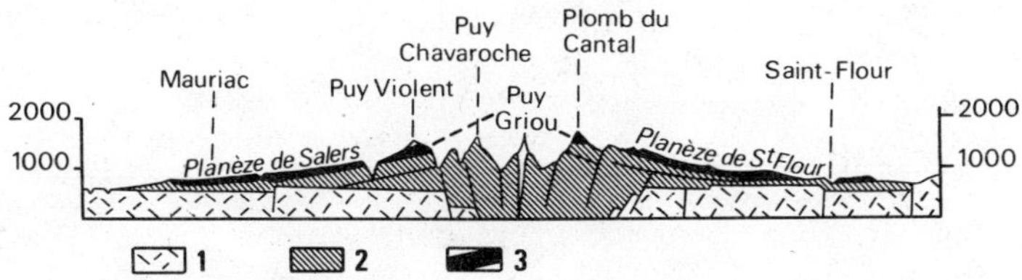

1 - Socle hercynien

2 - Trachytes, trachy-andésides, brèche du Cantal

3 - Basalte des planèzes

Coupe à travers le Cantal

L'érosion aboutit fréquemment à des **inversions** de relief : lorsque les laves fluides se sont déposées sur des matériaux peu résistants, l'érosion met en relief ces coulées de laves, plus résistantes que les roches environnantes d'où la formation des buttes ou, de promontoires ou de fragments de plateau appelés **mesas** (mesa = table).

Les **planèzes** correspondent à des coulées encadrées par deux vallées encaissées. Elles ont la forme d'un plateau doucement incliné, généralement triangulaire, le sommet dirigé vers l'amont.

INDEX

Les caractères gras désignent les thèmes principaux

A

F

G

H

I

J

M

Q

R

S

T

W

X

Y

Z

Achevé d'imprimer le 30 janvier 1995
dans les ateliers de Normandie Roto Impression s.a.
61250 Lonrai
N° d'imprimeur : I4-2316
Dépôt légal : janvier 1995